U0943098

中国法律史

张晋藩 主编

中国政法大学出版社
2019・北京

图书在版编目（CIP）数据

中国法律史/张晋藩主编. —北京:中国政法大学出版社，2019.12（2021.6重印）
ISBN 978-7-5620-9348-0

Ⅰ.①中…　Ⅱ.①张…　Ⅲ.①法制史－中国－高等学校－教材　Ⅳ.①D929

中国版本图书馆CIP数据核字(2019)第265873号

书　名　中国法律史
ZHONGGUO FALÜSHI
出版者　中国政法大学出版社
地　址　北京市海淀区西土城路 25 号
邮　箱　fadapress@163.com
网　址　http://www.cuplpress.com (网络实名：中国政法大学出版社)
电　话　010-58908466(第七编辑部) 010-58908334(邮购部)
承　印　北京鑫海金澳胶印有限公司
开　本　720mm×960mm　1/16
印　张　36.75
字　数　635 千字
版　次　2019 年 12 月第 1 版
印　次　2021 年 6 月第 2 次印刷
定　价　89.00 元

序 言

中国是一个有着五千年文明史的古国，中国的法制历史同样是源远流长而且从未中断。法制历史在漫长发展过程中经历过无数次的变革与转型，其动因自然是社会经济的、政治的各种关系的变动。但如何论证变革的必要性，如何确定变革的方向，如何选取和利用有利于变革的条件，如何肯定和阐述变革的积极成果，等等，都是站在时代潮流前面的思想家、政治家有意识的理性思维的结果。思想是制度的先导，是融合在制度中最有价值的因素。例如，春秋战国时期，没有儒墨道法多源头的法律思想的碰撞，就不可能有灿烂的法律文化和法制的革旧图新；没有儒家一统的法律思想，就不可能有汉以后德主刑辅、德法共治的治国方略；没有鸦片战争后西学的涌入与维新思想的兴起，就不可能出现中国法律近代化的特殊路径。所以，离开特定的法律思想，将无法解释法制变革的轨迹与规律。因此，法制史与法律思想史合二为一，不仅可以更全面地说明法律制度的发生、发展、变革与转型，而且可以完整地展现中国法制史生动的本来面目，进而增强中国法制史的理论意义和实践价值。根据教育部将中国法制史与中国法律思想史合并为中国法律史一个学科的要求，我们及时编写了这本《中国法律史》教材。1995 年 6 月，我曾将中国法律思想史与中国法制史加以融合，编成《中国法律史》教材，由法律出版社出版。本教材的编写参考了 1995 年版《中国法律史》，但有很大改进。我们还要根据教学实践中发现的问题，及时总结经验，不断修改《中国法律史》教材，使其日益完善。

张晋藩

2019 年 11 月

目　录

第一章

夏朝法律

(约公元前21世纪—约公元前17世纪)

第一节　由象刑到阶级刑法

中国古代典籍中的刑，兼有法与罚两重含义。《尔雅·释诂》："刑。常也，法也。"《易》："井（刑），法也。"所谓《禹刑》《汤刑》《九刑》《吕刑》，就是夏、商、周三代具有代表性的法。因此考察刑的起源和考察法的起源是一致的。

中华民族也和世界上其他一些民族一样，经过了漫长的没有阶级、没有国家和刑罚的氏族社会。氏族公社内部在原始公有制基础上形成的民主传统和习惯，是氏族全体成员公认的调整人们相互关系的准则和指导人们行为的规范，具有普遍的约束力。当时既没有强加于氏族内部成员的刑罚，也不存在法的观念。所谓"上古议事以制，不为刑辟"[1]，"神农无制令而民从"[2]，"刑政不用而治，甲兵不起而王"[3]。这种对氏族社会的管理常被称为"风俗的统治"[4]。

但是，如果发生违反氏族共同生活规则的行为，就要受到氏族全体成员的谴责和制裁，即所谓施以"象刑"。"象刑"一词出自《尚书·舜典》"象以典刑"。历来对象刑的解释颇多，但都大同小异。《说文·衣部》："襐，饰也"，即通过予某人以特殊的装饰以示惩戒之意。《尚书大传》："唐虞象刑而民不敢犯"，"唐虞之象刑，上刑赭衣不纯，中刑杂屦，下刑墨幪"。《御览》

---

〔1〕《晋书·刑法志》。

〔2〕《淮南子·汜论训》。

〔3〕《商君书·画策》。

〔4〕中共中央马克思恩格斯列宁斯大林著作编译局编译：《列宁选集》第四卷《论国家》，人民出版社2012年版，第27页。

引慎子语说："有虞氏之诛，以幪巾当墨，以草缨当劓，以菲履当刖，以艾鞸当宫，布衣无领当大辟。"《白虎通》也有类似的解释："犯黥者皂其衣，犯劓者丹其服，犯膑者墨其体，犯宫者锥其屦，大辟之罪则布其衣裾而无领缘。"

也有人将象刑解释为画象以示刑，就是刻画五种肉刑在器物上，使民见而知所惩戒。《周礼·司圜》："悉治象之法，使民观之。"《唐律疏议》：象刑"画象以愧其心"。《玉海》卷六七引朱熹语："象以典刑者，画象而示民以墨、劓、剕、宫、大辟五等肉刑之常法也。"

还有人认为"象"有法的含义。《晋书·孔安国传》："象，法也，法以周刑也"。因此，"象以典刑"即以法施刑。如汉文帝十三年（公元前167年）诏云："盖闻有虞氏之时，画衣冠异章服以为戮，而民弗犯，何治之至也!"〔1〕战国以后的儒家，将"象刑"多解释为象征性刑罚，以宣扬儒家所鼓吹的尧舜之世的刑措之风。

但持批判态度者亦不乏其人。荀子曾指出："世俗之为说者曰：'治古无肉刑而有象刑：墨黥；慅婴；共，艾毕；菲，对屦；杀，赭衣而不纯。治古如是。'是不然。以为治邪？则人固莫触罪，非独不用肉刑，亦不用象刑矣。以为人或触罪矣，而直轻其刑，然则是杀人者不死，伤人者不刑也。罪至重而刑至轻，庸人不知恶矣，乱莫大焉。"〔2〕班固也指出："所谓'象刑惟明'者，言象天道而作刑，安有菲屦赭衣者哉？"〔3〕近人沈家本认为，舜时五刑与象刑并行，五刑"所以待蛮夷者也……又所以待怙恶者也。若象刑，所以待平民者也"。象刑的目的仍是"以德化之"〔4〕。

总之，有关象刑的解释，后人以五刑附会者多。清人王鸣盛断言：异章服、画衣冠的象刑纯出于后人的杜撰，却也过于武断。直到春秋战国时期，古代象刑遗风犹存。董说《七国考》引《班固答人书》："昔者战国之时，大梁（魏国）之法：得罪小者别以丹巾漆其领，有画衣冠之心。"汉代大儒郑玄认为《周礼·司圜》中提及的"明刑"，即是古代象刑的一脉，他在注文中说："弗使冠饰者，著墨幪，若古之象刑。"可见，早期阶级社会的耻辱刑，即由象刑演化而来。从我国一些少数民族的习惯法中也可以窥见象刑的某些身影。例如，《新唐书·吐蕃传》提供了类似古籍中所说象刑的实例："重兵

〔1〕《汉书·刑法志》。
〔2〕《荀子·正论》。
〔3〕《汉书·刑法志》。
〔4〕《历代刑法考·刑制总考一·唐虞》。

死，以累世战没为甲门，败懦者垂狐尾于首示辱，不得列于人。”

我们认为，象刑可以理解为氏族社会适用于全体成员的习俗的统治，对违反氏族共同生活规则的人，采取异其章服的做法，以示与其他氏族成员的区别，借以增加其愧悔之心。象刑不是以国家强制为后盾的暴力，不是强迫人们接受的刑罚。这种习俗的统治，是维护氏族的存在和发展所必需的，因而得到一致的赞同，是氏族部落全体成员共同意志的表现。

阶级刑法产生于何时，它的上限如何划定，是一个古今学者议论纷纭的重大课题。一种意见认为刑法起源于五帝时代。《通鉴前编外集》说：黄帝时设执掌刑法的李官，“即大理之职也”。同时也有所谓的“李法”。但黄帝时代的法，“其言莫定”，难以考证。至唐虞，有关刑法的记载始渐增多。《图书集成·祥刑典》：“帝尧命舜居摄，制五刑及流宥鞭扑赎赦之法，流共工于幽洲，放驩兜于崇山，窜三苗于三危，殛鲧于羽山，四罪而天下咸服。”舜时皋陶造律之说更屡见于典籍。《尚书·舜典》：“帝曰：皋陶，蛮夷猾夏，寇贼奸宄，汝作士，五刑有服，五服三就，五流有宅，五宅三居。”《竹书纪年》：“帝舜三年，命皋陶作刑。”《左传·昭公十四年》：“夏书曰：昏墨贼杀，皋陶之刑也”。《急就篇》：“皋陶造狱，法律存。”《后汉书·张敏传》：“孔子垂经典，皋陶造法律，原其本意，皆禁民为非。”《太平御览》：律是“咎繇遗训，汉命萧何广之”。可见，在古籍中不乏以皋陶为法的创始人的记载。

另一种意见认为从夏朝起始有刑法。《尚书大传》：“夏刑三千条。”《左传·昭公六年》：“夏有乱政，而作禹刑。”《汉书·刑法志》：“禹承尧舜之后，自以德衰，始制肉刑。”《隋书·经籍志二》：“夏后氏正刑有五，科条三千。”近年来的地下发掘，证明了夏禹时期中国已经确定无疑地进入了阶级社会，建立了国家，制定了刑法。需要指出，在生产力极端低下的中国古代，社会发展异常缓慢，因此达到夏朝国家与刑法的规模需要经过漫长的发展过程。这个过程也就是由氏族社会末期的“象刑”向阶级社会刑法转变的过程。处于氏族社会末期的尧舜时代，虽然还没有形成统一的部落国家，但私有财产和阶级均已出现，与此相适应的某些强制性刑法规范也可能产生。《舜典》中有关罚与罪的记载，不应因传疑而漠视，相反需要结合地下文化遗存的发现展开全面研究。

第二节 中国法律起源的各种观点

中国古代思想家提出了各种法律起源说，具有代表性的有以下几种：

第一，刑（法）起于兵说。中国古代不仅法与刑不分，兵与刑也不分。“大刑用甲兵，其次用斧钺；中刑用刀锯，其次用钻凿；薄刑用鞭扑。”〔1〕因此，有人主张“刑起于兵”，即用战争来论证法律的起源。中国在进入阶级社会前后的一段时间，的确发生了一系列规模较大的战争，如共工蚩尤之战、黄帝蚩尤之战、黄帝炎帝之战、夏启与有扈氏之战等，为了争取战争的胜利，需要强制约束军队，于是制定了具有刑法性质的军律。《通典·刑法志·刑制上》说：“黄帝以兵定天下，此刑之大者。”《辽史·刑法志》：“刑也者，始于兵……蚩尤惟始作乱，斯民鸱义，奸宄并作，刑之用岂能已乎？”而夏启在发兵攻伐有扈氏之前，就曾经颁布了一条军律：“用命，赏于祖；弗用命，戮于社。予则孥戮汝。”〔2〕根据史料记载，当时对于本氏族以外的异族部落，不仅采用大刑即以“兵”去征伐，而且掳获的俘虏，已不按过去的习惯全部杀死，而是把他们当作种族奴隶，进行奴役和剥削，于是也需要用刑（法）加以镇压和管束。刑起于兵之说在古代影响较大。

第二，刑源于天定说。远古时代生产力低下，人类还缺乏征服自然的力量，因而对于各种自然现象充满敬畏。在这种条件下，“天”被推崇为万事万物（包括刑在内）的本源。而统治者为了把个人的意志强加于社会，也有意识地把刑（法）与天联系在一起，渲染现实中的惩罚是天意。《尚书·皋陶谟》：“天工人其代之”，“天讨有罪，五刑五用哉”。《孔传》：“民所叛者天讨之。”《祥刑要览注》：“讨罪用刑，一出于天，非可得而私。”夏商以来的统治者，大都假借天的名义，进行所谓的“天讨”“天罚”，借以为其国家统治的活动辩护。例如，夏启攻伐有扈氏发布的军律中便宣称：“天用剿绝其命，今予惟恭行天之罚。”〔3〕商汤在攻打夏桀时也鼓吹：“有夏多罪，天命殛之……尔尚辅予一人，致天之罚。”〔4〕

第三，刑源于苗民说。历史学界和法史学界一般认为法律起源于夏朝，

〔1〕《汉书·刑法志》。

〔2〕《尚书·甘誓》。

〔3〕《尚书·甘誓》。

〔4〕《尚书·汤誓》。

但夏朝已经是统一的、定型的国家形态，《禹刑》也不是最早的法律，法律的起源应早于夏朝。《尚书·吕刑》有这样的记载："苗民弗用灵，制以刑，惟作五虐之刑，曰法。杀戮无辜，爰始淫为劓、刵、椓、黥。"苗人是活动在长江流域的先进部落，部落的领袖是蚩尤。他最早摆脱了神权的羁绊，开始制定法律，规定了五种刑罚（劓、刵、椓、黥、大辟）。孔颖达注曰："三苗之国君，习蚩尤之恶，不肯用善化民，而更制重法，惟作五虐之刑，乃言曰此得法也。"〔1〕

上述文献记载说明苗人阶级分化比较早，造成了相互间的争夺，因而需要用法律加以控制。晋朝杜预为《左氏春秋·文公十八年》作注时说苗部落中出现了饕餮之徒，"贪财为饕，贪食为餮"。〔2〕为了贪财、贪食，人多不讲信义，如同唐孔颖达在《尚书·吕刑》疏中说："民皆巧诈，无有中于信义。"〔3〕为了改变这种状态，蚩尤制定了法律。这与马克思主义的法律起源论颇有暗合之处。即经济的发展产生了剩余，从而出现了阶级分化和阶级斗争，为了使斗争的双方不至于两败俱伤，就制定了法律。

苗民的法律起源论得到了历史证实。黄帝和炎帝联合打败了蚩尤，把苗民放逐到各地，但是"灭其族而用其刑"，夏、商、周三代的五刑（墨、劓、刖、宫、大辟）就来源于苗民的五刑，直到汉文帝废除肉刑才改变了三苗传来的五刑。

古代的刑与法是通用的。刑起于兵，就是法起源于战争。在原始社会末期，经常发生战争，如黄帝与蚩尤之战，黄帝与炎帝之战。为了在战争中约束军队，就制定了法律。《易经》曰："师出以律。"《正义》解释说："师出以律者，律法也。……是整齐师众者也。既齐整师众，使师出之时，当须以其法制整齐之，故云'师出以律'也。"〔4〕清朝在关外时期，皇太极经常起兵伐明，也不断向漠南蒙古部落征伐，每次用兵之前，都颁布军律，整肃部队，严明纪律，而频频颁发的军律，是关外时期政权的主要立法形式，由此也可以说明刑起于兵说的价值。

第四，刑起于定分止争说。古代、近代的学者多赞同此说。管子说："律者，所以定分止争也。"〔5〕荀子对此作了进一步阐释，他认为远古之时，物少

---

〔1〕《尚书正义》卷一九。

〔2〕《春秋左传正义》卷二〇。

〔3〕《尚书正义》卷一九。

〔4〕《周易正义》卷二。

〔5〕《管子·七臣七主》。

人多，“物不能澹则必争，争则必乱，乱则穷矣。先王恶其乱也，故制礼义以分之，使有贫富贵贱之等”。[1]定分就是依法确认贵贱等级的名分，根据名分各有相应的权利义务，使之各安其位、各守其分，避免争斗。梁启超指出，“定分止争”中的“分”就是今人所指之“权利”。“创设权利，必藉法律，故曰定分止争也。民之所以乐有国而赖有法者，皆在此而已。”[2]

第五，刑（法）起源于“性恶”说。荀况是性恶论者，他从人性的角度解释法律的起源，说：“古者圣人以人之性恶，以为偏险而不正，悖乱而不治，故为之君上之势以临之，明礼义以化之，起法正以治之，重刑罚以禁之，使天下皆出于治，合于善也。”[3]

在这五种法律起源论中，刑起于苗民说、定分止争说、兵说，影响较为深广，但也有不足。譬如定分止争的“争”，只是泛论，没有揭示出其实质已然是阶级斗争。至于刑起于兵，中国氏族社会末期，掠夺战争对于王权的形成和氏族原始民主制的解体，的确起了重要的作用。恩格斯说：“掠夺战争加强了最高军事首长以及下级军事首长的权力……世袭王权和世袭贵族的基础奠定下来了。”[4]掠夺战争也确实促进了刑（法）的形成。《诗·鲁颂·泮水》将虎臣献馘与皋陶献囚并提。中国古代的法官，也大都以武职官为名，如士师、司寇、廷尉。而最早的法律也确实是军法，如前引《尚书·甘誓》：“用命，赏于祖；弗用命，戮于社。予则孥戮汝。”但是，把掠夺战争说成是产生刑（法）的唯一根源，完全忽略了最重要的经济因素，乃是这个学说的根本缺陷。单纯的掠夺战争既不能产生国家，也不可能产生刑法。

至于象天说、性恶说，虽然沿袭已久，但由于缺乏合理性和充分的论证而逐渐消失。

刑（法）是一定历史条件下的产物，是私有制和阶级形成以及阶级斗争的结果。随着生产力的发展，贫富的差别逐渐扩大，社会矛盾日益加深，出现了剥削与反剥削、压迫与反压迫的激烈斗争，因此犯罪和法与罚的种种社会现象的产生也就不可避免。马克思、恩格斯在《德意志意识形态》中指出：“犯罪——孤立的个人反对统治关系的斗争，和法一样，也不是随心所欲地产

---

〔1〕《荀子·王制》。

〔2〕梁启超：《管子传》，载《饮冰室合集》（第七册），专集之二十八，中华书局1989年版，第15页。

〔3〕《荀子·性恶》。

〔4〕［德］恩格斯：《家庭、私有制和国家的起源》，载中共中央马克思恩格斯列宁斯大林著作编译局编译：《马克思恩格斯选集》（第4卷），人民出版社1972年版，第160~161页。

生的。相反地，犯罪和现行的统治都产生于相同的条件。”〔1〕这个条件就是私有制和阶级斗争。由于犯罪和刑罚是对立的统一体，所以，“罪犯不仅生产罪行，而且还生产刑法”。〔2〕

需要指出，中国是一个地处东亚大陆的文明古国，具有特定的社会地理、历史条件。大约在公元前21世纪，在生产力水平十分低下的木石器时代，中国便打破了氏族社会的第一个缺口，由家族取代了氏族而成为社会的基本细胞，进入了从原始社会到文明的中间阶段——父权制时期。父系家族公社的家长为了维护自己的特权，而将氏族社会有利于己的习惯用法律的形式固定下来。不仅如此，这时还产生了这样的一种需要：“把每天重复着的生产、分配和交换产品的行为用一种共同规则概括起来，设法使个人服从生产和交换的一般条件。这个规则首先表现为习惯，后来便成了法律。”〔3〕于是以“家族法”形式出现的法律，逐渐取代了氏族社会的习惯。家族法是指父权制时期个别大家族的家内法，或者泛指父权制时期调整社会的行为规范。它与氏族社会的习惯联系密切，都是不成文的。但氏族习惯是全氏族利益和意志的表现，而家族法则主要是确认家长的特权，随着社会的发展和国家的出现，部分地被改造为奴隶制的法。

家族法极力维护父系血统的私有财产继承权，确认男性压迫女性的婚姻关系，同时也保护作为奴隶制原始形式的家长奴隶制，这是古东方奴隶制的重要特征之一。

第三节　禹刑的基本内容与司法、监狱

氏族社会的习惯，经过统治阶级的选择，变成具有强制性的行为规则，如不遵行，以刑制之。这是一个由个别调整到一般调整的漫长发展过程，推动这个转变的根本动力是阶级之间的相互斗争。只有在奴隶制国家的支持下，才有可能赋予氏族社会的某些习惯以法律的性质，成为奴隶制国家的法律。《左传·昭公六年》：“夏有乱政，而作禹刑。”《汉书·刑法志》：“禹承尧舜

〔1〕中共中央马克思恩格斯列宁斯大林著作编译局编译：《马克思恩格斯全集》（第3卷），人民出版社1972年版，第379页。

〔2〕中共中央马克思恩格斯列宁斯大林著作编译局编译：《马克思恩格斯全集》（第26卷），人民出版社1972年版，第415页。

〔3〕中共中央马克思恩格斯列宁斯大林著作编译局编译：《马克思恩格斯全集》（第18卷），人民出版社1972年版，第309页。

之后，自以德衰，而制肉刑。”这里所说的“德衰”和“乱政”，可以理解为奴隶反抗奴隶主贵族的斗争和坚持氏族旧传统的集团反对阶级秩序的斗争。以乱政为制刑的动因，符合历史发展的规律性。但禹刑不一定是禹时制定的刑法，而可能是夏朝法律的总称，以禹为名表示对夏族杰出祖先和开国之君禹的怀念和崇敬。至于典籍中所说的“夏刑三千条”〔1〕，“夏后氏正刑有五，科条三千”〔2〕，“夏后肉辟三千”〔3〕，等等，或是泛指夏刑之多，或是后人的附会。

禹刑之外，夏朝国王的命令也是重要的法律形式。

夏朝法律的内容，由于史料缺乏，只有片断的记载。

一、刑法

（一）罪名

《左传》昭公十四年（公元前528年）引《夏书》说：“昏墨贼杀，皋陶之刑也。”凡“恶而掠美为昏，贪以败官为墨，杀人不忌为贼”，这说明夏代已经有了强盗罪、贪污罪和杀人罪，犯者处重刑。

由于夏代血缘关系还有很强的约束力，因此，不孝也是一项重要罪名，所谓“五刑之属三千，而罪莫大于不孝”。〔4〕对此，近代著名学者章太炎曾著有《孝经本夏法说》来详细阐述这一问题。

此外，还有所谓“威侮五行，怠弃三正”罪。〔5〕威侮五行，就是不敬上天；怠弃三正，就是不能重用大臣，这是夏启攻打有扈氏“恭行天之罚”，“天用剿灭其命”的重要理由，可见是重大犯罪。

在夏《政典》中还有所谓“先时者杀无赦，不及时者杀无赦”〔6〕的规定，说明夏朝对官吏违反制度及命令的职务犯罪也给予严惩。

（二）刑法原则

夏代随着统治经验的积累也形成了一些初步的刑法原则。《左传》襄公二十六年（公元前557年）引《夏书》说：“与其杀不辜，宁失不经。”辜是罪，经是常法，也就是说，宁可不按常法行事，也不能错杀无罪的人。这条刑法

---

〔1〕《尚书大传》。
〔2〕《隋书·经籍志二》。
〔3〕《扬子法言·先知》。
〔4〕《孝经·五刑章》。
〔5〕《尚书·甘誓》。
〔6〕《尚书·胤征》。

原则，由于审慎用刑而又不拘泥于条文曾被后世所传颂。见于《尚书·舜典》的“眚灾肆赦，怙终贼刑”，也说的是过失及不可抗力导致犯罪可以减免处罚；而故意和一贯杀人犯罪者则处重刑。《舜典》虽系伪古文尚书，不宜据以立论，但联系到周初关于过失与故意、一贯与偶犯的明确的用刑原则，可以推知在夏朝这个原则已经在形成中。

（三）刑名

夏代的肉刑是墨、劓、膑、宫、大辟。《魏书·刑罚志》说：“夏刑则大辟二百，膑辟三百，宫辟五百，劓墨各千。殷因于夏，盖有损益。”可见夏朝吸收了苗人的五虐之刑，只是改“刵”为“膑”，改“椓”为“宫”。夏初，五刑适用于俘虏和奴隶，对同族人仅使用流、赎、鞭、扑而已。随着阶级的分化，五刑逐渐扩及沦为被统治地位的同族人。不仅如此，《淮南子·俶真训》中记载夏桀时，已有类似商纣所实行的“燔生人，辜谏者”，以及炮烙、剖心、析胫、菹醢等酷刑。

值得一提的是夏代已有赎刑制度。据说，周穆王命吕侯制定《吕刑》，建立系统的赎刑制度时，便参考了夏代的赎刑制度。《史记·平准书》司马贞《索隐》引《尚书大传》：“夏后氏不杀不刑，死罪罚二千馔”（铜六两为一馔）。《路史·后记》也说：“夏后氏罪疑为轻，死者千馔，中罪五百，下罪二百。”夏代虽以木石器生产工具为主，但已经出现青铜冶炼，并且开始用于铸造祭器和兵器。近年地下发掘证实了这一点。《越绝书》卷一一说：“禹穴之时，以铜为兵”，因此以铜赎罪是可能的，这也反映了夏朝的法律旨在保护少数奴隶主贵族。

二、夏礼

礼的原义是祭神求福的一种仪式活动。“礼，履也，所以事神致福也。”[1]“礼之名起于事神，引申为凡礼仪之称。”[2]这种事神的仪式早在氏族社会就已出现。进入阶级社会以后，在神权政治思想的支配下，有关籍田、军旅、会盟、朝聘、宴饮等国家活动，往往和敬神联系在一起，从而赋予礼以新的内容，成为阶级社会的统治手段。夏礼是在改造旧传统习俗的基础上，适应阶级分化的新秩序而形成的新规范。这个过程是一个充满斗争的过程，也是一个文化渐进的过程。夏礼对商、周有着重大的历史影响。孔子所说：“殷因

---

〔1〕（汉）许慎：《说文解字》。

〔2〕（清）徐灏：《〈说文解字〉笺》。

于夏礼，所损益，可知也。周因于殷礼，所损益，可知也。"[1]这是可信的。

夏礼的主要内容是："上事天下事地，尊先祖而隆君师。"[2]为了把礼确立为调整阶级分化新关系的新规范，需要借助神的力量，因此把"上事天"列为首要内容，把不敬上天即所谓"威侮五行"列为重要的犯罪。同时还把礼所调整的等级秩序，比附于"天地有序"。尤其是在家国相通、亲贵合一的宗法政治色彩十分浓厚的夏朝，以"尊先祖""隆君师"作为礼的主要内容是毫不奇怪的，以致严重违反军律的行为，也要在祖庙神坛处决，所谓"弗用命，戮于社"，从而表现了礼和刑的统一。

三、司法和监狱

夏朝的司法官中央叫"大理"，地方叫"士"或"理"。"士""理"之下有"正""史"。但在夏朝，司法机关没有也不可能形成体系。至于诉讼和审判，限于史料匮乏，尚无从查考。

监狱是国家机器的重要组成部分。中国从夏朝起已有囚禁罪犯的监狱。据《易·坎卦·上六》夏初"系用徽纆，寘于丛棘"，丛棘可能是夏监狱的早期形态，发展至"夏后芬三十六年作圜土"。[3]所谓圜土，据《释名·释宫室》解释："狱又谓之圜土，筑其表墙，其形圜也。"故圜土实为土牢。夏后"芬"是"启"以后第七代夏王。由于这时国势强盛，领土扩张，战争所俘获的奴隶增多，阶级反抗也随之激烈，因此兴作监狱"圜土"。夏桀时曾把商族首领汤"囚之夏台"。《史记·夏本纪》："桀谓人曰吾悔不遂杀汤于夏台，使至此。""夏台""钧台"既是夏监狱的代称，也可能泛指监狱的所在地。

---

〔1〕《论语·为政》。

〔2〕《史记·礼书》。

〔3〕《竹书纪年》。

第二章

商朝法律

(约公元前17世纪—约公元前11世纪)

第一节　神权笼罩下的国家体制

一、商朝的建立与奴隶制的发展

夏、商都是我国古代最发达的部落。商在灭夏之前，已经跨进奴隶制社会，灭夏以后建立起奴隶制的商王国。

商汤建都在亳，传十代至盘庚，迁都于殷，此后国力显著增强，政治疆域达到今之河南黄河两岸地区，以及山东的大部分和河北、山西的一部分，形成一个拥有“邦畿千里”“四海来假”[1]的大国。

在商朝，农业是社会经济的主要部门，畜牧业也很繁盛。在此时期，手工业已有较细致的分工，商品生产和交换的范围逐渐扩大，并出现了货币；特别是青铜器的铸造，标志着商朝社会生产力达到了相当高的发展水平。

在商朝，奴隶的数量众多，其主要来源于战俘，也有一些平民因犯罪而沦为“罪隶”。奴隶主贵族利用他们手中掌握的国家权力，将广大奴隶强制束缚在奴隶制的生产方式之下。在社会经济的各个领域，都广泛地使用奴隶劳动，奴隶是社会生产的主要承担者。甲骨文中的“众”或“众人”是农业生产奴隶，“工”是工奴，“臣”“妾”“奚”“仆”等都是奴隶的名称。

奴隶之外还有“小人”，是商代社会的“平民”阶层。他们可以从贵族那里得到土地进行生产，在身份上也有一定的自由，并且是商朝军队的主要成员。因此，“平民”的政治倾向，在一定时期影响着商朝的国家活动。但是，“平民”也同样受贵族剥削，要向贵族缴纳贡税，并经常被贵族利用为从

〔1〕《诗经·商颂·玄鸟》。

事战争的工具。“平民”中的下层，时常因军事服役、赋税或天灾人祸而破产，或者因犯罪而沦为奴隶。商朝后期平民反抗贵族统治的斗争和奴隶起义逐渐合流，标志着商朝统治出现重大危机。

与广大奴隶和平民处于对立地位的是奴隶主贵族阶级，即典籍中所说的“王侯”“子族”“邦伯师长百执事”和“百姓工人”，等等。他们是由原来部落联盟的各级首领和军事集团的领袖转化而来，掌握着国家权力，成为政治上的统治阶级。

商朝对最基本的生产资料——土地，采取奴隶主贵族阶级所有的国有形式。商朝土地的经营采取“井田制”。井田既是土地的计量单位，也是计算奴隶劳动的单位。井田中间有“沟”“洫”“遂”“浍”“川”等排灌渠道，还有纵横在田间的道路“阡陌”。井田周围则“启土作庸”，形成封疆。井田的最高所有权属于国王，由国王将井田分赐给贵族和各级官员，因此井田又是贵族百官们的俸禄来源。

商朝的赋税主要是田赋。《孟子·滕文公》说：“夏后氏五十而贡，殷人七十而助，周人百亩而彻，其实皆什一也。”五十、七十、百亩是计算租赋的土地单位。“助者，籍也。”籍，即借，是借助奴隶或农奴的劳动力耕种公田的一种力役剥削制度。

总之，国王享有最高的土地所有权，由国王分配土地给贵族使用，贵族们要向国王缴纳贡赋。除土地之外，奴隶也是重要的所有权客体。奴隶和其他牲畜、工具一样，都是贵族们的财产，可以作为买卖或赏赐的对象来转让，甚至可以随意杀害。安阳小屯宗庙宫寝遗址南部的一座祭坛及其周围，就发现了许多以人、畜作为祭祀品的遗迹。

二、祖宗神的天道观与国家机关体系

商朝时期生产力水平低下，人对自然现象不能解释，因而充满了畏惧。商朝统治者便利用这种心理大肆鼓吹“神权政治”思想，把宗教迷信和政治统治糅合在一起，从精神上奴役和威慑广大奴隶和平民。他们虚构出一个称为“帝”的所谓万能至上的神。“帝”具有统治一切的无上权威，他主宰地上的赏罚、年岁的丰歉、战争的胜负，以及城邑的兴建和官吏的黜陟。商朝以“帝”为代表的统一的一神教的创设，是商朝专制主义政治制度在宗教领域的反映。天上的“帝”不过是地上国王的投影，因此正如地上的王一样，“帝”也有它的“臣正”和“帝廷”。

为了借助神权的力量来加强王权，商王把对神的崇拜和对王室祖先的崇拜联结起来。商代统治者提出，“帝”是王的祖宗神，王是“帝”的嫡系子孙，从而把神权和王权合二为一，为奴隶制的贵族政治涂上一层神秘的色彩，以服务于压迫奴隶和平民的政治目的。商王经常以施行“天罚”来进行威胁。商朝后期在阶级斗争不断发展的形势下，商王企图用神权来挽救统治的危机，他自称为“帝”，在甲骨文中出现了“王帝”或“下帝”的字样。显而易见，奴隶主贵族所秉持的宗教是商朝政治制度的精神支柱。为了使王权神化，商朝把对鬼神和祖先的祭祀列为国家大事。频繁的祭祀活动，实质上都是在宗教外衣掩盖下的政治性活动。不仅如此，通过贞卜活动，神的意志也被商王用来体现自己的意志。因此，只有商王本人和史官才有贞卜和解释卜兆的权力。宗教事务机关在商朝国家机关中占有重要的地位。

商朝后期，随着王权的进一步加强，史官的权势相对下降，武乙以后，商王取得了亲自贞卜的权力，进一步削弱了史官的职权。从卜辞上看，武乙以前一般记录贞人的名字，武乙以后一般不记录贞人的名字。至帝乙、帝辛时代，“王贞”“王卜”基本上代替了史官的贞卜。

商王的权威除来自神外，也以他所拥有的强大的经济、行政和军事力量为后盾。

在商王以下已经建立起一套比较完整的内外行政机关体系。如《尚书·酒诰》所载：“越在内服，百僚庶尹，惟亚惟服宗工”，“越在外服，侯、甸、男、卫、邦伯”。铜器铭文也有“殷边侯甸”与“殷正百辟”的记录。

所谓内服，是商朝中央机关的统称。其中，“尹”与后世的“相”相近，地位显赫。《尚书·君奭》列出商代居相位的有伊尹、保衡、伊陟、臣扈、巫咸、巫贤、甘盘等。另据《史记·殷本纪》，身居“相”位的还有仲虺、傅说等人，他们都是商王的重要辅臣。此外，主管力役之征的司徒以及工官司空、刑官司寇是重要的行政官。甲骨文中的“小耤臣”“小众人臣”是管理农事力役的行政官，还有掌宾客的外事官“宾”。

在商朝已经开始出现内廷官，如“宰”和“小臣”。至于史官的职掌和地位见前不赘。

商朝的中央行政机关，虽然有一定的规模和体系，但总的说来还是繁杂的，结构既不严谨，各种官职之间也没有明确的职权划分，这在奴隶制国家确立不久的商朝是很自然的现象。

商朝也初步形成了地方机关体系，商王在直接的统治地区内，设置了

“百姓”和“里君”两个不同系统的地方管理机关。“百姓”是与商王同姓或异姓的世袭贵族官职。“里君”是基层行政区域的官职。“百姓”和“里君”两者之间的关系，虽不得而知，但由于这两个地方管理体系同时并存，说明了商朝一方面按地域来组织和管理居民，另一方面，也还利用氏族制度残留的血缘关系进行政治统治。

至于甲骨文中出现的“邑”，是奴隶主控制下的由一定数量的奴隶和土地构成的单位，可以用于赏赐或交换。有的“邑”在性质上相当于商朝社会的基层组织。从“邑”的设置来看，或因国王巡视而设，或设于新征服地区。总之，“邑”的设置具有明显的政治目的，是巩固商朝统治的基层据点。卜辞中所谓“土方牧我田十人，东鄙戋二邑”，就是失去二“邑”而上报商王的记录。商朝的国都也可被视为“邑”，称“天邑”。

三、亲贵合一的国家组织原则

商朝的国家组织实行“亲贵合一”的原则。商王是奴隶主贵族的总代表，商王以下只有贵族家族才有资格参加国家管理，担任国家官职。商王盘庚在对贵族集团的一次讲话中，便指出了他们的祖先同商先王有“胥及逸勤”[1]的共政关系，并保证他们世代担任国家官职，即所谓“世选尔劳”的特权。因此，在商朝国家中，尽管担任国家官职的具体的人代有变换，但官职本身却固定在某些贵族家族之中。

由于商朝奴隶主贵族的家族组织和国家组织之间互相渗透、紧密结合，故在国家统治中融合着家族统治的因素。

奴隶主贵族极力保留氏族家族组织的残余和传统血缘的影响，渲染“尊祖敬宗”的观念。其把对宗庙的祭祀列为国家大事，企图借家族血缘关系的外衣，来掩盖贵族和平民之间的剥削与被剥削、统治与被统治的对立关系，消解平民的反抗意识，并驱使他们充当战争的工具。“亲贵合一”的国家组织原则，保证了奴隶主贵族对于国家权力的垄断，反映了我国古代贵族政治的鲜明色彩。以王族为核心，联结许许多多贵族家族的骈支构成了商朝奴隶主国家的统治网。

---

〔1〕《尚书·盘庚》。

第二节　汤刑的制定与天罚思想

商朝灭夏以后，针对新的形势，迅速开始了立法工作。《左传》昭公六年（公元前536年）说"商有乱政，而作汤刑"。汤刑也如禹刑一样，是商代法律的总称，以汤为名，表示对商族杰出领袖和开国之君汤的怀念。商朝传至太甲，"不遵汤法，乱德"，肆行暴虐，使得国势衰颓，社会秩序混乱，为了稳定奴隶主贵族的统治，"祖甲二十四年，重作汤刑"。[1]即对原有的法律进行修改和增补，以图匡正衰颓的国势与混乱的社会秩序。

商初的立法活动，受到夏朝的影响，据说在夏朝灭亡时，其太史令终古曾"出其图法……出奔如商"，为此，"汤喜而告诸侯曰，夏王无道，暴虐百姓……守法之臣，自归于商"。[2]

由于商王是祖宗神，因此不听王命就是违天，即构成重罪。商汤在灭夏的誓师令中宣布："尔不从誓言，予则孥戮汝。"[3]商王盘庚也曾经警告臣民：如有狂妄放肆，不守法纪，不敬国王，犯法作乱，他就要"劓殄灭之无遗育，无俾易种于兹新邑"。[4]这既是王的命令，也是代神发言。此外，"析言破律，乱名改作，执左道以乱政……作淫声、异服、奇技、奇器，以疑众……行伪而坚，言伪而辩，学非而博，顺非而泽以疑众……假于鬼神，时日，卜筮以疑众……"[5]，这四类重大的犯罪，称为"四诛"。犯者诛不待时，无需审判。

在商朝天道观的影响下，敬祖就是敬神，不孝成为重罪。《吕氏春秋·孝行》引《商书》说："刑三百，罪莫重于不孝。"高诱注云："商汤所制法也。"传说，伊尹流放太甲的原因之一，就是太甲不明居丧之礼。

商朝的刑罚，源于夏五刑而有所损益。"夏后氏之王天下也，则五刑之属三千，殷周于夏，有所损益。"典籍或甲骨文中均有商朝五刑的记录。值得一提的是，商朝崇尚神权法因而现实中的刑罚也被称为天罚。商朝的刑罚手段极为残酷，例如，商朝末代统治者纣王，暴虐无道，滥施酷刑，《史记·殷本纪》说："纣乃重刑辟，有炮烙之法"，"醢九侯……并脯鄂侯"，"剖比干，

---

〔1〕《竹书纪年》。
〔2〕《吕氏春秋·先识览》。
〔3〕《尚书·汤誓》。
〔4〕《尚书·盘庚》。
〔5〕《礼记·王制》。

观其心”。所谓炮烙之法，是在铜柱上涂油，下加炭使热，令有罪者行其上，辄坠炭中烧死。据说，周灭商之前，周文王曾“请入雒西之地，赤壤之国方千里，以请解炮烙之刑”。对此，孔子赞美说：“仁哉文王，轻千里之国，而请解炮烙之刑；智哉文王，出千里之地，而得天下之心。”〔1〕所谓醢是将罪犯捣成肉酱。据《史记·殷本纪》载：“九侯有好女，入之纣。九侯女不喜淫，纣怒，杀之，而醢九侯。”

第三节　宗法观念的初步确立与婚姻继承制度

商朝占统治地位的婚姻形态是一夫一妻制。但贵族之间的婚姻，通常实行以“娣”随嫁的“媵嫁”制度，作为贵族男性可以有数量不等的庶妻，但女子只能有一个丈夫。《易·渐·九三》说：“夫征不复，妇怀不育，凶。”就是说，丈夫出征期间，妻子与人发生两性关系，是非法的。

随着私有财产的发展，商朝的继承关系也初步确立。以商朝王位继承为例，商代自上甲起至帝辛止，传子者十九人，兄终弟及者十四人，弟传兄子者四人，堂弟传堂兄者一人，主要是父死子继和兄终弟及。在王权与宗法观念的双重作用下，嫡长子继承制终于取代了兄终弟及制。至帝乙时“有妻之子而不可置妾之子”〔2〕，已被严格确定为一种具有法律意义的规则。史载：“帝乙长子曰微子启，启母贱，不得嗣。少子辛，辛母正后，辛为嗣。帝乙崩，子辛立，是谓帝辛，天下谓之纣。”〔3〕《吕氏春秋·当务篇》记述纣继承王位更为详细：“纣之同母兄弟三人，其长子曰微子启，其次曰仲衍，其次曰受德，受德乃纣也，其少矣。纣母之生微子启与仲衍也，尚为妾；已而为妻而生纣。纣之父、纣之母欲置微子启以为太子，太史据法而争之曰：‘有妻之子，而不可置妾之子。’纣故为后。”嫡子继承权的确立是统治阶级为保证他们的财产权和政治特权不受侵害，以及维持统治集团内部的秩序而采取的一种规则，至周朝始进一步制度化，并为以后的封建王朝所承袭。

第四节　王权支配下的司法制度

在商朝，国王拥有最高的审判权，所谓“惟予一人有佚罚”。卜辞“贞：

〔1〕《左传·昭公七年》。

〔2〕《吕氏春秋·当务篇》。

〔3〕《史记·殷本纪》。

王闻惟辟”，“贞：王闻不为辟”，[1]“兹人井（刑）不”[2]都是官吏奏闻商王如何定罪量刑的记录。商王以下，“司寇”是中央司法官。“正”与“史”是地方司法官。他们分别接受王命，审理中央与地方的各类案件。

商朝的监狱较夏也有所发展，根据史记和甲骨文记载，商朝囚禁犯人的监狱，也叫“圜土”，即在地下挖成圆形土牢，或在地上筑起圆墙，以拘禁罪人。《墨子·尚贤下》记载：“昔者傅说，居北海之州，圜土之上。”傅说就是囚禁在这种土牢里的刑徒。《史记·殷本纪》说：“纣囚西伯（即周文王）羑里”，身戴桎梏达七年之久。《正义》曰：“牖，一作‘羑’音酉。”因此“牖里”或作“羑里”，便成为商朝监狱的所在地。“羑里”在今河南汤阴县北。甲骨文有“圉”字，作，象征带着刑具的犯人被囚禁在方形的土牢里。据清人段玉裁考证：“圉为口幸，幸为罪人，口为拘之。”

商自成汤建国，传至盘庚迁殷，国力迅速发展，武丁时达到了全盛阶段。武丁以后，商朝便开始走下坡路。商朝末年，纣王“以酒为池，悬肉为林”，大肆搜刮，“厚赋税以实鹿台之钱，而盈巨桥之粟”，[3]招致激烈反抗。为了挽救崩溃的危机，商纣王“重刑辟”，实行法外极刑，结果不仅“小民方兴，相为敌仇”，统治阶级内部也众叛亲离，“百姓怨望而诸侯有叛者”，[4]最终为周所灭。

---

[1] 《殷墟文字乙编》。
[2] 《殷契佚存》。
[3] 《史记·殷本纪》。
[4] 《史记·殷本纪》。

第三章

西周法律

(约公元前11世纪—公元前770年)

第一节　周公制礼与礼刑互补

进入阶级社会以后，礼是调整统治阶级内部关系、维护等级制度和加强统治力量的重要手段。礼的权威性并非来自群体共同信仰的神秘性，而是源于它所确认的规范符合国情、人情。《汉书·礼乐志》认为："人性有男女之情，妒忌之别，为制婚姻之礼；有交接长幼之序，为制乡饮之礼；有哀死思远之志，为制哀祭之礼；有拳拳敬上之心，为制朝觐之礼。"因此，礼的形成有其必然性。周初，周公对原有的礼进行补充、厘定，使礼的规范进一步系统化，即后世所称"周公制礼"。《左传》文公十八年（公元前609年），有"先君周公制礼"的记载。礼的基本原则是"尊尊""亲亲"。尊尊为忠，亲亲为孝，这说明维护王权与父权是礼的核心。所谓"天无二日，土无二王，国无二君，家无二尊，以一治之也"。[1]亲亲与尊尊的一致性，表现了族权与王权的统一、伦理与政治的统一。

礼还充当着"别贵贱，序尊卑"的标准。荀子说："礼者，贵贱有等，长幼有差，贫富轻重皆有称者也。"[2]礼又是调整政治、经济、军事、司法、教育、婚姻、家庭等各方面行为规则的总和。所谓"礼，经国家，定社稷，序民人，利后嗣者也"。[3]"道德仁义，非礼不成；教训正俗，非礼不备；分争辩讼，非礼不决；君臣上下，父子兄弟，非礼不定；宦学事师，非礼不亲；班朝治军，莅官行法，非礼威严不行。"[4]《礼记·经解》还说："婚姻之礼

〔1〕《礼记·丧服四制》。
〔2〕《荀子·富国》。
〔3〕《左传·隐公十一年》。
〔4〕《礼记·曲礼》。

废，则夫妇之道苦，而淫辟之罪多矣；乡饮酒之礼废，则长幼之序失，而争斗之狱繁矣；丧祭之礼废，则臣子之恩薄，而背死忘生者众矣；聘觐之礼废，则君臣之位失，诸侯之行恶，而倍畔侵陵之败起矣。”有关“经礼三百”“曲礼三千”“礼仪三百、威仪三千”等说法，虽为后人的附会夸张，但确实足以证明西周礼的内容十分广泛，涉及社会国家的各个方面以及个人的言行。因此，礼被推崇为“上下之纪，天地之经纬也”〔1〕，是“政之舆也”，〔2〕“事无礼则不成，国家无礼则不宁”。〔3〕因此，在奴隶制上层建筑礼乐刑政之中，礼居于首位。

礼不仅是调整统治阶级内部权利义务关系的准则，同时也是禁锢与约束民众的强制性规范。“夫礼，所以整民也”〔4〕，“以礼防民”〔5〕，礼“绝恶于未萌”“塞乱之所从生”，都表现了礼的实质。凡属礼所认可的行为，法亦不禁，而法之所禁者，又必定为礼所不容。违礼即违法，违法亦违礼。例如，违犯孝道之礼而有不孝之罚，违犯忠君之礼而设弑上之刑。总之“为下无礼，则不免于刑”〔6〕。

礼和刑作为两种统治手段，其适用的对象各有所侧重，所谓“礼不下庶人，刑不上大夫”。〔7〕据《礼记·正义》：“礼不下庶人者，谓庶人贫无物为礼。”就是说因等级身份的不同而有不同的礼，凡适用于贵族特权者的礼，庶人是没有资格享用的。“如庶人不庙祭，则宗庙之礼所不及也。庶人徒行，则车乘之礼所不及也。庶人无燕礼，则酬酢之礼所不及也。庶人见君子不为容，进退走，则朝廷之礼所不及也。不下者，谓其不下及也。”〔8〕这表现了礼的特权性。但是，礼作为一种社会规范对庶人也具有普遍的约束力，譬如，庶人也有与其身份相适应的礼。以殡葬之礼为例，“庶人三日而殡，三月而葬”，〔9〕“庶人春荐韭、夏荐麦、秋荐黍、冬荐稻”。〔10〕可见对于“礼不下庶人”的理解不能绝对化。

---

〔1〕《左传·昭公二十五年》。

〔2〕《左传·襄公二十一年》。

〔3〕《荀子·修身》。

〔4〕《国语·鲁语》。

〔5〕《左传·哀公十五年》。

〔6〕《韩诗外传》。

〔7〕《礼记·曲礼》。

〔8〕《礼记集说》卷七，引广安游语。

〔9〕《礼记·王制》。

〔10〕《礼记·王制》。

礼与刑虽然本质一致，作用相通，但适用的范围确有所区别。《白虎通》："礼为有知制，刑为无知设。"《礼记·曲礼》："礼之所制，贵者始也，故不下庶人；刑之所加，贱者使之，故不上大夫。"周朝统治者曾经明确宣布"用刑以治野人"。刑法的任务就是"禁暴"和"正邪"，表明其锋芒所向对准广大奴隶的反抗，但是，对"刑不上大夫"的理解也不能绝对化。从历史实际来看，大夫一类的贵族高官，如做出"有畔"或"不听命""自相争夺"以及"弑父弑君"等严重危害奴隶主贵族统治的行为，统治者不仅责之以礼，而且惩之以刑，直至将其处死。根据古人的解释，"刑不上大夫"有以下含义：

第一，"刑不上大夫者，据礼无大夫刑"。[1]孔颖达在《礼记》疏中进一步指出："刑不上大夫者，制五刑三千之科条，不设大夫犯罪之目也。"然而不设大夫犯罪之目，并不等于大夫犯罪不受惩罚。周公旦也曾杀掉兴兵作乱的武庚和管叔，放逐蔡叔。周夷王时，还曾因纪侯之谮而烹齐哀公。周宣王时又因鲁国犯王命，杀其君伯御。这些都是以严刑诛杀诸侯贵族的史证。至春秋时，贵族之间骨肉相残，大臣被诛戮的更是史不绝书。事实说明，礼和刑都不是绝对不可逾越的。认为奴隶制时代刑书中没有制裁大夫一类贵族高官犯罪的条例的观点，也不全然符合历史实际。周初，伯禽在征伐淮夷、徐戎前，对包括卿大夫在内的部众发布的誓师词中，便谈到了适用于卿大夫的"常刑"："马牛其风，臣妾逋逃，勿敢越逐。祗复之，我商赉尔；乃越逐不复，汝则有常刑。无敢寇攘，逾垣墙，窃马牛，诱臣妾，汝则有常刑。甲戌，我惟征徐戎，峙乃糗粮，无敢不逮，汝则有大刑。"[2]直到春秋时，有的诸侯国还用"周有常刑"来责问其他一些国家的执政者。如鲁国季平子驱逐鲁昭公，晋国荀跞便提出警告："寡君使跞谓吾子，何故出君，有君不事，周有常刑，子其图之。"[3]

第二，"刑不上大夫"是说大夫以上的贵族高官犯了罪，不出庭受审，所谓"命夫命妇，不躬坐狱讼"。[4]必须对贵族处刑时，则有不同于庶人的方法，如死罪应秘密处决而不即市。孔颖达在《礼记》疏中说："凡有爵者，与王同族，大夫以上适甸师氏，令人不见，是以云'刑不上大夫'。"根据文献记载，惩治贵族犯罪的手段如下：①赎刑。"使入财而免其罪"[5]即缴纳一

---

[1]《白虎通·德论》。

[2]《尚书·费誓》。

[3]《左传·昭公三十一年》。

[4]《周礼·秋官·大司寇》。

[5]《朱子大全·舜典象刑说》。

定数量的金（铜）或丝即可赎罪免刑。在生产力水平非常低下的奴隶制时代，赎刑只有贵族特权者才能享有。②放逐，即所谓“投诸四裔，以御魑魅”，[1]“屏诸四夷，不与中国同”。③赐死。“故有赐死而无戮辱”，[2]史载：晋侯将杀里克，便派人向里克示意：“子杀二君与一大夫，为子君者不亦难乎？”里克虽然进行了辩解，但终究还是在“欲加之罪，其无辞乎？臣闻命矣”[3]的怨声中无可奈何地伏剑而死。郑国的公孙黑也在“不速死，大刑将至”与“不速死，司寇将至”的胁迫下“自缢而死”。[4]④在朝廷或指定地点执行死刑。在《孔子家语》中，孔子有关“刑不上于大夫，礼不下于庶人”的解释颇为有趣。“冉有问于孔子曰：‘先王制法，使刑不上于大夫，礼不下于庶人，然则大夫犯罪，不可以加刑，庶人之行事，不可以治于礼乎？’孔子曰：‘不然，凡治君子，以礼御其心，所以属之以廉耻之节也。故古之大夫，其有坐不廉污秽，而退放之者，不谓之不廉污秽而退放，则曰簠簋不饰；有坐淫乱男女无别者，不谓之淫乱男女无别，则曰帷幕不修；有坐罔上不忠者，不谓之罔上不忠，则曰臣节未著；有坐罢软不胜任者，不谓之罢软不胜任，则曰下官不职；有坐干国之纪者，不谓之干国之纪，则曰行事不请；此五者，大夫既自定有罪名矣，而犹不忍斥然正以呼之也，既而为之讳，所以愧耻之。是故大夫之罪，其在五刑之域者，闻而谴发，则白冠厘缨，盘水加剑，造乎阙，而自请罪，君不使有司执缚牵掣而加之也；其有大罪者闻命，则北面再拜，跪而自裁，若不使人捽引而刑杀，日子大夫，自取之耳，吾遇子有礼矣。以刑不上大夫，而大夫不失其罪者，教使之然也。所谓不下庶人者，以庶人遽其事，而不能充礼，故不责之以备礼也。’冉有跪然免席，言曰：‘则美矣，求未闻之。’退而记之。”

总括上述，奴隶制时代的礼与刑虽在适用对象上有所不同，但“礼不下庶人，刑不上大夫”的原则，是有相对性的。礼所规定的义务，庶人同样必须遵守，刑的镇压锋芒也可以上及于犯上作乱、不用王命的大夫之身，即“大夫强，而君杀之，义也”。[5]礼的约束作用依靠刑的强制来维系，刑的实际运用又以礼的原则为指导，因此，二者本质一致，相为表里，互相补充。但礼具有治国、理家、律己的特殊功能，以礼为主要内涵的中国古代法律文

---

〔1〕《左传·文公十八年》。
〔2〕《左传·僖公十年》。
〔3〕《左传·昭公二年》。
〔4〕《礼记·郊特牲》。
〔5〕《礼记·文王世子》。

化，其不仅突出地显示了与西方法律文化迥异，也与东方其他古国有别。

第二节　慎刑思想指导下的立法活动

周原本是商朝西北方属国，甲骨文中“命周侯”和“寇周”的记载，说明了周对商保持着时叛时服的关系。周在武王灭商以前，已经完成了由原始公社制度向奴隶制的转化过程，形成了早期的奴隶制国家，成为西北方许多小国的共主和威胁商朝的一个重要力量。武王灭商以后，周朝发展成我国历史上强盛的奴隶制大国。

周朝建都在镐京（今西安附近），称宗周。自建都镐京时起，至平王东迁洛邑止，称为西周。

西周继续实行井田制度，大规模地组织奴隶集体劳动，所谓“十千维耦”[1]，因而提高了农业产量，在水利灌溉、耕作技术、生产工具的制作和农作物的品种等方面，都比过去有显著发展。手工业也有了号称“百工”的部门分工，商业逐渐发展成不可缺少的社会经济部门。农业、手工业和商业，各个领域都广泛地使用奴隶劳动，奴隶和奴隶主之间不可调和的矛盾不仅没有得到解决，反而在不断发展。

西周的平民，叫“国人”，平民中的上层分子叫“士”，他们占有为数不多的土地和奴隶。“士”要为国家服兵役，受到专门的武士训练，有的“士”也参与某些国家大事，因而有可能被拔擢到下层贵族的行列。

为了加强整个周朝的统治力量，周公旦和成王都极力扩大中央政府的权力，确定周王室和各诸侯国之间的从属关系，建立起一套比以往更为完整的国家体制。

西周王朝建立以后，便在慎刑思想的指导下开始了积极的立法活动。西周法制是我国奴隶制法制的发展形态，具有多样的法律形式，在维护奴隶主贵族统治方面起着重要的作用。

根据古籍记载，早在周文王时期已经形成了法律，《左传·昭公七年》：“周文王之法，有亡荒阅。”杜预注：“荒，大也。阅，搜也，有亡人当大蒐其众。”由于这条法律规定了共同搜捕逃亡的奴隶，因而得到奴隶主贵族们的拥护。

周初还制定了以《九刑》为名的刑书，《左传·昭公六年》：“周有乱政，

---

〔1〕《诗经·噫嘻》。

而作九刑。"《左传·文公十八年》引史克言:"在九刑不忘。"《左传·文公十八年》还记载周公所作《誓命》:"毁则为贼,掩贼为藏,窃贿为盗,盗器为奸,主藏之名,赖奸之用,为大凶德,有常无赦。"这可以说是《九刑》的重要内容。对"九刑"的解释颇不一致,或者认为"九刑"即周公所作"刑书九篇",如《周书·尝麦解》中所说周初原有刑书九篇,成王时加以修正,即"四年孟夏,王命大正正刑书,太史筴刑书九篇以升,授大正";或者认为"九刑"是五种正刑加上流、赎、鞭、扑。

周初由于统治者强调慎刑,注意建立法制,缓和了商末以来激烈的社会矛盾。《史记·周本纪》说:"成康之际,天下安宁,刑措四十年不用。"至昭王时,"王道微缺"。至穆王时,"王道衰微",社会矛盾开始尖锐。"穆王闵文武之道缺",想恢复文武成康的盛世,命司寇吕侯"度时作刑",制作《吕刑》(后吕国改称甫,故吕刑又称甫刑)。《吕刑》三千条,较《周礼·秋官·司刑》所载"墨罪五百、劓罪五百、宫罪五百、刖罪五百、杀罪五百",增加了五百条。其中虽不免有后人的伪造,但有关五刑的种类以及施行办法等简要规定,基本上符合西周历史发展的背景。特别是《吕刑》所确定的赎刑原则以及其他刑事政策,反映了当时的时代特点和奴隶制立法已趋于成熟。总之,《吕刑》的出现,说明西周统治者在总结商和周前期司法经验的基础上,开始形成了奴隶制的法律体系。

西周统治者还从商朝法律中继承了某些适合周朝统治的内容,周公在告诫康叔如何进行统治时,一再提到"外事,汝陈时臬,司师兹殷罚有伦","罚蔽殷彝,用其义刑义杀"。[1]这里所说的殷罚、殷彝,就是指商朝的法律。由于商周法律的阶级本质相同,因此,决定了它们在适用时可以继承,尤其是周朝统治者在援用商朝法律时,大都是针对商族遗民,其中显然渗透着"以其人之道还治其人之身"的政治目的。

应该指出,周朝最经常的立法活动和最主要的法律形式,是周王颁发的诰、誓、命,它们具有最高的法律效力。诰,指诰诫,是周王对诸侯和下级官吏的训示。例如《康诰》,是周公平定叛乱后,封康叔于殷,以统治殷的遗民。在康叔就任时,周公发布大诰,提出了十分重要的刑法原则和政策,对西周的立法和司法起着指导作用。誓,即誓词,多为周王或诸侯于战前向臣下发布,即所谓"用之于军旅",因而带有军令的性质。

此外,适合于周朝奴隶主贵族阶级统治利益的某些习惯和礼的规范,也

〔1〕《尚书·康诰》。

经常被周朝确认为法律，使之成为西周成文法的重要补充。

第三节　宗法等级支配下的行政法律

西周建国以后，行政法律也得到充实发展。西周行政法律的主要内容包括：确认以周王为最高统治者的宗法等级制度；规定职官的构成、职责、权限、执行公务的程序与法律责任；建立职官管理制度等。周朝的行政法对保证国家机器运转，调整宗周与各封国间的关系起着重要的作用。

西周的行政法律规范多见于铜器铭文。例如，《师旗鼎》铭文记载了对不服从行政命令的下属的诉讼判决。《大盂鼎》铭文记载了康王对大贵族盂的训诰，其中涉及有关职官履行行政职守的一些规定。《大克鼎》铭文记载了周王对克的任官命令，以及应遵守的行为规范。《询簋》铭文记载了周王命令询世袭其先祖的官职及其职守。成书于东周时期的《周官》，记载了西周以来的行政立法，反映了周朝统治者力图使设官、任职以及宗周与封国之间的权利义务关系得到法律的调整和确认，值得珍视和研究。

一、确立周王的权力地位

在西周的国家机关体系中，周王地位最高，权力最大，凡属国家大事都由王命决定。在军事上，他可以征调诸侯军队，有最高的军事指挥权；在司法上，他可以裁判诸侯之间的争讼，有最高的司法权，其他如诸侯封国的建置和制度的设施，也都要奉王命进行，所谓“礼乐征伐自天子出”〔1〕。诸侯如不履行贡纳和朝聘义务，周王可以明令征伐或撤销其封国。据说周夷王时，曾因此而“烹齐哀公于鼎”〔2〕。

周王不仅是名义上全国土地的最高所有者，而且拥有众多的“王畿”作为直接领地；不仅有指挥全国军队的最高军权，而且还控制着“六军”这一当时最强大的军事力量。周王所握有的雄厚的经济力量和强大的军事力量是王权的重要支柱，而加强王权的实质也就是加强奴隶主贵族对奴隶的专政。

---

〔1〕《论语·季氏》。

〔2〕《竹书纪年》。

二、宗法、等级、分封三位一体

所谓宗法，是从以血缘关系为基础的氏族组织蜕变而来的。在商朝末期，王位继承和宗法关系已经糅合在一起，从而赋予宗法关系以明显的政治性质。周朝建立以后，为了在广大统治区内巩固奴隶制的统治秩序和适应封邦建国的政治需要，建立了一套远比商朝完备的宗法制度。西周统治者使宗法血缘关系与国家政治关系高度结合，家国一体，亲贵合一，国是家的扩大，家是国的基础。周天子政治上是天下“共主”，血缘上是姬姓大宗，在血缘与政治双重原则的作用下，构筑成典型的宗法国家。

按照西周宗法制度，宗族内有大宗小宗之分。周王自称是上帝的长子，因而是天下的大宗，同姓诸侯，则为小宗。诸侯在封国内是大宗，卿大夫则为小宗。而卿大夫又是所在采邑内的大宗。无论王位、诸侯国君位以至卿大夫位，都由嫡长子世袭，因此，贵族的嫡长子（宗子）总是不同等级的大宗。大宗不仅享有对宗族成员的统治权，而且享有政治上的特权，因为宗法系统上的等级和政治上的等级是一致的，这是西周政治制度中的一个显著特点，它反映了奴隶主贵族统治的加强。由于西周实行同姓不婚的制度，因此，同姓贵族诸侯是叔伯关系，异姓诸侯通过婚姻关系的联结大多是甥舅关系。宗法制度不仅适用于周室同姓贵族，也适用于周朝分封的异姓贵族。

各级宗主不仅从政治上压迫宗族成员，而且从精神上奴役宗族成员，强制他们“尊祖敬宗”，否则便以家法（实际上也是国法）治罪。宗主们经常用“小孝”“不悌”“不敬祖”等名义，来惩罚那些敢于反抗贵族统治的下层宗族成员，同时还强迫他们向宗主承担各种贡纳、兵役和徭役。因此，宗法制度是把他们束缚在贵族统治下的枷锁。

宗法制度也是各级贵族的继承法。它协调统治阶级内部的权力分配，确保王位、爵位和财产权世代由贵族嫡长子继承，防止因继承秩序上的紊乱而削弱整个贵族阶级的统治力量。由于宗法制度是以男子为中心建立起来的，因此，在宗法系统内女子没有任何地位。

不仅如此，宗法制度还被用作区别贵族等级的标准。国家根据宗法血缘关系的亲疏，来确定政治等级的高下，从而形成了“王臣公，公臣大夫，大夫臣士”，“天子建国，诸侯立家，卿置侧室，大夫有贰宗，士有隶子弟”的政治等级阶梯。下级从属于上级，对上级负有纳贡、遵守盟誓、服从裁判、接受军事调遣和指挥等义务。如不履行义务或违背盟誓，上级有权加以处罚。

春秋时齐桓公伐楚的理由之一就是："尔贡包茅不入，王祭不共，无以缩酒，寡人是征。"[1]同时，上级对下级也负有保护之责。至于周王共主的特权表现在由其代表全国主祭、接受贡纳、裁判纷争、征调和指挥全国军队，以及赐予或收夺官爵，等等。由于各级贵族宗族分别负担与其等级相应的权利义务，因此，自周王至诸侯、卿大夫，形成了一个金字塔式的政权组织。诸侯、卿大夫在封国与采邑内也各自为最高统治者和最高宗主，既组织军队，建立政治机构，又设置祝宗、室老、宗臣等管理宗族事务的官职；既有适用于宗族内部的习惯法，又握有处死宗族成员即所谓"戮于宗"[2]的权力。

由此可见，宗法制度是在血缘外衣掩盖下的、以加强王室权力为中心的、统治广大奴隶和平民的重要工具。

为了调整贵族之间的等级秩序，西周统治者继承和发展了"礼"。"礼"是奴隶制时代等级名分制度的体现，是调整奴隶主阶级内部关系的习惯法。各级贵族都遵守着与其等级相适应的"礼"，以维护贵贱有等、上下有别、尊卑有序的等级制度。所谓"礼以体政，政以正民"，这就是西周统治者所以强调"礼"的不可逾越，并把已经存在的各种"礼"加以整理、补充、修订，使之系统化和法典化，即所谓"制礼"的原因。

为了建立周朝对全国的统治，巩固以宗周为中心的根据地，周朝统治者实行大规模的封邦建国，将土地、人民分封给同姓子弟、姻亲和功臣，所谓"受民受疆土"[3]，"胙之土而命之氏"[4]。据古籍记载，武王、周公、成王曾先后建置七十一国，周贵族一般都得到封地做了大小诸侯。周初封邦建国，实质上是一种比较原始的武装殖民，目的在于形成拱卫京师、镇抚地方的统治体系。受封的各诸侯国尊周王为天下共主，承担拱卫王室、缴纳贡物、朝觐述职、守卫疆土、参加战争等义务。同时按照洛邑的模型和西周的法制建立起封国的统治机构和礼乐刑政。

从金文"三事令""四方令"关于成王命令各封国主要职官"谨于职位"，以维护周朝统治的记载，说明了周朝的政令已经可以下达到各封国。以周王室为中心的统治体系经过周公、成王的经营终于巩固地建立起来了。

周初实行的封邦建国在商时已有萌芽，周朝不过是在新的历史条件下把

---

[1]《左传·僖公四年》。
[2]《左传·成公三年》。
[3]《大盂鼎铭》。
[4]《左传·隐公八年》。

它进一步制度化并普遍地推行到全国。但是，受封的各诸侯国，在经济、政治和军事上，都具有相对的独立性。诸侯在封国内再将一部分土地和奴隶分赐给卿大夫作为“采邑”，士再从大夫处得到“禄田”。周王与诸侯、卿大夫之间互相承担着固定的权力和义务，形成了等级森严不许逾越的隶属关系与重叠的压迫奴隶和平民的统治网，并以法律的形式加以维护。《国语·周语上》说：“序成而有不至则修刑，于是乎有刑不祭，伐不祀，征不享，让不贡，告不王；于是乎有刑罚之辞，有功伐之兵，有征讨之备，有威让之令，有文告之辞。”

周初封建是周贵族在全国范围内确立其统治体系的最重要的政治措施。通过封建形成了以子周为中心的由许多封国组成的奴隶制大国。这种国家结构形式，含有统一天下于一尊的意义，比起商朝的小邦林立，显然是一个进步。在周初建置的七十一国中，武王兄弟之国和周族同姓之国占绝大多数，这个事实说明了分封是与宗法密切联系在一起的，封国与宗周之间的关系，既是宗法血缘关系，又是政治从属关系。

三、行政机关的新体制

周王以下设置辅弼之官太师和太保，他们“论道经邦，燮理阴阳”，[1]因而照例总是由具有丰富统治经验的大贵族担任。如成王亲政以后，周公便以师保身份“相王室以尹天下”。但师保之官经常是因人而设，所谓“官不必备，惟其人”[2]。

周朝的主要官僚系统，一是卿事寮，二是太史寮。卿事寮是治民的行政官系统，太史寮是人与神交通的宗教官系统，其中也包括部分文化官。由于周人的天道观与商不同，周王不再继受已经被粉碎了的所谓天帝是王的祖宗神，而是宣扬天只帮助有德之人为王，把舆论的重点由神到人，由天上到地下。与此相联系的宗教官地位大幅下降，行政官的地位急剧上升。

周朝重要的行政官职有司徒、司马、司空、司寇。司徒在金文中称作司土，管理农田耕作，如“令汝乍𤔲土，官耤𤔲田”。[3]司空金文称作司工，管理百工职事，所谓“司百工”。[4]司马管理军政、军赋。司徒、司马、司空

〔1〕《尚书·周官》。
〔2〕《尚书·周官》。
〔3〕《𢦏殷铭》。
〔4〕《龙殷铭》。

合称“三有司”。此外还有司寇管理司法，在中央政府中设置专门的司法机关是从西周开始的，这说明司法已经成为国家活动的一个重要方面。周初武王弟蒙叔曾担任司寇，可见司寇在国家机关中的地位之高。三有司和司寇都由最显要的贵族担任。

西周在行政管理机关之外，还建立了庞大的宫廷机关组织。例如，负责宫廷武装侍卫的“虎臣”；掌管周王膳食的“膳夫”；管理周王马匹的“趣马”；以及小尹、缀衣、左右携仆、百司、庶府等官职。这些官职由于经常接近周王，因而不可避免地参与和影响国家政务。作为卿士集团之长的大宰，同时也是宫廷机关的首领。大宰之所以成为国家最重要的官职，正是由于他最接近周王并获得周王信任。

西周为了加强对奴隶和平民的统治，在行政区划上有“国”和“野”、“都”和“鄙”的划分，并实行分别管理的制度。贵族和平民以及直接为贵族服务的工商奴隶，居住在“国”或“都”即大邑之中，大部分奴隶则居住在“鄙”或“野”。所谓“君子居国，小人居野”，“都鄙有章，上下有服”。[1]奴隶们由于劳动分工的不同而被分别固定在不同的居住地，并按照人户进行编制，有“工商之乡”和“庶人之乡”，设置专职官吏进行管理，既不许混淆杂居，也不许随便迁徙。在鄙、野中还分布着众多庶人居住的邑，邑具有基层组织的性质，规模一般不大，如“十室之邑”。邑设里胥和邻长。邑上有乡，乡有乡师，掌管政教禁令。乡外有遂，遂有遂大夫。《周官》中关于六乡、六遂的规定，虽然在当时还不可能如此严密，但也保留了西周部分地方行政体制的遗痕。

西周国、野、都、鄙的行政区划和分别管理的原则，不仅便于奴隶主贵族对广大奴隶进行政治上的统治和经济上的榨取，同时也强迫那些被牢固束缚在基层组织中的平民承担徭役或兵役。国、野、都、鄙之间的对立状态，是奴隶主贵族基于统治的需要有意识造成的，它在一定程度上反映了当时的阶级矛盾，并且标志着奴隶制国家统治的深入。

四、任官立政与职官管理

根据《尚书·立政》和其他典籍可知，周初，周公在总结夏商两代历史经验的基础上，告诫成王注意选拔从事政务、理民与执法之官。他说：“宅乃

---

〔1〕《左传·襄公三十年》。

事，宅乃牧，宅乃准，兹惟后矣。谋面，用丕训德，则乃宅人，兹乃三宅无义民。”又说：“乃用三有宅，克即宅，曰三有俊，克即俊。严惟丕式，克用三宅三俊。”

对于大夫以下的基层官吏，则采取乡举里选的程序。如“命乡，论秀士，升之司徒，曰选士。司徒论选士之秀者而升之学，曰俊士。升于司徒者，不征于乡；升于学者，不征于司徒，曰造士。”[1]完成此选官程序一般要经过三年。《地官·司徒》说：“三年则大比，考其德行道艺，而兴贤者、能者。”至于选官的具体标准，以乡三物教万民而宾兴之：一曰六德，知、仁、圣、义、忠、和；二曰六行，孝、友、睦、姻、任、恤；三曰六艺，礼、乐、射、御、书、数。综上可见，中国奴隶制时代的选官标准，除宗法等级等先决条件外，比较重视德行与才能。但需指出，乡举里选仅限于基层官吏，而与享有世卿世禄的高官无关。

至于对职官的考绩，早在《尚书·舜典》中便有“三载考绩，三考黜陟”的记载。这里虽有后人的附会，但“有官则有考”的制度，基本适用于中国奴隶制时代。例如，周朝以“大计群吏”作为考绩的主要形式。《周官·天官·大宰》说：“岁终，则令百官府各正其治，受其会，听其致事，而诏王废置。三岁，则大计群吏之治而诛赏之。”执掌“大计群吏”的是太宰，另由小宰负责具体的考绩事宜。根据《周礼》，考绩的标准是“六计”，即“一曰廉善，二曰廉能，三曰廉敬，四曰廉正，五曰廉法，六曰廉办”，而“要会”则是考绩的方法之一，至于考绩的时间有月计、岁计和三岁大计。

对于六乡四郊之官则实行“三年大比”。大比也是考绩的形式之一，由乡师负责。大比的内容是“平教治，正政事，考夫屋，及其众寡六畜兵器，以待政令”。[2]

此外，天子出巡、诸侯述职也具有考绩的性质。《孟子·梁惠上》说“诸侯朝于天子曰述职”，“述职者，述所职也”。与职官考绩相联系的是奖惩。《周礼·天官冢宰》所说“以八柄诏王驭群臣”中的“八柄”，即“爵”“禄”“予”“置”“生”“夺”“废”“诛”就包含着奖惩两方面的内容。金文中对政绩卓著的官吏赏赐擢升的记载比比皆是，《孟子·告子下》说：“一不朝则贬其爵，再不朝则削其地，三不朝则六师移之。”这里所说的“朝”，即朝觐天子述职，也就是接受天子对其政绩的考核。“不朝”则要受到贬爵、削地、军

---

〔1〕《通典·选举一》。

〔2〕《周礼·地官·小司徒》。

队讨伐的惩罚。可见，西周时期对职官的考绩是相当重视的。

第四节 私有权观念的发展与民事法律

西周时期，贵族之间以及贵族与平民之间的财产关系的民事法律较之商朝取得了明显的发展。

作为民事法律关系主体的贵族和平民，他们的权利能力与行为能力在当时还没有详细的规定。根据《周礼·秋官·朝士》所载："司民掌登万民之数，自生齿之上，皆书于版，辨其国中，与其都鄙，及于郊野，异其男女，岁登下其死生。"生齿，古时一般指男八月女七月；版，指户籍，就是司民之官每年将生齿的男女登记于户籍簿上，死亡者注销，这显然与权利能力有关。至于行为能力，《礼记·曲礼》说："男子二十冠而字"，"女子许嫁笄而字。"《正义》解释说："已冠而字之，成人之道也。"又疏云："许嫁则十五而笄，未许嫁则二十而笄，亦成人之道也。"可见，男二十、女十五视为成年，相应地具有了行为能力。

下面就所有权、债权和婚姻继承制度分别加以阐述。

一、所有权

西周与商朝相同，君王享有全国土地和奴隶的最高所有权，所谓"溥天之下，莫非王土；率土之滨，莫非王臣"。[1]君王拥有的最高所有权，被说成是上天的赐予。所谓"皇天既付中国民，越厥疆土于先王肆"，[2]因而也只有国王有权"授民授疆土"。[3]在西周典籍中有许多周王赐田的记载，如"锡之山川，土田附庸"。[4]而对于立有战功的贵族的封赏，更是屡见于铜器铭文。但土地的所有权并未伴随周王的赐予而转移。诸侯贵族只享有土地的占有权和使用权，而不能自由处理，也不存在土地的买卖现象，所谓"田里不鬻"。[5]不仅如此，周王还有权随时收回诸侯封地，叫作"削地"。1954年江苏丹徒烟墩山出土的《台侯矢簋》，就是周王有权变动诸侯原有封地的实证。

---

〔1〕《诗经·北山》。
〔2〕《尚书·梓材》。
〔3〕《大盂鼎铭》。
〔4〕《诗经·鲁颂》。
〔5〕《礼记·王制》。

《诗经·大田》中“雨我公田，遂及我私”的记载，反映了作为直接生产者的平民也享有对私田的一定占有权或使用权。

西周中叶以后，随着地方经济的发展和诸侯势力的扩大，以周王为代表的最高所有权观念发生了动摇，各级贵族不仅享有土地的处分权，而且取得了完全的所有权。法律不得不允许以土地作为交换、赠送和赔偿的对象。《周礼·秋官·司约》说：“凡大约剂，书于宗彝；小约剂，书于丹图。”这表明某些青铜铭文确是当时具有法律效力的契约。例如，《鬲从盨》铭文记载章氏用八邑与鬲从换田，良氏用五邑换田，结果顺利成交，既有卷契，也有证人。《鬲攸从鼎》铭文记载了鬲攸从分田地给攸卫牧，因为没有得到报酬而发生诉讼，结果使攸卫牧发誓：“我弗具付其且（租），射（谢）分田邑，则殊（诛）。”讼事才算了结。《矢人盘》铭文记载矢赔偿散氏两块田，并有正式的转移手续和契约。《卫盉》铭文记载矩伯庶人与裘卫两次交换土地的经过，矩伯共出售土地一千三百余亩。《伯格簋》铭文记载一乘良马可换耕地三十田。贵族之间如侵占他人的私有财产权，要负赔偿之责。《曶鼎》铭文便记载着小贵族匡季在荒年率人抢了另一贵族曶的十秭禾，被曶控告，由东宫判决匡季将“田七田，人五夫”赔偿曶。《曶鼎》铭文关于以五名奴隶换取“匹马束丝”的史实，表明奴隶和物、牲畜一样是所有权的客体。由于各级奴隶主贵族逐渐享有了土地的完全所有权，因此土地也成为继承的对象，至于土地的租赁在西周后期也开始零星地出现。

从传世的文献看，周王以外，他人是不具有“授民授疆土”之权的，也就是说对于不动产和某些动产只有占有权、使用权、收益权，而无处分权。但实际情况却不尽然，如《令簋》：“乍册矢令尊宜于王姜，姜赏令贝十朋，臣十家、鬲百人。”《旟鼎》：“王姜锡旟田三。”可见，王后有权处分动产和不动产。不仅王后，大臣也有这种权力，《卯簋》是西周中期懿王时铜器，该器铭文载焚伯册命卯：“今余唯命汝尸司莽宫莽人，汝毋敢不善，赐汝鬲章（瓒璋）四，瑴一，宗彝一，将宝。赐汝马十匹，牛十，赐于焚一田，赐于修一田、赐于队一田，赐汝戠一田。”既封官，又赏赐动产和不动产。再如《不䙵簋》：不䙵在征伐玁狁中“多擒折首执讯”立有战功，伯氏对他说：“不䙵，汝小子、汝𩰫诲于戎工，赐汝弓一、矢束，臣五家，田十田，用从乃事。”这类铭文虽然为数较少，但极为珍贵，对于我们研究周代法律制度具有重要意义。至于周王之外，他人对于动产行使处分权的铭文就比较多了。如《几父壶》（甲）：“同仲宄西宫赐几父桒六、仆四家、金十钧。”又如《柞钟》（甲）

《逆钟》《同卣》《小臣宅簋》等均有类似记载。

西周时对无主物实行先占取得。《礼记·月令·仲冬之月》载："是自也，农有不收藏聚积者，马牛畜兽有放佚者，取之不洁。"《周礼·秋官》也载："凡得获货贿、人民、家畜者，委于朝，告于士，旬而举之，大而公之，小者庶民私之。"

对于动产的所有权，一般由作为民事法律关系主体的男系家长掌管，子女及家属不得掌管，而且不承认其个人的所有权，这就是《礼记·曲礼》所说的"父母存……不有私财"。

二、债权

西周债的发生，有侵权行为之债、不当得利之债和契约之债数种。

对于侵权行为之债，按习惯用类似同态复仇的报复措施施之于侵权者，如"牵牛以蹊人田，而夺之牛。"[1]随着经济与法律文化的进步，对侵权的赔偿也逐渐超出习惯法的范围。著名的《矢人盘》和《曶鼎》记载了两起对侵权赔偿的始末。据《矢人盘》铭，矢氏对散氏的侵权行为，以赔偿散氏眉田与井邑田，并派人踏勘地界，盟誓以示履行而了结。又据《曶鼎》铭，小贵族匡季使人抢去曶禾十秭，结果以禾二十秭作为赔偿，这种民事赔偿责任显然是带有惩罚性的。

对于不当得利之债，最早见于文王时制定的"有亡荒阅"之法。至西周，"凡得获货贿、人民、六畜者，委于朝，告于士，旬而举之，大者公之，小者庶民私之"。[2]如擅自将他人的财物据为己有，要受到刑罚制裁。全数上交者，给予应有的赏赐或报酬。

至于契约之债，在西周是较多的，有交换契约、买卖契约、债务契约、租赁契约，其名称是"判书""契券""傅别""约剂""质剂"等，以下分别加以阐述。

（一）交换契约

在《五祀卫鼎》中记载了裘卫与邦君厉交换土地，得到了厉的认可。双方签订了交换契约，并请有关官员、证人参加，还举行了交接仪式。

《九年卫鼎》记载了裘卫以车马及衣物换取了矩伯的土地。《九年卫鼎》的铭文就是铸在青铜器上的交换契约。

---

〔1〕《左传·宣公十一年》。

〔2〕《周礼·秋官·朝士》。

《格伯簋》记载了格伯以良马四匹换取倗生三十田，既有见证人，又经倗生宣誓。《格伯簋》铭文就是依法取得倗生三十田的证明。在交换中，如涉及公田则被视为大事，国王要派官监督；纯属私田交换，可不经过官府成交。

（二）买卖契约

买卖契约是当事人双方因买卖而订立的契约关系，出卖人根据契约把原属于自己所有的财产转移给买方所有，买方则将约定的价金交给出卖人。

周时商品经济有所发展，商业成为不可缺少的社会经济部门，在都市中出现了市场，商业活动频繁。为了调整商品货币关系，确认度量与物价，以防止争讼，周朝不仅制定了有关的法律禁令，而且设置专官负责管理。“司市掌市之治教政刑，量度禁令……以刑罚禁虣而去盗。”〔1〕奴隶也和牛马、兵器、珍异一样，在市场上出卖。为了确认买卖双方对商品的所有权，成交以后，要取得管理市场的“质人”制发的契卷。“质人掌成市之货贿，人民、牛马、兵器、珍异，凡卖侯者质剂焉。”〔2〕所谓质剂也就是适用于买卖的契约文书。按郑玄注：“质剂者，为之卷，藏之也。大市人民、马牛之属，用长卷。小市兵器、珍异之物，用短卷。”〔3〕《周礼·天官·小宰》中“听买卖以质剂”的记载，说明了买卖契约的普遍，其作用是“使众人不相漫也”，〔4〕以维持正常的买卖关系。近年出土的《卫盉》，记载了西周恭王三年（公元前920年），矩伯向卫购买觐璋，卫索价八十朋，矩伯以“田十田”作代价，然后矩伯又舍“田三田”，向卫购得价值二十朋的赤色虎皮二张，牝鹿皮饰两件和有文饰的蔽膝一副。这两次交易都以“朋”作为价值尺度，并将买卖契约铸于盉上。

在西周时期，买卖契约已成法定凭证，反映了用法律调整所有权关系的发展，如违反买卖契约，可以告官申理。《曶鼎》铭文记载了曶以匹马束丝购买限的五个奴隶，但限一再悔约，迫使曶向司法机关起诉，最后判决限必须履行契约。

（三）债务契约

债在西周时称为责，《说文》释为“负也”“受贷不偿”。

债务契约是周时较为常见的契约形式，在债的关系中，债权人享有请求

---

〔1〕《周礼·司市》。

〔2〕《周礼·质人》。

〔3〕《周礼·质人》注。

〔4〕《韩非子·守道》。

债务人为或不为一定行为的权利，债务人则承担对债权人的法定义务。《周礼·秋官·小宰》载："听称责（债）以傅别。"按郑玄所注："傅别，谓券书也……傅，傅著约束于文书；别，别为两，两家各得一也。"傅别就是把债的标的及权利义务等书之于契券，在简札中间书字，然后一分为二，由官府执左半，债权人执右半。债务契约又称契券、书契、券契、约剂。《周礼·天官·小宰》载："听取予以书契。"《战国策·齐策》亦有冯瑗为孟尝君赴薛地索债，"载券契以行"的记载。至于约剂适用于民间的债务关系，并由官府掌握，以示重视。如发生争讼，以契约为根据。《周礼·秋官·士师》载："凡以财狱讼者，正之以傅别、约剂。"《周礼·秋官·朝士》载："凡有责者，有判书以治，则听。""判，半分而合者"，如违背契约要负赔偿之责，严重违反的处以墨刑，即"若有讼者，则珥而辟藏，其不信者服墨刑"。[1]

（四）租赁契约

西周金文已有关于租赁关系的记载。例如，厉王时期的《鬲攸从鼎》记载攸卫牧向鬲从租种田地，但因不交付租金而引起争讼。结果，鬲从胜诉。官吏命攸卫牧立誓："我弗具付鬲从其且（租）射（谢）分田邑则放。"即我如不向鬲从交租，愿受流放之罚。

此外，《五祀卫鼎》铭文记载了贵族邢伯等人向邦君厉租田，既有誓词，也有证人。从春秋时期兴起的"仆赁于野"，[2]可以推知西周时期租赁土地的现象已经出现。

总括以上，西周通过各种契约形式表现了法律对于债权债务关系的广泛调整。在双方合意的条件下，有口头契约，也有书面契约。前者适用于标的小的经济活动，后者适用于大宗的买卖与交换。在西周已发现的契约中，以土地与奴隶为标的物的契约，占有较大的比重。就种类而言以交换、买卖、借贷契约为主，租赁与雇佣契约较为少见。契约的内容，一般包括立约的时间、地点、双方当事人的姓名、标的、证人和盟誓之词等。誓词实质上是带有宗教神秘色彩的担保形式。缔约不仅限于私人之间，官府也作为债权人与私人缔约，以获取国家所需要的利益。为了保证债的实施，缔约以后，文约分而为二，由债权人和官府各执一半，如有争诉，即依此保证债务的清偿。如同《周礼·秋官·司盟》所载，"凡民之有约剂者，其贰在司盟"，契约的目的在于保证债务的清偿。对于重要契约的订立，或大宗财产的转移，不仅

[1] 《周礼·秋官·司约》。

[2] 《左传·襄公二十七年》。

要有证人、见证人，而且要报告给周王，并由周王派官参加，以示对所有权关系变动的重视和必要的监督。

三、婚姻与继承

西周的婚姻制度基本上实行一夫一妻制，但贵族不仅在实际上实行多妾制，而且加以制度化。西周规定："天子有后、有夫人、有世妇、有嫔、有妻、有妾。"另"公侯有夫人，有世妇，有妻，有妾"。〔1〕《易·归娣》中的"归妹以娣"与"归妹以媭"都反映了多妾制的现实。由于西周确立了宗法制度，嫡庶子之间在继承权上有着明显的差别，因此，妻与妾被严格界定，诸侯如果以妻为妾，很可能成为被攻击、遭征伐的一种理由。

西周婚姻关系的成立必须有父母之命，《诗经·南山》说："取妻如之何，必告父母"。由于周时"男不亲求，女不亲许"被认为是"礼"，因此，媒妁起着重要的作用。"男女非有行媒，不相知名。"〔2〕"男女无媒不交。"〔3〕"取妻如之何，匪媒不得。"〔4〕而在《周礼·地官·媒氏》中说："媒氏掌万民之判合。"这说明周朝政府专设"媒氏"之官，以管理万民的婚嫁事宜。

西周婚姻关系的成立，还须有法定的仪式，即纳采、问名、纳吉、纳征、请期、亲迎，是为"六礼"。由聘婚取代远古的抢婚，无疑是文明的进步，同时也标志着个体婚取代对偶婚。

西周的婚龄，一说男子三十而娶，女子二十而嫁。另一说女子二十三而嫁。但在居父母丧期，三年不得嫁娶。

婚姻的禁忌，首先是同姓之间禁止结婚。早在商朝，同姓为婚便受到一定的限制。周朝（包括春秋）凡同姓不问远近亲疏，或相隔几代，均不通婚姻。《礼记·曲礼》说："取妻不取同姓，故买妾不知其姓，则卜之。"《礼记·郊特牲》说："夫昏礼，万世之始也。取于异姓，所以附远厚别也。"王国维在《殷周制度考》中特别指出："周人之大异于商者……三曰同姓不婚之制。"其所以如此，一方面是宗法制度下男性宗亲同姓之间结婚，有悖于宗法伦理道德。另一方面是贵族们力图通过婚姻关系的血缘纽带，来加强和异姓贵族之间的联结。不仅如此，周朝统治者也从长期的婚姻实践中，懂得了血

〔1〕《礼记·曲礼》。

〔2〕《礼记·曲礼》。

〔3〕《礼记·坊记》。

〔4〕《诗经·南山》。

缘过近，“其生不蕃”[1]的道理。

在西周等级制度的影响下，婚姻关系也打上了等级制的烙印，从《宗妇鼎》《秦公钟》《秦公铸》《叔姬簋》《匔生壶》《矢王簋》等器铭文中可以看出，天子与诸侯国通婚，诸侯国之间相互通婚，士与士通婚，庶人与庶人通婚。但是，等级婚制不适用于娶妾。在举行了婚姻仪式之后妇女即脱离父系家族而加入夫系家族。夫妻间的权利义务关系是不平等的，法律确认夫权的统治地位，妻子被认为是从属的、无权的，所谓“男率女，女从男，夫妇之义，由此始也。妇人，从人者也。幼从父，嫁从夫，夫死从子”。[2]妇女在家庭中虽处于依附于丈夫的地位，但从金文资料来看，妇女也享有民事行为能力。《琱生簋》中，琱生“献妇氏以壶”，《旟鼎》中，“王姜赐旟田三”，《令簋》中王姜“赏令贝十朋、臣十家、鬲百人”，等等，都说明在西周宗法制度的统治下，妇女们享有独立于夫的财产权。

婚姻关系的解除，取决于公婆，甚至兄长。《诗经·南山》：“岂敢爱之？畏我父母。……岂敢爱之？畏我诸兄。”妻子婚后三年不生育，也是解除婚约的理由。《易·渐》：“妇三岁不孕，终莫不胜。”但丈夫外遇所生子女，属非法子女，得不到承认。

在“天无二日，土无二王，家无二主，尊无二上”[3]的规范下，子女的利益完全被漠视，一切都要听凭家长的摆布。《礼记·内则》要求子女之于父母，“父母怒不说（悦），挞之流血，不敢疾怨，起敬起孝”。子女不能到官府申诉父过，因为“父子将狱，是无上下也”。[4]

在继承制度上，自成王以后实行宗法制度所要求的嫡长子继承制。“立嫡以长不以贤，立子以贵不以长”，这既是宗法，也被确认为国法，目的在于保持奴隶主贵族们的身份、政治特权、爵位和财产权不致分散或受到削弱。同时，也为了维系统治阶级内部的秩序，以加强对奴隶和平民的统治力量。对王位的继承，只有妻所生的长子才是法定继承人。如果妻没有生子，则立妾中最贵者之子为法定继承人。周宣王时，鲁武公率长子括、少子戏朝见周宣王，宣王欲立戏，但遭到大臣们的反对，理由是天子立诸侯而不以长“是教逆也”。西周统治者推行的嫡长子继承制，对平民也有很大的影响。

---

[1] 《左传·僖公二十二年》。

[2] 《礼记·郊特牲》。

[3] 《礼记·坊记》。

[4] 《国语·周语》。

上述以宗法制度为灵魂而形成的婚姻家庭制度，实质上是通过调整父子、夫妻间的关系确立父权和夫权的统治地位，进而维护奴隶主贵族专政的统治秩序和保障君权的不可侵犯。正如《论语·学而》篇孔子所说："其为人孝也悌，而好犯上者鲜矣，不好犯上而好作乱者，未之有也。"

第五节　明德慎罚思想与刑法

一、由宣扬天罚到明德慎罚

周朝建立以后，在新的历史条件下，不再宣扬王是天帝的化身，而鼓吹周的统治是"授命于天""以德配天"，但这并不妨碍在有些场合继续宣扬天罚。例如，武王伐纣被说成是"惟恭行天罚"，[1]镇抚商遗民被宣称为"明致天罚"。[2]不过在西周法制中最足以反映其时代特点的是明德慎罚的指导思想及其法律化。由宣扬天罚到明德慎罚，表现了历史条件的变化与法律文化的进步。

周初，统治者总结了商朝"重刑辟"招致亡国的历史教训。结合镇压三监叛乱的现实体验，认识到"小民难保""天畏棐忱"与"人无于水监，当于民监"的重要性。为了巩固周对全国的统治，统治者提出了"明德慎罚"的指导思想。《尚书·康诰》载："惟乃丕显考文王，克明德慎罚。"所谓明德，就是提倡尚德、敬德。所谓慎罚，就是刑罚得中，不"乱罚无罪、杀无辜"，以免"怨有同，是丛于厥身"。[3]明德是慎罚的精神主宰，慎罚是明德的具体落实。在《尚书·立政》篇中，周公提出司寇苏公式是刑罚得中的榜样，即"司寇苏公式，敬尔由狱，以长我王国，兹式有慎，以列用中罚"。

明德慎罚的思想及其法律化，是奴隶主贵族长期统治经验的总结。明德慎罚并不是削弱刑罚，而是为了更有效、更准确地施用刑罚。周公旦在告诫康叔时，郑重叮咛："告汝德之说，于罚之行"[4]，就是用德来掩饰刑罚的实质，加强刑罚的效能。因此，在提出明德慎罚的同时，又提出"义刑义杀"，"辟以止辟"。可见，周朝统治者一方面以德施刑，进行政治欺骗；另一方面又以刑成德，维护德的权威。《尚书·吕刑》说："惟敬五刑，以成三德。"

〔1〕《尚书·牧誓》。
〔2〕《尚书·多士》。
〔3〕《尚书·无逸》。
〔4〕《尚书·康诰》。

所谓三德就是《尚书·洪范》所说的“刚范、柔克、正直”，从而表明西周统治者力图使刑、德互相补充，共同为用。

由于周朝统治者把德和天联系在一起，鼓吹以德配天，因此明德也就是敬天，以德施刑实质上是代天行罚的另一种表现形式。

二、体现明德慎罚的刑法原则

（一）区分过失与故意、偶犯与惯犯

由于周朝宣扬“慎刑”原则，因而在刑法中初步划分了故意（非眚）和过失（眚）、一贯（惟终）和偶犯（非终）的区别。在处刑上，故意和一贯，虽小罪也处重刑，过失和偶犯，虽大罪亦可减刑。周公在对康叔的告诫中，明确表示：“人有小罪、非眚，乃惟终……乃不可不杀”，“乃有大罪，非终，乃惟眚灾……时乃不可杀。”眚是过失，非眚即故意，惟终是惯犯，非终即偶犯。这个刑法原则表明了周朝刑法打击的重点，也反映了在定罪量刑时，考虑到犯罪者的主观动机。

（二）根据封国的具体情况，区别用刑

周初，经过封邦建国，出现了大小封国1800多个，针对封国具体情况实行区别用刑的原则。《周礼·秋官·司寇》载：“刑新国，用轻典；刑乱国，用重典；刑平国，用中典。”《尚书·吕刑》载：“刑罚世轻世重”，就是这个刑法原则的概括。周公旦指示封于殷墟的康叔和封于奄国（曾臣服于商）的伯禽，要“启以商政，疆以周索”，指示封于夏墟的唐叔，要“启以夏政，疆以戎索”[1]，则是区别国情、援法用刑的具体史证。

（三）上下比罪

《尚书·吕刑》提出上下比罪的原则。根据《蔡传》解释，即“罪无正律，则以上下而比附其罪”。具体说来，就是“上刑适轻，下服；下刑适重，上服，轻重诸罚有权”。所谓权，即权衡之意。按《吕刑》注：“事在上刑，而情适轻，则服下刑；舜之宥过无大，康诰所谓大罪非终者是也”，“事在下刑，而情适重，则服上刑；舜之刑过无小，康诰所谓小罪非眚者是也”。可见，周时上下比附原则的适用，不仅注意查明犯罪的事实，而且也考虑到情理的充当，借以宣扬周朝统治者的法律意识与道德观念。

（四）罪疑从赦

《左传·襄公二十六年》所引《夏书》“与其杀不辜，宁失不经”，可以

---

〔1〕《左传·定公四年》。

说是罪疑从赦原则的最早规定，至西周则进一步具体化。按《尚书·吕刑》："五刑之疑有赦，五罚之疑有赦"，孔颖达疏引《正义》曰："刑疑有赦，赦从罚也；罚疑有赦，赦从免也。"在具体适用上采取"附从轻，赦从重"的原则，即施刑从轻条，赦罪从重条，以示对疑罪的宽宥。周时，疑狱需要"三刺"："一刺曰讯群臣，再刺曰讯群吏，三刺曰讯万民……而施上服下服之罪。"与罪疑从赦相联系的还建立了赎刑制度。无论墨、劓、剕、宫、大辟等罪，均可因疑而赦，缴纳不同数量的赎金。按《吕刑》规定："墨辟疑赦，其罚百锾；劓辟疑赦，其罚惟倍；剕辟疑赦，其罚倍差；宫辟疑赦，其罚六百锾；大辟疑赦，其罚千锾。"

（五）同罪异罚

在严格的宗法等级制度下，同罪异罚也是重要的刑法原则。《周礼》关于八辟的规定，公开赋予有特定身份者享受减刑和免刑的权利。后世的"八议"即导源于周之"八辟"。此外，诸侯、大夫的宗亲有罪当处宫刑者免刑，所谓"公族无宫刑，不翦其类也"。[1]大夫以上的贵族高官，有罪不亲自出庭受审，如需处死，则有特定的行刑地点，所谓"大夫死于朝，士死于市"。贵族们还可以"入财而免其罪"。[2]

（六）"罚弗及嗣"，"父子兄弟，罪不相及"

"罚弗及嗣"即"刑罚止于一身"，而不株连其妻子。《左传·昭公二十年》引《尚书·康诰》说："父子兄弟，罪不相及，况在群臣？"《左传·襄公二十一年》还以"鲧殛而禹兴"为例，作为父子不相及的史证。这个原则系针对商末"罪人以族"而招致激烈反抗的经验所提出。

三、宗法等级观念与罪名

（一）不孝不友罪

西周时期宗法制度的确立，使不孝罪成为最重要的罪名之一。此外还出现了"不悌""不友""不睦""媚""不敬祖"等许多新的罪名。这些犯罪被视为"元恶大憝"，要受到国法与宗法的严治，并不得赦免。《尚书·康诰》说："元恶大憝，矧惟不孝不友……刑兹无赦。"《周礼》中还有"贼杀其亲，

[1]《礼记·文王世子》。

[2]《朱子大全·舜典象刑说》。

则正（杀）之"[1]，"凡杀其亲者，焚之"[2]的记载。

（二）违抗王命罪

周朝实行的奴隶制专制政体，决定了对君王的不忠是最严重的犯罪，"有君不事，国有常刑"[3]。不仅如此，君命还被赋予天的权威，所谓"君命，天也"，因此违抗王命就是逆天。违抗君命常常是大国征伐小国的借口，例如，"晋人讨不用命者，放胥甲父子于卫，而立胥克"。[4]

（三）变更等级名分罪

在周朝，天子、诸侯、卿、大夫各有与其名分相适应的礼乐服制，违反者治罪。例如，"礼乐征伐自天子出"，如有变礼易乐不从王命者，诸侯以下要处刑。《礼记·王记》载："变礼易乐者，为不从（王命），不从者君流。"[5]又如，私自"革制度衣服者为畔（叛），畔者君讨"。[6]《左传·隐公七年》中郑伯克段于鄢的理由就是："先王之制，大都不过参国之一；中，五之一；小，九之一，今京不度，非制也。"

周初由于实行分封而形成了大小不等的各级封国，相互之间承担着法定的权利义务，小国如不履行义务，便要受到大国的征伐。如"宋公不王，郑伯……以王命讨之"[7]，这在当时是等级制度所要求的。

与等级名分制相联系的还有杀嫡立庶罪。

（四）违背盟誓罪

根据《礼记·曲礼》中"约信为誓，涖牲为盟"的记载，违背盟誓，被认为是上天所不容的犯罪行为。《左传》中许多誓词都包含"有渝此盟，神明殛之"之类的辞句，以示履行的坚诚。如有"以覆诅盟者"，可以"告而诛之"。

（五）群饮罪

这是周初吸取商人嗜酒以致腐败亡国的教训而制定的新罪名。周公旦曾经明令受封于卫的康叔说："群饮，汝勿佚，尽执拘以归于周，予其杀。"[8]

---

[1] 《周礼·夏官·司马》。
[2] 《周礼·秋官·掌戮》。
[3] 《左传·昭公二十一年》。
[4] 《左传·宣公元年》。
[5] 《礼记·王制》。
[6] 《礼记·王制》。
[7] 《左传·隐公九年》。
[8] 《尚书·酒诰》。

周人群饮，处罚十分严厉，然而对于“商人”则弛禁，采取不杀而教的办法，所谓“乃湎于酒，勿庸杀之，姑惟教之”[1]。只是在不听教诲、“弗蠲乃事”的情况下，才“时同于杀”，这里体现了周统治者对待商遗民的策略思想。

（六）杀人罪

自夏时起，“杀人为贼”，即处死刑。在先秦文献中盗与贼的内涵是不同的，“贼”一般指侵犯人身，盗指侵犯财物。周公旦曾明确区分如下：“毁则为贼，掩贼为藏，窃贿为盗，窃器为奸……为大凶德，有常无赦。”[2]周时也有杀人而又取财之罪。《尚书·康诰》载：“杀越人于货。”这就是指杀人而取其货，类似今之抢劫杀人罪。

（七）侵犯财产罪

《尚书·康诰》载：“凡民自得罪，寇攘奸宄。”《尚书·吕刑》载：“罔不寇贼……奸宄、夺攘。”所谓寇指劫夺，攘指窃取，都是以侵犯财产为目的，只是方式不同而已。寇攘即如今时之强盗罪和窃盗罪。奸宄也有寇盗的含义。《广雅·释诂》：“奸宄盗窃也。”《尚书·大传》中规定了对奸宄盗窃犯的惩罚：“决关梁，逾城郭而略盗者，其刑膑……奸宄盗攘伤人者，其刑劓。”《尚书·费誓》中的“无敢寇攘，逾垣墙，窃马牛，诱臣妾，汝则有常刑”，虽以军令的形式出现，但也适用于百姓。清人王鸣盛在注《尚书·康诰》时认为，侵犯私有权是“有诛无赦，必服其罪”的。《礼记·月令·仲冬之月》还有以下记载：“民有不收藏积聚者，马牛畜兽有放佚者取之不诘……其有相侵夺者，罪之不赦。”

（八）淫乱罪

据《路史》前纪卷五载：“（有巢氏时）实有季子，其性喜淫，昼淫于市。帝怒，放之于西南。”这可以说是最古老的妨害风化罪。黄帝时已禁止兄弟姊妹为夫妇，犯者，驱逐于外，这正是父系社会逐渐确立的反映。

进入阶级社会以后，凡“男女不以义交谓之淫，上淫曰蒸，下淫曰报，旁淫曰通”。[3]周时犯此类罪者，处以宫刑，《尚书·大传》载：“男女不以义交者，其刑宫。”

（九）失农时罪

周朝以农立国，强调务农以时，有失农时者治罪。《礼记·月令》载：

---

[1]《礼记·王制》。

[2]《周礼·秋官·掌戮》。

[3]《小雅·广义》。

"仲秋之月，乃劝种麦，毋或失时，其有失时者，行罪无赦。"

四、刑名的发展与规范化

周朝的刑名虽仍残酷，但克服了商末滥杀无辜的现象，也体现了慎刑的思想。

周时五刑进一步系统化、制度化。《周礼·秋官·司刑》明确规定："掌五刑之法，以丽万民之罪，墨罪五百，劓罪五百，宫罪五百，刖罪五百，杀罪五百。"周穆王时，吕侯作《吕刑》定五刑之罚三千条，墨刑一千，劓刑一千，剕刑五百，宫刑三百，大辟二百。

（一）墨刑

墨刑为五刑中最轻之刑，故列于首。《吕刑·正义》解释说："墨，一名黥"。《周礼·司刑》载："墨刑五百。"郑玄注："墨，黥也。先刻其面，以墨窒之。言刻额为疮，以墨塞疮孔，令变色也。"

周时，墨刑也称作墨辟，或墨罪。1975年陕西岐山出土西周夷、厉王时期的铜器《倂匜》，其铭文涉及墨刑的等级及适用，校正了史书的有关记载，具有重要价值。据《倂匜》铭文，小贵族牧牛犯了背约及诬告上级罪，原判鞭一千，处黷屋之刑。后经宽宥，减为鞭一千，处黜屋之刑。黥黥即《尚书·大传》所说"下刑墨幪"，就是刺面之后，再于头上蒙以黑巾，这是墨刑的最高一等。"黜屋"是施刑之后，罢黜官职，是墨刑的最轻一等。从《倂匜》铭文可以看出背约而又犯上者，处以黷屋，后改为处以黜屋。墨刑不仅加减有式，而且可以用金赎罪。铜三百锾可赎黜屋，这同《尚书·吕刑》所载"墨辟疑赦"的数量虽有出入，但墨刑可赎，则得到了物证。

（二）劓刑

孔安国《尚书·吕刑》注："截鼻曰劓。"《说文》指出："劓，劓鼻也。"是割鼻之刑。

劓刑的适用较为广泛。《周礼》郑玄注："书传曰，谓易君命，革舆服制度。奸宄盗攘伤人者，其刑劓。"

（三）剕刑

《释诂》载："剕，刖也。"《说文》则载："刖，绝也。"据郑玄《周礼·秋官·司刑》注："刖，断足也；周改膑作刖。"贾公彦疏云："膑本苗民之虐刑，咎陶改膑作剕，至周改剕作刖"。可见刖刑的称谓三代是不同的，夏称髌，商称剕，《吕刑》称刖。

周时，刖刑有刖一足，如 1976 年 12 月陕西扶风出土的《刖刑奴隶守门铜方鬲》铸有砍掉左足的守门奴隶形象，也有断手足之刑。周原出土的《刖刑奴隶骨架》，被刑奴隶无双手双足。刖手足刑发生在厉王以后，反映了对奴隶镇压的加强。

（四）宫刑

宫刑源于苗民的椓刑，又称“淫刑”。《尚书·吕刑》孔安国注：“宫，淫刑也，男子割势，女人幽闭，次死之刑。”《周礼·秋官·司刑》郑玄注：“宫者，丈夫则割其势，女子闭于宫中，若今宦男女也。”宫刑适用于“男女不以义交者”。贾公彦疏云：“男女不以义交者，其刑宫；以义交，依六礼而婚者。”但宫刑不适用于公族，所谓“不忍剪绝其生生之类耳”。[1]宫刑原为淫刑，但至春秋时已不尽然。《左传·昭公五年》载：“楚子以羊舌肸司宫。”这并非因淫罪，而是借以辱晋使者。《史记集解》引三辅旧事云：“始皇时，隐宫之徒七十二万，所割男子之势，高积如山。”这也显然非淫罪使然。

（五）大辟

《释诂》：“辟，罪也。”《尚书·吕刑》郑玄疏：“死是罪之大者，故谓死刑为大辟。”大辟是杀头故又称杀罪，适用于重大犯罪。其执行通常是大夫于朝，庶人于市。并且庶人受刑后还要陈尸示众三日，以示“与众共弃”之意。

上述五刑，除大辟外，其他四种都属于断裂肢体和刻裂肌肤的肉刑，反映了我国奴隶制时代刑罚的残酷。但对于女犯是不用黥、劓、刖等肉刑，处死女苕已也不暴尸于朝市。“妇人无刑；虽有刑，不在朝市。”[2]

死刑除斩首外，还有辜、残、磔、焚、踣、罄等手段。

除“正刑有五”以外，还存在着断耳、鞭、扑等身体刑。

此外，还有以下自由刑：

第一，流刑。流刑由来已久，《史记·五帝本纪》载：“流四凶族，迁于四裔，以御魑魅。”《殷本纪》载：“太甲既立三年，不明，暴虐，不遵汤法，乱德，于是伊尹放之于桐宫。”周初，周公东征取胜，“伐诛武庚，管叔、放蔡叔”。

第二，徒刑。《周礼·秋官·司圜》载：“能改者，上罪三年而舍，中罪二年而舍，下罪一年而舍。”这说明周时徒刑已分为三等。

第三，拘役。《周礼·秋官·大司寇》载：“桎梏而坐诸嘉石……重罪，

〔1〕《礼记》注。

〔2〕《左传·襄公十九年》。

旬有三日坐……其次九日坐广……其次七日坐……其次五日坐……其下罪三日坐。”这是用坐嘉石感化不良之民。又《秋官·司圜》载:“掌牧教罢民。凡害人者,弗使冠饰,而加明刑焉,任之以事,而牧教之。能改者,上罪三年而舍,下罪一年而舍。”这是把已触犯刑律的人监禁起来,分别服三年、二年、一年的劳役。

第四,赎刑。赎刑一词最早见于《尚书·舜典》。“金作赎刑”,即以铜赎罪。《说文》:“赎,贸也。”又:“质也,以财拔罪也。”赎刑适用的对象限于疑罪或轻微犯罪。《孔传》:“误而入刑,出金以赎罪。”

根据《𠑇匜》铭文,周代确有赎刑:“罚女(汝)三百锊,以代黜䵦。”《吕刑》载:“五刑不简,正于五罚。”孔安国注:“五罚出金赎罪也。”至战国,《管子·小匡》篇说:“重罪入以兵甲犀胁二戟,轻罪入兰盾鞈革二戟,小罪入以金钧,分宥薄罪,入以半钧。”所载与1857年山东胶县出土的战国齐国铜器《子禾子釜》的铭文是相吻合的。

第六节　司法制度与监狱管理

一、司法机关

在西周,周王是最高司法官,握有最高审判权。《周礼·秋官·掌囚》中“及刑杀,告刑于王,奉而适朝”的记载,说明了诸侯间的法律纠纷,由王裁决。从《曶鼎》铭文中可见,东宫也执掌裁判贵族纠纷的司法权。

周王以下,大司寇“掌建邦之三典,以佐王刑邦国,诘四方”。同时,其还“以五刑纠万民”,“以两造禁民讼,以两剂禁民狱”,“以圜土聚罢(疲)民”,“以嘉石平罢民”,“以肺石达穹民”。实际上,大司寇负责全面司法工作。

小司寇次于大司寇,职掌“以五刑听万民之狱讼”,负责审理宗周直辖地区的案件。

司寇以下,设士师“掌国之五禁之法,以左右刑罚,一曰宫禁,二曰官禁,三曰国禁,四曰野禁,五曰军禁”。士师还负责将淹禁“县(悬)之门闾”,[1]使人知法,以预防犯罪。

此外,还有分掌具体司法事务的众多属吏,如司刑“掌五刑之法,以丽

〔1〕《周礼·秋官·士师》。

万民之罪”；[1]司刺“掌三刺三宥三赦之法”；[2]司圜管理临狱，掌囚管理犯人，掌戮负责行刑。金文中还有掌纠举官吏犯罪，保存誓词的青史（见《鬲攸从鼎》等），主管司法文书的中史（见《师旅鼎》等），参与契约管理及违约事件诉讼活动的书吏、史正、内史、大史等（见《格伯簋》《矢人盘》《鬲从盨》等）。

地方与基层司法机关乡士、遂士、杲士、方士、讶士负责审理所在乡、遂、臬、邑的民、刑案件。一般案件均可就地处理，遇有重大案件，则“弊其讼于朝”，听司寇判决。

西周的司法审级根据《周礼·秋官司寇·乡士》大体如下：“乡士掌国中。各掌其乡之民数而纠戒之。听其狱讼，察其辞，辨其狱讼，异其死刑之罪而要之，旬而职听于朝。司寇听之，断其狱，弊其讼于朝，群士司刑皆在，各丽其法，以议狱讼。狱讼成，士师受中，协曰刑杀；肆之三日。若欲免之，则王会其期。”

在诸侯国中，国君与卿大夫分别享有封地内的最高审判权。至于诸侯国司法机关的系统，大体与周王朝同，只是名称有异，如晋称大理不称司寇，陈、唐、楚国均称司败。

二、诉讼

周礼“以两造禁民讼”“以两剂禁民狱”。按郑玄注：“讼，谓以财相告者”，“狱，谓相告以罪名者”。又说：“争罪曰狱，争财曰诉。”由此可见，周时诉讼已有民事与刑事的区分。

就金文所载案例来看，无论民、刑事诉讼，都采取原告自诉的形式。轻微的案件以口头起诉，重大的案件以书状起诉，刑案书状叫“剂”，民案书状叫“傅别”。

刑事诉讼双方须交纳“钧金”（每钧三十斤），民事诉讼双方须交纳“束矢”（百矢为束）。钧金和束矢类似于诉讼费，如不交纳则被认定“自眼不直”，或不予受理，或判处败诉。《国语·齐语》载：“坐咸以束矢。”韦注：“两人讼，一人入矢，一人不入矢，曲。”《周礼·秋官·司寇》载：“以两造禁民讼，入束矢于朝，然后听之。”这一点，在金文中也得到确证。《扬簋》

[1]《周礼·秋官·司寇》。

[2]《周礼·秋官·司寇》。

铭文载:“王若曰:扬,作司空……及司寇……讯讼,取遗(铜)五锊。”《𫷷簋》铭文载:“王曰:𫷷,命汝司成周里人及诸侯;大业,讯讼罚,取遗(铜)五锊。”其意即王命扬、𫷷掌管诉讼,并收取诉讼费五锊铜。钧金与束矢制度对贵族诉讼是一种维护,对平民诉讼是一种限制。

根据《周礼》,西周还有“路鼓”与“肺石”之制。路鼓之制是允许申诉人于路寝门外挝鼓鸣冤。“肺石”之制则要求申诉人“立于肺石三日”,“士听其辞,以告于上”。这是一种直诉的形式,多适用于贫苦无告者。它加强了王对司法的监督,后世登闻鼓即起源于此。

在宗法制度下父子之间不得诉讼。“父子将狱,是无上下也。”〔1〕下级贵族也不得控告上级贵族。如贵族们成为诉讼当事人,则无论轻重案件,都可以派其下属或子弟代理。《周礼·秋官·司寇》说:“凡命夫命妇不躬坐狱讼”,以此防止“治狱吏亵尊者也”。所谓“命夫”,按郑玄注就是贵族大夫。

三、审判

审判须于“诉讼费”交纳三日后进行。双方当事人到庭,即所谓“两造俱备”,〔2〕而且“狱讼不席”,双方坐地对质。为了防止偏袒一方,《吕刑》规定:“听狱之两辞”,不得轻信“单辞”,而且要“察辞于差”,即辨析口供的矛盾。

在审判中根据诉讼当事人身份的不同而适用不同的法律。“凡诸侯之狱讼,以邦典定之;凡卿大夫之狱讼,以邦法断之;凡庶民之狱讼,以邦成弊之。”〔3〕所谓典、法、成,按《说文解字》(以下简称《说文》)都是简册,亦即三部不同的法。同时,采取五听的讯问方法。所谓“以五声听狱讼,求民情,一曰辞听,二曰色听,三曰气听,四曰耳听,五曰目听。〔4〕”“以五声听狱讼”表现了西周对于审判经验的积累,也反映了对于罪犯心理学的认识水平,在当时是值得肯定的,比起神断法无疑是一大进步,对后世的影响也极为深远,不能以唯心主义而简单地予以否定。

为了取得口供,可以随意地动用酷刑肆掠,所谓“以五刑听万民之狱

---

〔1〕《国语·周语》。
〔2〕《尚书·吕刑》。
〔3〕《周礼·秋官·司寇》。
〔4〕《周礼·秋官·司寇》。

讼”。[1]铜器《牧殷》的铭文也说“多虐庶民”，凡此都反映了西周司法镇压的残酷性。

除口供外，也很重视书证、人证及物证，《周礼·秋官·司厉》所掌的“盗贼之任器货贿”，就是作案的凶器与赃物等物证。在民事诉讼中，尤其强调证据的作用。如《周礼·地官·小司寇》载：“凡民讼，以地比正之；地讼，以图正之。”《周礼·秋官·士师》载：“凡以财狱讼者，止之以傅别、约剂。”这里所说的地比、图、傅别、约剂，就是人证、物证和书证。

在等级制度下，下级贵族间的争讼，须要听从上级贵族裁判。《曶鼎》铭文便记载着贵族曶与限发生诉讼，由上级贵族井叔审理，这种上级贵族裁判下级贵族争讼的制度，在春秋时依然实行。此外，贵族家族的族长也拥有对族属成员的审判权和刑杀权。

需要指出，从西周起判例（叫“成”）便在司法中起着补充法的作用。《尚书·吕刑》所载“上下比罪”和《礼记·王制》中的“必察大小以成之”，很多就是以成例作参考。

周初统治者所宣扬的“明德慎罚”在审判中也有所反映。如为了使判当其罪，《尚书·康诰》提出：“要囚眼念五六日至于旬日才，丕蔽要囚。”并且在判决之前实行三刺制度：“一曰讯群臣，二曰讯群吏，三曰讯万民，听民之所刺宥，以施上服下服之刑。”[2]断案所要达到的标准，就是《尚书·吕刑》所提出的“五辞简孚，正于五刑”；“上下比罪，无僭乱辞，勿用不行；惟察惟法，其审克之”。

司法机关的判决，周时叫“劾”，制成的法律文书叫“成劾”。如《倗匜》铭：“伯扬父乃成劾。”判决要向当事人宣读，《周礼》贾公彦注：“当读刑书罪状，则用法刑之。”有时还令败诉者盟誓。《倗匜》铭文就记载着牧牛在败诉后立的誓词，保证以后不再犯上。如当事人对判决不服，允许上诉。根据地区的不同而有不同的上诉期限：“国中一旬，郊二旬，野三旬，都三月，邦国期（一年）。期内之治听，期外不听。”[3]上级司法机关在上诉期内接到上诉书，须开庭再审，遇有重大案件，司寇也参加审理，作出最后的断结。

---

[1]《周礼·秋官·司寇》。

[2]《周礼·秋官·司寇》。

[3]《周礼·秋官·朝士》。

为了给贵族们开脱罪责，周代明文规定："以八辟丽邦法，附刑罚。"〔1〕所谓八辟是指："一曰议亲之辟，二曰议故之辟，三曰议贤之辟，四曰议能之辟，五曰议功之辟，六曰议贵之辟，七曰议勤之辟，八曰议宾之辟。"八辟是后世封建法律中八议的历史渊源。

西周的审判制度虽较商朝有着明显的进步，但仍保留着神明裁判的某些遗痕。如《易·大壮》载："羝羊触藩，羸其角。"又《易·履》载："履虎尾，至人，凶。"此外也表现为使诉讼者盟誓，以示对判决坚决执行和公正陈述。《周礼·秋官·司盟》规定："有狱讼者，则使之盟诅。"出土的西周《鬲攸从鼎》和《倗匜》铭文都记载了当事人的盟誓活动，说明神权对司法的影响。

西周对司法官的责任也有所要求。在《尚书·康诰》中，周公告诫康叔"敬明乃罚"，即司法官一定要谨慎严明地执法用刑。《尚书·吕刑》中"惟敬五刑"，"典狱，非讫于威，惟讫于福"，"上下比罪，勿僭乱辞"的记载，都是说司法官必须慎于治狱，不得故意出入人罪。特别是周穆王时制定《吕刑》以"五过之疵"作为考察司法官吏的具体标准。所谓"五过"即惟官（依仗威势）、惟反（借审判之权而报恩报怨）、惟内（碍于亲情屈法枉断）、惟货（勒索财物）、惟来（来字亦作赇，即受贿）。犯有五过之疵者，"其罪惟均"，即上审官和罪犯受同样的惩罚，以期司法官以国事为重，明法慎刑。

对于死刑的执行，一般采取"与众共弃"即丢之于朝市，并陈尸三日，《周礼·秋官·掌戮》："凡杀人者，踣诸市，肆之三日。刑盗于市。"这与金文中的"弃市"是一个意思，都是公开处死于闹市。但"妇人无刑，虽有刑不在朝市。"〔2〕至于贵族犯死罪，于甸人处秘密执行。

周时秋冬行刑之制已有雏形。如《左传·襄公二十六年》载有"顺天道肃杀之威""刑以秋冬"的内容。《礼记·月令》中有孟秋"始行戮"，仲秋"斩杀必当"，季秋"勿留有罪"的内容。

四、监狱管理

为了囚禁罪犯，西周建立了众多的监狱。

周朝的监狱称作囹圄、圜土等。据《续博物志》说："周曰囹圄。"《管

〔1〕《周礼·秋官·小司寇》。

〔2〕《左传·襄公二十六年》。

仲·五辅》有论："善为政者，仓廪实而囹圄空；不能为政者，廪仓虚而囹圄实。"《释名》对图圄的解释如下："狱，又谓之囹圄。囹，领地；圄，御也；言领录囚徒禁御之地。"

周朝监狱还有"灵台""稽留""犴狱"等名称，说明了监狱之多，如同《尉缭子》所说："今夫决狱，小圄不下十数，中圄不下百数，大圄不下千数。"有些权势显赫的卿大夫，也在其封地内修建起规模较大的监狱。例如，春申君黄歇在其封地吴筑狱，"庭周三里"。[1]

周朝对监狱的管理已经制度化，并设有专职官吏，如司圜掌管监狱，掌囚管理犯人。

在押的罪犯要戴刑具。《易·坎》载："系用微纆，置之丛棘，三岁不得。"《易·困》载："臀困于株木，入于幽谷，三年不睹。"《周礼·秋官·掌囚》的记载更为具体："凡囚者上罪梏拲而桎，中罪桎梏，下罪梏。王之同族拲，有爵者桎。以待弊（蔽）罪"。所谓"拲"，按韦昭注为"两手共一木曰拲"，也就是两手同械的刑具。"桎"，是足械；"梏"，是手械。至于"以待弊罪"，按贾公彦疏系"云待弊罪者，禁而待断之也"。根据《礼记·月令》中"仲春之月，命有司省囹圄，去桎梏"，"孟秋之月，命有司修法制，缮囹圄，具桎梏"的记载可知，桎梏的使用有相应的制度。对于罪行轻微的罪犯，则用绳索系囚于狱，《礼记·月令》中有"孟夏之月，断薄刑，决小罪，出轻系"的记载。《韩非子·说疑》也载："或在囹圄缧绁缠索之中。"

西周狱禁为三年，并须于狱中服强制劳役，如不改其过，则杀之。《周礼·秋官·司寇》载："以圜土聚教罢民。凡害人者，置之圜土而施职事焉，以明刑耻之，其能改过反于中国（指故里——著者），不齿三年。其不能改而出圜土者，杀。"所谓"施职事"，按郑玄注系"施职事以所能役使之"。至于囚犯的刑期则最高为三年，"上罪三年而舍，中罪二年而舍，下罪一年而舍"。[2]

需要指出，《周礼》所记载的关于西周的司法机关体系和诉讼审判制度的具体规定，掺杂了后人的观点，不可能尽是西周实事，但其中的确反映了西周司法制度的轮廓，因此仍具有重要的史料价值。

---

〔1〕《周礼·秋官·大司寇》。

〔2〕《越绝书》。

第四章

春秋战国时期法律

(公元前770年—公元前221年)

第一节　诸子百家学说的兴起与法制的变革

自公元前770年周平王东迁洛邑，至公元前221年秦始皇统一六国，史称东周；其中包括春秋（公元前770年—公元前475年）和战国（公元前475年—公元前221年）两个历史阶段。春秋战国之际，周初那种“诸侯并列，王室独尊”的局面，为“诸侯力政，争相并”及“礼崩乐坏”的混乱局面所取代。这是中国历史上剧烈动荡和急速转换的历史时期，旧的奴隶制法律制度趋向于全面瓦解，新的封建制法律制度逐步确立。同时，这也是一个法律思想突破了神权法律观和宗法思想的藩篱而百家异说的辉煌的历史时期。春秋战国之际，思想家朋兴辈作，学派林立，诸说横陈。据西汉司马谈归纳，有阴阳、儒、墨、名、法、道六家。后刘向、刘歆父子又总括为儒、墨、道、名、法、阴阳、农、余、纵横和小说十家。其中对法律思想贡献较大的主要有儒、墨、道、法四家，特别是儒、法两家。

一、成文法的公布及其论争

奴隶社会是一个法律为少数奴隶主贵族所密藏和独占的时代，法律的制定、修改、解释及其法律的适用，均不允许平民染指和予闻。“刑不可知，则威不可测”，被蒙上神秘、恐怖色彩的奴隶制法，成了奴隶主贵族任意打击平民、镇压奴隶反抗、排斥政治异己、实行司法专横的工具和手段，也是奴隶主贵族所独享的一项传统法律特权。

梅因在其《古代法》中认为，对于一切国家和民族而言，都不可避免地要经历一个法律为少数法律寡头所垄断的时代，即秘密法时代。在初脱蒙昧的阶级社会的早期阶段，制定成文的法律并加以公布的客观历史条件是不具备的。成文法至少需具备两个基本条件：一是司法经验的广泛积累和立法技术的基本成熟；二是要有较发达的文字，法律才有可能以成文的形式表现出来。这是一个漫长的历史过程，在古希腊，从国家产生至成文法公布，历经1400余年，古罗马也长达两个世纪。在中国，公元前21世纪就建立了奴隶制国家夏朝，直到公元前536年才公布成文法。但是，我们不能不加区别地、简单地将秘密法等同于暴政和司法专横。在立法、司法经验的充分积累及文字尚未出现或尚未成熟之前，秘密的不成文法便不可避免地使奴隶主贵族在某种程度上滥用其司法特权。但当秘密的不成文法是保存和维系法律传统和习惯的唯一的、不容选择的方式时，也就是最好的法律形式。只有在文字已经出现、制定成文法律所必须的条件已经具备的历史条件下，仍然坚持“临事制刑，不予设法”的传统，甚至于成文的法律已经制定而仍拒绝公之于众，则只能视之为暴政和司法专横。

在中国历史上，究竟在什么时间、哪个历史阶段具备了制定并公布成文法律的条件，今天已很难确知。史载夏有《禹刑》、商有《汤刑》、周有《九刑》，这些成文的刑书，均“未尝宣示下民”。

春秋之际，伴随着王权的失坠和霸政的兴起，作为奴隶主贵族的政治异己力量的新兴地主阶级登上历史舞台。他们为了抵制奴隶主贵族的政治压迫、经济掠夺和司法专横，巩固已经取得的阵地，发展和壮大自身力量，并进而执掌政权，便把斗争的矛头，首先指向以秘密专横为特征的奴隶制法律制度，取得了具有划时代意义的重大成就——成文法的公布。

（一）公布成文法

公元前536年，倡导“都鄙有章、上下有服”[1]的郑国执政子产，在进行了“作封恤”和“作丘赋”等经济改革之后，又率先打破“议事以制，不为刑辟”的旧传统，公布了中国历史上第一部成文法——《刑书》。《左传·昭公六年》所说“郑人铸刑书”，即“铸刑书于鼎，以为国之常法”。子产将郑国的刑书，铸在鼎之上，向国人公布，使什么是犯罪、犯罪者处什么刑等，都有了一定的标准，这使奴隶主贵族任意刑杀的司法特权受到限制，同时也是对奉行千余年的秘密法制度的直接否定。所以，《刑书》公布之际，曾遭到奴隶主贵族的激烈非难。晋国贵族叔向指责说：“昔先王议事以制，不为刑辟，惧民有争心也。”意即如果平民知道了罪与非罪的标准以及犯什么罪处什么刑，不仅不利于奴隶主贵族庇护同族，任意刑杀平民和奴隶，反而会被平

[1]《左传·襄公三十年》。

民利用法律进行反对贵族的斗争，所谓“民知有辟，则不忌于上，并有争心，以征于书，而徼幸以成之，弗可为矣”。据此，叔向警告子产：“民知争端矣，将弃礼而征于书。锥刀之末，将尽争之。乱狱滋丰，贿赂并行，终子之世，郑其败乎。”这说明，如果公布成文法，“自令民常怀怖惧”的恐怖气氛消失了，人民就不怕长上了，作为大经大法的礼将被废弃，奴隶制的典章制度将被否定，以“亲亲”“尊尊”为基础的宗法等级秩序将会沦丧。所以，叔向说：“国将亡，必多制，此其之谓乎。”〔1〕这对奴隶主贵族而言，倒也并非危言耸听之虚词。

面对叔向的攻讦，子产的答复颇耐人寻味：“若子之言。侨不才，不能及子孙，吾以救世也。既不承命，敢忘大惠！”〔2〕旧贵族出身的子产虽也认为叔向讲得有道理，但面对政治、经济实力不断增长的新兴地主阶级的有力挑战，不敢承叔向之命而恪守旧制。这说明，子产公布成文法是为了“救世”而不得已采取的缓和新兴势力夺权斗争的策略，也从一个侧面反映了当时新旧两种力量斗争的激烈程度。据《左传·襄公三十年》记载，公布《刑书》前七年，子产曾进行经济领域的改革，触犯了旧贵族的利益。于是“舆人诵之曰：‘取我衣冠而褚之，取我田畴而伍之。孰杀子产，吾其与之。’”后由于子产的改革顺应时代潮流，收到了良好的效果，于是又称颂曰：“我有子弟，子产诲之；我有田畴，子产殖之。子产而死，谁其嗣之?”〔3〕这前后舆情的变化，反映了新旧势力的对抗和强弱消长。《刑书》是子产对改革经验的总结，又是其巩固改革成果，并把改革事业继续推向前进的工具，它的公布遭到顽固守旧势力的反对，也是不难理解的。

据《左传》记载，继子产“铸刑书”之后，郑国大夫邓析又私造《竹刑》。邓析与子产属同时代人，他对执政子产所进行的改革并不满意，以致“子产治郑，邓析务难之”。〔4〕特别是，邓析对子产的《刑书》不满，“欲改郑所铸刑制，不受君命，而私造刑法，书之于竹简，故曰竹刑”。〔5〕邓析的《竹刑》和子产的《刑书》内容皆不可考，但从后来郑国执政郑驷歂“杀邓析，而用其竹刑”〔6〕看，邓析的竹刑似比子产的刑书更能体现新兴地主阶级的利

---

〔1〕《左传·昭公六年》。

〔2〕《左传·昭公六年》。

〔3〕《左传·襄公三十年》。

〔4〕《吕氏春秋·精喻》。

〔5〕《左传·定公九年》杜预注。

〔6〕《左传·定公九年》。

益，更符合时代的变革精神。

具有讽刺意味的是，郑“铸刑书”23年之后，在反对公布成文法的叔向的故乡晋国，也效法郑国而“铸刑鼎”。据《左传正义》记载，这部成文法典当时已在晋国施行，只是“未尝宣示下民”而已。至昭公二十九年（公元前513年）冬，“晋赵鞅，荀寅帅师城汝滨，遂赋晋国一鼓铁，以铸刑鼎，著范宣子所为刑书焉”。[1]

晋国“铸刑鼎”以后，标榜“克己复礼”和“吾从周”的儒家鼻祖孔丘，又发出惊叹：“晋其亡乎，失其度矣！”所谓度，就是贵贱上下等级的分野。“今弃是度也，而为刑鼎，民在鼎矣，何以尊贵？贵何业之守？贵贱无序，何以为国？”[2]孔子与叔向出于维护宗法等级制度的共同的阶级利益，反对公布成文法。然而，历史潮流不可抗拒，当旧的奴隶制法律制度的崩溃和新的封建制法律制度的建立都成为不可避免时，旧贵族无论如何诅咒和抵制，都只能是徒劳。

（二）公布成文法的论争

春秋之际成文法的公布，是中国法律史上的大事件，对当时的整个社会都产生了极大冲击和强烈震撼。成文法的公布活动迫使不同阶级和阶层的思想家们都纷纷站出来，从各自政治经济利益出发，表达各自的政治观点和法律主张，形成百家争鸣、蔚为灿烂的文化景观。

围绕着公布成文法的争论焦点，主要集中在以下三个方面：

1.“临事制刑，不予设法”的传统法律制度的存废

新兴地主阶级是奴隶制秘密法的直接受害者。为了抵制奴隶主贵族的司法专横和政治迫害，争取平等的法律权利，他们主张“不法先王，不是礼义”[3]。管仲相齐，“修旧法，择其善者而业用之”，[4]并突破了周礼“任人唯亲”的原则，实行“匹夫有善可得而举”[5]和“使各为其所长”[6]的原则。子产则向占统治地位的神权法律观提出挑战，认为“天道远，人道迩，非所及也”，[7]实际上否定了自商周以来盛行的“天罚”论。管仲、邓析等

[1]《左传·昭公二十九年》。

[2]《左传·昭公二十九年》。

[3]《荀子·非十二子》。

[4]《国语·齐语》。

[5]《国语·齐语》。

[6]《管子·牧民》。

[7]《左传·昭公十八年》。

法家先驱的思想，富于务实和进取精神，主张公布成文法，建立“事断于法”〔1〕的法律制度，使法成为衡量是非功罪的规矩绳墨。

儒家重“礼治”而尚先王，孔子声称“如有用我者，吾其为东周乎”。〔2〕其反对公布成文法的一个重要理由就是“先王议事以制，不为刑辟”。公布成文法从先王之处找不到理论根据，故子产“作刑书”、晋“铸刑鼎”等不符合先王之道的非礼行为，自然遭到叔向、孔丘等人的激烈非难。

道家创始人老聃，是没落中的奴隶主贵族的代表，在社会大动荡面前崇信自然法。他说，“人法地，地法天，天法道，道法自然”〔3〕，反对人为立法和重法酷刑。他认为：“民不畏死，奈何以死惧之。”所以，他主张“道法自然”“无为而治”。老子对待公布成文法的态度是明确的，他提出“法令滋彰，盗贼多有”，“天下多忌讳，而民弥贫”。〔4〕叔向所说的“国将亡，必多制”，便是典型的道家言论。

2. “贵贱不愆”的宗法等级制度的存废

孔子说：“贵贱不愆，所谓度也。”〔5〕下事上，贱事贵，不肖事贤，是周礼的基本原则，是天下之通义，一旦失其序则乱，甚至会导致国家灭亡。郑国和晋国公布成文法，破坏了“贵贱不愆”的“度”，这在“非礼勿视，非礼勿听，非礼勿言，非礼勿动”的孔子看来自然属于名不正、言不顺的失序败亡之道。邓析则反对维护特权的礼治，提倡“以非为是，以是为非”〔6〕，即以违反周礼的言行为是，以符合周礼的言行为非，所以他认为，不公布成文法，就不可能做到“事断于法”，赏罚就失去了标准，“国法立则私善不行”，否则“喜而便赏，不必当功，怒而便诛，不必值罪，不慎喜怒，赏诛从其意而欲委任臣下，故亡国相断，弑君不绝”。〔7〕立法不分明，有法而不依，滥施赏罚，才是导致弑君亡国的根源。所以邓析和子产一样，都力主布之于众，打破“贵贱不愆”的“度”，在“事断于法”的前提下，与旧贵族分享司法特权。

道家提倡“无为”，反对一切人为的仁义礼法及制度设施。所以，老聃不仅反对公布成文法，即使旧有的礼乐典章制度也在其反对之列。他说：“礼

〔1〕《邓析子·转辞》。
〔2〕《论语·阳货》。
〔3〕《道德经》。
〔4〕《道德经》。
〔5〕《左传·昭公二十九年》。
〔6〕《吕氏春秋·离谓》。
〔7〕《邓析子·转辞》。

者，忠信之薄而乱之首。”[1]只有“绝仁弃义”，才能“民复孝慈”。老聃站在没落奴隶主贵族立场上，对日益衰朽的奴隶主贵族的礼乐典章已失去信心，对新兴地主阶级的改革措施又深恶痛绝，于是他既鄙薄人为法，又鄙薄仁义道德。这种政治法律虚无主义，表达了他所代表的阶级在战乱动荡的社会中，悲观绝望的末日心态。

3. 用什么法律以“经纬其民”

孔丘在指斥晋国“铸刑鼎”时说：“夫晋国将常守唐叔之所受法度，以经纬其民，卿大夫以序守之，民是以能尊其贵，贵是以能守其业。”[2]所谓“唐叔之所受法度”，即晋国始受封君主唐叔从周天子那里带来的法律《唐诰》。孔子认为晋国应永远用《唐诰》来进行统治，奴隶主贵族的特权才能被尊重，宗法等级制度也才能保持而不致崩溃。这实质上已涉及法律的本质问题，即法律应该体现哪个阶级的意志和利益。

新兴地主阶级一方面主张“修旧法”，废止体现旧贵族意志的秘密法，另一方面又强调制定顺乎时代和民心人情的新法律。管仲说：“俗之所欲，因而予之；欲之所否，因而去之。”[3]他们在“令顺民心”的掩饰下，打破井田制，“相地而衰征”，[4]承认私田的合法性；突破“亲亲”原则，倡导贤人政治，使出身卑贱的匹夫“可得而举”，有机会参与国家管理，执掌政权；废除秘密专横的法律制度，公布体现“事断于法”的成文法，使“都鄙有章，上下有服，田有封洫，庐井有伍。大人忠俭者，因而与之；泰侈者，因而毙之”。[5]在政治和经济领域，创造能够和旧贵族平等竞争的法律环境。总之，新兴地主阶级力图通过改革，把本阶级的意志上升为法律。

成文法的公布及其论争，弘扬了“法治”精神，加速了体现“事断于法”原则的封建法律制度取代以秘密法为特征的奴隶制法律制度的历史进程，标志着旧的法律时代的终结和新的法律时代的来临。

二、《法经》的内容与历史地位

战国时期，反映地主阶级意志的封建法制，随着各国封建政权的确立而

[1]《道德经》。

[2]《左传·昭公二十九年》。

[3]《史记·管晏列传》。

[4]《国语·齐语》。

[5]《左传·襄公三十年》。

初步形成。地主阶级思想家中的法家，以法治反对礼制，极力主张公布成文法律，用严刑峻法推进政治法律改革，打击旧贵族的保守势力，巩固专制主义中央集权的政治制度和地主阶级压迫农民的封建秩序。由于在斗争中新兴势力不断壮大，各国继续了春秋以来公布成文法的潮流，相继制定了体现地主阶级意志的法律。如赵国有《国律》《奉法》，楚国有《宪令》《鸡次之法》，齐国有《七法》，韩国有《刑符》，魏有《太府之宪》（又称《魏宪》）。而这一时期立法成就最为卓著，并对后世产生重大影响的，当首推魏文侯时李悝所著的《法经》。

李悝（公元前455年—公元前395年），是战国初期魏国著名政治家和前期法家代表人物之一。李悝曾受业于子夏，《汉书·艺文志》列有《李子》三十二篇，但均已失传。他以魏文侯相的身份，主持了魏国的变法，在经济上"废沟洫"，以"尽地力之教"，[1]并废除了井田制，鼓励发展农业生产，推行重农抑商政策。政治上，他提出"为国之道，食有劳而禄有功，使有能而赏必行，罚必当"。[2]这就是奖励军功，重农重战，实行法治。所以司马迁在《史记·平准书》中说："魏用李克，尽地力，为强君，自是以后，天下争于战国。"

"无论是政治的立法或市民的立法，都只是表明和记载经济关系的要求而已。"[3]为了巩固已经取得的改革成就，使富国强兵的基本国策在法治的轨道上有序推行，李悝总结了前人的立法经验，编撰了我国历史上第一部封建性法典《法经》。它改刑为法，先列罪名，后定刑制，以罪统刑，对于封建法典体例的创制具有重要的作用。

"撰次诸国法"而成的《法经》六篇，以巩固君主专制，保护私有财产为主旨，强调"王者之政，莫急于盗贼"。[4]据《荀子·修身》载："窃货曰盗，害良曰贼。"盗就是指侵犯私有财产的犯罪行为，贼就是指侵犯人身安全及社会秩序的犯罪行为。由此形成了《法经》以刑为主、杂有诉讼法和其他法律内容的诸法合体的体系。古人对其评价道："故其律始于盗、贼，盗贼须劾捕，故著网、捕两篇。其较狡，越城，博戏，借假不廉，淫侈，逾制，以

---

〔1〕《汉书·食货志》。

〔2〕《说苑·政理》。

〔3〕中共中央马克思恩格斯列宁斯大林著作编译局编译：《哲学的贫困》，载《马克思恩格斯全集》（第4卷），人民出版社1972年版，第121~122页。

〔4〕《晋书·刑法志》。

为杂律一篇。又以其律具其加减，是故所著六篇而已。”[1]

战国时期，改刑为法，不仅是字词上的变化。按《说文》的解释，法具有“平之如水”“公平正直”的含意。这不是以秘密状态和习惯法为主要形式，以维护宗法等级为主要内容的奴隶制刑所要求的，而是以成文、公开、平等为特征的新兴地主阶级的政治法律主张。如法家给法下的定义为：“法者，编著之图籍，设之于官府，而布之于百姓者也。”[2]法在适用上也主张“君臣上下贵贱皆以法”。[3]由此可见，由刑到法的转变，是新旧两种法律制度转换的反映，李悝著《法经》，则是这一转换过程基本完成的标志。

《法经》失传已久，《晋书·刑法志》只保留了篇目。根据古籍中的片段记载，《法经》的内容包括正律、杂律、减律三个部分。

其正律略曰：“杀人者诛，籍其家及其妻室；杀二人及其母氏。大盗，戍为守卒，重则诛。窥宫者膑，拾遗者刖，曰为盗心焉。”

其杂律略曰：“夫有一妻二妾，其刑聝，夫有二妻则诛；妻有外夫则宫，曰淫禁。盗符者诛，籍其家；盗玺者诛；议国法令者诛，籍其家及其妻室，曰狡禁。越城，一人则诛，自十人以上夷其乡族，曰城禁。博戏罚金三币，太子博戏则笞，不止，则特笞，不止，则更立，曰嬉禁。群相居一日则间，三日、四日、五日则诛，曰徒禁。丞相受金，左右伏诛；犀首以下受金，则诛；金自镒以下，罚不诛也，曰金禁。大夫家有侯物，自一以上者族。”

其减律略曰：“罪人年十五以下，罪高三减，罪卑一减。年六十以上，小罪情减，大罪理减。”[4]

从上述极为概略的内容可以看出，《法经》具有以下基本特点：

第一，《法经》是维护和巩固封建政权、保护地主阶级的经济利益、镇压广大农民的暴力工具。

凡属严重危害封建统治、侵害君主的行为，如窥宫、盗符、盗玺、越城、群相居等，不仅本人均处重刑，甚至夷乡夷族。同时，为确保政策法令的贯彻和思想的统一，以严刑惩治议论国家法令的行为，推行思想文化专制。

《法经》以“王者之政莫急于盗贼”为立法的指导思想，清楚地显示了其锋芒所向和阶级实质。

---

〔1〕《晋书·刑法志》。

〔2〕《韩非子·难三》。

〔3〕《管子·法法》。

〔4〕（明）董说：《七国考》。

第二，《法经》贯穿了早期法家所主张的“不别亲疏，不殊贵贱，一断于法”的法治原则。

太子犯法要受笞刑，丞相受贿左右伏诛，将军受贿处以死刑，突破了“刑不上大夫”的礼制原则，但与此同时，《法经》又确立了封建官僚等级制度，明确规定大夫家如有诸侯享用的器物，便构成逾制之罪，判处最严厉的族刑。

第三，《法经》打击了魏国奴隶主贵族势力的反抗。

当时的魏国，没落旧贵族还有相当大的势力，作为第一部封建法典的《法经》，便历史性地承担起以严刑峻法打击旧贵族的复辟活动、涤荡奴隶制残余势力的使命。《法经》关于严厉惩治杀人罪的规定，目的在于限制奴隶主贵族的暴行，打破保护奴隶主贵族特权的传统。此外，关于“狡禁”和“城外”以及严禁议论国家法令的规定，也都包括打击奴隶主贵族复辟活动、巩固地主阶级统治的内涵。

第四，《法经》体现了“重刑轻罪”的精神。

对于轻微的犯罪，处以严厉的刑罚；如窥视宫殿者，要去其膝盖骨，路上拾遗者要断足。重刑轻罪一直为法家所着力奉行，至韩非发展为“以刑去刑”理论，把重刑作为预防和制止犯罪的手段。《法经》所以重刑窥宫和拾遗者，立法本意是为了防“盗心”的萌生。见于《法经》的刑罚有笞、诛、髌、刖、宫、夷族、夷乡等，显然承袭了奴隶制五刑制度。

第五，《法经》以重刑反对旧势力的同时，又保留了大量奴隶制残余。

《法经》中有“籍其家”“籍其家及其妻氏”，甚至母氏的刑罚规定。把罪犯的亲属罚为奴隶，就等于从法律上肯定了占有奴隶的合法性。这种自相矛盾的法律现象，是封建法制初建阶段的必然反映。

李悝制定的《法经》，是中国法律史上第一部初具体系的成文法典，是集春秋以来各国立法之大成。《晋书·刑法志》称：“悝撰次诸国法，著法经。”这部《法经》为“商君受之以相秦”，〔1〕规制了秦国的变法事业。所以桓谭说：“是以秦魏二国，深文峻法相近。”〔2〕商鞅实行的“连坐法”，就是《法经》中“徒禁”的进一步发展。

《唐律疏议》具体阐述了《法经》对后世封建法律的影响：“周衰刑重，战国异制。魏文侯师于李悝，集诸国刑典，造《法经》六篇……商鞅传授，

〔1〕《晋书·刑法志》。

〔2〕（汉）桓谭：《新论》。

改法为律。汉相萧何更加悝所造户、兴、厩三篇，谓九章之律。”《法经》诚可谓秦汉以来封建立法的滥觞。

第二节　官僚制度的初建及相应管理制度

中国古代的文官制度，是指对于文职官员的管理制度，主要包括文职官员的考选、任免、品俸、考课、监察、致仕等内容。虽然官制的历史与国家的历史同时产生，但最初的官员并无文武之分，也不存在专门适用于文职官员的管理制度。中国古代文官制度的历史，是指中国进入封建社会，划分文武职官之后的文官制度的形成与发展演变的历史。

在中国奴隶制时代，受宗法政治的支配，实行亲贵合一的国家组织原则，宗法与政治等级、国家结构、国家组成直接联结在一起。与国王血缘关系越亲近，职位也越显赫。如同墨子所言：“今王公大人，其所富，其所贵，皆王公大人骨肉之亲，无故富贵面目美好者也。”〔1〕奴隶制国家典型形态的周朝，无论是诸侯还是卿大夫，都是世袭的，代代相承，这种官职被称作世卿制度。在世卿制度下，基本不存在官吏的任免和考课问题。同时世卿享有封邑，也不存在俸禄问题。只有在宗法政治解体、官僚制度形成的过程，才可能形成具有特定内容的文官制度。

春秋末期，礼崩乐坏，昔日为天下“共主”的周天子已沦为诸侯王的翼卵，新兴地主阶级却以不可遏制之势，登上各国的政治舞台。加之列国交争、弱肉强食、胜者为右的严酷现实的压迫，使得尚贤使能的“贤人政治”渐次兴起。管仲相齐，首先打破“任人以亲不以贤”的旧传统，实行“匹夫有善，可得而举”的用人原则。如赶牛车的宁戚被破格任命为大司田。甚至以维护周礼为己任的孔子，也从“为政以德”的基点出发，倡导“举贤才”，认为只有贤者当政，国家才能治理好，所谓“文武之政，布在方策，其人存，则其政举；其人亡，则其政息”。〔2〕孔子的尚贤思想，在一定程度上突破了“亲亲”原则。虽则他仍主张“君子笃于亲”，〔3〕但毕竟也赞赏“远不失举”。〔4〕

〔1〕《墨子·尚贤下》。
〔2〕《礼记·中庸》。
〔3〕《论语·泰伯》。
〔4〕《左传·昭公二十八年》。

至战国，李悝首行“食有劳”“禄有功”“使有能”“赏必行”的“为国之道”。“见功而兴赏，因能而授官”的“尊贤尚功”原则，盛行于天下。“宰相必起于州部，猛将必发于卒伍”，[1]便成了“明主之国”的象征。

在上述思想的推动下，以君王为首的封建官僚等级制度在战国时代逐步形成，无论是中央或地方郡县官吏还是带兵主将，都由君王任免。文武官职也在这一时期开始分离，这是卿大夫一人兼有军政大权的世卿世禄制度没落，官僚制度发展的必然结果。同时，战国兼并战争的频繁，军队数量的激增和军事技术的复杂化，也都要求设立专职武官，进行有效的管理和指挥。因此，文武官的专职化，丞相和将军作为最高行政长官和军事长官的分设，既是行政管理复杂化的客观要求，也反映兼并战争频繁的时代特点。

与封建任官制度相联系的玺印制度、上计制度、俸禄制度也都初步建立起来。

第一，玺印制度，即君王任用官吏时发给印玺，免职时收回，若官吏辞职，亦须将印玺交还君王。如《韩非子·外储说左下》：“梁车用法，而成侯收玺。”《战国策·秦策三》也有“应侯因谢病，请归相印”的记载。另外，公文往来也要用玺，特殊情况还要用御玺，秦国长信侯嫪毐叛乱便假造国王御玺，行文征集县卒和卫卒。

战国在推行玺印制度的同时，也实行发兵用符的制度。兵符分为两半，一半由君王掌握，一半由将帅掌握，只有兵符相合，才能调动军队。著名的信陵君窃符救赵，以及出土的载有“左在王，右在新郪”的“新郪兵符”，都确凿地说明了这一点。玺、印及符是象征国王赋予各级文武官吏行政权或军权的凭证。玺印制度的普遍建立，反映了官僚制度的发展与中央集权的加强。

第二，上计制度，即官吏将一年的预算收入事先写在木券，然后剖而为二，君王执右券，官吏执左券，年终上计时君王根据原券核查实征数日，决定官职的升迁。所谓“符契之所合，赏罚之所生也”[2]。魏文侯时，“解扁为东封，上计而入三倍”，[3]“李兑治中山，苦陉令上计而入多”，[4]反映了上计制度在魏国的实际执行情况。以赋税收入作为考核官吏政绩的标准，说

---

〔1〕《韩非子·显学》。
〔2〕《韩非子·主道》。
〔3〕《淮南子·人间训》。
〔4〕《韩非子·难二》。

明了赋税对于维持整个官僚机构和军事活动的重要意义，同时也是为了从财政上加强中央对地方的控制，以有利于维护专制主义中央集权的国家制度。

第三，俸禄制度，即封建国家酬劳官吏的一种制度。战国时，俸禄主要是实物，但因各国度量衡的不统一，俸禄的单位也不尽一致。如楚国以“担”为单位，齐国以“钟”为单位，韩、赵、魏、秦则以“石”为单位。最高的俸禄达万担、万钟、万石，最低的也有斗食小吏。在固定的俸禄之外，国王也时常根据官吏的政绩，给予额外的赏赐，所谓“主卖官爵，臣卖智力”。[1]

总括上述，以官吏的任免制度、玺印制度、上计制度和俸禄制度为基本内容的文官制度，在战国时代已初具雏形，并为秦汉时期文官制度的进一步发展奠定了基础。

第三节　礼法对立与融合的趋向

春秋末期，随着管仲、子产、邓析等法家先驱提出“君臣上下贵贱皆以法”与“事断于法”等法治原则及成文法的公布，礼与法形成了直接对立，并在儒、法两家之间引起了旷日持久的激烈论争。

一、法家的出现及其法律思想

（一）法家的出现

法家是中国古代诸子百家中主张“以法治国”[2]的一个学派。法家极端重视法律及其强制作用，对古代法学也有深入研究，并提出一整套推行法治的理论和方法，建立了统一的封建专制主义中央集权制国家的理论基础。

在中国奴隶制时代，实行奴隶主贵族等级特权的政治制度。儒家倡导“礼治”以维护奴隶社会的等级秩序，随着奴隶制经济的瓦解，奴隶制上层建筑也随之“礼崩乐坏”，为奴隶主贵族统治辩护的礼治，也从根本上发生了动摇。随着生产力的进步和封建经济的发展，使新兴地主阶级逐渐成长为一支强大的富有生命力的社会力量。他们要求打破传统的礼治，反对世卿世禄的奴隶制等级特权制度。作为其代言人，法家在此形势下登上历史舞台，向儒家的礼治提出了尖锐的挑战。他们打出“法治”的旗号，在政治思想领域与

［1］《韩非子·外储说右下》。
［2］《韩非子·有度》。

儒家展开了激烈论争。

法家人物是新兴地主阶级的代表。春秋战国之际，法家大多出于封建生产关系较为发达的齐、晋两国。法家之所以登上历史舞台并对中国有着深远的影响，完全是历史的必然。在当时经济、政治结构剧烈变动的社会形势下，法家人物应运而生，从早期的管仲、李悝、申不害、商鞅，直到法家之集大成者韩非，法家人物如雨后春笋，不断涌现。他们从本阶级的立场出发，对社会的政治、法律制度作出了解释以期为当政者提供一整套治国理民的政治法律制度。

（二）法家的法律观

法家对法律的本质、起源、作用等基本法学理论都有其独特见解。

1. 法的起源

法家从进步的历史观出发，认为法律是历史发展到一定阶段的产物。他们把历史分为"上古""中古""近古""当今"四个阶段，认为在上古原始时代是不需要法律的。但是到后来，由于人的本性恶，人与人、族与族之间相互争夺，为了定分止争，需要"立君""立禁"，于是乎便产生了国家和法律，用以保护以土地私有制为基础的财产所有权。可以说，法家关于法律起源的认识已经初步触及了法律应适应生产关系的变化以保护私有制的问题。由于历史是由所谓上古发展到当今的，由此，法家提出"法与时转则治"的进步法律观。

2. 法的本质

法家认为法是国家制定的用以"定分止争"的行为准则，它应当是客观的、公平的。他们往往把法律比喻为度量衡，如"法者，国之权衡也"〔1〕，其意在于强调法的客观性和平等性，故司马迁把法家思想概括为"不别亲疏，不殊贵贱，一断于法"〔2〕。它实质上反映了新兴地主阶级要求在法律面前和贵族具有平等地位的思想，以分享奴隶主贵族的法律特权。法家认为维护贵族世袭特权的"礼"是不公平的，要求按照新兴地主阶级的意志来立法。在这里，法家所说的法不是一般的法律，它应当体现新兴地主阶级的意志和要求，保护他们的私有财产。

法家论法讲平等，是为了替当时处于无政治地位的地主阶级向贵族争平等。实际上，他们既不反对等级，也不排斥特权，只是反对各级贵族世袭垄

〔1〕《商君书·修权》。

〔2〕《史记·论六家要旨》。

断这种特权，要求分享这些特权。因此，其所谓的平等，是很不彻底的。

他们把法说成是公平正直的，认为“法律政令者，吏民规矩绳墨也”，[1]即法应是为整个国家利益服务的。他们把这种整体利益称之为“公”，而私人利益则为“私”，符合整体利益的法则为“公法”。法与私是势不两立的。“能去私曲就公法者，民安而国治。能去私行行公法者，则兵强而敌弱”[2]。

3. 法的作用

法家重视法律的作用，把法律作为“定分止争”的工具。如果名分不定，任何人都可干自己想做的事情，这样就会出现争执，社会就要出现混乱。为此，必须制定法律来规范限制人们的行为，这就是法律的作用之一。慎到曾比喻说：“一兔走，百人追之，分未定也。积兔满市，过而不顾，非不欲兔，分定不可争也。”[3]这就是保护私有财产的观念在法律观上的反映。另外，法律的作用还在于“兴功惧暴”。在当时诸侯混战的形势下，为了取得兼并战争的胜利，实现全国的统一，法家认为法律的作用就是要保证富国强兵，即所谓“兴功”，利用法律手段来督促民众勇于耕战，并根据其功劳依法设赏；而不听号召的人，则受到制裁，这充分体现了法家思想浓重的功利主义色彩。“惧暴”则主要指压迫被统治阶级，使其不敢反抗，只能听从统治者发号施令；君主则利用法律这一工具来“一民使下”。这就是法家对法律作用的认识。

韩非是法家思想集大成者，他批判地继承了前期法家的成就，提出了“以法为本”、“法、术、势”相结合的法治思想体系。韩非政治法律主张受到秦王嬴政的赏识，成为其兼并诸侯国，建立统一的封建专制主义中央集权制国家的理论基础。

二、法家的“法治”与儒家的人治

（一）法家的“法治”理论

法家极端推崇法律在治理国家中的作用，强调法律的权威，主张“以法治国”，这被后世一些学者概括为“法治”。法家的“法治”思想主要包括两方面内容：

---

〔1〕《管子·七主七臣》。

〔2〕《韩非子·有度》。

〔3〕《慎子·威德》。

1. 主张以法为治，刑无等级

管仲说："治民一众，不知法不可。"[1]其后，慎到、韩非又加以发展而形成"以法治国"的思想，他们指出："明主之治国也，使民以法禁，而不以廉止"[2]，"故治国无其法则乱"[3]。为此，统治者应任法而不任私、不任智，务力而不务德。法家反映了新兴地主阶级反对世袭贵族等级特权的政治要求，坚决主张在法的运用上应执法持平，刑无等级，即所谓"君臣上下贵贱皆从法"[4]，"刑过不避大臣，赏善不遗匹夫"[5]，"自卿相将军以至大夫庶人，有不从王令，犯国禁、乱上制者，罪死不赦"[6]。当然法家所宣扬的"法不阿贵""刑无等级"是不彻底的。

2. 法家的法治主张，强调提高君主权力，实现君主集权的专制主义统治，借以削弱世袭贵族在政治上的地位

早期法家人物便提出了"法生于君"，[7]以及君主要有"势"和"术"的主张。管仲说："凡人君之所以为君者，势也，故人君失势，则臣制之矣。"[8]又说："明主者，有术数而不可欺也。"[9]在此基础上，法家逐渐发展成各有侧重的三派，即商鞅重法，申不害重术，慎到重势，而其中心则不外乎加强君权。至韩非，则将三家综合起来，形成了"法、术、势"三者综合运用的思想体系，强调以法为本，三者紧密结合，才能实现法治。韩非极力倡导封建中央集权，推崇君主的作用，认为这三者是君主进行有效统治的工具。他提出君主"抱法处势则治"。[10]"势"指权势，即君主的崇高地位。君主若无"势"，既不能发号施令，又不能行赏罚，从而谈不上法治。而且"势"还必须只由君主一人所拥有。同样，"法"和"术"也缺一不可，"术"指君主掌握政权，驾驭臣下，贯彻其法令的权术和策略。"术者，因任而受官，循名而责实，操生杀之柄，课群臣之能者也。"[11]"术"只能藏于君主心中，它与法

---

〔1〕《管子·七法》。
〔2〕《韩非子·六反》。
〔3〕《慎子·威德》。
〔4〕《管子·任法》。
〔5〕《韩非子·有度》。
〔6〕《商君书·赏刑》。
〔7〕《管子·任法》。
〔8〕《管子·任法》。
〔9〕《管子·明法解》。
〔10〕《韩非子·难势》。
〔11〕《韩非子·定法》。

不同，“法莫如显，而术不欲见”。[1]

在强调君主专制统治的同时，法家还对选拔执法之吏极为重视，提出“选贤论才而待之以法”。[2]

总之，先秦法家，特别是韩非的一整套法治思想，就是论证君主独裁专制的必要性。他们倡行的平等、公正，并不限制君主的权力。

(二) 儒家的人治

与法家“法治”相对应的是儒家大肆宣扬的“为政在人”的“人治”说。

所谓人治，是中国古代儒家的一种政治法律主张，他们的着眼点是人，不是法。孔子说：“其人存，则其政举，其人亡，则其政息。”[3]孟子也说“君仁莫不仁，君义莫不义，君正莫不正，一正君而国定矣”[4]。在治理国家的具体方法上，提倡礼治、德治，以之作为人治说的主要内容。具体而言，其一，力主君主以身作则，施德行仁，认为“其身正，不令而行；其身不正，虽令不行”。[5]其二，任用官吏主张“举贤使能”，使贤者在位，能者在职。其三，对被统治阶级，主张进行德化教育，辅之以刑罚手段，这样人们才会“有耻且格”。[6]在法和人的关系上，强调“法不能独立，类不能自行，得其人则存，失其人则亡”。[7]

古代儒家虽重人治，但也没有完全摒弃法和刑。孔子就很重视刑罚与教化的结合，提出德主刑辅的主张。其后孟子继承并发展了孔子的这一主张。而战国末期的儒家代表荀况则是儒法合流的先行者。他强调在发挥人的作用的同时，也应看到法对国家统治的重要性，提出任人与任法结合，法治和人治相辅相成。对于礼和刑，荀子认为二者都是统治者所必需的，但以礼为主，“礼者，法之大分”。[8]

荀子认为法对于治理国家固然重要，但法的好坏则完全取决于作为统治者的“人”的好坏。即使有了“良法”，还要靠人来贯彻和执行，否则只能是一纸具文。再者，国家大事经常变化，法律难以覆盖，完全仰仗人的灵活

---

〔1〕《韩非子·难三》。

〔2〕《管子·君臣上》。

〔3〕《礼记·中庸》。

〔4〕《孟子·离娄上》。

〔5〕《论语·子路》。

〔6〕《论语·为政》。

〔7〕《荀子·君道》。

〔8〕《荀子·劝学》。

运用，因而他总结说“故有良法而乱者，有之矣；有君子而乱者，自古及今，未尝闻也”。[1]法和人二者不能分离。

综上所述，可见儒家言人治，并没有忽视法和刑在一定条件下的作用，只是更侧重于人治而已。

除此之外，儒法对立也体现在以下几个方面：

1. “为国以礼”与“以法为本”

儒家主张“为国以礼”，[2]把“贵贱有等，长幼有差”[3]的礼，视为“经国家，定社稷，序民人，利后嗣”[4]的重要工具，特别是在“礼崩乐坏”的春秋时代，孔子仍把礼作为存亡继绝的救世稻草，奔走呼号“克己复礼”，“以礼让为国”。[5]孟子也认为“无礼义，则上下乱”。[6]礼不仅是国家的政治准则，也是立法和司法的指导，孔子说：“礼乐不兴则刑罚不中”，[7]荀子也视礼为“法之大分，类之纲纪也”[8]。

法家针对礼制，提出了自己的法治主张，强调“以法为本”与“垂法而治”，认为“法者，国之权衡也”[9]，法是评判天下是非、曲直的标准，赏功罚罪的依据，关系到国家的兴衰存亡，所谓“明法者强，慢法者弱”，“君臣释法任私必乱”。是故商鞅告诫君主务必“慎法制”，切实做到“言不中法者，不听也；行不中法者，不高也；事不中法者，不为也”。韩非子在此基础上，对以法治国的重要性及必要性进行了系统的阐述：“法者，所以为国也。而轻之，则功不立，名不成”，[10]“明主之国，令者言最贵者也，法者事最适者也。言不二贵，法不两适。故言行不轨于法令者，必禁”。[11]

“为国以礼”和“以法为本”的对立，构成了战国儒、法两大思想流派全面对立的基础。

---

〔1〕《荀子·王制》。
〔2〕《论语·先进》。
〔3〕《荀子·王制》。
〔4〕《左传·隐公十一年》。
〔5〕《论语·里仁》。
〔6〕《孟子·尽心下》。
〔7〕《论语·子路》。
〔8〕《荀子·劝学》。
〔9〕《商君书·修权》。
〔10〕《韩非子·安危》。
〔11〕《韩非子·问辩》。

2. “以德去刑”与“以刑去刑”

儒、法两家在“去刑”“无讼”这一点上，可说是殊途同归。如孔子说：“听讼，吾犹人，必也使无讼乎！”[1]他认为：“善人为邦百年，亦可以胜残去杀。”[2]商鞅也津津乐道于“去刑”“止杀”。但究竟通过什么手段和途径达到“去刑”的目的，两家却各持己见。

儒家倡导“以德服人”的“王道”，反对法家“以力服人”的霸道。孔子认为，“为政以德，譬如北辰，居其所而众星拱之”。[3]儒家重礼教德化，轻法律强制，且德礼与刑政的作用相比较，前者使民“有耻且格”，后者使民“免而无耻”，所以儒家坚决反对“不教而杀”和暴政滥刑。

重视礼教德治的儒家思想，虽有轻视法律的倾向，但并未否定法律的作用，而主张“宽猛相济”“德主刑辅”。据《左传》记载，“郑国多盗”，郑国出兵镇压并“尽杀之”。孔丘赞曰：“善哉，政宽则民慢，慢则纠之以猛。猛则民残，残则施之以宽。宽以济猛，猛以济宽，政是以和。”[4]

法家嘲弄儒家的以德服人是以德致刑。商鞅说“德生于刑”，“此吾以杀，刑反于德，而义合于暴也”。[5]韩非更是认为德化轻刑是为民设置的陷阱，是伤民而非爱民之道。他说：“严家无悍虏，而慈母有败子，吾以此知威势之可以禁暴，而德厚之不足以止乱也。”[6]因此要求人君“不养恩爱之心，而增威严之势”。[7]在法家人物的著作中，充满了对力的歌颂，如“多力则国强”，[8]“多力者王”，“王天下者，服其力也”。[9]对暴力不加掩饰地崇拜，导引出法家“以刑去刑”的“重刑”理论，所谓“以杀去杀，虽杀可也；以战去战，虽战可也；以刑去刑，虽重可也”。[10]韩非子又美其名曰：“且夫重刑者，非为罪人也，明主之法揆也……故曰，重一奸之罪而止境内之邪。”

总之，儒家是试图以教化为手段，使人人皆为尧舜而自觉地不去犯罪，以实现“胜残去杀”。法家则试图以严厉的刑罚镇压相威胁，使人人都不敢犯

---

[1]《论语·颜渊》。
[2]《论语·子路》。
[3]《论语·为政》。
[4]《左传·昭公二十年》。
[5]《商君书·开塞》。
[6]《韩非子·显学》。
[7]《韩非子·六反》。
[8]《商君书·农战》。
[9]《商君书·算地》。
[10]《商君书·画策》。

罪，从而达到“一国皆善”。[1]

3.“刑无等级”与“礼有差等”

春秋末期以来，新兴地主阶级在反对奴隶主贵族的传统特权的斗争中，历史性地高扬起了“平等”的旗帜。管仲说：“尺寸也，绳墨也，规矩也，衡石也，斗斛也，角量也，谓之法。”[2]他认为法之于人，犹度量衡器之于物，不应有贵贱上下之分。商鞅在主持秦国变法的过程中，认识到“法之不行，自上犯之”。于是他厉行法治，刑上大夫，太子犯法也要“刑其傅公子虔，黥其师公孙贾”。[3]商鞅还明确提出了“刑无等级”，主张“自卿相将军以至大夫庶人，有不从王令，犯国禁，乱仁制者，罪死不赦”。[4]无论是什么人，只要违法犯罪，“必以其权断”，决不允许亏法损刑。这也就是为韩非所概括的“刑过不避大臣，赏善不遗匹夫”的“法不阿贵”精神。

“刑无等级”和“法不阿贵”是对儒家所倡导的“礼有差等”“贵贱不愆”，以及“为亲者讳”“为贤者讳”“为尊者讳”的有力批判，也是对宗法等级制度的直接否定，使得奴隶主贵族旧势力在战国时代不断遭到毁灭性打击，并最终被逐出政治舞台。

另外，儒、法两家在“人治”与“法治”、“宽刑”与“严刑”、“轻刑”与“重刑”等诸多方面的观点，都是相互冲突的。儒、法两家的礼法之争，极大地推动了中国古代律学的发展，并对后世产生了直接而深远的影响。

三、体现儒、法合流的荀子法律思想

战国末期的荀子，是一位既隆礼又重法的思想家。他的“治之经，礼与刑”[5]主张，使他的思想表现出不同于儒家，又有别于法家的礼法并重的特点。

荀子（约公元前313年—公元前238年），名况，字卿，也叫孙卿，是战国末期继孔、孟之后的儒学大师，著有《荀子》三十二篇。荀子虽归本于儒家，但已不同于孔、孟，他对儒家所倡导的礼和法家所倡导的法进行批判的同时，又加以积极地修正，使礼与法在新的历史条件下，以礼为主统一起来，

---

〔1〕《商君书·画策》。

〔2〕《管子·七法》。

〔3〕《史记·商君列传》。

〔4〕《商君书·赏刑》。

〔5〕《荀子·成相》。

开礼法合流之先河。

（一）“隆礼”

在先秦儒家中，荀子是论礼最多，且对礼是最为推崇的一位。他认为，“国无礼则不正。礼之所以正国也，譬之犹衡器之轻重也同，犹绳墨之曲直也，犹规矩之方圆也，既错之而人莫能诬也”，[1]故“礼义者，治之始也”。[2]他在《荀子·大略》中反复告诫：“礼者，政之挽也。为政不以礼，政不行矣”，“治民不以礼，动斯陷矣”。只有“隆礼尊贤”的人君才能王天下，所谓“国之命在礼”。[3]不仅如此，荀子甚至将“理之不可易者也”的礼，推崇为“与天地同理，与万世同久”的永恒不变的信条。

但需强调的是，荀子所推崇的“礼”，并非儒家所维护的、以宗法等级为基本内容的周礼。荀子经过改造、修正，剔除周礼中宗法等级、世卿世禄等陈旧保守不合时宜的内容，赋予礼以维护官僚等级和中央集权的新的历史功用，从而使“求亲为大”的周礼，一变而为“尚贤使能”的新礼。“贤能不待次而举，罢不能下待须而废”；“虽王公大人之子孙也，不能属于礼义，则归之庶人；虽庶人之子孙也，积文学，正身行，能属于礼义，则归之卿相士大夫”。[4]要求做到“无德不贵，无能不官，无功不赏，无罪不罚”。荀子的“隆礼尊贤”[5]主张，吻合了新兴地主阶级反对旧贵族的世袭特权，并在官僚政治体制中平等地分享这些特权的要求。其主张与赏功罚罪、任贤选能的法家之法相一致，从而使相互对立的礼与法，有了统一的政治前提和融合的理论基础，推动了礼法合流的历史过程。

（二）“重法”

荀子也是先秦儒家中最推崇法的一位思想家。他提出了“法者，治之端也”[6]的命题，视法为治国安邦不可或缺的重要工具，“王者之法，等赋，政事，财万物，所以养万民也”。[7]荀子虽重法，甚至常常礼法并论，如说“治之经，礼与刑”，“隆礼至法则国有常”[8]，等等，然而究其根本，却是

---

〔1〕《荀子·王霸》。
〔2〕《荀子·王制》。
〔3〕《荀子·强国》。
〔4〕《荀子·王制》。
〔5〕《荀子·大略》。
〔6〕《荀子·君道》。
〔7〕《荀子·王制》。
〔8〕《荀子·君道》。

“礼者，法之大分，类之纲纪也”。[1]礼与刑相比较而言，礼为纲，法为目，礼是立法和司法的指导，法是礼的具体化和条文化。确认礼为法本，礼法并重的荀子，提出了诸多不同于儒法的新观点。

1. 针对贤不肖，分别适用礼与刑

荀子说：“听政之大分，以善至者待之以礼，以不善至者待之以刑。两者分别，则贤不肖不杂，是非不乱。贤不肖不杂则英杰至，是非不乱则国家治。若是，名声日闻，天下愿，令行禁止，王者之事毕矣。”[2]

2. 兼采儒法，既反对教而不诛，又反对不教而诛

荀子提出“故不教而诛，而刑繁而邪不胜；教而不诛，则奸民不惩；诛而不赏，则勤励之民不劝；诛赏而不类，则下疑俗俭而百姓不一”。[3]荀子主张教诛并行，赏罚共用，“若是，故奸邪不作，盗贼不起，而化善者劝勉矣”。[4]

3. “重法爱民”

荀子以“王道”“仁政”为其张本，重视民心相背，他说：“故人君者，欲安，则莫若平政爱民矣。”“平政爱民”的内容，就是“选贤良，举笃敬，兴孝弟，收孤寡，补贫穷”。只有如此，才能使“庶人安政，然后君子安位”。[5]与此同时，荀子又强调“重刑罚以禁之”。他批驳了“治古无肉刑，而有象刑”的说法，“以为人或触罪矣，而直轻其刑，然则是杀人者不死，伤人者不刑也。罪至重而刑至轻，庸人不知恶矣，乱莫大焉”。这是“惠暴而宽贼也，非恶恶也”。所以说“象刑殆非生于治古，并起于乱今也”。[6]他甚至主张对于不顾礼义的“奸人之雄”可以“不教而杀”或“先诛”，并说“治则刑重活则刑轻”。但从总体上看，荀子的重刑不同于法家的“重刑轻罪”和“以刑去刑”，只是主张使“杀人者死，伤人者刑”[7]，并对特别严重的犯罪，适用较为偏重的刑罚。而其基本立足点，仍然是罪刑相称的报应原则，所谓“凡爵列官职，赏庆刑罚皆报也”。[8]总之，荀子所主张的“重法爱民”，既

---

〔1〕《荀子·劝学》。
〔2〕《荀子·王制》。
〔3〕《荀子·国富》。
〔4〕《荀子·国富》。
〔5〕《荀子·王制》。
〔6〕《荀子·正论》。
〔7〕《荀子·正论》。
〔8〕《荀子·正论》。

克服了法家“重刑止奸”的酷烈，又补救了儒家“以不忍人之心，行不忍人之政”[1]的迂阔。

4. 既反对“以世举贤”，又反对“以族论罪”

荀子认为：“故刑当罪则威，不当罪则侮；爵当贤则贵，不当贤则贱。古者刑不过罪，爵不逾德。故杀其父而臣其子，杀其兄而臣其弟。刑罚不怒罪，爵赏不逾德，分然各以其诚通。是以为善者劝，为不善者沮。刑罚綦省而威行如流，政令致明而化易如神。”[2]反之，则“刑罚怒罪，爵赏逾德，以族论罪，以世举贤”，“虽欲无乱，得乎哉”。[3]荀子“爵当贤”“刑当罪”的思想，比之“造参夷之法”的商鞅和倡“亲亲为大”的孔、孟，无疑是重大进步。

另外，荀子的“重法”思想，也吸收和借鉴了前期法家有关法治的观点。首先，他主张公布成文法，“政令以定，风俗以一”。[4]有了公开的、成文的法律，天下人也就有了统一的行为准则，“天下晓然皆知夫盗窃之不可以为富也，皆知夫贼害之不可以为寿也，皆知夫犯上之禁之不可以为安也……皆知夫为奸则虽隐窜逃亡，犹不足以免也”。同时，国家的赏罚也就有了标准和根据，“然后刑于是起矣”或“然后赏于是起矣”。[5]

其次，荀子也主张“庆赏刑罚必以信”。他认为，“政令信者强，政令不信者弱……赏重者强，赏轻者弱；刑威者强，刑侮者弱”。[6]以此可见荀子也主张信赏必罚，厚赏重罚，且能“内不可以阿弟子，外不可以隐远人”。[7]虽然荀子主张“人之性恶，其善者伪也”[8]的性恶论，极重视赏罚的两手策略，但又认为仅靠赏罚是不够的，“故赏庆刑罚势诈不足以尽人之力，致人之死”。[9]他比较了“王道”和“霸道”之后说：“以德兼人者王，以力兼人者弱。”[10]

荀子是先秦儒法合流的先行者，他以“王道”为主，“王道”与“霸道”杂用。他的以礼为主、礼法结合的思想，对后世法律史的发展产生了广泛而深远的影响。

---

[1] 《孟子·公孙丑上》。
[2] 《荀子·君子》。
[3] 《荀子·君子》。
[4] 《荀子·议兵》。
[5] 《荀子·君子》。
[6] 《荀子·议兵》。
[7] 《荀子·君道》。
[8] 《荀子·性恶》。
[9] 《荀子·议兵》。
[10] 《荀子·议兵》。

第五章

秦朝法律

（公元前221年—公元前206年）

第一节　秦朝社会历史发展与治国理政要略

一、历史背景与治国方略

（一）历史背景

秦王朝历经战国后期的发展，终于在公元前 221 年消灭了六国，进而建立起中国社会历史上首个统一的封建中央集权国家。

在经济上，秦王朝实行“黔首自实田”[1]的方针，在全国范围内推行土地私有制和封建地主的土地所有权制。这不仅破除了落后的“井田制”，调动了生产者的积极性，推动了农业生产的发展，而且造就了秦王朝稳固的经济基础。

在政治上，秦王朝实行前所未有的大变革。首先，变革以前行之已久的拱卫王室的分封制，建立起以郡县制为基础的专制主义中央集权的各项制度，并为后世王朝所效法。其次，这一政治制度宣布以秦王政为核心，实行世代相袭的皇帝专权制度，秦王政宣布自己为“始皇帝”，自称“朕”。

在文化上，秦王朝为了维系封建国家的统一，消除六国长期分裂割据造成的消极影响，决心以秦国原有的文字制度为基础加以完善。同时参照六国文字，令李斯制定小篆，并写成范本，在全国统一实行，进而完成了“书同文”的文化统一事业。

由上可见，秦王朝的统一，有利于封建经济、政治、法律、文化的发展，有效地抵御了外来侵略与周边各族侵扰，对社会的稳定与中华民族的发展做

[1]（元）马端临撰：《文献通考·田赋一》，中华书局 1986 年版。

出了重要贡献。

与此同时也应指出，秦王朝统治仅存 14 年旋即灭亡，也留下了深刻的教训。秦王政以及秦二世在实现封建国家统一后，不能及时转变治国方略，非但没有采取“休养生息”的富民方略，反而愈益推行暴虐统治。秦王政利用手中掌握的庞大官僚机构与作战部队，多次发动大规模战争，修建长城与驰道等大型工程，强迫征兵、服役，严重影响了农业生产与国民经济。继之，又重收税赋，酷刑镇压，终于导致了陈胜、吴广等各地农民起义的爆发，加速了秦王朝的灭亡。至公元前 207 年，刘邦率起义军攻入咸阳，继立的子婴被贬去帝号，称秦王。秦王朝自此不复存在。

（二）集权专制的治国方略

以秦始皇为代表的王朝统治集团，非常重视大一统国家秩序的稳定，采取了集权专制的治国方略。其一，严控六国富豪与强宗，防止封建割据。秦朝把六国富豪与强宗共计十二万户迁至咸阳，另一部分迁至巴蜀、南阳、三川和赵地，使之远离乡土，便于监督。其二，销毁、缴获与没收武器，防止武装动乱。秦朝集中所有缴获的武器，在咸阳浇铸十二个各重千石的铜人。其三，广修驰道，强化地方控制。从咸阳始，东至燕齐，南极吴楚，以方便控制原有六国的土地。另修起咸阳经云阳（陕西淳化西北），至九原（今内蒙古包头西）的驰道，计一千八百里。于西南修筑起自宜宾以南至云南昭通的五尺道，并设官，方便管理。其四，彻底废除诸侯分封制，全面推行以皇权为核心的郡县制度。于是将全国划分三十六郡，以后又增至四十余郡。对上，郡由皇帝与封建中央直接控制，成为由中央管辖的地方最高行政机构。对下，受命于中央，管辖所属各县政务。由此建构了中央集权的统治基础。其情有如始皇二十八年（公元前 219 年）的峄山刻石辞说，“追念乱世，分土建邦，以开争理”，“乃今皇帝，一家天下，兵不复起”，从中反映出废分封，行郡县，以此防兵争的时代要求。其五，钳制思想，加强文化专制。秦朝为巩固集权专制，强调尊崇法家思想，主张“以法为教”“以吏为师”，加强文化专制，禁止传播儒家等各种学说。如李斯所说：“天下敢有藏《诗》《书》，百家语者，悉诣守、尉杂烧之。有敢偶语《诗》《书》者弃市。以古非今者族。吏见知不举者与同罪。”秦始皇接受这一意见，于是出现大规模的焚书事件。至始皇三十五年（公元前 212 年），又坑杀犯禁儒生方士 460 多人。此二者，对古代文献的保存和学术的传播，造成了重大损失。

二、政权建构与理论基础

（一）政权建构

秦统一后，疆域扩大，国情复杂，面临着纷杂的行政管理事务，亟须建构强有力的国家政权机关。通过历史经验的总结，以及现实变革的需要，秦王朝建构了统一的集权专制政权机构。

首先，秦朝建立起独断专制的皇权制度。秦始皇一统天下后，将三皇五帝的称谓集于一身，自称始皇帝，以显示他具有区别于以往各代君主的至上权威。在秦朝，皇帝具有神圣的不可侵犯的统治地位。正如《史记·秦始皇本纪》所说："天下之事无大小皆决于上。"皇帝作为国家的最高统治者，总揽和行使全国军事、政治、经济、司法等各项大权。全国所有官吏必须听命并服务于皇帝的派遣。皇帝又是最高的立法者与最大的司法官。所谓"命为制，令为诏"，皇帝的意志就是最高的法律。重臣虽可以参与"朝议"，但最终仍由皇帝决定一切。可见，秦王朝建立的皇权独断专制制度，是以皇帝集权为核心的。这种政权建构形式，有利于统治阶级加强统一、集中管理模式，故为后世王朝所承袭。

其次，秦王朝建立了以"三公""九卿"为核心的封建中央管理机构。其中，所谓的"三公"，是辅佐皇帝，负责中央决策机构的长官，分别是丞相（有时又分设左、右相）、太尉、御史大夫。丞相则是皇帝以下最高的执政长官，负有掌管国家行政事务的重大责任。太尉是皇帝以下最高的军事长官，负有执掌国家军事事务的重大责任。御史大夫则直接听命于皇帝，执掌群臣奏章并负责下达皇帝诏令，同时担任国家监察事务的长官，监督各级官吏。

所谓"九卿"，是负责执行机构的长官，分别是奉常，负责宗庙礼仪；郎中令，管辖皇帝侍从警卫；卫尉，掌管宫廷警卫；太仆，掌管宫廷舆马和国家马政；廷尉，掌管国家司法；典客，掌管外交和国内少数民族事务；宗正，掌管皇族事务；治粟内史，掌管租税钱谷和财政收入；少府，掌管供皇帝所需的"山海池泽之税"等。

由上可见，秦朝的中央管理机关，是维护皇权专制的国家机器。各机关之间既有分工，又互相监督，共同服务于封建地主阶级的统治。同时，这种中央机构的管理模式，又为后世封建王朝所沿袭和发展。

最后，秦王朝还在全国范围内建立了由朝廷统一管辖的郡、县二级管理机构。郡为中央管辖的地方最高一级的政权组织形式，初分三十六，后增至四十。郡设郡守，掌管全郡行政。郡守下设郡尉、主持本郡军事。监察史负责监察。郡一级行政机构，成为全面落实国家职能的重要的地方政权组织。

郡下设县，县成为国家最基础的行政机关。秦统一后，在万户以上的大县，设置县令；不满万户的小县，设县长。县令（长）掌管一县行政以及司法。另设县尉，负责征兵与训练军兵。

县以下又有乡、里等地方组织。乡设"有秩"，负责乡的管理；设"三老"，负责乡民教化；设啬夫，负责司法、赋役；设游缴，负责治安管理。乡下设里，里设里正，里正按什伍之制，编制民户。每十里，设一亭，亭设亭长，负责纠察纠捕。

总上，封建专制主义中央集权的国家组织形式，为秦王朝首创。它在维护国家统一，发展社会经济文化，消除奴隶制残余方面发挥了显著作用，同时也为封建后世提供了一个有效的政权组织模式，被各代所因袭和发展。

（二）理论基础

1. 强调"忠君"与"守道"的吏治指导思想

1975年在湖北云梦出土的秦简《为吏之道》就充分地反映了秦朝"忠君"与"守道"的吏治指导思想。如同《为吏之道》所说，"君鬼（怀）臣忠"，"政之本殹（也）"，"志彻官治，上明下圣，治之纪殹（也）"。也如韩非子所说："臣事君……此天下之常道也。"[1]

《为吏之道》还确立了一系列官吏"守道"的指导思想。诸如"凡为吏之道，必清絜（洁）正直，慎谨坚固，审悉毋（无）私，微秘韱（纤）察，安静毋苛，审当赏罚"。与此同时，还将这些内容概括为"五善"与"五失"。所谓五善，是秦朝奖赏的标准，即所谓"一曰中（忠）信敬上，二曰精（清）廉毋谤，三曰举事审当，四曰喜为善行，五曰龚（恭）敬多让"。所谓五失，就是惩罚的内容，包括"一曰夸以泄，二曰贵以大，三曰擅裚（制）割，四曰犯上弗智（知）害，五曰贱士而贵货贝"。即官员在任职期间，空谈误事、夸大求职、擅权专事、犯上、重财等，都要受到惩处。

2. "法""术""势"相结合综合治世的理论原则

无论是商鞅、韩非，还是嬴政与李斯，都主张奉行法家原则，反对奴隶制的"礼治"原则。法家原则确立后，成为秦的基本国策与首要方针，影响着封建国家的发展进程。

---

[1]（清）王先慎：《韩非子集解》卷二〇《忠孝》，中华书局1954年版，第358页。

商鞅、韩非推崇法家理论，或强调综合“法”“权”“信”等要素，或强调“法”“术”“势”等相结合，综合治理各种社会犯罪，维护秦的封建君主专制。

其中，商鞅在变法期间又以法律保障为前提。一方面开阡陌、废井田、消除世卿世禄等奴隶制的残余影响；另一方面确立土地的私有制、奖励耕织、富民富国、稳定社会秩序，防范大规模的社会犯罪的发生。与此同时，商鞅主张统一“刑”“赏”与教化工作，实行“壹赏”“壹刑”“壹教”的方针。〔1〕凡赏赐只施于对农战与告奸有功者，而“不滥富贵其臣”。〔2〕凡刑罚必施于犯罪与破坏农战政策者。其中，“不告奸者腰斩，告奸者与斩敌首同赏”，坚决反对儒家“父子相隐”与“亲属犯罪相隐”的原则。凡教化必须服务于法治需要，服务于农战政策的需要，反对“议政”“议令”，实行意识形态中的文化专制，抨击儒家“礼乐”“诗书”……“非兵”“羞战”等“六虱”，〔3〕以致发展为“燔诗书而明法令”〔4〕的地步。总之，他们认为封建地主阶级在完成国家统一的历史时期，必须从防治社会犯罪，巩固内部统治入手。其途径是采用政治、经济、法律、教化乃至军事手段，凭借国家强制力贯彻实施。其强调的重点是封建地主阶级的以法治国原则，反对奴隶主阶级以礼治国的礼治原则，故与夏商周三代的法律思想产生明显差异。

商鞅、韩非作为法家代表人物，坚持认为统治的大权必须统揽于皇帝，而不能旁落臣下之手，并认为这是巩固地主阶级专政，预防各种社会犯罪的关键。商鞅以为欲要顺利推行垂法而治，必先树立君主绝对权威，使君主集各项大权于一身。即所谓“君尊则令行”，〔5〕“权者君之所独制也”，“权制独断于君则威”。〔6〕君主必须执掌立法、行政、司法等刑赏生杀大权，“秉权而立”才能“垂法而治”〔7〕。君主必须“操权一政”，〔8〕与“专其柄”，〔9〕才能确保君主专制政体的巩固，而不被臣下的谋反叛乱所颠覆。

韩非较之商鞅更进一步。他认为“以法为本”，“法”“术”“势”结合既是治世的关键，又是统一国家的利器。而其实施须由君主“抱法”“擅势”

---

〔1〕《商君书·赏刑》。
〔2〕《商君书·画策》。
〔3〕《商君书·靳令》。
〔4〕（清）王先慎：《韩非子集解》卷四《和氏》，中华书局 1954 年版，第 67 页。
〔5〕《商君书·君臣》。
〔6〕《商君书·修权》。
〔7〕《商君书·壹言》。
〔8〕《商君书·算地》。
〔9〕《商君书·算地》。

“集权”于一身。他以为：“势重者，人主之渊也”，[1]“今势重者，人主之爪牙也”，[2]“主之所以尊者，权也”，[3]君主“抱法处势则治”，“背法去势则乱”。[4]所以，惟有“君执柄以处势，故令行禁止”。[5]相反，君主绝不能与臣下“共权”。“赏罚下移则威分”，“上失其一，臣以为百”，大权“在君则制臣”，大权“在臣则胜君”。[6]如此天下就会大乱，严重的社会犯罪就会发生。为防患于未然，首先要强化君主专制，增强君主权力，才有可能实施法治。可见，韩非把建立统一的封建中央集权君主专制作为实施垂法而治的政治基础，而将垂法而治作为巩固君主专制的法律保障。

以秦始皇嬴政及李斯为代表的秦朝统治者，继承了商鞅、韩非法家思想。嬴政不仅身体力行“法治”主张，而且运用阴阳五行的“五行终始”说，论证其“事统上法”的理论，[7]服务于君主集权专制的需要，李斯等重臣根据旨意，一改“帝”“王”之称，尊嬴政为“始皇帝”，希图“至于万世，传之无穷”，确立“永久”的皇权专制。“朕即国家”，皇帝成为全国最高统治者，集一切权力于一身，并用法律手段保障“朝纲独断”，以及神圣不可侵犯的至尊地位。在君主集权专制上，李斯又有自己的见解。他认为只有君主独操大权，才能统一协调垂法而治，运用各种统治手段防范社会犯罪。他提出：“明君独断，故权不在臣也，然后能灭仁义之涂，掩驰说之口，困烈士之行，塞聪掩明，内独视听。”又“故能荦然独行恣睢之心莫之敢逆”[8]，即认为唯有皇权专制才是治世的有效手段，它被用来阻止群臣谏议，抨击儒家“仁政”学说；实行愚民政策，把百姓“驯化”为无智、无欲、顺从的工具。可见，李斯把封建君主专制理论发展到极端，用以适应秦朝统一的中央集权的君主专制的需要。

应当指出，秦朝弃礼任法，忽视礼义教化的精神统治力量与物质统治力量的结合使用，奉行片面防治犯罪的对策。秦朝统治者过于迷信法律镇压的效能，过分推崇法家思想，用极端残酷的刑罚手段镇压广大人民群众的反抗

---

[1]（清）王先慎：《韩非子集解》卷一〇《内储说下六微》，中华书局 1954 年版，第 181 页。

[2]（清）王先慎：《韩非子集解》卷二〇《人主》，中华书局 1954 年版，第 362 页。

[3]（清）王先慎：《韩非子集解》卷二〇《心度》，中华书局 1954 年版，第 365 页。

[4]（清）王先慎：《韩非子集解》卷一七《难势》，中华书局 1954 年版，第 300 页。

[5]（清）王先慎：《韩非子集解》卷一八《八经》，中华书局 1954 年版，第 330 页。

[6]（清）王先慎：《韩非子集解》卷七《喻老》，中华书局 1954 年版，第 117 页。

[7]《史记·封禅书》。

[8]《史记·李斯列传》。

以及内部的政敌。由于理论上的片面，行动上的失误，使得秦朝非但没有达到治世目的，反而走向统治者主观愿望的反面，最终导致“赭衣塞路、囹圄成市”，“天下悉怨、溃而叛之”[1]的局面。

3. 重刑主义的理论原则

无论是商鞅、韩非还是秦始皇、李斯都主张采用法家重刑主义的原则来指导封建国家的防治犯罪工作。

商鞅主张“禁奸止过，莫若重刑”[2]，刑与赏相比，应当是“刑多赏少”[3]和“先刑而后赏”[4]。商鞅认为：“重罚轻赏，则上爱民，民死上。重赏轻罚，则上不爱民，民不死上。”[5]为此，他强调刑赏比例是刑九赏一，刑超过赏。他强调“禁奸止过”，最重要的是采取重刑主义原则，要从“重刑轻罪”入手。因为，“行刑，重其重者，轻者不止，则重者无从止矣”，故“行刑，重其轻者，轻者不生；则重者无从至矣”[6]。只有采用重刑主义方针，才能达到“以刑去刑，刑去事成”[7]的目的。

以商鞅为代表的法家人物，把重刑主义作为安定社会防范犯罪的灵丹妙药，坚决反对儒家“以德去刑”的主张。法家认为在群雄争霸的战国时代采取“德治”方针，势必助长奸邪犯罪。相反，只有“重刑轻罪”才能使“民莫敢为非”“一国皆善”[8]，即只有采取重刑原则才能制止犯罪。商鞅曾为自己的严刑主张进行辩解，提出“此吾以杀刑之反于德，而义合于暴也”[9]。

商鞅的“以刑止刑”说，成为秦国乃至统一后的秦朝推行严刑峻罚、镇压政敌与犯罪的理论依据。这一理论在镇压奴隶主贵族反抗与农民阶级反抗，稳固地主阶级专政上曾经起过相应的作用。但因这一理论过于迷信暴力刑杀的作用，强调“以战去战，虽战可也；以杀去杀，虽杀可也；以刑去刑，虽重刑可也”[10]，对一般的刑事犯罪施用酷刑，对广大人民群众的经济、政治反抗实行严刑镇压，虽然可以强迫臣僚与百姓就范，维持一个时期或一个阶

[1]《汉书·刑法志》。
[2]《商君书·赏刑》。
[3]《商君书·开塞》。
[4]《商君书·壹言》。
[5]《商君书·去强》。
[6]《商君书·说民》。
[7]《商君书·靳令》。
[8]《商君书·画策》。
[9]《商君书·开塞》。
[10]《商君书·画策》。

段的统治，但不可能长久推行。秦朝二世而亡就证实了这一点。

李斯与其他法家代表人物一样，在其主持朝政期间，尚武持刑，实行轻罪重罚，导致秦朝刑罚制度残酷异常，死刑当中规定了凿颠、镬烹、磔、车裂等。此外，又规定了严厉的连坐制度，有族刑连坐、职务连坐、军事连坐、邻里连坐等，这些严酷制度最终激化了社会矛盾，给秦王朝统治带来了严重后果。

李斯在给秦二世胡亥的《行督责书》中，强调重刑主义原则的重要性，认为只有严刑峻罚才能监督臣下，扑灭犯罪，安定秩序，对臣下的轻微犯罪实行重罚，才能使他们不敢侵君犯上。这些严刑主张转化为治世措施后，给秦朝带来意想不到的后果。先是“法令诛罚日益深刻，群臣人人自危”，又“刑者相半于道，而死人日成积于市”，以致“自君卿以下至于众庶，人怀自危之心，亲处穷苦之实”。重刑主义给广大人民带来了深重灾难，导致陈胜、吴广领导的秦末农民起义的爆发，使秦王朝仅统治 14 年便灭亡，给历史留下了深刻教训。由此可见，刑罚制度的过于严酷，非但不利于封建统治，反而加速王朝崩溃的速度。

第二节　行政立法思想与行政立法

一、依法行政的立法思想

（一）依法行政的原则

秦朝完成了国家统一后，把完善行政立法原则与加强行政立法提到了重要议事日程，用以维护巩固皇权专制制度。秦始皇在《泰山刻石》上说：“治道运行，诸产得宜，皆有法式。”这表明统治者极为重视依法行政的立法原则。确定这项原则表明，秦王朝要求各级行政官吏必须严格依据法律规定，行使各项行政权力，而不擅权逾制。另外，该原则强调封建皇帝对各级行政官员行政权力的有效控制，严防大权旁落情况的出现。

（二）强化职官管理的原则

秦始皇即位后，进一步完善了职官管理的原则，强化了各级官吏的行政管理。他听从韩非的建议，“因任而授官，循名而责实”，〔1〕确立以能任官，

〔1〕（清）王先慎：《韩非子集解》卷一七《定法》，中华书局 1954 年版，第 304 页。

考核实绩的方针，以期达到“明主听其言必责其用，观其行必求其功”[1]的效果。秦朝强化职官管理的原则，还表现为制度化的规定与严于考核与奖惩要求方面。正如秦简《语书》所说，“今且令人案行之，举劾不从令者，致以律，论及令、丞。有（又）且课县官，独多犯令，而令丞弗得者，以令丞闻”，[2]从中反映出秦朝强化职官管理的指导原则，以及落实这一原则而采取的上下结合、层层监管的行政管理制度。

二、行政立法

在秦朝的立法中，尤以行政立法见长。自商鞅变法以来，为了富强秦国，制定并颁行了许多行政管理法律。秦统一后，又加以修改完善，进而形成了比较规范完整而且行之有效的行政法律规范体系。

从发掘出土的秦简资料来看，秦代行政法律规范大致分为两类：第一类，实体形式的行政法律。其内容包括《置吏律》《除吏律》《除弟子律》《尉杂律》《内史杂》《行书律》《传食律》《军爵律》《中劳律》《公车司马猎律》《敦表律》《捕盗律》《效律》《藏律》等。第二类，兼有行政伦理道德与行政法内容的《为吏之道》。由此可见，秦朝行政立法将行政伦理道德与行政法律规范相结合，管理吏治与社会，取得了超越以往时期的成就。

秦朝行政立法成就还有以下表现。其一，严格官吏的选拔任用制度，以建立一支有效率的行政管理队伍。按照秦朝规定，其中央及地方政权机构的行政长官，都由朝廷直接任命。而各级行政长官可根据权限聘用自己下属官吏与幕僚。与此同时，秦朝还严格规定了举荐任用的连带责任。据《史记·范雎蔡泽列传》载：“秦之法，任人而所任不善者，各以其罪罪之。”即凡举荐与任用下属的长官，须承担被举荐任用者同样的罪责。其二，严格考课与奖惩制度，用以提高行政效率。为此，秦朝规定了严格的考课与奖惩各项内容。所谓考课，就是对官员行政进行全面考核，分为两种形式。一种是集中考课，为大考；另一种为平时考课，将平时考核与集中考核相结合，全面考察官员，由此可见秦朝考核工作的深入与全面。大考在每年正月举行，考课标准为两等，分别为“最”与“殿”。凡获“最”者，予以奖赏与提职；凡考为“殿”者，给予惩罚，并处以笞刑。其情在秦简《厩苑律》中有反映。

---

〔1〕（清）王先慎：《韩非子集解》卷一八《八说》，中华书局1954年版，第324页。

〔2〕《睡虎地秦墓竹简·语书》，文物出版社1990年版。

每年正月举行大考，饲牛优秀者，赏啬夫酒一壶，干肉十条，免除饲牛者一次服役，赏牛长少劳役三十天。成绩低劣者，申斥田啬夫，罚饲牛者多劳役两个月。甚至耕牛腰围减瘦，每减一寸，则笞主事者十下。平时考课即对各级官员随时考核，具体标准，就是依据《为吏之道》的“五善五失”的规定进行。其三，严格行政监察制度。秦朝在西周与战国设置御史的基础上，赋予其监察的新职能，建立起封建社会早期的行政监察制度，用以维护皇权专制与封建国家的统一。在中央，秦建御史府，设御史大夫，他负责朝廷文武百官的监察，并作为副丞相，参与政务处理，位列朝廷三公之一。御史大夫下设御史中丞、侍御史、监御史等。侍御史主要管理朝廷秘书图籍以及文书奏章，收藏与校对法律政令等。监御史则作为皇帝的耳目，被遣派各地巡察诸郡，察举不法官吏。另外，地方郡一级也设监御史，通称郡监，负责监察本郡官员的违法犯罪行为。

第三节　刑事立法思想与刑事立法

一、刑事立法思想

（一）“以刑去刑”“重刑轻罪”

商鞅作为战国时期著名的法家代表人物，具有丰富的刑法思想，他所主持的秦国变法，在战国变法过程中，改革最为彻底，效果最为显著。他的“以刑去刑”“重刑轻罪”思想也跃升为秦代刑事立法的主导思想之一。商鞅在变法期间，针对儒家“以德去刑”的观念，首次提出了“以刑去刑”的思想。他认为百姓具有“好利恶害”的人性观，所谓“民之性，饥而求食，劳而求佚，苦则索乐，辱则求荣”〔1〕，故“赏罚”二柄，成为君王“御民”的最重要手段。而要达到治世成功，除去奖赏之外，必须贯彻“以刑去刑”的原则。如同以战去战、消除犯罪，必须用重刑。因为重刑可以震慑犯罪，使人惧而不敢触犯，最终达到“去刑”，即不用刑的目标。〔2〕与此同时，他还认为治世应坚持“轻罪重刑”的原则。他指出：“行刑，重其轻者，轻者不生，则重者无从至矣。”〔3〕即加重轻罪的处罚，不致产生轻罪，重罪也无从出

〔1〕《商君书·算地》。
〔2〕《商君书·画策》。
〔3〕《商君书·说民》。

现。相反，轻罪轻刑，重罪重刑，轻罪不除，重罪也无法根除。所以，商鞅主张“禁奸止过，莫若重刑”[1]，而要想达成“以刑去刑”，则必须采取“重刑轻罪”的原则。应当说，商鞅“以刑去刑”“重刑轻罪”的原则，在短时期会取得成效。如《史记·商君列传》所说：“（变法）行之十年，秦民大悦，道不拾遗，山无盗贼，家给人足。民勇于公战，怯于私斗，乡邑大治。”但是，这种“以刑去刑”“重刑轻罪”的思想原则，如果被无限夸大，无限制地滥用，就会走向反面导致天怒人怨，最终影响王朝的统治地位，这在秦末起义推翻苛法和暴政中得到印证。

（二）告奸与连坐治罪

商鞅在主持变法期间，针对秦民私斗等落后风俗，首次提出了告奸与连坐治罪的思想原则。据《史记·商君列传》载，商鞅“令民为什伍，而相牧司连坐”，同时强调告奸政策，“（民）不告奸者腰斩，告奸者与斩敌首同赏，匿奸者与降敌同罚”。即是说凡秦民均按照连坐的原则，依什伍之制编排，一人犯罪，家人不告奸，家人连坐；一家牵连坐罪，邻居不告奸，或五家或十家一并实行连坐处刑。而且规定不告奸者，严重的腰斩。告奸者与杀敌取首的同样奖赏。而藏匿犯罪的，与降敌犯同样处罚。此后，商鞅还曾采取“徙木为信”的方式，乃立三丈之木于国都南门，对能搬木至北门者重奖，以明不欺。最终，使秦国上下普遍实行了告奸与连坐的原则，将告奸与连坐制度化。这不但对秦，也对后世造成了很大的影响。

（三）刑无等级

商鞅在其《赏刑》一文中，明确提出“刑无等级”的思想原则：“所谓壹刑者，刑无等级。自卿相将军以至大夫庶人，有不从王令，犯国禁，乱上制者，罪死不赦。有功于前，有败于后，不为损刑；有善于前，有过于后，不为亏法。忠臣孝子有过，必以其数断。守法守职之吏有不行王法者，罪死不赦，刑及三族。”[2]商鞅认为治理秦国的落后现实，必须实行“刑无等级”的思想原则。凡君主以下，各级文武官员与普通百姓，一律按国家规定的法律处理犯罪问题，没有等级的差别。凡犯有重罪者，罪当处死而不赦免。虽前有立功而后有犯罪者，不能减刑。前有善行而后有犯罪者，不能减刑。即便忠臣孝子有过，也必须按罪行轻重处断。守法守纪官吏有严重犯罪的，罪又应处死的，绝不赦免，并且连坐株连处死三族之人。商鞅确立的“刑无等

[1] 《商君书·赏刑》。

[2] 《商君书·赏刑》。

级”的思想原则，形成制度化的规定，并在变法期间得到贯彻。变法一年后，秦国太子犯法，商鞅认为：“法之不行，自上犯之。”故“将法太子。太子，君嗣也，不可施刑，刑其傅公子虔，黥其师公孙贾”。此后，“行之四年，公子虔复犯约，劓之”。[1]即是说，太子作为储君不便行刑，也要处罚教导他的老师，而不放纵。

二、刑事立法

（一）立法形式

1. 立法形式的种类

秦朝法律重公权而轻私权，其立法形式以刑事内容为主体，主要有律、令、制、诏四种。律，是以皇帝名义正式颁布的国家大法；而令、制、诏都是皇帝临时发布的命令或指示。在专制主义制度下，皇帝的令、制、诏具有最高的法律效力。如果令、制、诏与律的具体规定冲突时，则以令、制、诏的规定为准。秦始皇继承了商鞅所确立的轻罪重罚的立法原则，制定了严密残酷的法令以加强专制统治。如严禁书写、投递匿名信的“投书令”；限期焚烧禁书的“焚书令”（法令颁布30天不焚烧禁书的处黥为城旦，官吏知见不检举揭发的同罪）；收藏禁书处族刑的“挟书令”；还规定“有敢偶语诗书者弃市，以古非今者族”等法令。现今，秦始皇制定的秦律散佚甚多，而《睡虎地秦墓竹简》（又称《云梦秦简》，以下简称《云梦秦简》）则记载、保留了秦律的很多内容，这些秦律在统一后仍然有效通用。

而以皇帝的令、制、诏作为国家最基本的法律渊源是从秦朝开始，以后一直贯穿于我国封建法律制度之中，这就是“法自君出”的基本特征。

此外，从《云梦秦简》来看，还有秦中央规定的法律解释以及判例等法律形式。如《云梦秦简》中的《法律答问》。从其内容来看，《答问》对《秦律》的主体部分——刑法所作的法律解释和律文具有同等的法律效力，可以作为判决案件的依据。同时，《答问》所涉及的范围已经超出了律文本身，它实质上也是对法律条文的补充。有许多地方还以判案成例（即“廷行事”）作为依据来解释法律，这在当时司法实践中已成为一种常例。此外，还有《封诊式》涉及勘验、讯狱、治狱等方面的内容。总之，秦朝刑事法律形式、样式多样，内容广泛，用以惩治各类犯罪，维护秦王朝集权专制的统治。

[1]《史记·商君列传》。

2. 商鞅改法为律

我国古代，法与律不连称。从夏朝至春秋，称法律为刑，如夏有《禹刑》，商有《汤刑》，周有《九刑》和《吕刑》；春秋时期，郑有《刑书》，晋有《刑鼎》。春秋战国之交，“法”才被广泛运用，如晋有“被庐之法”，楚有“茅门之法”。其后，李悝造《法经》，商鞅入秦，才实行改法为律，编著秦律。从此，经秦汉至明清，除宋朝称“刑统”，元朝称“通制”和“条格”以外，其他大都称律。

我国古代法律，由刑而法而律的演变，不只是名称上的简单更易，而是法理上的变更，这是我国法律科学发展史上的一个明显进步。商鞅适应战国时期新兴地主阶级要求变革的需要，毅然实行改法为律的措施，有力地保障了变法改制的进行。

律的出现，较刑、法二者为后。《说文解字》说：“律，均布也。”“均布”在这里指统一调整人们的行为，带有普遍适用性。律，作为行为规范，要求人们的行为整齐划一，明确哪些是合乎律的正当行为，哪些是违反律的非法行为。因此，律，就是封建时代的国家大法。律是行为规范的总称，是统治者要求人们遵守的行为标准。所谓“律以定罪名”，就是说，要对违律者定罪科刑。总之，律是普遍统一的封建刑事性成文法典，其含义广泛，要求全面贯彻执行。商鞅改法为律反映了我国法律制度由奴隶制向封建制转变的客观需要。商鞅主持的法律改革，将《法经》六篇更名为《秦律》六篇，分别是《盗律》《贼律》《囚律》《捕律》《杂律》《具律》。因《具律》具有“具其加减”的功效，实为秦律的总则部分。其他内容，如《盗律》《贼律》《杂律》相当于总则下的实体法部分；而《囚律》与《捕律》则相当于总则下的程序法部分。

3. 《云梦秦简》的种类

1975 年 12 月，在湖北省云梦县睡虎地发掘了 12 座从战国末期到秦代的墓葬，其中 11 号墓出土了一大批秦代竹简，总计 1155 支。墓主人是曾做过司法官的“喜”。竹简的内容计有《编年记》《语书》《秦律十八种》《效律》《秦律杂抄》《法律答问》《封诊式》《为吏之道》等类别。《云梦秦简》的大部分是法律文书，不仅有秦律，而且有法律解释和有关治狱的文书程式。这是我国第一次发掘出土的秦律。《云梦秦简》共 6 篇 20 余种，各篇的撰写年代不尽相同，但大体上撰写于商鞅以后，秦始皇统一六国期间。

《云梦秦简》的出土，反映了秦统一全国期间法制健全的状况，它为秦统一以后制定统一的秦律进一步健全法制奠定了重要的基础。虽然出土的《秦律》仅是部分秦律的部分条文，但却是迄今我国发现的最早的法律。它为研究秦朝法律制度提供了珍贵的第一手材料，对研究秦朝法律制度具有重要的意义。

《云梦秦简》中包含了多种刑事法律形式，内容比较丰富。在律文方面，《秦简》《秦律杂抄》中有单独的《捕盗律》。虽然律文内容不详，但从律名角度看，有可能是《捕律》内容的延续与发展。除律文外，还有以下内容：

（1）《法律答问》。这是秦中央政府制定的带有法律效力的司法解释，对秦律条文作了权威性的解释。从《法律答问》的内容看，其所解释的是秦律中的主体部分，即刑法部分，涉及的范围与《法经》六篇大致相同。《法律答问》中很多地方以“廷行事”，即判案成例作为依据，反映出执法者根据判案的成例审理案件，当时已成为一种制度。《法律答问》中还有一部分是关于诉讼程序的说明，如“辞者辞廷”“州告”“公室告”“非公室告”等，是研究秦的诉讼制度的重要材料。

秦自商鞅变法、专制集权制度确立后，“权制独断于君”，统一的法令出自国君，法律解释也出自朝廷。因此，《法律答问》和律文一样具有同等效力。

（2）《封诊式》。本篇所收系治狱案件，内容很广。其中《治狱》《讯狱》最为重要，是官吏调查、检验、审理各种案件的司法程序和文书程式。其大部分内容为盗牛、盗马、盗钱、逃亡、逃避徭役，以及杀伤等方面的犯罪和具体处罚。

（3）廷行事。秦简的廷行事，是秦判案中的典型成例，被认可为实际判例，对同类案件具有示范与指导意义。廷，指上至朝廷，下至各级官府衙门。行事，是指生效的判例对同类案件的解决，具有法律依据的实质作用。在秦朝，廷行事成为一种常用的法律形式。

（二）主要刑事犯罪

刑法在维护秦朝统一，镇压敌对阶级与旧贵族势力的反抗，巩固中央集权制度等方面起到重要的作用。

秦朝刑法规制的主要社会犯罪包括以下内容：

1. 侵犯皇帝人身安全和尊严罪

在专制主义制度下，皇帝是中枢轴心。因此，秦律以保护皇帝人身和权威尊严的不可侵犯为要务。秦始皇二十九年（公元前218年），东游至阳武博浪沙中，遭到张良等人的狙击，即所谓“为盗所惊”。对于这种严重的犯罪行为，秦始皇“乃令天下大索十日”〔1〕，“求贼甚急”〔2〕，务要逮捕归案，严厉惩处。迫使张良更改姓名，亡命他乡。为了维护秦始皇尊严和人身安全，秦律规定，秦始皇所到之处都作为机密，有泄露者，死罪。《史记·秦始皇本纪》载：“行所幸，有言其处者，罪死。”内臣近侍如将始皇语泄露给外臣，按律应处重刑。

2. 诽谤妖言罪

据《史记·高祖本纪》所记，刘邦攻占咸阳后，对父老豪杰说：“父老苦秦苛法久矣，诽谤者族，偶语者弃市。”（《集解》引应劭曰“秦禁民聚证”，禁止人们诽谤皇帝。按刑法“诽谤者族”）秦始皇三十五年（公元前212年），侯生、卢生议论秦始皇专制独裁，“乐以刑杀为威”，始皇便以卢生等“今乃诽谤我，以重吾不德也”的行为，判其“或为妖言以乱黔首”罪，逮捕四百六十余人，“皆坑之咸阳”。〔3〕

秦始皇三十六年（公元前211年），陨石落于东郡。史载：“黔首或刻其石曰，始皇帝死而地分，始皇闻之，遣御史逐问，莫服，尽取石旁居人诛之。”〔4〕这在封建时代首开以思想言论定罪，以此钳制舆论的恶劣先例。

3. 叛乱罪

秦二世时，李斯曾上书揭露赵高有“邪佚之志，危反之行”。但秦二世却听信赵高，反以谋反罪陷害李斯，处以“具五刑”“夷三族”之法。《史记·李斯列传》载：“于是二世乃使高案丞相狱，治罪，责斯与子由谋反状，皆收捕宗族宾客。赵高治斯，榜掠千余，不胜痛，自诬服。”又载：“二世二年七月，具斯五刑，论腰斩咸阳市……而夷三族。”陈胜、吴广揭竿而起以后，二世用刑更加残酷。如同史书所说：“关东群盗并起，秦发兵诛击，所杀亡甚众，然犹不止。”〔5〕

4. 以古非今与挟书罪

在秦始皇三十四年（公元前213年）《焚书令》中规定：“以古非今者族。”只要以过去的事例或非官方的各家学说议论现时的政策、制度，便构成以古非今罪处最重刑，官吏知而不告发，与之同罪。这种严法处断是有目的的，如同李斯所说：“今皇帝并有天下，别黑白而定一尊。私学而相与非法

〔1〕《史记·秦始皇本纪》。
〔2〕《史记·秦始皇本纪》。
〔3〕《史记·秦始皇本纪》。
〔4〕《史记·秦始皇本纪》。
〔5〕《史记·秦始皇本纪》。

教，人闻令下，则各以其学议之，入则心非，出则巷议。夸主以为名，异取以为高，率群下以造谤。”[1]正是为了控制思想文化领域，才以严刑惩罚上述犯罪。

出于同一目的，还制定“挟书律”，凡“非博士官所职，天下敢有藏诗书百家语者悉诣守尉杂烧之”，“令下三十日不烧，黥为城旦”。另据《汉书·惠帝纪》张晏注：“秦律敢有挟书者，族。”秦始皇三十四年（公元前213年）又制曰：“有敢偶语诗书弃市。”[2]

5. 妄言与非所宜言罪

所谓“妄言”，就是指煽动反对或推翻秦朝统治的过激言论。据《史记·项羽本纪》载：“秦始皇游会稽，渡浙江。（项）梁与（项）籍俱观，籍曰：‘彼可取而代也。’梁掩其口曰：‘毋妄言，族矣！’”[3]

至秦二世时，还出现了“非所宜言”罪。在陈胜、吴广起义发生以后，二世召集博士诸儒生询问此事，“或言反，或言盗”，凡言反者均以“非所宜言”罪，下狱处死。[4]所谓非所宜言罪，并无法律明文规定，任凭统治者随意解释，制裁具有异端思想和言论者。

（三）刑罚种类

1. 死刑

秦时执行死刑的方法很多，基本上沿用先秦的生命刑，主要有枭（音消）首、弃市、腰斩、车裂、磔、戮、具五刑和囊扑。定杀首次见于《云梦秦简》，就是将患疾疫的罪人投入水中或生埋以处死。具五刑据《汉书·刑法志》记载：“当三族者，先黥、劓、斩左右趾，笞杀之，枭其首，菹其骨肉于市，其诽谤詈诅者，又先断舌，故谓之具五刑。”即当受夷三族者，要先处以黥、劓、斩左右趾、笞杖死、然后枭首、剁成肉酱等各种酷刑；若是诽谤骂詈者，还要割舌。李斯就是死于具五刑的。囊扑，秦自孝公以来，就有囊扑之刑。所谓囊扑，就是将受刑人装进囊袋，扑打而杀之。

2. 肉刑

奴隶制的肉刑，如墨、劓、刖、宫，秦完全沿袭了下来。不过，秦代肉刑多与徒刑并用。如“黥为城旦舂”，即处罚刺字刑并加城旦舂的徒刑。在

---

[1]《史记·秦始皇本纪》。
[2]《史记·秦始皇本纪》。
[3]《史记·项羽本纪》。
[4]《史记·秦始皇本纪》。

秦代，黥刑的使用非常普遍，既可以作为主刑独立使用，如“黥其师公孙贾”[1]，也可以作为附加刑使用，如秦始皇三十四年（公元前213年）制曰，“令下三十日不毁禁书，黥为城旦”[2]。劓刑的适用也有类似特点。“公子虔复犯约，劓之”[3]，这是作为主刑使用。“不盈五人，盗过六百六十钱，黥劓以为城旦”[4]，这里的黥劓是附加刑，就是说，既要在脸上刺字，又要割去鼻子，再执行城旦主刑，罚作五年的苦役。

3. 徒刑

秦代的徒刑，除剥夺犯人自由外，还要在一定的刑期内罚犯人服苦役。秦始皇时期，徒刑的发展是刑罚制度的突出特点之一。大量使用刑徒修宫殿、造陵墓和其他的浩大工程，直接影响了社会生产，带来了严重影响。

4. 城旦舂

《汉官旧仪》载，凡有罪，男发为城旦，城旦者，治城也。女为舂，舂者，治米也。皆作五岁，完四岁。[5]这就是说，城旦舂是针对男女犯人的两种不同刑罚。一是男犯人筑城，二是女犯人不筑城，只担负舂米的劳役以供犯人的口粮，二者统称城旦舂。城旦的刑期一般分为五年、四年。凡是加肉刑的，如黥劓为城旦者，皆为五年劳役。凡是不加肉刑的为四年劳役，又叫完城旦。

5. 鬼薪、白粲

《汉书・惠帝纪》应劭注说，鬼薪是为宗庙鬼神而采薪，即强制男犯人入山打柴以供宗庙祭祀鬼神使用的一种刑罚。白粲是强制女犯人择米使正白以供宗庙祭祀鬼神使用的刑罚。鬼薪和白粲的刑期都是三年。因为男为鬼薪，女为白粲，故鬼薪、白粲常常连书。

6. 罚作

《汉官旧仪》：“男为戍罚作，女为复作，皆一岁到三月。”罚作是强制男犯人到边远地区去戍边或劳作；复作是强制女犯人在官府服劳役，刑期都是三个月到一年。

7. 隶臣妾

《云梦秦简》中有不少“耐为隶臣”“完为隶妾”的记载。“隶臣妾”就

---

[1]《史记・商君列传》。

[2]《史记・秦始皇本纪》。

[3]《史记・商君列传》。

[4]《睡虎地秦墓竹简》，北京文物出版社1990年版。

[5]（清）孙星衍等辑，周天游点校：《汉官六种・汉旧仪》，中华书局1990年版，第85页。

是把犯人或其家属罚作官奴婢，为封建国家服劳役或杂役。男为隶臣女为隶妾，轻于鬼薪、白粲。

8. 流刑

流刑是把罪犯遣送到指定地区服劳役而不准随意迁回原籍的一种刑罚。秦代流刑包括迁、谪、徙等流放刑，它又可分为有罪流、赦罪流和无罪流三种。有罪流是对犯罪者判处的流放刑。如秦昭襄王十年（公元前257年）十月，“武安君白罪，为士伍，迁密阴”。又如，“秦法，有罪迁徙之于蜀汉”。[1]赦罪流是对死刑重罪犯人所采取的一种减刑措施。如昭襄王二十六年（公元前289年），“赦罪人，迁之”。[2]无罪流是对那些虽未犯罪而统治者认为有犯罪可能的人所采取的一种预防性措施。如商鞅对所谓的“乱化之民”予以“尽迁之于边城”。[3]又如，“秦灭韩，徙天下不轨之民于南阴”。[4]

9. 耻辱刑

髡、耐和完都是示辱于犯人的附加刑，常与徒刑结合使用。如“髡钳城旦舂”“耐有鬼薪”“完为城旦”等。髡就是给犯人剃光头。耐就是“完而不髡曰耐”，[5]即仅剃去鬢毛和胡须，而完好其发，所以又称为完刑。髡、耐和完都是秦朝典型的耻辱刑。

10. 财产刑

赎刑早在我国奴隶制时期即已出现。出土《云梦秦简》中多次出现“赎死”“赎过”“赎耐”“赎宫”“赎黥”，证明秦代也广泛采用赎刑。同奴隶制的赎刑一样，秦代的赎刑主要是优待地主官僚和贵族。赀，就是用经济制裁的手段惩治较为轻微的违法犯罪行为。也就是由执法机关强制犯人向封建国家缴纳一定数量的财物，使犯人在经济上受到一定的损失，以达到惩治犯罪的目的。

赀不同于赎，它是一种独立的刑种。赀在秦代广泛应用，《云梦秦简》中有“赀罪”“赀布”“赀甲”“赀盾”，又有“赀戍”和“赀徭”。也可以说，赀既是罚金，又是罚役。

11. 连坐刑

族刑是死刑的连坐刑。连坐范围有四，一是亲族连坐，二是职务连坐，

---

〔1〕《汉书·高帝纪》。

〔2〕《史记·秦本纪》。

〔3〕《史记·商君列传》。

〔4〕《汉书·地理志》。

〔5〕《史记·廉颇蔺相如列传》。

三是军事连坐，四是邻里连坐。族刑犯人，可以用各种不同的方法处死。收，或称收孥，又叫籍家，即“收孥其妻、子，没为官奴婢”〔1〕。也就是将犯人的妻子儿女没入官府，罚作官奴婢。《云梦秦简》中就有收孥的规定，如“隶臣将城旦，亡之，完为城旦，收其外妻、子”。妾臣有罪，不仅本人处徒刑，还没收他的妻儿为官奴婢。因职务牵连坐罪者，因军事牵连坐罪者，或因邻里牵连坐罪者，都会受到严厉处罚，这些都是封建统治者为强化其专制统治而继续维护奴隶制刑罚制度残余的反映。

（四）刑法原则

秦统治者为了使封建官吏能更准确地运用法律，充分发挥封建法律的专政职能，制定了刑罚原则。从这些刑罚原则中，也可窥见秦法律制度的方方面面。

1. 刑事责任年龄

秦律规定了应负刑事责任的法定年龄。根据《云梦秦简》记载，秦律规定身高六尺，即十五岁为未成年人。〔2〕凡属未成年人犯罪，不负刑事责任，或减轻刑事责任。

2. 区分故意与过失

秦律规定，故意犯罪从重，过失则从轻。如官吏量刑不当，过失为“失刑”罪，处理从轻；故决为“不直”罪，处理从重。

3. 共犯从重、集团犯罪加重

《法律答问》载：“五人盗，赃一钱以上，斩左止，又黥以为城旦；不盈五人，盗过六百六十钱，黥劓以为城旦。”这就是说，凡是五人以上的集团犯罪，即使盗赃不值一钱也比不足五人的盗赃六百六十钱处罚要重得多。秦律称这为“加罪”。

4. 累犯加重、二罪从重

秦律对初犯与累犯加以区别，累犯加重处罚。《法律答问》说，一个犯了“当耐为隶臣”罪的人又犯了“以司寇诬人”的罪，除仍“耐为隶臣”外，还系城旦六岁，即拘禁为城旦六年，加重处罚。一人如果犯了两罪，不是二罪俱罚，而是罚其重者，这就是二罪从重。

5. 教唆未成年人犯罪从重

《法律答问》记载，甲教唆成年人乙行盗，虽未遂，两人均被处以赎黥之

〔1〕《史记·商君列传》。

〔2〕《周礼·地官·乡大夫》贾公彦疏：“七尺谓年二十，六尺谓年十五”。阮元校刻：《十三经注疏》，中华书局1980年版。

刑，这就是教唆同罪。又甲教唆十五岁的未成年人乙盗杀人，乙不论罪，而甲却受严酷的磔刑。

6. 诬告反坐

故意捏造事实以陷害他人者为诬告。在一般的情况下，秦律实行诬告反坐的原则，即以被诬告者所受到刑罚制裁诬告者。《法律答问》载："当耐司寇而以耐以隶臣诬人，何论？不耐为隶臣。"这就是对"当耐司寇"罪人，以"耐为隶臣"之罪诬告别人，即判处其"耐为隶臣"罪。

7. 自首减刑

《法律答问》载："司寇盗一百一十钱，先自告，当耐为隶臣，或曰赀二甲。"在此例中，判为司寇之刑的犯人，又盗一百一十钱，本应耐为隶臣，罚作奴隶，但因为自首，从轻判为罚二甲。

以上刑罚原则，为后世尤其是两汉所继承，并长期适用。

第四节 民事立法思想与民事立法

一、民事立法思想

（一）反映父权、夫权的民事立法思想

1. 维护父权的思想

秦律受到伦常礼教的影响，主张维护父权在家庭的支配地位，要求子孙遵守孝道，服从家长的意志。按秦律规定，子孙若有"不孝"行为，允许家长控告，官府必须受理，并按"不孝"罪处罚该子女。[1]但是，秦朝毕竟是法家思想主导的国家，与以后儒家化的汉唐时期有所不同。秦律对父权的维护有一定的限度。如《法律答问》记载，殴打祖父母或曾祖父母，处黥为城旦舂。而在唐律，则将此行为归为"十恶"中的"恶逆"罪，要判处斩刑，且常赦所不原。[2]

2. 维护夫权的思想

秦律在稳定家庭关系的前提下，主张有限度地维护夫权，要求妻子服从丈夫的意志，遵守为妻之道。《法律答问》记载，若女子甲离夫私逃，而男子

---

〔1〕《睡虎地秦墓竹简·法律答问》，文物出版社 1990 年版。

〔2〕《唐律疏议·名例律》，"十恶条"。

乙也无通行凭证逃亡，乙与甲结婚，女子甲应黥为城旦舂。[1]同时，《法律答问》还规定，丈夫不得随意伤害妻子，即便妻子性情凶悍，丈夫不经官府将其殴打骨折脱臼，也要处以耐刑。[2]

（二）维护公、私财产权的立法思想

秦律作为封建专制国家的法律，主张维护公、私财产权，并保护其不受侵犯。《法律答问》记载："司寇盗百一十钱，先自告，可（何）论？当耐为隶臣，或曰赀二甲。"[3]这表明秦律坚决维护封建公有财产的不可侵犯性。司寇私盗府库一百一十钱，而且自首在先，并非重罪，但要处以耐刑，剥夺自由身份，降为国家奴隶，或者罚缴相当于两幅铠甲的钱物。

秦律同样保护封建私有财产的不可侵犯性。《法律答问》记载："或盗采人桑叶，臧（赃）不盈一钱，可（何）论？赀徭三旬。"[4]即盗取他人桑叶、赃值不及一文钱者，依据法律规定，要罚服徭役三十天。

二、民事立法

（一）身份制度的规定

关于身份制度的规定是针对民事法律关系主体的规定。这些主体就是参加民事法律关系享有权利和承担义务的人。在秦律中没有关于权利义务的概念，但有关于人及其身份的规定，类似于现今的民事主体的规定，如"名籍"（把名字登记在官府的簿籍上）的取得和消灭。秦律中取得"名籍"者，就是民事关系中被认为可享有权利和承担义务，具有权利能力的人。《商君书》说："四境之内，丈夫女子皆有名于上，生者著，死者削。"[5]即人因生而取得名籍，因死而消灭名籍。秦律中享有权利能力者，又根据他们政治、经济和血统关系等身份地位的不同，享有不同的权利和承担不同的义务。如有爵者、仕伍、庶人、商贾、赘婿和隶臣妾等，他们在法律上的权利和义务是不同的。

一般地说，有权利能力的人，只有达到一定的年龄，才能依法获得行为能力。但秦律的规定是不以年龄而以身高作为判断有无行为能力的标准。秦制，

---

〔1〕《睡虎地秦墓竹简》，文物出版社 1990 年版。
〔2〕《睡虎地秦墓竹简》，文物出版社 1990 年版。
〔3〕《睡虎地秦墓竹简》，文物出版社 1990 年版。
〔4〕《睡虎地秦墓竹简》，文物出版社 1990 年版。
〔5〕《商君书·境内第十九》。

六尺属小，即未成年人，无行为能力。《法律答问》载："甲小未盈六尺，有马一匹自牧之，今马为人败，食人稼一石，问当论不当？不当论及偿稼。"[1]就是说，甲身高不满六尺，年岁小，有一匹马自己放牧，被人惊吓逃跑，吃了别人的庄稼一石，问当不当论罪？回答是，不但不应论罪，也不应赔偿庄稼。理由是甲年岁小，无行为能力，不负民事和刑事责任。

（二）所有权的法律规定

伴随着秦王朝的统一以及生产力的发展，包括私有物权与国有物权在内的各类所有权得到充分发展。而物权的占有形式，也由土地占有为主，转向其他物权资料的占有。

1. 私人所有权

与铁制农具和牛耕新兴生产力相适应，秦朝的私人所有制也有所发展。秦朝存在土地的私人所有现象，私有土地也成为个人最重要的物权占有形式。商鞅变法时虽然实行土地国有，但同时又授田给男丁，而且颁布《军爵律》，用土地赏赐那些杀敌立功者，并可以继承。所以，土地的国有和私有现象长期并存。秦朝保护生产资料的私有，尤其是有关牛、马等牲畜的私有权。而作为生产生活重要工具的牛、马等畜类，也成为个人比较普遍的物权占有形式。秦简中有"盗主牛""甲告乙盗牛""盗马""争牛"等案例，说明当时重视保护重要生产资料的私人所有权。秦朝承认生活资料的私人所有权。私人可以拥有国家提供的生活供应、俸禄、地主的地租收入、商贾的经营收益、平民的劳动所得等。但私人所有的生活资料与皇帝和朝廷所拥有的不能相提并论，二者不仅数量上有差异，质量上也有区别。

2. 国家所有权

秦加强国家所有权的途径很多，在此略举一二。商鞅在变法时，实行授田制，实际上否认了土地私有制，而加强了土地国有化。国有土地成为秦朝最重要的物权占有形式。商鞅变法之后，秦同六国展开百余年的战争，初步夺取了六国全部的土地和财产，而且"南取百越之地""北却匈奴七百余田"。经过长年征战，秦王朝疆域扩展，国家占有了天下最广大的土地，也就拥有了最为广泛的所有权收益。[2]秦在实行所有权国有化的同时，又实行按男丁授田的制度。上田授百亩，中田授二百亩，下田授三百亩。授田后，国家每年向受田的农民征收高额田赋。当时的田赋，主要是征收粮食。此外，秦"重

---

〔1〕《睡虎地秦墓竹简》，文物出版社 1990 年版。

〔2〕《史记·秦始皇本纪》。

农抑商"，向商贾和客商征收高额的税收。秦朝廷还掌控农牧场、手工业工场等国家经营的事业，这些都可以加强国家垄断。

3. 所有权的处分

有关所有权的处分，出土秦律也有所规定。《法律答问》载："士伍甲盗一羊，羊颈有索，索值一钱，问何论？甲意所盗羊也，而索系羊，甲即牵羊去，议不为过羊。"在这个盗窃案件中，甲所偷的是羊，绳索是拴羊的，甲是偷羊把绳索也带走了，不应以超过盗羊议罪。这里显然把羊作为"主物"，把索作为"从物"看待了。又如秦简《金布律》规定，抽服役的隶臣妾和刑徒城旦发放衣服，秋衣要收一百一十钱，夏衣要收五十五钱。说明服役后不是收回发放的原物衣服，而是收回货币，因为衣服是消费物。相反，官府借出的大车、铁器和兵器，却要按照久刻（标记）交还原物，就是说，这些"东西"都是"不消费物"。

4. 所有权的保护

秦律对所有权的保护所使用的手段不局限于民事制裁，还包括刑事制裁。就秦简看，秦朝根据物权所受侵害的不同程度采取不同的法律保护。

在秦律中，对物权的归属问题发生争执，官府有责任确认所有权。《争牛·爰书》曾记载两个人要求公断一头牛的所有权案件。无论是国有所有权还是私有所有权，当被他人不法占有时，秦律规定的处置方法都是返还原物。《工律》规定："假器者，其事已及免，官辄收其假，弗亟收者有罪。"这条律文的意思是说，当用完借物后，要返还原物，否则论罪。如果到期不能返还原物，就要按价赔偿。如果无力偿还的，则以劳役抵偿损失。当所有人行使物权时受到妨害，可以向官府提出控诉，官府有责任排除这种妨害，并依法给侵害者处以刑罚。秦律规定："盗徙封，赎耐。"秦律还要求，对不当得利的处理方法是返还。《法律答问》有载："吏有故当止食，弗止，尽禀出之，论何也？当坐所赢出为盗。"官吏如果领取了应当停止供应的口粮，则以盗窃论处，同时退还不当得利。

（三）债权的法律规定

秦王朝厉行"重农抑商"，使得当时的商品经济发展受到很大限制，民间债权与债务纠纷相对较少。而百姓与官府，因赋税等各方面的原因发生的债权与债务关系则相对较多。

1. 债的发生

秦朝债的发生，主要表现为因契约所生之债。此外，也有一些是因侵权行为所生之债。在因契约所生之债中，就表现为以下方面：

（1）因买卖契约所生之债。奴隶在当时是所有权的客体，是地主阶级的私有财产，可以随意买卖。《云梦秦简·封诊式》中的“告臣爰书”记载了一件买卖奴隶的案件：“令少内（官名）某、佐（官名）某以市正价贾（买卖）丙丞（官名）某前，丙中（身体正常）人，价若干钱。”意思是说，官府命少内、佐按市场标准价格在县丞面前将丙买下，丙是身体正常的人，价值若干钱。

（2）因借贷契约所生之债。《法律答问》有这样的表述：“百姓有责（债），勿敢擅强（人）质，擅强质及和（合意）受质者，赀二甲。”意思是说，百姓间存在债务关系，不准擅自前行索取人质作为担保。即使双方同意以人质作担保也不允许，都要处以“赀二甲”的刑罚。

《云梦秦简·司空律》规定，如果欠官府债务，无力偿还的，可用劳役抵偿。每劳役一天抵偿八钱。但在服劳役时，官府提供饭食，所以每劳役一天实际只能抵偿六钱。

（3）因租借契约所生之债。《云梦秦简·金布律》《工律》《司空律》里记载了很多关于官府出借财物给私人使用的规定。例如，《金布律》规定：“百姓（假）公器……其日踵（疑即‘足’字）以收责（债）之，而弗收责，其人死、亡……令其官啬夫及吏主者代赏（偿）之。”即百姓借用官府器物，约定期满而没有收回，该人死、逃亡，则由官府啬夫和主管此事的官吏代为赔偿。

2. 债的担保

在秦律中债的担保，既有官方代表，也有私人出面。《云梦秦简·金布律》规定：“百姓假公器及有债未偿，其曰足以收责之，而弗收责，其人死亡，令其官啬夫及吏主者代偿之。”即是说私人借债人死不能偿时，由其所在官员担保赔付。而《云梦秦简·工律》又规定：“公事馆舍，其假公，假而有死亡者，亦令其徒，舍人任其假。”这表明在秦凡私人借贷官债，人死不能偿时，由其徒弟或下属为之偿还。

3. 债的履行

有关债的履行方面，《云梦秦简·金布律》规定：“有债于公及赀赎者居它县，辄移居县责之，公有债百姓未偿，亦移其县，县偿。”这就是说，借公债与钱物的个人，如移至别县，则由该所在县责令偿还债务。百姓无力偿还的，由其移居的县衙代为赔偿。另外还规定，隶臣妾无力偿还债务，按月从衣食供应中减除，直至清偿完毕。即所谓："以其日月减其衣食，毋过三分取一。"[1]

三、婚姻家庭的规定

（一）结婚的法定年龄标准

秦律对结婚的法定标准有明确的规定。根据出土秦律，男以身高六尺五寸为成人，女以身高六尺二寸为成人，[2]达此标准才允许男女婚嫁。可见，秦朝把身高作为婚姻成立与否的法定标准。

（二）实行登记婚制

《法律答问》载，女子身高不足六尺，聘为人妻，没有举行仪式就出逃，后来捕到主动自首，因为没有经官登记，不再处罚，但已经官登记者，应当处罚。即所谓："有妻子甲为人妻，去亡得及自出，小未盈六尺，当论不当？已官当论，未官不当论。"

（三）结婚

秦律中关于秦朝婚姻制度的记载不多，《法律答问》中有一些规定。

秦朝允许良贱通婚，但所生之子为贱。《法律答问》里记载了一个案件，说的是一个自由女子与一个隶臣结婚，这个女子将其子从家中分出，欲让其子脱离隶臣的身份，从而受到"完"的刑罚。

秦朝不允许与他人的逃亡妻结婚。《法律答问》载："甲娶人亡妻以为妻，不知亡，有子焉，今得，问安置其子？"可见，如果与他人之逃亡妻结婚，就会出现所生孩子的归属问题。

据《汉书·贾谊传》记载，秦人"家贫子壮则出赘"。出赘指的是男到女家就婚作赘婿。赘婿在秦时的社会地位很低，被人歧视。

（四）离婚

按秦律规定，结婚实行登记制，离婚同样须经官府登记许可，并与赋税徭役相联系。如果男方不经官府登记许可，私下"弃妻不书"，就构成犯罪，男女双方都要受到相应的处罚。

（五）家庭制度的规定

1. 实行夫权制，丈夫主导家庭

按照秦律规定，家庭实行夫权制，丈夫主管家庭，支配财产，妻子必须服从丈夫。但有例外，秦律禁止丈夫伤害妻子。据《法律答问》，丈夫殴打妻

---

〔1〕《睡虎地秦墓竹简》，文物出版社1990年版。

〔2〕秦一尺约合当0.23米。六尺五寸，约1.5米，六尺二寸，约1.4米。

子属违法行为，即使“妻悍，夫殴笞之”，也应处以耐刑。若“夫有罪，妻先告”，允许妻子保有“臣妾、衣器”等物，不予没收。

2. 夫妻与家庭成员负有连带责任

商鞅变法，实行连坐制度。家庭成员，包括夫妻及同居之人，都负有告奸责任与连坐的义务。不论丈夫或妻子，任何一方犯罪，对方不告奸，都要承担连坐责任，受到相应的处罚。其他家庭成员亦是如此。

第五节　经济立法思想与经济立法

一、经济立法思想

（一）强化经济管理的立法思想

秦代无论在统一前或完成统一后，为保障长期征战，以及内政与外交的需要，都要有强大的经济与财政支撑。因此，强化经济管理的立法思想便被适时提出。正如商鞅在变法期间所强调的，“强国知十三数：竟（境）内仓口之数，壮男壮女之数，老弱之数，官士之数，以言说取食者之数，利民之数，马牛刍藁之数。欲强国，不知国十三数，地虽利，民虽众，国愈弱，至削”。[1]在这里商鞅除强调变法的重要性外，也非常关注强化经济管理思想的迫切性。他认为忽视这个方面，“地虽利，国愈弱至削”。相反，要想强国，必须从思想上乃至制度层面强调经济管理的重要性。其中，要加强仓库的统计与管理；青壮劳力的统计与管理；老弱丧失劳动力人群的统计与管理；职官人数的统计与管理；凭游说而获利人群的统计与管理；获得利益人群的统计与管理；国家牲畜与草料的统计与管理。从商鞅“强国知十三数”的话语中，可以看出秦代是将强化经济管理的思想放到治国的重要地位，同时把法律改革与强化经济管理作为车之两轮，推动强军富国的整体工作。

（二）重收赋税的经济法思想

秦朝统一天下后，并没有着眼稳定社会、改善民生，反而是对外发兵、对内暴敛，并根据统治需要，确立了重收赋税的经济法思想与经济法制度。

据《汉书·食货志》载：“至于始皇，遂并天下，内兴功作，外攘夷狄，收泰半之赋，发闾左之戍，男子力耕不足粮饷，女子纺绩不足衣服。竭天下

〔1〕《商君书·去强》。

之资财以奉其政，犹未足以澹其欲也。海内愁怨，遂用溃畔。”[1]按照颜师古的解释：“泰半，三分取其二。”秦朝无论是秦始皇还是秦二世，都重收赋税，“三分取其二”，却仍不足以“奉其政”。最终导致民不聊生，天下反叛，以致秦朝灭亡。这也引起取而代之的汉王朝的历史反思。

二、经济立法

《云梦秦简》中出土了很多秦代单行的经济法规，反映了秦代依法强化经济管理、提高经济效益的治理要求。

（一）自然资源保护立法

秦朝关于资源保护立法，主要规定在《田律》里。其内容主要有以下几方面：其一，春天二月正是林木生长时期，不要砍伐；土地干旱需要水，不要堵塞水道。但有例外，人死要用木料做棺材，砍伐树木不受季节限制。其二，不到夏天（春夏之交），不准取草烧灰，免得影响幼草生长，不准采取刚发芽的植物。其三，不准捕捉幼兽、鸟卵和幼鸟，不准毒杀鱼鳖，不准设置陷阱和网罟（gǔ）捕捉鸟兽，到七月便解除禁令。其四，如居邑靠近养牛马的苑囿和禁苑的幼兽，在繁殖期内不准带狗去打猎。

（二）农业生产管理立法

秦代注重奖励农耕，发展农业生产。早在商鞅变法时就突出强调耕、战二者，重视发展农业。

在秦代，农业是封建社会的主要经济部门。《田律》《厩苑律》和《仓律》等法律从多方面反映了依法进行农业管理的内容。

首先，秦律规定土地所有权为封建国有和地主私有。封建政府把国有土地分配给农民，强迫农民耕种，按受田之数征收租税。《田律》规定：“入顷刍稾，以其受田之数，无垦不垦，倾入刍三石，稾二石。”就是说，每顷土地应缴的饲料，接受田之数缴纳，不论垦种与否，每顷均须按标准缴纳。《法律答问》记载，“盗徙封，赎耐”。即私自移动地界侵犯他人土地所有权者，应判以赎耐的刑罚，严格保护了土地私有制度。与此相联系，对农田水利的管理、农产品和种子的保管、优良种子的选用、农业劳动力的控制和考课，饲养耕牛的考核评比、及时掌握全国的农情等，也在经济法规中进行了规定。

其次，秦律加强了畜牧业的管理。如关于饲料的供应，除了《田律》规

---

〔1〕《汉书·食货志》。

定耕种国家土地的农户按照受田之数交纳饲草和粮食之外，《仓律》也有征收饲料并将数额及时上报内史的规定。为了提高牧畜的生殖率，防止成畜的死亡，《牛羊课》规定，十头成年的母牛每年至少要产仔牛五头以上；十只成年的母羊，每年至少要产四只以上的羊羔。《厩苑律》规定，牛的死亡率不得高于百分之三十三以上。如有违反以上规定，主管官吏和管理者都要受到不同程度的惩罚。

（三）手工业管理立法

秦的手工业大部分是官营，如采矿、冶铁、农具和兵器制造、陶器、漆器和纺织品的生产，等等。手工业原材料归国家掌握，生产由国家管理，实行封建国家垄断。并且，国家制定了《工律》《工人程》《均工律》和《效率》等经济法规，对官营手工业进行有效管理。《工律》规定："为器同物者，其大小、短长、广亦必等。"就是说，同一规格的产品，大小、长短、宽厚都须完全相同。又规定："为计，不同程者毋同其出。"程，指规格，即指质量标准。就是说产品质量有标准，不同规格的产品不得同一项内出品。《司空律》规定，每修缮一辆大车，用胶一两、脂三分之二两。可见，手工业的用料也有定量，突出强调生产的标准化与产品的规范化。《工人程》还专门规定了手工业生产者的劳动定额。根据劳动者不同的情况如年龄的大小、体力的强弱、技术熟练程度、男女的区别等，规定不同的劳动定额。而且，在生产管理上，人员有专责，赏罚有定则，不仅在生产单位内部为官啬夫、工师、曹长、徒等分别规定了各自的管理和生产责任；同时，也为生产单位以外的县令、丞、佐、史等确定了各自对产品质和量的监督责任。因而在评比中，"殿"或"最"（即被评为下等或上等）就都根据各自的责任分别受到惩罚和奖励。例如，《秦律杂抄》中的"漆园殿"和"采山重殿"条规定，漆园、矿山经考核评比，产品的数量、质量没有完成指标，三年连续被评为下等的，其主管官吏啬夫不仅要罚甲，而且还要受到撤职永不叙用的惩处。各县工官上交的产品，质量差劣者，也要"赀啬夫甲，县啬夫、丞、吏曹长各一盾"。城旦刑徒做工被评为下等的，还要笞打一千。[1]可见，秦律对产品责任制度与生产的管理监督制度都作了极为严格的规定，以保证生产的有序进行。

（四）市场贸易和货币的管理立法

秦自商鞅变法以来，就实行"重农抑商"的政策。《垦草令》中就有禁止农民经商和限制在农村售酒的规定。《田律》也规定："百姓居田舍者毋敢

---

〔1〕《睡虎地秦墓竹简》，文物出版社1990年版。

酤酒，田啬夫、部佐谨禁御之，有不从令者有罪。”可见在农村卖酒已被定为非法经营而加以取缔。秦律对于社会生活最主要的商品，规定了统一的法定价格。如《司空律》规定粮食和劳动力的价格。粮食每石三十钱，劳动力每天八钱，公家供给伙食者，每天六钱。

此外，秦《效律》还统一了度量衡器的标准规格，严格限制其误差，并且规定了检查校正制度。《工律》规定，县和管理官营手工业的机构“工室”，每年至少要由有关官府为之检验校正衡器产品一次，或由作坊自设工匠加以检查。秦统一度量衡器使之标准化，有力地加强了市场管理。

随着商品交换的发展和社会财富的积累，货币和借贷关系在秦也盛行起来。在货币管理方面，秦有《金布律》等法规。

第一，钱币官铸，严禁民间私铸钱。只有官府所铸造的钱才能作为货币流通，私人铸钱是法律严禁与加重处罚的犯罪行为。《封诊式》中有这样的记载，甲乙两人捕获私铸钱的丙丁两人，并将在他们家中查抄到私铸钱和钱范（钱模）一并捆送官府究治。[1]

第二，依法规定货币的规格和比价。秦通行的货币有三，即钱、布、金。而钱和布是普遍通行的货币，尤其是钱币的流通最为广泛。《金布律》规定了布的规格：“布袤八尺，幅广二尺五寸。布恶，其广袤不如式者，不行。”就是说，布的规格是长八尺，宽二尺五寸。布的质量不好，长宽不合规格者，不得流通。秦律以此防止新的伪劣货币流通市场，扰乱封建国家的金融秩序。同时，《金布律》还规定了钱和布的比价，“钱十一当一布”。

第三，依法保证货币的流通。《金布律》对已在市面流通的货币又作了规定，“钱善不善，杂实之”，“百姓市用钱，美恶杂之，勿敢异”，就是把好钱坏钱搭配在一起，强令通行，在交易过程中百姓不得拒绝使用。《金布律》还规定，市肆中的商贾和官府库吏，都不准对钱和布两种货币有所挑剔选择。有选择使用的，列伍长不告发，吏检查不严，都要追究他们的刑事责任。

第四，地方上的货币由县少内集中保管。郡县内的生产单位向国家上缴的利润，由县少内收存。县令、县丞还必须亲自过问县少内货币的保管和储存情况。如《金布律》规定，“官府受钱者，千钱一畚（音本，容器），以令、丞印印。不盈千钱，亦封印之”。又，“出钱，献封丞、令，乃发用之”。即官府收入钱币，以一千钱装为一畚，用其令、丞的印封存起来，钱不满一

---

〔1〕《睡虎地秦墓竹简》，文物出版社 1990 年版。

千的，也应封存。出钱时，要把封印呈献令、丞验视，然后再启封使用。这不仅严格了用钱制度，也明确了职官的职责。

第六节　司法思想与司法制度

一、司法思想

（一）维护皇帝至上的司法思想

秦朝建立统一的中央集权专制国家后，皇帝成为不可侵犯的象征。秦朝司法思想与司法制度的核心内容，就是全力维护秦朝皇帝的至上权力、人身安全和至尊地位。《史记·秦始皇本纪》说：“（秦始皇）天下之事无小大皆决于上。”秦为维护皇帝的至上权力与地位，特别规定了一道命令，官吏表面上听从皇帝命书，而废法不行，应耐为候；听命书不下席站立，罚二甲，并撤职永不叙用。即所谓：“为（伪）听命书，法（废）弗行，耐为侯（候）；不辟（避）席立，赀二甲，法（废）。”〔1〕此后，在秦始皇三十六年（公元前211年），“有坠星下东郡，黔首或刻其石曰：‘始皇帝死而地分’。始皇闻之，遣御史逐问，莫服，尽取石旁居人诛之，因燔销其石”。〔2〕可见，凡有攻击皇帝的言行，有损皇帝尊严的做法，都要被严厉处死，绝不宽恕。

（二）严格法官审判职责的思想

秦代严格法官审判职责，明确规定法官错判的两种不同责任。凡故意错判的法官，被定为“不直”罪，或“纵囚”罪。《法律答问》说：“法官应判重罪而故意轻判，应判轻罪而故意重判，一律按‘不直’罪处罚。法官应当判罪而故意不论罪，或减轻案情，故意使犯脱罪的，按‘纵囚’罪处罚。”即所谓：“论狱（何谓）不直，可（何）罚纵囚？罪当重而端轻之，当轻而端重之，是谓不直。当论而端弗论，及惕其狱，端令不致，论出之，是谓纵囚。”另外，因过失用刑处罚不当的，则按“失刑”罪减轻处罚。秦朝严格法官审判职责的思想和法律规定，既明确又便于执行，保证了审判工作的顺利进行，故对后世王朝也产生了重要影响。

---

〔1〕《睡虎地秦墓竹简》，文物出版社1990年版。

〔2〕《史记·秦始皇本纪》。

二、司法制度

（一）司法机关

1. 中央司法机关

秦朝建立了中央集权制国家之后，皇帝就成为权力的象征，皇帝不仅拥有最高立法权，而且拥有最高司法权。《汉书·刑法志》载，秦始皇事必躬亲，亲自断案。所谓“躬操文墨，昼断狱，夜理书，自程决事，日悬石之一”。《史记·秦始皇本纪》载：“全国之事无大小皆决于上。”全国重大案件须由皇帝最后裁决才能定案，所以，秦始皇掌握最高司法权。而实际上，皇帝不可能亲自处理每一件事，所以由丞相和御史大夫协助皇帝行使最高司法权。

秦朝在中央设置了“廷尉”作为全国最高司法机关，其长官也叫“廷尉”。“廷尉，秦官，掌刑辟。”（《汉书·百官公卿表》）廷尉是朝廷的“九卿”之一，地位非常重要。李斯长期担任此职。廷尉的职责有二，一是负责审“诏狱”，即皇帝诏令审理的案件；二是审理地方送来的疑难案件以及重大案件的复审。

2. 地方司法机关

秦朝地方司法机关由地方行政长官郡守、县令兼管。《法律答问》载：“今郡守为廷不为？为也。”所以，郡守为地方司法长官，负责狱讼。郡除郡守以外，还有专职司法官吏，叫决曹掾，其主要负责审理案件，但决定权在郡守。县令是县一级司法长官，县令的属官县丞和令史协助县令狱讼。县以下设啬夫、三老、游徼等乡官，他们可以直接处理民事纠纷和协助郡、县缉捕犯人，查封犯人财产并看守其家属等。

秦律规定，对不能决的案件要逐级上报。如果乡不能决，报县，由县令审理；县不能决，报郡，由郡守审理；死刑和重大疑难案件郡不能决，则报廷尉。

（二）诉讼制度

1. 起诉

（1）起诉形式。从《云梦秦简》上看，根据原告身份不同，秦代起诉形式有两种：

第一，官吏提起诉讼。这类起诉相似于近代的公诉，由御史和官吏纠举犯罪，提起诉讼。《云梦秦简·爰书》记载了亭长和两名求盗逮捕两名抢劫犯的案例。“某亭长甲、求盗某里人乙、丙捆送男子丁，首级一个，具弩两具、箭二十支。”抓捕者报告说，丁和这个被斩首的人结伙抢劫，急行逮捕。这些弩箭是丁和被斩首人的。被斩首人用这些箭射向乙，于是用剑斩取他的首级，因山险不能把他的躯体运出山来。[1]秦律规定，官吏有告发和纠举犯罪的义务，否则给予处罚，“不告奸者腰斩”[2]。

第二，当事人提起诉讼。《云梦秦简》里涉及的当事人既包括受害人，也包括与受害人有关的其他人，范围比较宽泛。《法律答问》里有“辞者辞听”的记载，是指诉讼当事人到官府起诉。《封诊式》里有很多此类案例，如“告子”“告臣”“甲告”“乙告”“自告”。按照秦律定罪量刑的原则，“自告”减刑。《云梦秦简》里记载的许多自诉案件暴露了秦律极力维护贵族特权和家长特权。如《告臣·爰书》里记载，某里士伍甲捆送男子丙，控告说，丙是甲的奴隶，骄横强悍，不在田里干活，不听从甲的使唤。请求卖给官府，送去充当城旦，请官府给予价钱。这是一起主人告奴隶的案例。在《告子·爰书》里，某里士伍甲控告说，甲的亲生儿子同里士伍丙不孝，请求处以死刑，谨告。官府当即命令史已前去捉拿。这是一起家长告儿子的案件。

（2）受诉案件类型。秦朝案件有“公室告”和“非公室告”之分。其中，公室告属于受诉案件，而非公室告则不予受理。《法律答问》记载：“贼杀伤，盗他人为公室告”。“公室告”是指对家庭以外其他人犯有杀人、伤害、盗窃的罪行，就是危害国家和公共利益，也即对整个统治秩序的侵犯，这类案件必须要向官府告发，官府必须受理。《法律答问》记载：“子盗父母，主擅杀、刑、髡（剃去头发和鬓须）其子、臣妾，是谓非公室告。”又载：“子告父母，臣妾告主，非公室告，勿听。”“非公室告”指的是子女盗窃父母的钱财或者主人擅自杀死、伤害或“髡”子女、臣妾一类的案件，这类案件仅限于有血缘关系的父母与子女之间的上述行为和主人对奴婢的侵犯行为。如果这类案件告发到官府，官府不予受理；如果坚持告发，则判处告发人有罪。秦朝依据当事人之间的关系来区分两类案件，是礼治在司法上的体现，目的是维护以“亲亲”为原则的父权家长制。

2. 受理与审判

秦律记载，司法机关接到起诉案件以后，要派人前往调查。《封诊式》是关于案件的调查、勘验、审讯等程序的文书程式，其中也有对司法官吏“治

---

〔1〕《睡虎地秦墓竹简》，文物出版社 1990 年版。

〔2〕《史记·商君列传》。

狱”的要求。

（1）受理。据《封诊式》记载，如果司法机关决定受理案件，需要做几件事情：其一，要对被告人进行调查，并将调查情况写成书面报告。调查内容包括被告人的姓名、身份、籍贯、曾经犯过什么罪、判过什么刑、是否经过赦免以及是否曾经逃亡等问题。其二，县司法机关接受案件后，县丞令县史前往调查或勘验。调查主要是针对被告的身份，勘验的范围则十分广泛。《云梦秦简》里记载了活体勘验、首级勘验、尸体勘验、法医学勘验等。调查和勘验完毕后，要写出调查或勘验笔录，叫作“爰书”。其三，如果还要查封，称为“封守”。“封”是指查封财产，“守”是指看守家属。封守的决定要由县一级的专门司法官员发布，由乡一级的负责人亲自执行。封守要征询当地的里典（乡级的半官半民之人）和居民代表意见。封守要有详细记录，记录被查封的房屋、牧畜、人口、房屋间数及结构等。封守要由里典和同伍居民轮流看守。其四，如果需要技术鉴定，则必须由具有专门知识的人负责鉴定。

（2）审判。做完以上前期准备工作后，司法机关了解了案情，掌握了证据，就可以进入审判程序了。从《封诊式》的记载来看，秦的司法机关对当事人的审讯方法和步骤大致如下：

第一，听取当事人的口供并记录下来。审理案件时，“必先尽听其言而书之”，即先听取当事人的各自陈述并记录下来。被讯问的人包括告发人、被告人和证人，其中以讯问被告人为关键。在讯问中，“虽知其訑（dàn，意即欺骗）”，“勿庸辄诘”。即虽然知道当事人在撒谎，也不要马上诘问，要等他陈述完毕。

第二，根据其口供矛盾之处和不清楚的地方提出诘问。诘问的时候，仍然要把当事人辩解的话记录下来，即“以复诘之”，再看看还有无其他需要诘问的问题。由此可见，秦律规定要对当事人的口供反复诘问，其目的就是要将事情查清楚。

第三，对多次改变口供、不如实认罪服罪者，施加刑讯。对于“诘之极而数訑，更言服”的人，“乃笞掠”之。秦律允许刑讯，但没有详细规定刑讯的方法、刑具及刑讯的程度，这些都可以由执行者自行决定。秦律规定，“勿笞掠而得人情为上，笞掠为下，有恐为败”。即秦朝按照审讯手段，将结果分成三个等级。第一等级为“上”，指能够根据口供查证案件事实的；第二等级为“下”，指审讯时动用刑具才弄清案情的；最后一个等级为“败”，指审讯时不仅动刑，而且采用恐吓手段查证案情的。

以上通过秦简了解到的秦朝审理案件时使用的方法和步骤，秦统治者已经认识到刑讯逼供是不可取的，并通过法律规定鼓励司法官吏尽量不动刑。

（3）判决与上诉。审讯后，作出判决，并“读鞫”。“鞫”，是审讯的意思。读鞫就是宣读判决书。宣读后，如果当事人服罪，则执行判决。如果喊冤，不服罪，则可以请求再审，叫作“乞鞫”。

《法律答问》载：“以乞鞫及为人乞鞫者，狱已断乃听，且未断犹听也？狱断乃听之。”乞鞫可以由当事人提出，也可以由第三人提出。如果是第三人提出则叫作“为人乞鞫”。对于乞鞫者，要“狱已断乃听”，也就是说，必须在一审判决后，提出乞鞫才能受理。

（4）监狱。秦朝监狱仍然称为“囹圄”。因为秦统治者奉行法家思想，主张“以刑去刑”，所以秦朝“囹圄成市”。秦朝不仅在中央设置监狱，地方郡县也设有监狱。但秦朝并不是将所有罪犯都囚禁在监狱里。除了立即处死的囚犯之外，大部分的刑徒都当作劳力使用，修建宫殿、陵墓、水利工程、城防要塞等。在官营手工业场所、矿山、农场等也都有大量的刑徒。

从秦简记载看，秦朝已经形成了一套较为严密的监狱管理制度。首先，刑律根据不同等级身份和不同性质犯罪，在刑罚执行上有所区别。例如，有爵位的罪犯，即使是重犯，也不必穿囚衣、带刑具。而一般无爵位的轻犯，必须穿囚衣、带刑具。其次，根据囚犯的不同种类和所从事的劳役，规定了囚犯的口粮和衣服的供应标准和供应办法。例如，城旦如果不从事重体力劳动，要减少粮食供应量。如果从事轻微劳动的城旦增加了口粮，则要处罚看守者。最后，建立了轻犯监领重犯的监狱管理办法。一般是“城旦司寇”监领其他囚犯，城旦司寇是指劳动三年以上的城旦。如果城旦司寇的人数不够，则由隶臣妾监领。一名城旦司寇或隶臣妾可以监领20名其他刑徒。

第七节 秦律的本质与特征

一、秦律的本质

作为早期封建法律，秦律主要是镇压农民及其他劳动人民的工具，这是秦朝封建法律的本质特征。凡是危害封建专制统治和皇权的行为，以及侵犯封建地主阶级经济利益的行为，秦律处分严厉。如秦始皇三十六年（公元前211年），一陨石掉落，上刻“始皇帝死而地分”等字，结果陨石旁居住的人全被诛杀。同时，秦律对于“以古非今者”处以族刑。秦简律文规定，盗窃超过六百六十钱的要处“黥劓为城旦”，又规定“盗徒封，赎耐”，农民私自移动田界，就要判处“赎耐”的刑罚。此外还规定采人桑叶也要判处劳役。对于危害重大的“群盗”的惩罚就更加严酷了。从《法律答问》100余条的内容来看，其中惩治盗、贼的就有80余条，主要惩治对象就是农民、奴隶等劳苦大众。《封诊式》中的案例涉及29名被告，“士伍”占了绝大多数，所谓“士伍”即秦时的庶民、农民。

显然，秦律作为法家化的封建法律，它把镇压农民、保护地主阶级人身财产安全，维护封建压迫剥削作为主要任务。其始终贯彻《法经》中“王者之政，莫急于盗贼”的指导思想。

二、秦律的特征

（一）保存奴隶制的残余

秦律是我国封建社会确立时期的产物，它反映了我国封建法律制度初创时期的特征。秦朝刚刚从奴隶制社会脱胎而来，不可避免地保留有奴隶制的残余，而这也必然地要反映在秦朝的法律制度中。

秦律作为封建法律，是鼓励奴隶解放、限制奴隶制的发展的。奴隶可以用军功或戍边劳役来换取人身自由。《军爵律》规定，奴隶立有军功，即可获得爵位，可以免除自己的奴隶身份；也可以用丈夫、儿子的爵位来换取亲属的人身自由。《司空律》也规定，本人非犯罪流放，而自愿戍边五年，准许赎免当奴隶的亲属一名为庶人。秦律限制奴隶制，并规定有条件地解放奴隶，这是地主阶级利益的需要，以便于把更多的劳动力置于封建剥削之下。

但与此同时，秦朝刚刚摆脱奴隶制社会，其法律不能不受到奴隶制的影响，对奴隶制的某些残余加以保护，这主要表现对奴隶与奴隶剥削形式的保存。《史记·商君列传》云：“事末利及怠而贫者，举以为收孥。”〔1〕这表明商鞅变法时制定的法律，就有将犯人连同其妻儿没为官奴婢的规定。秦律中也有给县尉以上官吏赏赐奴隶的制度。可见奴隶的存在是合法的。至于《云梦秦简》中的“隶臣妾”“人奴妾”更是多次出现。如“寇降，以为隶臣”〔2〕，盗供品也要耐为隶臣，说明秦的隶臣妾还来源于战俘和籍没的罪人。《封诊式》关于买卖奴隶的文书记录显示，拍卖时，女奴之子年小，也可连同其母卖出。奴隶地位仍然十分低下，主人可杀害奴隶不论罪，即“主擅杀刑髡子、

〔1〕《史记·商君列传》。

〔2〕《睡虎地秦墓竹简》，文物出版社1990年版。

臣妾，勿听”。据不完全统计，秦简正式律文讲到奴隶的不下20余条；《法律答问》亦有20条之多；在《封诊式》的案例中，有七则讲到了奴隶或与奴隶有关。其比重之大，仅次于《云梦秦简》中关于“盗”“贼”的法律条文。

综上所述，可知秦的奴隶制残余是相当严重的。但是，秦的奴隶毕竟不同于奴隶社会的奴隶，其社会地位略高，有家室，有独立的经济，本质上只是一种贱民身份而已。因此秦律带有封建法制初创时期的典型特征。

（二）重刑主义的特征

秦律的另一突出特点，就是十分鲜明地反映出先秦法家重刑主义的立法思想。商鞅、韩非等先秦法家都主张“以刑去刑”，即用重刑酷罚杜绝犯罪。“故行刑重其轻者，轻者不生，则重者无从至矣。”[1]对轻微的犯罪，也要处以极严厉的刑罚，重罪者也就不敢以身试法了。如“五人盗，赃一钱以上者”就要斩左趾；偷摘别人的桑叶，赃值不到一钱的也要罚徭役三十天。秦朝还广泛地使用肉刑，甚至弃灰于道要断手、偶语诗书的要弃市，而死罪的酷刑不仅种类多，且动辄滥用。秦代的严刑酷罚，其残酷野蛮程度，为历代所罕见。

（三）一事一法，法网严密

作为封建社会初期的法律，秦律一事一法，法网非常严密。这是封建地主阶级维护专制统治、加强司法镇压的需要。秦律对人民的生产、生活、思想和行为的细枝末节，都有严格的规定。如不准一般人着锦履，“毋敢履锦履”；限制言论，“妄言者无类”[2]，“诽谤者族，偶语者，弃市”[3]，“敢有挟书者，族”[4]，等等。这种苛酷而严密的法网为后世历代所不及。秦因一事立一法，缺乏系统，而且有的范围界限不清，有的内容重复，有的还互相矛盾。这是因为秦律是在100多年中陆续增补、积累而成，封建法制建设还处于初创阶段，法典化的程度较低，比起“刑网简要，疏而不失”[5]的隋唐律来，无论在严密、系统和统一等诸方面，均有明显不足。

---

〔1〕《商君书·说民第五》。

〔2〕《史记·郦生陆贾列传》。

〔3〕《史记·高祖本纪》。

〔4〕《汉书·惠帝纪》。

〔5〕《隋书》卷二五《刑法志》。

第六章

汉朝法律

（公元前202年—公元220年）

第一节　汉朝社会发展与治国理政要略

一、历史背景

刘邦称帝建立汉朝后，面临一系列重大课题。久经战乱的封建秩序亟待恢复，楚汉征战带来的混乱局面需要重新收拾；各地诸侯拥兵自重，威胁汉朝统治；社会经济凋敝，财源严重不足，以致“民失作业，而大饥馑。凡米石五千，人相食，死者过半”[1]。面对严峻的社会政治形势，以汉高祖刘邦为首的统治集团，为迅速稳定久经战乱的社会秩序，恢复发展社会经济，一方面从维护王朝的根本利益出发，另一方面接受秦末农民大起义的教训，实行了各种缓和社会矛盾的措施。据《汉书·食货志上》载：“上于是约法省禁，轻田租，什五而税一，量吏禄，度官用，以赋于民。而山川园池市肆租税之入，自天子以至封君汤沐邑，皆各为私奉养，不领于天子之经费。”[2]刘邦从王朝长治久安考虑，博采众议，切时地采取了兼顾各方面的治世方针。在政治上，从刘邦到吕后、文帝、景帝，从萧何、曹参到陆贾、贾谊、晁错，“君臣俱欲休息乎无为”[3]，以黄老无为而治为治世的总原则，以便缓和社会阶级矛盾。在经济上实行轻徭薄赋、奖励耕织等安民的措施，用以争取民心，恢复与发展社会经济以稳固汉王朝的物质基础。在立法上奉行约法省刑的方针，避免重蹈秦末严刑激起民变的覆辙。这种带有开明专制性质的治世措施，使百姓在70年左右的时间中得以“休养生息”，迅速改变了极度凋敝

[1]《汉书·食货志上》。

[2]《汉书·食货志上》。

[3]《史记·吕太后本纪》。

的经济状况，进而出现为旧史家盛赞的繁荣兴旺的“文景之治”。

汉自高祖至景帝70余年间，由于贯彻休养生息、轻徭薄赋的政策，不仅使社会经济有了显著发展，而且稳定了封建秩序，使治安状况得到明显改善，从而奠定了汉王朝统治的基础。

二、治国方略

（一）汉初黄老“无为而治”的方略及其功效

汉初奉行开明封建专制。在社会实践中，把黄老之学与儒学相互交融，逐渐形成以黄老思想为主、儒家思想为辅的治理原则。这一学说既强调无为之道，同时反复强调道德防治犯罪的功能效应。诸如陆贾向刘邦提出的至理名言：“居马上得之，宁可马上治之乎？”〔1〕他建议刘邦效法商汤、周武“逆取”而“顺守”，实行文武并用与开明的“德政”“仁政”，反对暴君专制；强调发挥封建伦理道德的精神统治作用，以此作为“防乱之径”“治国之本”。同时，汉初统治者也认识到，“民无廉耻，不可治也”〔2〕。但光讲礼义道德同样是片面的，“礼义独行，纲纪不立”，同样会招致“衰废”结果。所以，他们认为法律不能偏废忽视，但要在礼的节制下恰当使用，起到“诛恶”“劝善”的作用，同时又主张大力推进封建教化工作，用封建纲常礼义“正上下之仪，明父子之礼，君臣之义，使强不凌弱，众不暴寡，弃贪鄙之心，兴清洁之行”〔3〕，把封建礼义道德的积极预防犯罪的作用放到治国的重要地位，使被秦朝压抑的黄老与儒家学说开始焕发出新的活力。

此外，还应指出，自汉高祖刘邦到汉景帝的几十年间，统治政策的稳定性与具体措施的连续性，为治理犯罪提供了重要保障。起初曹参任齐国相，他曾召集“长老诸生”研究如何巩固统治。最后曹参采纳盖公“贵清静而民自定”的主张，坚持实行九年，果然“齐国安集”。以后刘邦死后，惠帝即位。不久丞相萧何也死去。按照刘邦的遗嘱，曹参继任丞相，曹参主持朝政后，依然遵照刘邦、萧何制定的制度与政策，实行“萧作曹随”。恰如当时民谣所说：“萧何为法，讲若划一；曹参代之，守而勿失。载其清靖，民以宁一。”〔4〕统治者坚持推行“清静无为”的政策，对巩固汉朝的统治与防止动

---

〔1〕《史记·陆贾佳》。

〔2〕（汉）刘安编，高诱注：《淮南子》卷二〇《泰族训》，上海古籍出版社1989年版。

〔3〕（汉）陆贾、王利器：《新语校注》卷上《道基》，中华书局1986年版。

〔4〕《汉书·萧何曹参传》。

乱发挥了重要作用。

惠帝之后的文帝、景帝基本坚持了“清静无为”的安民方针与政策，并适时地采纳贾谊、晁错“务民于农桑，薄赋敛，广蓄积，以实仓廪，备水旱”[1]的建议，进一步完善了安民的经济措施。其一，明确倡导农耕，抑制行商；其二，免收天下农田租税十二年，减少口赋，减少徭役；其三，实施卖爵，减少农民担负，增加国家粮食储备。凡捐粟六百石者，授二等爵上造；捐粟四千石者，授九等爵五大夫；捐粟一万二千石者，授第十八等爵大庶长。犯罪者，亦可捐粟赎免。景帝坚持实行文帝的方针政策，实行三十税一的赋税制度，减轻农民负担。

汉初政策的稳定性与措施的连续性给统治带来了明显的效应。文、景帝时期，农业生产迅速恢复发展，国家粮食储备充足，财政收入明显增加。至景帝末年，“京师之钱累百钜万，贯朽而不可校。太仓之粟陈陈相因，充溢露积于外，腐败不可食”。[2]与此同时，从刘邦起实行释放奴婢的开明措施，宣布凡庶民因饥贫而卖身为奴婢者，一律释免为平民。这一方面有利于统治者争取民心，另一方面又为国家发展农业提供了劳动力，调动了农民的生产积极性，增加了国家的赋税，从而有力地稳定了封建社会的经济基础与生产、生活秩序，减少了社会上普遍犯罪，缓解了贫苦百姓的不满情绪。

（二）董仲舒“德主刑辅”的综合治国方略及其功效

儒家学说创始于春秋时期，它在当时只是百家争鸣中的一家，其地位远不能与显赫的法家相比。另外，儒家学说的初创与不甚成熟的弱点，经常受到法家、墨家、道家、杨朱学派的抨击，尚未形成稳定的社会地位，至战国时期，经孟子、荀子的继承与发展，儒家学说开始走向成熟。

秦二世而亡留给汉初统治者的教训是深刻的，影响是深远的。战国与秦朝时期，地主阶级统治尚处于探索与确立阶段，在以法治世和惩治犯罪方面缺少经验。而秦二世而亡，证明单纯的法家治国模式并不能引导封建王朝臻于久安长治，而汉初的道家学说虽发挥了重要作用，但又失之于消极。因此，时代呼唤融合各学说的“守成之学”的问世。

陆贾首先提出“文武并用，长久之术也”[3]；贾谊明确主张“法先王，行仁义”；武帝时期的董仲舒则进一步提出了“德主刑辅”的立法思想。

---

〔1〕《汉书·食货志上》。

〔2〕《汉书·食货志上》。

〔3〕《汉书·陆贾传》。

董仲舒（公元前179年—公元前104年）是中国封建社会著名的哲学家之一。他上承孔、孟，下启韩愈、程、朱和陆、王，创立了封建的新儒学，也是我国封建法律学说“德主刑辅”的奠基人。董仲舒在他著名的“天人三策”中，提出了“独尊儒术，罢黜百家”的主张，并系统地论述了“德主刑辅”“礼法并用”的立法原则和思想，得到了汉武帝的赏识和采纳。董仲舒认为，“德主刑辅”是维护封建统治的有效方针。“德主刑辅”说的基本观点，就是要求封建统治者在治理国家时必须以礼义教化为主，以刑事惩罚为辅。即主要是靠教化、道德感化的精神统治力量，不能单靠刑罚威力。之所以竭力宣传“奉天法古”，就是强调以纲常礼教作为调整人们行为和社会各种关系的主要准则，倡导德刑并用，礼法合流。这种主张反映了地主阶级在不同历史时期的不同战略和策略，以及统治手法的改变。汉武帝采纳了“独尊儒术、罢黜百家”的主张并付诸实施以后，儒家学说就成为“官学”，成为封建国家的统治思想。从此，中国的法律思想学术文化为儒学所独霸，儒家一统天下。这种“德主刑辅”的立法思想确立以后，一直贯穿在历代王朝的封建立法中，往往以“明刑弼教”的形式出现，成为封建法律的灵魂。“德主刑辅”中的德、刑二柄，长期为中国的封建统治者所运用，充分发挥了“教化”与“镇压”相结合的作用。

董仲舒为适应以汉武帝为代表的封建统治阶级巩固政治大一统的需要，对荀子、孟子学说系统整理，对法家的绝对君权说与阴阳家的阴阳五行说融汇吸收，创设了融汇各家所长的新儒学，从而丰富了儒家思想，奠定了汉朝儒家化防治学说的理论基础，并影响封建后世近两千年。汉武帝采纳董仲舒的意见，确立儒家治世学说的社会统治地位，开创了法律儒家化的新局面。

汉朝儒家化的学说，首先强调封建伦理道德的预防犯罪职能，以及综合为治的统率作用。正如东汉王符所总结的，“是故上圣不务治民事而务治民心，故曰：‘听讼，吾犹人也。必也使无讼乎！’导之以德，齐之以礼，务厚其情而明则务义，民亲爱则无相伤害之意，动思义则无奸邪之心。夫若此者，非法律之所使也，非威刑之所强也，此乃教化之所致也”。[1]

与此同时，这一学说强调调动各种统治力量综合治理犯罪，即把神权、政权、族权、夫权相结合，把封建中央、地方、基层力量统一协调起来，把政治、经济、法律、教化的各种手段调动起来，综合防治社会犯罪，用以维

---

〔1〕（汉）王符、（清）汪继培笺，彭铎校正：《潜夫论笺校正》卷八《德化》，中华书局1985年版。

护汉王朝的长久统治。具体来讲，它确认三纲五常等封建伦理道德在综合为治中的主导地位，用以规范臣僚，教化百姓。在精神领域中筑构预防犯罪的思想堤坝，建设以尊卑贵贱为核心的封建等级秩序。它强调“德主刑辅”的指导原则，实行礼律结合，按照礼的要求镇压犯罪，实行先教后刑。在汉朝治理犯罪过程中，注重把治吏、治民与刑赏制度、富民制度相结合，建立全方位的防治犯罪的网络。伴随汉朝法制的转型，有力地遏制了大规模的普遍性的犯罪，稳固了汉朝统治。

第二节　行政立法思想与行政立法

一、行政立法思想

（一）强化封建大一统的行政立法思想

西汉统治200多年，东汉统治200多年，这表明封建大一统的行政立法思想与行政管理制度发挥了秦王朝难以比拟的重要作用。首先，这一思想为皇帝身上涂上了一层神秘的色彩，维护其至尊无上的总揽行政大权的统治地位，使之成为汉代专制主义行政制度的核心，掌管国家行政管理的各项权力。同时，这一思想强调依法行政，要求官吏严格按照法律行使行政管理权。另外，主张通过削藩和打击地方割据势力，以及镇压农民反抗等方式，消除不利于全国实施统一行政管理的各种阻碍。

（二）强化行政监察的立法思想

汉代统治阶级一贯重视加强行政监察的指导思想，从而改秦朝中央的单一监察为三重监察。汉代建立了御史台府系统、丞相司直系统和司隶校尉系统，分门别类地系统深入进行监察。此外，汉代在地方设十三州刺史，刺史负责本州各县的行政监察，由此而形成贯穿全国上下的监察网络，有力地提升了行政监察效率，也加强了国家的行政管理。

二、行政立法

（一）立法形式

汉朝法律形式包括律、令、科、比。这些法律形式包含的刑事内容比较多，同时也涉及行政立法方面的内容。例如，汉《九章律》包括《盗律》《贼律》《囚律》《捕律》《杂律》《具律》《户律》《兴律》《厩律》九篇。其中，

《户律》涉及户籍管理与税赋及婚姻的管理，《兴律》涉及徭役管理，《厩律》涉及国家牲畜的放牧与管理。此外，叔孙通制定《傍章律》十八篇、张汤制定《越宫律》二十七篇、赵禹制定《朝律》六篇，都涉及官吏入朝、出入皇宫以及诸侯朝见皇帝的礼仪管理内容。此外，汉武帝时由于统治需要，又下令制定《沈命法》，“见知故纵之法”等惩治官吏玩忽职守与渎职等方面的单行条例。东汉时期基本沿袭西汉行政法内容。而居延出土的汉简，也有一些涉及行政立法的内容。

（二）立法内容

秦汉之际，由秦始皇和李斯创立的封建大一统的皇权思想，经过汉朝儒学大师们的加工改造，进一步被神权化与完善化，皇帝的至高无上地位得到进一步确认。在封建“三纲五常”笼罩一切的条件下，皇帝被尊为“天子”，即所谓“陛下上为皇天子，下为黎庶父母”〔1〕，“王者父天母地，为天之子也”〔2〕。皇帝对臣民的现实统治，也被说成是“天意之所予也”。〔3〕因此，服从皇帝的专制统治，也就是顺应“天意”。此外，汉朝统治阶级在现实政治生活中，使皇权进一步制度化。

“汉天子正号曰皇帝，自称曰朕，臣民称之曰陛下，其言曰制诏，史官记事曰上，车马衣服器械百物曰乘舆，所在曰行在所……所进曰御，其命令一曰策书，二曰制书，三曰诏书，四曰戒书。”〔4〕

可见，以维护皇权专制为核心的汉朝封建大一统的治世原则，是在封建政治、经济、法律、文化发展过程中逐渐确立和完善起来的。它适应了汉朝经济发展与政治统一的要求，完成了封建国家统一思想的任务，从而使封建地主阶级在治理国家中寻找到维护本阶级统治的有效武器，对全面维护与巩固地主阶级的专政发挥了重要作用，并为封建后世的治国行政提供了可资借鉴的思想武器，在中国法制发展史上产生了极为深远的影响。

（三）汉朝行政管理体制

1. 中央行政管理体制

汉朝承袭秦朝，由丞相、太尉、御史大夫位列“三公”。丞相权力较大，所谓“掌丞天子助理万机”〔5〕。至汉武帝，随着封建经济、政治的发展以及

〔1〕《汉书·王贡两龚鲍传第》。

〔2〕（清）陈立撰，吴则虞点校：《白虎通疏证》卷一《爵》，中华书局1994年版。

〔3〕苏舆撰，钟哲点校：《春秋繁露义证》卷一〇《深察名号》，中华书局1992年版。

〔4〕（汉）蔡邕：《独断》卷上，四库全书本。

〔5〕《汉书·百官公卿表》。

对外战争的胜利，皇权显著上升，丞相职位虽高，权力则逐渐缩小。皇帝经常通过内廷保管文书的尚书亲自裁决政务，甚至加宦官以“中书令”的称号，使之参与国政。与此同时，汉武帝撤销了太尉，亲自管理军事行政，另设“大司马”。成帝时御史大夫改称“大司空”，哀帝时丞相改称“大司徒”。至此，秦时创设的丞相、太尉、御史大夫的职位，已为大司徒、大司马、大司空所取代。

大司徒管理民政、财政、教育，其具体职权带有很大的伸缩性，经常与皇帝的信赖程度有关。

原来隶属丞相的九卿，即太常、光禄勋、卫尉、太仆、廷尉、宗正、大鸿胪、大司农、少府等中央有关寺卿长官，已由丞相一人统辖而转为三公分治，即所谓“分职授政，以考功效”[1]。可见，西汉中期以后三公九卿构成中央重要的决策机构和行政管理机关。这种各司其职，共同对封建皇帝负责的封建中央政权组织机构的形成，有利于汉朝的政治稳定和国家统一。

伴随着皇权专制的发展，作为皇帝的御用侍从机关，逐渐演变为同国家行政机构相抗衡的力量，参与国家行政。原来只于内廷掌管秘籍、章奏的尚书，因皇帝委以临时处置的机动权力，开始处理有关军国大事。由此，不但扩大了尚书的权力，也扩大了尚书的组织机构。西汉中后期，由于皇帝权力的膨胀，尚书机构的参政，管理国务的机构由朝堂移至宫内。因此，宫廷侍从机构逐步演变为执掌实权的“中朝”，而丞相为首的“外朝”，退却为政务执行机构。自西汉“中朝”与“外朝”的实际区分产生后，丞相职务日渐削弱，皇权以及侍从机构权力明显加强。

至东汉光武帝之时，尚书台组织渐趋庞大，增设常侍曹、北主客曹等六曹。各曹分管中央与地方人事、社会治安、司法审判、外务与国家建筑工程等重要工作，从而架空了三公，使尚书台成为“出纳王命，敷奏万机”[2]的实权机构。因汉中央行政管理体制发生削弱相权的重要变更，导致宦官外戚专权与统治阶级的内部矛盾的突出局面，进而产生削弱封建国家统治的严重后果。

2. 地方行政管理体制

汉初沿袭秦制，在地方上实行郡、县两级行政管理体制。但因刘邦担心重蹈“亡秦孤立之败”[3]的覆辙而将刘氏子弟复封诸侯，导致汉朝在地方出现了郡县制与封国制并立的政治局面。汉初，全国共计五十郡，诸侯王的封地

---

〔1〕《汉书·薛宣朱博传》。

〔2〕《通典·职官考》。

〔3〕《汉书·诸侯王表》。

即占有三十九郡。封国与中央的联系由密切逐渐变得疏远，以致具有相当的独立性，并引发地方割据，严重影响了汉朝中央集权的君主专制统治。至景帝之时，终于发生了地方割据势力反叛中央政权的“七国之乱”。景帝平息诸国叛乱后，再次实行“削藩”政策，进一步削弱诸侯王的封地和军事与财政权力，实施由封建中央统一管理的制度，使各封国与地方郡县处于大致相同的地位。

汉朝的郡是地方最高一级政权，以郡守（后称太守）为长官。郡守是封建王朝统治地方的重要职官，享有二千石的俸禄，故通称郡守为“二千石”。郡守有处理一郡兵、刑、钱、谷事务以及任命郡县属吏之权。汉宣帝曾说：“庶民所以安其田里而亡叹息愁恨之心者，政平讼理也。与我共此者，其唯良二千石乎！”[1]

郡设郡尉（后称都尉），为郡守副职，其职责为平时协助郡守掌管郡兵的征发和训练，维护地方治安，“禁备盗”，战时则率兵从征。

郡下设县，县是地方基本行政单位。县令为县的长官，由朝廷直接任免。县令下设县丞、县尉等职。其中，县丞掌民政、县尉掌军事。

汉时为了提高县级政权的统治效能，郡守经常派属官督邮监察县官工作，或协同县里共同追捕与镇压罪犯。

县以下基层组织仍为乡、里，里以下按什伍编制居民。“什主十家，伍主五家，以相检察。民有善事恶事，以告监官。”[2]汉朝已有相当严密的编户制度，在官府所掌握的户籍中，比较详细地登记了所属居民的年龄、性别、社会关系、土地财产以及身长、肤色等外部特征。这些记录既是征收赋税和徭役的根据，也是人民逃亡时的缉捕线索。

至东汉末年，确立州为中央同郡之间的一级政权组织，而使地方政权由原先的两级变为州、郡、县三级。其中，州设州牧、统管本州事务。因地方基层组织与西汉大致相同，故不再赘述。

第三节 刑事立法思想与刑事立法

一、刑事立法思想

（一）汉初宽省刑罚的思想

西汉初年，历经秦末农民起义与楚汉战争，统治阶级急需恢复经济、安

[1] 《汉书·循吏传》。

[2] 《后汉书·百官志五》。

定民生，于是采取黄老之学，规定了宽省刑罚的方针。其实，早在刘邦攻占咸阳时便与关中父老“约法三章”：“杀人者死，伤人及盗抵罪”，并且宣布“余悉除去秦法”[1]。即以三章“约法”治理犯罪，其余秦法一概废除。其后，吕后下令废除“妖言令”，文帝三年（公元前177年）又下令废除“诽谤罪”。到文帝年间，“刑罚大省，至于断狱四百，有刑错之风”[2]。

（二）刑法儒家化的思想

西汉武帝以后，法律思想开始儒家化，这在刑法方面表现得非常明显。首先，维护“君为臣纲”精神，严厉惩办“谋反”“大不敬”等侵犯皇帝人身、权力和尊严方面的犯罪。另外，刑法受儒家等级制思想的影响，打破此前“刑无等级”“法不阿贵”的观念，实行“上请”制度。即官贵犯罪，可以依据与皇帝的亲疏关系以及官职与功劳大小，奏请皇帝给予减免处罚。

二、刑事立法与内容

（一）文景帝时期的刑制改革

在秦帝国废墟上建立起来的西汉王朝，在开国之初面临着一系列的社会问题，政权很不稳固。但是，经过几十年的“休养生息”，到了文帝和景帝时代，汉初的各种社会矛盾逐渐趋于缓和，经济也有所发展，政权日益巩固，人民生活比较安定，出现了“文景之治”的政治局面，为改革刑制创造了社会条件。

1. 文帝废肉刑改革

根据《汉书·刑法志》的记载，汉文帝前元十三年（公元前167年），齐太仓令淳于意有罪应当处刑，下诏狱，逮系长安。其少女缇萦随父到长安，上书给皇帝说，“妾父为吏，齐中皆称其廉平，今坐法当刑。妾伤夫死者不可复生，刑者不可复属”。就是说人犯罪处死刑后不可复生，处以肉刑后，毁坏的肌肤肢体不能复原，要想改过自新，也没有出路。为了赎抵父罪，“妾愿没入为官婢，以赎父刑罪，使得自新”。于是，为了明教厚德，文帝下令废除肉刑，并由丞相张苍、御史大夫冯敬议请定律，经皇帝批准，正式规定：“诸当完者，完为城旦舂；当黥者，髡钳为城旦舂；当劓者，笞三百；当斩左趾者，笞五百，当斩右趾者……皆弃市。”[3]就是用徒刑、笞刑和死刑代替黥、劓、

[1]《史记·高祖本纪》。
[2]《汉书·刑法志》。
[3]《汉书·刑法志》。

刖左右趾三种肉刑。将黥刑改为髡钳城旦舂，即五年苦役；劓刑改为笞三百；斩左趾改为笞五百；斩右趾改为弃市。汉文帝这次刑制改革，有从重改轻者，也有从轻改重者。譬如以笞五百代替斩左趾，笞三百代替劓刑，笞数既多，也难保活命，往往是笞未毕而人已先死。因而班固评论说："外有轻刑之名，内实杀人。"因此，又有进一步改革的必要。

2. 景帝废肉刑改革

汉景帝前元元年（公元前156年）下诏说："加笞与重罪无异。幸而不死，不可为人。"所以，又制定律令，将文帝时的笞五百改为笞三百，笞三百改为笞二百。景帝中元六年（公元前144年）又下诏"减笞三百曰二百，笞二百曰一百"，并且"定箠令"。丞相刘舍，御史大夫卫绾奏请决定："箠长五尺，其本大一寸，其竹也，末薄半寸，皆平其节。当笞者笞臀，毋得更人。"[1]

汉景帝这两次的改革，主要是减少笞数，并制定了棰令，对笞的规格大小，加笞的部位都作了具体的规定，从而使由文帝开始的刑制改革，到此进一步完成。应当指出，在封建社会里，统治者主动改革残酷刑罚制度的行为尚不多见。但问题是，法律上的规定和司法实践往往差距很大，封建酷吏仍然可用笞刑置人于死地，所以班固才说："然酷吏犹以为威。"

3. 文景帝刑制改革的历史价值

肉刑是奴隶制刑罚体系的构成部分，战国、秦朝和汉初依然沿用。它是一种残害人的肌肤肢体，使人致残终身的酷刑，是奴隶制残余在刑罚制度上的反映。它已不适应汉朝社会早已由奴隶制转变为封建制，奴隶早已转化为自由农民的时代要求。因此，处于上升阶段的汉朝统治阶级，对罪犯的劳动力价值有了重新评价和认识。为顺应历史的发展，更重要的是，为满足本阶级对劳动力的需要，扩大剥削对象，创造更多的财富，在刑罚制度上进行了这次废除肉刑的变革。虽然有倒退，也有反复（比如斩右趾改为死刑弃市，由轻变重；文帝时期已经废除了的宫刑，景帝时旋即恢复；东汉时期又恢复了斩右趾；等等），但是，这毕竟是支流。经过文景两代20多年的刑制改革，消除奴隶制残余在我国封建刑罚制度上具有重要影响，使刑罚手段由残酷野蛮变得较为人道，使改革后的汉朝刑事制裁方法主要由死刑、徒刑和笞刑组成，并为后世确立以笞、杖、徒、流、死为内容的封建五刑制度奠定了基础。这是改革的主流，是刑制上的一个进步。因此，文景时期的刑制改革是我国古代法制上具有重要意义的事件，为奴隶制五刑向封建制五刑过渡提供了重

[1]《汉书·刑法志》。

要前提。同周秦酷刑相比，是一个历史性的进步。

（二）法律原则

汉初确立儒家思想在法律中的统治地位后，引起了法律原则的显著变化。具体如下：

1. 恤刑原则

汉朝的封建统治者为了标榜“仁政”，在不危害其统治的前提下，实行矜老怜幼的恤刑原则，法律上给予犯罪的老幼妇孺残疾者以减免刑事处罚的待遇。如景帝后元三年（公元前141年）的诏令：“年八十以上，八岁以下，及孕者未乳，师、朱儒当鞠系者，颂（读作容）系之”。[1]颂系即宽容拘系的意思。这里规定对八十岁以上的老人，八岁以下的幼童，以及孕妇未产、乐师、盲人、侏儒等人在监禁期间予以不戴戒具的优待。宣帝元康四年（公元前62年）也下诏说：“自今以来，诸年八十以上，非诬告杀伤人，它皆勿坐”。[2]这是对老人犯罪免予刑事处分的优待，但诬告和杀伤人者例外。东汉光武三年（公元27年）又下诏令说：“男子八十以上，十岁以下，及妇人从坐者，自非不道、诏所名捕，皆不得系”。[3]这是说，对老人和幼童的犯罪，被从坐的妇女，除大逆不道诏书指名追捕者以外，都不予拘捕监禁。汉朝的统治者之所以要制定这些矜老恤幼的原则，正如汉宣帝所说，“夫耆老之人，发齿堕落，血气既衰，亦无暴逆之心”。[4]这就是说，即使减免处罚这些老幼废疾者也不会对他们造成多大的危害，相反，却有利于统治者树立行“仁政”的形象。但对诬告、杀伤人和“不道罪”等危及其统治的犯罪者，虽是老幼妇孺，也同样地严惩不贷。这又反映了封建法律严酷的另一侧面。

2. 亲亲得相首匿原则

亲亲得相首匿，就是法律允许亲属之间可以首谋藏匿包庇犯罪而不负刑事责任的原则。这一刑罚原则，渊源于孔子的“父为子隐，子为父隐”[5]。儒家把父为子隐称作“仁”，子为父隐称作“孝”。汉统治者标榜以“仁孝治天下”，因而宣帝时就把儒家的屈法伸礼的伦理原则上升为刑罚原则而赋予法律效力。宣帝地节四年（公元前66年）诏令说：“父子之亲，夫妇之道，天性也……自今子首匿父母，妻匿夫，孙匿大父母，皆勿坐。其父母匿子，夫

---

〔1〕《汉书·刑法志》。

〔2〕《汉书·宣帝纪》。

〔3〕《后汉书·光武帝纪》。

〔4〕《汉书·刑法志》。

〔5〕《论语·子路》。

匿妻，大父母匿孙，罪殊死，皆上请廷尉以闻。”[1]公开规定卑幼首匿尊长(父母、祖父母)，妻子首匿丈夫，都不负刑事责任；尊长者匿卑幼，死罪的可以通过上请程序，减免其刑事责任。从此，亲亲得相首匿的刑罚原则正式确定下来，并且一直影响着后世的封建立法。

3. 法不溯及既往原则

法不溯及既往，是指封建法律的时效问题，从汉律开始的法不溯及既往原则，就是对犯罪者处罚应以犯罪时的法律为准，不应追溯以往的事实和法律。例如，汉成帝时，定陵侯淳于长坐大逆罪被诛，他的妾“乃始”在他的罪案尚未被揭发出来之前就已弃离、嫁人，淳于长处大逆罪，就发生了对乃始是否应从坐论罪的争论。争论的中心是法律时效的问题。丞相翟方进和大司空何武的意见是法律要追溯既往，要以淳于长犯罪发生时的法律论罪，即应处同罪，因为犯罪时乃始与淳于长的婚姻关系尚在存续中；廷尉孔光则认为，法律的时效不应溯及既往，应以犯罪被揭发时的法律论罪，淳于长案发时，他们的夫妻关系早已断绝，因而乃始不应从坐论罪。成帝的诏旨同意了孔光的意见，从而确定了法不溯及既往的原则。此外，法不溯及既往，还包括法律颁布前的犯罪行为，如旧时法律不认为是犯罪，即使新法认为犯罪，也不应按新法论处；汉律中的法不溯及既往原则，对经过大赦的犯罪行为，也不许再行追究。这种原则在汉朝产生，是具有重要意义的，它对后世也产生了重要影响。

(三) 犯罪与惩罚

1. 惩办侵犯皇权犯罪，维护“君为臣纲”

汉朝确立“罢黜百家，独尊儒术”的统治政策后，不但从思想上神化皇权，而且从法律上维护“君为臣纲”的教义，残酷镇压一切危害皇权的犯罪。

(1) 侵犯皇帝权威罪。为了确保皇权，汉律对侵犯和破坏皇帝权威者，予以严厉的镇压。

(2) 矫制、矫诏罪。指诈称皇帝诏书、诏令，直接侵犯皇帝权力的犯罪行为。分为“矫诏大害”与“矫诏无害”两种，分别判处不同的刑罚。前者处以腰斩或弃市，后者则可以判处轻刑。在汉代，议论诏令者也要处刑。

(3) 废格诏令罪。诏令是皇帝权力的体现，任何人都不得拒绝执行。拒不执行皇帝诏令者，称之为废格。凡是废格诏令，阻止皇帝命令的执行，都

---

[1] 《汉书·宣帝纪》。

要处以极刑。

(4) 僭越罪。皇帝所享有的一切特权，及其所用的器物、服饰、车马等，臣民都不得享有或使用。凡有私自穿戴使用者，都要处以重刑。

(5) 侵犯皇帝人身安全罪。汉律《越宫律》二十七篇都是警卫宫廷的法律，主要是保护皇帝个人和皇室安全的规定。

(6) 无引籍而入司马殿门。汉朝的宫殿门都是由司马一人负责把守，所以称宫殿门为司马殿门。引，是引导人；籍，是簿籍，即皇帝批准可以出入宫殿司马门的名册。汉代大臣入宫，必须有门籍和引导人，否则就是"阑入"。阑入宫门者，要判处城旦；阑入殿门者弃市〔1〕。如守门宫未加制止则称作"失阑"，也要按律治罪。

(7) 犯跸。皇帝出行时要开路清道、禁止通行，如冲撞了皇帝出行时的仪仗或车骑就构成犯罪。汉文帝有一次出行中渭桥，桥下一人无意中惊动了他的乘马，马车飞奔，险些使文帝丧命。廷尉张释之经审认为按律应当罚金，不同意汉文帝要处死刑的意见。后以"无意过犯"为由，收赎处理。

(8) 祝诅、巫蛊。祝诅就是祈祷鬼神加害于皇帝的行为。巫蛊，就是巫女用神道迷信、咒诅皇帝的行为。这种行为虽然不会给皇帝造成实际的危害，但也要处以腰斩等重刑。武帝时期的"巫蛊之祸"，就是兴起的一次牵连很广、延续时间很长、死人很多的诏狱大案。

(9) 侵犯皇帝尊严罪。汉律对此类犯罪规定得极其细密。例如，不道，即"逆节绝理谓之不道"。〔2〕即悖逆皇帝意旨，冒犯其尊严的行为。不敬，即"亏礼废节谓之不敬"。〔3〕"亏礼废节"就是对皇帝、皇帝的使臣、皇帝使用过的器物及至牲畜有不敬的行为。如触犯皇帝的名字、年号、议论死去皇帝、盗窃陵园器物，天子的弓箭置放地上而不高举，等等，都处重罪。至于直接侵犯伤害皇帝的行为，更是"大逆无道"的行为。如上书言事中稍有不适的语句，则有"非所宜言罪"；思想上不敬皇帝对统治怀有不满情绪还有所谓"腹诽罪"，等等。例如，武帝时大司农颜异，当有人同他提及当时币制问题，他仅因"微反唇"就被以"不入言而腹诽"之罪判处死刑。

(10) 诸侯不法罪。诸侯私自选任官吏，诸侯酎祭宗庙贡献的贡金不合标准，诸侯窃服宫中饰物，诸侯王与官吏结党营私，都有"左官律""酎金津"

---

〔1〕(汉) 贾谊撰，阎振益、钟夏点校：《新书》卷一《等齐》，中华书局2000年版。

〔2〕《晋书·刑法志》。

〔3〕《晋书·刑法志》。

“尚方律”“阿党附益法”予以严厉制裁。这些罪名用于加强君主专制的中央集权，严防藩国势力坐大的目的。

根据这个法律，如果“群盗起”，有关官吏未发觉或者发觉了而未“满品”，即未全部捕获，郡守以下皆处死。汉统治者想通过上述严苛的法律督促官吏尽忠职守，但适得其反，结果“小吏畏诛，虽有盗弗敢发，恐不能得，坐课累府，府亦使不言。故盗贼浸多，上下相为匿，以避文法焉”〔1〕。因此，东汉建武十六年（公元40年），不得不重新规定：“吏虽逗留回避故纵者，皆勿问，听以禽（擒）讨为效。”〔2〕

2. 惩治侵犯父权与夫权犯罪，维护“父为子纲”“夫为妻纲”

汉武帝“罢黜百家，独尊儒术”以后，儒家思想渗透到了意识形态的各个领域，这种情状一直延续到清末。用法律维护封建伦理纲常，是汉律儒家化的另一重要表现。所谓纲常，就是“三纲五常”。“三纲”就是“君为臣纲，父为子纲，夫为妻纲”。“五常”就是“仁、义、礼、智、信”。孔子也曾说过“君君、臣臣、父父、子子”。按孔子所说的君臣、父子关系，是相互、相对的关系，即所谓“君事臣以礼，臣事君以忠”。至于父子、兄弟之间的关系也是如此，他们的关系是“父慈、子孝、兄友、弟恭”。到了汉代，皇帝被神化、偶像化了，君臣、父子、夫妻六者之间的关系也片面地绝对化了。臣要忠君，子要孝父，妻要从夫，汉律就是维护这种封建伦理纲常的得力工具。

为了维护父为子纲，对于“不孝”罪，不仅杀父母以大逆论，本人腰斩，妻子弃市，就是殴打父母也要处死。为了维护夫为妻纲，汉律实行男尊女卑的原则。如在家庭婚姻关系上，规定男人可以有一妻四妾，女人必须绝对忠于丈夫。丈夫与人通奸，最高刑是“耐为鬼薪”，三年徒刑；而妻子与人通奸或私自改嫁，或夫死未葬嫁人，都要处以死刑。另外，汉律中法定的离婚条件有“七弃”。所谓“七弃”就是“七去”或“七出”，即妇女不孝顺公婆、无子、淫、妒、有恶疾、多言、盗窃，凡具有其中之一的，丈夫就有权离弃其妻子。其他关于汉律维护伦理纲常的规定，举不胜举。

总之，汉律是维护封建等级特权制度，特别是维护封建父权制与夫权制的有力工具，诸如此类的规定还很多，这里不再赘述。

---

〔1〕《汉书·酷吏传》。

〔2〕《后汉书·光武帝纪》。

3. 惩办官吏失职渎职犯罪，维护吏治

据《汉书·刑法志》载：西汉武帝时期，为镇压农民反抗，制定“见知故纵”法。凡官民见到犯罪，不及时举报，要按“故纵之法追究，与犯法人同罪”。又据《汉书·酷吏传·咸宣》载，汉武帝还制定有《沈命法》。

第四节　民事立法思想与民事立法

一、民事立法思想

（一）反映儒家纲常精神的民事立法思想

汉代民事立法思想反映了儒家纲常礼教精神。在封建统治者看来，“家国相通”，“欲治其国，必先齐其家”。齐家为治国的前提，“三纲居其二，五常居其中”。[1]因此，从齐家出发，强调“父为子纲”，汉律规定严惩子孙的“不孝”犯罪；强调“夫为妻纲”，要求妻子无条件服从丈夫。妻子必须保持贞操，妻子死了，丈夫可再娶。丈夫死了，妻子不能再嫁。按照纲常礼教规定：“夫有再娶之义，妇无二适之文。”[2]

（二）平衡双方利益关系的契约精神

随着丝绸之路的开通，以及两汉时期商品经济的发展，平衡双方利益关系的契约精神与契约形式有了比较大的发展。在买卖契约方面，需要订立契约，以昭信守。在借贷契约方面，汉代限制高息取利的高利贷做法，对高利贷者超出法定利息获利的，要给予处罚。在租佃契约方面，对地租数额作出明确限制，在维护地主出租权的同时，也维护农民基本佃权与基本生活条件。

二、民事立法

汉代的民事法律关系，比较集中地规定在《九章律》的《户律》和《杂律》中。由于汉代律典早已亡失，其民事法律关系现在只能据散见于史书和出土简牍的记载作概括介绍。

（一）行为能力的确立

汉代还没有近代意义上民法中行为能力的规定，只能从当时法律规定的

〔1〕《礼记·杂记》。

〔2〕《后汉书·列女传》。

人们承担徭役的年龄来推定。

汉初，法律规定男子“年二十三傅之畴官”。师古曰：“傅，著也。言著名籍，给公家徭役也。”[1]男子从23岁起便要在政府登记，载入户籍，开始为公家服徭役。按照当时的法律规定，“未二十三为弱”[2]。弱，就是未成年，即未达到服徭役的年龄。据《汉书·景帝纪》载，景帝二年（公元前155年）冬十月，“令天下男子年二十始傅”[3]，即把开始服徭役的年龄由23岁改为20岁。

两汉时期，由于人们的社会地位不同，享受的民事权利范围也不一样。例如，汉初规定商人不得“衣丝乘车”，他们的子弟不得为官。奴婢在当时的社会地位最低。汉代虽然不允许主人随便杀死奴婢，但他们是主人的私有财产，当时一些官僚贵族都“众其奴婢，多其牛羊，广其田宅，博其产业”。[4]由于把奴婢作为私有财产，并当作创造财富的工具，主人可随时把他们卖掉或赠给别人。因此，汉律把奴婢作为民事法律关系的客体，而不是主体。

（二）所有权的规定

1. 私人所有权与国家所有权并立

汉代，所有权的内容主要是对土地的占有，也包括对其他财物的占有。随着封建土地制度的发展，国家掌握一部分土地，即所谓“官田”，为国家所有权形式。此外，还有大量土地掌握在地主阶级手里，特别是官僚贵族以及大商人手里，成为私人所有权的重要形式。两种所有权并立，他们凭借各种特权和其他手段大肆掠取、兼并土地。武帝以来虽然屡颁“限民名田”“抑兼并”诏令，但是到西汉中后期，土地兼并现象更加严重，土地愈益集中。例如，《汉书·张禹传》载，成帝时，大官僚张禹“多买田至四百顷”[5]。《后汉书·光武十王列传》载，东汉初，济南安王刘康“多殖财货”，有“私田八百顷”。[6]汉统治者还制定“田律”“田令”和“田租税律”等法律，对公私物权严加保护。

盗卖土地是严重侵犯物权的行为，犯此罪者处以重刑。据《汉书·李广传》载：“广死明年，李蔡以丞相坐诏赐冢地阳陵当得二十亩，蔡盗取三顷，

---

[1] 《汉书·高帝纪》。
[2] 《汉书·高帝纪》。
[3] 《汉书·景帝纪》。
[4] 《汉书·董仲舒传》。
[5] 《汉书·张禹传》。
[6] 《后汉书·光武十王列传》。

颇卖得四十余万，又盗取神道外壖（ruán，边缘余地）地一亩葬其中，当下狱，自杀。”[1]可见罪行之重。

保护土地所有权的另一种方式是保证“官田”和“私田”的租税收入。例如，为了保证封建国家的租税收入，要求人们如实报告应交纳租税的数额。昭帝始元六年（公元前81年）秋七月，“令民得以律占租”[2]。占租，就是自报地租数额，如果报告不实或家长不亲自报告，罚金二斤，并把未报的农作物及价钱没入国家。

汉代除封建国家和官僚贵族大商人拥有大量土地外，还存在自食其力的小土地所有者。他们占有少量土地，也是所有权占有的形式，却较脆弱。他们的土地所有权毫无保障，有的主要靠耕种国家或地主的土地，忍受繁重的租税剥削。

2. 其他所有权

汉律对以皇帝为代表的封建国家和官僚贵族的其他财物也严加保护。从汉律中盗律的内容即可看出，凡侵犯他们的私有财产者都要处以重刑。在刘邦进入咸阳后与秦民的“约法三章”中，就有犯“盗”抵罪的规定。

汉代出于作战和保障农业生产的需要规定：“盗马者死，盗牛者加。”[3]意思是，盗马者处死刑，盗牛者加重处刑。

对一般财物的损害也要赔偿，据皇甫谧（mì）的《高士传》卷下载，东汉时，扶风平陵人梁鸿，“牧豕上林苑中，曾误遗火延及他舍，鸿及寻访烧者，问其所去失，悉以豕偿之。其主犹为少，鸿又以身居作，执勤不懈”。[4]

关于拾得遗失物，依汉律规定：“得遗物及放失六畜，持诣乡亭、县廷。大者公之，人物没入公家也；小者私之，小物自畀（bì，给）也。”[5]意思是凡拾得遗失的财物以及家禽家畜（六畜，指马、牛、羊、鸡、狗、猪）者，要送到乡亭或县廷地方官府招领，十日内无人认领者，贵重的物件由官府收为公有，小的物件则归拾得人。

---

〔1〕《汉书·李广传》。

〔2〕《汉书·昭帝纪》。

〔3〕《盐铁论·刑德》。沈家本按：“盗马者死，此法太重，不知承秦法而用之欤？抑武帝用兵马少，特创此峻法欤？盗牛者加，不知如何加法？将计赃而加欤？抑计只而加欤？皆不可考。”见（清）沈家本：《历代刑法考》第三册，中华书局1985年版，第1410页。

〔4〕（晋）皇甫谧撰：《高士传》卷下《梁鸿》，上海商务印书馆1937年版，第92~93页。

〔5〕（清）阮元校刻：《周礼注疏·秋官·朝士》，郑玄注引汉律，中华书局1980年版，第878页。

三、有关债权的规定

两汉时期，随着商品经济的发展，债的关系也很普遍。凡买卖、借贷、租赁等关系的建立，大都订立契约作为法律依据。

（一）买卖契约所生之债

1. 土地买卖契约

汉代的买卖契约叫“券书”。《周礼·秋官·士师》东汉郑玄注云：“今时（指汉代）市买，为券书以别之，各得其一，讼则按券以正之。”〔1〕买卖关系的建立，要订定契约，一式两份，买卖双方各执其一，日后发生纠纷，则以契约为证。可见，“券书”在当时起着重要的法律凭据作用。

关于土地买卖，史书中记载官僚贵族依仗权势强买民间土地的事例很多。例如，《史记·萧相国世家》载，相国萧何“贱强买民田宅数千万”。〔2〕正是由于贱价强买民田，造成了汉代土地严重集中的现象。到汉武帝时，已如董仲舒所说：“富者田连阡陌，贫者无立锥之地。”〔3〕从这里也可以看到汉代土地买卖关系的进一步发展。不论大宗的土地买卖还是少量的土地买卖，都要订立契约。因为作为买方来说，只有握有买契，才算取得了土地所有权，他才能够如同马克思所说的那样，“把它作为排斥其他一切人的、只服从自己私人意志的领域”。〔4〕从当时地券的内容来看，卖方必须向买方保证标的不会被第三人追夺。例如，据罗振玉的《丙寅稿·樊利家买地券跋》所云，东汉灵帝光和七年（公元184年）九月癸酉朔六日，平阴男子樊利家从雒（洛）阳男子杜歌子所立的买地券，言明：“若一旦田为吏民秦胡所名有，（卖主）歌子自当解之。时旁人杜子陵、李季盛。”〔5〕旁人，就是见证人。

2. 其他物品买卖契约

不仅土地买卖要订立文书契约，其他物品的买卖也大都如此。出土汉简关于这方面的简文很多。例如，《居延汉简考证》“二六·一”记载：成帝“建始二年（公元前31年）闰月丙戌，甲鄣史董子方，买鄣卒欧威裘一领，直（值）千百五十，约里长钱毕已。旁人杜君隽”。又《居延汉简考证》“二

〔1〕（清）阮元校刻：《周礼注疏·秋官·士师》，郑玄注引汉律，中华书局1980年版。

〔2〕《史记·萧相国世家》。

〔3〕《汉书·食货志》。

〔4〕［德］马克思：《资本论》（第3卷），人民出版社2004年版，第695页。

〔5〕罗振玉：“丙寅稿·攀利家买地券跋”，载罗振玉著，罗继祖主编：《罗振玉学术论著集》第十集上，上海古籍出版社2000年版，第122页。

八二·五”载：“终古隧卒东郡临邑高平里台胜，字海翁。贳（shì，赊欠）卖九稯（zōng，九稯布，粗布的一种）布三匹，匹三百三十三，凡直千。觻（lù）得（古县名，在今甘肃张掖西北）富里张公子所舍在里中二门东人，任者同里张广君。”〔1〕

从上列简文看，凡属个人所有财物，均可自行买卖，并于成交之后订立契约。各种买卖契约，格式大体一致，其中包括买卖日期、标的、价钱、双方姓名、见证人等，甚至对见证人（或介绍人）沽酒若干作为酬谢也写入契约。

（二）借贷契约所生之债

汉代借贷关系也很活跃，特别是一些官僚贵族、巨商富贾参与其间。史书说他们“至为人起责（债），分利受谢”。师古曰：“言富贾有钱，假托其名，代之为主，放与他人，以取利息而共分之，或受报谢，别取财物。”〔2〕汉代关于借贷方面的法律，为保护债权人的利益不受损失，规定债务人如逾期不还，要承担法律责任。例如，《史记·高祖功臣侯者年表》载，河阳侯陈涓在汉文帝四年（公元前176年）时，“（嗣）侯信坐不偿人责过六月，夺侯，国除”。〔3〕功臣列侯负债逾期不还，尚且夺侯除国，一般老百姓当然更要受惩罚。

汉代放债，往往是高利盘剥。《汉书·王子侯表》中的颜师古注指出，放债者“取息利又多”。〔4〕例如，“一岁之中，则无盐氏之息什倍，用此富埒（liè，相等）关中”〔5〕。这是靠放高利贷致富的一例。而债务人到期无力偿还债务，会导致社会矛盾激化。朝廷为了缓和这种矛盾，曾明令限制利率。超过法定利率的行为叫做“取息过律”，要受到惩罚。例如，武帝元鼎元年（公元前116年），旁光侯刘殷，坐“取息过律”，会赦，免。如果不是遇到大赦，就要依律治罪。又陵乡侯刘诉，成帝建始二年（公元前31年）坐“贷谷息过律，免”。夺侯免国，可见处罚之重。但是，朝廷虽然三令五申，禁止取息过律，但高利贷仍一直存在。

（三）租佃契约所生之债

汉代土地日益集中在地主手里，很多农民向官府或地主租种土地以维持

---

〔1〕以上均见于《居延汉简考证》。参见劳榦：《居延汉简考证·契据》，载我国台湾地区“中央研究院历史语言研究所”专利之四十，1960年版，第6页。

〔2〕《汉书·谷永杜邺传》。

〔3〕《史记·高祖功臣侯者年表》。

〔4〕《汉书·王子侯表》。

〔5〕《史记·货殖列传》。

生活，因此租佃契约关系已非常普遍。汉统治者为了缓和矛盾，对地租额有时也作限制。如《汉书·沟洫志》载，汉武帝元鼎六年（公元前111年）因内史地区（京师附近）的地租高于其他诸郡，为鼓励农民生产，曾诏令减轻地租。上曰："今内史稻田租挈重，不与郡同，其议减。"挈（qì），同契。颜师古解释："租挈，收田租之令也。"[1]可见，租挈即租佃契约。《居延汉简》也有官府向屯田卒收取地租的记载。如有的租田65亩，每年收租26石，每亩合地租4斗，可见当时官府的地租也是很重的。史载很多农民因交不起地租，逐渐失去自由，已丧失了原来的契约关系，沦为地主的"徒附"，成为他们的依附农民，被迫几乎无偿地为他们耕种和当私兵。《后汉书·仲长统传》载，有的富家大户拥有"膏田满野，奴婢千群，徒附万计"。[2]

四、婚姻、家庭和继承立法

汉代的婚姻、家庭和继承立法，基本上沿袭西周以来的传统，总的精神大体相同，但是，汉儒从"礼"的方面制造了许多束缚和压迫妇女的理论，使妇女在婚姻家庭方面又增添了重重枷锁。

（一）婚姻立法

1. 婚姻的成立

汉初提倡早婚。《汉书·惠帝纪》载：惠帝六年（公元前189年），诏令"女子年十五以上至三十不嫁，五算。"[3]即出5倍的算赋（一算120钱）。这是在经过秦末战乱之后，统治者为恢复和发展社会生产，需要增加劳动力而采取的一项措施。根据这个诏令，女子年15至年30以内不出嫁，便采取多收算赋的办法进行惩罚。因此，汉代的早婚现象极为普遍。对此，西汉时便有人提出异议说明早婚的危害："夫妇，人伦大纲，夭寿之萌也。世俗嫁娶太早，未知为人父母之道而有子，是以教化不明而民多夭。"[4]东汉时大思想家王充在《论衡·齐世篇》中也说："虽言男三十而娶，女二十而嫁，法制张设，未必奉行。何以效之？以今不奉行也。"[5]这些言论都是对汉统治者提倡早婚和民间早婚习俗的批评。

---

〔1〕《汉书·沟洫志》。

〔2〕《后汉书·仲长统传》。

〔3〕《汉书·惠帝纪》。

〔4〕《汉书·王吉传》。

〔5〕（汉）王充、黄晖撰：《论衡》卷一八《齐世篇》，中华书局1990年版，第804页。

汉代仍然存在招赘婚姻，即男子被招入女家为赘婿。这种情况多是由于男子家贫无力娶妻，所以《汉书·贾谊传》说："家贫子壮则出赘。"〔1〕但是，赘婿的社会地位也和秦朝一样，受到歧视。如《汉书·贡禹传》载："孝文皇帝时，贵廉洁，贱贪污，贾人、赘婿及吏坐赃者，皆禁锢不得为吏。"〔2〕

2. 一妻多妾制

汉律规定，男子可一妻多妾。皇帝本身就是一妻多妾的典型，他除皇后、昭仪、婕妤、美人各等级的"诸姬"以外，还有所谓"后宫三千人"。其他贵族官僚蓄妾虽不及皇帝，但有的数量也很多。如丞相张苍，就是"妻妾以百数"〔3〕。《汉书·贡禹传》载："诸侯妻妾或至数百人，豪富吏民蓄歌者至数十人，是以内多怨女，外多旷夫"〔4〕。两汉时，妾的名称也很多，据史书记载有"小妻"，如"（枚）乘在梁时，取皋母为小妻"〔5〕。有"小妇"，如"（王）凤知其小妇弟张美人已尝适人"，师古曰："小妇，妾也。"〔6〕有"傍妻"，如元后的父亲"好酒色，多取傍妻"。〔7〕有"妾"，如"（司马）相如将聘茂陵人女为妾"。〔8〕有"外妇"，如《汉书·高五王传》载："齐悼惠王肥，其母高祖微时外妇也。"〔9〕有"下妻"，《后汉书·光武帝纪》所载东汉建武十三年（公元37年）诏说，益州民自八年以来，"依托为人下妻"。〔10〕妻妾的地位不同，妾的地位很低，汉律规定不准"乱妻妾位"，哀帝元寿二年（公元前1年），孔乡侯傅晏"坐乱妻妾位免，徙合浦"。〔11〕

3. 婚姻的解除

汉律仍以"七出""三不去"为弃妻的基本原则。需要指出的是，两汉时期由于儒家思想对法律的影响，封建礼教成为束缚妇女的一条绳索。妇女在婚后虽然"事奉循公姥""昼夜勤劳作"，但公婆稍不欢心，便可强迫夫妻离异。古乐府《孔雀东南飞》中的焦仲卿与刘兰芝的悲剧，就是一例。

---

〔1〕《汉书·贾谊传》。

〔2〕《汉书·贡禹传》。

〔3〕《史记·张丞相列传》。

〔4〕《汉书·贡禹传》。

〔5〕《汉书·枚乘传》。

〔6〕《汉书·元后传》。

〔7〕《汉书·元后传》。

〔8〕（汉）刘歆、（晋）葛洪辑抄，（明）程荣校、周天游校注：《西京杂记》卷三《白头吟》，三秦出版社2006年版，第156页。

〔9〕《汉书·商五王传》。

〔10〕《后汉书·光武帝纪下》。

〔11〕《汉书·外戚恩泽侯表》。

与男子可以找各种借口抛弃妻子不同，在一般情况下，即使丈夫有恶劣的行为，也不准妻子离开丈夫。《白虎通·嫁娶篇》云："夫有恶行，妻不得去。"原因是"地无去天之义也。夫虽有恶，不得去也。"[1]片面要求妻子忍痛与丈夫生活在一起。

关于离婚后的财产问题，《礼记·杂记下》郑注引汉律云："弃妻畀所赍。"[2]畀，给予、付与。赍（jī），以物送人。其意思是，由丈夫提出离婚，允许女方将出嫁时的财物带走。

（二）家庭立法

在封建社会自给自足的自然经济条件下，家庭是社会的基本单位。封建统治者把"齐家"看成是"治国"的前提。所谓"三纲居其二，五常居其中"，"欲治其国，先齐其家"。[3]为了维护父系家长制，汉律有"不孝"罪。例如，《汉书·衡山王传》载，武帝时，衡山王刘赐的长子"（刘）爽坐告王父不孝，皆弃市"[4]。根据汉律，无论在什么情况下殴打父母皆处死刑；殴死父母要枭首；杀父母者以大逆论，处腰斩；甚至居父母丧期间与人通奸也要处死刑。但在一般情况下，常人通奸，仅"耐为鬼薪"，即处三年徒刑。

汉代统治者为了推行孝道，提倡同居共财，即不与祖父母、父母分居析财。《后汉书·蔡邕传》载，邕"与叔父从弟同居，三世不分财，乡党高其义"[5]。故而得到乡党的好评。

汉儒为加强家庭中丈夫的统治地位，还制造了"夫为妻纲"的理论。东汉许慎《说文解字》说："妇，服也。"这就是说妻子要无条件地服从丈夫、服侍丈夫。丈夫可以大量蓄妾，妻子则只能"专心正色"，保守贞操。妻子死了，丈夫可以再娶；而丈夫死了妻子不能再嫁，因为按礼"夫有再娶之义，妇无二适之文"[6]。

（三）继承立法

1. 宗祧继承

两汉的王位继承基本上仍实行嫡长继承制，而且强调父死子继，所谓

---

〔1〕（汉）班固撰，（清）陈立疏证、吴则虞点校：《白虎通疏证》卷一〇《嫁娶·妻不得去夫》，第467页。

〔2〕（清）阮元校刻：《十三经注疏·礼记正义》卷四三《杂记下》，中华书局1980年版，第1569页。

〔3〕（清）阮元校刻：《十三经注疏·礼记正义》卷六〇《大学》，中华书局1980年版，第1673页。

〔4〕《汉书·衡山王刘赐传》。

〔5〕《后汉书·蔡邕传》。

〔6〕《后汉书·列女传》。

"父子相传，此汉之约也"[1]。汉律有关于"非子""非正"的规定。所谓"非子"，是指非亲生子；"非正"，是指非嫡妻之子。从史书记载看，汉律不承认"非子""非正"的爵位继承权。凡有爵位的王侯，坐"非子""非正"者，免爵除国。例如，《汉书·赵充国传》载，宣帝时封武将赵充国为营平侯，侯位传到他孙子赵钦时，钦抱养一个儿子，起名赵岑。钦死后，岑继位，被人告发，"岑坐非子免，国除"[2]。这一制度旨在保障贵族的权位传给真正的后代，以防紊乱"纪纲"。

2. 财产继承

关于财产继承，主要是土地和其他财物。据《史记·陆贾列传》记载，陆贾有五个儿子，他将千金"分其子，子二百金，令为生产"[3]，说明汉朝开始出现诸子均分财产的情况。

汉代已有遗嘱继承。汉代的书面遗嘱叫"遗令"。据《太平御览》卷八三六引应劭《风俗通》云："沛中有富豪，家訾三千万，小妇子是男，又早失母，其大妇女甚不贤。公病困，恐死后必当争财，男儿判不全得，因呼族人为遗令，云：'悉以财属女，但以一剑与男，年十五以付之。'儿后大，姊不肯与剑，男乃诣官诉之。司空何武曰：'剑，所以断决也。限年十五，有智力足也。女及婿温饱十五年已幸矣！'议者皆服，谓武原情度事得其理。"[4]从这段材料可以看出：其一，当时已出现遗嘱继承，这个遗嘱是家长生前病危时立的，反映了家长的意愿；其二，庶子、女儿都有财产继承权。

汉代书面遗嘱也叫"先令书"或《先令券书》[5]。如《汉书·何并传》载：何并为颍川太守时，"疾病，召丞掾作先令书"。师古曰："先为遗令也"。[6]在江苏仪征出土的汉平帝元始五年（公元5年）《先令券书》，是一份完整的汉代书面遗嘱实物资料。

《先令券书》是财产继承的法律依据，西汉《二年律令·户律》规定，事后"有争者，以券书从事；毋券书，勿听"。[7]

---

〔1〕《史记·魏其武安侯列传》。

〔2〕《汉书·赵充国传》。

〔3〕《史记·郦生陆贾列传》。

〔4〕（宋）李昉等撰：《太平御览》卷八三六《资产部十六·钱下·赀财》，中华书局1960年版，第3736页。

〔5〕陈早、王勤金："仪征胥浦101号西汉墓《先令券书》初考"，载《文物》1987年第1期。

〔6〕《汉书·何并传》。

〔7〕彭浩等主编：《二年律令与奏谳书——张家山二四七号汉墓出土法律文献释读》，上海古籍出版社2007年版，第223~224页。

关于继承顺序，《二年律令·置后律》有明确规定："死毋子男代户，令父若母，毋父母令寡，毋寡令女，毋女令孙……"[1]

此外，汉代也出现了收养制度。据《后汉书·顺帝纪》载，阳嘉四年（公元135年），春二月，"初听中官得以养子为后，世袭封爵"。[2]中官即宦官，他们因受阉割，丧失生殖能力，故无后。可见，中官的养子与亲子的地位相同。

第五节　经济立法思想与经济立法

一、经济立法思想

（一）重农抑商的经济立法思想

汉代继承战国与秦朝的传统，进一步实施重农抑商的经济立法思想，用以巩固封建自然经济的基础。为此，从政治、经济直至人身都作了严格限制，避免商人势力过于庞大，危及王朝统治地位。例如，在政治上，宣布不准商人"推择为吏"，即剥夺商人从政的权利，凡"违者为律论"。在经济上，重收商税，如果商人买入奴隶，较常人加一倍收税，即所谓"贾人与奴婢倍算"[3]。在人身上，商人不准穿丝绸，不能乘车骑马。[4]至西汉武帝时，商人不论有无市籍，都要如实向官府申报自己的财产数额。官府以此为据，按二千钱征收二算的缗钱，其价值相当于两辆轻便马车。至元鼎三年（公元前114年），汉武帝颁布《告缗令》，鼓励人们告发商人漏税行为，而告发人可得被告商人家产之半。[5]汉代抑商政策虽取得一些成效，但挫伤了商人阶层的经商积极性，影响了商业的发展。

（二）专营专卖的经济立法思想

自武帝始，为增加国家税收，弥补对外大规模用兵所带来的亏损，开始实行专营专卖的经济立法思想。以往盐铁业可以自由经营，官府从中收税。但商贾巨富经营盐铁，获取了大量财富，形成对抗封建中央的经济实力。为

---

[1] 彭浩等主编：《二年律令与奏谳书——张家山二四七号汉墓出土法律文献释读》，上海古籍出版社2007年版，第238页。

[2] 《后汉书·孝顺帝纪》。

[3] 《史记·惠帝纪》。

[4] 《史记·平准书》。

[5] 《史记·武帝纪》。

此，汉朝宣布盐铁实行专营制度，并由封建国家统一经营管理。如此，既能抑制富商，同时也增加了国家的税务收入。此后汉朝又宣布对于酒业的专卖制度，如汉武帝天汉三年（公元前98年）春二月“初榷酒酤”[1]。所谓“酒酤”就是汉朝政府垄断酒的制造与销售。这种制度不仅剥夺了民间的酿酒与出售的权利，而且起到抑商的作用，同时也增加了国家的税收。

二、经济立法

（一）赋税立法

赋税是两汉王朝财政收入的主要来源，内容也相当广泛。《汉书·食货志》记载，秦代“有赋有税。税谓公田什一及工商衡虞之人也。赋共车马甲兵士徒之役，充实府库赐予之用。税给郊社宗庙百神之祀，天子奉养百官禄食庶事之费”。[2]这段文字，不仅说明了汉代赋税的来源，而且也说明了赋税收入的用项。汉承秦制，赋税来源与用项大致一样。

1. 田租

汉代田租就是指田赋，是汉代赋税的一种。田赋的轻重，由统治者根据当时政治形势的需要制定。例如，汉初为恢复和发展农业生产、调动农民生产积极性，曾采取轻徭薄赋的政策，将秦朝的什一而税的田租，改为“什五税一”。《汉书·文帝纪》载，文帝前元十三年（公元前167年）六月下令：“其除田之租税。”[3]至景帝前元二年（公元前155年），才恢复征收田租，实行“三十而税一”[4]。从此直到西汉末年，三十税一之制未曾改动。

《后汉书·光武帝纪》载，东汉初，光武帝建武六年（公元30年）十二月下诏：“顷者师旅未解，用度不足，故行什一之税。今军士屯田，粮储差积，其令郡国收见田租三十税一，如旧制。”[5]此制至东汉末年一直未曾改动。

2. 口赋与算赋

口赋也叫口钱，一般称之为人头税，在汉代以前即已存在。《史记·张耳陈余列传》载：“头会箕敛，以供军费。”[6]头会，就是按人头摊派的人头税。

---

〔1〕《史记·武帝纪》。
〔2〕《汉书·食货志》。
〔3〕《汉书·文帝纪》。
〔4〕《汉书·食货志》。
〔5〕《后汉书·光武帝纪》。
〔6〕《史记·张耳陈余列传》。

箕敛也叫箕赋。汉代的口赋最初专指对3岁至14岁未成年人征收的口钱。原定每年每人纳20钱供宫廷费用。武帝时又加3钱供补充车骑马匹用。文帝时改从7岁起征，个别地方由1岁起征。

算赋是与口赋相同的另一种人头税。征收对象是15岁到56岁的成年人，每年每人缴纳120钱为一算。《汉书·高帝纪》载，这个制度始自高祖四年（公元前203年）"初为算赋"。颜师古注引如淳曰："《汉仪注》民年十五以上至五十六出算钱，人百二十为一算，为治库兵车马。"〔1〕

汉统治者根据需要，为达到一定的政治目的，采取对不同阶级和个人在算赋方面有不同的倾斜的政策。例如，为推行抑商政策和打击豪强地主的政策，规定商人和奴婢倍算，即比一般人多出一倍的算赋。为增加劳动力和兵源，惠帝时提倡早婚，规定女子年十五以上至年三十不嫁，五算。与这道命令性质相同的是东汉章帝元和二年（公元85年）颁布的"胎养令"。"诏曰：《令》云：'人有产子者复，勿算三岁。'今诸怀妊者，赐胎养谷人三斛，复其夫，勿算一岁，著以为令。"〔2〕

此外，有时还以减免算赋作为奖励。例如，《汉书·宣帝纪》载，为使流民各安生业，宣帝地节三年（公元前67年）下诏："流民还归者，假公田，贷种、食，且勿算事。"〔3〕又《成帝纪》载，建始二年（公元前31年）春正月郊祀时，下诏曰："减天下赋钱，算四十。"〔4〕即由每人120钱减为80钱。这不是算赋税率改变，而是只限当年的权宜之计。

口赋、算赋都是老百姓向国家缴纳的人头税。从上面可以看出，其税率是很高的，而且这种税不是缴实物而是缴现钱，如果遇上谷贱钱贵，老百姓卖谷缴税，负担就更重了。

3. 关税

关税是汉代在流通领域征收的通过税，即对携带货物出入关口时征收的税种。据《汉书·地理志》记载，汉代的关大部分设在沿边地区，如西北边疆有敦煌郡龙勒县的阳关、玉门关。腹内各地区之间也有关，如太原郡的上党关、壶口关。关最初是为防止敌人或奸细出入而设置的安全设施，大约从春秋时期开始兼收关税。后来，历代统治者皆把关税作为国家财政收入的重

〔1〕《汉书·高帝纪》。

〔2〕《后汉书·肃宗孝章帝纪》。

〔3〕《汉书·宣帝纪》。

〔4〕《汉书·成帝纪》。

要来源之一，并逐渐形成完善的制度。关有专人把守，出入皆须持有凭证。汉代出入关的凭证叫“传”。《汉书·宁成传》颜师古注：“传，所以出关之符也。”[1]持证人经检验无误，方准放行。

从史书记载来看，汉统治者根据政治的需要，关税税率时有变化。《史记·货殖列传》记载，汉初，为了发展生产、繁荣经济、加强商品流通，曾“开关梁，弛山泽之禁，是以富商大贾周流天下，交易之物莫不通，得其所欲”。[2]《汉书·文帝纪》载，文帝前元十二年（公元前168年）又诏令：“除关无用传。”[3]出入关连凭证也不要了，为往来商旅贩运货物提供了很大的方便。到景帝时“复置诸关用传出入”。[4]汉武帝时，为了弥补财政上的急需，则“益广关，置左右辅”，[5]以加强关税的管理，增加关税收入。

关于汉代关税税率，史无明文记载。西汉中期的作品《九章算术》卷六《均输篇》所记试题性的问答，我们可以参考。例如，“今有人持金十二斤出关，关税之十分而取一。今关取金二斤，偿钱五千；问：金一斤，税钱几何？答曰：六千二百五十。”又“今有人持米出三关，外关三而取一，中关五而取一，内关七而取一，余米五斗。问：本持米几何？答曰：十斗九升八分升之三。”[6]从这段记载大致可以明确这样几个问题：其一，汉代关税可能是十分取一。其二，携带什么征收什么。其三，每出入一关征税一次。另外，《三国志·魏书·文帝纪》延康元年（公元220年）二月还有一段资料记载，裴松之注引《魏书》载庚戌令曰：“关津所以通商旅……设禁重税，非所以便民……轻关津之税，皆复什一。”[7]延康是汉献帝最后的年号，上述令文，是献帝逊位后由魏文帝曹丕发布的。可以推断，东汉时关税也是十分取一。

（二）手工业生产管理立法

汉代手工业生产经过汉初的恢复阶段，很快又有了较大的发展，特别是在冶铁、煮盐、纺织、漆器等方面尤为显著。

1. 管理手工业生产的机构

汉朝为加强对手工业生产的管理，在秦朝原有基础上进一步加以调整使

---

[1]《汉书·酷吏传·宁成传》。

[2]《史记·货殖列传》。

[3]《汉书·文帝纪》。

[4]《汉书·景帝纪》。

[5]《汉书·食货志下》。

[6]《四库全书总目提要·子部》卷一七《天文算法类二》。

[7]《三国志·魏书》卷二《文帝纪》，中华书局1959年版。

之更趋完善。中央设大司农（秦朝为治粟内史）主要掌管农业生产，但也负责采矿、冶金、盐、酒等生产的政令。下设斡官、铁市两长丞。《汉书·百官公卿表》注引如淳曰："斡（guǎn，管领），主也，主均输之事，所谓斡盐铁而榷酒酤也。"[1]

少府，负责各种手工业生产管理。凡皇帝后妃及宫廷所需的各种手工业品，均由其负责供应。其下属有各种手工业作坊，如织室，后来分为东织、西织，是专门织造和缝制皇室用的各种纺织品和服装的作坊。

此外，还有将作大匠，是掌管土木兴缮的机构。水衡都尉，是掌管炼铜和铸铜器的机构。

地方上京师和郡县都设有专门管理手工业生产的官吏。例如内史，武帝时更名为京兆尹，属官有铁官两令丞。其他如齐郡的临淄织丝作坊，规模都很大。凡有铁矿可开采的郡县，皆设有铁官。《汉书·地理志》记载，全国设铁官 49 处。可见，当时的冶铁技术已达到相当高的水平。

2. 对生产徒匠的管理

汉代手工业生产制作器物，要求"百工，天下作程品"。《汉书·任敖传》颜师古注引如淳曰："百工为器物，皆有尺寸斤两斛斗轻重之宜，使得其法。"[2]即要求在长短、轻重等规格方面，全国要有统一的标准。在冶铁手工业作坊从事生产的是大量的卒徒。《汉书·贡禹传》载，汉代"诸铁官皆置吏卒徒，攻山取铜铁，一岁功十万人已上"[3]。吏，是管理卒徒之官。卒，是各地每年服役一个月的更卒。更卒可以出钱雇人代役。《汉书·沟洫志》注引苏林曰："平贾，以钱取人作卒，顾其时庸之平贾也。"又如淳曰："律说，平贾一月，得钱二千。"[4]徒，是因犯罪被判刑的刑徒，所谓"铁官徒"。他们在判刑以后有的还要戴着刑具，在铁官的驱使下，从事各种生产劳动。《盐铁论·复古篇》记载："卒、徒衣县官，作铸铁器，给用甚众，无妨于民。"[5]他们生活条件很差，死了则埋在作坊附近，考古发掘的大量刑徒砖就是证明。因此，铁官徒暴动时有发生。《汉书·成帝纪》载，阳朔三年（公元前 22 年），"夏六月，颍川铁官徒申屠圣等百八十人杀长吏，盗库兵，自称将军，

---

[1] 《汉书·百官公卿表》。
[2] 《汉书·任敖传》。
[3] 《汉书·贡禹传》。
[4] 《汉书·沟洫志》。
[5] （汉）桓宽撰，王利器校注：《盐铁论校注》卷一《复古》，中华书局 1992 年版，第 78 页。

经历九郡”。[1]后来汉朝廷派军队镇压下去。自武帝以后，不准私人采矿冶铁。《史记·平准书》载，“敢私铸铁器煮盐者，钛（dì，类似脚镣的刑具）左趾，没入其器物”。[2]

（三）商贸管理立法

汉初，随着农业和手工业的恢复与发展，加上汉朝廷实行开放政策，“富商大贾周流天下，交易之物莫不通，得其所欲”[3]，从而为商业的发展和商业资本的积累，创造了良好的机会。商业的发展，带来了汉代城市的繁荣，如当时的长安、临淄、番禺、南阳、成都等，都是商业发达的大都市。据《三辅黄图》记载，长安市有九，凡四里为一市，市楼皆重屋。市楼有令署作为专门管理市肆的机构，“以察商贾货财买卖贸易之事，三辅都尉掌之”[4]。商业的发展，同时也促使商业立法进一步完善。从张家山出土的汉简来看，有关商业立法，除《金布律》与秦律相同外，许多律则为秦简所无，如《关市律》《均输律》《钱律》等，说明汉代商业立法在秦的基础上又得到了进一步完善。

1. 均输法与平准法

均输与平准，是汉武帝时国家运用行政干预市场、调剂物价的两项措施。

均输，是在中央大司农下置均输令、丞，统一负责征收、买卖和运输货物。同时，在各郡置均输官，凡地方应向中央交纳的贡物，折价交给当地均输官。均输官以此为本钱，在地区之间移贵就贱，对物价进行调剂，从而减少了运输费用和劳力。

平准，是由中央大司农下属官平准令、丞，具体负责京师和大城市的平抑物价。根据物价行情，贱时国家收购，贵时国家以平价卖出，“故抑天下物，名曰‘平准’”[5]，从而使富商大贾无法牟取暴利，物价不致暴涨，在打击大商人投机倒把、囤积居奇、平抑物价方面收到了一定效果。

2. 盐铁酒的专卖法

汉武帝时为了增加国家财政收入，抑制商人资本，将盐铁酒等有关民生的产品，从煮制、冶炼、酿造直至销售，完全收归国家经营管理，并制定法令严禁私人经营。

---

〔1〕《汉书·成帝纪》。

〔2〕《史记·平准书》。

〔3〕《史记·货殖列传》。

〔4〕陈直校证：《三辅黄图校证》卷二《长安九市》，陕西人民出版社1980年版，第30页。

〔5〕《史记·平准书》。

（1）盐铁专营。汉初，湖海矿冶资源属于封建国家，但盐铁煮制、冶炼、贩卖采取放任政策。百姓可以自由经营，国家从中征税。汉武帝时，对外用兵，开支浩大，财政困乏。“而富商贾或墆（zhì，囤积的意思）财役贫，转毂百数，废居居邑。封君皆氐首仰给焉。冶铸鬻盐，财或累万金，而不佐公家之急，黎民重困。”[1]大量财富集中在商贾手里，富埒诸侯。司马迁说他们是“素封”，即没有官爵封邑而与封君一样富有，在政治上、经济上形成一种与中央对抗的势力。因此，汉武帝对盐这种人民生活必需的物资，铁这种既可造兵器、又可铸造农具的资料，强行收归国家专营。这种做法所收效果，按当时的大经济学家桑弘羊说：“令意总一盐、铁，非独为利入也，将以建本抑末，离朋党，禁淫侈，绝并兼之路也。”[2]可见，当时所收效果是多方面的。

（2）酒的榷酤。汉代实行酒的专卖，始于武帝天汉三年（公元前98年）。《汉书·武帝纪》载，是年春二月“初榷酒酤”。从此，酒的产销由国家垄断。榷（què），原意是独木桥。《说文解字》卷六上云：“榷，水上横木，所以渡者也。”[3]横木即独木桥，只能一人通过。酤（gū），卖酒。榷酤，指酒只有国家才有权酿造和销售。这是汉武帝时专卖范围的进一步扩大。因为酒酿造容易，获利高，过去一直由商人操纵，收归国家专营后，不仅增加了国家的财政收入，而且还起到了抑商的作用。

据《汉书·昭帝纪》载，昭帝始元元年（公元前81年）秋七月，“罢榷酤官，令民得以律占租，卖酒升四钱”[4]。改专卖制为课税制，其办法是酿造者自行如实申报产量，以每升四钱纳税，纳税后便取得卖酒的权利。后来，王莽时又恢复了国家专卖制。

3. 对外贸易立法

中国古代对外贸易，包括中央政府及内地人民与沿边各族统治者和人民之间的互市，以及与境外各国的贸易往来。春秋战国以来，由于冲破“工商士官”的壁垒，商品经济发展较快。各诸侯国之间以及与沿边各民族之间不断地进行商品贸易往来，有的商品如丝绸还辗转销往境外各国。到汉代，随着统一的多民族的专制主义中央集权封建国家的巩固与发展，特别是汉武帝

---

[1]《汉书·食货志》。

[2]（汉）桓宽撰，王利器校注：《盐铁论校注》卷一《复古》，中华书局1992年版，第78页。

[3]（汉）许慎撰：《说文解字》卷六上《木部》，中华书局1963年版，第124页。

[4]《汉书·昭帝纪》。

时期，与沿边各族人民的互市和境外各国的贸易关系，也开始建立并兴旺起来。

（1）对外贸易的开端与发展。中国古代正式的对外贸易，严格地说应该是从汉武帝时开始的。在这以前，虽然也有中国商品辗转到国外，但是与境外诸国的关系没有建立，还谈不上对外贸易。

发展对外贸易需要具备两个条件：一是交通道路的开辟，为贸易往来提供便利条件；二是商品经济的发展，向境外输出成为可能。秦汉时期，对中央集权封建国家威胁最大的是北方匈奴的侵扰。汉武帝继位后，一方面通过友好和亲与互市加强贸易往来，缓和匈奴与汉朝中央的矛盾；另一方面与西域诸国建立友好关系，以牵制北方的匈奴。汉武帝多次派遣使节，四处探寻通往境外各国的途径，并通过军事、政治、外交等手段打通了通往中亚、西亚的交通要道，闻名于世的“丝绸之路”就是这时开辟的。

丝绸之路以京城长安为起点，可通往中亚各国，再往西可到大秦（今罗马）。因为西汉时丝织业有了进一步发展，丝织品是当时出口的主要商品，丝绸之路由此而得名。最初，中国丝织品多经安息（今伊朗）输入罗马。丝绸之路开通后，往来商旅络绎不绝，大量的中国丝织品和漆器以及其他商品包括黄金等贵重金属大量输出国外。同时，大量外国土特产品如“海市明珠、璧流离、奇石异物”〔1〕等进入中国，从而促进了经济和对外贸易的发展。据《后汉书·西域传》载，东汉时在丝绸之路上，“设戊己之官，分任其事；建都护之师，总领其权”。官员要维护商旅之安全，“列邮置于要害之路”，以方便商旅食住，从而出现“驰命走驿，不绝于时月；商胡贩客，日款于塞下”的一派繁荣景象。〔2〕

与此同时，汉朝政府还与东亚邻近各国如朝鲜、日本开展了贸易关系。在贸易往来中，中国向他们输出丝织品、漆器、铁器和先进的手工业生产技术。南亚的海上交通与贸易关系，也得到初步开展。汉武帝时，中国商船曾开往今马来半岛、缅甸西部沿海和印度南部东海岸。海上交通的开辟，为海上贸易的发展创造了条件。

汉朝政府为了加强对海上贸易的管理，在广东番禺设立了专门机构，叫做黄门，派宦官执掌，下设译长，负责同外国商客交往与安置日常生活。汉朝在与各国的贸易往来中不仅促进了经济的发展，而且在政治上建立了友好

〔1〕《汉书·地理志下》。
〔2〕《后汉书·西域传》。

关系。中国不仅输出了手工艺品，而且输出了先进的手工业技术。同时也使“殊方异物，四面而至”[1]，既引进了汉统治者所需的珍奇物品，同时也引进了国外的一些土特产品种，如安息的胡桃（核桃），印度的胡椒，中亚等地的胡豆（蚕豆）、大蒜、胡萝卜等，都被移植于中原地区和中华大地。

（2）对外贸易管理。汉代对外贸易管理非常严格，对外贸易服从于政治和外交需要。汉朝政府为了把商业贸易纳入政府管辖之下，凡参与互市的私商必须领取符传（凭证），得到政府许可后，方准参与互市。对境外贸易，参加者都是经汉朝政府准许的随使节同行的商队，也是不准私商随便输出输入的。

汉律规定，不准以违禁物品与匈奴互市，主要是不准内地商贾以铁、兵器、马匹、铜钱等与匈奴进行交换，违者治罪。因为铁是制造兵器的原料，其他两种也属战略物资，能助长其军事实力，对汉朝中央造成威胁。例如，汉武帝元狩二年（公元前121年），匈奴浑邪王来降，及浑邪王到长安，贾人与市者，由于他们不知道这是法律所禁止的，故“而文吏绳以为阑出财物于边关”，结果“杀无知者五百余人”。《集解》注引应劭曰：“阑，妄也。律，胡市，吏民不得持兵器出关。虽于京师市买，其法一也。”[2]这些商贾被处死的原因就是犯了“阑出财物罪”。市买者虽不在边关，依律在京师市买者亦同罪，说明汉律对匈奴防范之严。汉律同时规定，把匈奴的某些物品也列为“禁物”，不准购买，违者同样治罪。《史记·高祖功臣侯者年表》载，汉景帝中元二年（公元前148年），宋子侯许瘛（chì）嗣“侯九坐买塞外禁物罪，国除”。[3]

汉朝廷对境外西域和中亚各国的贸易关系，则采取优惠政策。例如，对上述不准与匈奴互市的铁器、铜钱允许商人携带出境，且不受数量的限制。对来汉朝的外国使臣和商客，由专司外事的机构大鸿胪负责接待。史载，汉天子往往“以酒池肉林以飨四夷之客”，还为他们上演中国的传统杂技艺术，“角抵之戏以观视之”[4]，并且还要馈赠他们珍贵的礼物。汉朝廷对外国使臣和商贾给予如此优厚的礼遇，反映了朝廷对西域和中亚各国以及其他邻近国家友好关系的重视，也为汉以后各王朝与境外各国的友好往来奠定了基础。

---

[1]《汉书·西域传·车师后国传》。

[2]《史记·汲郑列传》。

[3]《史记·高祖功臣侯者年表》。

[4]《汉书·西域传》。

第六节　司法思想与司法制度

一、司法思想

（一）慎重刑狱的思想

汉朝建立后，总结秦亡教训，推行慎重刑狱的方针。汉高祖刘邦于公元前200年下诏令说："狱之疑者，吏或不敢决，有罪者久而不论，无罪者久系不决。自今以来，县道官狱疑者，各谳所属二千石官，二千石官以其罪名当报之。所不能决者，皆移廷尉，廷尉亦当报之。廷尉所不能决，谨具为奏，傅所当比律令以闻。"[1]这表明汉初统治者为谋求长治久安，在司法上慎重刑狱，对疑难案件，实行层层上报制度，以此避免或减少冤假错案的发生。此外，东汉年间开始，实行监狱巡视审察，平反冤狱的录囚制度。据《汉书·百官制》载："诸州常以八月巡行所部郡国录囚徒。"[2]这种制度化、定期化的州部长官巡察属下监狱，受理冤狱的审核与平反工作，也集中反映了当时慎重刑狱、减少错判的思想。

（二）加强司法监察的思想

汉朝为了维护正常的司法秩序，推行强化司法监察的思想。西汉武帝将全国划分为十三州郡，各设刺史一人，代表皇帝巡察地方，监督司法。曾经在《六条问事》中强调的"二千石不恤疑狱，风厉杀人，怒则任刑，喜则淫赏"[3]等行为，成为刺史重点审察的内容。汉代用"周行郡国"的方式来"省察治状，黜陟能否，断治冤狱"[4]，以此加强从中央到地方的司法监督。

二、司法制度建设

两汉时期，随着封建国家机构的逐渐完善，司法机关的组织与职能也相应地发生变化，逐渐形成了中央和地方两级比较完备的司法机构。

---

〔1〕《汉书·刑法志》。

〔2〕《汉书·百官制》。

〔3〕《汉书》卷一九上《百官公卿表》。

〔4〕《汉书》卷一九上《百官公卿表》。

（一）司法机关

1. 中央司法机关

（1）廷尉。廷尉是最高司法机关，其长官也叫廷尉，这时机关名称与长官名称是一致的。景帝中元六年（公元前144年）一度更名为大理，武帝建元四年（公元前137年）复名廷尉，哀帝元寿二年（公元前1年）又改为大理，东汉光武帝以后复曰廷尉。廷尉的主要职责是负责审理皇帝交办的诏狱，同时审理地方上报的疑难案件。其属官有廷尉正，主决疑狱；左右监，管逮捕；左右平，掌平诏狱。还有廷尉史、奏谳（审判案件）掾、奏曹掾等。

廷尉掌全国刑狱，据《汉书·朱博传》载：“（博）迁廷尉，职典决疑，当谳平天下狱。”[1]据《后汉书·百官志》载：“凡郡国谳疑罪，皆处当以报。”[2]地方官解决不了，就上报廷尉，廷尉再不能解决，上报皇帝，是为“决疑当谳”。在张家山汉简《奏谳书》中，就有大量的上报“议罪”案件，如“八年四月甲辰朔乙巳，南郡守强敢言之”，又“十年七月辛卯朔癸巳，胡状、丞熹敢谳之”。[3]涉及的案件有大庶长、关内侯等。

（2）其他参与司法活动的机关。汉初规定丞相有诛罚之权，如田蚡“劾灌夫骂坐不敬”，后又以灌夫家在颍川，横行不法，请武帝下诏处罚。但武帝却说：“此丞相事，何请?”[4]文帝时，申屠嘉为丞相，宠臣邓通竟然对他无礼。申屠嘉即以不敬丞相罪召邓通至丞相府欲杀之，后文帝派使者将其释放。[5]这些说明，丞相行诛罚之权本是职权分内的事。

汉武帝以后发生了变化，为了限制相权而特别赋予尚书以司法审判权。汉成帝时设“五曹”（曹，办事机构），其中“三公曹”主断狱。东汉以后，尚书台成为封建国家的中枢机关。尚书“出纳王命，敷奏万机，盖政令之所由宣，选举之所由定，罪赏之所由正”[6]，并专设“二千石曹”，主辞讼。

御史大夫是监察机关的长官，下设御史中丞，掌“举劾按章”，主要负责监察百官违失并参与重大案件审判。如，“廷尉梁相与丞相长史、御史中丞及五二千石杂治东平王云狱”[7]，又“‘贺良等反道惑众，奸态当穷竟。’皆下

---

〔1〕《汉书·朱博传》。

〔2〕《后汉书·百官志二·廷尉条》。

〔3〕彭浩等主编：《二年律令与奏谳书——张家山二四七号汉墓出土法律文献释读》，上海古籍出版社2007年版，第351、338页。

〔4〕《汉书·灌夫传》。

〔5〕《史记·张丞相列传》。

〔6〕（唐）杜佑纂：《通典·职官四》，中华书局1988年版，第588页。

〔7〕《汉书·王嘉传》。

狱。光禄勋平当、光禄大夫毛莫如与御史中丞、廷尉杂治，当贺良等执左道，乱朝政，倾覆国家，诬罔主上，不道。贺良等皆伏诛”[1]。

其他机关参与司法活动，是君主专制制度下的产物。皇帝为防止司法机关职权过重，便给予某些机关一定的司法权，起到分散司法权的作用，从而便于皇帝的控制。此外，重大案件的最后裁决权由皇帝独揽。

2. 地方司法机关

地方司法机构基本上是郡、县两级。

汉初由于郡县与封国并存，封国享有相对独立的审判权，但不构成独立的司法管辖机关。

据《后汉书·百官志》载，郡太守的职掌，包括赏罚、司法、监察等权。如《汉书·薛宣传》载，广汉郡盗贼群起，成帝拜赵护为广汉太守，以军法从事。又《后汉书·陈宠传》载，陈宠为“广汉太守，西州豪右并兼，吏多奸贪，诉讼日百数。宠到，显用良吏王涣、镡显等，以为腹心，讼者日减，郡中清肃”。[2]

县令下设县丞、县尉等职。其中，县丞掌民政、县尉掌军事。

（二）两汉司法制度的发展

两汉的司法制度，以秦朝司法制度为基础，又有了诸多的发展。除了“经义决狱”以外，在司法组织方面，表现为中央司法机关廷尉府的加强和州行政司法机关的建立。在诉讼和审判制度方面，创设了上请、谳狱、乞鞠、录囚和秋冬行刑等制度，为历代封建统治者提供了审判、复核、上诉、行刑和司法监督等可资借鉴的经验。有些制度还一直为后世王朝所沿用。

1. 司法机关的发展

（1）中央司法机关的发展。两汉的司法机关基本上同秦一样，在中央为皇帝、丞相、御史大夫、御史中丞和廷尉；在地方为州、郡、县的行政长官。皇帝掌握司法审判的最终裁决权。而在中央，代表封建国家专门行使司法权的还是廷尉。

汉朝司法机关的发展，主要表现为廷尉府的加强。廷尉府的职掌一方面是核审和平决地方上移送廷尉寺的重大疑难案件；另一方面是审理皇帝直接交办的诏狱。不论是地方移送的，还是皇帝交办的，需要廷尉审理的案件，一般都是重大疑难案件。而且有关重罪囚徒的监禁事项，统一由廷尉寺执掌，

---

[1]《汉书·李寻传》。

[2]《后汉书·陈宠传》。

所以它下面还设有监狱，叫廷尉狱。“诣廷尉”也就意味着下监狱。可见，廷尉能否依法执刑，关系着一代刑政的好坏。汉文帝时的廷尉张释之，就是以严格执法而为历代所称道。就其组织机构而言，汉朝廷尉寺的主管官吏是廷尉，在廷尉之下设正、监、左监和右监；宣帝时又增置廷尉左、右平四人。此外，廷尉寺还另设员吏 140 人，组织机构不断扩大。

（2）地方司法机关的发展。汉初，沿秦之制，地方上的司法机关也分为郡、县两级。到了武帝时期，为了加强中央对地方的控制，建立了十三个监察区，设置了十三部刺史。东汉末年，为加强地方监督，改刺史为州牧。州遂成为地方最高一级的政权机关，其行政长官兼理司法审判工作，地方司法审级也变为州、郡、县三级。加上中央的廷尉，就是四级四审制，皇帝掌有最高司法权。其中，县是地方上的一审机关，拥有很大的司法审判权，可以独立审判案件，并可宣判死刑。但对死刑和其他重大疑难案件，须逐级上报廷尉，奏请皇帝裁决后方能执行。汉朝州级司法机关的建立，不仅是对秦制的发展，也是强化地方司法审判监督的体现。

2. 诉讼制度的发展

汉朝统治者创造了一套与秦相比更为完备的诉讼制度。《汉律》中的《囚律》和《捕律》就对此作了相应的规定。

（1）起诉。汉朝的起诉方式有二：一是由有关官吏代表封建国家纠举犯罪，如御史、司隶校尉的“察举非法”，类似现代诉讼中的“公诉”，“纠举非法”就是提起公诉。二是由当事人自己或其家属直接向官府控告，汉律称为“告”，类似现代诉讼中的“自诉”。秦汉都建立了连坐告奸的制度，法律强制人们互相监督并检举别人的犯罪行为，“其见知而故不举劾，各与同罪”[1]。汉代一方面强迫人们告奸，另一方面又对诉讼加以限制。一是人们必须按照审判管辖，由县而郡而州逐级告诉，不得越级上诉。对诣阙上诉，即直诉皇帝，更是严加限制。二是严禁卑幼控告尊长，否则以不孝死罪论处。此外，还严禁诬告，同秦一样，对诬告致罹罪受罚者实行诬告反坐的处罚原则。

（2）缉捕。拘押司法机关受理告、劾后，另一项程序就是对被告进行缉捕和拘押。对一般犯罪者，不论是否已经掌握了确实证据，均须立即按问。特别是属于劳动人民的造反案件，不仅要立即捕押本人，而且对“与事相连者”，甚至是证人，也要逮捕入狱，拘押起来，听候审问。但是，若官僚贵族犯罪，则实行“有罪先请”的上请优待制度。

---

〔1〕《晋书·刑法志》。

所谓上请，就是官僚贵族犯罪，一般的司法机关无权定罪，必须奏请皇帝裁断。皇帝根据犯罪情况、犯罪者同皇帝的亲疏关系、现任官职的大小，以及对封建国家的贡献等，决定是否减免其刑罚。上请制度，是在法律上保障官僚贵族等级特权的制度。秦代对官僚贵族的优待只限于赎刑。两汉时期，随着封建制度的发展和专制集权政权的巩固，官僚贵族的封建特权也就越来越多，汉律对这些特权的保护也较秦朝更为周密。

（3）鞫狱（审理）。鞫狱也就是审讯，秦称“讯狱”，汉称“鞫狱”。审讯的基本方法，依然是周秦以来的“五听”。鞫狱意在逼取口供，为了口供的取得，汉代更广泛地使用刑讯逼供的讯问方法，并进一步确认以鞭扑刑逼取口供的合法性。

（4）判决。汉朝在刑讯取得了口供后，再传讯一次，叫做“传复”。传达后三日，复核无误，就进行判决。判决时向犯罪人或其亲属宣读判决书，称为“读鞫”。

（5）乞鞫。宣布判决之后，如犯人或其亲属对判决不服，允许请求复审，就是所谓的“乞鞫”，也就是上诉。“狱结竟，呼囚鞫语罪状，囚若称枉欲乞鞫者，许之也”。[1]上诉请求复审有一定期限。汉时的上诉，以三月为限。[2]上诉经复审以后，如仍不服，还可以逐级上诉，直至“诣阙”，即直诉皇帝，由皇帝作最后的裁决，亦即终审判决。

（6）谳狱、录囚。谳（yàn，音燕）狱，即平议疑狱、重审定案的意思。汉代的谳狱制度，始于高祖。景帝中元五年（公元前 145 年）下诏：“诸狱疑，虽文致于法而于人心不厌者，辄谳之。”[3]意思是说，有些疑难案件，虽然依律文可以治罪，而治罪人心不服者，应即审慎平议、重新审判。宣帝元风中，“季秋后谳时，帝幸宣室齐宫而决事”。[4]说明宣帝还亲自谳狱。

录囚是汉朝上级司法机关派员对下属州县狱中的囚徒复核审录，进行监督和检查，以便疏理滞狱平反冤狱的一种制度。武帝时，京兆尹隽不疑常到属县亲录囚徒。“诸州常以八月巡行所部郡国，录囚徒。”胡广注“录囚徒”

---

〔1〕《史记·樊郦滕灌列传》索隐。

〔2〕《周礼·秋官·朝士》郑玄注云：“在期内者听，期外者不听，若今时徒论决满三月，不得乞鞫。”参见（清）阮元校刻：《周十三经注疏·周礼注疏》卷三五《秋官司寇·朝士》，中华书局 1980 年版，第 878 页。

〔3〕《汉书·刑法志》。

〔4〕（宋）李昉等撰：《太平御览》卷二二六《职官部·御史中丞下·持书御史》，中华书局 1960 年版，第 1073 页。

说："县邑囚徒，皆阅录视，参考辞状，实其真伪。有侵冤者，即时平理也。"[1]从东汉明帝起，为了标榜"慎刑"，皇帝、太后也常亲录囚徒。录囚制度起于汉朝。

汉朝统治者试图通过复审、谳狱和录囚实施法律监督，解决大量存在的冤案和滞狱。但又因汉朝有"见知故纵"之法，使一般官吏不敢冒着丢官和丧命的危险去为受冤者平反昭雪。这些制度不过是封建统治者慎刑省罚的一种措施，而不可能认真有效地贯彻实施。

（7）上报。汉朝地方司法机关，对于一般的刑事案件可以自行判决而不必请示上级。但是，对死刑案件和疑难案件，地方司法机关判决后，必须上报廷尉转呈皇帝审核批准后方能执行。死刑案件，一定要具文上报朝廷，经核准后执行，这就是死刑审批制度。案件有疑难问题，地方司法机关不能决断者，要逐级上报，直至由廷尉或皇帝平决或裁决，这在汉朝称为谳疑。

（三）行刑制度的发展

秋冬治狱，春夏缓刑，是汉朝确立的行刑制度。

董仲舒认为天地间道之最大者在阴阳，"阳为德，阴为刑；刑主杀而德主生"，而天是"任德不任刑"的。[2]主张仁君应养德，故在春夏万物生长之时不可执行死刑，刑杀宜在秋冬，以顺应上天"肃杀"之意。董仲舒的"阴阳五行"和"天人感应"的学说，成了汉儒"重德轻刑，春生秋杀"的理论根据。春生秋杀规定得最系统、最具体的还是《礼记·月令》。所谓"仲春之月……命有司，省囹圄，去桎梏，毋肆掠，止狱讼"[3]，就是说春季要停止狱讼、刑讯和处决。又"季秋之月……乃趣狱刑，毋留有罪"[4]，到了秋季，则对有罪者立即论决，不得滞留。汉朝时，秋冬行刑的制度及其理论得到了统一和发展，从中央到地方各级司法机关办案、处决、执行多在秋冬，开始形成制度。这是儒家思想渗入司法制度的表现。秋冬行刑制自汉朝创始，直到明清沿用不废。

（四）"春秋决狱"与司法制度上的儒家化

所谓"春秋决狱"亦作"经义决狱"，主要是直接引用《春秋》等儒家

---

〔1〕《后汉书·百官志五》注。

〔2〕《汉书·董仲舒传》。

〔3〕（清）阮元校刻：《十三经注疏·礼记正义》卷一五《月令》，中华书局1980年版，第1361页。

〔4〕（清）阮元校刻：《十三经注疏·礼记正义》卷一七《月令》，中华书局1980年版，第1379~1380页。

经典大义作为判案依据。这是汉律儒家化在司法制度上的重要表现。《春秋》是十部鲁国的编年史。孔子作《春秋》的目的在于讨伐乱臣贼子，其指导思想及其判断是非、嫌疑、善恶及贤与不肖的标准，成为儒家礼义学说的标准。董仲舒作《春秋决狱》，共二百三十二事，即以《春秋》经义为依据，作为判案的原则，断定是否犯罪。凡符合《春秋》精神的行为，即使违法，也不认为是犯罪；凡不符合或违背《春秋》精神的行为，即使不违法，或原无法律规定，也可定为犯罪。

经义决狱实质上没有固定的判案标准，主要是根据儒家纲常以及所谓“志善”“志恶”的“论心定罪”原则，欲重则重，欲轻则轻。如父亲与别人发生斗殴，儿子持杖援救，未料误伤其父，依法犯殴父罪应处枭首刑。而根据“春秋大义”“君子原心赦而不诛”的原则，认为其动机本非殴父，可以免罪。又如某甲养子杀人，甲藏匿凶犯，依法匿奸者要加重处刑。然而以亲亲相匿原则定案，甲不论罪。可见，“经义决狱”实际上是将经义原则凌驾于法律之上。因此，除董仲舒以外，两汉时期的一些经学大儒，如公孙弘等，竞相引“五经”的经义，尤其是引《春秋》的经义断狱。这使经义成了法律，经典就是法典，引经决狱也变成汉朝司法制度儒家化的突出表现。

总而言之，儒家经义是汉朝盛行的一种特殊的法律形式。用《春秋》等经义作为判案的根据，比之任何律、令、科、比都具有更大的随意性、灵活性。引经决狱，实际是便于“酷吏之舞文”[1]。既可以用“志善”来保护统治阶级的特权，也可以用“志恶”来随便镇压劳动人民。这就是经义决狱的阶级实质，也是它在汉武帝及其以后两汉时代风行的根本原因。

综上可见，汉朝法律的儒家化为中华法系的礼刑结合开了先河，为封建法律制度的发展奠定了重要基础，影响十分深远。

---

〔1〕 刘师培：《刘申叔先生遗书》（第 49 册），《左庵外集》卷九《儒学法学分歧论》，1934 年宁武南氏校印。

第七章

三国两晋南北朝法律

（公元220年—公元589年）

第一节　社会历史背景和治国要略

三国魏晋南北朝是中国历史上历时最长的大分裂时期。自东汉末年，黄巾起义被镇压后，曹操通过兼并战争统一了北方，以汉丞相的名义把持朝政，“挟天子以令诸侯”。刘备、孙权也各自分占巴蜀、长江中下游地区。公元220年，曹操去世，其子曹丕废汉献帝称帝，国号魏，定都洛阳，年号黄初。次年，刘备在成都称帝，国号仍称汉，而世称之为蜀。孙权则接受曹丕的封号，称为吴王。公元229年，孙权在建业（今江苏南京）称帝，建立吴国，三国鼎立的局面正式形成。曹操在其统辖的区域，一方面发展军事实力，建立了士家制度；另一方面则采取屯田积谷措施，解决了因常年战争造成的饥荒和流民问题，安定了社会。在政治上采取打击豪强和唯才是举的政策，为曹丕称帝奠定了基础。蜀汉的刘备，基本上是按诸葛亮在“隆中对”中提出的方针治蜀，修明政治，结好东吴，平定南中，北伐曹魏。前三点基本做到，但北伐之事，因魏蜀力量相差悬殊而失败。孙吴立国江东，境内较之中原相对安定。孙权能够较灵活地处理与魏、蜀的关系，确保了江南的开发。

公元263年，魏灭蜀；公元266年司马炎取代曹氏魏政权，建立晋王朝；公元280年晋灭孙吴，统一了全国，曾一度出现天下大治的局面。但西晋上层奉行门阀政治，统治集团的迅速腐化及权力争斗，先后爆发了“八王之乱”和“永嘉之乱”，引起北方匈奴、羯、氐、羌、鲜卑的侵入，史称“五胡乱华”。西晋政权由此崩溃，大批汉族人士退据江东，公元317年，拥戴晋宗室的司马睿在建康（今南京市）重建晋室，是为东晋。东晋政权维持了104年，到公元420年，被刘裕建立的宋取而代之，其后又被萧道成建立的齐篡夺。齐又被萧衍建立的梁政权夺取。梁又被陈霸先建立的陈取代。这个时期，南京先后经历了孙吴、东晋、刘宋、萧齐、萧梁和陈六个朝代，史称“六朝”。与此同时，北方政权也经历了由分裂战乱到相对统一的历程。先是“胡人”建立了多个政权，史称“五胡十六国”，后被拓跋氏建立的魏政权统一，长期与南方的汉族政权对峙，史称“南北朝”。在法制建设方面，南北朝可以说是各自走了不同的道路，南方政权基本上是恪守西晋的“法统”，以晋律为基本大法；北魏则善于吸收自汉朝以来汉族政权历代的法治成果，并结合自己的民族传统，兼收并蓄，取精用宏，为其后隋唐法律的发展奠定了基础。

第二节　三国魏晋南北朝的立法概况

一、三国

（一）魏之《新律》

曹魏代汉以后，魏明帝太和三年（公元229年）开始大刀阔斧“改定刑制”，陈群、刘邵、韩逊等“删约旧科，傍采汉律，定为魏法，制《新律》十八篇”。[1]《新律》不仅在古代法律编纂体例形式上，而且在内容上都有重大进展。它将《刑名》列于律文之首，突出其刑律总则的地位与作用，这是古代刑律体例上的突破。它将“八议”作为一条重要的司法原则列入刑律，又“依古义制为五刑”，使儒家的法学思想全面进入国家法典。从此，历代法典的制定，均由儒臣经手。《新律》是中国古代法律儒家化过程中的一个重要里程碑。

（二）蜀之《蜀科》

据《三国志·蜀书·伊籍传》记载，蜀汉的法律是在诸葛亮的主持下，由李严、刘巴、法正、伊籍等制定，称为《蜀科》，“《蜀科》之制，由此五人焉”。[2]

中国自古就有“治乱世而用重典”的传统。诸葛亮身处东汉以来的乱世，史料中有诸葛亮“刑法竣急”的记载。但据《三国志》的作者陈寿的评论说：“诸葛亮之为相国也，抚百姓，示仪轨，约官职，从权制，开诚心，布公道；尽忠益时者虽雠必赏，犯法怠慢者虽亲必罚，服罪输情者虽重必释，游辞巧饰者虽轻必戮；善无微而不赏，恶无纤而不贬；庶事精练，物理其本，

---

〔1〕《晋书·刑法志》。

〔2〕《三国志》卷三八《蜀书·伊籍传》。

循名责实，虚伪不齿；终于邦域之内，咸畏而爱之，刑政虽峻而无怨者，以其用心平而劝戒明也。”〔1〕

这可以说正是诸葛亮的法律思想，《蜀科》中也应有体现这一思想，可惜该法没有存留下来。

(三）吴之“科条”

黄武五年（公元226年），因陆逊奏请，东吴“于是令有司尽写科条”。陆逊的本意是劝孙权“施德缓刑，宽赋息调”。东吴的法律向以“苛酷”著称，孙权认为：“夫法令之设，欲以遏恶防邪，儆戒未然也，焉得不有刑罚以威小人乎？此为先令后诛，不欲使有犯者耳。”〔2〕孙权也是主张用重刑者，故吴之“科条”仍然体现了“重刑主义”的倾向。臣下认为孙权用刑太重，而他却说这是“不得已而为之”。如“孝子服三年之丧”本是儒家的基本信条，但时处战乱年代，人力缺乏，故东吴立法，严禁在职官员私自奔丧，违者处以“大辟”。夷三族、族诛之刑，汉代中期已废，而在吴时却屡见，此外，车裂、锯头、剥面、凿眼、刖足等法外酷刑也常常成为吴主任意施刑的手段。这在很大程度上加快了吴的灭亡。

二、晋代

(一)《泰始律》与《晋令》《晋故事》

曹魏末年，政归司马氏。晋王司马昭鉴于当时律令繁杂、“科网本密”，命贾充、杜预、羊祜、裴楷等人参酌汉律与魏律，刊定新刑法。这次修律活动是在新旧王朝交替过程中进行的，至晋武帝泰始三年（公元267年）修成，于泰始四年（公元268年）颁行，史称《泰始律》。晋代修律，以汉魏旧律为基础。《晋书·刑法志》称它：“蠲其苛秽，存其清约，事从中典，归于益时。”〔3〕其条文简要，事例分明处断容易，禁戒简明，故以“刑宽禁简”著称。从古代刑法典的编纂史看，晋代《泰始律》可谓由繁入简的分水岭。

在修晋律的同时，又将不适合入律的法条，如军事、田农、酤酒等项，“悉以为令”。所谓令是“施行制度，以此设教，违令有罪则入律”；又“其常事品式章程，各还其府，为故事”。〔4〕据《隋书·经籍志二》载，晋有

〔1〕《三国志》卷三五《蜀书·诸葛亮传》。

〔2〕《三国志》卷四七《吴书·吴主传》。

〔3〕《晋书·刑法志》。

〔4〕《晋书·刑法志》。

《晋令》四十卷，并说："晋初，贾充、杜预，删而定之。有律，有令，有故事"。[1]又有《晋建武故事》一卷、《晋咸和、咸康故事》四卷等，亦称："晋初，甲令已下，至九百余卷，晋武帝命车骑将军贾充，博引群儒，删采其要，增律十篇。其余不足经远者为法令，施行制度者为令，品式章程者为故事，各还其官府。"[2]

魏晋南北朝以后，儒家思想成为各代立法的基本指导思想，中国古代法律儒家化。晋在制定《泰始律》时，强调"引礼入律"，将礼制引入法典。晋代实行所谓"峻礼教之防，准五服以制罪"[3]的原则，道德准则成为定罪的依据，丧服制度成为量刑的尺度。这一法律思想一直影响着中国法学的发展。

晋代很重视对法律的宣传，晋律修成后，武帝司马炎亲临听讼观主讲律文，并特别将其中的死罪条目抄录出来，"悬之亭传，以示兆庶"。[4]其做法起到了宣传法律的作用。

（二）杜预、张斐解律与晋代律学

前文已述，汉代法学是从经学中发展而来的。自董仲舒开"引经决狱"之先河，两汉名儒皆以"经义决狱"为时尚。如公孙宣、郭令卿、马融、郑玄等十余家学派，竞相以儒家经义解释法律，从而形成"律学"这一中国特色的法律学科。到晋代，又有杜预、张斐皆以注释《晋律》名闻天下。

杜预（公元222年—公元284年），曾参与《晋律》的修订，律成后，又"为之注解"，并说："今所注皆网罗法意，格之以名分。使用之者执名例以审趣舍，伸绳墨之直，去析薪之理。"[5]即以注释的方法，搜求法律的精神实质，使概念明确，便于执法者依照名例律的原则去判定有罪与无罪。此外，他还著有《律本》二十一卷、《杂律》七卷，但均已失佚。

张斐（晋代人，生卒年不详），是以廷尉明法掾的身份为《晋律》作注。其目的是"明发众篇之多义，补其章条之不足"[6]，即用注释的方式，阐明和揭示《晋律》中各篇章之间的丰富含义，弥补条目的疏漏，并使律文中的名词、概念明确化、严密化。据《隋书·经籍志二》载，张斐还著有《汉晋律序注》一卷、《杂律解》二十一卷，亦皆失佚。但是，在《晋书·刑法志》

---

〔1〕《隋书·经籍志二》。
〔2〕《隋书·经籍志》。
〔3〕《晋书·刑法志》。
〔4〕《晋书·刑法志》。
〔5〕《晋书·杜预传》。
〔6〕《晋书·刑法志》。

中，摘要转录了张斐注律后给皇帝上的“进律表”。表中对当时的立法原则、律文的适用等都有所说明，特别是对数十个法律专用名词逐个进行了精确的解释，对中国注释法学的发展具有深远意义，尤其是对《唐律》的影响最为重大。

杜预、张斐对《晋律》的注释，不同于汉儒以《春秋》决狱。汉代的经义解律是将儒家经书穿凿附会、牵强引申于司法案件之中，带有很大的随意性，不是科学意义上的法学。杜预、张斐解律，是从司法审判的原则出发，特别着重于法律名词术语的解释。他们不仅吸取了以往律学的成果，而且还有所发展创新，为古代法律词汇的规范化奠定了基础，为中国法学的科学化做出了开创性的贡献。尤其是他们的注解，经朝廷认可后颁行天下，成为全国普遍遵行的法律解释，其注文与律文通行，具有同等的法律效力，故后世又称《晋律》为“张杜律”。晋代的律学，标志着当时法学发展的最新水平，并为唐代注释法学的典范《唐律疏议》提供了模本。

三、南朝

（一）宋、齐循晋旧

东晋以降，南朝皆以腐朽的士族执政，保守颓废，固守《晋律》法统，在法学领域没有突出的建树。

刘宋代晋，首先承用《晋律》，其后又曾修订律令，大明四年（公元460年），曾“改定制令”。[1]大明七年（公元463年）八月诏中也有“详省律令”[2]的记载。

南齐武帝永明七年（公元489年），曾根据《晋律》及张斐、杜预的律注，撰定齐之《永明律》二十卷。史载，“宋及南齐，律之篇目及刑名之制略同晋氏，唯赎罪绢兼用之”；又《晋令》四十篇，“宋、齐略同晋氏”。[3]

（二）梁、陈无树新

梁武帝天监元年（公元502年），当时著名的法律学家蔡法度与文学家兼史学家沈约等人增损《晋律》，撰成《梁律》20篇，定罪2529条。其内容仍与《晋律》相去不远，仅在个别篇目上有所变动。如将“盗律”改为“盗劫”，增加“仓库”篇，删去“诸侯律”，并在律文注释上略有改动。

---

〔1〕《宋书·刘秀之传》。

〔2〕《宋书·孝武帝纪》。

〔3〕（唐）李林甫撰，陈仲夫点校：《唐六典》卷六《刑部郎中员外郎条》，中华书局1992年版，第184页。

陈武帝即位后，认为梁代法律“纲目滋繁，矧属乱离，宪章遗紊”，故命范泉等人“参定律令”，撰成《律》三十卷，《令律》四十卷。史称该律“纲目虽多，博而非要”；只在少数条文的内容上略作改动，“自余篇目条纲，轻重简繁，一用梁法”。[1]由此可见，陈武帝虽曾想在立法上有所作为，但因在指导思想方面不切实际，故还是无所建树。

南朝在法理学上如此无所作为，是因为统治者在政治上腐朽、绝望，学理上热衷于玄学、佛学，崇尚清谈，轻视刑名法例之学。陈寅恪曾评说南朝的律学：“若就南朝承用之晋律论之，大体似较汉律为进化，然江左士大夫多不屑研求刑律，故其学无大发展。”[2]这一评价是很正确的。

四、北朝

（一）北魏创《魏律》

北魏是鲜卑族建立的政权。在进入中原以后，北魏统治者积极汲取汉族与其他民族的先进文化，开始注意运用法律手段作为其统治的工具。在汉族士人的帮助下，北魏参酌魏、晋与南朝诸律，先后八次编纂法律。宣武帝正始元年（公元504年），又下诏“议狱定律”。本着“循变协时，永作通制”[3]的原则，北魏最终确定了《北魏律》，共二十卷。

《北魏律》的产生，是鲜卑族统治者在其封建化的过程中，不拘泥于本族的传统，认真向中原汉族先进文化学习的结果。陈寅恪对北朝的律学评价极高，他说：“北魏之初入中原，其议律之臣乃山东士族，颇传汉代之律学，与江左之专守晋律者有所不同。及正始定律，既兼采江左，而其中河西之因子即魏晋文化在凉州之遗留及发展者，特为显著，故元魏之刑律，取精用宏，转胜于江左承用之西晋之旧律。”他还总结说：“元魏之律遂汇集中原、河西、江左三大文化因子于一炉而冶之，取精用宏。”又说：“元魏刑律实终汇中原士族仅传之汉学及永嘉乱后河西流寓儒者所保持或发展之汉魏晋文化，并加以江左所承西晋以来之律学，此诚可谓集当日之大成者。”[4]这是北朝在法学方面取得突出成绩的根本原因。

（二）北齐之“简要”

公元534年，北魏分裂为东魏和西魏两个政权。公元550年，高洋取代

---

〔1〕《隋书·刑法志》。

〔2〕陈寅恪：《隋唐制度渊源略论稿》之四《刑律》，中华书局1963年版，第111页。

〔3〕《魏书》卷一一一《刑罚志》。

〔4〕陈寅恪：《隋唐制度渊源略论稿》之四《刑律》，中华书局1963年版，第107页、第111页。

东魏，建立北齐。北齐武成帝高湛在河清三年（公元564年）命封述、崔昂等在《北魏律》的基础上制定了《北齐律》，共十二卷。

在篇目体例上，《北齐律》改《晋律》以来以刑名、法例二篇为刑律总则的编纂方式，将其合并为“名例”一篇，使中国古代刑律总则趋于完善。这一体例一直为此后各朝刑法典所沿用，直到清末。《北齐律》还首创“重罪十条”，成为后世“十恶”的渊源。《隋书·刑法志》称《北齐律》是“法令明审，科条简要”。[1]程树德也认为：“南北朝诸律，北优于南，而北朝尤以齐律为最。”[2]

（三）北周之“繁复”

北周于保定三年（公元563年）制定了刑法典，称为《大律》，共25篇。但因其不顾客观环境的变化，一心模仿《周礼》，结果不仅篇章条目繁多，且有削足适履之拙。《隋书·刑法志》称其为：“大略滋章，条流苛密，比于齐法，烦而不要。”[3]陈寅恪评议说：“北周制律，强摹周礼，非驴非马，与其礼仪、职官之制相同。”并由此得出结论：“故隋受周禅，其刑律亦与礼仪、职官等皆不袭周而因齐，盖周律之矫揉造作，经历数十年而天然淘汰尽矣。”[4]

第三节 行政法律

东汉末年的董卓之乱，使“典宪焚燎，靡有孑遗”[5]，原有的法律秩序被打乱。魏晋南北朝统治者在行政立法上不大受秦汉传统的拘束，遂以令、式作为行政法规的主要形式，这意味着行政立法又有了新的发展。

令作为一种稳定的法律形式在汉代已经存在，但它与“律”在功能方面的分工尚不明显，还没有从律中完全分化出来，成为一种独立的法律形式。汉武帝时的廷尉杜周说：“前主所是著为律，后主所是疏为令。”[6]似乎二者之间的区别只是时间上的差异，并无功能上的不同。汉人解释“令”的含义大多限于“教令”之类，如《尔雅·释诂》所释：“令，告也。”《周礼·大

〔1〕《隋书·刑法志》。

〔2〕程树德：《九朝律考》之《北齐律考序》，中华书局1963年版，第393页。

〔3〕《隋书·刑法志》。

〔4〕陈寅恪：《隋唐制度渊源略论稿》之四《刑律》，中华书局1963年版，第112~113页。

〔5〕《晋书·刑法志》。

〔6〕《史记·酷吏列传·杜周传》。

司马》载:“犯令陵政则杜之。”其注曰:“令,犹命也。”《论语》曰:“不令而行。”《集解》曰:“令,教令也。”《汉书·东方朔传》载:“令者,命也。”其基本含义都是表示令是王或皇帝的话,即“王言”。正如《新书·等齐》所说:“天子之言曰令,令甲、令乙是也。”〔1〕因为在古代社会中,君主的话具有法律效力,可以说就是法律,尤其是通过诏书的形式发布出来的诏令,则更是当然的法令。据《汉书·宣帝纪》文颖注:“天子诏所增损,不在律上者为令。”〔2〕即令是律的补充。汉代令所涉及的范围非常广泛,包括政治、经济、军事、文化、司法、婚姻家庭等社会生活的各个方面,既有关于刑法的内容,又有属于行政法的内容。曹魏命陈群等撰《州郡令》45篇,《尚书官令》《军中令》180余篇。晋武帝命贾充修律令,于泰始四年(公元264年)颁布《泰始律》。贾充将原来因权宜所设的法令归为一类,定《晋令》40篇,共2306条,98 643言。其特意说明,令是定律时,“其余未宜除者,若军事、田农、酤酒,未得皆从人心,权设其法,太平当除,故不入律,悉以为令。施行制度,以此设教,违令有罪则入律”。〔3〕将律令加以区别,所谓“施行制度者”为令。令属于行政性法规,违令并构成犯罪者,则依律治罪。晋令的篇目为:一户,二学,三贡士,四官品,五吏员,六俸廪,七服制,八祠,九户调,十佃,十一复除,十二关市,十三捕亡,十四狱官,十五鞭杖,十六医药疾病,十七丧葬,十八杂上,十九杂中,二十杂下,二十一门下散骑中书,二十二尚书,二十三三台秘书,二十四王公侯,二十五军吏员,二十六选吏,二十七选将,二十八选杂士,二十九宫卫,三十赎,三十一军战,三十二军水战,三十三至三十八皆军法,三十九、四十皆杂法。〔4〕历南北朝,各政权皆循《晋令》体例编纂“令”。〔5〕

两汉时期实行征辟、察举选拔官吏,曹操提出“唯才是举”的方针,用人不拘一格。曹丕登基后,根据吏部尚书陈群的方案,建立了九品官人法,晋代继续承用,其后南北朝各政权也基本上沿用此制。九品官人法成为这一时期选拔官员、考课官吏最重要的行政法规。

隋唐时期,令已成为“设范立制”的法律形式。所谓“尊卑贵贱之等数,

〔1〕(汉)贾谊撰,阎振益、钟夏点校:《新书》卷一《等齐》,中华书局2000年版。

〔2〕《汉书·宣帝纪》。

〔3〕《晋书·刑法志》。

〔4〕(唐)李林甫撰,陈仲夫点校:《唐六典》卷六《刑部郎中员外郎条》,中华书局1992年版,第184页。

〔5〕张鹏一编著,徐清廉校补:《晋令辑存》,三秦出版社1989年版。

国家之制度也”,[1]令成为有关国家行政制度方面的法规。唐代各君王在修律的同时撰令，已经成为通例。

第四节　刑事法律

一、刑事立法概况

曹魏代汉后，魏明帝于太和三年（公元229年）开始大刀阔斧地“改定刑制”。陈群、刘劭、韩逊等制定《魏律》，称为《新律》，共18篇。它在汉代萧何的《九章律》的基础上，增加了劫略、诈伪、毁亡、告劾、系讯、断狱、请赇、惊事、偿赃九章。具有决定意义的是，《魏律》改汉代的“具律”为“刑名”，列于整个律文之首，改变了《九章律》“条例既不在始，又不在终，非篇章之义”[2]的体例，突出了刑律总则的地位和作用，是为封建刑律体例上的突破。后世皆沿用这一体例。这对《晋律》的发展具有直接的影响。

西晋贾充等于晋武帝泰始三年（公元267年）制定并公布的《泰始律》，共20篇，620条，27 657言。其总则在《魏律》“刑名”之外，又增加了“法例”一篇，两篇共同组成总则。其余篇目为盗、贼、诈伪、请赇、告劾、捕、系讯、断狱、杂、户、擅兴、毁亡、卫宫、水火、厩、关市、违制、诸侯。晋代修律，以汉魏旧律为基础，“蠲其苛秽，存其清约，事从中典，归于益时。其余未宜除者，若军事、田农、酤酒，未得皆从人心，权设其法，太平当除，故不入律，悉以为令。施行制度，以此设教，违令有罪则入律”。[3]其条文简要，事例分明，处断容易，禁戒简明，故以“刑宽禁简”著称。晋代立法，将“律”与“令”分行，“律以正罪名，令以存事制”[4]，二者分行，各司其职。在晋代，律令共2926条，126 300言。从此中国古代法律将刑法与行政法规相区别，到唐代正式分为两大法律体系。从中国古代刑法典的编纂看，晋代的刑事立法不愧为中国刑法史上由繁入简的分水岭。《晋律》定后，又有张斐、杜预为之作注，其注文成为全国通行的法律解释。其后，又将二者合编，称为《张杜律》。

---

〔1〕《新唐书》卷五六《刑法志》。

〔2〕《晋书·刑法志》。

〔3〕《晋书·刑法志》。

〔4〕（宋）李昉撰：《太平御览》卷六三八《刑法部四·律令下》引杜预《晋律序》，中华书局1960年版，第2859页。

南北朝后，律分为两支。南朝基本原封不动地沿用《晋律》，如东晋、刘宋、萧齐，皆直接援用《晋律》。而梁武帝时修《梁律》，也不过是将《晋律》稍作修补，内容无大改动。南陈又是沿用《梁律》。即使仅是算到梁武帝天监二年（公元503年）颁行《梁律》，《晋律》也已“承用已经三代，凡二百三十七年，六朝诸律中，行世无如是之久者，是亦有故也”。[1]《晋律》在中国法律发展史上的地位极其重要，对后世法律的发展，尤其是隋唐法律的形成奠定了基础。可以说，整个魏晋南北朝直到隋唐的法律，皆以《晋律》为底本。

北魏建立后，原有的较为简单、淳朴的礼俗远远不能满足统治者处理复杂的社会现状的需要，制定法律成为当务之急。从北魏太祖拓跋珪起，历经世祖、高宗、高祖、世宗（自公元386年—公元515年），先后八次修订律令，最终完成《北魏律》20篇。其篇目为刑名、法例、违制、宫卫、户、厩牧、擅兴、贼、盗、斗、诈伪、杂、捕亡、断狱、婚姻、告劾、系讯、请求、关市、水火。《北魏律》的历史渊源是《晋律》，从其篇目看，明显地脱胎于晋律：一是篇目数同为20篇；二是篇目一致者多达17篇；三是其不同的三篇，仍与《晋律》有关。如“捕亡律”系合晋律之“捕律”与“毁亡律”，“斗律”系自晋律之“系讯律”中分出，“婚姻律”系从“户律”中分出。晋律中的“诸侯律”，因北魏没有实行分封制，而是实行郡县制，故其取消该律也合乎时代潮流，适应社会现状。南朝梁武帝制定《梁律》时也取消了“诸侯律”，并增加了“仓库律”，使篇数仍为20篇。

北魏分裂为东、西魏后，西魏被宇文氏（宇文泰、宇文觉）建立的北周取代。《北周律》对《北魏律》改动较大，增为25篇、1537条，史称其“大略滋章，条流苛密，比于齐法，烦而不要”[2]。其篇目为刑名、法例、祀享、朝会、婚姻、户禁、水火、兴缮、卫宫、市廛、斗竞、劫盗、贼叛、毁亡、违制、关津、诸侯、厩牧、杂犯、诈伪、请求、告言、逃亡、系讯、断狱。它在中国刑法史上的地位并非完全无足轻重，尤其是在刑制方面有所贡献。

东魏被高氏（高欢、高洋）建立的北齐取代。北齐在中国刑法史上占有极其重要的地位。北齐于河清三年（公元564年）制定《北齐律》12篇，奠定了隋唐刑律以12篇为准的基础。其篇目为名例、禁卫、婚户、擅兴、违制、诈伪、斗讼、贼盗、捕断、毁损、厩牧、杂律诸篇，共949条。《北齐

---

〔1〕 程树德：《九朝律考》卷三《晋律考序》，中华书局1963年版，第225页。

〔2〕《隋书·刑法志》。

律》改《晋律》以来，刑名、法例二篇为刑律总则的做法，合二为一，以“名例律”作为总则，使封建刑律在体例上更加完善。这一体例一直为后世封建刑律所沿用，直到清末。可见，《北齐律》在中国刑法发展史上具有突破性的意义，史称《北齐律》“法令明审，科条简要”。[1]今人程树德说：“南北朝诸律，北优于南，而北朝尤以齐律为最。”[2]

二、刑法的主要内容与原则

（一）刑法的主要内容

1. 严惩直接侵犯君主权力和危害封建统治秩序的犯罪行为

魏晋南北朝到隋朝正是封建政权分合更替频繁之际，不仅农民群众反抗封建统治的运动激烈，而且统治阶级内部争权夺利的斗争也异常残酷。各政权为维护自己的统治和保证皇权的至高无上，制定了“谋反”“大逆”等罪名，作为刑法打击的最重要的目标。

曹魏未将“谋反”“大逆”等罪名列入刑律，但以诏令等刑事特别法的形式从严惩处。据《晋书·刑法志》载：“至于谋反大逆，临时捕之，或污潴，或枭菹，夷其三族，不在律令，所以严绝恶迹也。”《魏法》规定：“犯大逆者，诛及已出之女。”[3]《晋律》将谋反、大逆等罪名纳入律文，张斐《注律表》说：“谋反之同伍，实不知情，当从刑。”[4]即与谋反者同一居民单位的邻居，即使不知道谋反者的实际情况，也要同谋反者一道处刑。在某些罪名的定义方面，如曹魏将“大逆无道”作为一个罪名，内容是“言语及犯宗庙陵寝”，思想语言与行动没有区别。张斐则对罪名严格定义，如以“亏礼废节，谓之不敬”；以“逆节绝理，谓之不道”；以“陵上僭贵，谓之恶逆”等。[5]南北朝陆续增加了降、叛等罪名，再加上违反封建伦常的“不孝”“不义”及“内乱”等罪名，到北齐制律时，形成了“重罪十条”。《隋书·刑法志》称：“又列重罪十条，一曰反逆，二曰大逆，三曰叛，四曰降，五曰恶逆，六曰不道，七曰不敬，八曰不孝，九曰不义，十曰内乱。其犯此十者，不在八议论赎之限。”[6]隋代定律，将北齐的“重罪十条”改为“十恶”，内

---

〔1〕《隋书·刑法志》。

〔2〕程树德：《九朝律考》卷六《北齐律考序》，中华书局1963年版，第393页。

〔3〕《晋书·刑法志》。

〔4〕《晋书·刑法志》。

〔5〕《晋书·刑法志》。

〔6〕《隋书·刑法志》。

容为谋反、谋大逆、谋叛、恶逆、不道、大不敬、不睦、不义、内乱。“犯十恶及故杀人狱成者，虽会赦，犹除名。”[1]

2. 侵犯人身权利方面的犯罪

秦汉旧律对侵犯人身方面的犯罪规定得还是比较粗略，杀人称为“贼杀”，伤人称为“贼伤”。《晋书·刑法志》引张斐《注律表》云：“两讼相趣谓之斗，两和相害谓之戏，无变斩击谓之贼，不意误犯谓之过失。”[2]即将杀伤人的犯罪行为分为斗杀伤、戏杀伤、贼杀伤和过失杀伤，并根据情节轻重，区别定罪量刑。又有“知而犯之谓之故，意以为然谓之失”，“二人对议谓之谋”[3]，即对犯罪对主观方面区分为预谋犯罪、故意犯罪和失误犯罪，使侵犯人身权利的犯罪行为在罪名规定上更加系统、更加科学，反映了当时刑事立法技术的进步。

3. 侵犯财产权利方面的犯罪

侵犯财产权利的犯罪，古代称为“盗”罪。《晋书·刑法志》引张斐《注律表》说，“取非其物谓之盗，货财之利谓之赃”；“若加威势下手取财为强盗”。[4]将盗罪与赃物相分，盗与强盗区别，又加入“缚守”“恐喝”“呵人”“受赇”“持质”与“强盗”共六类不同性质的盗罪。隋律分以窃盗与强盗，为唐律定“六赃”奠定了基础。从盗罪的主体说，分为常人偷盗与监临主守自盗。“主守偷五疋、常偷四十疋，并加大辟”，[5]主守偷盗重于一般偷盗。从盗罪的客体说，分为盗皇室御用物、宗庙神御物、官有财物和私人财物等几种。其中，盗御用物和宗庙物罪入“十恶”之“大不敬”。

魏晋南北朝至隋，在刑事立法上，还对官吏在职务方面的犯罪，军事方面的犯罪；官民在家庭、婚姻及经济秩序和社会秩序方面的犯罪都作了更多更细的规定，为唐代的刑事立法创造了良好的条件。

（二）重要刑法原则的增加

1. 八议

自秦朝就有对官吏的“赎免”优待，汉代也有“上请”制度，“上请”的范围也越来越大，从“二千石”扩大到“六百石”，从皇室宗亲扩大到公侯嗣子，皆须先请而后执行。东汉后期，开始出现“八议”的说法，这是儒

---

〔1〕《隋书·刑法志》。

〔2〕《晋书·刑法志》。

〔3〕《晋书·刑法志》。

〔4〕《晋书·刑法志》。

〔5〕《南史》卷二一《王弘传》。

家经学大师们引“经义”对当时司法制度的特权原则所作的总结，但还没有成为法律，只是为封建刑法的特权原则、八议制度奠定了理论基础。

曹魏制《新律》，将《周礼》之“八辟”编入正文，其刑制也是“更依古义制为五刑”。[1]所谓“古义”，就是指儒家传统的经义。

曹魏统治者为笼络豪门士族对其政权的支持，首次将体现贵族官僚特权的“八议”载入其《新律》。“八议”源于《周礼》的“八辟”，是有关八种特权人物犯罪在适用刑罚时的优待原则。八议为亲、故、贤、能、功、贵、勤、宾。议亲，指皇亲国戚；议故，指皇帝的故旧；议贤，指贤人君子，言行可为法者；议能，指有大才干者；议功，指功勋卓著者；议贵，指职事官三品以上，散官二品以上及爵一品的大贵族、大官僚；议勤，指勤于政事，有突出贡献者；议宾，指前朝皇室后代被奉为国宾者。

“八议”入律之后，为保障一般官吏的特权地位，西晋又规定了以官抵罪的“官当”制度。晋律规定，免官可当三岁刑。北魏定律，不仅官职可当刑期，贵族的爵位也可抵折徒刑。南朝《陈律》正式将“官当”入律，并创立了区分公罪与私罪的官当制度，规定“五岁四岁刑，若有官，准当二年，余并居作。其三岁刑，若有官，准当二年，余一年赎”，因“公坐过误，罚金”。[2]官当制度是“八议”制度的扩大与延伸，其目的都是维护不同等级的贵族与官僚的法定特权。

2. 重罪十条

汉代统治者为了有效维护皇权统治，将“谋反”“谋叛”“谋大逆”“不道”“大不敬”等罪名视为重罪，予以严厉打击，但对这些罪名并没有确切地予以法律上的定义。晋张斐注律时说，“逆节绝理，谓之不道”；“亏礼废节，谓之不敬”。[3]这才开始从法理上为罪名定义。《北魏律》规定了对“大逆”“不道”等罪的严惩，南朝《梁律》则规定了对“谋反”“降叛”“大逆”等罪的重刑，说明当时统治者都将危害皇权统治及封建纲常礼教的行为视为重点打击对象，但其时尚未将这些重罪单独归类。

北齐制律时，遵儒家礼法结合的原则，将以往的重罪加以归纳，使之由零散变为完整。《北齐律》规定反逆（造反及篡权行为）、大逆（毁坏皇家宗庙、陵寝、宫殿）、叛（叛国）、降（投伪）、恶逆（谋杀、殴尊亲属）、不道

[1]《晋书·刑法志》。

[2]《隋书·刑法志》。

[3]《晋书·刑法志》。

(残杀人)、不敬(盗皇家器物及过失危及皇帝安全)、不孝(不奉养父母及违服制)、不义(部民杀害官长)、内乱(亲属间犯奸)为重罪十条,即便是贵族官僚,"其犯此十者,不在八议论赎之限"。[1]

3. 准五服以制罪

中国古代以丧服为标志来规定亲属的范围、等级,亦即亲属关系的亲疏远近的制度,称为"服制"。所谓"五服",就是将服制分为五个等差,以区别丧服与丧期。一为斩衰(音 cuī),服丧三年,用极粗的生麻布为丧服,不缝衣缘,为子女对父母、妻对夫等;二为齐(音 zī)衰,服丧一年,用次粗的生麻布为丧服,缝衣缘,为孙对祖父母、夫对妻等;三为大功,服九月,用粗麻布为丧服,对堂兄弟、在室堂姐妹、侄妇等;四为小功,服五月,用稍粗熟麻布为丧服,对伯叔祖父母、堂伯叔父母、再从兄弟、堂侄、侄孙、兄弟之妻、夫之兄弟等;五为缌麻,服三月,用稍细熟麻布为丧服,对曾祖的兄弟、祖父的堂兄弟、父亲隔二代的堂兄弟、本人隔三代的堂兄弟等亲,是五服内最轻的服制。五服之外同五世祖的亲属为"袒免(音 wèn)亲",袒是露左臂,免是以白巾缠头。同六世祖及更远的亲属为"无服亲"。

《晋律》首开以服制论罪的先例,明确提出"峻礼教之防,准五服以制罪"的法律原则。亲属相犯是以服制的轻重来确定罪与非罪或刑罚的轻重。服制越近时,以尊犯卑的处置越轻,以卑犯尊的处置越重。服制越远时,以尊犯卑的处置相对加重,以卑犯尊的处置相对减轻。如殴打常人,一般不判罪,重者或判一至二岁刑;若殴打兄姊则重判至五岁刑,殴打父母则须处以死刑。相反,若是父母责打子女,或是长辈责打和教训族内的晚辈,则不追究任何法律责任。

北齐修律时,吸收晋律的立法原则,单修《五服制》一卷,作为刑律的附则,《隋书·经籍志》将其列于刑法部分。沈家本说:"五服亲疏,关于刑法,故在此篇。"[2]"准五服以制罪"正是儒家纲常名教在刑法中的重要表现形式,反映了中国古代法律礼法合一的特点。法官判案,须先明服纪。从此,历代法律均以此作为定罪量刑的重要标准。

4. 存留养亲

北朝的北魏政权进入中原后,开始接受汉人儒家文化的影响,倡导孝道。魏太武帝拓跋焘依赖北方世族崔浩进行法制改革,由崔浩主持制定新律令。

[1] 《隋书·刑法志》。

[2] (清)沈家本撰:《历代刑法考》之《律令考三·齐五服制》,中华书局1985年版,第904页。

其规定："诸犯死罪，若祖父母、父母七十以上，无成人子孙，旁无期亲者，具状上请。流者鞭笞，留养其亲，终则从流。不在原赦之例。"[1]儒家要求为人子者对父母尽养老送终之责，独子犯罪当死，可依法予以"存留养亲"，若能尽心为父母送终，则能减死刑为流刑，显示出人道主义的光辉。

5. 罪刑法定思想的入律

中国自西周讫，就已经出现罪刑法定思想的萌芽。《尚书·吕刑》中提出："刑罚世轻世重，惟齐非齐，有伦有要。"[2]一方面，要根据国家的实际情况，灵活适用刑罚；强求一致并不是真正的一致。另一方面，要根据以往的判例和法定的条文来判狱案。判案必须"明启刑书胥占"[3]，仔细斟酌法条。

司马昭为晋王时，"患前代律令本注烦杂，陈群、刘劭虽经改革，而科网本密，又叔孙、郭、马、杜诸儒章句，但取郑氏，又为偏党，未可承用"。于是令贾充等人在修订《晋律》的同时编修令，律令分行。将不入律者，"悉以为令，施行制度，以此设教，违令有罪则入律"，[4]"律以正罪名，令以存事制"[5]，使刑事法律与行政规章分离，从而中国古代的法律出现了两大体系并行的局面。在这种背景之下，三公尚书刘颂说出："律法断罪，皆当以法律令正文，若无正文，依附名例断之，其正文名例所不及，皆勿论。法吏已上，所执不同，得为异议。如律之文，守法之官，唯当奉用律令。"[6]罪刑法定的原则，由此正式进入古代的司法领域，"守法之官，唯当奉用律令"。若有不妥意见，也只能在法律范围内讨论，"不得援求诸外"。

北魏孝明帝孝昌以后（公元525年），由于"天下淆乱，法令不恒，或宽或猛"，有人建议加重刑罚，使"诸强盗杀人者，首从皆斩，妻子同籍，配为乐户；其不杀人，及赃不满五匹，魁首斩，从者死，妻子亦为乐户；小盗赃满十匹已上，魁首死，妻子配驿，从者流。"但侍中孙腾反对，坚持"请诸犯盗之人，悉准律令，以明恒宪。庶使刑杀折衷，不得弃本从末"。[7]该观点得到皇帝肯定。

---

[1]《魏书·刑罚志》。

[2]（清）阮元校刻：《十三经注疏·尚书正义》卷一九《吕刑》，中华书局1980年版，第250页。

[3]（清）阮元校刻：《十三经注疏·尚书正义》卷一九《吕刑》，中华书局1980年版，第250页。

[4]《晋书·刑法志》。

[5]（宋）李昉撰：《太平御览》卷六三八《刑法部四·律令下》引杜预《晋律序》，中华书局1960年版，第2859页。

[6]《晋书·刑法志》。

[7]《魏书·刑罚志》。

6. 经义决狱

魏晋南北朝正是封建法律儒家化的时期，表现在诉讼制度上，法律禁止子孙控告父母、祖父母，违者要被处死。若父母、祖父母控告子孙不孝，或违犯教令，要求官府杀之，官府应当允许。

南北朝都对“诬告反坐”作了规定，如魏文帝曾下诏说：“敢以诽谤相告者，以所告者罪罪之。”〔1〕晋律规定，八十岁以上的老人，犯一般的罪可以“勿论”，但若“诬告谋反者，反坐”。〔2〕《北魏律》也规定：“诸告事不实，以其罪罪之。”〔3〕此外，法律对老百姓的自诉权也作了一些限制性规定，如十岁以下儿童不得告状，奴婢不得告主人等。对在狱囚徒的告诉权也加以限制，“囚徒诬告人反，罪及亲属，异于善人，所以累之使省刑息诬也”。〔4〕

汉代出现的“经义决狱”，即用儒家的经义对法律进行解读，奠定了汉代律学的基本特征，并开魏晋律学的先河，为中华法系的形成奠定了理论基础。因此，在某种意义上说，中华法系的理论基础就是经学。

所谓“经义决狱”，并不仅限于《春秋》一经。《春秋》三传，三《礼》《尚书》《诗经》和《周易》，以及“五经”之外的《孝经》《尔雅》等经史之书，皆可以作为审判案件的理论依据，以补法律条文之不足，甚至有时其效力还高于法条。司马懿时，有人告曹爽“阴谋反逆”，交由“公卿朝臣廷议，以为《春秋》之义，‘君亲无将，将而必诛’”。因此定罪“谋图神器”，“大逆不道”，而被夷三族。〔5〕王淩与外甥令狐愚谋讨司马氏，事败自尽，受牵连者“悉夷三族”。

西晋制定《泰始律》，引礼入律。所谓“峻礼教之防，准五服以制罪也”〔6〕，强调“律法断罪”，这是中国古代最具罪刑法定倾向的时期。永嘉之乱后，晋室东迁，“朝廷草创，议断不循法律，人立异议，高下无状”。主簿熊远上奏建议：“凡为驳议者，若违律令节度，当合经传及前比故事，不得任情以破成法。愚谓宜令录事更立条制，诸立议者皆当引律令经传，不得直以情言，无所依准，以亏旧典也。”〔7〕此建议使南北朝经义断狱之风重启。

---

〔1〕《三国志》卷二四《魏书·高柔传》。

〔2〕《晋书·刑法志》。

〔3〕《魏书·韩麒麟附孙子熙传》。

〔4〕《晋书·刑法志》。

〔5〕《三国志》卷九《魏书·曹爽传》。

〔6〕《晋书·刑法志》。

〔7〕《晋书·刑法志》。

北魏太武帝拓跋焘于太平真君六年（公元445年），“诏诸有疑狱皆付中书，以经义量决”。[1]《魏书·刑罚志》称：“六年春，以有司断法不平，诏诸疑狱皆付中书，依古经义论决者。”

北齐琅邪王高俨，于武平二年（公元578年）矫诏举兵杀和士开，失败后，齐幼主欲尽杀琅邪王属下的“文武职吏”。赵彦深以“《春秋》责帅”，说服幼主，“于是罪之各有差”。[2]北周推崇《周礼》，以经义决狱。孝闵帝元年（公元557年），“楚国公赵贵谋反，伏诛”。帝下诏曰：“法者天下之法，朕既为天下守法，安敢以私情废止？《书》曰：‘善善及后世，恶恶止其身。’其贵、通、兴、龙仁罪止一家，僧衍止一房，余皆不问。惟尔文武，咸知时事。”[3]北周武帝于天和七年（公元572年）诛杀大宰冢晋国公宇文护，发诏书曰：“君亲无将，将而必诛。”[4]以《春秋》的义理，诛杀疑似谋反的重臣。

（三）刑罚制度

1. 曹魏的刑罚制度

曹魏明帝修《新律》，排除种种有关恢复肉刑的议论，“更依古义制为五刑”[5]。其中，定死刑三等，枭首、腰斩、弃市；髡刑四等，分为五、四、三、二岁刑；又有完刑三等，作刑三等，赎刑十一等，罚金六等，杂抵罪七等，具体内容皆不详。据说其中的髡刑、完刑与作刑都相当于“徒刑”。故曹魏的“五刑”当为：死、徒、赎、罚金与杂抵罪五种，共分37个刑等。从其内容看，劳役刑已开始取代了肉刑。

2. 晋代的刑罚制度

晋代简化了曹魏“五刑”的刑名和刑等，其刑制为死、髡、赎、罚金、杂抵罪五种。死刑分三等，枭首、斩、弃市；髡刑四等，髡钳五岁刑加笞二百、四岁刑、三岁刑、二岁刑；赎刑五等，赎死金二斤，赎五岁刑金一斤十二两，四岁、三岁、二岁各以四两为差；罚金五等，十二两、八两、四两、二两、一两。此外，还有杂抵罪未称分等。

3. 南朝刑罚制度

南朝宋、齐两代沿用晋律，其刑罚制度也大体略同于晋制。但自刘宋起，

---

〔1〕《魏书·世祖太武帝纪》。

〔2〕《北齐书》卷一二《武成十二王·琅邪王俨传》。

〔3〕《周书·孝闵帝纪》。

〔4〕《周书·晋荡公护传》。

〔5〕《晋书·刑法志》。

南朝各政权已广泛使用“流徙”之刑，将罪犯流放到边远荒僻地区。南朝梁的死刑分为枭首、弃市二等；徒刑分髡钳五岁刑笞二百、四岁刑、三岁刑、二岁刑、一岁刑、半岁刑和百日刑；鞭杖刑，分二百、一百、五十、三十、二十、一十。又有罚金刑，分十二两、八两、四两、二两、一两五等。对死刑和徒刑都可用金或绢赎罪，是为赎刑。陈基本上用梁法，在刑罚制度方面没有重大突破。

4. 北朝初步确定“五刑”制

北魏定五刑为死、流、徒、鞭、杖。其中，死刑分四等，轘、枭首、斩、绞；流刑不分道里，故不分等；徒刑分五等，五年、四年、三年、二年、一年。鞭刑之制没有正式记载，但从零星材料中可见，从鞭五十到鞭一百不等。由此推测，杖刑恐自一十到五十不等。

北齐刑制如下：死刑四等，与北魏同，轘、枭首、斩、绞。流刑，加鞭笞一百，髡之，投于边裔，以为兵卒，未有道里之差。刑刑（北齐称徒刑为刑刑）五等：五岁刑，加鞭一百，笞八十；四岁刑，加鞭一百，笞六十；三岁刑，加鞭一百，笞四十；二岁刑，加鞭一百，笞二十；一岁刑，加鞭一百，无笞。鞭刑五等：一百、八十、六十、五十、四十；杖刑三等：三十、二十、一十。

北周五刑，由轻而重排列，较前科学，即杖、鞭、徒、流、死。其中，杖刑自十至五十；鞭刑自六十至一百；徒刑分五等，一年鞭六十、笞十，二年鞭七十、笞二十，三年鞭八十、笞三十，四年鞭九十、笞四十，五年鞭一百、笞五十；流刑分五等，以六年为限，流卫服二千五百里、鞭一百、笞六十，要服三千里、鞭一百、笞七十，荒服三千五百里、鞭一百、笞八十，镇服四千里、鞭一百、笞九十，蕃服四千五百里鞭一百、笞一百；死刑则分五等，磐（应作磬）、绞、斩、枭、裂。

隋之《开皇律》，正式确立封建的五刑制度为笞、杖、徒、流、死。这一刑罚体系一直沿用到清末。

笞刑是五刑中最轻的刑罚。隋改北周、北齐的杖刑为笞刑，自笞十到五十，共分五等。据《唐律疏议·名例·笞刑疏》议曰：“笞者，击也，又训为耻。言人有小愆，法须惩戒，故加捶挞以耻之。汉时笞则用竹，今时则用楚。”[1]说明笞刑主要用于对轻微犯罪行为的“惩戒”，带有耻辱刑与教育刑

[1]（唐）长孙无忌等撰，刘俊文点校：《唐律疏议》卷一《名例·笞刑疏》，中华书局1983年版，第3页。

的意思。行笞用的刑具称为“笞杖”，以两股荆条拧成的楚为之。

杖刑是仅重于笞刑的次轻刑种。隋改北周、北齐的鞭刑为杖刑，杖刑分五等，自杖六十至一百。

徒刑是较笞、杖更重的刑种。隋改北周、北齐的徒刑制度，仍分五等，但最高刑为三年，半年为差，分别为：一年、一年半、二年、二年半、三年，同时取消了鞭笞等附加刑。《唐律疏议·名例·徒刑疏》议曰：“徒者，奴也，盖奴辱之。”〔1〕说明徒刑起源于将罪人收为奴隶。

流刑是重于徒刑而又仅次于死刑的重刑。隋代接受了北周将流刑分等的方式，采取更现实可行的办法定流刑为三等，即一千里、一千五百里、二千里。一律不加鞭笞，并在所流地居作二年、二年半、三年不等。

死刑是剥夺犯罪者生命的极刑。隋代取消了前代较残酷的车裂、枭首等，只定死刑采用绞、斩二种方式。这是中国古代各代死刑最文明的时代。

隋代刑制的基本原则是“以轻代重，化死为生”〔2〕；用较文明的刑罚方式，代替野蛮、残酷的手段，以单一刑罚代替复合刑罚。这些都体现了社会的进步，是社会文明程度提高的表现，它反映了中国古代封建刑罚制度趋于成熟。

5. 魏晋时期关于恢复肉刑的论战

自西汉文帝改革刑制，废除肉刑后，由于新的、合理的刑罚体制并未能立刻建立起来，现存刑罚制度在实行中仍存在不少问题，故自东汉以来关于是否恢复肉刑的争论一直就未曾中断，在魏晋时期更是先后掀起几次大论战。

东汉末年献帝建安年间，曹操辅政，有崔寔、郑玄、陈纪等名儒以“刑罚不足以惩恶”〔3〕为由，提出恢复肉刑。由于孔融反对，未能实行。曹操任魏国公时，让群臣“平议死刑可宫割者”。钟繇认为：“古之肉刑，更历圣人，宜复施行，以代死刑。”但反对者众，“遂寝”。〔4〕其中王修“以为时未可行”。〔5〕曹操虽有此意，但不愿以藩国的身份改换汉朝旧制，担此恶名。文帝时又颁诏谓：“大理欲复肉刑，此诚圣王之法，公卿当善共议。”〔6〕但因有军事行动，遂在此搁置。明帝时钟繇上疏，要求恢复肉刑，从最后的结果看，

〔1〕（唐）长孙无忌等撰，刘俊文点校：《唐律疏议》卷一《名例·徒刑疏》，中华书局 1983 年版，第 4 页。

〔2〕《隋书·刑法志》。

〔3〕《晋书·刑法志》。

〔4〕《三国志》卷一三《魏书·钟繇传》。

〔5〕《三国志》卷一一《魏书·王修传》。

〔6〕《三国志》卷一三《魏书·钟繇传》。

王朗等人的意见占了上风。明帝在制定《魏律》时，最终没有将肉刑纳入刑制。

魏末正始年间（公元240年—公元249年），夏侯玄与李胜等人之间又展开了关于是否恢复肉刑的论战，夏侯玄著《本无肉刑论》，“辞旨通远，咸传于世”。[1]这场论战前后往复，共达16次之多，相当激烈。

西晋刘颂为廷尉，曾多次上表要求恢复肉刑，认为“今死刑重，故非命者众；生刑轻，故罪不禁奸。所以然者，肉刑不用之所致也”。[2]东晋时，又有王导、卫展、贺循、纪瞻、庾亮、善之，就连道家宗师、崇尚神仙丹术的葛洪也未能免俗，卷入到这场辩论之中。葛洪认为，受肉刑之人，“终生残毁，百姓见之，莫不寒心，亦足使未犯者肃慄，以彰示将来”。[3]尚书周顗、郎曹彦、中书郎桓彝等反对恢复肉刑，争执不下。元帝本欲听从恢复肉刑的意见，但最后，大将军王敦说，“百姓习俗日久，忽复肉刑，必骇远近。且逆寇未殄，不宜有惨酷之声，以闻天下”[4]，使之停止。主张用重刑威慑的作用来预防犯罪，这是恢复肉刑论者的基本观点。但儒家思想主张实行仁政、德治、教化，认为肉刑太残忍，并不利于引导、教育罪犯改恶从善。由于当时儒家思想的普及，文明意识深入到司法领域中，尽管肉刑复活论者振振有词，但肉刑始终未能重新合法地进入到刑制领域。

第五节　民事法律

一、涉及民事行为的法律规范及其内容

中国古代是一个宗法制社会，以血缘关系为纽带的家庭是整个社会的基础。民事关系的核心是家族伦理。《尚书》中所说的“民彝”，又被称为“五常”或“五典”的法律关系，即“父义、母慈、兄友、弟恭、子孝”，讲的都是家庭关系。家与国合而为“国家”，家庭的伦理演进为社会的道德、国家的法度。臣民对君主的关系犹如子女对家长的关系，君王、官员视黎民为子民，黎民百姓称官长为父母。民事法律事务的主体，往往不是个人，而是家

---

〔1〕《三国志》卷九《魏书·夏侯尚附子玄传》，注引《魏氏春秋》。其《本无肉刑论》全文可参见《通典》卷一六八《刑六·肉刑议》。

〔2〕《晋书·刑法志》。

〔3〕（晋）葛洪著，杨明照撰：《抱朴子外篇校笺》卷一四《用刑》，中华书局1991年版，第377页。

〔4〕《晋书·刑法志》。

庭或家族；家长是家庭的法定代表，家长的权威是神圣不可侵犯的，家长是家庭的主宰，是家中的君主。由此而产生的纲常也就具有了法律意义。所以有人说，中国的民事法律是家庭法律，家法是国法的补充，是得到国家认可的。晋代贾充制《晋律》，将纲常名教等儒家思想融于律文之中，使中国法律走向儒家化的道路，却将儒家经典本身排斥在法典之外。礼教既非法律，就只能处理法律没有规定或解释法律的场合。民事关系正是其最有使用价值的场合。由于礼教的影响，尊卑、长幼之间不能以诉讼的方式，用法律手段寻求解决民事纠纷。礼教调解成为最常用的方法。礼教是法外民事关系中最重要的规则之一。

中国古代是一个等级制社会，以身份关系为核心的各个阶层筑成了封建社会的金字塔。民事法律事务的解决，往往取决于当事人的等级身份。当事人的权利、义务关系多由法律确定的身份、地位决定。魏晋南北朝以九品中正制区别官之清浊贵贱，自耕农之下是部曲、奴婢。隋唐以后定官制为九品三十阶，民有良、贱之分，贱民等同奴婢，身份最低。

中国古代没有独立的、自成体系的民法，魏晋南北朝时期，由于律、令分行，令从刑律中分出，成为当时民事法律规范的主要形式。同时礼教的复兴，法律儒家化的倾向日益突出，“礼”也成为民事法律规范的重要内容。民间习惯一直是中国古代民法最主要的规范之一，此时也不例外。

魏晋南北朝时期社会变动的最大特点是门阀士族特权的强化。尤其是九品中正制的实行，国家政治权力把持在世家大族手中，出现了所谓“上品无寒门，下品无士族”[1]的局面。另外，广大农民对地主阶级的人身依附关系进一步加强，成为豪强地主的依附农民。农民之下，更有大量的完全没有人身自由的仅能与牛马、田宅等财物并列的奴婢，其身份相当于奴隶。门阀士族、一般地主、农民与奴婢在法律上的地位是绝对不平等的。甚至在门阀士族内部，也因品第的不同而在权力地位上有着差异。士族之外的一般地主称为庶族、寒族。士族与庶族在法律上分属截然分明的两个阶层。“魏晋以来，以贵役贱，士庶之科，较然有辩。”[2]法律确定了各种不同阶级、阶层人的身份地位的不同，使民事法律关系的主体在法律上的地位处于不平等的状态。

在所有权方面，古代社会最主要的生产资料就是土地。从曹魏开始实行的“屯田制”，两晋及南朝实行的“占田制”，都是建立在确认土地国有的基

〔1〕《晋书·刘毅传》。
〔2〕《宋书》卷九四《恩倖传》。

础上，实行实际上的私人占有。名义上是国家将土地分配给地主与农民，地主与农民只有土地的使用权，没有所有权，国家以法律限制豪强地主兼并土地。但随着时间的推移，土地私有化的倾向日益明显，国家无力制止豪强地主兼并农民的土地。失去土地的农民也不可能再从国家分得新地，只能沦为地主的依附农民。他们失去的不仅是对生产资料的所有权，而且还失去了自己的独立身份。北魏实行的“均田制”仍以土地国有为基础，但国家部分承认了土地占有者对园宅地，以及其后对世业田的私有。“诸桑田皆为世业，身终不还，恒从见口。”〔1〕除土地外，国家对一般的小型生产资料，如农具、耕牛、车船、碾磨等，以及生活资料的私人所有权都是承认并加以保护的。

契约，作为民事行为的重要内容之一，在魏晋南北朝时期，国家以法律的形式加以规范及保护。东晋时，国家规定凡进行大宗交易必须使用官府之“文券”，并“输估”，即缴纳交易税。据《隋书·食货志》载：“晋自过江，凡货卖奴婢、马牛、田宅，有文券，率钱一万，输估四百入官，卖者三百，买者一百。无文券者，随物所堪，亦百分收四，名为散估。历宋、齐、梁、陈，如此以为常。”〔2〕所谓“文券”，即官方提供的标准契约，当事人签约时，官府在上面盖印，同时加收百分之四的“契税”。这既有国家税收的作用，又有公证的意义，以保证买卖的合法性。东晋创造的“文券”制度和“契税”方式对后世契约关系的发展产生了很大影响。

二、涉及家庭婚姻的法律规范及其内容

在家庭婚姻法律方面，曹魏制《新律》中有《户律》一篇，作为对违反家庭关系行为进行惩治的法规。晋律除继续以《户律》打击违反家庭婚姻关系法律的犯罪行为外，又“准五服以制罪”，制定了《户令》，用以规范家庭婚姻制度，“峻礼教之防”。家庭中实行家长制，男性家长在家中具有绝对权威，若认为子女“不孝”，可自行送交官府，由官府代为惩处，最高可处死刑。此时，在婚姻制度上最突出的特点是门第婚的盛行。婚姻讲求门第，同类为婚，不仅良贱不得通婚，而且士族与庶族地主、官僚之间也不能互为婚配。名义上仍实行一夫一妻制，但纳妾不仅允许，而且于法有据。晋《官品令》规定，“第一、第二品有四妾，第三、第四品有三妾，第五、第六品有二

---

〔1〕《魏书·食货志》。

〔2〕《隋书·食货志》。

妾，第七、第八品有一妾”；又“诸王置妾八人，郡公、侯妾六人”。[1]由于在继承制度方面，强调嫡子的继承地位，故妾不得触犯正妻的权益。晋武帝于泰始十年（公元274年）下诏：“嫡庶之别，所以辨上下，明贵贱。而近世以来，多皆内宠，登妃后之职，乱尊卑之序。自今以后，皆不得登用妾媵以为嫡正。”[2]乱嫡庶之位为法所禁。此外也不得收养异姓为子，以免家族内财产外流。北魏文成帝和平四年（公元463年）颁诏：“今制：皇族、师傅、王公侯伯及士民之家，不得与百工、伎巧、卑姓为婚，犯者加罪。”[3]孝文帝也曾下诏禁止士族“下与非类婚偶”“犯者以违制论”[4]，都是强调禁止良贱通婚。

北魏的租调制是以“一夫一妇”为一纳税单位，而“民年十五以上未娶者，四人出一夫一妇之调”[5]。百姓为避税，多不娶妻，或娶妻亦不注籍。以至于到北齐时，“阳翟一郡，户至万数，籍多无妻”。[6]乃至北周武帝建德三年（公元514年）下诏：“自今以后，男年十五，女年十三以上，爰及鳏寡，所在军民，以时嫁娶。”[7]朝廷不惜以早婚之法，促民结婚，以促进户口，增加赋税。

第六节　经济法律

一、经济立法

魏晋南北朝时期，经济立法成为行政立法的重要组成部分之一。从曹魏屯田，晋代占田、课田，到北魏实行均田制，都是以立法的形式推行新制。赋税、钱币、酤酒、工商业等方面的法令更是不计其数。

魏晋南北朝时期，曹魏屯田有“屯田令”。晋代实行占田、课田，于太康元年（公元280年）颁行“占田令”和“品官占田荫客令”。北魏孝文帝改革，实行“均田制”，于太和九年（公元485年）发布“均田令”。其后，西

---

[1]《魏书·太武五王传》。
[2]《晋书·世祖武帝纪》。
[3]《魏书·高宗文成帝纪》。
[4]《魏书·高祖孝文帝纪》。
[5]《魏书·食货志》。
[6]《隋书·食货志》。
[7]《周书·武帝纪上》。

魏、北齐、隋、唐虽都实行均田制，但每当具体内容有所变动，都要重新颁发“均田令”。中国古代土地制度至此已经完全法律化。

曹魏屯田，颁布了“屯田令”，与之相应的税法是“户调令”。西晋实行占田、课田，也以“户调式”作为基本税法。北魏实行均田制，以租调作为税收，即颁布“租调令”与之配套。魏晋南北朝以度支尚书为管理财政的最高机关，皇室财政仍由少府负责。

魏晋南北朝时期，手工业依然是以官营为主，工匠编为官户，世代相袭，终生服役。南北朝后期，手工业工人的身份有所提高，从为官府服役转变为轮番出工和受到雇请，民间手工业逐渐恢复、发展，以纺织业为主。商品交易，须在官府指定的商业区——“市”进行。市由市长或市令负责管理，其主要掌管商贾的注册登籍；为买卖田宅、奴婢、马牛等较大交易者订立文券、契税，加盖官印，以为凭证；检查有无违禁物；定期检查度量衡器具；管理物价；征收并监督纳税；调解商业纠纷，惩治非法交易者。自西晋修律，将“军事、田农、酤酒”之事“悉以为令，施行制度，以此设教，违令有罪则入律”。[1]从此，有关工商业的法规与行政法一样，从刑律中分离出来，成为制度规范。晋代工商业的令在“关市令”“杂令”之中。

魏晋南北朝时期，各政权各自发行自己的货币，币制混乱，故五铢钱成为相对稳定的通行货币。各国的钱法，重点都在于严厉打击私自铸造货币与造伪币者；其次是禁止质量好的铜钱流入其他国家。

二、涉及经济行为的法律规范及其内容

魏晋南北朝时期，经济立法成为行政立法的一部分，主要法律以令和式的形式出现。据《晋书·刑法志》，西晋在制定《泰始律》时，对“其余未宜除者，若军事、田农、酤酒，未得皆从人心，权设其法，太平当除，故不入律，悉以为令。施行制度，以此设教，违令有罪则入律”。[2]将规范军事与经济的法令从刑律中分离出来，单列为令，使涉及经济行为的法规皆归于令，如户调令、佃令、关市令、酤酒令、仓库令、盐铁令、营缮令等。其主要内容包括土地制度、赋税制度、工商业管理等诸方面。

（一）土地制度

早在曹魏时实行“屯田制”，就颁布了“屯田令”。晋代实行占田、课田

---

〔1〕《晋书·刑法志》。

〔2〕《晋书·刑法志》。

制，于太康元年（公元280年）颁行“占田令”和“官品占田荫客令”。北魏孝文帝改革，实行“均田制”，于太和九年（公元485年）发布“均田令”以推行之。此后，西魏、北齐、北周及隋代都根据现实情况的变化，重申或修改“均田令”。各朝均以令的形式推行田制，同时对不按令行、破坏田令者，则以律惩治，所谓“违令有罪则入律”。

均田制从北魏开始推行，是以“均田令”的法律形式颁布实施。其建立的基础是当时正处于连年战争，人口大量逃亡，出现大量的无主荒地。孝文帝太和九年（公元485年），“下诏均给天下民田：‘诸男夫十五以上，受露田四十亩，妇人二十亩，奴婢依良。丁牛一头受田三十亩，限四牛。所授之田率倍之，三易之田再倍之，以供耕作及还受之盈缩。诸民年及课则受田，老免及身没则还田。奴婢、牛随有无以还受。诸桑田不在还受之限，但通入倍田分。于分虽盈，没则还田，不得以充露田之数。不足者以露田充倍’”。〔1〕桑田可以继承，露田则在本人身死后须交还。

北魏分裂后，北齐于河清三年（公元564年）定令：“一夫受露田八十亩，妇四十亩。奴婢依良人，限数与在京百官同。丁牛一头，受田六十亩，限止四牛。又每丁给永业二十亩，为桑田。其中种桑五十根，榆三根，枣五根，不在还受之限。非此田者，悉入还受之分。土不宜桑者，给麻田，如桑田法。”〔2〕

土地是封建生产力的基础，劳动者只有与生产资料相结合，才能发挥其作用。均田制在北魏保障了农民“耕者有其田”的愿望，刺激了农民垦荒的热情，促进了北朝经济的发展。“自此公私丰赡，虽时有水旱，不为灾也”，〔3〕为南北的统一奠定了物质基础。

（二）赋税制度

在赋税制度方面，魏晋南北朝时期实行的是“户调制”。曹操在东汉末，建安九年（公元204年）正式颁布“租调令”，对已无法继续行用的汉代赋税制度进行改革。该令规定，按亩收租，每亩每年纳粟四升；按户征调，每户每年纳绢二匹、绵二斤。〔4〕西晋在平吴之后，太康元年（公元280年）在推行占田、课田的同时，颁布了“户调式”，对田租和户调的征收作了更加细密

〔1〕《魏书·食货志》。
〔2〕《隋书·食货志》。
〔3〕《魏书·食货志》。
〔4〕《三国志》卷一《魏志·武帝纪》注引《魏书》。

的规定，并普遍增加了税负。如丁男按五十亩征收田租，共四斛，合每亩八升；户调丁男为户主，每年纳绢三匹、绵三斤，丁女为户主，户调减半。[1]南北朝及隋，都是以“户调令”作为征纳赋税的法律依据。北朝针对“千家共籍，百户同居”的现状，改以“床”为征收调的单位，一夫一妇为一床，调绢一匹，绵八两。[2]隋炀帝颁令，取消对妇女、奴婢、部曲的课税。

北朝的赋税制度是与户籍制度并行发展的，北魏太和十年（公元486年），给事中李冲上言建议改革户籍制度：“宜准古，五家立一邻长，五邻立一里长，五里立一党长，长取乡人强谨者。邻长复一夫，里长二，党长三。所复复征戍，余若民。三载亡愆则陟用，陟之一等。其民调，一夫一妇帛一匹，粟二石。民年十五以上未娶者，四人出一夫一妇之调。奴任耕，婢任绩者，八口当未娶者四。耕牛二十头当奴婢八。其麻布之乡，一夫一妇布一匹，下至牛，以此为降。大率十匹为公调，二匹为调外费，三匹为内外百官俸，此外杂调。民年八十以上，听一子不从役。孤独癃老笃疾贫穷不能自存者，三长内迭养食之。”[3]

对于三长制与租庸调制同时进行的建言，“书奏，诸官通议，称善者众。高祖从之，于是遣使者行其事”[4]。

北齐对北魏的制度作了一些调整，规定：“率人一床，调绢一疋，绵八两，凡十斤绵中，折一斤作丝，垦租二石，义租五斗。奴婢各准良人之半。牛调二尺，垦租一斗，义租五升。垦租送台，义租纳郡，以备水旱。”[5]

（三）手工业管理

在手工业管理方面，魏晋南北朝时期仍以封建政府直接控制部分或全部手工业生产部门，如冶金、制盐、纺织、酿酒等行业，都由国家垄断。曹魏设司金中郎将、司金都尉、监冶谒者等官，专掌冶铸，禁止民间私自“鼓铸”。南朝更以犯罪的刑徒到手工业部门“三署”充当工匠。如宋武帝永初元年（公元421年）诏引东晋旧法，令“反叛淫盗三犯补冶士”“无故自残伤者补冶士”[6]。冶士是指刑徒服役的一种方式，到国家的冶铸工场服役。南朝时有“东冶”“南冶”等，从事繁重的冶炼铸造工作。此外还有到“尚方

[1]《晋书·食货志》。
[2]《隋书·食货志》。
[3]《魏书·食货志》。
[4]《魏书·食货志》。
[5]《隋书·食货志》。
[6]（南朝·梁）沈约撰：《宋书·武帝纪下》。

署”从事制造兵器的工作；或到“作部”，即地方的官办手工业机构，从事劳作。如刘宋时“刘式之为宣城，立吏人亡叛制，一人不禽，符伍里吏送州作部”。[1]北朝为控制工匠人身，将工匠编为匠户，国家直接控制匠户，私人不得占有匿藏匠人。北魏时，太武帝拓跋焘发布诏令：“自王公以下至于庶人，有私养沙门、师巫及金银工巧之人在其家者，皆遣诣官曹，不得容匿。限今年二月十五日，过期不出，师巫、沙门身死，主人门诛。”[2]制盐业也由国家垄断，私人严禁煮盐，违犯禁令者，不仅本人，甚至地方官吏也要受到株连。中国传统纺织业是以“男耕女织”的方式存在，“均田令”规定每户必须种植一定数量的桑树，户调所纳的绢，也是由农户自己织造的。国家以法令鼓励民间家庭纺织业的发展，但又限制其规模。北齐毕义云因其从父兄“坐私藏工匠，家有十余机织锦，并造金银器物，乃被禁止”。[3]酤酒业受粮食生产的约束，国家一般是禁止私人酿造，而由国家实行专卖。蜀国曾因“天旱禁酒，酿者有刑”。[4]但晋代对家庭因婚丧之用或疾病药用等，采取通融的态度。南朝也是在一般年景禁酒，丰年或遇大赦，临时开放酒禁，表现了一定的灵活性。

（四）商业管理

在商业管理方面，主要是指市场管理，规定凡从事商品交易，必须在“市”进行，市有市长、市令管理市场，征收税款。凡商贾入市须注册登籍，进行较大的交易，如买卖马牛、奴婢、田宅等，必须通过市长或市令订立“文券”，加盖官印，并纳估税。一般交易，可不立券，但也要缴纳“散估”，即百分之四的税。南北朝时是中国商业飞速发展时期，仅淮河之北就有大市百余所，建康城内有市四所，其余各城市皆有市场。北方以洛阳最为繁华，据《洛阳伽蓝记》载，洛阳市场在当时是“天下难得之货，咸悉在焉。别立市于洛水南，号曰‘四通市’，民间谓‘水桥市’。伊洛之鱼，多于此卖”。[5]此外，在洛阳西阳门外，御道之南，还有周围八里的“大市”。北魏政府为加强对市场的管理，一再颁布“整市教”“移市教”之类的教令，规定店肆必须排列整齐，不得错乱；管理市场的官吏定期检查度量衡器具；管理物价；监

---

〔1〕（南朝·梁）沈约撰：《宋书·羊玄保传》。

〔2〕《魏书·世祖太武帝纪》。

〔3〕（唐）李百药撰：《北齐书》卷四七《酷吏传·毕义云传》。

〔4〕《三国志》卷三八《蜀书·简雍传》。

〔5〕（北朝·北魏）杨衒之撰，周祖谟校释：《洛阳伽蓝记校释》卷三《城南·龙华寺》，中华书局1963年版，第132~133页。

督纳税，禁止偷漏商税；禁止贩卖违禁物；有权调解商事纠纷，惩治非法交易者等。对商品的流通，规定出入关津须缴纳关税，盐铁、铜、兵器禁止出关。以法令管理工商业已成为通行的模式。

（五）钱法

魏晋南北朝时期，由于政治上的分裂割据，造成自然经济强化，商品经济衰落。魏文帝曾“罢五铢钱，使百姓以谷帛为市”。[1]三国及晋代的币制都比较混乱，对货币流通多采放任自流的政策。南朝开始重视货币立法工作，先后多次改定钱制。宋文帝元嘉七年（公元430年），“立钱署，铸四铢钱”。[2]梁武帝即位后，下令铸造五铢钱与女钱五铢两种新币，后又“尽罢铜钱，更铸铁钱”，但因“铁贱易得，并皆私铸”。[3]

北魏初期一直未铸钱，直到孝文帝太和十九年（公元495年）始铸“太和五铢”，并允许民间自铸，结果造成大量劣质货币，所谓“鸡眼”“镮凿”充斥市场。建义初（公元528年），“重盗铸之禁，开纠赏之格”，[4]立法打击盗铸者。由于币制的混乱，商业的发展受到阻碍，民间贸易主要还是以谷物、绢帛等实物进行交易，甚至国家赋税租调，也是以实物缴纳。

第七节　司法制度

一、司法机构

（一）魏晋南朝的司法制度

魏晋南朝沿用汉制，仍以廷尉为中央最高司法审判机关，掌刑狱诉讼。曹丕称帝之初，曾将廷尉改称“大理”，未几又恢复廷尉之名。廷尉分设廷尉正、廷尉监、廷尉平，合称廷尉三官。魏明帝时又设律博士，以教授法律。吴、蜀也都曾一度以“大理”掌司法，称帝后即又改回廷尉之名。西晋于廷尉又加设“明法掾”，进一步完善廷尉寺的司法机能，使廷尉寺由单纯的议刑机构，发展成为具有最高法院性质的司法机关。

南朝宋、齐、梁、陈，仍以廷尉为最高司法机构，廷尉卿是长官，正、监、平为廷尉三官。梁天监元年（公元502年），在其京都所在地建康县仿廷

---

〔1〕《晋书·食货志》。
〔2〕《宋书·文帝纪》。
〔3〕《隋书·食货志》。
〔4〕《魏书·食货志》。

尉之制，亦设正、监、平三官，选士人担任其职，负责京城的司法审判事务。一般各县，除县令、县尉外，皆以法曹掌司法之事，贼曹掌巡捕盗贼之事等。

（二）北朝的司法制度

北魏建立之初，以四部大人“坐王庭决辞讼”“无图圄考讯之法”。[1]世祖即位后，始“置中都大官、外都大官、都坐大官，皆掌折狱，谓之三都”。[2]北魏入主中原后，吸收魏晋官制，以廷尉寺主持司法，除以廷尉卿为长官外，增设少卿为副职。永安三年（公元530年），又在正、监、平三官之上，加设司直十人，专门复审御史弹劾的案件。

北齐正式改廷尉为大理寺，机构相应扩大，有卿、少卿分为正副长官，正、监、评（即平）各一人，律博士四人，明法掾二十四人，槛车督二人，掾十人，狱丞、掾各二人，司直、明法各十人。北齐还增加了尚书省之都官部的司法职能，都官部以都官尚书为长官，其下分设都官、二千石、比部、水部、膳部五曹。都官曹“掌畿内非违得失事”，二千石曹“掌畿外得失等事”，比部“掌诏书律令勾检等事”。[3]其余水部、膳部则与司法无关。

北周模仿《周礼》，将中央司法机关称为“秋官大司寇”，其属官也依《周礼》之制，庞杂而混乱。

二、诉讼审判制度

在诉讼、审判方面，曹魏基于汉律编目的混乱，尤其是没有独立的关于诉讼、审判的法规，故在制定《新律》时，对汉律及科条进行了整理和编辑。据《晋书·刑法志》引魏《新律》序略说：“《囚律》有告劾、传覆，《厩律》有告反逮受，科有登闻道辞，故分为《告劾律》。《囚律》有系囚、鞫狱、断狱之法，《兴律》有上狱之事，科有考事报谳，宜别为篇，故分为《系讯》《断狱》律。”[4]至此，有关诉讼、审判的法律开始独立成篇。《晋律》沿用《魏律》篇目，其《告劾》《系讯》《断狱》三篇仍存。南朝各代立法与《北魏律》也都保留了这三篇。而《北齐律》化繁为简，将《告劾》《系讯》与《斗律》合为《斗讼》，将《断狱律》与《捕亡律》合为《捕断律》。隋制

---

〔1〕《魏书·刑罚志》。

〔2〕（宋）司马光编著，（元）胡三省音注：《资治通鉴》卷一二四《宋纪六·太祖文皇帝中之中》，“宋文帝元嘉二十一年二月辛未条”，中华书局1956年版，第3903页。

〔3〕《隋书·百官志中》。

〔4〕《晋书·刑法志》。

《开皇律》，沿用《斗讼律》，而将《捕断律》又分为《捕亡律》与《断狱律》，为《唐律》奠定基础。

魏晋南北朝正是封建法律儒家化的时期，表现在诉讼制度上，法律禁止子孙控告父母、祖父母，违者要被处死。若父母、祖父母控告子孙不孝，或违犯教令，要求官府杀之，官府应当允许。南北朝都对“诬告反坐”作了规定。如魏文帝曾下诏说：“敢以诽谤相告者，以所告者罪罪之。”〔1〕晋律规定，八十岁以上的老人，犯一般的罪可以“勿论”，但若“诬告谋反者，反坐”。〔2〕《北魏律》也对“诬告”规定：“诸告事不实，以其罪罪之。”〔3〕此外，法律对老百姓的自诉权也作了一些限制性规定，如十岁以下儿童不得告状，奴婢不得告主人等。

在审判制度方面，法律允许刑讯。晋制《鞭杖令》，对行刑的用具如鞭、杖等加以规范。南梁对被捕后不肯招认犯罪者，以饥饿“测罚”，“断食三日，听家人进粥二升。女及老小，一百五十刻乃与粥，满千刻而止”。〔4〕南陈则对赃证明显而又不款服者，实行“测立”。“立测者，以土为垛，高一尺，上圆，劣容囚两足立。鞭二十，笞三十讫，著两械及杻，上垛。一上测七刻，日再上。三七日上测，七日一行鞭。凡经杖，合一百五十，得度不承者，免死。”〔5〕北魏采用“重枷”或“大枷”逼供。据《魏书·刑罚志》：“时法官及州郡不能以情折狱。乃为重枷，大几围；复以缒石悬于囚颈，伤内至骨，更使壮卒迭搏之。囚率不堪，因以诬服。吏持此以为能。”〔6〕后来皇帝虽明诏禁止使用“重枷”，但历北齐、北周至隋，以“重枷讯囚”始终没有消除。北齐“有司折狱，又皆酷法。讯囚则用车辐𤘽杖，夹指压踝，又立之烧犁耳上，或使以臂贯烧车釭，即不胜其苦，皆致诬伏”。〔7〕至隋代仍“自前代相承，有司讯考，皆以法外。或有用大棒束杖，车辐鞵底，压踝杖桄之属，楚毒备至，多所诬伏。”〔8〕统治者对刑讯逼供的弊端不是不知道，虽多次颁诏，禁止法外用刑，但成效都不大。

魏晋南北朝时期，在诉讼方面建立了一些新制度，如继承了秦汉的“乞

---

〔1〕《三国志·魏书·高柔传》。

〔2〕《晋书·刑法志》。

〔3〕《魏书·韩麒麟附孙子熙传》。

〔4〕《隋书·刑法志》。

〔5〕《隋书·刑法志》。

〔6〕《魏书·刑罚志》。

〔7〕《隋书·刑法志》。

〔8〕《隋书·刑法志》。

鞫”制度，允许有冤屈者上诉。如《晋令》规定：“狱结竟，呼囚鞫语罪状。囚若称枉欲乞鞫者，许之也。”〔1〕此外，晋武帝设听讼观，亲录囚徒，还建立了“登闻鼓”制度。臣民有冤，或不服已经生效的判决，可以不受诉讼审级的限制，直接向皇宫门口设立的登闻鼓击鼓鸣冤。值勤官吏听到鼓声后，必须接受诉状，记录在案，然后奏报皇帝。曾有人“伐登闻鼓，言多妖谤，有司奏弃市”，但武帝说是“朕之过也”，对击鼓者“舍而不问”。〔2〕北魏太武帝神䴥时，“阙左悬登闻鼓，人有穷冤则挝鼓，公车上奏其表”。〔3〕这一制度被后来的各王朝沿袭下来。南北朝时，各朝皇帝还经常派遣重臣巡行州县，体察民情，受理诉讼，发现冤屈，可直接处理，或奏报朝廷处治。梁武帝天监五年（公元506年）曾下诏：“凡犴狱之所，可遣法官近侍，递录囚徒，如有枉滞，以时奏闻。”〔4〕这些制度弥补了旧制中绝对禁止越诉的不足，防止官吏徇私舞弊，有利于司法的公正 。

三、监狱制度

曹操为魏王时，因战争频繁，遂以军人主持司法，于军中置狱。至建安十九年（公元214年），曹操颁令说：“夫刑，百姓之命也，而军中典狱者或非其人，而任以三军死生之事，吾甚惧之。其选明达法理者，使持典刑。”〔5〕从此，置理曹掾属，专典刑狱。曹丕称帝后，因军事需要，又于青龙二年（公元234年），在尚书省增设都官曹，专主军事刑狱，成为最高的军事刑狱机关，其后转化为国家最高司法行政部门，是隋唐刑部都官司的前身。

西晋建都洛阳，洛阳狱是中央监狱，关押一般刑事罪犯。廷尉寺狱是专典诏狱及朝廷要犯的中央监狱。中央设两狱的制度至此初定。晋武帝泰始四年（公元268年）曾一度在御史台设立黄沙狱，置黄沙狱治书侍御史一人，“掌诏狱及廷尉不当者皆治之”，〔6〕首开御史台设狱的先例。但不久即省并入河南府狱。晋代重视对监狱的立法。晋《狱官令》规定：“狱屋皆当完固，厚其草蓐，切无令漏湿。家人饷馈，狱卒为温暖传致。去家远，无饷馈者，悉

〔1〕《史记·夏侯婴传》“索隐”案。
〔2〕《晋书·世祖武帝纪》。
〔3〕《魏书·刑罚志》。
〔4〕《梁书》卷二《武帝纪中》。
〔5〕《三国志》卷一《魏志·武帝纪》。
〔6〕《晋书·刑法志》。

给廪。狱卒作食，寒者与衣，疾者给医药。”[1]该令对监狱的设施、犯人的衣食及病囚的医药都作了较明确的规定，标志着古代监狱管理的制度化和法律化。

南朝仍沿用京师二狱的制度，中央监狱分为廷尉狱和建康狱。据《宋书·彭城王义康传》称，刘义康曾下“廷尉法狱”治罪。[2]梁武帝时对狱制进行改革，以廷尉狱为“北狱”，建康狱为“南狱”，各设正、监、平三官“革选士流，务使任职”。[3]南朝对已判徒刑的罪犯采取送往“三署”服役的方式服刑。所谓“三署”，据考为尚方署、冶署和奚官署，自汉代就是已决犯服刑执役的场所。南朝仍以其为狱，主要关押被判徒刑的罪犯，令其在此为官方及宫室服役，有时也可作为看守所临时关押未决犯。尚方署隶属于少府，是制作军器的机构，分为左右尚方；冶署亦属少府，是冶铸铁器的部门，分有东冶、南冶，梁时又设西冶。这些工作都是重体力劳动，使用囚犯既可保证质量，又能降低成本，尤其是兵器的制作，使用犯人可保证军用品不外流。奚官署是为宫中妇女服杂役的机构，多以犯罪妇女或罪犯家属从坐没官充役。如《宋书·二凶传》载：“有女巫严道育，本吴兴人，自言通灵，能役使鬼物。夫为劫，坐没入奚官。”[4]即因丈夫犯罪而受牵连，罚没入奚官署服役。

北朝是由鲜卑贵族建立的政权。据史载：“魏初，礼俗纯朴，刑禁疏简。宣帝南迁，复置四部大人，坐王庭决辞讼，以言语约束，刻契记事，无囹圄考讯之法，诸犯罪者，皆临时决遣。”[5]及其入主中原，在汉族贵族帮助下，制定了《魏律》，定徒刑制为三年、二年、一年三等，但具体执行为“当刑者赎，贫则加鞭二百。畿内民富者烧炭于山，贫者役于圊溷，女子入舂稿；其瘤疾不逮于人，守苑囿”。[6]这说明当时的监狱制度还处于很低级的阶段。一般徒刑不关监，罪犯分别到有关部门去服役。孝文帝改革后，政治体制乃至官制、司法制度及监狱制度都模仿汉制。中央设廷尉寺为最高司法机关，廷尉寺设狱，是中央监狱。另有“籍坊”狱，是关押已决犯处。太和四年（公元480年），孝文帝曾“幸廷尉、籍坊二狱，引见诸囚”。[7]此外，北朝受北

[1] 张鹏一编著：《晋令辑存》卷三《狱官令》，三秦出版社1989年版，第168页。
[2] 《宋书·彭城王义康传》。
[3] 《隋书·百官志上》。
[4] 《宋书·二凶传·元凶劭传》。
[5] 《魏书·刑罚志》。
[6] 《魏书·刑罚志》。
[7] 《魏书·高祖孝文帝纪》。

方民族司法习惯的影响，普遍设置地牢。这种方式甚至流传到北齐、北周至隋代。如北齐文襄王高澄将其弟永安王高浚、上党王高涣“盛以铁笼，俱置北城地牢下，饮食溲秽共在一所”。[1]崔暹身为宰相，因遭谗言，“乃流暹于马城，昼则负土供役，夜则置地牢”。[2]元魏后裔元韶，因文宣帝担心其复辟，故“幽于京畿地牢，绝食，啗衣袖而死”。[3]说明京畿地牢是常设之狱。祖珽获罪，流徙于光州，敕报要求“牢掌”。光州别驾张奉礼说：“牢者，地牢也。”专门挖了深坑，将祖珽关诸内，“苦加防禁，桎梏不离其身，家人亲戚不得临视。夜中以芜菁子烛熏眼，因此失明”。[4]可见，光州的地牢是临时挖的。到了隋代，地牢仍在使用，据《隋书·酷吏传》载，田式为襄州总管，“或僚吏奸赃，部内劫盗者，无问轻重，悉禁地牢中，寝处粪秽，令其苦毒，自非身死，终不得出”。[5]但是，北朝狱制也有一些较前代进步的规定，如《魏书·刑罚志》载，北魏在世祖时就有“妇人当刑而孕，产后百日乃决”[6]的规定。又其《法例律》规定：“诸犯死罪，若祖父母、父母年七十以上，无成人子孙，旁无期亲者，具状上请。流者鞭笞，留其养亲，终者从流。不在原赦之例。”[7]这些规定对以后有关监狱法律的制定产生了良好的影响，使“女囚产后百日执行”“死囚留养承祀”成为后世封建狱制的传统。

小　结

三国魏晋南北朝时期是中国古代社会由分裂走向统一，由战乱走向法治，由民族矛盾尖锐走向民族融合的过程。而在法律文明方面，自曹魏起，开始摆脱汉律的束缚，立法趋于科学、合理。曹魏《新律》始将前代具律改为刑名、法例，作为刑法总则。《晋律》又将其合并为名例律，以确定刑罚的罪名与量刑的基本原则。隋唐以后，相沿不改，成为古代刑律的特色。在法律形式上，晋代立法，一改汉律的混合法，首创“律以正罪名，令以存事制”，确立刑法与行政法分流的法律体系。隋唐又将其确定为律、令、格、式的体例。

---

[1]《北齐书·高祖十一王·永安简平王浚传》。
[2]《北齐书·崔暹传》。
[3]《北齐书·元韶传》。
[4]《北齐书·祖珽传》。
[5]《隋书·酷吏传·序》。
[6]《魏书·刑罚志》。
[7]《魏书·刑罚志》。

特别值得注意的是，这一时期的社会思潮，是以冲击儒家观念、谋求思想解放为时尚。但恰恰在此时，儒家的礼制融入法律，法律儒家化成为魏晋南北朝法律发展的突出特点。如“八议”“服制”入刑，“重罪十条”发展为“十恶”，“存留养亲”原则的确立，都为后世的刑事立法奠定了基础。在魏晋之时，汉代以降的“经义决狱”，更是频繁运用，并逐渐融入法中。在刑罚制度方面，北魏以死、流、徒、鞭、杖为五刑，到隋改为笞、杖、徒、流、死的新五刑制度，使以肉刑为核心的身体刑基本废除，以徒、流为主体的自由刑得以确立。总之，魏晋南北朝时期在中国法律发展史中的地位是不容忽视的，可以说是中华法系由发展而走向成熟的阶段。

第八章 隋唐法律

（公元581年—公元907年）

第一节　唐初的立法思想

唐代是中国古代文明最辉煌的时期，其辉煌成就的取得，离不开唐初统治者以法律建设为基础的制度文明建设。唐王朝是在隋末农民起义的风暴中建立的。李渊父子亲身经历了隋王朝由盛转衰，直至覆灭的过程，亲眼看到了农民起义的力量，故其“动静，必思隋氏，以为殷鉴”[1]。鉴于隋末的苛法滥刑，法纪败坏的局面，唐高祖李渊自起兵之日，就十分重视立法活动，并将整顿法制视为政本，希望以此达到“禁暴止奸，弘风阐化，安民立政，莫此为先”[2]的目的。在这一原则的指导下，唐初统治者提出了以下的立法思想。

一、德礼为政教之本，刑罚为政教之用

唐代统治者继承“礼刑并用”的法学传统，并使之达到一个新的阶段。唐初在如何确定治国方略问题上，曾经在李世民主持下进行过热烈的讨论。以封德彝为首的一些人主张“以威刑肃天下”，说：“三代以还，人渐浇讹，故秦任法律，汉杂霸道，盖欲化而不能，岂能之而不欲邪?”并指责主张以仁义、教化治天下的魏征是“书生未识时务，若信其虚论，必败国家”。魏征反驳封德彝的责难，说：“五帝三王不易民而化，昔黄帝征蚩尤，高阳征九黎，汤放桀，武王伐纣，皆能身致太平，岂非承大乱之后邪?”[3]并提出“仁义，理之本也；刑罚，理之末也”的治国方针。太宗基本上采纳了魏征的主张，

---

〔1〕《贞观政要》卷八《论刑法》。

〔2〕《旧唐书·刑法志》。

〔3〕《唐鉴》卷二《太宗上》。

推行以德礼为本，以刑罚为用的政策。他总结历史的经验教训，说："朕看古来帝王以仁义为治者，国祚延长；任法御人者，虽救弊于一时，败亡亦促。既见前王成事，足是元龟。"[1]太宗综合汉代以来"德主刑辅，礼法并用"的统治经验，不将德礼与刑罚对立，而是强调"刑典仍用，盖风化未洽之咎"。[2]这对当时的刑事立法与司法都有极大的影响。《贞观律》中有许多原属礼的规范的内容，却被赋予刑的外貌，自汉初以来流行700余年的"春秋经义决狱"也由于《唐律》完满地体现了礼与刑的结合而终于废止。

高宗李治继承皇位后，仍遵循太宗的遗训，在他主持下制定的《永徽律》以颇具贞观遗风而著称。在《唐律疏议》的开篇疏文即明确宣布："德礼为政教之本，刑罚为政教之用，犹昏晓阳秋相须而成者也。"这正道出了唐代法律指导思想的真谛。

二、国家法令，惟须简约

唐初针对隋末法令滋彰，任意废法、毁法的亡国弊政，从高祖李渊起便强调立法要宽简，使人易知。他曾对负责修律的大臣们说："本设法令，使人共解，而往代相承，多为隐语，执法之官，缘此舞弄。宜更刊定，务使易知。"[3]因此他提出立法应"务在宽简，取便于时"。[4]李世民即位以后，进一步贯彻立法宽简易知，取便于时，保持相对稳定的政策。他说："国家法令，惟须简约，不可一罪作数种条。格式既多，官人不能尽记，更生奸诈，若欲出罪即引轻条，若欲入罪即引重条。"[5]他指示长孙无忌、房玄龄及其他修律官员对高祖时颁行的《武德律》"更加厘改"，"斟酌今古，除烦去弊"[6]。《贞观律》确实是中国古代刑律中较为简约宽平、明白易知的一部法典。《永徽律》继续贯彻了太宗的原则。高宗在永徽二年（公元651年）《颁行新律诏》中，明白晓示《永徽律》遵循"画一之制，简而易从，约法之章，疏而不漏"的原则。《永徽律疏》也同样是"捐彼凝脂，敦兹简要"。[7]

---

〔1〕《贞观政要》卷五《论仁义》。
〔2〕《通典》卷一七〇《刑八·宽恕》。
〔3〕《旧唐书·刘文静传》。
〔4〕《旧唐书·刑法志》。
〔5〕《贞观政要》卷八《论赦令》。
〔6〕《旧唐书·刑法志》。
〔7〕《唐大诏令集》卷八二《政事·刑法》。

三、法令不可数变

唐太宗不仅要求法律简约易明，还强调法律应保持稳定，变更法律一定要“详慎而行之”。否则，简约之法也将流于苛烦。他说：“法令不可数变，数变则烦，官长不能尽记，又前后差违，吏得以为奸。”[1]又说：“诏令格式，若不常定，则人心多惑，奸诈益生”；因此，“不可轻出诏令，必须审定，以为永式”。[2]在这一思想原则指导下，“自房玄龄更定律、令、格、式，终太宗世，用之无所变改”。[3]《唐律》对此作了专门规定：“诸称律令格式，不便于事者，皆须申尚书省议定，奏闻；若不申议，辄奏改行者，徒二年。”唐代处于大动乱之后的社会环境，保持法律的相对稳定，无论对促进经济的恢复，还是维护安定的政治局面和法律的权威，都是非常重要的。唐代统治者用刑罚手段来维持法律的稳定，的确收到了显著的效果。王夫之说，太宗之世，“法令密而庐井定”[4]。

四、人有所犯，一一于法

唐太宗认为，隋朝的弊政在于“法之不行，自上犯之”。他说：“朕见隋炀帝不以官人违法为意，性多猜忌，惟虑有反叛者。朕则不然，但虑公等不遵法式，致有冤滞。”[5]唐太宗将执法的重点放在督促各级官吏奉法、守法上。在中央和地方都设有监察机构，监督法律的贯彻执行，并对贪财枉法的官吏“随其所犯，绳以重法”[6]。如皇叔江夏王李道宗就因“坐赃下狱”，受到“免官，削封邑”的处分。[7]岷州都督高甑生，原是李世民旧部，“秦府功臣”，因诬告李靖谋反，按法当判死刑。有人为其关说，李世民认为“理国守法，事须划一”。开国以来，功臣众多，若高甑生获免，则“有功之人，皆须犯法”，如此将不能禁止众人的违法行为，法制也就被破坏了。最终仅因其功，将他“坐减死徙边”[8]。由于唐太宗带头守法，出现了“贞观之初，志

---

〔1〕《资治通鉴》卷一九四《唐太宗贞观十年》。

〔2〕《贞观政要》卷八《论赦令》。

〔3〕《新唐书·刑法志》。

〔4〕王夫之：《读通鉴论》卷二〇《唐太宗》，中华书局1975年版，第600页。

〔5〕（唐）魏征：《魏郑公谏录》卷八。

〔6〕《贞观政要》卷一《论政体》。

〔7〕《旧唐书·江夏王道宗传》。

〔8〕《资治通鉴》卷一九四《唐太宗贞观九年》。

存公道，人有所犯，一一于法”[1]的局面。

五、慎刑恤狱

针对隋亡于苛法酷政，唐高祖李渊太原起兵之初，“即布宽大之令”。唐太宗即位后，更“以宽仁治天下，而于刑法尤慎”[2]。后进一步减轻刑罚，削除《武德律》中的死刑条款五十余条，免死，改为加役流。又在制定《贞观律》时，“减大辟者九十二条，减流入徒者七十一条”；“凡削烦去蠹，变重为轻者，不可胜纪”。[3]慎刑恤狱的突出表现主要在死刑的执行程序方面。唐太宗亲自规定：“自令以后，大辟罪皆令中书、门下四品以上及尚书九卿议之。”[4]同时确定了死刑于执行前必须履行“三复奏”的复核程序，不久又因三复奏“须臾之间，三奏便讫，都未得思，三奏何益”，而改为“五复奏”，即“决前一日、二日复奏，决日又三复奏”，并且下诏：“有据法合死，而情可宥者，宜录状奏。”[5]李世民明法慎刑、执法原情的思想，在当时的司法实践中得到了认真的贯彻。据史籍记载，贞观四年（公元630年），“断死刑，天下二十九人，几致刑措”。[6]这多少也反映了贞观初期，刑事立法和司法方面在“慎刑恤狱”思想指导下取得的成就。高宗即位时（公元650年），问大理卿唐临在狱系囚之数，唐临回答说：“见囚五十余人，惟二人合死。”玄宗开元二十五年（公元737年），“其年刑部断狱，天下死罪惟有五十八人”[7]。唐前期每年死刑的执行人数可以说达到历史的最低点。慎刑恤狱的指导思想在《唐律疏议》中也有所体现。其疏议曰：“国家惟刑是恤，恩弘博爱，以刑者不可复属，死者务欲生之。”[8]

第二节 行政法律

行政法是规定国家各个方面行政管理的行政法规的总称，是国家行政机

---

[1]《贞观政要》卷五《论公平》。
[2]《新唐书·刑法志》。
[3]《旧唐书·刑法志》。
[4]《贞观政要》卷八《论刑法》。
[5]《旧唐书·刑法志》。
[6]《贞观政要》卷八《论刑法》。
[7]《旧唐书·刑法志》。
[8]《唐律疏议》卷二《名例律·应议请减条》。

关工作的法律依据，也是人们在有关活动中必须遵循的准则。唐代是古代的盛世，国家的行政体系和法律制度都已成熟。而中国古代的行政法律也正是在这一阶段中发展起来，并趋于完善。这正如柳赟在《唐律疏议》的元刻本《序》中所说："盖姬周而下，文物仪章，莫备于唐。"〔1〕

一、行政法规和行政立法

行政法是国家行政机关制定的关于行政管理的各项法规。唐代行政法规的主要形式是"令"与"式"。

所谓"施行制度者"为令，令成为行政性法规。历南北朝，各政权皆循《晋令》体例编纂"令"。隋唐时期，令已成为"设范立制"，"尊卑贵贱之等数，国家之制度也"，〔2〕是有关国家行政制度方面的法规。唐历代君王在修律的同时撰令，已经成为通例。

唐代行政法规的另一种主要形式为"式"。式是唐中央各行政衙门依法制定的有关进行行政管理的工作章程与办事细则等。早在周朝，式已成为公认的法律。《睡虎地秦墓竹简》中有《封诊式》一篇，是秦国的有关诉讼的法律。汉以后未见用式者。北魏时，作为独立法规形式的式又出现。西魏文帝时，宇文泰辅政，于大统十年（公元 544 年）命尚书苏绰编定《大统式》。隋唐之式，渊源于后魏之式。隋炀帝大业二年（公元 606 年）曾颁《大业式》，唐沿隋制，律、令、格、式并行。"式以轨物程事"〔3〕，为百官有司"其所常守之法也"〔4〕。因此，唐代的式皆以各制定颁行该法的部门的名称作为本篇的篇目。

唐代行政法规的主要形式是"令"与"式"，此外，"礼"可视为行政法规的补充形式。中国古代治国是以礼法结合，礼具有法的效力，尤其是体现尊卑贵贱反映等级身份的礼法、礼规，更是具有行政法的性质。因而，礼也就成为古代行政法规的一种特殊的形式。周代的官典称为《周礼》，汉代的官典称为《汉仪》，魏晋南北朝的官典有的称为《官仪》，有的称为《仪注》或《礼仪注》，其内容既包括体现等级秩序的礼法规范，又有许多关于职官方面的规定。当时的社会习惯将礼与律同等看待。如《晋书·庾纯传》说："凡断

〔1〕（元）柳赟："唐律疏议序"，参见刘俊文点校：《唐律疏议》，中华书局 1983 年版，第 663 页。

〔2〕《新唐书·刑法志》。

〔3〕《唐六典》卷六《刑部郎中员外郎条》。

〔4〕《新唐书·刑法志》。

正臧否，宜先稽之礼、律。”同样的话，南北朝时也常有人说。[1]唐朝初期，伴随每次大规模立法活动，同时也进行着制礼。唐太宗在主持制定《贞观律》的同时，又命“修改旧礼”，定《贞观礼》138篇。高宗永徽时重新制定律令格式，又命长孙无忌等对《贞观礼》“重加辑定，勒成一百三十卷”，称为《显庆礼》。唐玄宗开元年间，历时六年（公元726年—公元732年）完成了《大唐开元礼》150卷。唐代的礼典也是其行政法规的重要组成部分。唐初高祖立法，于武德七年（公元624年）在制定《武德律》的同时还制定了《武德令》30卷与《武德式》14卷作为行政法规，使立法趋于完善。

唐太宗继位后，曾组织了大规模的立法活动，于贞观十一年（公元637年）颁布了《贞观律》。与此同时，又命房玄龄等制定了《贞观令》30卷、1590条，《贞观式》33篇，“亦以尚省列曹及秘书、太常、司农、光禄、太仆、太府、少府及监门宿卫、计帐名其篇目，为二十卷”。[2]在立法的同时，唐太宗还“诏中书令房玄龄、秘书监魏征等礼官学士，修改旧礼。定著吉礼六十一篇，宾礼四篇，军礼二十篇，嘉礼四十二篇，凶礼六篇，国恤五篇，总一百三十八篇”，[3]是为《贞观礼》。

高宗即位，于永徽二年（公元651年）“颁新定律、令、格、式于天下”[4]，其中包括《永徽令》30卷，《永徽式》14卷。又有人认为《贞观礼》“节文未尽”，乃诏长孙无忌等“重加辑定，勒成一百三十卷”，于显庆三年（公元658年）完成，称为《显庆礼》。该礼是在“增损旧礼，并与令、式参会改定”的基础上完成，“高宗自为之序”。也就是说，修礼时要将相关的令、式也加以修改，使之协调。然而，学者多非议显庆新修礼，普遍认为不及《贞观礼》，结果是二礼并行不废。

武则天时曾颁《垂拱式》20卷；中宗时，又曾删定《神龙式》20卷。唐玄宗开元年间曾有过多次立法活动，唐代律令基本在此时定型。《开元令》20卷与《开元式》20卷没有对永徽以来的令、式作何改动，但在修礼方面却花了很大力量。自开元十四年（公元726年）开始动议修礼，至开元二十年（公元732年）完成，历时六年，称为《大唐开元礼》，共150卷。唐代的礼典也是行政法规的重要组成部分之一。

---

[1] 程树德：《九朝律考》卷三《晋律考上·晋礼律并重考》，中华书局1963年版，第237页。

[2] 《旧唐书·刑法志》。

[3] 《旧唐书·礼仪志一》。

[4] 《旧唐书·高宗纪上》。

唐代行政立法最重要的成就是开元年间制定的《唐六典》。“典”本身就具有法的意思，其出现的也较早。《尚书·胤征》中有《政典》，传曰：“《政典》，夏后为政之典籍，若周官六卿之治典。”虽然有观点说《政典》是夏朝的军法，但以周之“六卿之治典”比拟《政典》，则其当是最早的行政法典。《周礼·天官》载：“太宰之职，掌建邦之六典。”在此，“六典”即六官之典，是关于官员设置、官吏职掌的法典，是典型的行政法性质的法规。由于《政典》未能流传于世，《周礼》又成书较晚，不是西周当时行用的法典而是后人的追述，还含有后世儒家学者的理想成分，故不能说它就是西周的行政法典。但是，《周礼》中拥有大量的行政法规的内容。它首创了古代中国行政体系的规范化，确立了以典统政、以典设官、以典分职的行政原则，拟定了中国行政体制的发展方向，奠定了中国行政法制的基础。秦汉时期，单行的行政法规虽然已经出现，如《秦律》中有《置吏律》《除吏律》《效律》《内史杂律》等20余种可列为行政法规的律条，但这些法规大多与刑法混在一起，不利于行政法作为独立的法律体系的发展。西晋以后，令、式逐渐与作为刑法典的“律”分野，“律以定罪名，令以存事制”，令发展为独立的行政法形式，并不断完善。到北周时，周太祖欲拟《周官》立制，命苏绰掌其事。苏绰与柳敏等“修撰新制，为朝廷政典”。[1]闵帝继位后，又命卢辩等人“撰坟典一部，六官一部”[2]。隋建立后，革除了北周机械模仿《周礼》的弊端，正式创设了以令、式为基本形式的行政法律体系。唐代因之未改。

唐玄宗开元十年（公元722年）下诏，命大臣以《周礼》为模式，编集唐代政书，并亲自手写理典、教典、礼典、政典、刑典、事典六条。当时张说为丽正书院学士，将此事委秘书监徐坚。玄宗以主观臆想，欲用西周《六典》体制编纂唐代政典。徐坚“沉吟岁余”，“历年措思，未知所从”。张说又命毋煚、余钦、咸廙业、孙季良、韦述等参加撰写，“检前史职官，以令式分入六司，以今朝六典，象《周官》之制”。其后，又增加数人，“用功艰难，绵历数年”，至开元二十六年（公元738年）书成，又加以注释。次年，由宰相李林甫“奏上，百僚陈贺，迄今行之”。[3]《唐六典》采取“以官统典”的原则，即按职官体例编排《六典》，“以令式入六司，其沿革并入注中”[4]，

〔1〕《周书·申徽传》。
〔2〕《隋书·儒林·辛彦之传》。
〔3〕（唐）刘肃撰：《大唐新语》卷九《著述》。
〔4〕（宋）陈振孙：《直斋书录解题》引韦述《集贤记》。

即将有关某一官职的行政法规系于该官之目。“官令其属，事归于职”，使行政法规与行政部门相结合，并将该职官的历史沿革列入注文之中。《唐六典》名义上仿《周礼》之六官，实际上以唐代官制为纲目，分卷记述中央三师、三公、尚书都省，吏、户、礼、兵、刑、工六部，门下、中书、秘书、殿中、内侍五省，御史台及太常、光禄、卫尉、宗正、太仆、大理、鸿胪、司农、太府九寺，国子、少府、军器、将作、都水五监，十六卫，太子东宫府率，诸五公主府邑，地方三府、都督、都护、州、县等行政机构。《唐六典》远承《周礼》，近取现制，“以令式象《周礼》六官为制”[1]，详述各官职司、品秩、官员编制、职责范围，以及行政管理的基本原则、方式和规程。同时，其又叙述了各个行政机关之间的关系。《唐六典》汇集盛唐时期的官规、政令，可谓开元年间的行政法规大全。有人认为《唐六典》没有经过皇帝明令颁行，即等于没有行用，因而无实际价值。实际上，《唐六典》中所载法令多数为当时的现行法规，少数虽为过时不用的法规，但所取材料也是其先颁行的令、式，均为原始的第一手资料，具有很高的史料价值。

《唐六典》的编纂开创了中国法律史上法典的又一新形式。它打破了中国古代将行政法与刑律兼容互包的传统，使行政法以独立的政典形式与刑律分野，自成系统，报转相承。从此，编纂令、式为典，成为后世各代立法的又一重要内容。而《唐六典》是中国现存最早的一部行政法典，它标志着在中华法律文明发展史上，行政法已发展到成熟阶段。据《唐六典》记载，开元时所定《令》，共 27 篇，分为 30 卷，《开元式》为 33 篇。可见，式就是由中央行政部门颁布的部门行政规章的实施细则，或办事规则，所谓百官有司“所常守之法”。

综上所述，唐代行政法规的主要形式为令与式，礼是其补充，《唐六典》是令、式的汇编。中唐以后，唐王朝立法是以颁发编敕为主，在行政立法方面没有新的建树。

二、以法治官的行政体系

唐代出现的开明盛世与其健全的行政法制和注重整顿吏治有着直接关系。著名的“贞观之治”，即是将法治的重点集中在治理官吏上。唐代的“以法治官”并不是将重点放在官吏违法犯罪后的惩治方面，而是从防患于未然出发，

---

〔1〕《新唐书·艺文志二》。

制定了一整套规范官吏行事的“常守之法”，使官吏在从事政务时有章可循，有法可依，从而达到“以法治官”的目的。这就是行政管理的制度化、法律化。唐太宗贞观初“所置文武总六百四十员”，[1]其后对中央官员的编制也仅定额为730员，从一开始就将官吏的一切政务活动都纳入法制轨道，以法律的形式规定了政府各部门之间的关系，并及早制定了对各级官吏的选拔、任用、考课、奖惩、监督和休致制度，等等。

唐初确定了三省、六部、九寺、五监的行政机构，并用法律将其固定下来。三省指的是门下省、中书省、尚书省，三省长官是当然的宰相，在确保皇权的前提下，实行群相集体负责制，以免一相专权。门下省和中书省是中枢决策机构。门下省掌审议和封驳，宰相议政多在门下省。中书省掌起草诏命，颁发制敕，主出命。尚书省是最主要的行政事务机构，主要是掌政令，所辖六部吏、户、礼、兵、刑、工分管国家各项政务工作。具体的事务性工作则是由九寺、五监分掌。唐代的九寺为太常、光禄、卫尉、宗正、太仆、大理、鸿胪、司农、太府；五监为国子、少府、将作、军器、都水。他们都是执行尚书省政令的事务性部门。这样，就在中央形成了以门下、中书二省掌制令决策，尚书六部掌施行政令，九寺、五监百司负责具体执行的多层次的政务体系。

以法治官的具体实施，则是在对官吏的管理方面，处处做到有法可依，有制度可循。

（一）官吏的选拔

唐代官吏的来源主要有两种：一是科举，二是门荫。参加科举的考生有各级官学的学生与经学馆考试合格者，称为“生徒”；又有地方州县的贡生，经州县解试合格者，称为“乡贡”。生徒和乡贡到尚书省参加礼部主持的科举考试。科举考试的科目很多，大体上有秀才、明经、进士、明法、明字、明算等诸科。科举考试中第者即取得做官的身份，但这仅是充任官吏的后备军，还不是官。文科之外还有武举，可通过考试取得当武官的出身。门荫之制，则是因父祖为高官，子孙因而可通过父祖的荫庇，无须经过考试而直接取得出身。如一品官之子，可直接获取当正七品上出身；二品官之子，可得正七品下出身。

（二）官吏的任用

通过选拔，取得出身后，还必须通过吏部的考试，才有可能得到正式任

[1]《贞观政要》卷三《论择官第七》。

命为官。“凡择人之法有四：一曰身，体貌丰伟；二曰言，言辞辨正；三曰书，楷法遒美；四曰判，文理优长。四事皆可取，则先德行；德均以才，才均以劳；得者为留，不得者为放。”[1]也就是以身、言、书、判四项为考试内容。先考书、判，即为笔试，既要看书法，又要看判答；合格者再察声、言，即为口试。通过吏部试者，称为“释褐”，意思是从此可脱去代表平民身份的褐衫，而身着官服了。吏部任命官员，不仅针对初释褐者，而且对全体六品以下官，都要定期进行考试。试毕根据考试成绩，再综合考察该官的德、才、劳等诸项，评定品级，予以正式委任，然后报送门下省和中书省审批，最后由皇帝以制敕裁定。对司法官的任用，则吏部须与刑部尚书共同研究决定，然后注拟。武官的任命考试，则由兵部主持。

（三）官吏的考课

对官吏在任期间行为与政绩的考察称为“考课”。唐代对官吏的考课从内容到程序都已实现制度化和法律化。一切官吏无论高低，每年都有一小考，由本司或州县长官主持；每四年又有一大考，四品以下官皆由吏部考功司负责，三品以上官则由皇帝亲自考核。考课的具体方法是根据《考课令》所规定的“四善二十七最法”进行。所谓“四善”，是国家对各级官吏从品行操守方面提出的四项共同要求，为德义有闻，清慎明著，公平可称，恪勤匪懈。有一项合格者为有一善，四项全合格者为四善，皆不合格则无善。“二十七最”，则是根据不同的部门职掌，不同的业务性质，分别提出的二十七条具体的考课专业要求。如“推鞫得情，处断平允，为法官之最”，这是对司法官员的考课要求；“访察精审，弹举必当，为纠正之最”，这是对监察官员的考课要求。[2]

官吏依职事考课，合格者可得一最。根据善、最，定上、中、下三等九级。小考优者，赏之以加禄，劣者罚以夺禄；大考赏以晋升，罚以降职；重者免官，犯罪者追究刑事责任，或贬官免职。

（四）官吏的奖惩

唐代官吏受奖，一般来说是根据考课成绩。“凡居官必四考，四考考中，进年劳一阶叙；每一考中上，进一阶；上下，进二阶；上中以上及计考应至五品者，奏而别叙。”[3]按唐代《考课令》规定，考在中上以上者可加禄，

---

〔1〕《新唐书·选举志下》。

〔2〕《唐六典》卷二《吏部郎中员外郎条》。

〔3〕《新唐书·选举志下》。

考中中者守本禄，中下以下则“夺禄”。对官吏的惩罚，主要依据是《唐律·职制律》及其他涉及官吏犯罪的刑事法律。但对官吏的许多一般性的行政错误，如官员署置过限、贡举非其人、稽误文书、奏事有误、代署代判，以及州县官吏管理不善之事，皆以刑罚处置，尤其是对下层官吏动辄施以笞、杖之决。

（五）官吏的监督

考课与奖惩本身就对官吏具有一定的监督作用，但若没有监察机关的监督，则势必流于形式。中国古代监察机构定型于唐代，御史台是专门的、独立于一切机构之外的监察机关。御史大夫为台长，“掌邦国刑宪典章之政令，以肃正朝列”。[1]御史台下设台院、殿院、察院，各有分工，又相互配合。御史台有权弹劾百官，参决大狱，监督府库支出，及出使分察地方州县。为使监察工作有法可依，特制定“六察”条法，作为专门的监察条例，从而确定了监察官的权限。“六察”的具体内容为：“其一，察官人善恶；其二，察户口流散，籍帐隐没，赋役不均；其三，察农桑不勤，仓库减耗；其四，察妖滑盗贼，不事生业，为私蠹害；其五，察德行孝悌，茂才异等，藏器晦迹，应时用者；其六，察黠吏豪宗，兼并纵暴，贫弱冤苦，不能自申者。”[2]由此可知，唐代的监察，既需要考察官吏的品德、操守和政绩，又赋有监督地方官员和豪强的行为的内容。除此之外，御史台还有发现人才、选拔人才的使命。

唐代的监督制度还有谏议制度。唐代设立左右谏议大夫、左右拾遗、左右补阙等谏官，对国家政策、法令的执行情况，以及最高统治者执行政务的情况进行监督、批评，甚至可直接向皇帝本人进行规谏。这既是对监察制度的补充，同时对至高无上的皇帝也能起到一定的约束作用，使之不可为所欲为，而国家却能真正做到以法治国、以法治官。

（六）官吏的休致

唐代专门订立了规范官员休假和致仕的法令。《假宁令》是关于官吏休假的专门法。一般来说，唐代官员每十天休假一日，称为“旬假”，古人有“十旬休假”之说。除此之外，中秋、七夕、重阳、冬至等有“节令假”，因病、因事有“事故假”，婚丧嫁娶有“婚丧假”。各种假皆有法定期限，不得超假，超者夺俸；在任期间，连续请假超过百日者，必须“停官”，即停职。致

---

〔1〕《唐六典》卷一三《御史台》。

〔2〕《新唐书·百官志三》。

仕即为退休，据《选举令》："诸职事官，年七十以上，听致仕。五品以上上表，六品以下申省闻。"〔1〕退休以后的待遇，五品以上官，仍给半禄；其他官也有永业田可以养老。若过七十仍不主动申请致仕，则将为时议所讥。为提倡惜贤敬老的社会风尚，唐代对致仕官员往往给予一些特殊的礼遇。如有时可以加官一级，有时可另换一名望较高的官衔，以鼓励官员到了退休年龄主动申请致仕。

三、唐代的公文制度与行政效率

唐王朝为维系国家机关的有效运行，保证中央政令迅速下达，地方奏章迅速上报，以立法的形式专门为公文制定了有关公文书发布、执行和管理的法令。《公式令》是关于公文格式、用印规范、抄写程限、收发程限及传送、保管公文的法令。

《公式令》对皇帝发布的诏令类文书规定："凡王言之制有七：一曰册书，二曰制书，三曰慰劳制书，四曰发日敕，五曰敕旨，六曰论事敕书，七曰敕牒。"〔2〕后四种统称为"敕"，是常用的发布政令的文书，通常由中书舍人负责起草。臣子上奏皇帝的公文，也因其内容、用途，以及上书人身份的不同，而对其规格、体例作了严格的规定。"凡下之通于上，其制有六：一曰奏钞，二曰奏弹，三曰露布，四曰议，五曰表，六曰状。"〔3〕行政部门行用的公文也详细规定"凡上之所以逮下，其制有六，曰：制、敕、册、令、教、符"。前五种为皇帝、太子、亲王、公主等专用的公文书，唯有"符"是尚书省下于州、州下于县、县下于乡的专用公文。又规定："凡下之所以达上，其制亦有六，曰：表、状、笺、启、牒、辞"；也是依上书人与收书人身份的不同而区别。同级之间，"诸司自相质问其义有三，曰：关、刺、移"，即同级官置往来的公文有这三种形式。这样，就以公文的形式，纵横交织成网络状的信息系统，使上级的政令得以尽快贯彻到基层，又使下情可以上达，同级又可互通信息，从而使整个国家机器构成一个有机的整体。但是，仅有公文程式的规定是远远不能保证行政效率的。唐代为此还专门规定了公文誊抄、判置、收发的程限。如规定："凡内外百司所受之事，皆印其发日，为之程限，一日受，二日报；小事五日，中事十日，大事二十日，狱案三十日；其急务者，

〔1〕《通典》卷三三《职官典一五·致仕官》。

〔2〕《唐六典》卷九《中书省》。

〔3〕《唐六典》卷八《门下省》。

不得与焉。"[1]誊抄公文也有程限，大体上日抄百纸，方能完成定额。为监督各部门的效率，唐代在各行政机构内皆设有"勾检官"，专门监督公文行用的情况。尚书都省的左右司郎中、员外郎是尚书省六部诸司的总勾检官，九寺、五监以主簿为勾检官，州府以录事参军为勾检官。勾检官的职责是"勾检稽失"。稽是指稽缓公文，即违程限；失是失误，即办事、处理文案违背了有关法令，或不合乎制度的要求。勾检官就是行政效率的监察官。唐代为加强中央集权，提高行政效率，还对各级行政官署实行长官、同判官、判官、主典三级连坐制。如大理寺，卿是长官，少卿及正是通判官，丞是判官，府、史是主典。《唐律》规定："若主典检请有失，即主典为首，丞为第二从，少卿、二正为第三从，大卿为第四从；即主簿、录事亦为第四从。若由丞判断有失，以丞为首，少卿、二正为第二从，大卿为第三从，典为第四从；主簿、录事当同第四从。"[2]主簿、录事为大理寺的勾检官，如公事有误而未检覆出来，也要负连带责任。即《唐律》所说："检勾之官，同下从之罪。"勾检制是唐代行政管理的一个重要组成部分。唐代的富强，行政效率高，勾检制起了很重要的作用。

公文的传递，在中央部门之间，皆由专门传送公文的书史传办。如中书省、门下省皆有"传制"，专掌传送制敕。在外传送公文，主要靠驿传。"凡三十里一驿，天下凡一千六百三十九所。"[3]唐代统治者非常重视驿传的效率。唐太宗贞观十八年（公元644年），曾遣大将郭孝恪征讨焉耆。史载，九月"辛卯，上谓侍臣曰：'孝恪近奏称八月十一日往击焉耆，二十日应至，必以二十二日破之。朕计其道里，使者今日至矣。'言未毕，驿骑至"。[4]焉耆至长安远达七千余里，驿传共二十二天，平均每日行程二百五十里。如此漫长的道路，行期几达一个月，却又能这么准时抵达。我们不能不为中国早在一千多年前，就能有高速、高效、准确的公文传递系统而叹服。

在公文的保管方面，各部门也皆有专人负责。"凡令史掌案文簿"，[5]另外还有主事、书令史、甲库令等胥吏，分别负责公文书的编目、装订、保存等项工作。据《公式令》规定："文案不须常留者，每三年一拣除。"[6]可

---

〔1〕《唐六典》卷一《尚书都省》。
〔2〕《唐律疏议》卷五《名例律·同职犯公坐条疏》。
〔3〕《唐六典》卷五《兵部·驾部郎中员外郎条》。
〔4〕《资治通鉴》卷一九七《唐太宗贞观十八年》。
〔5〕《旧唐书·职官志二》。
〔6〕《唐律疏议》卷一九《贼盗律·盗制书条疏》。

见，公文最短的保存期为三年。中央的重要公文、制敕，则由中书省与门下省分掌。

为保证公文制度的严格执行和行政系统的高速有效，必须有相应的法律对违反制度、破坏制度者实行惩处。《唐律·职制律》可以说是对违制官吏实行处罚的专门性法规。如稽缓制书或官文书者，分别会受到笞、杖至徒一年的惩罚。“诸被制书，有所施行而违者，徒二年；失错者，杖一百。”“诸受制忘误及写制书误者。事若未失，笞五十；已失，杖七十。转受者，减一等。”制书或官文书本身有错误，不经上报，擅自改定；或不经请示，照之施行者，皆须受罚。对于违反“避讳”制度者，“误犯宗庙讳者，杖八十；口误及余文书误犯者，笞五十；即为名字触犯者，徒三年”。对于泄露公文内容者，根据情节，“非大事应密者，徒一年半”。若是“漏泄大事应密者，绞”。[1]由此可见，唐代行政制度是以刑法为后盾的，表现了中国古代法律体系中行政法与刑法互相渗透的特点。唐代是中国历史上最强盛的王朝之一，除政治、经济等方面的原因外，没有高效率的行政体系，在如此广袤的疆域内进行有效的中央集权统治是完全不可能的。

较高的行政效率，辅之以高速、可靠的驿传系统，才使中央政令有可能及时到达边陲。各地发生的事情，中央才能及时得知并采取应急措施。正因为如此，唐帝国的统治，才能历尽磨难，延绵近 300 年，行政立法的作用，不容忽视。

唐代行政立法除上述内容外，还涉及其他各个方面。如关于田赋、户籍、赋役、征榷、市籴、库藏的规定；关于官手工业、官商业、工程兴造、水利事业的规定；关于科技、教育制度的规定；关于宗教、寺院、僧侣管理的规定；关于少数民族聚居区的行政管理的规定；等等。

唐代行政立法纲举目张，系统又缜密，从内容到形式都与唐帝国的行政管理相协调，为后世行政立法的发展奠定了良好的基础，其影响深广，不仅限于东邻各国，也远播西方世界。难怪有人认为，西方近代的文官制度渊源于中国古代的行政官僚制度，这种说法并非没有道理。

---

〔1〕《唐律疏议》卷九《职制律·漏泄大事条》。

第三节　刑事法律

一、唐代的刑事立法及法律体系

（一）唐律的制定

唐初统治者十分重视法治建设。唐高祖李渊在太原起兵之初，鉴于“百姓苦隋苛政”，宣布废除隋炀帝时的严刑峻法，“即布宽大之令”。[1]在攻入京城长安的当天，就仿效刘邦入关“与民约法三章”的做法，“约法为十二条”。第二年，即武德元年（公元618年）五月，李渊受隋禅，即皇帝位，称帝第九天，就命令裴寂、刘文静等“与当朝通识之士”修订律令，制五十三条格。同时，唐高祖又命裴寂、萧瑀、崔善为等十五人修订系统的《唐律》，历时五年，至武德七年（公元624年）完成奏上，是为《武德律》。唐太宗李世民也是一上台就着眼于立法。贞观元年（公元627年），李世民命长孙无忌、房玄龄与学士、法官等厘改《武德律》，历时十年，至贞观十一年（公元637年）“颁新律令与天下”[2]，是为《贞观律》。贞观修律奉行轻刑原则，化死为生，“减大辟者九十二条”；减重为轻，“减流为徒七十一条”。

唐高宗李治即位，又命长孙无忌、李勣、于志宁等，以《武德律》《贞观律》为蓝本，制定《永徽律》及其他法令。其后又命“解律人”对《永徽律》进行疏解，参加者有十九人，是历次修律活动中人数最多、规模最大的一次。其中长孙无忌、李勣、于志宁、柳奭、段宝玄、刘燕客、贾敏行七人皆参加了《永徽律》的修订，又有褚遂良、唐临、韩瑗、来济、辛茂将、裴弘献、王怀恪、董雄、路立、石士远、曾惠果、司马锐十二人参与修撰。这些人除高官为领衔者外，多为当时法学大家。如韩瑗之父韩仲良，“武德初为大理少卿，受诏与郎楚之等掌定律令”[3]。正是在他的建议下，武德修律以《开皇律》为蓝本。裴弘献在贞观修律时上书，“驳律令不便于时者四十余事，太宗令参掌删改之”[4]。永徽四年（公元653年），撰定《律疏》的工作完成，十一月，“颁新《律疏》于天下”[5]。其律文与疏文合为一体，具有同

[1]《旧唐书·刑法志》。

[2]《旧唐书·太宗纪下》。

[3]《旧唐书·韩瑗传》。

[4]《旧唐书·刑法志》。

[5]《旧唐书·高宗纪上》。

等的法律效力，都是司法官员定罪量刑的法律依据。《永徽律疏》的制定，不仅对唐代官吏统一地适用法律起到重要作用，而且通过对法律的注疏，阐明了中国古代的法学理论原则，大大推动了中华法系法理学的进展。可以说，正是因为有了《永徽律疏》，才使《唐律》得以完整地保存下来，使《唐律》的影响惠及后世，远播中外，直接促进中华法系的形成。

唐自高宗永徽修《律》和《律疏》后，没有再对《律》与《律疏》进行大的改动。虽然武则天临朝，为收取人心，改革法制，编《垂拱新格》二卷，并亲自为之作序，又制定《垂拱留司格》六卷，《垂拱式》三十卷，但"其律令惟改二十四条，文有不便者，大抵依旧"〔1〕。玄宗开元七年（公元719年）和开元二十五年（公元737年）又曾以宰相宋璟与李林甫分别领衔刊定《唐律》及《律疏》，但只是对旧律进行校核、刊正，而不是重新撰修。

（二）唐代法律的主要形式

秦汉法律虽有律、令、科、比等多种形式，但总的来说，仍处于一种无序的状态。晋代定律时，将律、令规范化，初步形成了以"定罪名"为核心的"刑律"与"存事制"为体例的"政令"并存的法律体系。唐代在此体系的发展下，进一步形成了以律、令、格、式为基本形式的法律体系。正如唐高宗所说："律令格式，天下通规。"〔2〕睿宗曾下敕说："律令格式，为政之本。"〔3〕《唐六典·尚书刑部》说："凡文法之名有四，一曰律，二曰令，三曰格，四曰式。"这是唐律的主要形式，此外，还有敕、典、例等为补充形式，但属于刑法性质的主要是律、格、敕、例等。

1. 律

律是唐代最主要的法律形式，狭义的"唐律"即专指它。唐代律的主要作用是"正刑定罪"，是唐代的刑律，或称为刑法典。唐初在武德、贞观、永徽年间曾三次较大规模地修订《唐律》；尤其是永徽三年（公元652年），在长孙无忌主持下，对《唐律》逐条、逐句进行了疏解。今本《唐律疏议》即是《永徽律疏》在开元二十五年（公元737年）颁行的版本。律是唐代法律的核心，在各种法律形式中最为稳定，地位也最高。

广义的唐律是指以律、令、格、式为主体的，包括敕与例等诸种形式的法律法规；而狭义的《唐律》，则是单指唐代的刑律，如《武德律》《贞观

---

〔1〕《旧唐书·刑法志》。

〔2〕《旧唐书·刑法志》。

〔3〕《唐会要》卷三九《定格令》。

律》《永徽律》等。现存《唐律》最完整、最完善的本子就是永徽年间，在长孙无忌主持下，经注释、疏解的《律疏》，现称《唐律疏议》。唐代的刑法就是以该法为核心，以格、敕、例等为补充形式所形成的有机体系。

《唐律》分为12篇，《唐律疏议》分为30卷，其篇目仍为12篇，律文共502条。

（1）第一篇《名例律》6卷，57条。

《唐律疏议》开篇即在疏文中解释了“名例”二字的含义。“名者，五刑之罪名；例者，五刑之体例。名训为命，例训为比；命诸篇之刑名，比诸篇之体例。但名因罪立，事由犯生，比例即事表，故以《名例》为篇首。”在此，开宗明义地表述了《唐律》是一部确定犯法罪名及适用刑罚原则的刑法典。其刑名因犯罪而确立；与之相应的刑罚，则比照同类事件的通例来确定。《名例律》集中体现了唐初法制的基本精神和刑事立法的指导原则。它规定了“五刑”“十恶”“八议”及各种刑事规范和刑法原则。从现代法学的角度看，完全可将《名例律》当作《唐律》的刑法总则。

（2）第二篇《卫禁律》2卷，33条。

据《唐律疏议·卫禁律》疏议曰：“卫者，言警卫之法；禁者，以关禁为名。”它是关于皇帝宫殿、庙舍、陵苑的警卫，及州镇、城戍、关津、要塞、边防保卫方面违法犯罪的规定。就其内容来讲，既有保护皇权神圣不可侵犯的一面；也有守土卫国，防止外来侵袭的一面。此外，还有不少条文含有治安警备的内容。

（3）第三篇《职制律》3卷，58条。

这是关于官吏的设置、选任、失职、渎职、贪赃枉法，以及有关行政效率和交通邮传管理方面违法犯罪的规定。所谓“职司法制，备在此篇”[1]。《职制律》的内容体现了唐代统治者“以法治吏”的立法指导思想。对失职、渎职、贪赃枉法，违犯行政法纪，有悖封建名教道德的官吏，一概采用刑事惩罚手段加以制裁，冀以达到吏治清明，提高统治效率，实现长治久安的目标。

（4）第四篇《户婚律》3卷，46条。

这是关于违反国家户籍制度、土地制度、赋税制度，以及婚姻家庭制度方面犯罪的规定。其立法的宗旨是为了保证国家赋役、税收的来源，维护封建纲常名教在婚姻家庭关系中的支配地位。因此，其重点是对违反上述制度

〔1〕《唐律疏议》卷九《职制律》疏。

者的惩治与处置，仍属刑事法律规范。

(5) 第五篇《厩库律》1卷，28条。

《唐律疏议·厩库律》疏议曰："厩者，鸠集也，马牛之所聚；库者，舍也，兵甲财帛之所藏。"它是有关养护、使用官私牲畜，仓库管理、财物出纳方面违法犯罪的规定。对主典官吏及经手者，违犯法律一般皆须承担相应的刑事责任，有的还须赔偿经济损失。

(6) 第六篇《擅兴律》1卷，24条。

这是关于擅自征调军队，违犯军法的犯罪，以及非法擅自营建工程、违反工程建筑法式等违法犯罪的规定。前者是为了保障皇帝对国家军队的绝对控制权；而后者则是唐王朝对全国人力、物力等涉及国家财政的经济事务所进行的统一的、严格的管理制度。违者皆须受到刑事惩罚。

(7) 第七篇《贼盗律》4卷，54条。

这是关于惩处直接危害国家政权、皇权统治，侵害他人人身权利和财产权利犯罪的法律规定。《唐律》进一步扩大了"贼"律的适用范围，将传统旧制单纯的"杀人曰贼"的规定扩大到"狡竖凶徒，谋危社稷"。[1]即将颠覆朝廷的政治性犯罪，如谋反、谋叛、谋大逆等，与杀伤人罪共同列入"贼"章，从而加强了刑事镇压的职能。在"盗"律方面，也同样将政治性的盗罪，如盗大祀神御之物、盗玺宝及乘舆服御物、盗制书等，都与一般性盗窃罪共同列入"盗"章。同时又将盗罪分为"强盗""窃盗"与"监临主守自盗"等几种，使之更加严密、科学。《贼盗律》在《唐律》中的地位十分重要，反映了唐代刑事镇压的主要矛头指向，是唐代刑法的核心部分。

(8) 第八篇《斗讼律》4卷，59条。

据《唐律疏议·斗讼律》疏议曰："《斗讼律》者，首论斗殴之科，次言告讼之事。"它从"斗殴"和"告讼"两方面来惩治相争斗殴与非法告诉的违法犯罪行为。其内容包括斗殴、杀伤、诬告、越诉、教唆词讼、投匿名书等。无论是在斗殴还是在告讼方面，《唐律》皆注重当事人的社会身份。同一犯罪行为，因当事人双方官民、良贱、尊卑身份的区别，在认定罪与非罪，或量刑轻重上，截然不同。这是唐代社会宗法、等级制度在刑事立法中的反映。

(9) 第九篇《诈伪律》1卷，29条。

这是关于惩治欺诈和伪造等方面违法犯罪的规定。其重点在于直接侵害

---

[1] 《唐律疏议》卷一七《贼盗律·谋反大逆条疏》。

皇权和国家权利的犯罪行为，故对政治性的欺诈、伪造罪行，惩处十分严厉，而对一般性的诈伪犯罪，惩处相对较轻。一般来说，《唐律》对诈伪罪的认定强调行为人的主观动机，即“意在诈伪”，“诈，谓知而隐欺及有所求避之类”。[1]而对诈伪罪的制裁，则根据其性质及造成的危害后果来确定犯罪人所应承担的刑事责任。

（10）第十篇《杂律》2卷，62条。

《杂律》是将诸篇罪名之外的犯罪行为汇总，集为一篇，故其内容系统性较差，但涉及面却又很广。据《唐律疏议·杂律》疏议曰：“此篇拾遗补阙，错综成文，班杂不同。”其内容既有一般性的刑事犯罪，如坐赃、奸非等；又有以刑罚手段调整民事关系的内容，如负债违契不偿等；还包括对违反封建礼教，违犯行政法纪，破坏现行经济制度，危害公共交通秩序，以及影响社会治安等轻微犯罪的惩处。

（11）第十一篇《捕亡律》1卷，18条。

这是关于捕系逃犯及逃亡者的违法犯罪行为的规定，其内容涉及两方面：一是关于受命追捕逃犯及其他在逃人的将吏、临时差遣者，甚至包括“道路行人”等各类“捕罪人”，皆有责任尽力捉拿逃人，若“逗留不进”“泄露其事”或“行人力能助之而不助者”，都要追究刑事责任。二是对从事军防宿卫、丁夫杂匠、官户奴婢等逃亡的惩治规定。

（12）第十二篇《断狱律》2卷，34条。

这是“决断之法”，规定有关囚禁、审讯、判决及执行等方面的违法犯罪，其内容主要是针对司法官吏、审讯人员、监狱管理人员的。对他们不按法律规定的程序讯囚、断案、关押递解囚徒，造成危害后果者，都要追究有关人员的刑事责任。可以说，这是司法官员的惩诫法，同时也反映了唐代的刑事诉讼程序，故有人将其看作是唐代的刑事诉讼法。

如果说《唐律》的第一篇《名例律》是其“总则”的话，那么其余11篇则可以说是它的“分则”。它们从各个方面论述唐代的刑法，使《唐律》成为体例严整，内容广泛，自成系统的一部刑法典。

2. 令

令的作用是“设范立制”，是有关国家组织制度方面的规定。所谓“令者，尊卑贵贱之等数，国家之制度也”。[2]令所涉及的内容十分广泛，包括国

---

[1]《唐律疏议》卷二五《诈伪律·诈为制书及对制上书不以实注》。

[2]《新唐书·刑法志》。

家官员的设置、品秩、俸禄、选举、考课，国家祭祀的礼仪，及户口、田制、赋役、仓库、厩牧、关市、医疗、社会救济等制度方面的规定。可以说，唐代的令，就是规定国家制度的行政管理方面的法令，是唐代行政法规的基本形式。此外，许多礼制方面的规范，是以“令”的形式规定，如衣服制度、车马制度、丧葬制度等。唐前期武德、贞观、永徽及开元年间在修律的同时，也都修订了令。据《唐六典·尚书刑部》载，唐令共有 27 篇，分为 30 卷，总计 1546 条。

3. 格

格的作用是“禁违止邪”。格是本朝或前朝皇帝临时颁布的针对具体违法、违令行为进行刑事处罚或行政处分的制敕，经有关部门整理、加工、修改后，去掉重复及抵牾的内容，按尚书省二十四曹分目，分门别类汇编而成的单行法规。格在某种程度上具有刑事特别法或行政特别法的性质，其效力往往大于《唐律》本身。这些按部门分类的条格，留于本司行用的，称为“留司格”；颁行于天下诸州县通用者，称为“散颁格”。唐太宗贞观年间，删定格敕 3000 余件，定留 700 条，为格 18 卷。高宗永徽定《留司格》18 卷，《散颁格》7 卷。其后，武则天、中宗、睿宗、玄宗及文宗等朝都多次删定格敕。删定格敕成为唐中后期立法的重要内容。由于格涉及的内容十分广泛，而且规定得比较具体，效力又高，故在唐代司法中以格定罪量刑是很普遍的。

4. 式

式的作用是“规物程事”，是百官、有司“其所常守之法也”。[1]唐初武德定式 14 卷。贞观修律时，定式 33 卷。垂拱删式为 20 卷。其后《神龙式》《开元式》并为 20 卷，但其篇目为 33 篇。据《旧唐书·刑法志》称：“亦以尚书省列曹及秘书、太常、司农、光禄、太仆、太府、少府及监门宿卫、计帐名其篇目。”式是中央行政部门发布的行政法规，从某种程度上讲，式就相当于现代行政部门颁布的“实施细则”。

5. 敕

敕是以皇帝名义发布的行政命令，又称为“诏敕”或“制敕”。其内容十分庞杂，涉及面广，大多为临时针对具体事件或具体某人而发，不具有永久的法律效力，但其中一部分“谓百司承旨而为程式，奏事其施行者”，[2]可以作为常法引用。唐初即已开始将那些具有永久法律效力的制敕加以整理、修改，

---

〔1〕《新唐书·刑法志》。

〔2〕《唐六典》卷九《中书省》。

汇编成“格”，作为经常性的法律形式来援用。其后，制敕日多，这时立法的主要内容是将制敕中具有常行法律效力的部分直接编为“格后敕”。编敕由此成为唐后期立法的主要内容。

6. 典

典本身就具有法的意思。唐玄宗开元十年（公元722年）下令模仿《周礼》制六典，定六典为理典、教典、礼典、政典、刑典、事典。实际上编纂则以唐代官制三师、三公，尚书都省、六部、五省、九寺、五监、十六卫、东宫及地方诸府、州县为其纲目，详列各司署的组织规模、官员编制及其职权范围。故《唐六典》实际上是以职官分篇，而“以令式象《周礼》六官为制”〔1〕的一部关于唐代中央和地方官制的法规大全。此书虽未经正式颁行，但它因以现行令、式编纂而成，在唐代即被内外官员视为法典，与律令并行不悖。

7. 例

例是由国家肯定的，具有法律效力的办案成例，作为法律无明文规定的案件断狱时所比照的依据。因此，例也是唐代法律的一种形式。唐初曾有大理寺官员赵仁本、崔知悌分别编有两种《法例》，可以“引以断狱”。但高宗看后，认为“烦文不便”，“遂废不用”。〔2〕实际上，唐代的用例之风，一直不断。如《唐会要·定格令》载玄宗开元十四年（公元726年）敕：“如闻用例破敕及令式，深非道理，自今以后，不得更然。”说明唐中后期仍可用例断案，只是例的效力应在令、式及敕之下。

唐代法律有律、令、格、式、敕、典、例诸种形式。律、令、格、式是最基本的形式，结合敕、典、例共同参用，构成唐律的多样性；它们相互补充，形式虽多样，却并不庞杂，且具有系统性。律可以说是刑法典，格则是对律的补充与修订，是刑事特别法。令、式与典基本上是行政法规，是对行政事务及人们行为规范的规定，告诉人们应该如何去做。律、格则是告诉人们如不按令、式去做或违反法律的行为将承担什么罪名，会受到怎样的惩罚。敕和例则可随时补充原有法规的不足之处，使原来没有规定或规定处罚较轻的危害统治者利益和破坏社会秩序的行为得到惩处或加重惩处。上述诸种法律形式并用，使唐代统治者在法律的运用上，既有相对的稳定性，又具有一定的灵活性。当然，这种“灵活性”若不受到必要的限制，则会变成随意性，

〔1〕《新唐书·艺文志》。

〔2〕《旧唐书·刑法志》。

从而破坏法制。中唐以后，正是由于法制遭到破坏，导致社会矛盾尖锐、藩镇割据、宦官专权、党争激烈、政治腐败，终于激起农民起义，导致了唐王朝的覆亡。

（三）唐律所规范的刑事罪名

《唐律》所规定的犯罪种类，包括了政治、经济、文化、教育、军事、行政、司法以及婚姻家庭等社会关系的各个领域。凡侵犯封建皇权统治，破坏封建统治秩序，破坏封建伦常关系和名教秩序的行为，都被归入犯罪之列。这一方面说明了唐代统治者特别强调以刑事惩罚手段来治理国家，维护其统治；另一方面，也反映了中国古代刑事立法的高度发达，从而使《唐律》成为封建时代最为完备的一部刑法典。

1. 十恶

《唐律》将封建统治者所认为的最严重的十种犯罪行为单列一类，置于《名例律》中，作为刑事镇压的首要目标。《唐律疏议·名例律·十恶条》疏议曰："五刑之中，十恶尤切，亏损名教，毁裂冠冕，特标篇首，以为明诫。其数甚恶者，事类有十，故称'十恶'。"说明十恶是直接侵犯皇权统治的基础和封建名教秩序的最严重的犯罪行为。其具体内容如下：一曰谋反，"谓谋危社稷"，指企图以各种手段推翻现行君主政权。二曰谋大逆，"谓谋毁宗庙、山陵及宫阙"，指企图毁坏皇帝的宗庙、皇陵和皇宫及宫门。三曰谋叛，"谓谋背国从伪"，指企图叛国，投降伪政权。四曰恶逆，"谓殴及谋杀祖父母、父母，杀伯叔父母、姑、兄姊、外祖父母、夫、夫之祖父母、父母"。五曰不道，"谓杀一家非死罪三人，支解人，造畜蛊毒、魇魅"，即以巫术害人。六曰大不敬，"谓盗大祀神御之物乘舆服御物；盗及伪造御宝；合和御药，误不如本方及封题误；若造御膳，误犯食禁；御幸舟船，误不牢固；指斥乘舆，情理切害及对捍制使，而无人臣之礼"。七曰不孝，"谓告言、诅詈祖父母、父母，及祖父母、父母在，别籍异财，若供养有阙；居父母丧，身自嫁娶，若作乐，释服从吉；闻祖父母、父母丧，匿不举哀；诈称祖父母、父母死"。八曰不睦，"谓谋杀及卖缌麻以上亲，殴告夫及大功以上尊长、小功尊属"。九曰不义，"谓杀本属府主、刺史、县令、见受业师，卒杀本部五品以上官长；及闻夫丧匿不举哀，若作乐，释服从吉及改嫁"。十曰内乱，"谓奸小功以上亲、父祖妾及与和者"。

从"十恶"的内容可以看出，十恶之罪可分为三类：一是直接威胁、损害皇帝人身、权力、尊严的行为，如谋反、谋大逆、谋叛和大不敬，这是

“十恶”的核心内容。二是严重威胁封建统治秩序的恶性犯罪，如不道。三是破坏封建名教道德、伦常关系的行为，如恶逆、不孝、不睦、不义和内乱，其占十恶之半，反映了唐代违礼的行为同样也违悖法律，势必受到刑法的严厉制裁。这是唐律“礼刑合一”的突出表现。因此，犯十恶者，“为常赦所不原”。即使是在法律上享有特权的贵族、官僚，一旦身犯十恶，亦不准适用议、请、减、赎等优遇。“十恶”不属于同一犯罪种类，其具体内容也分在不同篇目中，但因《唐律》将其“特标篇首”，故谈唐代的犯罪种类，也不得不将其作为首类。以下的犯罪种类中有许多与“十恶”的内容相重复。

2. 侵犯皇权罪

这类犯罪在“十恶”中已规定很明确，具体说，又可分为三类：

第一是直接危害封建国家政权和皇帝本人权力的犯罪。如十恶中的谋反、谋大逆、谋叛即属此类。此外，对此三类行为知情不举，隐匿不告；有关官员得到密告后，不即掩捕；诬告他人谋反、逆、叛者；以及制造妖书妖言、传布妖言、藏用妖书者皆属此类。

第二是有可能对皇帝人身安全造成危害的行为。在“大不敬”中包括这方面内容。如给皇帝合和御药，造御膳，造御用车乘、舟船，即使是因误出错，也须处绞刑，以保证皇帝本人的绝对安全。皇帝居住的宫殿、出行的仪仗不得擅自进入、冲撞，若有失误，不仅犯者，宿卫人员与当值官吏也须承担连带刑事责任。

第三是有损或冒犯皇帝尊严的行为。这也体现在“大不敬”中。如皇帝亲自主持的祭祀活动或国家大典，没有按照法定程序、礼仪有误等，都要受到一定的刑事处分。指斥乘舆、对捍制使、无人臣之礼等皆为“大不敬”。甚至误犯了皇帝的庙讳，也要受到刑事制裁。

3. 违犯纲常名教罪

《唐律》严格维护等级制度和封建家长制，严惩违犯封建纲常名教的行为。

唐律将皇帝之下的臣民划分为官与民两大类。官、民之间，法律地位悬殊。官又按品秩高下分成不同级别，民又分有良、贱，各具不同身份。在刑事立法上，针对不同的身份，享有不同的法律地位。因身份的不同，同一行为罪与非罪则不同。同一罪名，则又因身份的不同，其所负的刑事责任、所受的刑事处罚也不同。当事人法律地位的不平等正是唐代刑事法律规范最突出的特点。依照《唐律》，官员、贵族依法享有种种特权，他们及其一定范围内的亲属犯罪，可以依官品地位及与皇族血缘的亲疏，分别享有议、请、减、赎的特权。一般来说，官爵越高，资历越深，与皇族血缘关系越近，则犯罪后所享有的特殊庇护愈优越，所荫庇的亲属范围也愈广，所受处分也愈轻。但反过来，若民侵犯了官，或低官侵犯了高官的利益，则是触犯了纲常名教，罪莫大焉，所受处分则将重于凡人相犯，有时甚至将归入十恶之中。

唐律在维护封建宗法制度方面，把打击的矛头集中指向违反礼教的行为，以确保父权、夫权在宗法家庭中的统治地位。十恶之中，有恶逆、不孝、不睦、内乱四条是关于家庭伦常、亲属相犯的。亲属之间相犯、伤害的行为，不仅触犯刑律，同时触犯礼教秩序。亲疏、尊卑、长幼之序成为确定罪与非罪、罪轻罪重的关键。按照这一原则，尊长杀伤卑幼，关系愈亲则定罪愈轻，关系愈疏则定罪愈重。相反，卑幼杀伤尊长，关系愈亲则量刑愈重，甚至可入“十恶”。亲属相盗，关系愈亲则处分愈轻，关系愈疏则处分愈重，出五服者同凡人。奸非则不论尊卑长幼，关系愈亲则科刑愈重。除此之外，有许多罪名对于常人不为罪，而由于涉及宗法关系就派生出特殊的罪名，如匿丧、居丧嫁娶、居丧生子、祖父母父母被囚嫁娶或作乐、冒荣居官等。这些罪名的共同特点是都没有直接侵害任何尊亲属及其他人的权益，也没有对社会造成任何直接的危害。它们所触犯的是封建礼教，危害了名教秩序。《唐律》中的这些罪名，正反映了在唐代违礼的行为即是违法。“出礼则入刑”，以强制手段保证礼仪道德规范的推行，这是封建法制完备化的一种表现。

4. 危害人身安全罪

危害人身安全，是指非法侵害他人人身和与人身有直接关系的权利的行为，可分为杀人罪、伤害罪、诬告罪及其他危害人身安全的罪行。

唐代统治者十分重视对杀人罪的惩处。唐高祖太原起兵时即指定了“约法十二条”，其中就有“杀人者死”的规定。《唐律》更对杀人罪作了详尽周密的规定，将杀人分为谋杀、故杀、斗杀、戏杀、过失杀和误杀六种，称为“六杀”。谋杀罪，一般是指二人以上共同预谋杀害他人生命的行为。故杀罪，是指故意地非法剥夺他人生命的行为。斗杀罪，是指当事人双方原本没有杀害对方的“害心”，因相互斗殴，造成一方死亡的行为。戏杀罪，是指当事人双方因相互嬉戏，因行为不当，造成一方死亡的行为。过失杀人罪，是指因当事人的过失而造成他人死亡的行为。误杀罪，是指虽有杀人的故意，而被杀者并非犯罪人想要杀死的人。六杀，是根据犯罪主客体的不同，犯罪主客观条件的区别，犯罪人动机与结果的差异，分别拟定罪名，判处刑罚。这表明唐代刑事立法技术已相当发达。

伤害罪，是指非法损害他人人身健康的行为。《唐律》中的伤害罪，大多是指由斗殴所造成的伤害。《唐律疏议·斗讼律·斗殴人条》疏议曰："相争为斗，相击为殴。"斗殴是破坏社会治安的行为，凡"斗殴"者即为有罪，即使没有造成伤害，也要"笞四十"。造成伤害者，则根据情节及伤害程度，参考犯罪人的身份，分别处罚，一般最高刑为流三千里。若伤害致死者，则"各以杀人论"。为准确区别伤害罪与伤害致死的杀人罪，唐律规定了"保辜"制度。所谓"保辜"，是指行为人在殴伤人后，由官府检验伤之轻重，规定一定的观察期限，以确定行为人对被害人的死亡是否负有直接的责任。保辜期根据伤害情节，自十日至五十日不等。限内死者，即以杀人论。限外一般来说按伤人论，但若有较明显的症状表明死亡与殴伤有直接的因果关系，则仍以杀人论。

诬告罪，是指故意捏造犯罪事实，向官府作虚假告发，蓄意陷害他人的行为。诬告不仅给被诬者的身家性命带来严重危害，侵害其人身权利，而且破坏司法机关的威信，干扰正常的公务活动，扰乱统治秩序，故中国古代刑律十分重视对诬告行为的打击。惩治诬告罪的基本原则是"反坐"，即依照所诬他人罪的性质与轻重，反坐诬告者罪。

唐代刑事犯罪种类中，还有强奸、贩卖人口、压良为贱、以威力制缚人等当属侵犯人身的行为。"詈人"，即骂人，一般来说虽有损社会秩序，尚不构成犯罪。但由于唐代社会的身份性与等级性，骂皇帝则为"指斥乘舆"，子孙詈祖父母、父母，都属"十恶"大罪。至于妻妾詈夫，奴婢、部曲詈主，则都属重罪。犯此类罪者，轻者徒，重者死，由此可见唐代法律的身份性特点。

5. 侵犯官私财产罪

侵犯官私财产的主要方式是"盗"。《唐律疏议·贼盗律》规定："诸盗，公取、窃取皆为盗。"其疏议曰："公取，谓行盗之人，公然而取；窃取，谓方便私窃其财。皆名为盗。"唐律将盗罪分为强盗罪与窃盗罪两种。《贼盗律》对强盗的注文说："谓以威若力而取其财，先强后盗，先盗后强等。若与人药酒及食，使狂乱取财，亦是。"对窃盗的疏文说："窃盗人财，谓潜行隐面而取。"前者是以暴力手段公开非法取得他人财产，后者则以隐秘的手段非法取人财物。鉴于强盗罪对社会秩序的危害更大，故对其惩治也严厉得多。《贼盗律》规定："诸强盗，不得财，徒二年；一尺徒三年，二匹加一等；十匹及伤人者，绞；杀人者，斩。”而对窃盗则规定：“诸窃盗，不得财，笞五十；一尺杖六十，一匹加一等；五匹徒一年，五匹加一等，五十匹加役流。”强盗得财十匹即为死罪，窃盗五十匹方为加役流，也就是窃盗再多，也不至于死。这些惩治盗罪的法律，从整个中国封建刑律的发展看，无论是与其前还是其后相比，都属较平和适中的。在盗罪中，还有一类不同于强盗与窃盗的罪名，称为“监临主守盗”，这是指直接掌管国家财物的官员，利用职务之便，盗取自己掌管的及部内财物的行为。《贼盗律》规定：“诸监临主守自盗及盗所监临财物者，加凡盗二等，三十匹绞。”可见，对监临主守自盗的处罚又重于一般的盗罪。这也是唐代加强吏治的措施之一。

非法占有他人财物的行为还有采用威胁的手段向别人勒索、敲诈财物。《贼盗律》规定了对劫持人质求赎财物、恐吓取人财物的惩处。前者重于强盗罪，后者重于窃盗罪。尤其对劫持人质的行为，不仅犯者处斩，其所处地的村正、四邻伍保，守而不救，也要处徒刑二年。

诈骗财物，也是以欺诈瞒骗等手段将官私财物据为己有的行为。《唐律》规定无论采用何种手段，皆以盗罪计赃论罪。

对于损毁官私财物的行为，一般要求损毁者赔偿，严重者还要追究刑事责任。

其他侵占他人财物的行为，如私自挪用受寄财物、于他人地内得物不还、拾遗物不送官、错认奴婢财物等，《唐律》也规定了相应的处罚条款。由此可见，唐律对官私财物所有权的保护，已达到了十分细密的程度。

6. 危害公共安全罪

所谓危害公共安全罪，就是故意或过失实施的对大多数人的人身及财产足以构成危害的行为。如火灾就会对多数人的生命与财产安全构成危害。人为引起火灾的行为，无论是故意纵火的放火行为，还是因行为人过失引起火灾的失火行为，都足以危害公共安全，也就都要承担刑事责任。但因放火与失火在主观上犯意不同，因此量刑有所区别。一般来说，放火从重严惩，失火则相对罚轻。对于见火起不告不救的不作为行为，《唐律》也规定了视火灾危害程度“减失火二等”的处罚，以此明确对火灾等危害公共安全的事件，每个人都负有报警与救灾的法律责任。这对维持社会的公共安全具有一定的积极作用。

对于破坏堤防，引起水灾的行为，《唐律》将其分为“盗决堤防”与“故决堤防”两种。盗决堤防，是指为了取水供用，擅自决开堤防。虽不为患，亦决杖一百；若因水患造成人家财物损失者，则坐赃论罪；因故造成伤亡者，减斗杀伤罪一等处刑。故决堤防，是指故意决堤防决开，目的或因挟嫌报复，或因恐水自损而以邻为壑。凡故决者，即徒三年；造成财物损失者，准盗论；造成杀伤者，以故杀伤论。

唐代为维护统治秩序与公共安全，对兵器实行严格管制。民间可拥有弓箭、刀盾、短矛等杀伤力不太大的兵器。而对于甲、弩、矛、槊、具装等杀伤力大的重型兵器，严禁民间私藏。若私有、私造及盗取这些禁兵器，也构成危害公共安全罪，都要承担刑事责任。甚至在路上拾得禁兵器不送官者，也与犯私有禁兵器同罪，徒一年半。

其他危害公共安全的行为还有，为捕捉禽兽而施设机枪、坑阱，向城内及官私宅射箭、放弹、投掷瓦石，在城内街巷人多处驾车马奔驰，在市内及人众处故意制造混乱等。这些行为本身即已构成犯罪，若造成人员伤害，还要进一步以故杀伤或斗杀伤人追究刑事责任。

7. 妨害管理秩序罪

所谓妨害管理秩序罪，就是指扰乱和破坏国家机关对社会秩序的管理的行为。《唐律》以“诈伪”罪作为惩治这方面犯罪的重点。诈伪，就是以欺诈、伪造的手段，破坏国家的管理活动，会因牟取私利而破坏社会秩序。诈伪罪的内容包括伪造官文书、官印、符节。其中伪造皇帝御宝以“十恶”之“大不敬”论，诈伪及篡改皇帝制书皆处“绞刑”。伪造或篡改身份出身，以谋求官职或承袭爵位者，除剥夺其谋得之利外，还要追究刑事责任。诈称疾病及自伤残以逃避兵役、徭役等法定义务或借以逃避法律制裁者，皆以其逃避的役日“计庸坐赃”，并追究刑事责任，不容许各类欺诈行为获得实际利益。

其他妨害管理秩序的行为有擅自攀越城垣、非法偷渡关津、犯夜、夜无故入人家、侵占巷街阡陌、穿垣出秽污物、发冢、赌博、通奸等违犯社会治安的行为，以及某些违反封建礼教的行为和破坏社会经济秩序的行为。其内容庞杂，涉及面广。由此可见，唐代刑事法律规范可谓无所不包。

8. 职务上的犯罪

唐代统治者十分重视打击各级官吏利用职务上的便利所从事的犯罪。这些犯罪包括：擅权行为、失职行为、违纪行为和贪污受贿行为。

擅权行为，指官吏在从事职务活动时滥用与超越职权的行为，如署置过限、非法兴造、擅自兴造、非法赋敛、擅奏改律令式、出使辄干他事、代署代判等罪行。

失职行为，指官吏没有恪尽职守、依法办事，对其应追究刑事责任。如贡举非其人、稽误制书及官文书、上书奏事有误、事应奏而不奏、贻误公事、主司脱漏户口、部内田畴荒芜、不言或妄言灾害、违法授田课农桑、输课税违期、不修堤防桥梁等，皆为失职行为。《唐律》对这些行为规定了细密详尽的惩处条文。

违纪行为，指一般性违反官规官法的行为。这类行为本应归于行政性违纪，但从唐律的规定来看，都是追究刑事责任，故应属于刑事法律规范，主要表现为漏泄机密、私自开拆看视官文书、旷职、地方官私自出界、弃毁符节制书等。对违纪行为的处罚，一般来说在笞、杖之间，但严重者，或造成严重后果者，也可处以死刑。如"漏泄禁中机密"，就比一般性泄密严重得多，须处斩刑；"漏泄大事应密者，绞"。[1]

贪污受贿行为，是指官吏利用职务非法占有官私财物，索取、收受行贿者的财物或牟取其他不正当的利益。唐太宗"深恶官吏贪浊，有枉法受财者，必无赦免"。[2]故唐初立法，对官吏贪污受贿罪作了较为详细的规定，其最突出的特点是对"赃罪"正式确立了"六赃"的概念。《唐律疏议·名例律·以赃入罪条》疏议曰："在律'正赃'唯有六色：强盗、窃盗、枉法、不枉法、受所监临及坐赃。自外诸条，皆约此'六赃'为罪。"在此，将涉及钱财的犯罪行为，统称为"赃罪"，归为六类，称为"六赃"。六赃为一切赃罪量刑的标准，六赃之外的涉及钱物的犯罪，皆归附于六赃论罪。六赃的规定使唐以前纷繁杂呈的各色与钱财有关的犯罪以及混乱不一的罪名顿时廓清。这是唐代有关赃罪在刑事立法技术上的一大进步。六赃中除强盗赃、窃盗赃为一般性侵犯财物的犯罪外，其余如枉法赃、不枉法赃、受所监临赃、坐赃都是专为官吏犯赃罪所设的罪名。

枉法赃，即今天所说的贪赃枉法，指"受有事人财而为曲法处断者"。《唐律疏议·职制律·监主受财枉法条》规定："诸监临主司受财而枉法者，一尺杖一百；一匹加一等，十五匹绞。"即便是事先没有得到许诺，而事后受财，只要该事枉法，即以枉法赃论。

不枉法赃，指虽受当事人钱财，但在判案断事时并没有因此而曲法枉断。也就是唐代受贿罪的构成，无论有事无事，枉法不枉法，只要收取当事人财

[1]《唐律疏议》卷九《职制律·泄漏大事条》。

[2]《贞观政要》卷一《政体》。

物，即为犯赃。不枉法赃，三十匹即判加役流。

受所监临赃，指监临主司官员收受所辖部内之人馈赠的钱物。因送礼者与收礼者之间存在职务上的从属关系，二者在公事之外，不应有私人间的财物往来。即便不涉及任何公事，监临官也不应接受下级的礼品。据此法，收礼者、送礼者都要追究刑事责任。即使官员去任，又接受旧官属、僚佐、士庶等人所馈送的财物，包括乞取、借贷等，都依照受所监临赃减三等论罪。唐代用法律严格禁止官员接受下属财物和供馈并禁止下属向上级送礼的制度是很值得称道的一项廉政措施。

坐赃，指官吏或一般人利用不正当手段获取的本不当得之利。据《唐律疏议·杂律·坐赃致罪条》疏议曰："坐赃者，谓非监临主司，因事受财，而罪由此赃，故名'坐赃致罪'。"坐赃适用的范围较大，如为求曲法之事，托人说情，唐代称为"请求"，无论官民，为人请求皆为犯法，官员允诺与之同罪；若受人钱物而为人请求，非监临之官，则"坐赃论加二等"。"与财者，坐赃论减三等"，即行贿者，亦以坐赃论。受人之财和与人之财都为得罪，此赃称为"彼此俱罪之赃"。此赃依法当"没官"，即收归国库。坐赃还广泛适用于民间的财产纠纷。如要求他人赔偿损失超过实际价值的部分，即以坐赃论。擅自花费、使用他人寄存的钱物，也以坐赃论减一等。债权人不经官方，强取债务人财物，超过原欠债额者，也以坐赃论等。[1]非官吏得赃，多以欺诈、诓骗等手段，不存在枉法不枉法的问题，故皆归于坐赃类。坐赃主要打击的是监临主司之外的一般官吏，防止其利用手中仅有的权力，或利用与监临主司职务上的关系，或其他亲友关系，贪污受贿，缘情卖法。有了这一条，则各类贪污受贿者在法律上就无所逃脱了。

（四）唐律所规范的刑事法律原则

唐代法律的基本原则是唐代统治者立法指导思想与法制观念的具体体现。这些法律原则对各级司法官员在司法审判中认定犯罪性质和决定刑罚方式具有指导意义，是定罪量刑时所遵循的基本准则。

1. 以"八议"为代表的特权原则

"八议"是有关八种特权人物犯罪在适用刑罚时的优待原则。八议为议亲、故、贤、能、功、贵、勤、宾。议亲，指皇亲国戚；议故，指皇帝的故旧；议贤，指贤人君子，言行可为法者；议能，指有大才干者；议功，指功勋卓著者；议贵，指职事官三品以上，散官二品以上及爵一品的大贵族、大

〔1〕《唐律疏议》卷二六《杂律》。

官僚；议勤，指勤于政事，有突出贡献者；议宾，指前朝皇室后代被奉为国宾者，在唐朝专指北周宇文氏和隋之杨氏后裔。《唐律疏议·名例律·议章》规定："诸八议者，犯死罪，皆条所坐及应议之状，先奏请议，议定奏裁；流罪以下，减一等。其犯十恶者，不用此律。"也就是说，对适用八议者，在犯有死罪时，司法机关才能对其适用"议"的原则，将其罪状写明并注明该犯应属哪一议，议状上报皇帝，申请议决。皇帝召集中央重臣于都堂集议，以决定是否减免，或是依法执行。议的结果不一定都能得到免刑，罪状较大者仍有可能"赐死于家"。一般死罪可降为流罪。流罪以下不用议，自然减刑一等。但犯十恶者，不必经过"议"的程序，直接执行。

"请"是低于八议一等的刑法特权。它的适用范围比议大一些，官爵在五品以上者，若犯死罪，可"上请"听敕处分，由皇帝自行发落。流罪以下，自然减刑一等。除十恶不适用外，若犯反逆缘坐、杀人、监守内奸、盗、略人、受财枉法者，均不适用"请"的程序。

"减"的规格又低于"请"一等。七品以上官及应"请"者的家属，若犯流罪以下之罪，各减一等处罚。死罪不得减。

"赎"是最低一等的特权。所有九品以上官及应"减"者的家属，犯罪在流以下者，皆可以铜赎刑。但因适用减、赎的官吏品秩较低，因此限制也更加严格。除十恶等上述罪行不适用外，又规定犯"五流"者，即加役流、反逆缘坐流、子孙犯过失流、不孝流及会赦犹流者，各不得减、赎，法当除名、配流者，仍须依法执行。

凡官员犯罪，皆可以官品抵当刑罚。这是唐朝对官员优待的又一法定特权，称为"官当"，简称"当"。具体办法是，犯私罪者，以官当徒的，五品以上官，一官当徒二年；九品以上，一官当徒一年。犯公罪者，可加一年当，即五品以上，一官当徒三年；九品以上，一官当徒二年。如果是以官当流，原则上是"三流同比徒四年"，即流刑三等，适用于官当时皆比作徒刑四年。以官当徒仍有余刑不尽者，可再以铜赎刑。

总之，唐代统治者以议、请、减、赎，以及官当等方式，将贵族、官僚的特权法律化、制度化，使他们的特权较之前代更加广泛，充分反映了唐代刑法的特权法性质。清人薛允升在《唐明律合编》中说："其（唐律）优礼臣下，可谓无微不至矣。"

2. 刑事责任年龄及矜老怜幼的原则

唐代刑事立法，对于刑事责任年龄，矜老怜幼、体恤疾残方面有了更加规范的规定。在处理老、少、残疾人犯罪方面分为三等，区别对待。第一等为年七十以上，十五以下及废疾，犯流罪以下，收赎。据此可以推知，自十六至六十九岁，为法定刑事责任年龄，在此年龄区域者的任何一种犯罪行为，都要承担完全的刑事责任。而在七十至七十九岁、十一至十五岁区域者及废疾者，犯流罪以下，其罪刑适用赎章，可以铜赎刑。第二等为八十至八十九岁、八至十岁区域者及笃疾者，犯反、逆、杀人应死者，上请；盗及伤人者，亦收赎；余皆勿论。即一般的刑事犯罪不承担刑事责任，重罪以铜赎罪，严重者可通过上请以减刑。第三等为九十岁以上，七岁以下，虽有死罪，亦不加刑，可说是完全不承担刑事责任者。此外，还有补充规定，犯罪时没有达到老、疾标准，事发时已老、疾者，皆依老、疾论；犯罪时幼小，事发时长大者，则依幼小论，体现了唐律对老、少、残疾人适用刑罚的从轻原则。[1]

3. 区分故意与过失的原则

唐律对故意与过失判罪处罚的一般原则是重处故意犯罪，轻罚过失犯罪。对于谋杀、故杀、斗殴持刀杀人、故纵、故出入人罪者，都要加重处罚；而对过失杀伤、误杀伤等，则可以从轻或允许收赎。在如何区别故意与过失方面，一是看行为人在主观上是否有“害心”，是否是“知而故犯”。即行为人知道自己的行为是违法犯罪的，会产生什么样的危害后果，希望并放纵这一后果产生则为故意。而行为人在主观上没有预见自己的行为可能发生危害社会的结果，以及因疏忽大意没有预见，从而导致了危害社会的情况，则为过失。二是看行为人的行为本身是否具有违法性，如斗殴误杀伤旁人，以斗杀伤论，而不以过失论。理由是斗殴本身是违法行为，企图杀伤斗殴对象，也具有“害心”。而击杀禽兽因“耳目所不及，思虑所不到”误杀伤他人者，则以过失论，理由同样是击杀禽兽不是违法行为，行为人不具有“害心”。[2]

4. 共同犯罪区分首、从的原则

唐律对共同犯罪的处理原则是，强调区分首犯与从犯的原则。共同犯罪是指二人以上共同故意犯罪。《唐律疏议·名例律》规定：“诸共犯罪者，以造意为首，随从者减一等。若家人共犯，止坐尊长；侵损于人者，以凡人首从论。即共监临主守为犯，虽造意，仍以监主为首，凡人以常从论。”区分首从的方法，一是以“造意为首”，即以制造犯意者为首犯，余并为从。二是家

[1] 《唐律疏议》卷四《名例律·老小及疾有犯条》《犯时未老疾条》。

[2] 《唐律疏议》卷二三《斗讼律》。

人共犯，不论何人造意，以尊长为首，卑幼不坐，体现了封建家长制原则。三是外人与监临主守官员共同犯罪，即使由外人造意，仍以监临主守官员为首犯，其余人为从犯处理。加重监临主守官员的刑事责任，以防止官吏内外结合，上下一气，因缘为奸，维护国家的统治秩序。

5. 划分公罪私罪的原则

唐律在“以法治官”方面，总结前代的立法经验，明确提出了公罪与私罪的概念，并规定了不同的判刑原则。据《唐律疏议 · 名例律 · 官当条》注，“公罪，谓缘公事致罪而无私、取者”；“私罪，谓私自犯及对制诈不以实者，受请，枉法之类”。唐律采取对公罪的处罚轻于私罪的原则。如在“官当”方面，犯公罪者，五品以上，一官当徒三年；九品以上，一官当徒二年。而犯私罪，则各减一年。在官员考课时，私罪计其刑赎铜一斤为一负；公罪，则赎铜二斤为一负。各十负为一殿，公罪计负少，私罪多。负、殿是官吏在职期间过罪的记录，直接关系到他们的升降、迁转，官运前程。唐律严格区分公罪与私罪，对提高国家行政效力、整饬吏治以及防止官吏贪赃枉法的大量发生，具有一定的作用。

6. 累犯加重的原则

唐律对经常犯罪者按累科、累论，加重处罚。据《唐律疏议 · 名例律》规定：“诸犯罪已发及已配而更为罪者，各重其事。”就是说，当犯罪事实已被揭发，又犯有笞以上的新罪，就要加重处罚。具体如《唐律疏议 · 贼盗律》规定：“诸盗经断合，仍更行盗，前后三犯者，流二千里；三犯流者，绞。”累犯是经官府判决后又重新犯罪的。如前罪未发或未经官府科断，则不被当作累犯处刑，而是以合并论罪、数罪并罚的原则定刑。

7. 数罪并罚的原则

唐律把两种以上罪行同时被告发受理的，称为“二罪以上俱发”，基本上采取“重罪吸收轻罪”的原则。《唐律疏议 · 名例律》规定：“诸二罪以上俱发，以重者论；等者，从一。若一罪先发，已经论决，余罪若等，勿论；重者，更论之，通计前罪，以充后数。”对数罪并罚，取其最重一罪量刑；各罪相等，也仅取一罪定罚。凡一罪先发，并已作判决，而后又发现余罪，如余罪轻或相等，则维持原判；重则改判，以重罪为准，减去已执刑的刑期，即为应加判的刑期。唐代有关“数罪并罚”的规定是比较轻缓的，反映了唐初宽刑慎罚的立法指导思想。

8. 自首原则

唐代继承了历代自首减免刑罚的原则，但较前有比较明显的发展。首先，明确了自首的法定概念。强调罪犯所犯之罪在案未发，官府或他人未发觉之前，自动向司法机关投案。若犯罪事实已被他人告发，或被官府查知，再去投案认罪者，只能作为“自新”，不能称为“自首”。其次，自首在原则上要求本人亲自向官府交代所犯罪行，“自言其罪”，但委托他人代为者，与自首同。依法得相容隐者为罪犯自首或告发，也可以自首论。犯窃盗与诈骗罪者，因悔悟而向被害人承认罪行者，与向官府自首同。再者，自首者虽可免罪，但赃物必须如数退赔，不使犯法者在经济上得到好处，以防止罪犯利用自首非法获财。再次，对自首不实、不尽者，即没有彻底交代犯罪事实和犯罪情节的罪犯，分别按不实、不尽的情况予以惩处，至死罪者，可因自首而减刑一等。最后，对某些犯罪规定不适用自首免罪的原则。如已伤害或强奸良人，无法挽回对被害人的危害后果；损坏或丢失了不可复原之物，如官印、旌旗、官文书之类；私渡关津，私习天文，以及官司失错，已经行刑等，皆不在自首原罪之列。由此可见，唐律关于自首原则的规定已十分详尽完备。

9. 同居相隐不为罪的原则

唐律以儒家思想为指导，继承“父为子隐，子为父隐”的宗法传统，较前更加扩大了相隐的范围。四世亲属皆可相隐，部曲、奴婢也可为主人隐。“同居”，指“同财共居”者，即使无服，亦得相隐。唐律还放宽了相隐的内容，即便向亲属泄露案情，通风报信，使犯罪者得以逃亡，也不为罪。同时，唐律也明确规定了不得运用相隐原则的情况，即犯谋反、谋大逆与谋叛者，不得相为隐。这样，唐律将封建的法治与礼治统一起来，既巩固了封建家长制家庭和尊长的统治地位，又稳定了封建政权的统治秩序。

10. 类推原则

《唐律》是一部具有罪刑法定主义倾向的刑法典，它规定对于犯罪行为必须依据律条量刑定罪。《唐律》规定：“诸断罪皆须具引律、令、格、式正文，违者笞三十。”[1]但社会现象错综复杂，犯罪行为形形色色，不可能对每一种危害社会的行为都事先在法律上予以具体规定。为了弥补这种刑事立法上可能出现的遗漏，《唐律》以专条规定了对律文没有直接规定的犯罪，运用比附类推的方法，参照本律中最类似的条文规定，应加应减，拟定罪名，作为论罪科刑的标准。《唐律疏议·名例律》规定：“诸断罪而无正条，其应出罪者，

〔1〕《唐律疏议》卷三〇《断狱律·断罪具不引律令格式条》。

则举重以明轻；其应入罪者，则举轻以明重。”适用类推的首要条件是断案而无律文明确规定者，若有明文，妄用类推，则司法官吏将以故出入人罪论。类推的具体方法有两种：一是“出罪”，即免罪，其原则是“举重以明轻”。用列举比该案行为更为严重的行为不构成犯罪的方式，来证实本行为也同样不为犯罪。如《贼盗律》规定：“诸夜无故入人家者，笞四十；主人登时杀者，勿论。”若该主人将无故入室者打伤，则自然当为“勿论”之列。二是“入罪”，即加罪，其判刑的原则是“举轻以明重”，即列举出比该案行为更轻的行为已为有罪，以证实比此更重的行为也已构成犯罪。如《贼盗律》规定“谋杀期亲尊长者斩”，即预谋杀期亲尊长，虽未实行，亦当论斩，若已伤、已杀，则罪行更重，自然当以斩罪论处。

11. 涉外案件的处理原则

唐朝是中国历史上最强盛的封建王朝之一，它与周边民族及外国有着广泛的联系和交往。长安、洛阳、广州、扬州等城市外商云集，成为世界贸易的重要口岸。外商进入内地，不可避免地要出现大量的涉外刑事与民事案件。《唐律疏议·名例律》规定：“诸化外人同类相犯者，各依本俗法；异类相犯者，各以法律论。”就是说，同属一国的外国人在中国境内互相侵犯的，按照其本国法律处理。这种方法相当于今天的属人法。不同国籍的外国人相犯，或外国人与中国人相犯，即以《唐律》论处。这相当于今天的法院地法。唐代这一处理涉外案件的原则，既考虑到对各国法律与习惯的尊重，同时又维护了中国的司法主权，是很值得称道的。

唐代统治者在立法中确立的这些原则充分证明了唐代的法律文明已相当发达、完备。这些原则是唐代立法者对历代王朝立法与司法经验的高度概括与总结，又为其后各代封建王朝的立法奠定了理论基础。

第四节　民事法律

一、一般民事法律的主要内容

（一）身份关系

作为权利主体的人，在唐代有“良”“贱”之分。良人是指一般百姓，就其职业而言，以士、农、工、商为主。据《唐六典·户部》载户部郎中员外郎之职为：“辨天下之四人，使各专其业。凡习学文武者为士，肆力耕桑者为农，功作贸易者为工，屠沽兴贩者为商。”其中，以士的地位最高，农次之，工又次之，商人地位最低，“工商之家不得预于士，食禄之人不得夺下人之利”。[1]士在民事法律关系中是享有完全的权利能力和行为能力的权利主体，但不得经商，与民争利。工商之家则不得为官。

贱民中又分为官贱民和私贱民两大类。官贱分工、乐、杂户、官户、太常音声人等。私贱民有奴婢、部曲、客女和随身等。其中以奴婢的地位最低，在法律上他们“律比畜产”，权利能力和行为能力低下，没有独立的人格，其户籍也是附于主人名下，是民事法律调整的客体，而不能成为权利主体。

唐代的成丁年龄，据《唐六典·户部》规定：“凡男女始生为黄，四岁为小，十六为中，二十有一为丁，六十为老。”成丁标志着该男子已经达到了为国家服劳役和兵役、缴纳赋税的法定年龄，因而具有了完全的行为能力。

唐代经济的发展，国力的强大，推动了中外贸易与国际交往的发展，使大批外国商人到中国经商。为此，法律承认外国商人为权利主体，可以“列肆而市”，并允许“化外人”与中国人通婚。但“化外人”的中国妻子不得随夫出境。

（二）行为能力

唐代关于行为能力，还没有统一的年龄规定，大体上与国家所确认的丁年相当。隋初，以18岁以上为丁，开皇三年（公元583年）改为21岁，炀帝时又改为22岁。唐沿隋制，高祖武德七年（公元624年）四月定令：“男女始生者为黄，四岁为小，十六为中，二十一为丁，六十为老。”玄宗天宝三年（公元744年），“又降优制，以十八为中男，二十二为丁”。广德元年（公元763年）七月又诏：“天下男子宜二十三成丁，五十八为老。”[2]历代丁年的差别，常常是受国家人口的多少与徭役的需要而定。

由于国家按照人丁征收赋税，因此十分重视户籍管理。根据《唐律》规定，诸脱户者家长徒三年。脱口及增减年龄体状以免课役者，一口徒一年，二口加一等，罪至徒三年。诸里正不觉脱漏增减者，十口笞四十，三口加一等；过杖一百，十口加一等，罪止徒三年。诸州县不觉脱漏增减者，十口笞三十，三十口加一等，罪止徒三年。[3]

---

[1]《唐六典》卷三《户部郎中员外郎条》。

[2]《旧唐书·食货志》。

[3]《唐律疏议》卷一二《户婚律》相关条款。

二、物权

根据唐律，物权的标的物含动产与不动产。不动产专指田宅，称为产、业或产业，其所有权人称为业主或产主。动产包括财物、畜产和奴婢，其所有权人称为财主或物主。

唐代物权的种类，分为所有权、佃权、典权、质权等。

（一）所有权

在唐代，所有权的主要内容是土地。对于土地所有权的保护，除依法惩治“盗耕种公私田”“妄认盗卖公私田”“盗耕人墓田”外，为了防止官吏挟势侵夺百姓的土地，使社会矛盾激化，还规定“诸在官侵夺私田者，一亩以下杖六十，三亩加一等；过杖一百，五亩加一等，罪止徒二年半。园圃，加一等”。[1]法律也严格保护根据均田制而取得的土地所有权，对于违反均田令“占田过限”者，依法给予惩罚。“诸占田过限者，一亩笞十，十亩加一等；过杖六十，二十亩加一等，罪止徒一年。”但如在人少地多的“宽乡”则不受此限，所谓“若于宽闲之处者，不坐”。[2]其目的在于开发荒闲之地。

唐代对于动产所有权的保护规定十分详细，例如不得随意采摘官私田园之瓜果蔬菜。即“诸于官私田园，辄食瓜果之类，坐赃论；弃毁者，亦如之；即持去者，准盗论。主司给予者，加一等。强持去者，以盗论”。[3]又如，禁止私自动用他人“受寄财物”。即“诸受寄财物，而辄费用者，坐赃论减一等。诈言死失者，以诈欺取财物论减一等”。[4]但如寄存之牲畜病死或财物被强盗，则不偿。

（二）佃权

佃权是指佃权人（佃农）支付地租，占有出租人（地主）的土地，并进行耕种收益的权利，从已发现的吐鲁番和敦煌唐代文书中可以了解唐代对于佃权的保护及其具体方式。例如，在阿斯塔那北区的墓葬中发现三件高昌延寿年间的租佃文书，其中《道人智贾夏田契》载明为延寿二十四年（公元647年）立，证明隋初此地已流行确认租佃关系的法律文书。此地还发现了唐代租佃契约。如贞观十七年（公元643年）《赵怀满从张欢仁租田契》、龙朔三

[1]《唐律疏议》卷一三《户婚律·在官侵夺私田条》。

[2]《唐律疏议》卷一三《户婚律·占田过限条》。

[3]《唐律疏议》卷二七《杂律·食官私田园瓜果条》。

[4]《唐律疏议》卷二六《杂律·受寄财物辄费用条》。

年（公元663年）《赵阿欢仁与张海隆租佃常田契》、天授年间《张文信租出契》、天宝年间《吕才艺出租田亩残卷》、天复二年（公元902年）《樊曹子租地契》、天复四年（公元904年）《贾员子租地契》等。[1]

上述文书资料是唐朝保护佃权的物证。例如，《樊曹子租地契》规定："其地及物当日交相分付。两共对面平章，一□与后，不得休悔。如休悔者，罚□大人不悔人。"在《赵怀满租地契》中，还写明佃权人不能如期交租，任出租人夺取其家财。

唐时田租苛重，有的高达50%。陆贽在《均节赋税恤百姓》一文中作了这样描写："今京畿之内，每田一亩，官税五升，而私家收租，殆百亩至一石者，是二十倍于官税也；降及中等，租犹半之，是十倍于官税也。"

唐代土地制度由魏晋时的占田制向隋唐均田制的转变，以及大地主荫客权的废弛，使得佃农有可能通过订立契约的形式取得对于土地的使用与收益权，人身依附关系也相对地有所削弱。这是唐朝租佃立法取得迅速发展的物质基础。

（三）质权

质权属担保物权，即债权人因担保债权，占有债务人或第三人移交的财产，并可就其卖得的价金享有优先清偿的权利。早在汉代已有以物或以人质钱的记载。唐代由于商品经济活跃，质权制度有了很大发展，各地包括寺院纷纷建立质库，名曰"长生库""无尽库"，以质钱取利。甚至"朝列衣冠，或代承华胄，或在清途，私置质库楼店，与人争利"。[2]吐鲁番阿斯塔那206号墓出土的"质库帐"是唐代长安新昌坊内或附近一个质库的账籍。它记载了以实物抵押作为基础，由质库进行评检、质钱的实际情况。质举者在赎取抵押物时，除归还母钱以外，还须支付子钱（利钱）。《唐六典》规定："凡质举之利，收事不得逾五分。"质物回赎具有一定的清偿期，逾期不赎，质库即取得质物的所有权。这反映了封建时代质权的剥削性与掠夺性。

（四）典权

典权是指支付典价的典权人占有出典人的不动产而加以使用和收益的权利。典权人对典物有权使用、收益，且使用典物不付租金，还有权将典物出租或转让。出典人有权在典期届满时交还典价，赎回原物，不付利息。如双

---

〔1〕刘俊文：《敦煌吐鲁番唐代法制文书考释》，中华书局1989年版；《吐鲁番出土文书》，第1~10集，文物出版社1981~1991年版。

〔2〕《文苑英华》卷四二九《翰林制诏·赦书·会昌五年正月三日南郊赦文》。

方同意，承典人可以通过补足典价与出典时典物实际价格之差价，而取得典物的所有权。如出于典权人的故意或过失，致使典产毁损时，要负赔偿责任。典产因天灾地变等不可抗力而灭失，则不负赔偿之责。典权是中国古代社会特有的制度，属用益物权。唐代已有“典质良田数顷”〔1〕的记载，至宋代已普遍化、制度化。

须指出的是，在唐代，典与质并没有明确的区分。杜甫诗中“朝回日日典春衣”的典实际是质。可见无论动产还是不动产作为物权上提供担保的标的物，都可为质物，而动产作为质物时，又可称为典。

（五）物权的取得

第一，无主物的占有。唐律确认对无主物实行先占权，它规定：“诸山野之物，已加功力刈伐积聚，而辄取者，各以盗论。”〔2〕

第二，埋藏物的发现。唐律规定，于他人地内得宿藏物（即埋藏物），应与地主均分，隐而不送者，“计合还主之分坐赃论减三等”。“若得古器，钟鼎之类，形制异于常者，依令送官酬直”，即给予一定报酬。“隐而不送者，即准所得之器，坐赃论减三等。”〔3〕

第三，阑遗物的拾得。凡拾得阑遗物（即遗失物），要在五日内送交官府，满五日不送官者，各以亡失罪论，赃重者，坐赃论，私物坐赃减二等。官府将“阑遗之物，据于门外，榜以物色，期年没官”〔4〕，即一年以后无人认领，没为官府所有。

第四，漂流物的处理。根据《唐令》规定：“诸公私竹木为暴水漂失，有能接得者，并积于岸上，明立标榜，于随近官司申牒，有主认识者，江河五分赏二分，余水五分赏一分。限三十日，无主认者，入所得人。”〔5〕

第五，生产蕃息的归属。生产蕃息，是指物本身按自然规律繁殖而产生的权益。如“婢产子，马生驹之类”。《唐律》视奴婢为主之所有物，“奴婢贱人，律比畜产”，规定奴婢“止是生产蕃息，依律随母还主”，即将婢产子与马生驹等同对待。买卖奴婢与买卖马牛驼骡驴一样，须立“市券”。〔6〕

---

〔1〕《旧唐书·卢群传》。

〔2〕《唐律疏议》卷二〇《贼盗律·山野物已加功力辄取条》。

〔3〕《唐律疏议》卷二七《杂律·得宿藏物隐而不送条》。

〔4〕《新唐书·百官志一·刑部司门郎中员外郎》。

〔5〕《宋刑统》卷二七《杂律·地内得宿藏物门》引《唐杂令》。

〔6〕《唐律疏议》卷二六《杂律·买奴婢牛马不立券条》。

三、债权

（一）债的发生与执行

唐律中所谓“债”（责）的含义，主要是指负财、欠钱。凡以不法行为对他人财产造成损害，可以请求“备（赔）偿”。但侵犯他人自由和名誉，没有赔偿的规定。

在唐代，契约是债发生的重要根据，无论动产、不动产的转移，均应订立契约。这些契约称为“历券”或“文券”。唐代也有口头契约，如发生纠纷，官府即以契约为凭，中人为证。因此，不立市券者买卖双方及市司都要受到责罚。《唐律》规定：“诸买奴婢、马牛驼骡驴，已过价，不立市券，过三十日笞三十；卖者，减一等……即买卖已讫，而市司不时过券者，一日笞三十，一日加一等，罪止杖一百。”〔1〕为了保证债务契约的履行，唐律对于违契不偿者处以刑罚。《唐律》还规定：“诸负责违契不偿，一匹以上，违二十日笞二十；二十日加一等，罪止杖六十；三十匹，加二等；百匹，又加三等。各令备偿。”〔2〕唐律允许债权人对违契不偿者可采取“自力救助”的办法取得补偿，具体如下：

第一，牵掣。所谓“牵掣”，是指债权人强制扣押违契不偿的债务人的财物，但不得超过本契应得之债务额。《唐律》规定：“诸负债不告官司，而强牵财物，过本契者，坐赃论。”对此，《唐律疏议》还作了如下解释：“谓公私债负，违契不偿，应牵掣者，皆告官司听断。若不告官司，而强牵掣财物，若奴隶、畜产，过本契者，坐赃论。”〔3〕

第二，役身折酬。役身折酬，又称人身折酬，即当无力偿债时，债权人可令债务人及户内男口，以劳役代偿债务。《唐杂令》规定：“公私以财物出举者，任依私契，官不为理……家资尽者，役身折酬，役通取户内男口。”〔4〕

以上“自力救助”的规定，清楚地反映了唐律对债权人利益的保护。

（二）债的种类

唐代由于各个经济领域的经济关系都非常活跃，都要求通过民事立法加以调整。因此，债的种类大为增多，如买卖、租赁、雇佣、借贷、寄托、承

---

〔1〕《唐律疏议》卷二六《杂律·买奴婢牛马不立券条》。

〔2〕《唐律疏议》卷二六《杂律·负债违契不偿条》。

〔3〕《唐律疏议》卷二六《杂律·负债强牵财物条》。

〔4〕《宋刑统》卷二六《杂律·受寄财物辄费用门》引《唐杂令》。

揽等。兹分述如下：

第一，买卖。唐时，立契已成为买卖关系的法定程序，尤其是田宅、奴婢及牲畜的买卖交易，必须订立书面文书，履行法定手续。《唐律》规定："令无私契之文，不准私券之限。"[1]又规定："卖买田皆须经所部官司申牒，年终彼此除附。若无文牒，辄买卖，财没不追，地还本主。"唐代均田制度的推行，使土地买卖受到一定的限制，但官僚贵族的永业田及"赐田欲卖及贴赁者，不在禁限"。[2]对于经营商业的地主所占之永业田，也规定"卖充田宅、邸店、碾硙，虽非乐迁，亦听卖易"。一般老百姓"凡庶人徙乡及贫无以葬者，得卖永业田"，"自狭乡而徙宽乡者，得并卖口分"。因此唐代土地买卖契约是当时主要的契约形式，对契约内容的要求也很严格。敦煌出土的文书证明了土地买卖的契约内容，大都包括双方姓名、土地亩数、坐落以及四至，每亩地价和中人等。对于奴婢、牲畜等动产的买卖，也要求订立契券，方为合法。敬宗时，张又新身为政界一霸，号称"八关十六子"之一，因买卖奴婢不立券，连京市牙侩都敢对他"搜索凌突"，并受到御史的劾举。[3]唐时买卖契约中，卖主的担保责任分为标的物瑕疵担保和违约担保两种。《唐律》规定："诸买奴婢、马牛驼骡驴，已过价……立券之后，有旧病者三日内听悔；无病欺者市如法；违者笞四十。"[4]此即属于瑕疵担保。唐文书契纸中所载："若先悔者，出绢五匹。"这属于违约担保。

第二，借贷。唐时"借"与"贷"都具有特定的含义。"借"，一般指使用借贷。如《职制律》所规定"以官奴婢及畜产私自借"，"借奴婢、马牛驼骡驴、车船、碾硙、邸店之类"。[5]"贷"，一般指消费借贷。《唐律》所规定的"贷所监临财物"，"以官物私自贷"的标的物为银、钱、粮食、绢丝等。[6]使用借贷与消费借贷的区别在于前者是特定物，如借奴婢甲，返还时仍须返还奴婢甲；而后者则属非特定物，所借之物经过使用已不可能返还原物。

《唐律》中的借贷契约分有息和无息两种。有息契约称为"出举"，无息契约称为"负债"。官私借贷，往往进行高利盘剥。史载："唐初，州县官俸，

[1]《唐律疏议》卷二六《杂律·买奴婢牛马不立券条》。

[2]《通典》卷二《食货典二·田制下》。

[3]《新唐书·张又新传》。

[4]《唐律疏议》卷二六《杂律·买奴婢牛马不立券条》。

[5]《唐律疏议》卷一一《职制律·役使所监临条》。

[6]《唐律疏议》卷一一《职制律·贷所监临财物条》。

皆令富者掌钱，出息以给之，息至倍称，多破产者。”〔1〕为此，开元十六年（公元728年）下诏：“自今以后，天下负举，只宜四分收利，官本五分取利。”〔2〕开元二十五年（公元737年）再颁诏令：“诸公私以财物出举者……每月取利不得过六分，积日虽多，不得过一倍。”对于举粮生息，尤其强调“一年为断”，“不得因旧本更令生利，又不得回利为本。若违法积利，契外剥夺及非息之债者，官为理”。〔3〕关于负债契约，《杂律》规定：“诸负债违契不偿、一匹以上，违二十日笞二十，二十日加一等，罪止杖六十；三十匹，加二等；百匹，又加三等，各备偿。”〔4〕即借贷人到期不按照契约偿还，或违期偿还，出借人可以到官府告发，请求偿还，官府便依律追究借贷人的刑事责任，并强制如数偿还。唐代还实行保人担保债务人债务的制度。当债务人完全不履行或不适当履行债务时，债权人有权向保证人请求履行或赔偿损失；如果债务人逃亡，则由保人代偿。从吐鲁番敦煌出土的唐代借贷契券来看，这种保证往往以家庭成员或亲属同时担保的方式进行。如《唐麟德二年（公元665年）张海欢、白怀洛贷银钱契》明定：“若延引注记不还钱……若张身东西没落者，一仰妻儿及收保人替偿。”这是家族共财观念在债权中的反映。

第三，赁庸。中国古代对租赁与雇佣尚无明确区分，统称为“赁”与“庸”。最早将“赁庸”明定于律的是唐律。《唐律·名例篇》规定：“若计庸赁为赃者，亦勿征（没收）。”按《唐律疏议》解释，“庸，谓私役使所监临，及借车马之属”；“赁，谓碾硙、邸店、舟船之类，须计赁价为坐”〔5〕；“庸赁虽多，各不得过其本价”。〔6〕可见，在唐代利用并役使他人的力，称为“庸”；使用他人邸店及器物，称为“赁”。“赁”的报酬，称为“赁价”“直”。唐代敦煌残卷中的雇佣契约，反映出被雇人接受雇主的报酬以钱为主，也有衣服谷米，通常分两次支付。契约期限长则一年，短则数月。受雇人怠惰，则罚钱；若损坏丢失雇主农具家畜，须负赔偿责任；若逃亡，追究保人。当事人任何一方违约，均受罚，通常是罚羊一只。

第四，寄托。唐律中所谓“受寄财物”，即现行法中的寄托，是指当事人一方以财物交付他方，他方同意无偿或有偿代为保管的契约行为。《唐律·杂

---

〔1〕《资治通鉴》卷二一二《唐玄宗开元六年》。

〔2〕《唐会要》卷八八《杂录》。

〔3〕《宋刑统》卷二六《杂律·受寄财物辄费用门》“公私债负条”引《唐杂令》。

〔4〕《唐律疏议》卷二六《杂律·负债违契不偿条》。

〔5〕《唐律疏议》卷四《名例律·以赃入罪条》。

〔6〕《唐律疏议》卷四《名例律·平赃条》。

律》规定："诸受寄财物，而辄费用者，坐赃论减一等。诈言死失者，以诈欺财物论减一等。"〔1〕如被强盗抢走，或管理人尽到了义务而受托家畜死亡者，不负赔偿之责。

四、婚姻制度

唐律全面确认和维护封建婚姻家庭制度。古代婚姻不仅仅是男女个人的事，更重要的是整个家庭、宗族的事。《唐律》规定："为婚之法，必有行媒。"〔2〕媒妁是婚姻成立的法定要件，婚姻双方当事人通过媒人订立"婚书"，即"男家以书礼请，女氏答书许讫"，"虽无许婚之书，但受聘财，亦是"。〔3〕一般来说，从订婚到结婚还须经过"六礼"的程序，即纳采、问名、纳吉、纳征、请期、亲迎这六种仪式，其核心是财礼，又称为"聘财"。女方以接受男方聘财的方式表示许婚，所谓"婚礼先以聘财为信"。若已受聘财，男方悔婚，则女家不退聘财。若女方悔婚，男方同意，女家须退还聘财；男方不同意，则婚姻仍成立。女方若"更许他人者，杖一百"，若已婚配，则徒一年半，不仅要追究刑事责任，还要追还该女与前夫。

结婚的法定年龄，太宗贞观元年定为"男年二十，女年十五"。玄宗开元二十二年（公元734年）为了增加人口，将结婚年龄降低到"男年十五，女年十三以上，听婚嫁"。〔4〕

唐代对婚姻的限制，主要是从礼法观念出发，有些内容至今仍具有一定的合理性。如"同姓不婚""亲戚不婚"的原则，古人是从伦理角度论述，但今天看来，也是合乎生理科学的。至于监临官不得与所监临女为婚的规定，是为了防止地方官员利用职权强娶民女，同时也防止地方势力以婚姻勾结官府，结成死党，危害地方。除此之外，《唐律》关于"良贱不得为婚"的规定，完全是为了维护封建等级秩序。《唐律疏议·户婚律》疏议曰："人各有偶，色类须同，良贱既殊，何宜配合。"〔5〕凡违律为婚者，不仅其婚姻无效，还要追究刑事责任。

唐代有关离婚的规定，分为强制离婚和协议离婚二种。强制离婚又有官

〔1〕《唐律疏议》卷二六《杂律·受寄财物辄费用条》。

〔2〕《唐律疏议》卷一三《户婚律·为婚妄冒条》。

〔3〕《唐律疏议》卷一三《户婚律·许嫁女辄悔条》。

〔4〕《唐会要》卷八三《嫁娶》。

〔5〕《唐律疏议》卷一四《户婚律·奴娶良人为妻条》。

府强制离婚和丈夫强制离婚两种。所谓官府强制离婚，是指因违反国家法律，官府依法强制离异。如犯“义绝”，即夫或妻，殴打或詈骂对方祖父母、父母，或杀伤对方尊亲属、近亲属等。根据礼法，双方的夫妻恩义已绝，必须断绝夫妻关系，否则就是对自己家族的“不孝”。判义绝强离而不离者，以奸论，徒一年。所谓丈夫强制离婚，即“七出”，又称“七弃”“七去”，是法律确认的丈夫单方面休弃妻子的权力。“七出者，依令：一无子，二淫佚，三不事舅姑，四口舌，五盗窃，六妒忌，七恶疾。”但妻子在具备一定条件时，可以依法保护自己的婚姻权利，不被休弃回家，这就是所谓“三不去”的规定。《唐律疏议·户婚律》疏议曰：“三不去者，谓：一，经持舅姑之丧；二，娶时贱后贵；三，有所受无所归。”〔1〕如女方属于“三不去”者，男方仍逼迫“出之”，官方可判处杖男方一百，并强迫其夫妻复婚。若女方确有“恶疾”，或犯了“奸罪”，则不适用“三不去”原则。

协议离婚，唐代称为“和离”，其离婚书称为“放书”。《唐律》规定：“若夫妻不相安谐而和离者，不坐。”其疏议曰：“谓彼此情不相得，两愿离者，不坐。”〔2〕这一规定，对于减轻妇女在婚姻关系上的痛苦具有一定积极作用。在敦煌出土的文书中曾发现十几篇“放妻书”，其中有如下描述：“愿妻娘子相离之后，重梳蝉鬓，美扫娥眉，巧逞窈窕之姿，选聘高官之主。弄影庭前，美效琴瑟合韵之态。解怨释结，更莫相憎；一别两宽，各生欢喜。三年衣粮，便献柔仪。伏愿娘子千秋万岁。”由此“婚书”可以看出婚姻期间，即便是夫妻感情不和洽，但在离婚时，丈夫还是表现出其宽容大度之姿。

五、家长制与继承制

《唐律》也以法律的形式明确肯定了家长制度，“凡是同居之内，必有尊长”。〔3〕家长在家庭中享有很高的支配权，子女必须服从，否则即为不孝，而不孝是被列为十恶之一，处以严刑的重罪。此外如祖父母、父母在，子孙别籍异财，徒卑幼擅自动用家长财物，处笞十至杖一百。子孙违反教令、供养有阙者，徒三年。《唐律》虽然沿用了“亲亲相隐”的规定，但主要是强调“子为父隐”，如告祖父母、父母者，被认为是“忘情弃礼”，处以绞刑。家长对内支配家中一切，拥有绝对的权力；对外则代表家庭行使一般民事权利，

〔1〕《唐律疏议》卷一四《户婚律·妻无七出而出之条》。

〔2〕《唐律疏议》卷一四《户婚律·义绝离之条》。

〔3〕《唐律疏议》卷一四《户婚律·义绝离之条》。

如买卖家庭财物，签订各种合同契约，向国家缴纳税赋，服徭役等。除此之外，如果家中有人触犯刑律，家长要负首要责任。如脱漏户口以逃避税赋，则以家长承担刑事责任“徒三年”。家人共同犯罪，家长无论知与不知，按首犯惩处。《唐律》规定：“诸共犯罪者，以造意为首，随从者减一等。若家人共犯，止坐尊长。”[1]这一原则一直沿用到清末。

在继承制度方面，唐代已经明确地将宗祧继承与财产继承加以区别。据《唐律》规定：“诸立嫡违法者，徒一年。”其《名例律》疏引《封爵令》说：“王、公、侯、伯、子、男，皆子孙承嫡传袭。无嫡子，立嫡孙；无嫡孙，以次立嫡子同母弟；无母弟，立庶子；无庶子，立嫡孙同母弟；无母弟，立庶孙。曾、玄以下准此。”若无子孙者，又准依《令》“自无子者，听养同宗于昭穆合者”。“无后者为绝户。”[2]《唐律》关于宗祧继承的原则是“立嫡者本拟承袭。嫡妻之长子为嫡子，不依此立，是为‘违法’，合徒一年”。嫡妻五十以上无子者，“许立庶子为嫡”，但“皆先立长，不立长者亦徒一年”。依令：“无嫡子及有罪疾，立嫡孙；无嫡孙，以次立子同母弟；无母弟，立庶子；无庶子，立嫡孙同母弟；无母弟，立庶孙。曾、玄以下准此。”可见宗祧继承只限男性直系卑亲属。如无直系卑亲属，则应为其立嗣。这种法定的宗法继承制度受到严格保护，如果庶子冒充嫡子继承，处徒刑二年，用欺诈手段冒名继承，流二千里。宗祧继承名义上是继承祭祀的权力，实际上是与标志政治权力的官爵继承紧密相连，故在唐代宗祧继承似与百姓关系不大，而财产继承则是每家每户的大事。据唐代《户令》规定：“应分田宅及财物者，兄弟均分，妻家所得之财，不在分限。兄弟亡者，子承父分。”[3]若有遗嘱者，即不按法定顺序继承，采取遗嘱优先的原则。女子出嫁后，原则上在娘家没有继承权。但据唐之《丧葬令》的规定，在“户绝”的情况下，女子可依法得到全部遗产。此外，在分家析产时，在室女可分到相当于未娶兄弟聘财一半的财物作为自己的嫁妆费。此外户绝之家有女，即使出嫁也依令合得继承遗产。

总之，唐律以其法律的强制手段，全面地确认封建的婚姻家庭制度和封建的伦常关系，露骨地表现了尊卑、男女在法律上的不平等。这种不平等是封建时代人身隶属关系的具体反映，维护这种不平等的关系，无疑有利于维

---

〔1〕《唐律疏议》卷五《名例律·共犯罪造意为首条》。

〔2〕《唐律疏议》卷一二《户婚律·立嫡子违法条》。

〔3〕《唐律疏议》卷一二《户婚律·同居卑幼私辄用财条》。

护封建的统治秩序。

第五节　经济法律

隋唐封建经济高度发展，封建国家对经济管理和经济关系调整的加强，使这一时期的经济立法也进入一个发展完善阶段。

一、隋唐的农业立法

隋代建立之初，开皇元年（公元581年）即颁布新的“均田令”，其规定：“自诸王以下，至于都督，皆给永业田，各有差。多者至一百顷，少者至四十亩。其丁男、中男永业、露田，皆遵后齐之制。并课树以桑、榆及枣。其园宅，率三口给一亩，奴婢则五口给一亩。”[1]

炀帝即位后，仁寿四年（公元604年），“是时户口益多，府库盈满，乃除妇人及奴婢、部曲之课”。按“未受地者皆不课”的规定，这意味着已停止了对妇女、奴婢和部曲的授田。

由于均田制的实施，隋朝的耕地面积由隋初的1940万顷到大业时增至5580万顷，这是隋王朝强盛的最坚实基础。隋初，因自然灾害，京城闹饥荒，隋文帝只得率文武百官到洛阳“就食”。但到隋末，粮食储备可以说是达到了中国古代的巅峰。

唐代的农业立法，主要表现为均田之法。由于在隋末农民大起义中，农民从地主手中夺取了一部分土地，迫使唐朝统治者不得不承认这个既成的事实。同时期的大规模战争所造成的人口流亡，使得封建政府占有了大量无主土地，从而为在全国范围内推行均田制度提供了有利条件。因此隋、唐均田制的内容虽然基本相同，但施行的程度却有很大差别，唐朝较隋朝更为彻底。均田制度实行的结果，增加了国家的赋税收入，缓和了阶级矛盾，促进了社会生产的恢复和发展，同时也加强了中央集权制度。

唐代《均田令》的内容可分为以下几个层次：

第一，规定田亩的度量标准。“诸田广一步，长二百四十步为亩，百亩为顷。度其肥瘠宽狭，以居其人。”在唐代，一步的长度是五尺。

第二，规定授田的标准。一般农户，诸丁男、中男给田一顷；笃疾、废

---

〔1〕《隋书·食货志》。

疾各给田四十亩，寡妻妾三十亩，若为户者加二十亩。所授之田，十分之二为世业，八为口分。世业之田，身死则承户者便授之，口分则收没官，更以给人。狭乡授田，减宽乡之半。其地有薄厚，岁一易者，倍授之；宽乡，三易者，不倍授。世业田后为避讳，改称永业田。

第三，对官员授田有特殊规定。自皇室亲王、一品高官，到五品以上官员，都可得到百顷到六十亩以上的永业田。永业田可传与子孙后代。

第四，对田地买卖的规定。唐代原则上禁止土地买卖，在特殊情况下可以买卖永业田，或口分田。如庶人家中有人死亡，家贫无以供葬，可卖永业田；若从狭乡迁往宽乡，还可以卖口分田。但都须先向有关部门申报，批准后才能卖地。

第五，对特殊人的授田规定。道士给田三十亩，女官二十亩，僧尼准此。

第六，对园宅地的规定。良口三口以下给一亩，每三口加一亩；贱口五口给一亩，每五口加一亩，并不入永业、口分之限。其京城及州县郭下园宅，不在此例。

现存唐《田令》39条，除上述内容外，主要是官田，包括职分田、公廨田、屯田、驿田，以及土地经营管理方面的规定。

为了保证均田令的实施，《唐律》禁止“占田过限”“妄认公私田”“盗卖或盗种公私田”“卖口分田”“里正授田不当”等行为，否则处以不同的刑罚。但至唐中叶，随着生产力的提高和商品经济的发展，土地兼并空前激烈，地主土地所有制所占的比重迅速扩大。封建国家已经没有直接控制的土地可授予农民，因而也就难以直接控制劳动者。均田制度陷于危机后，统治者不仅听任地主随意兼并土地，并且允许通过订立契约的形式，使种种掠夺行为合法化。从唐朝以后，地主经济的发展使得封建政府再没有颁布过均田令类的法令。

二、唐代的赋役制度

隋唐以“令”规范税制，《户令》《田令》《赋役令》《关市令》等从不同角度规定了租、庸、调及各种杂税的税种、税率和征收办法等。汉代将用于国家事务的财政与皇帝个人生活及皇室开支的财政从税收之源上就区分开来。国家财政来源于税赋，取之于民，用之于官；皇室财政来源于“工商虞衡”，即工商税、山川园林税等，又称“私奉养”。大司农掌国家财政，少府负责皇室的收入与支出。魏晋南北朝以度支尚书为管理财政的最高机关，皇室财政仍由少府负责。税收体制方面，隋代将度支部改称民部，唐又改为户部，掌天下之赋税。地方由县直接征收赋税，上交州，州汇总后上缴中央户部。“县以籍成于州，州成于省，户部总而领焉。”〔1〕财政预算、收入由户部掌管，一切支出，包括官员的俸禄，都要先由尚书省户部的度支会计，再经刑部的比部勾覆审核，最后由太府寺出纳。“安史之乱”后，地方藩镇强大，中央无力控制割据势力，宪宗时，只得“分天下之赋以为三，一曰上供，二曰送使，三曰留州”；“诸道节度、观察调费取于所治州，不足则取于属州，而属州送使之余与其上供者，皆输度支”。〔2〕地方税收之权被节度、观察使所控制，中央财政被地方截留，所得仅为“送使之余”。于是中央又派“三司使”直接到地方去督税，三司使逐渐取代户部，成为最高财政官员。

唐代基本因循隋制，集前代租庸调制之大成，其基本内容为丁男每人每年纳粟二石，称为租；纳绢二丈、绵三两，非蚕乡则纳布二丈五尺、麻三斤，称作调；每丁每年服二十日徭役，有闰之年加二日，不役者每日纳绢三尺，或布三点七五尺，以代替服役，称为庸。〔3〕这种以纳绢布代替服役的方法称为“输庸代役”。唐人陆贽说：“有田则有租，有家则有调，有身则有庸。”由此，有人认为租为田税，调为户税，庸为人头税。实际上，这种说法并不科学。唐代的租庸调制是建立在均田制的基础上，本当按丁男十八岁以上受田百亩出租，但均田制在唐初就普遍存在授田不足的现象。然而，无论农民是否拥有足量的土地，也不论亩产的高低（遇灾则另有规定），一律按每丁每年纳租二石计，这怎么能说“租”是随田而出呢？调若是户税，则当按户而纳，但调也是“以身丁为本”，一户若有多丁，则调也当出多份，无丁之户则不纳调。庸亦是按丁服役，不役则以役折绢。庸按《唐律》“平功、庸者，计一人一日为绢三尺”。〔4〕一丁每年二十日役，折绢六丈，加上调绢二丈，唐法定绢每四丈合一匹，共计二匹。租庸调制是实物税，这与南北朝以来直至唐初商品经济尚不发达有关。“输庸代役”的普遍推行，使直接役使人身的徭役征发局部地向实物征敛转化，从而使劳动者的人身依附也相对松弛，劳动者的生产积极性也相应有所提高，这是推动盛唐经济繁荣的重要因素之一。

唐中叶以后，均田制普遍遭到破坏。失去土地的自耕农沦为“浮民”，而

---

〔1〕《唐六典》卷三《户部郎中员外郎条》。

〔2〕《新唐书·食货志二》。

〔3〕《唐六典·户部郎中员外郎条》。

〔4〕《唐律疏议》卷四《名例律·平赃及平功庸条》。

以人丁为本的、建立在均田制基础上的租庸调制也就失去了依据，再加上藩镇割据势力的截留，朝廷赋税收入所剩无几，财政危机直接威胁到唐王朝的存亡。为解决财政困难，朝廷不断加征、加派各种杂税，造成税制的混乱。唐德宗建中元年（公元780年），为了规范名目繁多的杂派和解决财政危机，在宰相杨炎的建议和领导下，实行税制改革，以“两税法”取代早已行不通的租庸调制。这不仅是唐代财政税收改革中的大事，同时在中国税收制度发展史上也具有划时代的意义。

“两税法”的基本内容如下：一是租、庸、调及其他杂税、杂役全部取消（余征赋悉罢），以后按新税制征税。中央根据“量出为入”的原则确定赋税总额，要求“凡百役之费，先度其数，而赋于人”，以大历十四年（公元779年）的垦田数为准，分配各地税额，向纳税户均平征收。二是无论是土户还是客户，都编入现居州县，在当地落籍，即“户无土客，以现居为簿”。三是课税的主要项目是地税和户税。地税也叫田亩之税，按田亩和土质定额纳米粟。户税又叫居人之税，按户等以钱数定税。纳税时政府有权折收部分绫绢。户等的高低主要是根据资产、人口划定（人无丁中，以贫富为差）。四是每年分夏、秋两季征税，夏税限六月纳毕，秋税限十一月纳毕。“两税法”之名得于此。五是商人因无固定居所，以其所在州县按其收入征收三十分之一的商贾税（后改为十分之一），但仍要服徭役（与居者均役）。[1]

两税法将各种赋税统一征收，显示出税制趋于简化，并一改传统的“计丁而税”为普遍的“计资而税”。这符合按“负担能力”征课的租税原则，在一定程度上改变了课役集中于贫苦农民头上的状况。两税法以财产为纳税对象的基本原则，成为唐以后，宋、元、明、清各代税制的基础。

三、唐代的工商业法

唐王朝继承和发展了前代对商业市场管理的有益经验，制定了一套严格而完整的工商业及市场管理的法规。

唐代的手工业主要还是掌控在官府手中，官府手工业作坊拥有大量工匠，如少府监有工匠19 850人，将作监工匠15 000人。工匠从诸州征调而来，“一入工匠后，不得别入诸色”。[2]从工匠的身份看，可分为三类：一是“反逆相坐”，被罚没入为官奴婢者。他们“长役无番”，世代相袭。二是轮番匠，“番

〔1〕《新唐书·食货志二》。

〔2〕《唐六典》卷七《工部郎中员外郎条》。

户一年三番，杂户二年五番”。一番为期一月，其身份为贱民。三是和雇匠，多为临时雇佣的工匠，其人身比较自由，按日付给酬劳。

唐代正式的商业市场设在京都及各州县治所，原则上非州县所在地不得设置市场。京都地区掌管市场的机构是中央的太府寺。“太府卿之职，掌邦国财货之政令，总京都四市、平准、左右藏、常平八署之官属，举其纲目，修其职务。”〔1〕太府寺之两京诸市署，掌管京都各市场的交易之事。县以下则由民间依习惯定期或不定期的以集市或草市等方式进行交易。凡正规市场都有官方设置的市官，由市令、市丞“掌市廛交易，禁斥非违之事”。〔2〕市场周围，立有篱笆围墙，由专人看守市门。市场开市的时间是每天的中午，击鼓三百声众人聚集进行交易；日落前七刻，击钲三百声，众人散去，交易结束。

市内各商肆，必须将所卖货物陈列在商铺前，将货物名称与价格写在标牌上。市官每十天依据市场行情评估一次物价，按货物质量的优劣分上、中、下三等定价，称为“三估”。任何人不得私自涨价，以维持物价的稳定。凡与官府作交易者，一律按中估计价。若市官评估物价不公正，则“计所贵贱，坐赃论；入已者，以盗论”。〔3〕

为防止奸商在计量器具上做手脚，缺斤短两，坑骗顾客，《唐律》规定，无论官私，每年八月商人持其斗、秤、度尺前往太府寺校印署校正，审核没有差误者，加盖官印，方准使用。民间不得私自造作斛斗、秤、尺，若私造、私用者，笞五十。若因而获利者，计其获利多少，准盗论。主管官吏在校正时，“诸校斛斗秤度不平者，杖七十。监校者不觉，减一等；知情，与同罪”。〔4〕

凡进行买卖奴婢、马牛驼骡驴等大宗交易者，依照法令，必须立“市券”。若成交后买者“不立市券，过一日笞三十”；卖者减一等，亦笞二十。市券皆由官府“公验以立券”，〔5〕“令无私契之文，不准私券之限”。市官在买卖完成后应当及时发给市券，若不及时出券，晚一日笞三十，一日加一等，罪止杖一百。〔6〕

对于扰乱市场秩序的行为，《唐律》也有规范。如在买卖过程中，“较固取者”。较，谓专略其利，即强买强卖者；固，谓障固其市，即欺行霸市者。

〔1〕《唐六典》卷二〇《太府寺》。

〔2〕《唐六典》卷三〇《州县官吏》。

〔3〕《唐律疏议》卷二六《杂律·市司评物价不平条》。

〔4〕《唐律疏议》卷二六《杂律·校斛斗秤度不平条》。

〔5〕《唐六典》卷二〇《太府寺》。

〔6〕《唐律疏议》卷二六《杂律·买奴婢牛马不立券条》。

又如“更出开闭，共限一价”指的是贩鬻之徒，串通一气，卖自己的东西时，共同抬高物价；买他人的东西时，共同压低物价，垄断市场价格的行为。再如“参市”指的是“负贩之徒，共相表里，参合贵贱，惑乱外人”，在他人买卖时，在旁“高下其价，以相惑乱”，从中获取利益者。[1]上述行为都是通过用扰乱市场的不正当手段获取暴利的犯罪。《唐律》规定对其实行打击，以维护市场秩序，维持物价稳定，保护消费者的利益。这对保障正常的商业贸易起了很好的作用。

随着经济的发展，唐王朝对茶叶的销售、酒的制作与卖买、矿冶业的生产也都陆续制定了一些专项法规。

唐代，手工业和商品经济的发展，为对外贸易创造了有利条件。据《新唐书·地理七下》记载，当时有七条道路通往国内外贸易市场：一曰营州入安东道，二曰登州海行入高丽渤海道，三曰夏州（今陕西横山西）塞外通大同云中道，四曰中受降城（今内蒙古自治区包头市）入回鹘道，五曰安西入西域道，六曰安南通天竺道，七曰广州通海夷道。

鉴于对外贸易对国家的经济政治影响极大，因此唐代采取外贸由国家专营的政策。唐代设互市监，掌管陆路贸易；设市舶司，掌管水路贸易。在边境地区，设有许多固定的贸易场所，以使边境地区各民族之间及与邻近国家之间进行商品交换。法律规定：“诸外蕃与缘边互市，皆令互官司检校，其市四面穿堑及立篱院，遣人守门；市易之日，卯后，各将货物畜产，俱赴市所，官司先与蕃人对定物价，然后交易。”[2]

唐代同日本、朝鲜、印度等国家以及东南亚、中亚细亚等地区都有贸易往来。为保证外商在唐的财产权，唐文宗大和八年（公元834年）八月二十三日敕令规定了凡来唐经商之波斯、蕃客死后，对其资财货物的处理办法。如死商“有父母、嫡妻、男女、亲女、亲兄弟元相随，并请给还”，[3]即将遗留的资财货物交给其亲属[4]。

唐代私人出入边境，参与贸易，须得到政府准许，发给凭证“过所”后方准出入。未经许可而擅自出入进行对外贸易者，治罪。《唐律》规定：“诸越度缘边关塞者，徒二年。共化外人私相交易，若取与者，一尺徒二年半，

---

〔1〕《唐律疏议》卷二六《杂律·卖买不和较固条》。

〔2〕［日］仁井田陞：《唐令拾遗·关市令》，长春出版社1989年版，第643页。

〔3〕《宋刑统》卷一二《户婚律·死商钱物门》引唐文宗大和八年敕。

〔4〕《唐律疏议》卷八《卫禁律·赍禁物私度关条》。

三匹加一等，十五匹加役流。”[1]

《唐律》对某些限制出口的商品称之为禁物，规定：“诸赍禁物私度关者，坐赃论；赃轻者，从私造、私有法。”例如兵器不得私有，“私有甲一领，弩三张，流二千里。稍一张，徒一年半”。又如《关市令》规定：“锦、绫、罗、縠、紬、绵、绢、丝、布、牦牛尾、珍珠、金、银、铁，并不得度西边、北边诸关及至缘边诸州贸易。”又规定：“若已度关及越度被人纠获，三分其物，二分赏捉人，一分入官。”

《唐律》还立有专条调整涉外法律纠纷，以保证对外贸易的进行和维护外商的合法权益。例如在中国的同一国家侨民之间的争讼，采取“各依本俗法”的原则，即按照该国法律处理。而“异国相犯者，以法律论”，[2]即根据《唐律》决断。上述原则，体现了唐朝作为一个古代大国，在处理涉外关系中所坚持的平等性与主权性精神。

四、唐代的钱法

南北朝时期，朝代更迭频繁，加以私铸严重，货币品名甚多，轻重不一。隋文帝开皇元年（公元581年），文帝以“天下钱币轻重不等”，下诏统一货币，规定以标准的“五铢钱”通行全国，禁止其他货币流通。其规格为：“文曰五铢，而重如其文。每钱一千，重四斤二两。”隋立法推行五铢钱，“下恶钱之禁，京师及诸州邸肆之上，皆令立榜，置样为准，不中样者，不入于市”。经政府大力推行，全力整顿，隋五铢钱终于成为境内流通中的统一货币。史称：“自是钱货始一，所在流布，百姓便之。”五铢钱之所以能够通行全国，除官府全力推行，严厉打击私铸外，其面值与质量统一具有决定性意义。但到“大业已后，王纲弛紊，巨奸大猾，遂多私铸，钱转薄恶。初每千犹重二斤，后渐轻至一斤。或翦铁鍱，裁皮糊纸以为钱，相杂用之。货贱物贵，以至于亡”。[3]币值大跌，物价飞涨，导致经济发展受损，社会动荡，最终隋王朝也在此动荡之中覆亡。

唐王朝建立之初，由于隋朝的五铢钱制，在隋末遭到破坏，天下劣币充斥，民间流行的环形钱，八九万文才满半斛。武德四年（公元621年），李渊下令整顿货币制度，废除隋五铢钱，铸“开元通宝”。新钱直径八分，重二铢

〔1〕《唐律疏议》卷八《卫禁律·越度缘边关塞条》。

〔2〕《唐律疏议》卷六《名例律·化外人相犯条》。

〔3〕《隋书·食货志》。

四累，每十文重一两，千文重六斤四两。“开元通宝”四字为当时著名书法家欧阳询所书。钱文也由篆书改为以楷书为主。“开元通宝”的大小、轻重都较适中，深受社会欢迎。由于新钱“远近皆便之”，很快便行用全国。开元通宝钱制的创立，在中国货币史发展上具有划时代的重要意义。它宣告了从西汉到隋朝沿用了700余年的五铢钱制的结束，标志着通宝钱制的确立。自此以后，“钱”成为“两”以下的一级重量单位，中国钱币也由此改称通宝、元宝或重宝，不再以重量为名称。

唐高祖颁铸“开元通宝”时，为保证新钱的顺利流通，曾下诏：“盗铸者论死，没其家属。”〔1〕可知唐初对于盗铸钱的法律是十分严厉的，不仅本人论死，家属还要没官。但太宗立法，将此罪大为减轻。据《唐律》规定：“诸私铸钱者，流三千里；作具已备，未铸者，徒二年；作具未备者，杖一百。若磨错成钱，令薄小，取铜以求利者，徒一年。”〔2〕从律文可知，太宗制律，私铸钱的最高刑是流三千里。

唐代的铸币权一直掌握在国家手中。虽然唐初曾赐秦王李世民、齐王李元吉各三炉，右仆射裴寂一炉以铸之，但很快即止。除官炉统一铸造的货币外，任何人都不得私自置炉铸钱。高祖、太宗两朝，因币值与成本相当，民间盗铸钱币的问题并不严重。此时，货币的流通与物价都比较稳定，每斗米的价钱仅四五文钱。

高宗时，盗铸之风渐起出，市面上恶钱日益增多。朝廷为抵制恶钱，曾于显庆五年（公元660年），“以恶钱多，官为市之，以一善钱售五恶钱”，企图用好钱收购劣钱，以便统一销毁，但“民间藏恶钱以待禁弛”。乾封元年（公元666年），铸“乾封泉宝”，径一寸，重二铢六累，每文当开元通宝十文。这是以年号名钱的开始，但行用不到一年即废止，原因是新钱与旧钱的比价过高，人们把旧钱收藏起来，以致出现“商贾不通，米帛踊贵”的状况，只得仍然恢复行用开元通宝钱。收购不成，发行新币也失败，只得立法加以严厉打击。永淳元年（公元682年）颁诏：“私铸钱者抵死，邻、保、里、坊、村正皆从坐。”〔3〕同时扩大了处置范围。具体而言，一是加重了对私铸钱者的刑罚，由流三千里，加至头首处死并加杖，且“家资没官”，从配流加杖，不得官当、荫赎。二是扩大了处罚范围，由本犯坐及居停主人、邻保、

---

〔1〕《新唐书·食货志四》。

〔2〕《唐律疏议》卷二六《杂律·私铸钱条》。

〔3〕《新唐书·食货志四》。

里正、坊正、村正等。敕文对里正、坊正、村正决杖六十，其后格文又加至决杖一百。三是奖励纠告者，并鼓励自首。

从高宗到玄宗这百余年，由于社会长期安定，经济持续增长，官府又一再对私铸劣钱进行打击，特别是不断投入优质官铸开元通宝钱，使市场流通得以保障，故虽有私钱、劣钱问题出现，却并没有造成对经济严重破坏的程度。总的来说，这一时期的货币流通与物价指数还是比较稳定的，如每石米的价格基本上保持在三十至一百五十文之间。天宝时，朝廷增加铸钱量，每年用铜二百万斤，铸钱三十二万七千缗。

肃宗乾元元年（公元758年），由于平定安史之乱的战争正在进行，国家经费不足，铸钱使第五琦主持铸造“乾元重宝”，钱径一寸。每缗重十斤，以一当开元通宝十，与开元通宝并行，又号称“乾元十当钱”。第五琦为宰相，又命绛州诸炉铸重轮乾元钱，径一寸二分，每缗重十二斤，其文仍曰“乾元重宝”，背之外郭为重轮，与开元通宝并行，以一当五十。政府发行这种虚价大钱的目的是“收十倍之利”，以填补财政亏空，但因价值与价格的背离，势必造成通货膨胀，使生产破坏。最终，“物价腾踊，米斗钱至七千，饿死者满道”。〔1〕

第六节　隋代、唐代的司法制度

一、隋代的司法机构

隋代弃北周之制，而沿用并改造了北齐的官制，其中央司法机关主要是刑部与大理寺。

大理寺以卿为长官，少卿为次官。开皇初，仿北齐制，置正、监、评三官各一人。开皇三年（公元583年），罢大理寺监、评，加置大理寺正为四人。炀帝又改大理丞为勾检官，增正员为六人，分判狱事，又置大理司直、评事若干人，掌承制出使推覆之事。

刑部受尚书省统辖，以尚书为长官，侍郎为次长。开皇初定其所辖为都官、刑部、比部、司门四司，将与司法无关的部门去除。开皇三年（公元583年），改刑部为主司，从此刑部成为尚书省六部之一。刑部与大理寺分掌司法，在中国司法制度发展史上首次出现司法行政与司法审判分立的现

〔1〕《新唐书·食货志四》。

象，具有重大意义。

隋代御史台在司法中的地位是不明确的。从法定程序上讲，“御史台不受词讼，有通词状者，立于台门，候御史。御史竟往门外收采，如有可弹者，略其姓名，皆云风闻访知”。[1]可见御史台仅为监察弹劾机构，不是司法部门。当然，若有诏狱，御史台也就成为特殊的“专案”机构。

二、唐代的司法机构

（一）皇帝及门下省、中书省与尚书都省在司法中的作用

1. 皇帝在司法中的地位和作用

唐代司法制度是在隋朝制度的基础上继承和发展的。皇帝在立法和司法方面具有至高无上、独一无二的地位，拥有绝对的权力，对重大立法活动及对重大案件的处理起着决定性作用。

首先，在立法上，多由皇帝本人倡议、主持并以皇帝的名义颁布法律、法令。公元617年，李渊在太原起兵后，攻入京城长安的当天即发布“约法十二条”。第二年，李渊即皇帝位，称帝仅九天，就命令裴寂、刘文静等，“与当朝通识之士”修订律令，制“五十三条新格”，并在此基础上以北齐律为蓝本，制定新刑律，于武德七年（公元624年）下诏颁行，是为《武德律》。李世民即位后，于贞观元年（公元627年）命长孙无忌、房玄龄与学士、法官等就《武德律》进行议论、厘改，历时11年，至贞观十一年（公元637年），“颁新律令于天下”[2]。高宗即位之初，不仅“颁新定律、令、格、式于天下”，[3]而且还以“律学未有定疏”为由，“使中书门下监定”，对《唐律》进行注释、疏解，于永徽四年（公元653年）“颁于天下”[4]。其后武则天、中宗、玄宗等诸帝，都很重视立法。凡颁布法令，皆须以皇帝的名义，皇帝是最高的立法者。

其次，在司法审判方面，皇帝拥有最高审判权、复决权和赦免权。如唐高祖武德四年（公元621年）以平定窦建德而“大赦天下”；六年“曲赦京城系囚”；八年“亲录囚徒，多所原宥”。[5]唐太宗更是重视法制建设，登基

---

[1]《通典》卷二四《职官六·御史台》。
[2]《旧唐书·太宗纪下》。
[3]《旧唐书·高宗纪上》。
[4]《旧唐书·刑法志》。
[5]《旧唐书·高祖纪》。

后多次大赦、曲赦，并常亲自录问囚徒。贞观六年（公元632年）太宗“亲录囚徒，归死罪者二百九十人于家，令明年秋末就刑。其后应期毕至，诏悉原之”。[1]在此之前，因怒杀大理丞张蕴古、交州都督卢祖尚，后又追悔，乃下制：“凡决死刑，虽令即杀，仍三复奏。”后又规定：“自今以后，宜二日中五复奏，下诸州三复奏。”[2]复奏制度既体现了唐代统治者慎用死刑的指导思想，同时也将死刑的最终判决权集中到皇帝手中。高宗执政期间也多次亲自录囚，录囚制度成为皇帝控制司法的法定程序。

最后，对于重大案件，皇帝可以直接以“诏狱”的形式组织专案机构，亲自审理。这是皇帝操纵司法的重要方式。有关这方面的论述将在后文详述。总之，皇帝由于其极为特殊的地位，使之成为国家的最高立法者和最高审判官。

2. 门下省在司法中的作用

唐初正式建立的三省制，即由中书省主出诏令，门下省主封驳，尚书省主奉行。三省长官，即门下侍中、中书令、尚书省左右仆射皆为当然的宰相，“所谓佐天子而总大政者也”。[3]三省长官对死刑以上重大案件的“集议”，是仅次于皇帝的最高审级。贞观三年（公元629年），太宗诏曰：“自今天下大辟罪，皆令中书门下四品以上及尚书议之。”所谓“中书门下四品以上”是指除中书令、门下侍中外的两省副贰，中书侍郎、门下侍郎与谏官左右散骑常侍。他们与尚书省之仆射、左右丞及六部尚书、侍郎共同对死刑案件进行复议，这就是所谓的“九卿议刑”制度。贞观五年（公元631年），太宗又手诏敕曰，“比来有司断狱，多据律文，虽情在可矜而不敢违法，守文定罪，或恐有冤。自今门下省复有据法合死，而情在可矜者，宜录状奏闻”，[4]更加明确了门下省的复议地位。

门下省具体执行职务的是给事中，其为门下省最重要的职官之一，品秩虽为正五品上，但权任极重。白居易曾描述给事中的职掌说：“给事中之职，凡制敕有不便于时者，得封奏之；刑狱有未合于理者，得驳正之；天下冤滞无告者，得与御史纠理之；有司铨补不当者，得与侍中裁退之。”[5]这里所讲到的给事中在司法方面的职权有两种：一是“刑狱有未合于理者，得驳

[1] 《旧唐书·太宗纪下》。

[2] 《旧唐书·刑法志》。

[3] 《唐六典》卷八《门下省》。

[4] 《贞观政要》卷八《论刑法第三十一》。

[5] 《白居易集》卷四八《中书制诰一·郑覃可给事中制》。

正之”，是以封驳权干预司法。二是“天下冤滞无告者，得与御史纠理之”。给事中对于刑部、大理寺及御史台经办的重大案狱，有进行法律审核的权力，认为定罪不准（刑名不当）、量刑不确（轻重或失），则有权援引适当的法律条文或案例，驳回重审。由此可见，给事中还负有监督司法官吏的职责。

3. 中书省在司法中的作用

中书省是出纳帝命的机构，其长官为中书令，与门下侍中皆为“真宰相”，“盖以佐天子而执大政者也”。[1]中书侍郎为其副贰，“通判省事”。实际上，中书侍郎多带“同平章事”之衔，履行宰相职责。这样，中书省的具体工作则多由中书舍人担任。中书舍人的职权为“专掌诏诰，侍从署敕，宣旨劳问，授纳诉讼，敷奏文表，分判省事”。[2]其在司法方面的作用主要仍是与给事中、御史组成“三司”，受理天下冤滞案件。开元二十五年（公元737年）又规定：“凡决死刑，皆于中书门下详复。”[3]将死刑的复决权由刑部归于中书门下。

中唐以后，中书省对司法的干预渐轻。宪宗元和十三年（公元818年），曾下敕重申大理寺、刑部详断过的狱案须报中书省裁量。其敕曰：“旧制：刑宪皆大理寺、刑部详断，然后至中书裁量。近多不至两司、中书，使自处置。今后先付法司，具轻重闻奏，下中书令、舍人等参酌，然后据事例裁断。”[4]穆宗“长庆初，上以刑法为重，每有司断大狱，又令中书舍人一员，参酌而出之。百司呼为参酌院”。[5]文宗太和四年（公元830年），再次颁敕曰：“今后大理寺结断，行文不当，刑部详复。于事不精，即委中书舍人，举书其轻重出入所失之事，然后出。”[6]皇帝重视中书省在司法中的作用，这是皇帝控制司法的重要手段之一，故反复强调中书省及中书舍人在司法中的作用是不容忽视的。

4. 尚书都省在司法中的作用

尚书省的省直机关、总办公厅称为尚书都省，又称都司、都台、都堂，既为宰相所在的办事机构，又是行政首脑机关。尚书省长官本为尚书令，因

---

〔1〕《唐六典》卷九《中书省·中书令》。

〔2〕《通典》卷二一《职官三·中书省》。

〔3〕《唐六典》卷六《刑部郎中员外郎条》。

〔4〕《唐会要》卷五五《中书舍人》。

〔5〕《唐国史补》卷下。

〔6〕《唐会要》卷五五《中书舍人》。

李世民为秦王时曾居此职，后按常例不以此官授人。这样，原为次官的左右仆射自然成为实际上的长官。唐初，“尚书左右仆射自武德至长安四年以前，并是正宰相”。[1]中宗后，左右仆射非带“同中书门下平章事”者，不兼相职。左右仆射在尚书省“总领六官，纪纲百揆”，[2]“师长百僚，虽在别司，皆为统属”。[3]从唐初看，尚书省的工作相当大的部分是狱讼。贞观三年（公元629年），杜如晦为右仆射，房玄龄为左仆射。唐太宗对他们说：“公为仆射，当须大开耳目，求访贤哲，此乃宰相之弘益。比闻听受词讼，日不暇给，安能为朕求贤哉！”[4]为此，太宗专门颁敕：“尚书细务，属左右丞，惟大事应奏者，乃关左右仆射。”[5]贞观四年（公元630年），为锻炼太子的执政能力，又颁诏：“自今讼者，有经尚书省判不服，听于东宫上启，委太子裁决。若仍不伏，然后闻奏。”[6]这是为仆射减负的具体措施，但也仅是临时措施。

具体负责尚书都省的官员是尚书左丞（正四品上）和尚书右丞（正四品下），他们是具体管辖尚书都省日常事务的负责人，其权任甚重。贞观十年（公元636年），治书侍御史刘洎上书曰：“臣闻尚书万机，实为政本，伏寻此选，授受诚难，是以八座比于文昌，二丞方于管辖……且宜精简尚书左右丞及左右郎中，如并得人，自然纲维克举。”[7]尚书左右丞是“纲纪之官”，省内诸司及御史纠举不当者，左右丞得弹奏之。对地方州县审判不服者，可上诉至尚书都省由左右丞为申详之。仍不服者，可上诉至中央三司，“如未经尚书省，不得辄入于三司越诉”。[8]尚书省左右仆射与左右丞都拥有一定的司法权及司法监督权，其分工为一般事务由左右丞处置，“细碎务皆付左右丞，惟冤滞大事合闻奏者，关于仆射”。[9]据狄仁杰奏称：“故左右丞，徒以下不勾；左右相，流以上乃判”。[10]由此可见，尚书都省主要管辖徒刑以上的案件，左右丞勾徒刑、左右相判流刑和死刑。

---

〔1〕《唐会要》卷五七《左右仆射》。
〔2〕《唐六典》卷一《尚书都省》。
〔3〕《唐会要》卷五七《左右仆射》。
〔4〕《大唐新语》卷一《匡赞第一》。
〔5〕《唐会要》卷五七《左右仆射》。
〔6〕《资治通鉴》卷一九三《唐太宗贞观四年》。
〔7〕《唐会要》卷五八《左右丞》。
〔8〕《唐会要》卷五七《尚书省》。
〔9〕《贞观政要》卷三《论择官第七》。
〔10〕《资治通鉴》卷二〇四《唐则天后天授二年》。

（二）刑部、大理寺在司法中的作用

1. 刑部在司法中的作用

刑部为尚书省六部之一，是中央司法行政机关，除掌管司法政令外，并复核大理寺流刑以下及州县徒刑以上的犯罪案件。其在复审中，如发现疑案、错案，凡徒刑、流刑以下的案件，驳回原审州县重审或复判，死刑则转送大理寺重审。

刑部设尚书一人为长官，侍郎一人为副贰。“刑部尚书、侍郎之职，掌天下刑法及徒隶、勾复、关禁之政令。”〔1〕刑部尚书与侍郎是总领本部职务的长官，一般不直接审理狱案，非有重大诏狱，奉旨不行。中唐以后，刑部尚书多为虚衔，刑部侍郎实际主持刑部事务。

刑部下分四司，刑部司为头司，都官、比部、司门三司为子司。各司皆以郎中为其长官，员外郎为次长。刑部“郎中、员外郎掌贰尚书、侍郎，举其典宪而辨其轻重”。〔2〕这是刑部最重要的直接掌管司法的部门，其掌律令格式，定罪量刑，按复大理寺流刑以下及诸州、县徒刑以上的犯罪案件及其应奏之事。若狱囚中有属应议、请者，皆申报刑部，由刑部召集诸司七品以上官员于尚书都省集议。死刑的复决权也由刑部执行，特别是在外诸州死刑的执行，必须报刑部，经三复奏后，方可执行。对在狱囚徒的录囚、申复也由刑部负责。在复审中，如发现疑案、错案，凡徒刑、流刑以下的案件，驳回原审州、县重审或复审；死刑则转送大理寺重审，有时也可亲自审理。

“都官郎中、员外郎掌配没隶，簿录俘囚，以给衣粮、药疗，以理诉竞、雪冤。”〔3〕都官司主要掌管已被判徒刑、流刑的罪犯的执行管理，以及因家人犯罪被罚没为官奴婢的名籍管理。因奴婢而发生争执引起的诉讼，也由都官司审理。

比部司“掌勾诸司百僚俸料、赃赎、调敛、徒役、课程、逋悬数物，以周知内外之经费而总勾之”。〔4〕比部是全国财务的总审计、总监督机关，是勾检机关。因此，涉及财务经济的案件，比部也参与审理。

司门司“掌天下诸门及关出入往来之籍赋，而审其政”。〔5〕司门司最重要的职责是掌管天下出入关的“过所”。“过所”即相当于今日的护照。司门

---

〔1〕《唐六典》卷六《尚书刑部》。

〔2〕《唐六典》卷六《刑部郎中员外郎条》。

〔3〕《唐六典》卷六《都官郎中员外郎条》。

〔4〕《唐六典》卷六《比部郎中员外郎条》。

〔5〕《唐六典》卷六《司门郎中员外郎条》。

司从事的是出入境及出入国内关津的管理工作。涉及这方面的诉讼，自然也归其管辖。

总之，刑部四司根据其职责的不同，分别管辖不同内容的诉讼，其中最主要的自然是刑部司。

2. 大理寺在司法中的作用

大理寺是中央最高审判机关，负责审理中央百官犯罪及京师徒刑以上的案件。有关徒刑、流刑罪的判决，大理寺断后，还须报送刑部复核；对死罪的判决要直接奏请皇帝批准。对地方移送来的所判死刑的案件，大理寺拥有重审权。

大理寺设卿一人，为长官，少卿二人，为卿之副贰。“大理卿之职，掌邦国折狱详刑之事。以五听察其情：一曰气听，二曰色听，三曰视听，四曰声听，五曰词听。以三虑尽其理：一曰明慎以谳疑狱，二曰哀矜以雪冤狱，三曰公平以鞫庶狱。少卿为之贰。凡诸司百官所送犯徒刑以上，九品以上犯除、免、官当，庶人犯流、死以上者，详而质之，以上刑部，仍于中书、门下详复。其杖刑以下则决之。若囚有推决未尽，留系未结者，五日一虑。若淹延久系不被推诘，或其状可知而推证未尽，或讼一人数事，及被讼人有数事，重事实而轻事未决者，咸虑而决之。凡中外官吏有犯，经断奏讫而犹称冤者，则审详其状。凡吏曹补署法官，则与刑部尚书、侍郎议其人之可否，然后注拟。”

大理卿、大理少卿以下设大理正二人，与大理少卿一起通判寺事，其“掌参议刑狱，详正科条之事。凡六丞断罪有不当者，则以法正之”。大理少卿与大理正同为大理寺之通判官，大理正还负责审理内外官及爵五品以上官员犯罪的案件，若对其处死刑，则由大理正监决。

大理寺判官是大理丞，设六人，按尚书省之六部而置，分判寺事，即“六丞判尚书六曹所统百司及诸州之务。其刑部丞掌押狱。每一丞断事，五丞同押。若有异见，则各言不同之状也。”“徒以上，各呼囚与其家属，告以罪名，问其状款，不伏，则听其自理。”丞是大理寺日常从事司法审判的官员，其作用往往超过大理卿与少卿。丞判若与少卿“异判”，相互不能达成一致，各自上报奏闻。

大理寺主簿是大理寺的勾检官。隋炀帝改大理丞为勾检官。唐置主簿二人，其职责为“掌印，省署抄目，勾检稽失。凡官吏之负、犯并雪冤者，则据所由文牒而立簿焉”。官吏犯赃赎铜之事，根据负、殿记录在簿，以供吏部考课之用。其下有录事二人为其属官，“掌受事发辰”。[1]

大理寺之主典，一般是指流外胥吏，包括府、史、亭长、掌固、问事之类。他们直接参与审理狱案，负责拷决犯人。此外，大理寺还有司直六人，“掌承制出使推复，若寺有疑狱，则参议之”。[2]另有大理评事，“贞观二十二年十二月九日，置十员，掌出使推复，后加二员，为十二员”。[3]大理司直、评事承制出使推鞫地方长吏，根据诉状认为该官员应当停职或拘禁者，当以“鱼书”请示朝廷，获得批准后只能依据诉状内容尽情推按，甚至可以对官员依法实行刑讯。“凡大理断狱，皆连署焉。”[4]大理司直与评事的连署地位当为主典，但有时也可为判官。如武则天时，万国俊为司刑评事，[5]因与来俊臣同造《罗织经》，陷害宗室、大臣，“自司刑评事，俊臣同引为判官”。[6]此后，大理司直与评事的地位日益重要，常与御史及刑部郎中、员外郎组成“三司”，办理“诏狱”。大理寺设有监狱，置狱丞四人，“掌率狱吏，知囚徒”。[7]

唐人极其重视大理寺官员的人选。贞观元年（公元627年），太宗曾对封德彝说：“大理之职，人命所悬，此官极须妙选。”[8]因此，太宗常亲自挑选、任命大理寺卿与少卿，并规定：“凡吏曹补注法官，则与刑部尚书、侍郎议其人之可否，然后注拟。”[9]在这种慎重选任执法人员的思想指导下，唐代大理寺确实出现了一批古代社会堪称良吏的法官。如戴胄是唐太宗亲自选任的大理少卿，“前后犯颜执法”多次，“所论刑狱，皆事无冤滥，随方指摘，言如泉涌”。[10]高宗时，张文瓘于咸亨三年（公元672年）迁大理卿，“至官旬日，决遣疑事四百余条，无不允当，自是人有抵罪者，皆无怨言。文瓘尝有疾，系囚相与斋祷，愿其视事。当时咸称其执法平恕，以比戴胄”。其后，官拜侍中，“大理诸囚闻文瓘改官，一时恸哭，其感人心如此”。[11]武则天

---

〔1〕《唐六典》卷一八《大理寺》。

〔2〕《通典》卷二五《职官七·大理卿》。

〔3〕《唐会要》卷六六《大理寺》。

〔4〕《唐六典》卷一八《大理寺》。

〔5〕当时改大理寺为司刑寺。

〔6〕《旧唐书》卷一八六上《酷吏上·万国俊传》。

〔7〕《新唐书·百官志三·大理寺》。

〔8〕《唐会要》卷六六《大理寺》。

〔9〕《唐六典》卷一八《大理寺》。

〔10〕《旧唐书·戴胄传》。

〔11〕《旧唐书·张文瓘传》。

时，任用酷吏，然徐有功为大理寺丞，刚正执法，不惧触怒武后，坚持依法断狱。杜佑评价他说："徐有功乃于斯时，而能定以枉直，执法守正，活人命者万计，将死复舍，忤龙鳞者再三。以此而言，度越前辈。"[1]玄宗开元二十一年（公元733年），"大理卿袁仁敬暴卒，系囚闻之，皆恸哭悲歌，曰：'天不恤冤人兮，何夺我慈亲兮？有理无由申兮，痛哉安诉陈兮！'"。[2]

（三）御史台在司法中的作用

御史台既是中央监察机关，掌管纠察、弹劾百官违法之事，同时又负责监督大理寺和刑部的司法审判活动。遇有重大疑难案件时，其也参与审判或直接受理有关刑事及行政诉讼的案件。"大唐自贞观初，以法理天下，尤重宪官，故御史复为雄要。"[3]高宗时曾一度将御史台更名为宪台，武则天时又曾改称肃政台，并分设左右，以"左肃政台专知在京百司，更置右肃政台，专知按察诸州"。[4]玄宗即位后，彻底废除右台，恢复旧制。

御史台以御史大夫一人为长官，御史中丞二人，为大夫之辅佐，武宗会昌二年（公元842年）升为正四品下阶。"御史大夫之职，掌邦国刑宪典章之政令，以肃正朝列，中丞为之贰。"[5]实际上，中唐以后，御史大夫已成虚衔，台务基本上由御史中丞主持。唐初御史台仅是单纯的监察机关，并不参与司法活动。

御史台在日常司法活动中，主要是以"三司受事"的方式参与司法活动。这里所说的"三司"是指由御史台、中书省、门下省所组成的三司，其中门下省和中书省分别由给事中、中书舍人承担，御史台则由侍御史参加，即"凡三司理事，则与给事中、中书舍人更直于朝堂受表"。[6]由侍御史、给事中、中书舍人组成的三司是一个常设机构。从法律上讲，自武德、贞观时就已有律、令、式确定了它在司法制度中的固定位置。它既是介于尚书省与皇帝之间的一个司法审判层次，又是法律监督程序中极其重要的一个环节。三司每日轮流在朝堂值班受表，一司正受，二司副押。大历、建中时还曾一度有过专门的"使院""幕屋"。三司平日仅受理上诉表状，故称"三司受事"。其审核刑部、大理寺及地方州府办理的狱讼，监督其判决，以保证司法审判

---

〔1〕《通典》卷一六九《刑典七·守正》。
〔2〕《唐会要》卷六六《大理寺》。
〔3〕《通典》卷二四《职官六·御史台》。
〔4〕《唐六典》卷一三《御史台》。
〔5〕《唐六典》卷一三《御史台》。
〔6〕《唐六典》卷一三《御史台·侍御史》。

合乎法定的程序和制度。其对于不合制度者则驳回原审单位重新审理，一般不直接审讯人犯，处断狱案。若逢特殊大案、要案，因涉及官员的品秩、职位极高且要，由宰相或其他官员提议，皇帝亲自下特诏，方可参与审理。如贞观十七年（公元643年），有人告太子李承乾谋反，太宗“敕长孙无忌、房玄龄、萧瑀、李勣与大理、中书、门下参鞫之”[1]。

高宗时，武则天逐渐掌握朝廷大权。史称：“自永徽以后，武氏已得志，而刑滥矣。当时大狱，以尚书刑部、御史台、大理寺杂按，谓之‘三司’，而法吏以惨酷为能，至不释枷而笞棰以死者，皆不禁。”[2]

综上所述，御史台在唐代司法中的作用是逐渐强化的，由单纯进行司法监督，渐次干预司法审判，最后成为三大司法机关之一。这对后来中国司法制度的发展影响深远。

（四）地方司法机关

唐代的地方司法也由行政机关兼理，但其直接管理司法诉讼的属吏、僚佐则较前代有所增加。尤其是府州一级，设置了专门的机构，分曹审判刑事案件和民事案件。

唐前期地方行政分为州（府）、县两级。据《新唐书·地理志》载开元二十八年（公元740年）的户部账籍，当时有州府328个，有县1573个。县是最低一级地方行政机构，也是最低一级的诉讼机关。“凡诸词讼，皆从下始。”[3]县令为一县之长官，“皆掌导扬风化，抚字黎氓，敦四人之业，崇五土之祠，养鳏寡，恤孤穷，审察冤屈，躬亲狱讼，务知百姓之疾苦”。[4]其下，县丞为副贰，是通判官；县尉是判官，“分判众曹”之事；县之佐、史为主典，有司户佐、史和司法佐、史，其分曹办理民事和刑事案件，佐、史都是流外官，属胥吏。另有县主簿、录事，为县一级的勾检官，“主簿掌付事，省署抄目，纠正非违，监印，给纸笔杂用之事；录事掌受事发辰，检勾稽失”。[5]

县以下的基层组织有乡里。百户为里，里有里正；五里为乡，乡以乡正为长。两京及州县之郭内分为坊，坊有坊正；郊外为村，村有村正，“以司督

---

[1]《资治通鉴》卷一九七《唐太宗贞观十七年》。胡三省注曰：“唐制：凡国之大狱，三司详决。三司，谓给事中、中书舍人与御史参鞫也。今令三省与大理参鞫，重其事。”

[2]《新唐书·刑法志》。

[3]《唐律疏议》卷二四《斗讼律·越诉条》。

[4]《唐六典》卷三〇《三府都督州县官吏·诸县官吏》。

[5]《唐六典》卷三〇《三府都督州县官吏·诸县官吏》。

察”。村、坊之下，“四家为邻，五邻为保。保有长，以相禁约”。[1]这些基层民间组织都负有调解和仲裁一般民事纠纷的职责，大事及刑事案件则应交由县里处理。里正、村正、坊正还负有维护地方社会治安的责任。《唐律》规定：“诸监临主司知所部有犯法，不举劾者，减罪人罪三等。”其疏议曰：“监临，谓统摄之官；主司，谓掌领之事及里正、村正、坊正以上。知所部之人，有违犯法、令、格、式之事，不举劾者，减罪人罪三等，假有人犯徒一年，不举劾者，得杖八十之类。”[2]可见唐代统治者非常重视基层组织的作用。

县以上设府或州，要冲地方则为都督府，边远少数民族聚居区设都护府。府尹、州刺史、都督、都护都是州一级的地方行政兼司法长官。府在唐前期仅有京兆府、河南府和太原府三府。府以牧为名义上的长官，从二品，但牧多以亲王遥领，并不至府理事。府尹与少尹本为上佐，实际上府尹成为长官。府之政务“以尹主之”，尹“掌宣德化，岁巡属县，观风俗，录囚，恤鳏寡”；少尹“掌贰府州之事，岁终则更次入计”。[3]州府长官每年巡视属县一次，录囚徒，察狱讼，对疑狱、冤狱则申报尚书省，或直接奏报皇帝本人，对下属具有广泛的监督和检察的职能。州、府以别驾、长史、司马为上佐，是州一级的通判官，品秩依州等分别为四至六品官不等。

州府分曹理事，府以司录参军事和录事为勾司，主管勾检。又有功曹、仓曹、户曹、兵曹、法曹、士曹，各以参军事主之。州则以录事参军事和录事主持勾检，设司功参军事、司仓参军事、司户参军事、司兵参军事、司法参军事和司士参军事分曹理事，各自处理各自主管的事务。诸曹参军事是为诸州的判官，其中户曹参军事、司户参军事主管民事审判事宜，即“掌户籍、计帐、道路、逆旅、田畴、六畜、过所、蠲符之事，而剖断人之诉竞。凡男女婚姻之合，必辨其族姓以举其违。凡井田利害之宜，必止其争讼以从其顺。凡官人不得于部内请射田地及造碾硙与人争利”。法曹、司法参军事主管刑事审判，“掌律令格式，鞫狱定刑，督捕盗贼，赳逖奸非之事，以究其情伪而制其文法。赦从重而罚从轻，使人知所避而迁善远罪”。[4]由此可见，唐代州县审判，民事案件与刑事案件是分别处置的。李元纮曾为雍州司户，当时太平公主与僧寺争碾硙，李元纮“断还僧寺”，但受到上方压力让他改判。李元纮

〔1〕《旧唐书·职官二·户部郎中员外郎条》。

〔2〕《唐律疏议》卷二四《斗讼律·监临知犯法不举劾条》。

〔3〕《新唐书·百官志四下·外官》。

〔4〕《唐六典》卷三〇《三府都督都护府州县官吏》。

在判书后批“南山或可改移，此判终无动摇”。[1]

司户参军事判的案子，雍州长史（即后之京兆尹）不能改夺。同时也可看出，虽涉及公主与民人争夺财产的案件，也由当地的司户参军事判决。

唐后期，原来的监察道逐渐发展成为州之上的一级行政单位，节度使、观察使也成为道的长官。其下副使、司马、判官，分判诸事，又有推官，巡官、孔目官等分别负责推鞫狱讼、督捕盗贼，从而形成三级诉讼制度。从法定制度上讲，仍是州、县两级诉讼制。但唐末藩镇的割据，宦官的专权和军司、使司的分权，造成唐后期法出多门、司法失控、执法混乱的局面。这种局面最终导致了唐王朝的覆灭。

三、唐代的诉讼审判制度

（一）起诉与受理

刑事起诉是刑事审判的前提。唐代在刑事起诉制度方面已发展成体系，其结构之严密，内容之丰富，堪为前代法制的又一集大成者。总结唐代刑事起诉的形式可分为告诉、告发、自首、纠弹、纠问等几种。

1. 告诉

由犯罪之被害人方面向有关官府提出控告，揭露犯罪人和犯罪事实，并要求依法追究犯罪人的刑事责任之诉，称为自诉，又称告诉。唐代一般刑事案件大多源于告诉。告诉的案件，一类属于“告诉乃论”的，即必须经被害人提请告诉才有可能令犯罪人承担罪责；另一类则为必须告诉的，如被害人之家应当告诉而不告诉，或主管部门得到告诉而不立即立案上报者，皆为律所不容。

告诉是审判程序的开始，一般刑事案件多由事主自己报案。张允济为舞阳县令时，“尝道逢一老母种葱者，结庵守之，允济谓母曰：‘但归，不烦守也。若遇盗，当来告令。’老母如其言，居一宿而葱大失，母以告允济，悉召葱地十里中男女毕集，允济呼前验问，果得盗葱者”。[2]此为县令主动要求百姓有事前来报案。又张鷟为阳县尉时，“有一客驴缰断，并鞍失三日，访不获，经县告，鷟推勘急，夜放驴出而藏其鞍……”[3]受害人向官府投诉，虽不知被告为何人，官府也必须受理并为其侦查破案。如不及时受理，则当论

---

〔1〕《旧唐书·李元紘传》。

〔2〕《旧唐书·良吏上·张允济传》。

〔3〕（唐）张鷟：《朝野佥载》卷五，商务印书馆2014年版。

罪，若是强盗及人命案，迟一日即当判刑一年。

2. 告发与诬告

告发是指由被害人一方以外的知情人提请的控告，唐代称为“告言人罪”。对于重大刑事案件知情不举也是违法行为。对于谋反、谋大逆、谋叛等直接危害皇权统治的特别重大的犯罪行为，在告发之时须保密，故又称为“告密”。唐代无论是“告言人罪”还是“告密”，都必须以实名举报，严禁以匿名举报，或以投递匿名信的方式告发他人犯罪。由于谋反、谋大逆、谋叛等行为都具有隐秘性，告发其犯罪事实自当以“密告”的形式，或称为“告密”。唐初对一般刑事犯罪并不鼓励告密，据史载，告密之风起于武则天时。“武后已称制，惧天下不服，欲制以威，乃修后周告密之法，诏官司受讯，有言密事者，驰驿奏之。”[1]在这种政治背景之下，告密之风大兴，其间产生的酷吏多以告密起家。来俊臣因告密得幸于武则天，官至左台御史中丞，与其党造《告密罗织经》一卷。“时有诸州告密人，皆给公乘，州县护送至阙下，于宾馆以廪之，稍称旨，必授以爵赏以诱之，贵以威于远近。”[2]由此告密之风更盛。

《唐律》对匿名信的认定很宽泛，凡作者隐匿自己姓名（包括用假名）、假借他人姓名的，都将信件认定为匿名信。至于投递的方式，无论是以隐秘手法将状子投入衙门，告发他人犯罪；还是将匿名信弃置大街、交通要道，或置于官衙门口；或以旌表的形式悬挂于公共场所，都构成投匿名书罪。至于所告发的罪行，不计其轻重，投匿名信者，即处以流二千里之刑。

诬告是指故意捏造犯罪事实向官府作虚假告发，蓄意陷害他人的行为。诬告不仅给被诬陷者的身家性命带来严重危害，侵害了其人身权利，而且破坏司法机关的威信，干扰正常的公务活动，扰乱统治秩序，故在唐代也是严重的犯罪行为。惩治诬告罪的基本原则是“反坐”，即依照所诬他人犯罪的性质与处刑轻重，反坐诬告者以此罪，并依此量刑。

3. 自首

自首是指当事人在犯罪后未被发觉的情况下，自己主动投案，交代犯罪事实的行为，中国古代又称为“自告”。唐代继承了历代自首可以减免罪责的原则，但较前有明显的发展。首先，明确了自首的法定概念，强调罪犯所犯之罪在案发以前，即官府或他人未发觉之前，主动向法定机关投案。这表示

〔1〕《新唐书·刑法志》。

〔2〕《旧唐书·酷吏列传·索元礼传》。

其“今能改过，来首其罪，皆合得原”。若犯罪一经有人告发，有文牒告入官府，官府已将此案纳入司法审判程序；或虽没有人告，但案情已发，事实已经败露，再去官府投案者，只能称为“自新”，不能作为自首处理。唐律以案发时间作为分界线，作为能否“成首”的条件，并又创设“自新”的概念，以区别案发前的“自首”，表示其刑事立法技术的进一步成熟。

其次，自首在原则上要求本人亲自向官府交代所犯罪行，即“自言其罪”。但本人委托他人“遣人代首与自首同”；依法得相容隐者为罪犯自首或告发，也可以自首论；犯盗窃罪与诈骗罪者，因悔悟而向被害人承认罪行者，与向官府自首同等看待。但别人代首后，其本人却“追身不赴”，即听到传唤拒不出庭受审者，说明其无悔改的诚意，故不能以自首免其罪。

再者，自首者虽可免罪，但若有赃物必须如数退赔，不使犯法者在经济上获得好处，以防止罪犯利用自首的机会非法获取财物。

再次，对自首“不实不尽”者，即没有彻底交代犯罪性质和犯罪情节的罪犯，分别按不实、不尽的情况予以惩处，至死罪者，可因其自首而减刑一等。自首不实，是指对犯罪性质避重就轻，如犯强盗罪得赃，自首说是窃盗赃，虽然赃数已首尽，仍以强盗不得财科罪。自首不尽，则是指对犯罪得赃的数量，自首时有所隐瞒，如枉法取财十五匹，自首仅报十四匹，未首那一匹“是为不尽之罪”。若不尽之数仍达死刑标准，如强盗得赃二十匹，自首十匹，未首十匹，依律仍合死刑，可“为其自有悔心，罪状因首而发”，故判刑时可减死一等，即科流三千里之刑。

最后，对某些罪行不适用自首免罪的原则。具体而言，一是“其于人损伤”，即已杀伤人造成人身体损伤；二是“奸良人者”，属无法挽回危害他人人身的后果者；三是“于物不可备偿”，即损坏或丢失重要物品，如官印、旌旗、官文书、禁兵器之类，属不可复原、赔偿之物，或私家不许拥有之物，若原物尚在，可适用自首免罪之法；四是“事发逃亡”；五是“越度关”，即私渡关津要塞；六是“私习天文”；七是“断罪失错，已行决者”，[1]即官司失误，已经行刑的；八是“造畜蛊毒者”，因“蛊毒已成，自新难雪”。[2]上述情况都属危害后果已成事实，无法补救。但有些可以部分适用自首，如因盗窃而杀伤人自首者，故杀伤罪不可免，盗罪可因自首得免；事发逃亡后又自首归案，原犯之罪不得免，逃亡之罪可减二等。

---

〔1〕《唐律疏议》卷五《名例律·公事失错自觉举条》。

〔2〕《唐律疏议》卷一八《贼盗律·造畜蛊毒条》。

由此可见，《唐律》关于自首原则的规定已十分详尽完备，充分体现出唐代刑事立法技术的发展，这对分化犯罪分子，预防和减少犯罪具有一定的作用。

4. 官告

官告是指由官方提起的诉讼，类似于现代的“公诉”，可分为“纠弹”与“纠问”两种。

所谓纠弹，是指由专职的监察部门提起的诉讼。唐代专职的监察部门是御史台，主要纠弹官员的违法行为，向皇帝及有关部门提出弹劾。唐初御史台没有司法审判权，侍御史、监察御史平日访察，知有官员违法乱纪，可直接向皇帝弹劾；御史台没有受理词讼的义务，若有人到御史台告状，御史认为有值得弹劾者，可以根据告状的内容进行弹劾，为保护告状人，须将其内容单独录出，略去姓名，称“风闻访知”，故又叫“风闻弹奏”。

所谓纠问，是指司法机关直接捉拿、纠察、讯问有犯罪嫌疑者。纠问实际上是司法机关未经起诉，直接开始审判程序。京城的纠问一般由金吾卫执掌。金吾卫“掌宫中及京城昼夜巡警之法，以执御非违”，[1]是京城的警察部队，对民间的犯罪及治安进行纠察。

（二）强制

唐代对人犯所规定的强制措施主要有逮捕和囚禁两种。逮捕是指在刑事诉讼期间，依法对人犯采取完全剥夺其人身自由的一种强制措施。唐代对逮捕问题已规定比较详细、具体。一般逮捕的权力在地方由州县以上的官府承担。州一级由法曹参军负责“督捕盗贼”，县则由负责司法的县尉“主追捕盗贼、伺察奸非”。[2]

对于犯罪人的拒捕反抗行为，若是持杖拒捍，“捕罪人”当场格杀，或于其逃跑时追杀以及犯罪人因窘迫而自杀者，“皆勿论”。若其空手反抗，而杀死者，则“徒二年”。如罪人已被拘执或其本无拒捕之心，捕者将其杀死或折伤，“各以斗杀伤论”。若以刀刃杀伤者，“从故杀伤法”。“罪人本犯应死而杀者，加役流。”[3]相反，罪人若因拒捕而杀伤捕者，将加等处罚，最高可处斩刑。

囚禁是指对于现行犯或者重大刑事犯罪嫌疑人，在紧急情况下暂时剥夺

[1]《唐六典》卷二五《左右金吾卫大将军条》。

[2]《唐六典》卷三〇《三府督护州县官制条》。

[3]《唐律疏议》卷二八《捕亡律·罪人持杖拒捕条》。

其人身自由的一种强制措施。在唐代，甚至民事案件也可囚禁诉讼当事人。唐《狱官令》规定："犯笞者不合禁，杖罪以上始合禁推。"《唐律》规定："诸囚应禁而不禁，应枷、锁、杻而不枷、锁、杻及脱去者，杖罪笞三十，徒罪以上递加一等，回易所著着，各减一等。"[1]对于被囚禁者，无论有罪无罪，若自行脱逃，"流二千里"。在脱逃中"伤人者，加役流；杀人者，斩；从者绞"。这里所说的"被囚禁"的含义是"不限有罪无罪，但据状应禁者，散禁亦同"，也就是履行了法定手续的被囚禁者。若无法定手续，"有人据状不合禁身，被官人枉禁，拒捍官司逃走"者，不以"囚亡"治罪，但因拒捕杀伤人，"止同故杀伤法"。[2]

唐代法定的采取强制措施的机构，在京是由左右金吾卫负责。如高宗朝，田仁会为右金吾将军，其"强力疾恶，昼夜巡警，自宫城至于衢路，丝毫越法，无不立发。每日庭引百余人，躬自阅罚，略无宽者。京城贵贱，咸畏惮之"。[3]若耽误捕贼，将受处罚。文宗时崔珙任右金吾卫大将军，充街使，开成三年（公元838年）正月，"盗发亲仁里，欲杀宰相李石，其贼出于禁军，珙坐捕盗不获，罚俸料"。[4]官员犯罪，一般来说不必采取强制措施，所谓"五品以上非反逆不合留身"。[5]但若所犯事大，则也必须监禁。如武则天时，宰相张锡与苏味道都犯事，"同被讯，系凤阁，俄徙司刑三品院"。[6]凤阁即中书省，宰相被系凤阁属临时拘禁，后移至"司刑三品院"，就是设于大理寺的专门监禁高级官员的特别监狱。

对于被囚禁者，"皆五日一虑"，"凡在京诸司见禁囚，每月二十五日以前，本司录其所犯及禁时日月以报刑部"。[7]禁囚当及时审理，允许家人看视，送饮食；家远者，"官给衣粮"；若有疾病，"主司陈牒，请给医药救疗"[8]。若经刑讯后仍不承认犯罪者，"取保放免"，[9]这说明唐代已有了取保制度。

（三）证据

证据是诉讼制度的核心内容。唐代司法机关审理诉讼案件，要审察词理，

[1]《唐律疏议》卷二九《断狱律·囚应禁不禁条》。
[2]《唐律疏议》卷二八《捕亡律·被囚禁拒捍走条》。
[3]《旧唐书·良吏上·田仁会传》。
[4]《旧唐书·崔珙传》。
[5]《贞观政要》卷二《论纳谏第五》。
[6]《新唐书·张文瓘附子锡传》。
[7]《唐六典》卷六《刑部郎中员外郎条》。
[8]《唐律疏议》卷二九《断狱律·囚应给衣食医药而不给条》。
[9]《唐律疏议》卷二九《断狱律·拷囚不得过三度条》。

验诸证信，即证据是最重要的准据之一。只要证据确凿，即使被告人不承认罪状，亦可断案。《唐律》规定："若赃状露验，理不可疑，虽不承引，即据状断之。"其对"赃状露验"的解释为"谓计赃者见获真赃，杀人者检得实状"。只要赃与状都明白无误，理不可疑，被告人在审问中虽不承认，听由法官"据状科断"[1]。

但唐代更重视的是被告人的口供，口供是处于第一位的证据。唐代允许用刑讯的方式取得口供，但刑讯必须按法定程序进行。"拷囚"不得过三次，总数不得过二百。拷满若被告人仍不承认，则反拷告人。这种将刑讯法律化、制度化，一方面体现了古代法律固有的野蛮性，另一方面也多少限制了司法官吏滥用刑讯逼供的现象。

（四）审级与管辖

1. 审级

唐代地方行政分为州、县二级，诉讼审判在地方也分为二级。县是最基层的行政单位，又是基层司法机关，凡诉讼皆由县一级直接受理，自下而上，不允许越级上诉。一般刑事案件为三审终审制，规定："凡告言人罪，非谋叛以上，皆三审之。"[2]据《唐律疏议·名例律》"犯罪已发条"疏议曰："已发者，谓已被告言，其依《令》应三审者，初告亦是发讫。"初告即告于县，"凡有犯罪者，皆从所发州县推而断之"。县级只能审理、决罚杖刑以下的罪案。"犯罪者，徒以上县断已定送于州"，即徒刑以上的案件县审理断罪后，移送州、府复审。而州府只能审理、决罚徒刑以下的罪案，流刑以上州府断案后须移送尚书省复核。中央大理寺是全国最高级别的审判机关，负责审理在京徒以上案件。"在京诸司，则徒以上送大理，杖以下当司断之。若金吾纠获，皆送大理。"但大理寺对徒刑、流刑的判决，必须经刑部复核、批准，才能生效执行。而对死刑的判决，则必须奏请皇帝批准。刑部复核大理寺及全国各州府上报的流罪以上的判决。如果发现疑案、错案、冤案，凡徒、流以下的案件，驳回由原审州、县重审或复判；死刑案件则转由大理寺重审。如果刑部复核无误，徒以下即可执行，流刑仍须送中书门下详复。死刑还须报送皇帝，即"在京者行决之司五复奏，在外者刑部三复奏"，[3]批准后还要待三日后方可执行。

---

〔1〕《唐律疏议》卷二九《断狱律·讯囚察辞理条》。

〔2〕《唐六典》卷六《刑部郎中员外郎条》。

〔3〕《唐六典》卷六《刑部郎中员外郎条》。

2. 管辖

从级别管辖的角度讲，一般人犯罪，无论轻重，甚至包括死刑在内，县一级都有管辖权，可以直接进行审理。但判决后，只能执行笞、杖刑，徒以上须报州府复审。唐于两京辖县及各州县置市，市设市令、市丞“掌市廛交易，禁斥非违之事。”〔1〕“诸犯罪在市，杖以下市决之，应合荫赎及徒以上送县；其在京市，非京兆府，并送大理寺。”〔2〕由此可见，市令可受理在市场上发生的法定刑为笞杖罪的轻微刑事案件。但有门荫及有罪当赎者，即所有有官品者及其家属市令都不能直接处理，须送县，在京送大理寺审理。实际上不仅市令，即便是县一级也不能直接处治犯罪官员。官员在司法上享有特权，除议、请、减、赎外，审级也是一种重要的特权。

州府的司法管辖权相对县级较大一些。徒罪在县断后送州府，州府重审。若州府直接立案受理的笞、杖罪案，州府一审终决。徒、流以上案件，州府断后送尚书省复审，徒罪不须再谳复，二级终审，即可执行。流罪以上的案件，处理较为慎重，州复审县初审的判决后，即使无误，也须申报尚书省。

唐前期尚书省承担大量的诉讼事务。凡上诉案件，“尚书省左、右丞为申详之”。〔3〕经复核后，“省司复审无失，速即下知，如有不当者，随事驳正”。〔4〕若须重审者，交大理寺重审。因此，尚书省实际上是申诉机构，非审判机关。

大理寺是最高一级审判机关。“凡诸司百官所送徒刑以上，九品以上犯除、免、官当，庶人犯流、死以上者，详而质之，以上刑部，仍于中书门下详复。”其本身只能决罚杖罪以下。“凡中外官吏有犯，经断奏讫而犹称冤者，则审详其状。”〔5〕这样，大理寺又成为专门管辖官员犯罪或不服判决的复审机构。

中书门下不是专门的审判机关，它是最高行政监督机构。由于中国古代行政与司法不分，故其在监督一般行政事务的同时也承担司法监督的任务。凡州县二级上诉的徒刑以上案件、官吏犯流罪以上案件、天下所有死刑案件及各类冤案皆由中书门下复核。具体复核程序后文详述。

唐代刑事案件的管辖与量刑标准密切相关。县为初审，笞、杖罪由县一审终结；州府为二审，复审县断上报的徒以上案件，徒罪审后无误即可执行，

---

〔1〕《唐六典》卷三〇《三府督护州县官》。

〔2〕《通典》卷一六八《刑六·考讯》。

〔3〕《唐六典》卷六《刑部郎中员外郎条》。

〔4〕《唐律疏议》卷三〇《断狱律·应言上待报而辄自决断条》。

〔5〕《唐六典》卷一八《大理寺》。

流罪报尚书省。尚书省复核州府上报流罪以上案件及大理寺、京兆府、河南府所断徒罪，若无失则交回执行，不当则驳回重审。大理寺是三审机关，也是最高级审判机关，复审天下流以上案件及京师徒以上案件。审后仍由中书门下复核，死刑一律报皇帝批准。

（五）审讯

唐代将审讯称为“鞫狱”。鞫狱的依据是起诉书，唐代称为“状”。“凡有犯皆据其本状以正刑名。”〔1〕法官必须根据告状的内容进行审理，不得审理告状之外的行为，这具有“不告不理”的性质。凡审讯必有状，“来俊臣罗织人罪，皆先进状，敕依奏，即籍没。徐有功出死囚，亦先进状”。〔2〕无论判罪还是雪冤，都要据状断案。

主持审讯的官吏，至少得是判官。如在大理寺是大理寺丞，州府为法曹参军事，县为县尉等。《狱官令》规定：“诸问囚，皆判官亲问，辞定，令自书款，若不解书，主典依口写，对判官读示。”〔3〕实际上，各级行政长官亲主刑狱的现象，在唐蔚然成风。

审讯的地点，一般是在官府内庭或厅中，应公开审理，但并没有严格的法律规定及限制，故秘密审讯也屡见不鲜。唐代对涉及阴私的案件，也可采取不公开的方式审讯。如贞观年间，“左丞李行廉弟行诠前妻子忠，烝其后母”，“县尉王璥引就房内推问”。〔4〕

对于审讯，《狱官令》规定：“察狱之官，先备五听，又验诸证信，事状疑似，犹不首实，然后拷掠。”〔5〕其基本含义是首先要求鞫狱官以情理和证据察狱，不要轻易用刑。这一规定，使唐代出现了一批善于以“术审”断案的司法官员。但法律毕竟允许使用刑讯，一般刑讯前须专门立案，“取现在长官同判，然后拷讯”，不得擅自动用刑具。然酷吏自有许多招法，在肉体及精神上凌虐人犯，迫使其按照自己的意愿招供。如吉温以拷掠其他人犯的方式恐吓被告，使人感到不承供则难免酷刑，只得“自诬服罪”。

（六）判决

唐代刑事审判的结果称为“断罪”，定罪量刑最重要的准据是法律本身。《唐律》规定：“诸断罪皆须具引律、令、格、式正文，违者，笞三十。若数

〔1〕《唐六典》卷一八《大理寺》。

〔2〕（唐）张鷟：《朝野佥载》卷二，商务印书馆2014年版。

〔3〕《宋刑统》卷二九《断狱律·讯囚条》引唐《狱官令》。

〔4〕（唐）张鷟：《朝野佥载》卷五，商务印书馆2014年版。

〔5〕《唐律疏议》卷二九《狱官律·讯囚察辞理条》。

事共条，止引所犯罪者，听。"[1]还规定："诸制敕断罪，临时处分，不为永格者，不得引为后比。若辄引，致罪有出入者，以故失论。"[2]这些规定具有一定的罪刑法定主义倾向。如永徽五年（公元654年），太常乐工宋四通因为宫人通传消息，高宗令处斩，并将此规定附入律文，谏议大夫萧钧提出："四通等所犯，在未附律前，不合至死。"高宗纳谏，"特免死，配流远处"。[3]其后，这条规定附入《唐律》之《卫禁律》，作"若亲为通传书信及衣物者，绞"。[4]这种"所犯在未附律前"得减免的做法，比起秦汉时期随意上下比附、出入人罪的滥刑苛政，无疑是一大进步。唐代的《狱官令》也规定："凡有罪未发及已发未断，而逢格改者，若改重者，则依旧条；轻，从轻法。"[5]即在断罪前，法律发生变动，则从新、从轻，反映了唐初统治者在刑事立法方面的宽厚。

皇帝以殊旨、别敕断罪，名为依法，实为"圣意"，都是不经法定程序，而由皇帝特旨处刑。但这种"特旨处刑"的特权，只允许皇帝一人拥有，别人甚至不得仿效，"若辄引，致罪有出入者，以故失论"。

（七）上诉、申诉与复核

1. 上诉

当一审结束、定案后，徒罪以上的判决，必须要"各呼囚及其家属，具告罪名"，当面宣判。如被告人认罪，则当场签写"服辩"，以免反复；若不服则听其"自理"，即可以上诉，但一般由原审司法机关"更为审详"。[6]原审机关据其所诉，重新审理后，如认为原判有误，可以改判；若认为其诉无理，可以驳回，维持原判，但须上报备案。如重审后，"无理者便以元状断定，上刑部。刑部复有异同，更详其情理以申，或改断焉"。[7]

2. 申诉

中央法定的申诉机构是尚书都省与三司，此外还可向皇帝直诉。

左右丞主要负责的尚书都省成为地方州县与中央三司之间的一级申诉机构。左右丞本身是勾检官，勾检徒刑以上的案件，左右仆射掌判流刑和死刑。

---

[1]《唐律疏议》卷三〇《狱官律·断罪不具引律令格式条》。

[2]《唐律疏议》卷三〇《狱官律·辄引制敕断罪条》。

[3]《唐会要》卷五五《谏议大夫》。

[4]《唐律疏议》卷七《卫禁律·阑入非御在所条》。

[5]《唐六典》卷六《刑部郎中员外郎条》。

[6]《唐律疏议》卷三〇《断狱律·狱结竟取服辩条》。

[7]《唐六典》卷一八《大理寺》。

由于勾检官在唐代官制中所处的特殊地位，[1]尤其是“左丞官业至重，得弹劾八座，主省内官业，及宗庙祠祭之事，御史纠劾不当，得弹奏之”，[2]因此，尚书都省从勾检的角度拥有对刑事案件的重审权。尚书省对不服地方州县审判的上诉案件拥有复审权，由左右丞为之审详；若仍不服者，可再上诉至“三司”。

所谓“三司”，是指由中书、门下二省与御史台所组成的三司，其具体人员是门下给事中、中书舍人和侍御史。“凡国之大狱，三司详决。若刑名不当，轻重或失，则援法例，退而裁之。”[3]“凡天下之人，有称冤无告者，与三司诘之。”其注曰：“三司：御史大夫、中书、门下。大事奏裁，小事专达。”[4]御史大夫是御史台之长官，参与三司受事的实际上是侍御史。“凡三司理事，则与给事中、中书舍人更直于朝堂受表。”

由此可见，三司不仅是一个简单的司法监督机构，而且是一级诉讼机关。其在司法程序中是介于尚书省与皇帝之间的受表机构，主要处置冤滞案件。凡有向三司投诉者，三司受理后必须向皇帝奏报。

直接向皇帝本人提出的申诉，又称为直诉。唐代法定的直诉方式本有邀车驾、挝登闻鼓、立肺石三种，武则天时又增加“投匦”。

3. 复核

对于非死刑案件的复核，地方由吏部委派精明干练、懂法的官员充使，分道巡察复核。复核无误，将复核结果，“使牒与州案”送刑部再复。如州司错判，使司复核无罪，州司也承认原判错误，被告无罪者，听任使者判决释放。如从重改轻者，应降等入流、徒刑者，即从流、徒罪定刑。如使者与州司的意见不同，“各以状申”。[5]若天下州府有疑狱不能决者，主动上报大理寺详谳；大理寺仍不能决疑，申报尚书省，“尚书省众议之，录可为法者，送秘书省奏报”。[6]

唐代十分重视对死刑的复核。除皇帝本人拥有最高的死刑复核权外，中央多个机构还拥有对死刑的复核权。其中，刑部、门下省、中书省、尚书都

---

〔1〕参见王永兴：《唐勾检制研究》，上海古籍出版社1991年版。

〔2〕《唐会要》卷五八《尚书省诸司中·左右丞》；又参见《新唐书》卷二〇二《文艺中·孙逖附简传》。

〔3〕《唐六典》卷八《门下省·给事中》。

〔4〕《唐六典》卷一三《御史台·御史大夫》。

〔5〕《唐六典》卷六《刑部郎中员外郎条》。

〔6〕《文献通考》卷一六六《刑五·刑制》。

省及御史台从不同角度对死刑进行复核，在死刑的法定复核程序中分别起着很重要的作用。

唐代皇帝拥有最高的司法审判权，同时也就拥有最终的死刑复核权。首先，皇帝以“录囚”的方式，直接行使司法审判的终审权。

其次，皇帝以覆奏的方式行使复核权。贞观初，太宗曾因怒杀大理丞张蕴古、交州都督卢祖尚，后又追悔，乃下制曰：“凡决死刑，虽令即杀，仍三覆奏。”后又规定：“自今以后，宜二日中五覆奏，下诸州三覆奏。”覆奏制度既体现了唐代统治者慎用死刑的指导思想，同时也将死刑的最终判决权集中到皇帝手中。

再者，皇帝以直诉的方式行使复核权。唐代向皇帝直诉的方式有四种：一是上表，即对经县、州、府、省多级审理的案件当事人仍不服判决者，可以上奏表状的方式向皇帝直接申诉。“受表恒有中书舍人、给事中、御史三司监受。”[1]由中书省、门下省和御史台组成的三司，实际上就是皇帝的收受表状的传达机构。二是邀车驾，即在皇帝外出时，伏于路边挡车驾申诉。三是挝登闻鼓，唐长安、洛阳各置登闻鼓，有冤情者可击鼓鸣冤，以求皇帝闻知。四是立肺石，是对社会弱势人群的特殊规定，即“若茕独老幼不能自申者，乃立肺石之下”。[2]“立于石者，左监门卫奏闻；挝于鼓者，右监门卫奏闻。”[3]监门卫是掌管宫廷门禁的卫兵，在此兼管受理直诉的表章，并负责奏闻皇帝。投匦是指以向朝廷专设的“铜匦”内投递表章的方式申诉。武则天垂拱二年（公元686年），在朝堂的四边列四铜匦，其中在西者为白匦，称“申冤”，“陈抑屈者投之”。“以谏议大夫、补阙、拾遗一人充使，知匦事；御史中丞侍御史一人，为理匦使。”[4]

最后，皇帝可以“赦”的形式，不经复核程序，直接免除死刑犯死罪。皇帝可以根据现实需要，直接以赦免的方式决定是否执行死刑，赦免权是皇帝掌握死刑执行权的最终手段。

皇帝通过多种渠道对死刑进行复核。以刑部从司法角度对死刑进行复核，以门下、中书从立法角度对死刑进行复核，以尚书都省从行政角度对死刑进行复核，以御史台从监察角度对死刑进行复核。司法权及死刑的复核权完全

---

〔1〕《唐律疏议》卷二四《斗讼律·越诉条》。

〔2〕《唐六典》卷六《刑部郎中员外郎条》。

〔3〕《唐六典》卷六《刑部郎中员外郎条》。

〔4〕《新唐书》卷四七《百官二·门下省》。

控制在朝廷，也就是皇帝本人手中，皇帝拥有最高审判权、复决权和赦免权。

综上所述，唐代统治者通过上诉、申诉与复核制度，将司法权完全控制在朝廷手中。这既是专制皇权强化的标志，也表明中国古代中央集权体制在司法领域的最终完成。

（八）执行

1. 死刑的执行

唐代死刑的执行在一切复核程序完成之后才得以进行。执行的时间，依《狱官令》规定，“从立春至秋分，不得奏决死刑”。《断狱律》相应地规定“违者，徒一年”，并进而规定：“其所犯虽不待时，若于断屠月及禁杀日而决者，各杖六十。待时而违者，加二等。”[1]

唐代一方面受儒家天人合一思想的影响，赏以春夏，刑以秋冬；另一方面又受佛教思想的影响，在断屠月与禁杀日，非但不得采捕屠宰，严禁杀生，更不得决杀罪犯。早在武德二年（公元619年）即下诏：“自今以后，每年正月九日及每月十斋日，并不得行刑，所在公私，宜断屠钓。”[2]佛教将每年的五月、九月和正月称为“三长月”，在三长月不准杀生，故又称为“断屠月”。唐代规定断屠月内不执行死刑。禁杀日，即十斋日，又称十直日，指每月一日、八日、十四日、十五日、十八日、二十三日、二十四日、二十八日、二十九日、三十日。一般来说，立春在农历的正月，秋分在九月，实际执行死刑的月份仅有十月、十一月和十二月这三个月，其中每月再除去十斋日，所剩也就六十来天，一年当中只有六十天左右可以执行死刑。当然，对犯“恶逆”以上，即谋反、谋叛、谋大逆、恶逆的犯罪，以及“奴婢、部曲杀主者，不拘此令”。[3]

死刑的法定处刑方式是斩、绞，一般要求公开执行。“凡决大辟罪皆于市。”五品以上官员，犯非恶逆以上，“听自尽于家”；七品以上及皇族、妇女，“犯非斩者皆绞于隐处”。[4]即对官员可待之以礼，不公开执行。为防止作弊，在京城者，五品以上官员处死，由大理寺正监决；在外者，由州上佐，即长史、司马、别驾监决。一般平民在京由御史、金吾卫监决；在外由判官监决。在监决过程中，如发现有明显的冤、假、错案者，应立即停决，奏报

---

〔1〕《唐律疏议》卷三〇《断狱律·立春后秋分前不决死刑条》。

〔2〕《唐会要》卷四一《断屠钓》。

〔3〕《唐律疏议》卷三〇《断狱律·立春后秋分前不决死刑条》。

〔4〕《唐六典》卷六《刑部郎中员外郎条》。

皇帝闻知。

处决大辟罪犯，要有“防援”，即由负责警卫的士兵押解，一般由金吾卫士充当。“囚一人防援二十人，每一人加五人。”行刑前，“官给酒食”，允许亲人故友辞行。行刑时要当场宣告罪状，并在未时后行刑，但不得晚于申时。

2. 流刑的执行

流刑三等，二千里、二千五百里、三千里，三流俱在流所服役一年。另有加役流，原是死刑，减刑入流，加役二年，共三年。流人妻妾必须随同前往，期满后编入流放地户籍为民。犯罪人本身死后，其随去的家属愿意回原籍者，放回。流人有专人领送。依《令》：“季别一遣。若符在季末三十日内至者，听与后季人同遣。”[1]无故稽留一日者，笞三十。一般将流人送到较大的地区，流放地再派人前往领送。“配西州、伊州者，送凉州；江北人配岭南者，送桂广府；非剑南人配姚、嶲州者，送付益州；取领即还。其凉州等各差专使领送所。领送人皆有程限，不得稽留迟滞。”[2]流配人在路上每日的行程都有规定：“马，日七十里；驴及步人，五十里；车，三十里。”如“配流二千里，准步程合四十日”。[3]耽误行程者，不仅领送人受罚，若恰好赶上皇帝颁发赦令，过限者不得赦原。

3. 徒刑的执行

徒刑的执行方式是配役居作。按规定，徒刑犯也应及时送至配所，“稽留不送者，一日笞三十，三日加一等”。[4]掌领囚徒者应监督服刑者从事劳役。徒囚生病休病假，病愈后应“陪役”。应役不役、过限不役者，“过三日，笞三十，三日加一等”[5]。

对犯徒刑应役者，除“盗及伤人者”外，如“家无兼丁”，即家中没有第二个劳动力者，其徒刑一年，可“加杖一百二十，不居作；一等加二十”。[6]妇女年龄在二十一岁以上者，同兼丁例；而妇人本身犯徒罪，“户内无男夫年二十一以上，亦同无兼丁例”。加杖一百二十，往往可将受刑者打死。将犯徒罪、杖罪的人“配诸军以自效”，这是开后世补兵、充军之先河。

---

[1]《唐律疏议》卷三〇《断狱律·徒流送配稽留条》。

[2]《唐六典》卷六《刑部郎中员外郎条》。

[3]《唐律疏议》卷三《名例律·流配人在道会赦条》。

[4]《唐律疏议》卷三〇《断狱律·徒流送配稽留条》。

[5]《唐律疏议》卷三〇《断狱律·领徒囚应役不役条》。

[6]《唐律疏议》卷三《名例律·犯徒应役家无兼丁条》。

4. 笞杖刑的执行

《唐令》规定，笞、杖之罪，县决之。“诸犯罪在市，杖以下市决之，应合荫赎及徒以上送县。其在京市，非京兆府，并送大理寺。”〔1〕京师百官犯杖罪，经大理寺判决即可执行，不必报送刑部复核。

唐代杖刑的适用是比较乱的，皇帝往往根据个人的好恶杖罚大臣。如贞观七年（公元633年），都官郎中薛仁方因处置蜀王妃父杨誉不当，引起太宗大怒，“即令杖仁方一百”，后经魏征谏止，“乃令杖二十而赦之”。〔2〕玄宗开元三年（公元715年），“御史大夫宋璟坐监朝堂杖人轻，贬睦州刺史”。〔3〕张廷珪为黄门侍郎，当时有监察御史蒋挺“监决杖刑稍轻”，玄宗命于“朝堂杖之”。张廷珪为此奏曰：“御史宪司，清望耳目之官，有犯当杀即杀，当流即流，不可决杖。士可杀，不可辱也。”〔4〕开元十年（公元722年），张嘉贞为宰相，秘书监姜皎犯罪，张嘉贞“请杖之”。广州都督裴伷先下狱，张嘉贞“又请杖之”。兵部尚书张说反对，张说对张嘉贞说：“宰相者，时来即为，岂能长据？若贵臣尽当可杖，但恐吾等行当及之。此言非为伷先，乃为天下士君子也。”〔5〕

中唐以后，多以制敕处断特殊案件，制敕处分则可不依法定五刑，皆以决杖为罚，其死刑或以“决杀”“集众决杀”“与痛杖一顿处死”等明文处决。但还有许多本不欲处死的，因其敕仅仅写“与一顿杖”“重杖一顿”“痛杖一顿”或“至到与一顿杖”，并没有说明具体杖数，导致行罚之人可轻重其手，因缘为市。至宝应元年（公元762年），代宗即位，又定：“制敕处分，与一顿杖者，决四十；至到与一顿杖及重杖一顿，并六十；无文至死者，为准式处分。”〔6〕明确了不言死刑者，“并不至死”。但能否认真执行，则又是另一回事了。如宪宗时王遂为观察使，“其所制笞杖，率逾常制”。他死后，“监军使封其杖进呈，上令出示于朝，以诫廉使”。〔7〕宣宗大中七年（公元853年）颁敕明确规定：“自今法司处罪，用常行杖。杖脊一，折法杖十；杖臀一，折笞五。使吏用法有常准。”〔8〕这又当是宋代“折杖法”的滥觞。

〔1〕《通典》卷一六八《刑六·考讯附》。

〔2〕《贞观政要》卷二《论纳谏第五》。

〔3〕《资治通鉴》卷一一一《唐玄宗开元三年》。

〔4〕《旧唐书·张廷珪传》。

〔5〕《旧唐书·张嘉贞传》。

〔6〕《唐会要》卷三九《议刑轻重》。

〔7〕《旧唐书·王遂传》。

〔8〕《资治通鉴》卷二四九《唐宣宗大中七年》。

四、唐代的监狱制度

(一) 中央监狱制度

唐代的监狱制度，无论是监狱设置还是监狱管理，都较之前代更趋完善，监狱管理初步实现了法律化、制度化。

唐中央监狱的设置，据《唐六典》载："凡京都大理寺、京兆、河南府、长安、万年、河南、洛阳县咸置狱。"其注曰："其余台、省、寺、监、卫、府皆不置狱。"[1]又据《新唐书·刑法志》载："凡州县皆有狱，而京兆、河南狱治京师，其诸司有罪及金吾捕者又有大理狱。"大理寺狱即为中央监狱，"其诸司有罪及金吾捕者"一般关押在大理寺狱中。京兆府狱、河南府狱"治京师"，即在京师地区的重大罪犯关押于此狱。长安、万年、河南、洛阳是京都之属县，是设于京都地区的地方监狱。

1. 大理寺狱

唐代大理寺设丞六人，是按尚书省六部而置，分判"尚书六曹所统百司及诸州之务"。大理寺狱由大理寺直接管辖，"其刑部丞掌押狱"，[2]即总管监狱事务，凡囚徒之事皆由刑部丞画押。其下设狱丞四人（后减为二人），地位较低，从九品下阶。"掌率狱吏，知囚徒。贵贱、男女异狱。五品以上月一沐，暑则置浆，禁纸笔、金刃、钱物、杵梃入者。囚病，给医药，重者脱械锁，家人入侍。"[3]唐代已明确"罪已定为徒，未定为囚"，[4]其监狱主要是关押未决犯，或刚刚判决后正待执行的已决犯。大理寺狱一般关押朝廷犯罪的官员及京师徒刑以上的罪犯。在正常的情况下，大理寺狱关押的囚犯并不多，大理少卿要向皇帝"每月进囚帐"。元胡三省对囚帐的解释为："囚帐，具每月禁系罪囚之姓名，犹今之禁历也。"[5]唐太宗贞观四年（公元630年），"是岁，断死刑二十九人，几致刑措"。贞观六年（公元632年），太宗曾"亲录囚徒，归死罪者二百九十人于家，令明年秋末就刑，其后应期毕至，诏悉原之"。[6]死刑犯总数不过三百，系囚人数相应不至于太多。高宗即位后，"尝问大理卿唐临在狱系囚之数，临对曰：'见囚五十人，惟二人合死。'

[1]《唐六典》卷六《刑部郎中员外郎条》。
[2]《唐六典》卷一八《大理寺》。
[3]《新唐书·百官三·大理寺》。
[4]《太平御览》卷六四二，引张斐《律序》。
[5]《资治通鉴》卷一九二《唐太宗贞观二年》。
[6]《旧唐书·太宗纪下》。

帝以囚数全少，怡然形于颜色”。[1]但武则天执政近50年，其间大理寺狱“囚累百千辈”，常因“一人被告，百人满狱，使者推捕，冠盖如市”。[2]至大足元年（公元701年），司刑寺（即大理寺）有“囚三百余人”。[3]当时制狱频繁，高官下狱者很多，司刑寺专设“三品院”关押三品以上高官，其“帷屏饮食”可“无异平居”，这在古代中国监狱制度史上可谓罕见。

玄宗即位后，拨乱反正，平反冤狱，励精图治，重新颁定律令格式，加之法官断狱平允，至开元二十五年（公元737年），大理少卿徐峤上奏称：“今岁天下断死刑五十八人，大理狱院，由来相传杀气太盛，鸟雀不栖，今有鹊巢其树。”众人都以此为太平盛世“刑措”之象，纷纷“上表称贺”。[4]

大理寺狱是常设的、法定的中央监狱，整个唐代变化不大，只是在宪宗元和五年（公元810年），因经费问题，将狱丞由四员精简为二员。[5]狱丞在中国古代的社会地位较低，“历代并以卑微士为之，皇朝置四人，以流外入仕者为之”。[6]狱丞因收入太薄，地位太低，几乎找不到人担任此职，不得不以裁员并薪的手段召人。到唐后期，这种状况非但没有转变，反而愈演愈烈。

2. 御史台狱

台狱，指的是御史台狱。唐初御史台没有监狱的编制，这与当时御史台的职责也是相呼应的。唐初，御史台是单纯的监察机关，其主要的监察方式是弹劾。“御史台无受词讼之例”，因此，依照故事，御史台若须拘禁人犯，都是“寄系于大理寺”。后“恐罪人于大理寺隔街来往，致有漏泄狱情，遂于台中诸院寄禁，至今不改”。[7]武则天时，甚至将高宗之三子李上金、四子李素节亦“召至都，系于御史台”。[8]

御史台在武则天时称为肃政台，分为左右两台。“左肃政台专知在京百司；更置右肃政台，专知按察诸州。”[9]当时武则天以洛阳为政治中心，改东

---

〔1〕《旧唐书·刑法志》。

〔2〕《旧唐书·刑法志》。

〔3〕（唐）张鷟：《朝野佥载》卷三，商务印书馆2014年版。

〔4〕《资治通鉴》卷二一四《唐玄宗开元二十五年》。又新、旧《唐书》的《刑法志》等记载大致相同，但新志将开元二十五年作为唐代法治由盛而衰的转折点，此后，李林甫用事，“至此始复起大狱，以诬陷所杀数十百人，如韦坚、李邕等皆一时名臣，天下冤之”。

〔5〕《唐会要》卷六六《大理寺》。

〔6〕《唐六典》卷一八《大理寺》。

〔7〕《唐会要》卷六〇《御史台》。

〔8〕《旧唐书·高宗中宗诸子传》。

〔9〕《唐六典》卷一三《御史台》。

都洛阳为“神都”，并在洛阳配置一套完全与长安一样的官僚班子。东都亦设有左右肃政台，专理制狱。“时置制狱于丽景门内，入是狱者，非死不出”；“朝士人人自危，相见莫敢交言，道路以目。”[1]丽景门又称“新开门”，故此狱也称为“新开狱”。此外，又令索元礼“于洛州牧院推案制狱”，[2]牧院狱成为御史台所属的又一座监狱。玄宗之后，此两狱虽撤，但御史台狱却一直延续下去，并被后世承用。

3. 内侍省狱

诸省本当无狱，但这里指的是门下省、中书省和尚书省三省。唐实际上有五省，即还有秘书省和内侍省。秘书省“掌邦国经籍图书之事”，自不应设狱。内侍省是宦官机构，其所属之掖庭局、奚官局掌管犯罪罚没的妇女为宫廷服役。如《唐令》规定：“若犯籍没，以其所能各配诸司，妇人巧者入掖庭。”[3]一般宦官犯罪由其自行处罚，故设有内侍狱以关押之。如武则天的侄子武承嗣之子武延秀，其“母本带方人，坐其家没入奚官，以姝惠，赐承嗣，生延秀”。[4]唐代皇家之子出生于掖庭和奚官者甚众。太宗第五子、齐州都督李佑，因谋反，被抓回京师，“赐死于内侍省，同党诛者四十人”。[5]说明他当初也是被囚禁于内侍省。高宗上元二年（公元675年）四月，“左千牛将军长安赵瓌尚高祖女常乐公主，生女为周王显妃。公主颇为上所厚，天后恶之。辛巳，妃坐废，幽闭于内侍省，食料给生者，防人候其突烟，而已数日烟不出，开视，死腐矣”。[6]中宗为英王时所纳之赵妃，因“妃母公主得罪，妃亦坐废，幽死于内侍省”。[7]中宗之妃上官昭容，名上官婉儿，是上官仪的孙女。因牵涉徐敬业一案，父子被诛，上官婉儿“时在襁褓，随母配入掖庭。及长，有文词，明习吏事。”后受到武则天的赏识，“自圣历以后，百司表奏，多令参决。中宗即位，又命专掌制命，深被信任”。[8]由此可知，内侍省狱肯定是一常设监狱，非临时性的囚室。武则天将高宗萧淑妃所生之二女义阳、宣城公主，“以母故幽掖庭，四十不嫁”[9]；而睿宗第二子李撝，“母柳氏，

---

[1] 《资治通鉴》卷二〇四《唐则天后天授元年》。
[2] 《旧唐书·酷吏·索元礼传》。
[3] 《唐六典》卷一九《司农寺丞条》。
[4] 《新唐书·武承嗣传》。
[5] 《资治通鉴》卷一九六《唐太宗贞观十七年》。
[6] 《资治通鉴》卷二〇二《唐高宗上元二年》。
[7] 《旧唐书·后妃上·中宗和思皇后赵氏传》。
[8] 《旧唐书·后妃上·中宗上官昭容传》。
[9] 《新唐书·三宗诸子·孝敬皇帝弘传》。

掖庭宫人”[1]。掖庭狱可以说是内侍省所辖的专门监禁女犯及其未成年子女的监狱。

中唐以后，宦官擅权，干预司法，内侍狱不仅为管理犯罪罚没者的场所，也成为关押犯罪官员的监狱。如德宗贞元三年（公元787年），有妖僧李软奴造妖言，自称“本皇族，见岳、渎神，命己为天子”，谋作乱，被其党与告发。“上命送内侍省推之。”李泌听说后，劝德宗说：“大狱一起，所连引必多，外间人情凶惧，请出付台推。”德宗从之，结案后，“腰斩软奴等八人，北军之士坐死八百余人，而朝廷之臣无连及者”。[2]此案因李泌之言，处置较妥，但也可见内侍省已成为常设的司法审判机关，讯系囚犯当在内侍省狱。又如前述宪宗时，于頔之子肢解家奴案，先“于内侍省狱鞫问”，再“出付台狱”。文宗时，宋申锡案，也是先“于禁中鞫之”，后因京兆尹周琯、大理卿王正雅上疏，“请出内狱付外廷核实”。胡三省注：“鞫于禁中，故曰内狱。”[3]内狱已经成为常设的又一制狱机构。武宗即位后，于会昌元年（公元841年）颁诏：“自今臣下论人罪恶，并应请付御史台按问，毋得乞留中，以杜谗邪。”[4]实际上，内侍省狱直到唐末也未停用。

（二）地方监狱制度

唐代地方普设监狱。京师西京有京兆府狱，东都有河南府狱，长安、万年为京兆府之赤县，亦置有狱；东都则有河南、洛阳二县设有县狱，其余州县于州设州狱，县设县狱。诸狱皆以典狱执掌狱事。上州有典狱十四人，中州十二人，下州八人；上县设典狱十人，中县八人，下县六人。由此来看，典狱是以白丁充任的色役，每年轮番上役。[5]有人按当时全国所设的州县统计，唐代在监狱中充当狱吏的总人数当在一万五千以上。[6]

京兆府、河南府狱，及长安、万年、河南、洛阳县狱，因其地处京师，故常直接参与朝廷制狱。尤其是涉及高级官员的狱案，为了回避，常委地方狱吏治理。如武则天时的酷吏多从京畿县县尉或县丞中出。天宝时，吉温为万年县尉，李林甫与李适之、驸马张垍不和，欲陷其罪。当时李适之兼兵部

---

〔1〕《旧唐书·睿宗诸子·惠庄太子撝传》。

〔2〕《资治通鉴》卷二三三《唐德宗贞元三年》。

〔3〕《资治通鉴》卷二四四《唐文宗太和五年》。

〔4〕《资治通鉴》卷二四六《唐武宗会昌元年》。

〔5〕参见王永兴：《陈门问学丛稿》之《敦煌差科簿考释》《唐天宝敦煌差科簿研究——兼论唐代色役制和其他问题》，江西人民出版社1993年版。

〔6〕参见薛梅卿主编：《中国监狱史》，群众出版社1986年版。

尚书，张埱之兄张均为兵部侍郎。李林甫派人搜求兵部铨曹主簿、主事、令史六十余人注官伪滥事，以此攻其长官。玄宗“诏付京兆府与宪司对问”，数日没有结果。萧炅推荐吉温治劾，很快即按李林甫的意思办妥。以后“李林甫将起刑狱，除不附已者，乃引之于门”[1]，令吉温锻炼诏狱。

中唐以后，财政上设度支、盐铁、户部三司。三司在地方设有监院和巡院，专掌财务案狱。文宗开成元年（公元836年）殷侑反映，“盐铁度支使属官悉得以罪人系在所狱，或私置牢院，而州县不闻知，岁千百数，不时决”，要求“许州县纠列所系，申本道观察使，并具狱上闻”。[2]

唐后期地方藩镇割据，节度使拥兵自重，掌握地方军事、行政、财政及司法诸权，并以军法替代律令，以军狱治平民。唐代诸军府皆设都虞候以掌军法，为军中纪纲之官，有专杀之权。大历元年（公元766年），段秀实为四镇北庭豳宁节度三使都虞候。“卒有能引弓二百四十斤者，犯盗当死”，节度使马璘欲免其死罪，段秀实说：“将有爱憎而法不一，虽韩、彭不能为理。”[3]后仍杀之。郭子仪禁无故军中走马，其妻乳母之子犯禁，“都虞候杖杀之”。[4]中晚唐已降，都虞候杖杀犯禁之人不可胜数。都虞候府设有军狱，各冠以军种之名，如马军都虞候、步军都虞候、马步都虞候，或以左右厢称左厢都虞候、右厢都虞候等。其后，节度使取代地方行政长官，即以都虞候执掌司法，以军狱代替州县狱。如西川节度使陈敬瑄，“乃更为酷法，或断腰，或斜劈，死者相继而为者不止，人耳目既熟，不以为惧”。[5]李克用甚至将昭义节度使康君立“囚于马步司”。胡三省注说：“唐末诸镇皆于马步司置狱，今谓之兵马司。”[6]马步司狱普遍取代了地方州县狱，军卒治狱成为晚唐、五代的普遍现象。

（三）唐代的监狱管理制度

唐代监狱管理制度十分严密，在禁囚方面，实行贵贱、男女异狱，并按罪行严重程度分别关禁。死囚加械具、枷、杻；流罪以下及妇女，仅戴枷、杻；杖、笞与公坐徒罪者及年80岁以上、10岁以下、废疾、怀孕妇女、侏儒之类，皆不著械，实行“散禁”。狱囚的粮饷，一般由家属自理。犯人在当地

〔1〕《旧唐书·酷吏下·吉温传》。

〔2〕《旧唐书·殷侑传》。

〔3〕《资治通鉴》卷二二四《唐代宗大历元年》。

〔4〕《资治通鉴》卷二二四《唐代宗大历三年》。

〔5〕《资治通鉴》卷二五八《唐昭宗大顺二年》。

〔6〕《资治通鉴》卷二五九《唐昭宗乾宁元年》。

无家者，官给衣粮。狱囚有病，狱方有责任向上报告，请求医药救疗，病重时许家人探视。对犯罪的官员实行优待，一般来说，可不戴械具，每月还可洗一次澡，病重时家人可入狱侍候。据《宋刑统》引唐《狱官令》："准《狱官令》：诸狱囚有疾病，主司陈牒长官，亲验知实，给医药救疗，病重者脱去枷、锁、杻，仍听家内一人入禁看侍，其有死者，若有他故，随状推断。又条：诸狱皆厚铺席荐，夏月置浆水，其囚每月一沐。其纸笔及酒、金刃、钱物、杵棒之类，并不得入。"[1]对于破坏这些制度，如应给犯人衣食药疗而不给，应让家人探视而不许，不应给犯人加械具而擅加，或克减、偷窃囚食者，都将受到处罚。由此造成囚徒死亡者，还要承担刑事责任，重者绞。禁囚身死，应通知家属收尸埋葬。无亲戚者，官给棺材，在官地埋葬，并置砖铭，立榜为标志，通知家属移取。

为加强对狱政的管理，唐代还进一步发展了"录囚"制度，使录囚成为各级官署的常行之制。"录囚"是指对在押的已决或未决犯人进行审复，以防止冤狱和滞狱的一套司法行政措施。唐高祖李渊、太宗李世民都十分重视录囚，除常亲自录囚外，还规定"诸狱之长官，五日一录囚"，[2]使录囚制度化、经常化。州府长官每年巡视属县的主要任务之一也是录囚。这就是说，州级是每年一次录囚。御史台的监察御史定期到京都诸狱省录囚徒，并不定期出使，"巡按州县，纠视刑狱"。[3]统管全国狱政的刑部，则每年正月到各地巡复狱情，"所至，阅狱囚杻校、粮饷，治不如法者"；"京师之囚，刑部月一奏，御史巡行之"。[4]唐《狱官令》专门规定了巡视录囚的范围，"使人至日，先检行狱囚枷、锁、铺席及疾病、粮饷之事，有不如法者，皆以状申"[5]。这就更使录囚制度与狱政制度结合起来，加强、保证监狱管理的各项措施的执行，防止破坏狱制、违反法纪的行为。唐代的这一录囚制度，与唐代法制的宽约、慎刑原则是一致的。

第七节　唐律的特点及历史地位

唐律是一个完整的法律体系，是中华文明发展到一定时期的产物，也只

---

〔1〕《宋刑统》卷二九《断狱律·囚应请给医药衣食门》。

〔2〕《新唐书·刑法志》。

〔3〕《唐六典》卷一三《御史台监察御史条》。

〔4〕《新唐书·刑法志》。

〔5〕《唐六典》卷六《刑部郎中员外郎条》。

有当物质文明与精神文明都达到前所未有的高度时，才有可能出现规范如此详密，法理如此明晰，体例如此规整的唐律。

一、唐律的特点

唐律的特点之一就是它的完备性，具体表现在以下方面：

第一，比较全面地规定了维护封建经济、政治、军事、司法、家庭以及各方面社会关系的法律规范，并在总结秦汉以来封建法制建设经验的基础上，更加切合统治阶级的利益和中央集权国家的需要。

第二，根据调整具体对象的不同而有不同的法律形式。不同的法律形式之间各有侧重，相互配合，形成相当稳定的以律、令、格、式、典、敕、例为内涵的法律体系，对社会进行全面的法律调整。

第三，进一步明确和丰富了中华帝国行之已久的行政、民事、刑事法律与司法基本原则。其中，“化外人有犯”的规定就是一个突出的例证。它反映了盛唐时期国家的主权原则与涉外关系的复杂化及其法律措施。

第四，通过制定律疏，使法律的解释更加规范化，从而为法律的统一适用提供了保证。律疏继承了汉代以经义解律的传统，是盛唐法律文化的重要标志。

上述唐律完备性的特点，是中华法文化已经进入繁盛时期的反映，是统治者经过长期反复的分裂割据之后，在如何巩固中央集权和加强封建法制方面已经积累了丰富经验的产物。而这正是唐律被以后的历代封建王朝引为楷模的原因。

唐律的特点之二是“于礼以为出入”。礼是中国古代政治法律文化的基本内容，经过汉儒的概括，集中表现为封建纲常。唐律以此为思想基础，把“礼”和“法”紧紧地糅合在一起，使法律规范与道德规范统一起来。以法的强制力来推行礼的规范，又以礼的精神统治力量，加强法律的实施，这正是唐初君臣论政时所确定的治国方略。《唐律疏议》明确宣布“德礼为政教之本，刑罚为政教之用”，这一指导思想体现在各种法条规定当中，并且指导法律的具体适用，即所谓“于礼以为出入”。“于礼以为出入”保证了封建国家的运行循着加强专制主义的既定轨道，同时赋予了法律以某种精神威慑的力量。

唐律的特点之三是形成了以刑法（即律）为核心内容，又以令、式为补充，将民事、行政、经济、诉讼、婚姻等各方面法律规定融于一体的唐律结构。令、式作为行政制度和行为规则，告诉人们应该做什么。律的作用是定罪量刑，是告诉人们如果违犯令、式，同时又构成犯罪者应该受到何种刑事制裁的刑法典，即“违令有罪则入律”的法律原则。二者互为表里，共同组成别具特色的律令制的法律体系。

二、唐律的历史地位

唐律在中国乃至世界法律发展史上占有十分重要的历史地位。《唐律疏议》是我国到目前为止保存下来的最早、最完整的古代法典。它综合了唐以前各朝法制建设的经验，可以说是“集众律之大成”，而且又“经诸名流裁酌损益，审慎周详，而后成书，绝无偏倚踳驳之弊”，〔1〕因而是一部具有典型意义的封建刑法典。它不仅是唐朝统治者手中依以司法的重要根据，也为唐以后的历代王朝提供了编制法典的楷模。这种承先启后的地位是为历史文献所证实了的。例如，五代十国的法典，大多沿唐之旧，别无创作。后梁太祖朱温在开平三年（公元 909 年）十一月，诏删定律令格式。次年十二月，宰臣奏上重新刊定之令 30 卷，式 20 卷，格 11 卷，律并目录 13 卷，律疏 30 卷，凡 5 部 11 帙，共 103 卷，合称《大梁新定格式律令》。从各部的卷数看，皆与唐律相同，定为删辑唐律而成。后唐庄宗同光元年（公元 923 年），模仿唐宣宗时《大中刑律统类》的模式，编纂了《同光刑律统类》13 卷。末帝清泰二年（公元 935 年），又将“清泰元年以前十一年内制敕，可久远施行者凡三百九十四道，编为三十卷”，〔2〕名为《清泰编敕》。后晋天福三年（公元 938 年），又详定编敕 368 道，分为 31 卷，定名为《天福杂敕》。后周广顺元年（公元 951 年），因“汉末兵乱，法书亡失”，大理寺奏，要求重定律、令、格、式、统类、编敕。首先“以晋、汉及国初事关刑法敕条，凡二十六件，分为二卷，附于编敕。目为《大周续编敕》，命省、寺行用焉”。到世宗显德四年（公元 957 年），中书门下奏称：“今朝廷之所行用者，律一十二卷，律疏三十卷，式二十卷，令三十卷，《开成格》一十卷，《大中统类》又十二卷，后唐以来至汉末编敕三十二卷及皇朝制敕等。折狱定刑，无出于此。”〔3〕可以看出，虽经多次修订，而此时行用的仍是唐律。

宋朝“法制用唐律、令、格、式，而随时损益，则有编敕，一司、一路、

---

〔1〕（清）薛允升：《唐明律合编》，商务印书馆 1937 年版，例言第 1 页。

〔2〕（五代）王溥：《五代会要》卷九《定格令》，上海古籍出版社 2006 年版。

〔3〕《旧五代史·刑法志》。

一州、一县，又别有敕”。[1]元泰定四年（公元1327年），柳贇撰《唐律疏议》序时说：“非常无古，非变无今，然而必择乎唐者（指唐律），以唐之揆道得其中，乘之即过，除之即不及，过与不及，其失均矣。”[2]元代的《至正新格》20篇，同于唐律的9篇。它如八议、十恶、官当之制，都是沿袭唐制。

明初制定法律时，“丞相李善长等言，历代之律，皆以汉《九章》为宗，至唐始集其成，今制宜遵唐旧。太祖从其言”。洪武元年（公元1368年），太祖“又命儒臣四人，同刑官讲《唐律》，日进二十条”。[3]正如清代孙星衍在《重刻故唐律疏议序》中所说：“夫不读《唐律》，不能知先秦历代律令因革之宜，不足彰圣朝立法之仁、折衷之当。”[4]

著名唐史专家陈寅恪先生在评价北魏律与隋唐律的关系时说：“于是元魏之律遂汇集中原、河西、江左三大文化因子于一炉而冶之，取精用宏，宜其经由北齐，至于隋唐，成为二千年来东亚刑律之准则也。”[5]陈先生在此提到隋唐律对东亚各国的影响。由于唐朝是当时世界上最强盛、文明、先进的国家，与周边各国的经济贸易关系、文化交流和友好往来十分频繁，许多国家，特别是东南亚各国，派遣使节和大批留学生到唐学习中国先进的文化和各种典章制度。由于《唐律》是一部成熟的法典，遂成为当时留学生学习的重点对象。他们回国后，又广泛移植，以致《唐律》的影响不仅限于中国境内，也传播到与中国相邻的其他国家。特别是日本、朝鲜、越南等国的立法，深受《唐律》的影响。

综上所述，《唐律》和《唐律疏议》的影响，绝不仅限于国内，其声誉远扬中外，从而形成了以中国法为核心的东亚法律体系，并被后人称为中华法系。直到20世纪初叶，中华法系方才解体。但其影响，至今犹存。

由此可见，《唐律》不仅在中国法律发展史上具有重要的历史地位，而且也是世界法律发展史上的丰碑。

唐朝是中国历史上最为强盛的王朝之一。唐代的强盛除社会经济本身发展的原因外，还在于它有一整套堪称完备的法律制度作为保障。唐初的立法

---

〔1〕《宋史·刑法志一》。

〔2〕《唐律疏议》，中华书局1983年版，附录《唐律疏议序》，元至正崇化余志安勤有堂刻本。

〔3〕《明史·刑法志一》。

〔4〕《唐律疏议》，中华书局1983年版，附录《重刻故唐律疏议序》，元至正崇化余志安勤有堂刻本。

〔5〕陈寅恪：《隋唐制度渊源略论稿》之四《刑律》，中华书局1963年版，第107页。

活动，并不是单纯的刑事立法，而是建立在与政治制度、经济制度、军事制度、教育制度及伦理制度并行不悖的综合为治的整体基础上的综合立法。因此，我们可以看到，唐代的法律家，不仅限于法律知识的通达，他们同样也是伟大的思想家、政治家、军事家、理财家，以及著名的诗人、史学家、文学家。他们以心血将“经世致用”的儒家思想，灌注于治国理政的典章制度之中，并在实践中发扬光大。他们通过修订法律，将行政管理制度与刑事法律制度结合并用；又创发了系统的经济法律制度、民事法律制度；并运用司法手段，使之合理运行，创造了辉煌的法律文明。这一文明的成果，在中世纪的世界文明史上，大约持续了千年之久。

第九章

宋朝法律

（公元960年—公元1279年）

第一节　宋初社会与治国要略

在中华法制史上，两宋是继唐之后成就斐然的朝代。

宋初，采取“不立田制，不抑兼并”的政策，这使得土地的转移空前加快，中小地主与自耕农数量迅速增长，佃农也成为租佃制下的国家编户，摆脱了依附于主人的私属身份，从而普遍地刺激了生产的积极性，推动了农业的恢复与发展。农业的发展又为手工业、商业的发展提供了物质基础。宋朝成为当时世界上著名的贸易大国。

社会经济的繁荣带动了科学技术的进步，造纸、火药、活字印刷、指南针闻名于世，天文、医学、算学取得了巨大成就。学术思想在较为宽松的政治环境中也十分活跃，既有代表宋学的程朱理学，也有以陈亮、叶适为代表的重商学派。传统的重义轻利的义利观，也在商品大潮的冲击下走向义利并重。

宋初，为了避免五代十国的大分裂与藩镇割据局面的再现，加强了中央集权，统治者严格控制地方的军权、政权、财权。两宋的国家实力虽不如汉唐，但是专制主义的中央集权却超过了汉唐，地方上再没有出现公开的分裂割据。宋人叶适对此作了历史性的评价，他说：“国家因唐、五季之极弊，收敛藩镇，权归于上，一兵之籍，一财之源，一地之守，皆人主自为之也。”为了加强中央集权，重视法制建设，推行以法为治，法律被看作“理国之准绳，御世之衔勒”，〔1〕只有“法制立，然后万事有经，而治道可必”。〔2〕陈亮曾就汉、唐、宋三朝法制进行比较，他说：“汉，任人者也；唐，人法并行也；本

〔1〕《宋会要辑稿·选举》卷一三之一一。

〔2〕（宋）李焘：《续资治通鉴长编》卷一四三，中华书局2004年版。

朝，任法者也。”[1]

由于宋朝重视以法为治，无论中央官还是地方官都以明法相尚，在士大夫中间形成了读书读律的风气。两宋法制建设的主要成就表现为制定了具有时代特色的《宋刑统》和《庆元条法事类》，丰富了民事与财政金融立法，强化了中央集权的行政立法，改革司法制度。至于律学，除继受汉魏晋以来注释律文的传统外，还注意案例分析，总结司法经验，出现了《折狱龟鉴》和《棠阴比事》之类的律学著作。尤其是宋慈编著的《洗冤集录》一书，对中国古代法医学进行了全面总结，是中国最早的也是享誉世界的法医学著作。该书从明代起先后被朝鲜、日本、法国、英国、德国、荷兰翻译出版，表现了宋朝法制文明的卓越成就，也是中华民族对于世界法文化的重要贡献。

第二节　宋初的法律思想与立法的主要成就

宋初统治者非常重视运用法律管理国家，控制社会。太祖曾说：“王为禁人为非，莫先于法令。”[2]太宗也反复告诫臣下：“法律之书，甚资政理，人臣若不知法，举动是过，苟能读之，益人知识。”[3]仁宗更将法制作为图治的首要条件，他说：“法制立，然后万事有经，而治道可必。”[4]在上述尊法重法的思想影响下，宋朝皇帝多“究心庶狱”“临轩虑囚”，积极开展立法活动，加强法制建设。建隆三年（公元962年），乡贡明法张自牧提出《后周刑统》已不适用的意见。稍后，工部尚书判大理寺窦仪也奏请：“《周刑统》科条浩繁，或有未明，请别加详定。”[5]于是，太祖令窦仪主持修订法律。建隆四年（公元963年）八月，窦仪、苏晓、奚屿、张希让、冯叔向等人制定《宋建隆详定刑统》（以下简称《宋刑统》）刻版摹印，颁行天下。在中国法制史上以此种方式公布国家基本法典，始于宋。

《宋刑统》仿唐末宣宗时的《大中刑律统类》和后唐的《同光刑律统类》、后周的《显德刑律统类》，采取律、敕并重，令、格、式合编的体例，这是自秦、汉、唐以来法典编制体例上的一大变化。《宋刑统》30卷、12篇、502条，篇目沿袭唐律，但每篇详细分门，12篇共分213门，并于律文之后

[1]（宋）陈亮：《陈亮集》卷一一《人法》，中华书局1974年版。

[2]《宋大诏令集》卷二百《刑法》（上）。

[3]（宋）李攸：《宋朝事实》卷一六《兵刑》。

[4]（宋）李焘：《续资治通鉴长编》卷一四三，中华书局2004年版。

[5]（宋）王应麟：《玉海》卷六六，广陵书社2016年版。

附以经过选录的、自唐开元二年（公元714年）至建隆三年（公元962年）之间敕令格式中通行的刑事规范，以及窦仪等奏请经太祖批准的“起请”之条。

《宋刑统》颁行以后，经过数次驳议，但改动很少。清末沈家本指出：“《刑统》为宋一代之法制，其后虽用编敕之时多，而终以《刑统》为本。”〔1〕除《刑统》外，宋代还沿用唐及五代编敕的传统，并使之成为一项必要而又经常的立法活动。《宋史·刑法志》说：“宋法制因唐律、令、格、式，而随时损益则有编敕。”敕是皇帝在特定的时间，针对特定的人和事所发布的命令。由于敕具有灵活性，并可补充、修正律文的不足，因而调整的范围不断扩大，涵盖了国家的基本活动。所谓朝廷之外，“一司、一路、一州、一县，又别有敕”。〔2〕律、敕并用是宋法制的一个特点。真宗咸平元年（公元998年），敕已多达18 555道。

为了把数量庞大的散敕加以分类整理，删去矛盾重复之处，并通过一定程序加以公布，使之上升为特定的法律形式，以取得普遍的效力，从宋初起便开始编敕。太祖时期有《建隆编敕》106条，与《刑统》并颁天下。其后陆续颁行《太平兴国编敕》《淳化编敕》《咸平编敕》《大中祥符编救》《天圣编敕》《庆历编敕》《嘉祐编敕》《元丰编敕令格式》等。

在法典化的《编敕》中，或通行全国，或适用于中央各机关和地方路州县，透过不同时期的编敕，可以窥见宋代法律制度变动的轨迹。

敕的内容虽以刑事为主，但有些民事、经济法律规范也是以编敕的形式颁布于天下的，如仁宗年间的《天圣户绝条贯》《遗嘱财产条法》，南宋的《推赏条格》等。

宋初编敕，由大理寺掌管。至仁宗时，设“详定编敕所”专司其事。

关于律、敕关系方面，律是国家的制定法，具有稳定性、综合性和权威性，是律体系中的主干。敕是皇帝因人因事临时发布的诏令，具有最高的法律效力。北宋前期律敕并行，至神宗变法，遂逐渐以敕补律。“神宗以律不足以周事情，凡律所不载者，一断以敕”，〔3〕从而昭示了敕的价值及其补法的功能。在司法实践中，虽然依律断案是法定的要求，只有律所不载者才依敕令格式。如《宋史·职官志》所说：“凡断狱本于律，律所不及。以敕令格式定

〔1〕（清）沈家本：《历代刑法考·律令六》，“开宝刑统”，中华书局1985年点校本，第969页。

〔2〕《宋史·刑法志》。

〔3〕《宋史·刑法志》。

之。”但实际状况是，敕是最重要的依据，《宋史·刑法志》说：“律恒存乎敕之外”。

宋敕、令、格、式所调整的内容与唐稍有不同，凡“禁于已然之谓敕，禁于未然之谓令，设于此以待彼之谓格，使彼效之之谓式”。[1]可见，这四种“法令之书”都具有相应的调整对象与功能。以敕代律是司法实践中的普遍现象，进而导致皇帝对于立法权的滥用。《宋史·刑法志》说：“徽宗每降御笔手诏，变乱旧章……蔡京当国，欲快己私，请降御笔，出于法令之外。”臣下如不奉行则依“违制罪”处罚。同时，大量的敕也有利于司法官任意援引，以行其私，结果固有的立法程序既不复存在，法制秩序也就无法维持了。

除编敕外，编例也是重要的立法活动。例分为“断例”和“事例”。“断例”是作为断罪量刑依据的成例，由于便于司法官援引，遂由最初的一案一例的临时性援引，发展为常行的制度。为了将例提升为具有普遍效力的法律形式，从庆历朝起实行编例，附于《庆历编敕》之后。神宗时编有《熙宁法司断例》《元丰断例》，哲宗时编有《元符刑名断例》，徽宗时编有《崇宁断例》。南宋时高宗、孝宗、宁宗各朝，编有《绍兴刑名疑难断例》《乾道新编特旨断例》《开禧刑名断例》。上述七部《断例》也是宋朝立法的成就。

至于“事例”，又称为“指挥”，其中有属于特旨的“内批指挥”，也有尚书省各部对下级官署的指示。指挥也是作为成例而被援引，但在北宋时期，指挥尚未单独编修。至南宋，依指挥行事迅速发展，遂成为一种新的法律形式，如绍兴二十一年（公元 1151 年）编成《盐法续降指挥》130 卷、《茶法续降指挥》88 卷。

关于例的适用，北宋初期强调“法所不载，然后用例”。至南宋，已然是“法令虽具，然吏一切以例从事，法当然而无例，则事皆泥而不行”。可见例的适用甚至优先于律敕，这为官吏因缘为奸大开方便之门。鉴于此，南宋孝宗乾道元年（公元 1165 年）对新例进行删定，去掉与法令抵触的内容，选其 547 件，按《宋刑统》十二篇的体例编排成《乾道新编特旨断例》。

南宋孝宗淳熙三年（公元 1176 年），编成《淳熙敕令格式》。在实施中，其发现敕令格式合编导致“其书散漫，用法之际，官不暇遍阅，吏因得以容奸”，[2]遂以“事”为类将相关的敕令格式随事分门编纂，形成“条法事类”的体例。宁宗时，谢深甫等编定《庆元条法事类》，于嘉泰三年（公元 1203

---

〔1〕《宋史·刑法志》。

〔2〕《宋史·刑法志》。

年）七月颁行。根据《玉海》所载，《庆元条法事类》共有140余卷。现存《庆元条法事类》16门，48卷。理宗淳祐十一年（公元1251年），又依据《庆元条法事类》与《淳熙敕令格式》编纂《淳熙条法事类》凡430卷。这是宋代最后一次较大规模的立法活动，此后，“遵而行之，无所更定矣”。

“条法事类”将相关的敕、令、格、式及指挥、申明等，依事分门别类，汇总编排，合为一书，便于检索，它的出现是法编纂史上的又一创新。

总括前述，两宋300余年间的立法活动极具时代特色，尤其是在行政立法、民事立法、财经立法等方面取得了超越隋唐的成就。譬如，神宗时期在专门法的起草过程中比较注意博采众议，先试后行。“熙丰变法”中的免役法，就是几经朝廷复议拟成条文，然后先行于一州一县，“揭示一月”且“民无异词”后，再考查其实际效果，最后制成新法颁行全国。这里不仅体现了对待立法的审慎态度，而且也是确保所立之法符合实际需要的重要措施。尽管这个措施并没有得到普遍贯彻，但在宋朝立法活动中值得称颂。

宋朝相对宽松的政治环境，与读书读律的风气，使得法律思想较为活跃，一些律学名著相继问世。如律学博士傅霖撰写的《刑统赋》，是将建隆四年颁布的《刑统》以音韵的形式编成通俗易懂便于记忆的律学读本，作者亲自作注，很有影响。仁宗时，曾任国子监直讲的孙奭撰著《律文音义》《律令释义》二书，说明当时国子监中对于教授律学的重视。

宋代律学进一步摆脱了对经学的附庸，而更着眼于司法实际。郑克所撰《折狱龟鉴》是中国第一部汇集历史上有关决狱和司法检验的案例，并作出分析评述与总结的著作，是研究中国古代司法的重要参考资料。桂万荣在《折狱龟鉴》的基础上，编著《棠阴比事》，“凡一百四十四条，皆古来剖析疑狱之事”。该书流传广泛，很早就被译成日文刊印。最具代表性的是宋慈撰写的《洗冤集录》，全书共5卷、53目，是中国最早的一部比较完整的法医学专著。其书一出，立即由钦命颁行全国，成为南宋办理命案官员必读之书。该书在朝鲜、日本、法国、英国、德国、荷兰先后翻译刊印，充分说明它的重要价值。

第三节　强化中央集权的行政法律

宋朝为了强化中央集权的行政管理体制，维系国家机关之间的相互关系和有效运转，依法管理极度膨胀的官僚系统，推动了行政法律的发展。除

《宋刑统·职制律》22门中有关综合性的行政法律外，还就行政机关组织与管理、科举选官、考课、品俸、监察等各方面，颁行了相应的行政法规。尤其是南宋谢深甫监修的《庆元条法事类》，收录了从南宋初年起至庆元年间60余年的敕令格式及随敕申明，保留了大量的行政法资料，称得上是有宋一代行政法律的总汇。除《庆元条法事类》外，保留至今的还有《吏部七司法》残卷和《景定吏部条例》。

一、确认强化中央集权的行政体制

宋初为加强中央集权，大力改革从中央到地方的行政管理体制。以中书门下为最高行政机关，其长官“中书门下平章事”行宰相事，即所谓“佐天子，总百官，平度政，事无不统”。[1]该官一般设二三人，无定员，另设“参知政事”为副宰相。但由于军政权分割于枢密院，财政权分割于三司使，而且事无大小均须奏请皇帝，然后再草旨施行，因此，宰相所握有的实际权力已较过去削弱。

宋代设置枢密院为最高军事行政机关，“掌军国机务、兵房、边备、戎马之政令；出纳密令，以佐邦治。凡侍卫诸班直、内外禁兵招募、阅试、谦补、屯戍、赏罚之事，皆掌之”。[2]枢密院长官为枢密使，其品级相当于宰相，与中书门下并称“二府”，是朝廷的中枢机构，“发号布政所从出也”。[3]枢密院的设置，不仅加强了军队、军政的管理，而且进一步收兵权于中央，以便于皇帝控制军队，成为推行强化中央集权的重要环节。

宋代设置三司——盐铁司、度支司、户部司——作为最高财政管理机关，总管四方贡赋、钱粮出纳和全国户口。三司的地位虽低于二府，但由于理财对维持国家生存具有特殊的作用，因而三司长官三司使权任甚重，被称为“计相”。

六部的设置与执掌沿袭唐制，但由于吏部之外设审官院，刑部之外设审刑院，其职权一度受到侵削。

地方行政管理体制从抑制割据、集权中央出发而有较大变化，总的趋势是地方权力分散，中央对地方的控制加强。宋以“路”为地方最高一级政权，路设经略安抚使（南宋称帅司）掌管一路军政；转运使（南宋称漕司）掌一

〔1〕《宋史·职官志（一）》。
〔2〕《宋史·职官志（一）》。
〔3〕《宋史·汤汉传》。

路或数路财赋；提点刑狱（南宋称宪司）掌司法；提举常平使掌赈灾和盐铁专卖。上述四机关互不统属，互相监督，各自对皇帝负责，是皇帝设在地方的耳目，三司共同行使监察职能，固有“监司”之称。

路以下为州，州长官为知州，由皇帝任命文官担任，防止以往由武将兼领地方官所造成的拥兵自重，而且三年一轮换。为了防止知州权势过重，另置通判，与之联署公文，共同处理地方各项事务，以牵制并监督知州行动。

州以下为县，以知县为长官。五代以来由节度使委派武人驻县（称镇将）把持县政的现象，已不复存在。

以上可见，中央和地方行政体制的改革，都围绕着加强中央集权的主线进行。地方上的行政权、财政权、司法权、兵权都收归朝廷。宋人范祖禹曾评论说：“收乡长、镇将之权悉归于县，收县之权悉归于州，收州之权悉归于监司，收监司之权悉归于朝廷。”[1]其结果虽然消除了藩镇割据势力，但也削弱了地方政权应付事变的能力，以致“州郡遂日就困弱，靖康之祸，虏骑所过，莫不溃散”。[2]

此外，宋代还实行“官与职殊”“名与实分”的制度。官虽有品级、俸禄，但不掌握实权，职也是虚衔。如殿阁学士等，只是作为加给有名望的高级官吏的荣誉称号。只有“差遣”才是有实际权力、担负实际责任的官职，以致出现官虽至尚书，但却被差遣为知州之事。

差遣制度始于唐代武则天统治时期，是一种局部的临时性“试官”措施。宋朝沿袭此制以保证皇帝直接控制用人大权，但由此也造成了机构重叠，官制紊乱，“仆射、尚书、丞、郎、员外，居其官不知其职者，十常八九”。[3]

二、职官管理进一步法律化

为了加强对大的官吏群体的管理，无论选任调迁、考课奖惩、监督检查都进一步的法律化、规范化。

（一）职官的考选举荐

宋朝选官的途径虽多，但首推科举取士。宋初，科举每年一次，至神宗朝，“三年一大比”成为定制。由于放宽应试者的资格以至僧道均可应试。宋人王栐说：“圣朝（指宋朝）广开科举之门，俾人人皆有觊觎之心，不忍自弃

---

〔1〕《范太史集》卷二二《转对条上四事状》。

〔2〕《朱子语类》卷一二八。

〔3〕《宋史·职官志（一）》。

于盗贼奸宄。”〔1〕

科举科目中创设“明法科”，法律成为科考的重要内容。神宗改制时，明法科势盛，试以“律令刑统大义，断案中格”。名臣彭汝砺说，“异时士人未尝知法律也，及陛下以法令进之，而无不言法令”，可见其导向作用。〔2〕

在考试方法上，也创造了“糊名”（弥封）、“誊录”（考卷由别人抄写）和回避制度（即“试院官及试院余官亲戚，并两相避”），以防止科场舞弊。

为了便于皇帝对科举的控制，殿试制度化，每三年由皇帝亲自主持殿试考选。鉴于唐代“座主”和“门生”们曾经结成政治集团，互相攻讦的弊端，太祖下诏：“禁谢恩于私室。”〔3〕考生只能作天子门生，而不许称主考官为“恩师”“师门”。

唐时，进士及第每次不过二三十人。宋朝进士分为三等，一等称进士及第，二等称赐进士出身，三等称赐同进士出身，录取总额通常在二三百人左右，最多时达五六百人。唐时录取以后，只是取得任官资格，还经吏部考试，合格者才授给官职。宋朝则是一经录取，便可释褐为官，名列高等可注授判官、知县、幕职等差遣。著名的如王嗣宗、吕蒙正、苏易简、梁灏、程宿、孙何、孙钺、陈尧咨、王曾、李迪、梁固、张师德等，皆从科举入仕，说明宋朝科举制度的改革，起到了积极的作用。

除科举选官途径外，也实行制举、荐举。据《宋史·选举二》载：“制举无常科，所以待天下之才杰，天子每亲策之。”

至于恩荫与卖官鬻爵最为时人所鄙视。据恩荫法，贵族官僚可以通过“荫补”直接做官，多者一官可恩荫数十人。至于卖官鬻爵，“非特富商巨贾，皆有入仕之门，但人有数百千轻货以转易三路，则千缗之入为有余，人人可以滥纡命服，以齿仕路，遂致此流遍满天下，一州一县，无处无之”。〔4〕

（二）职官考课

为加强中央集权的国家统治，宋朝十分重视依法课吏，专设审官院负责京朝官的考课。考课院负责幕职官和州县官的考课。考课的程序是上级负责考课下级，逐级进行。

神宗熙宁元年（公元1068年），颁行《守令四善四最》考课法。四善仍

〔1〕（宋）王栐：《燕翼贻谋录》卷一《进士特奏》，中华书局1981年版。

〔2〕《历代名臣奏议》卷一一六《风俗（二）》。

〔3〕（宋）曾巩：《元丰类稿》卷四九，商务印书馆影印本1924年版。

〔4〕《宋会要辑稿·职官》五十五之三九。

为唐时的“德义、清谨、公平、恪勤”。四最是“断狱平允，赋人不扰；均役屏盗、劝课农桑；赈恤饥穷，导修水利；户籍增衍、整治薄书”。在《庆元条法事类》中对四最又作了进一步的规定，“民籍增益，进丁人老，批注收落，不失其实”为“生齿之最”；“狱讼无冤、催科不扰”为“治事之最”；“农桑垦殖，水利兴修”为“劝课之最”；“屏除奸盗，人获安居，赈恤困穷，不致流移”为“养葬之最”。

对诸路监司的考课，神宗时有“七事”之法，即“劝农桑、兴治荒废；招流亡，增户口；兴利除害；劾有罪，平狱讼；不失案察；屏盗贼；举廉能”。〔1〕《宋史·职官志（三）》另载：“以七事考监司：一曰举官当否；二曰劝课农桑，增垦田畴；三曰户口增损；四曰兴利除害；五曰事失案察；六曰校正刑狱；七曰盗贼多寡。”〔2〕

对于州县官的考课，真宗时定“州县三课”法，“凡公勤廉干惠及民者为上，干事而无廉誉、清白而无治声者为次，畏懦贪猥为下”。〔3〕监司考课州县不实者予以处罚。据《庆元条法事类课·考课敇》载：“诸考知州县令课绩不实者。优劣等徒二年。上等减二等，中人者人减一等，有所请求而不实，及官司各以违制论。”

考课的方法也有明显改进。凡由朝廷指定官员或官署考核迁转官阶的寄禄官，或拟选人京朝官的功过，称为“磨勘”，各部院长官平时记录所属政绩优劣的考状，称为“历纸”。京官引对磨勘始于真宗咸平四年（公元1001年），“命审官院考京朝官险量引对迁秩。京朝官引对磨勘自此始”。〔4〕对幕职州县官的磨勘引对，大约始于大中祥符七年（公元1014年）。

为了保证磨勘制度的贯彻实施，《庆元条法事类·磨勘升改敕令式》规定：“诸被差点对应磨勘及关升人，录白、告敕、宣札、印纸，而漏落不如式者，校一百。所属官司，不保明缴申尚书吏部者，罪亦如之。”

宋时一入仕途，不问治绩，只要无大过错，照例文官三年一升，武官五年一迁。所谓“知县两任，例升通判；通判两任，例升知州”，“贤愚同等，清浊一致”。〔5〕因此，官吏不求有功，但求无过，虽有考官之法，大都流于空文。

---

〔1〕《宋会要辑稿·职官》十之二十。

〔2〕《宋史·职官志（三）》。

〔3〕《宋史·选举志（六）》。

〔4〕《宋史·选举志（六）》。

〔5〕《范文正公集》卷九《天圣五年上执政书》。

（三）职官监察

宋袭唐制，设御史台为最高监察机关，执掌“纠察官邪，肃正纲纪”。御史台以御史大夫为台长，但向无实任，而以御史中丞执掌台事。御史台下设台院、殿院、察院，除御史台外，唐时以规谏皇帝为主要任务的谏院，已确定为独立的机关，以左右谏议大夫、司谏为谏官。“凡发令举事，有不便于时，不合于道，大则廷议，小则上封”，“朝廷阙失，大臣至百官任非其人，三省至百司事有违失，皆得谏正”。[1]台、谏虽属两个系统，但在职责上却是混一的。谏官“并行御史之职”。台官也兼谏议之权。“台谏官许风闻言事”[2]，而不一定要有实据，奏弹不当也不加惩罚。

地方建立监司、通判监察体系，形成了上下左右涵盖宽广的监察网络。为了保证御史对中枢机关的监察，废除唐代宰相所握有的御史任免权，由皇帝亲自掌握御史的任免权。凡经宰相荐举为官以及宰相的亲戚故旧均不得为御史。未经两任县令者，不得为御史，以保证御史具有实际的施政经验，更好地行使监察权。

为防范监察官弄权行私，特别制定了监司互监法，它是宋代监察法规中最具有特色的。

在宋朝繁多的立法中，监察立法是重要的内容之一。皇帝颁布的诏、敕、令不仅反映了专制主义中央集权制度的强化，也说明了皇帝对监察工作的重视，以致执行监察权的主体——监察御史被明确宣布为皇帝的耳目。

第四节　重惩盗贼的刑事法律

宋太祖虽以一介武夫执掌国政，但多年的政治历练，使他重视法律、法令以“禁人为非”。同时，他十分注意恤狱慎刑，务求临政以宽，以改变五代以来诸侯跋扈、恣意杀人的局面，力争为新朝树立“恤刑爱民，赏罚分明”的形象。他曾对宰臣说：“五代诸侯跋扈有枉法杀人者，朝廷置而不问。人命至重，姑息藩镇，当如是邪！”[3]他常于年底亲自审理滞狱，以防冤屈。《宋史·刑法志》称其“岁时躬自折狱虑囚，务底明慎”。

宋太祖在位17年关心民瘼、为政以简，多次下诏要求地方官吏“薄赋

[1]《宋史·职官志（一）》。

[2]《宋史·吕诲传》。

[3]（明）陈邦瞻：《宋史纪事本末》卷一，中华书局1977年版。

敛，念农人之疾苦"，"务从省约，无令劳烦，诸道、州、府不得以进奉为名，辄有率敛"。[1]这种慎刑思想反映在刑罚制度上，就是创行宋初"折杖法"的制定。史载，太祖"尤注意刑辟，尝读《二典》（按：指《尧典》和《舜典》）叹曰：'尧舜之罪四凶，止以投窜，何近代法网之密邪！'故定为折杖法，以递减徒杖笞之刑"。[2]

太祖鉴于五代以来官吏贪赃枉法、割据称雄危害国家的现实，遂以重典严惩贪官污吏。《宋史·刑法志》称："宋兴，太祖、太宗颇用重典，以绳奸慝。"法律规定，"官吏受赃者常赦不原"，职官坐赃多弃市，或杖毙于朝。史载，太祖时，"大名府文薄郭颛坐赃弃市"，"蔡河纲官王训等以糠土杂军粮，磔于市"，"将军石延祚坐监仓与吏为奸赃弃市"。[3]另规定，对贪赃枉法之官，不得适用"请""减""赎""官当"之法。太宗时，诏诸职官以赃论罪虽遇赦不得叙，永为定制。相对而言，宋朝对于盗贼实行重法，远比唐朝严厉，这不是偶然的。

有宋一代，阶级矛盾与民族矛盾交织在一起，造成严重的社会危机，农民起义此起彼伏，连绵不绝，使得宋朝由初期的"临下以简""必务哀矜"的立法方针向着重惩盗贼的方向转变。太宗公然下诏说："其贼党等，或取恣凶顽，或辄行抗拒，即尽加杀戮，不得存留。"[4]

仁宗中期以后，出现了"天下盗贼纵横"[5]"郡县悉不能制御"[6]的严重局势。对此，仁亲嘉祐七年（公元 1062 年），不得不于常法之外首立"重法"，史称"窝藏重法"。该法以惩治盗贼之法严惩窝藏盗贼的行为。遂后，又将京畿开封府诸县划为"重法地"，对于在重法地犯贼盗罪者加重处罚。《宋史·刑法志》称："凡重法地，嘉祐中，始于开封府诸县，后稍及诸州。以开封府东明、考城、长垣县，京四滑州，淮南宿州，河北澶州，京东应天府、濮、齐、徐、济、单、兖郓、沂州。淮阳军，亦立重法。"

英宗继仁宗之后，于治平三年（公元 1066 年）下令："诏开封府长垣、考城、东明县并曹、濮、澶、滑州诸县，累有凶恶之人结集，强劫人户财物，

---

〔1〕《宋大诏令集》卷一一八。

〔2〕《纲鉴易知录·宋》卷六四。另，此段的写作参考了赵晓耕：《宋代法制研究》，中国政法大学出版社 1994 年版。

〔3〕（清）赵翼：《廿二史札记》卷二四。

〔4〕《宋史·太宗本纪》。

〔5〕（宋）李焘：《续资治通鉴长编》卷一四〇，中华书局 2004 年版。

〔6〕《宋会要辑稿》兵一一，"捕贼二"。

杀害捕盗官吏，须议别立重法。”[1]其主要内容是，凡于上述地区“获强劫罪死者，以分所当得家产给告人，本房骨肉送千里外州军编管，即遇赦降，并配沙门岛。至徒者，刺配南远恶州军牢城，以家产之半赏告人，本房骨肉送五百里外州军编管。编管者，遇赦毋还”。[2]又规定：“今后捉获强劫贼人，虑有他处人曾于上件州县财获，亦合用此重法，及有贼人犯在立法以前，获得在立重法以后，则不问犯罪在前，并用重法。”[3]

宋神宗年间，面对日益严重的危机，在承袭仁宗、英宗“重法”的做法上，神宗熙宁四年（公元1071年）改《盗贼重法》，扩大了重法适用地区，使之包括淮南东西、福建、河北东西、京东东西、陕西、永兴、京畿等十路。《宋史・刑法志》说：“至元丰时，河北、京东，淮南、福建等路，皆用重法，郡县寖益广矣。”同时又提出“重法之人”的概念与处罚规定。所谓重法之人，主要是指武装反抗的农民和统治集团内部的反叛者。对重法之人的惩治，没有地区限制，一经捕获，不但诛杀本人，而且籍没家产以赏告密者，妻子编制千里以外，逢赦亦不移不释。

至哲宗时，重法地已占全国二十四路的71%，“贼盗重法”取代了《宋刑统》中的贼盗律，其处刑之严酷尤甚于神宗时期。例如，神宗时期“重法地分劫盗五人以上，凶恶者方论以重法，（哲宗）绍圣后，有犯即坐，不计人数”。[4]

然而重刑苛法并没有遏制尖锐的阶级矛盾，哲宗时范祖禹说：“熙宁以来，州军别立盗贼重法，有重法之地，又有重法之地……自行法以来二十余年，不闻盗贼衰止，但闻其愈多耳。”[5]

南宋孝宗时，对于免死的强盗，要在额上刺“强盗”字样，以示不齿于人和便于管束。两犯强盗，即使从犯也论死罪。

终宋之世，盗贼重法始终未变。

除以严法惩治盗贼外，对于谋反、谋大逆、谋叛者，分别处以腰斩、弃市甚至凌迟刑。民家私藏武器“匿不以闻者”，处斩刑。造妖书妖言、妄说吉凶、诡言灾祥、专行诳惑，按谋乱罪处以死刑。

---

〔1〕《宋会要辑稿》兵一一，“捕贼二”。

〔2〕《宋会要辑稿》兵一一，“捕贼二”。

〔3〕《宋史・刑法志》。

〔4〕《宋史・刑法志》。

〔5〕（明）朱健：《古今治平略》卷三三《弥道篇》。

一、折杖法

宋朝沿袭唐代笞、杖、徒、流、死的五刑刑制，但创行“折杖法”，使“流罪得免远徙，徒罪得免役年，笞杖得减决数”。[1]折杖法始于建隆三年二月十一日敕节文与同年十二月五日敕节文。至建隆四年颁行《宋刑统》时，正式列入《名例律》“五刑门”内。折杖法内容如下：

“流刑：加役流决脊杖二十，配役三年；流三千里决脊杖二十、配役一年；流二千五百里决脊杖十八、配役一年；流二千里决脊杖十七、配役一年。

徒刑：徒三年决脊杖二十，放；徒二年半决脊杖十八，放；徒二年决脊杖十七，放；徒一年半决脊杖十五，放；徒一年决脊杖十三，放。

杖刑：杖一百决臀杖二十，放；杖九十决臀杖十八，放；杖八十决臀杖十七，放；杖七十决臀杖十五，放；杖六十决臀杖十三，放。

笞刑：笞五十决臀杖十下，放；笞四十、三十决臀杖八下，放；笞二十，一十决臀杖七，放。”[2]

折杖法体现了省刑从轻的精神，对于纠正刑罚严酷的趋势、缓和社会矛盾起到一定作用。但其不适用于死刑及反逆、强盗等罪，以确保对严重犯罪的打击。随着刑罚的滥用，折杖法也受到破坏。

二、刺配

宋初，太祖仿后晋刑制实行“刺配之法”，对于赦免死罪的犯人，处以决杖、流配、刺面三种刑。太宗以后，逐渐以刺配为常法，真宗祥符编敕中列入事涉刺配者，共46条。至仁宗庆历编敕中已达170条。神宗熙宁编敕中又增为200余条。南宋孝宗淳熙编敕竟多至570余条，以致“配法既多，犯者日众，刺配之人，所至充斥”。[3]刺配刑实际上是古代肉刑之一黥刑的复活，后人多所讥评。明丘浚在《大学衍义补》中说：“宋人承五代为刺配之法，既杖其脊，又配其人，而刺其面，是一人之身，一事之犯，而兼受三刑也。”

---

〔1〕（宋元）马端临：《文献通考》卷一六八《刑考七》，中华书局2011年版。

〔2〕《宋刑统·名例律》，“五刑”。

〔3〕《宋史·刑法志》。

三、编管与安置

前者是将犯罪之人编入外州户籍，使其受监督管制并限制其人身自由，主要适用于犯重罪的朝廷命官；后者是将罪犯贬谪到远恶之地居住并限制其人身自由，也适用于官吏犯罪。

四、非法之刑

从仁宗起，严刑于绞斩之外，采用五代时已出现的“凌迟”之刑，用以制裁荆湖地区杀活人祭祀鬼神、“口语狂悖致罪者”。神宗时，凌迟刑已用于镇压危害国家统治的反逆大罪。然而终北宋之世，凌迟刑只见于诏敕，至南宋始与绞、斩同列。所谓凌迟，即“先断其肢体，次绝其吭，当时之极法也”。[1]与此同时，还恢复了腰斩、枭首和夷族等酷刑。非法定刑的滥用，是封建刑制的大倒退。有宋一代士大夫们不断陈请废除非法之刑，但却始终未能改变，这是封建专制制度日益强化的必然结果。

第五节　商品经济影响下的民事法律

宋代是商品经济十分活跃的历史时期。

土地的商品化及租佃制的普遍确立大大提高了劳动生产者的积极性，社会生产力大幅提高。加之宋初统治者劝课农桑、鼓励垦殖的政策促进了农业的发展，农业的发展带来了宋代工商业的繁荣，手工业经营规模扩大，专业分工细密。商品交换关系的发展，使农民与市场的联系加强，国内市场不断扩大。随着造船业、指南针技术的发达，海外贸易也从范围、品种、数量、管理诸方面较唐代有了较大的发展。商品经济的繁荣使宋代的货币关系蓬勃发展，开封城内货币流通量大幅上升，所谓“每一交易，动即千万”。[2]商税收入的比重也越来越大，在这种历史背景下，士大夫争言工商，人们的商品经济观念与功利主义思想明显加强。

在我国历史上，“义利之辩”出现在春秋战国时代。当时整个社会经济关系正处于急剧的动荡变革中，人与人之间固有的利益关系面临着严重的挑战。

---

〔1〕《宋史·刑法志》。

〔2〕（宋）孟元老：《东京梦华录》卷二《东角楼街巷》，中州古籍出版社 2010 年版。

对于如何正确看待和处理这些利益关系，当时的儒、墨、道、法各派思想家都纷纷表明了自己的立场与见解。经过争论，孔孟重义轻利的思想得到了系统的发挥。到了汉代，董仲舒在继承先秦儒家思想的基础上，更加明确提出了“正其谊不谋其利，明其道不计其功”〔1〕的观点。嗣后，这种思想便占据统治地位。宋代，由于商品经济的发达，形成了以李觏、陈亮、叶适等为代表的反传统的义利观。他们在与理学的论争中，公然言利，或曰利欲可言，或曰义利双行。北宋李觏（公元1009年—公元1059年）在《原文》中说：“人非利不生，曷为不可言……欲者，人之情，曷为不可言?”〔2〕他认为，孟子“何必曰利”的说法太偏颇，仁义与利欲并不对立。就连政治上十分保守的司马光也主张满足商贾求利的要求，赞扬边市及海外贸易，强调追求物质利益的合理性，这样的认识在宋代士大夫之中颇具代表性，如苏洵就主张对百姓“利而诱之”。他在《利者义之和论》中说：“利在则义存，利亡则义衰，义利、利义相为用而天下运诸掌矣。”到了南宋，讲求功利是事功学派的基本主张。在陈亮看来，不计功利，哪里还有仁义道德的存在。故陈傅良把他的思想概括为“功到成处，便是有德，事到济处，便是有理”。〔3〕叶适集功利主义之大成，对传统的“重义轻利”的思想进行了深刻的批判。他说：“既无功利，则道义者乃无用之虚语尔。”〔4〕宋代功利主义思想的发展，既与哲学上的怀疑精神有关，更是商品经济的繁荣发展在价值观念上的折射。

两宋社会经济的发展，财产关系的复杂化，以及功利思想的兴起，使得民事法律的内容不断丰富。如在《宋刑统·户婚律》中增设“户绝资产”门，“死商钱物”门，“典卖指当论竞物业”门，“婚田入务”门。对于户绝财产的继承，死商财物的处理，卑幼私自典卖田宅、质举财物等行为的处罚，以及婚田争讼的诉讼时限、质举财物的质举标准，遗失物的处理原则等，都作出了明确和详细的规定，这是宋以前法律所未见的。

除此之外，还出现了一系列专门的民事立法，如《产绝条贯》《遗嘱财产条法》《元丰市舶法法则》《户绝田敕》《户婚敕》等。对于民间的田土争端，

---

〔1〕《汉书·董仲舒传》。

〔2〕李觏，字泰伯，北宋建昌军南城（今江西南城县）人，家境清寒，一生以教授为业，他的思想以反传统而出名，具有浓厚的功利主义思想，对陈亮、叶适产生了深远的影响，现有《李觏集》传世。见《黄宗羲全集》第三册《宋元学案》卷三《高平学案》。

〔3〕（宋）陈傅良：《止斋文集》卷三六，咸丰十年永嘉丛书版。

〔4〕（宋）叶适：《习学记言·序目》。

官府不再视为“细故”，而是强调“治道以民事为急”。[1]这从《清明集》所载民事审判的案例中不乏证明。

一、身份的变化

宋朝根据“税产物力”将全国户口分为主户和客户。在主户中，“或以税钱贯百，或以地之顷亩，成以家之积财，或以田之受种”，[2]而有等第之分。四、五等户是自耕农；二、三等户是中小地主，占田约一至三顷；一等户是大地主，占田约在三顷以上至数百顷间。客户主要指租佃地主土地耕种的农民，称之为佃客。客户由于居住地不同，分为“乡村户”与“坊廓户”。无论主户和客户都具有民事权利主体资格。

最足以反映身份变化的是婢仆由“律比畜产”的所有权客体地位，向着民事权利主体地位的转化。两宋时期，很少有世袭奴婢和因犯罪而没为官奴婢的现象。为官僚富豪之家服役的“人力”和“女使”，多为兵荒马乱所迫，经过牙人中介，与主人形成了雇佣关系，仅在契约有效期内与主人维持主仆名分。宋代禁止强雇人或强质人为奴婢，但在法律上良贱之分依然严格。《宋刑统》中规定主人为“奴娶良人女为妻者，徒一年半，女家减一等，离之。其奴自娶者亦如之。主知情者，杖一百，因而上籍为婢者，流三千里。即妄以奴婢为良人，而与良人为夫妻者，徒二年（奴牌自妄者亦同），各还正之”。[3]又如，“诸部曲、奴婢告主，非谋反，逆、叛者，皆绞……即奴婢诉良，妄称主压者，徒三年”。[4]

除奴婢外，唐时作为地主私属，不具有独立地位的“部曲”，上升为佃客或客户并具有国家的正式户口，能够参加大部分民事、经济活动。唐时轮差劳役制下的工匠，也已成为契约关系下的“雇工”，而取得法律主体的资格。

商人也编入坊廓户，成为国家编户平民，不再列入“市籍”，其合法权益受到保护，“妄有取索赊荷”者，治罪。商人还取得了科举入仕从政为官的权利，显示了其社会地位的提高。

官僚地主虽然在民事权利主体中居于支配地位，但完全不具备门阀士族时代的经济地位和政治特权。

---

〔1〕《宋史·河渠志》。

〔2〕（宋）李焘：《续资治通鉴长编》卷三七六，中华书局2004年版。

〔3〕《宋刑统·户婚律》，“主与奴娶良人”。

〔4〕《宋刑统·斗讼律》，“奴婢告主罪”。

二、产业权（物权）

宋朝社会生活中，有关所有权、典权、永佃权、抵押权等均有明显发展，形成了较为完整的中国古代的产业权（物权）体系。

（一）所有权

宋时所有权已经区分为不动产所有权（业主权）和动产所有权（物主权）。在不动产的所有权中，土地是核心，经政府没官的无主田、荒闲田、逃户田和户绝田等，属于国家所有的官田。随着“不抑兼并”政策的推行，在商品货币关系的作用下，国家的土地所有制形态日渐衰落，私人土地所有制形态迅速发展，以致两宋官田趋于私田化和官租趋于私租化，成为所有权关系变动的一大特点。

私人不动产所有权的取得，主要是垦田、买卖、继承和受赐等。宋初奖励垦辟荒田，法律承认垦辟荒田者的所有权。太宗时，鉴于五代以来战乱频仍所引起的所有权变更与土地争讼的大量涌现，强调“所垦田即为永业”，现佃“满五年，田主无自陈者，给佃者为永业”。[1]与此同时出现了官府正式承认土地所有权的凭证——红契。

不动产所有权的转移不仅需要立有文契，而且以税契作为重要条件。为了保护不动产所有权，除合法的买卖、租佃、典、押外，禁止盗买卖与盗典卖。“盗典卖田业者，杖一百，赃重者准盗论，牙保知情与同罪。”[2]即使尊长盗卖卑幼产业，法律也允许卑幼“不以年限陈乞”，[3]以示对所有权的同等保护。

动产所有权的取得，除买卖、继承、赠予外，宿藏物的发现，阑遗物的取得，漂流物的应获，无主物的先占，以及生产蕃息的归属等，均为重要的途径。对于动产所有权的侵害，除刑法制裁外，还须赔偿损失。

（二）典权

典权是指典权人支付典价而于出典人的不动产上设立的一项用益物权或担保物权。典权人因支付典价而占有、使用、收益出典人的不动产。出典人在一定期限内有权回赎。典权的客体主要是土地，其次为房宅。

典卖是活卖，在一定期限内可以收赎，但必须典契“证验显然者”方许

---

〔1〕《宋史·食货志》。

〔2〕《清明集》卷五，“从兄盗卖已死弟田业”。

〔3〕《清明集》卷九，“卑幼为所生父买业”。

收赎，“并无文契，难辨真伪者，不在论理收赎之限”。这为典权人取得典买田宅的所有权提供了方便。《名公书判清明集》中有以下记载，豪民为“图谋小民田业”，当小民回赎典产时，“则迁延月日，百端推托。或谓寻择契书未得，或谓家长外出未归。及至民户有词，则又计嘱案司，申展文引，逐限推托，更不出官。展转数月，已入务限矣，遂使典田之家终无赎回之日……此富者所以田连阡陌，贫者所以无卓锥之地也”。

为使典权的设立合法化，首先，必须要订立典契。“在法，典田宅者，皆为合同契，钱业主各收其一。此天下所通行，常人所共晓。”〔1〕其次，“亲邻批退”依法享有优先承典权，即“先问房亲，房亲不要，次问四邻，四邻不要，他人并得交易”。但如“房亲着价不尽，亦任就得高价处交易”。〔2〕再次，典契内须注明田宅的顷亩间架以及担保人。“若契内不开顷亩、间架，四邻所至，税租役钱，立契业主、邻人、牙保、写契人书字，并依违法典卖田宅断罪。”〔3〕最后，保护家长对财产的处分权。凡典买产业，必须家长和买主“当面署押契帖”，如家长在化外或阻于战争，一时难返，须“呈报州县，给予凭由，方可商量交易”。卑幼专擅典卖，或伪署尊长姓名，依法重断。

典权人在典契有效期内，享有对典物的一定处分权，可以出租、出押、出借、出典，但无权出卖。如出典人欲出卖典产，典权人有先买权，并须签订绝卖文契，补付“贴买钱”作为典价与实际地价之间的差额补偿。如典权人不愿找绝，出典人有别卖他人的权利。

为了保护典权人的利益，严禁“一物两典”。“诸以己田宅重叠典卖者，杖一百，牙保知情与同罪。”〔4〕与此同时，也维护出典人的收赎权。“证验显然者，不限年岁，并许收赎。”〔5〕典主如“故作迁延占据者，杖一百”。〔6〕

除典卖外，还有倚当、抵当和典当。

倚当，是以不动产即田宅为转移标的，出让其占有、使用、收益权。倚当须要签订书面契约，办理过割手续。倚当物的收益，只限于约定的利息额内，如有超过，则要归还倚当人。太宗太平兴国七年（公元982年）诏：“民以田宅物业倚当与人，多不割税，致多争讼起，今后应已收过及见倚当并须

〔1〕《清明集》卷五，“典卖园屋既无契据难以取赎”。

〔2〕《宋刑统·户婚律》，“典卖指当论竞物业”。

〔3〕《宋会要辑稿·食货》六一之六六。

〔4〕《清明集》卷九，“重叠”。

〔5〕《宋刑统·户婚律》，“典卖指当论竞物业”。

〔6〕《清明集》卷九，“典主迁延入务”。

随业割税。”

抵当，指抵押人为履行债务而向债权人提供不移转占有的不动产田宅作为担保的行为。抵当不过税，不离业，只是约定日期，还钱取契。因此，抵当不同于倚当，具有抵押性质。

典当，一般称为“质”。典当的标的物为动产，主要如衣物、金银首饰之类。宋时，民间动产典当十分流行，“当铺”遍设全国各地，成为一个行业。典当契约称为“质券”“解帖”，包括当铺招牌、地址、抵押期限、利息计算。发生纠纷时，官府以此为断。

由于两宋典权法律明了详备，而有“典赎之法昭如日星”[1]之说。

三、债

（一）债的发生

两宋以订立契约、侵权行为、不当得利、无因管理等法律事实所生之债，最为普遍。

因契约所生之债，常见的如买卖契约、典当契约、借贷契约、雇佣契约、租赁契约等。由于官府印卖契纸，使契约形式趋于统一和规范。有关契约标的、价格及其计算、期限等，均有相当完备的法律规定。订立契约时，强调双方当事人“合意”“不得抑勒”。同时，必须有牙保、写契人亲书押字，并经官司投税过割方为合法。由于税率过高，以致民间典卖田宅，私立白契不经官投税的情况，相当普遍。

因侵权行为所生之债，是指因过失或故意而侵害他人财产权和人身权的不法行为而在行为人与受害人之间产生的一种损害赔偿的债权债务关系。根据侵权行为的性质和危害的程度不同，或处以相当的“备偿”，或于“备偿”之外科以刑罚。如田土所有权被非法侵犯，所有权人可以不受“务限”的约束，随时向官府投诉，不能赔偿者，追究刑事责任。对人身的侵害，多追究刑事责任，并实行保辜制度。

不当得利之债，是指没有合法依据使他人受损，而自己获利所形成的债权债务关系。如“诸官物误支失收者”，请纳人（受益人）为不当得利，应返还原物或赔偿相应价值。

无因管理之债，是指虽无法定的或约定的义务，但为避免他人利益受到

〔1〕《清明集》卷九，“揩改契书占据不肯还赎”。

损失而自愿管理，或提供劳务的事实行为，由此而在管理人与他人之间产生的债权债务关系。两宋时期，战争频仍，业主逃亡者多，以致土地多由他人耕种，原业主返回后须要支付耕种管理人投入的工本费。此类无因管理之债，在宋代既广泛而又具有典型意义。

侵权行为如因不可抗力，或非行为人的原因而造成损害，或已超出时效规定，则免除赔偿责任。

（二）债的担保

债的担保分为信誉担保和财产担保两大类。前者表现为“三人相保”“保人代偿”“连保同借”等，如《庆元条法事类》引《关市令》说：“诸负债违契不偿，官为理索，欠者逃亡，保人代偿。”后者表现为物保和钱保，物保以抵押物担保。《庆元条法事类》有以下规定：“诸税钱未纳，听以物克当……收经一年，不赎者没官，其物准（折）钱，不足，干系人赔。”钱保，主要是以定金担保。

（三）债的履行和消灭

凡逾期不履行债务，按标的数额及迟误日期分别处刑，并责令赔偿，由官府“监还”“监纳”“监理”。

至于债的消灭，除债务人清偿外，债务人及担保人确实无力偿还或死亡者，经一定期限后，予以免除。超过时效，又无契书为凭者，债的关系自然消灭。也有因恩赦或官府命令而除放债务。如光宗登基赦中宣布：“凡民间所欠债负，不以久近多少，一切除放。”〔1〕

（四）契约的分类

1. 买卖契约

买卖是主要的债权债务关系，分绝卖和活卖（典质）。买卖田宅必须“立契”，经过官府验契收税后称为税契。税契是剖决纠纷的重要依据。南宋淳祐二年（公元1242年）颁发敕令规定，战后旷土，“凡民有契券，界至分明……随即归还。其有违戾，许民越诉。重罪之”。〔2〕

买卖田宅契约的订立，须由家长做主。《宋刑统》规定：“诸家长在，而子孙弟侄等不得……卖田宅。”凡“应典卖物业，或指名质举，须是家主尊长对钱主或钱主亲信人，当面署押契帖。或妇女难于面对者，须隔帘亲闻商量，方成交易。”又，“如是卑幼骨肉，蒙昧尊长，专擅典卖质举倚当，或伪署尊

〔1〕《容斋三笔》卷九。

〔2〕《宋史·食货志》。

长姓名，其卑幼及牙保引致人等，并当重断，钱业各还两主”。[1]

买卖田宅时亲邻的先买权，见于唐律，宋时先买权的规定逐渐细致化。《宋刑统》卷十三规定：“应典卖、倚当物业，先问房亲，房亲不要，次问四邻，四邻不要，他人并得交易。房亲着价不尽，亦任就得价高处交易。如业主、牙人等欺罔邻亲，契帖内虚抬价钱，及邻亲妄有遮吝者，并据所欺钱数与情状轻重，酌量科断。”开宝二年（公元969年）进一步规定：“其邻以东、南为上，西、北次之，上邻不买，递问下邻。”绍圣元年（公元1094年）又规定：“应问邻者，只问本宗有服亲，及墓田相去百步内与所断田宅接者。”另据《名公书判清明集》载《庆元重修田令》规定：“诸典卖田宅满三年，而诉以应问邻而不问者，不得受理。”即亲邻先买权的时效为三年，逾期即丧失保护。

除田宅外，买卖奴婢、家畜之类动产，也须立有市券。“诸买奴婢、马、牛、驼、骡、驴，已过价，不立市券，过三日，笞三十；卖者减一等。”[2]如在一定期限内发现买卖标的物有瑕疵，卖主须承担“担保责任”，允许买主更改或废弃契约。“若立券之后有旧病（指家畜）而买时不知，立券后始知者，三日内听悔。”

在买卖契约中已出现“赊卖”契约，但须以财产作抵押，且要有物力之人乃至父母兄长共同书押担保。

2. 借贷契约

宋时不付利之贷称为“负债”，付利之债称为“出举”。对于“出举”之契的成立，采取“任依私契，官不为理”的不干涉原则。但对借贷的利息则明确规定：“每月取利不得过六分，积日虽多，不得过一倍。”[3]违律取利，要受到制裁。对于“负债”之契，如过期不偿，可以告官审理，由官府强制赔偿，即所谓“官为理索”。但如“负债不告官司，而强牵财物，过本契者，坐赃论”。[4]同时，严禁以物业准折债负和役身折酬。如欠者逃亡，则由保人代偿。禁止官吏放债取息，违者处以刑罚。

3. 租佃与租赁契约

随着土地私有制的发展以及租佃制取代部曲制，广泛出现了让渡土地使

---

〔1〕《宋刑统·户婚律》，“典卖指当论竞物业”。

〔2〕《宋刑统·杂律》，“校斗秤不平”。

〔3〕《宋刑统·杂律》，“受寄财物辄费用”。

〔4〕《宋刑统·杂律》，“受寄财物辄费用”。

用权以收取地租的租佃契约。在租佃契约中须写明租佃双方及邻保姓名，地租形式、期限、地租额（或对分制，或四六分成，或定额制）。佃户如不交租，地主可以告官。每年“十月初一日以后，正月三十日以前皆知县受理田主词诉，取索佃户欠租之日”。[1]为了减轻农民对于地主的人身依附，仁宗天圣五年（公元1027年）下诏：“自今后客户起移，更不取主人凭由，须每田收田毕日，商量去住，各取稳便。”[2]然而实际情况是地主不仅役使佃客本人及其家属，强制干涉佃客妻女的婚姻，而且于卖田时经常连同佃客一起出卖，以至佃户常于契约未满前，逃移他乡。为此，仁宗皇祐年间颁布“皇祐法”，禁止夔州路施、黔二州的佃客逃移，如有逃移，由所属州县追回，“令著旧业”。南宋孝宗淳熙十一年（公元1184年）进一步规定，凡是淳熙八年（公元1181年）以前逃移他乡三年以上者，承认既成事实。淳熙八年以后逃移，或逃移不到三年者，包括家属一并追归旧主。宁宗开禧元年（公元1205年），夔州路转运判官范荪再次校订了“皇祐法”，重申地主只能役使佃客本人，不能强迫佃客家属服劳役；典买田宅时，不能强迫佃户执行原有的租佃关系；借贷钱物，只凭文约交还，债主不得强迫债户为地客；客户身死，妻子愿嫁，听其自便，佃户之女可以自行聘嫁。然而新皇祐法并未得到完全实行。除土地租佃外，房屋、邸店、牛犁及其他生产工具均可租赁，故也盛行租赁契约。

4. 合伙契约

太宗太平兴国七年（公元982年）诏中说：“……及其家见有种子，某户见有缺丁，某人见有剩牛，然后分给旷土，召集余夫，明立要契，举借粮种，及时种莳，俟收成，依契约分，无致争讼。”[3]合伙关系也表现为合伙贩运、合伙承包、合伙经营海外贸易等。在合伙契约中，各方当事人均负连带责任，既“分获筹钱”，也共担亏损。

5. 信用契约

两宋货币经济的发展，出现了信用货币“交子”和信用借贷。信用借贷除私人质库信贷外，官营市易司抵当所也通过信贷，收集闲散资金，扩大经营。信贷利率低于一般借贷利率。

---

〔1〕《黄氏日钞》卷七〇《申明·再申提刑司乞将理索归本县状》。

〔2〕《宋会要辑稿·食货》一之二四。

〔3〕《宋会要辑稿·食货》六三之一六二。

四、婚姻、家庭与继承

在婚姻立法中，有关父母与尊长的主婚权，婚姻关系成立的要件，法定婚龄、婚姻禁忌与解除等，基本同于唐律。但随着奴婢身份地位的提高，官司并不禁止奴婢与良人通婚，只是不许与本主同居亲缔结婚姻。由于宋时民族矛盾比较尖锐，因此在民族关系复杂的西北边疆地区，“禁西北缘边诸州民与内属戎人婚娶”。[1]

至于离婚，一个显著的特点是扩大了妇女离婚的主动权。如，“在法，已成婚而移乡编管，其妻愿离者，听”。[2]妻子“被夫同居亲强奸，虽未成，而妻愿离者，听”。[3]这反映了“从一而终”传统观念的某种动摇和妇女地位的提高。

与此相联系的夫死（或离）再嫁，也得到了社会的同情与法律的保护。真宗大中祥符七年（公元 1014 年）诏中说，夫亡,“妻不能自给者，自今即许改适”。[4]另据哲宗元祐五年（公元 1090 年）条贯：“女居父母丧及夫丧而贫乏不能自存，并听百日外嫁娶之法。”[5]如寡妇再婚姑舅无依，或因子幼需要抚养，或因夫家财产原因，可以在夫家招后夫，俗称“接脚夫”。这是创自宋代的寡妇再适的婚姻形式。

宋时妇女地位虽有所提高，但妻子在家中的地位仍与丈夫不平等，“其妻虽非卑幼，义与期亲卑幼同”。但如夫亡，妻则享有家长的一切权利。例如，在物业交易中未经与女户主“亲闻商量”，不以寡母为契首，即为违法交易，处以刑罚。

两宋继承法已达到了相当完备的程度。根据两宋继承法，宗祧继承以嫡长子为第一继承人，无嫡子者以庶子为继承人。遗腹子与已出生的亲子享有同等的继承权。私生子凡能证明与生身父有血缘关系的，享有一定的财产继承权。户绝之家可以通过立继、命继，继承宗祧。夫亡，妻在者，法律允许于同宗昭穆相当者中立继为子。立继子由于承担对养母的赡养责任而有完全的继承权。夫妻俱亡，由近亲尊长于昭穆相当者中命继为子，以承香火。命

〔1〕《宋史·太宗本纪》。

〔2〕《清明集》卷九，“已成婚而夫离乡编管者听离”。

〔3〕《庆元条法事类》卷八〇，“诸色犯奸”。

〔4〕（宋）李焘：《续资治通鉴长编》卷八二，“大中祥符七年正月壬辰”，中华书局 2004 年版。

〔5〕（宋）苏轼：《东坡全集》卷六三，“乞改居丧婚娶条状”。

继子未尽赡养之责，其财产继承份额低于立继子。抱养同宗小儿为子，如终止与本生父母的身份关系，即为合法的过继子，其权利受到法律保护。法律也允许收养异姓小儿成为法定继承人，“其遗弃小儿年三岁以下，虽异姓，听收养，即从其姓”，“不得谓之户绝”。但“不易其姓”者，不得继嗣，无财产继承权。至于“义犹半子”的赘婿，已不再是汉时的“以身为质”。如其能“增置家产”，依法可以分得妻家部分财产。

财产继承基本沿袭唐《户令》应分条的规定。“诸应分田宅者及财物，兄弟均分”，“兄弟亡者，子承父份，兄弟俱亡，则诸子均分”。但对于女子继财产的分配作出详细规定，如区分在室女、归宗女、出嫁女与寡妇，以及其应享有的财产继承权。

在室女（未嫁之女）如有兄弟则无财产继承权，只能获相当于未婚兄弟聘财之半的嫁资。只有在户绝的条件下，在室女才可以继承全部家产。养女的继承权与亲女相同。

归宗女（离异归宗或夫亡无子回归娘家）的继承权，北宋初期与在室女同。哲宗以后，归宗女的户绝财产继承权份额只有在室女的一半。仅有归宗女者，归宗女可继承户绝财产的三分之二。

出嫁女在无兄弟和在室女时，享有三分之一的财产继承权，其余入官。[1]

寡妇只有在夫死无子守志不嫁的情况下，方可承夫分产，如改嫁不得将夫家财产带走。

遗嘱继承被看作是“皆贤明之人为身后之虑”的举措，并且是司法审判中的重要依据。“若亡人遗嘱证验分明，并依遗嘱施行。”[2]书面遗嘱需“亲书遗嘱，经官给据”，“经官印押”。凡未经官印押的遗嘱，视为“私家之故纸”，官府不予承认，因此口头遗嘱证明力较差。

由于宋代商业及海外贸易发达，商人客居他乡，死于异地，其财产的处理是民事关系中较为复杂的。《宋刑统》新增“死商钱物”一门，汇集唐中后期和五代时的敕令节文，后又经户部改动如下，如有父母、妻、子、亲兄弟、未嫁之姊妹、未嫁女和亲侄等随行者，可任其继承收管。如相随之人不属此范围，只能由父母、妻儿持官府的公文前来收认。其后，继承人的范围有所缩小，排除亲兄弟与亲侄儿。如死亡客商无一人相伴，先由官府保管，

---

〔1〕《宋刑统·户婚律》，“户绝资产”。

〔2〕《宋会要辑稿·食货》六一之五八。

并通知其原籍追访亲属；待父兄、子弟等有继承权人前来识认，依数酬还。客死外商的海外直系亲属亦可认领财物。这就加强了对于死亡客商亲属继承权的保护，有利于促进海内外贸易的发展。

第六节　经济与财政法律

有宋一代商业繁荣，城市兴起，商行出现，海外贸易急剧扩大，所有这一切都推动了两宋经济法律的发展。而为了应付入不敷出的财政危机，宋代也加强了金融立法。

一、农业立法

在农业立法中，除“输钱印契”保护土地私有权和实行以垦荒田为永业田之法外，熙宁二年（公元 1069 年）十一月，条例司颁布了《农田利害条约》。该条约以“开垦荒田，兴修水利，建立堤防，修贴圩埠”发展农业生产为宗旨，主要规定应修疏浚的水利工程，一应工料费用由当地住户按户等出资，故意阻挠不出工料者，科以刑罚。如工程浩大，民力不足，可由官府贷钱。或州县富人“出钱借贷，依例收息，官为之置簿及催理”。《农田利害条约》的推行，调动了各方面的积极性，有助于水利的兴修和农业生产的发展。

二、手工业立法

凡与国计民生关系密切、盈利巨大的手工业项目，如铜、铁、金、银等金属品的手工业生产，由国家专设的“监”“治”经营、掌控，私家不得擅自经营，否则，以盗论。北宋时，一些地区出现了以从事纺织为主的民户，称为“机户”。明道二年（公元 1033 年）规定，机户每年织就的绫，只能自卖三分之一，其余由官府收买。

为使手工业产品的质量达到法定标准，保证技艺的传授，手工工匠要在规定的时间内进行技术培训。工匠间既可以父子相承，家世相传，也实行学徒制度。某些产品生产时，官府予以立样，并将生产者的姓名与生产时间题识于产品之上，以明责任和便于追究质量。

三、商业立法

两宋商业的繁荣带来了市场的扩大。城市出现了“面街而市”和“夜市”，乡村有“草市”（或称墟市），市镇有镇市，由此推动了市场管理法规的发展。除《宋刑统》和有关敕令外，熙宁五年（公元1072年）三月，政府还制定和公布了专门的市场管理法“市易法”十二条目，其主要内容是京都开封设立市易务，作为管理市场、调节物价的专门机构，根据市场情况或向商人收购，或出售货物，借以平抑物价。市易法的推行，有助于市场经济的稳定，增加了商税收入。因此，开封实行的市易法，陆续推行于各地。

此外，禁止各级官吏借采购官需物品而勒索商人，官府须将所要购买的物品和价格公之于市。所谓“书市买牌”，有愿成交的商人到市买处按牌交易。交易活动的中介人牙人须经主管机关批准，同时规定牙人从事中介行为必须具备的条件，并将牙人的行为规则刻在木牌上，发给每个牙人，如不得与店户勾结，欺骗外来客商等。禁止把守道路、口岸、关卡的官吏以履行公务为名，搜索箱笼，阻滞商旅，盘剥商人。规定了商税征收的范围，“布帛、什器、香药、宝货、羊豕、民间典卖庄田、店宅、驴骡、橐驼，及商人贩茶”〔1〕，皆由设在州县关镇的商税务征收商税。

宋朝继续实行专卖制度，称禁榷，而且扩大了专卖商品的范围，盐、茶、酒、矾、香药、铁、石炭（煤）、醋等均在禁榷之列。由于盐利占国家总收入的大宗，因此官府直接控制盐的生产。运销则分官运官销和商运商销两种方式。官销由市易务专管；商销在官府的控制下取得盐引，或包买包卖，或代销，禁止私贩。贩私盐一两，笞四十，二两加一等，二十斤徒一年，二百斤配本州。“私炼盐者，三斤死；擅货官盐入禁法地分者，十斤死。”〔2〕南宋时，贩私盐罪常于“法外重行处断”。〔3〕

此外，宋朝对茶、酒也制定了专门法规，重惩违法者，以保证国家的财政收入。据神宗元丰年间统计，仅盐、茶、酒、矾等专卖收入已达2657万余贯。因此，两宋坚持禁榷，尽管它不利于市场竞争，顿挫了商品经济自由发展的势头，但却是维持国家机器运转所必需的。

宋时，中国海外贸易已扩展到欧、亚、非三大洲，是当时世界著名的贸易大国。除传承《唐律疏议》中有关中外贸易的“交易方式”“市场管理”“禁行私商”等规定外，国家还制定了代表性的外贸法规“市舶条法”。其主要内容如下：建立市舶司、市易司、博易务、牙行、海关、洋行等各种管理

---

〔1〕《文献通考》卷一四《征榷考一》。

〔2〕《宋会要辑稿·食货》二三之一八。

〔3〕《宋会要辑稿·食货》二六之五。

海外贸易的机构，职掌接待中外贡使商贾、征收税率，管理商品互易，结交蕃客等。确定征税的基本标准。“今后蕃商贩到龙脑、沉香、丁香、白豆蔻四色，并依旧抽解一分”，[1]“所市物货取息毋过二分”，[2]未经抽解，不得私取其货，违者，科罪，有意漏税，或不征税，依法制裁。舶货在外地出售须持有“公凭”。“诸以堪造军器物卖与化外人及引领者，并徒三年”，“物没官”，知情者“减犯人一等”。保护外商的合法权益，包括外商在中国的定居权和婚姻权，允许阿拉伯商人在“蕃坊”内设教堂。此外，还规定了外商在华身死后财产处理办法。禁止官员私自经营海外贸易，凡“私与蕃国人贸易者，计值满百钱以上，论罪，十五贯以上黥面流海岛……”。[3]

两宋商业立法的发展是商品经济关系的必然反映，同时也与“士农工商皆本”以及功利思想的发展密切攸关。中国自春秋战国时期以来，一直以“重本抑末”作为立国的基本国策，汉董仲舒提出的“正其谊不谋其利，明其道不计其功”，更进一步将重义轻利的思想推向了正统的地位。至宋代，由于商品经济的发达，形成了四民皆本论和以李觏、陈亮、叶适等为代表的反传统的义利观。范仲淹在《四民诗》中说：“尝闻商者云，转货赖斯民……上以利吾国，下以藩吾身。周官有常籍，岂云逐末人……此弊已千载，千载犹因循。吾商则何罪，君子耻为邻。”欧阳修与苏轼都主张“兼利农末”“与商贾共利”。功利主义者陈傅良把他的思想概括为“功到成处便是有德，事到济处便是有理”。正是在上述思潮的影响下，才有两宋的商业立法。

四、金融财政立法

（一）钱法

北宋时，货币以铜、铁为本位，严禁铜钱流出“蕃界”和“阑出”江南塞外，违者治罪。边关官吏失察，五贯以下治罪，五贯以上处死。南宋高宗绍兴年间，制定“铜钱出界罪”令，规定：“将铜钱与蕃商博易者，徒二年，千里编管。”同时严禁不合法定规式的钱币流通。对于私铸钱币，造意人与首犯处绞刑，邻保配徒一年，里正、坊正、村正各决杖六十。

由于铁钱体重值小，携带不便，不适应商业活动的需要，因此，四川一些富商集资发行纸币，称作“交子”。纸币可以随时兑换，定期流通，每三年

---

〔1〕《宋会要辑稿·职官》四十四之二五。

〔2〕《宋史·食货志》。

〔3〕《宋史·食货志》。

为一届，发行新券，兑换旧券。仁宗天圣元年（公元 1023 年），鉴于民办"交子"常因信用问题发生纠纷，遂正式设立官办的益州交子务，禁止私造，确认了纸币的法律地位。交子的流通有固定的期限和法定的发行限额、面值、流通领域，以及与铜钱的兑换比例，伪造交子者依法治罪。

南宋时，纸币日益取代铜钱成为主要的支付手段。既有川峡交子，也有地区性流通的会子。为了维护纸币的信用，规定"民间典卖田宅、马牛、舟车等如之，全用会子者听"。[1]理宗时，因财用匮乏，设立"撩纸局"，增印纸币，造成了严重的通货膨胀，"市井观之，粪土不如"，社会经济陷于崩溃。[2]

（二）财政法

宋初，朝廷设立三司使主管财政，地方财政则由转运使负责，形成了"三司主内，转运使主外"的格局。三司下属的都磨勘司、专勾司等为审计机关。各州每年所收民租、管榷课税、度支经费，除留州用外，全送京师。财政收入主要用于支撑官俸、兵饷、祭祀和输币求和。《文献通考》说："大概（国计）其所以疲敝者曰养兵也、宗奉也、冗官也、郊祀也。"至仁宗治平以后，连续出现财政赤字，因此神宗变法置理财于首位。主持变法的王安石说："夫合天下之众者财，理天下之财者法，守天下之法者吏也，吏不良，则有法而莫守；法不善，则有财而莫理。"[3]并以户部取代三司，审计职权归并刑部下属比部。然而，哲宗废罢新法以后"国用日匮"，整个财政濒临崩溃。

宋朝赋税以田赋和商税为主。田赋称为正税，沿袭唐代两税法，春秋二季完纳。田税之外，商税已成为国家重要收入。

太祖时，颁行《商税则例》，即"开基之岁，首订商税则例，自后累朝守为家法"。[4]《商税则例》初期只笼统列出应税物的名目和住税百分之二十、过税百分之三十的税率，尚无各种货物税钱的名目。绍圣五年（公元 1098 年），"令户部取天下税务所收之数，酌多寡为中制，颁诸路揭颁示之，率十年一易，其增名额及多税者，并论以违制"。[5]自此，则例不仅包括重新修订的税目，还规定了各色货物的税率，以及十年一修则例的期限。南宋时，《商税则例》每半年一修，以便根据物价、增减税钱。对匿税者通常笞四十，如

---

〔1〕《宋史·食货志》。

〔2〕（宋）李曾伯：《可斋续稿》（后）卷三《救蜀楮密奏》，清刻朱印本。

〔3〕《王文公文集》卷二《度支副使厅壁题名记》。

〔4〕《文献通考》卷一四《征榷考一》。

〔5〕《宋史·食货志》。

税钱满十贯，杖八十，除补交税钱，还要将应税物的三分之一充公。

为了加强对财政的管理，不仅确认四十种账籍的标准格式，而且制定了财物账籍的编造、记录、报送、审复等法律规定，违者处以杖刑。

宋朝不仅制定了财政管理法，也制定了财政监督法。

首先，确定监审官吏的连带责任。凡监临主司隐匿课税，“计所缺准盗论，主司知情与同罪，不知情，减四等”；〔1〕“诸于税租簿脱误者，杖八十，令佐减二等”。〔2〕

其次，规定账籍的送审时限。“诸州夏秋税管额账，夏自正月一日，秋自四月一日，各限四十五日纳毕，帐自二税限满日，限六十日造申转运司。”〔3〕

最后，形成预算、决算的法律规范。据《宋史·食货志·会计》：“一岁用度及郊祀大费，皆编成定式。”根据预算执行结果，按法定程序编制“帐状”，作为上计的主要内容。在预算、决算的基础上，两宋编纂《会计录》，如《景德会计录》六卷，《祥符会计录》三十卷等。

以上可见，宋朝的财政立法逐渐趋于专门化，成为法律体系中相对独立的部门。其在一定时期起到了支撑宋朝统治的作用，但没有也不可能解除日益窘迫的财政危机和政治危机。

第七节　司法制度

宋朝既是一个十分重视运用法律手段来巩固其统治的朝代，也是一个比较重视法律教育和法律考试的朝代。为培养和选拔合格的法律人才，宋代制定和完善了以法律考试为中心的一系列有效措施。不仅选拔司法官员要进行律学考试，就是进士、武学、算学、画学等科目，也要试律断案。考试有明法科、新科明法、试刑法等。

宋太祖于建隆三年（公元962年）八月下诏，各道选拔司法参军，“皆以律疏试判”。〔4〕自太祖乾德年间至宋神宗之前，明法科遂成为制度。考试分为七场，“第一、二场试律，第三场试令，第四、五场试小经，第六场试令，第七场试律。仍于试律日杂问疏义五道”。〔5〕

---

〔1〕《宋刑统·厩库律》，“输课税逗留湿恶”。

〔2〕《庆元条法事类》卷四八。

〔3〕《庆元条法事类》卷四八。

〔4〕《宋史·太祖本纪》。

〔5〕《宋史·选举志》。

神宗朝，王安石变法时创立新科明法，取消经、疏内容，改试《刑统》大义和断案。“新科明法中者，吏部即注司法，叙名在及第进士之上。”[1]

在宋代统治者的倡导下，士大夫学律习令蔚然成风，司法官员的人文素质及法律知识修养大为提高，极大地推动了宋代法制的发展。

两宋时期，在“治道以民事为急”的诉讼立法思想的影响下，士大夫对客户的看法有所改变，认识到“客户乃主户之本”，只有存恤客户，才能“悉籍其力”“保我衣食之源”。客户，是指“借人之牛，受人之土，佣而耕者”的下层农户。主户则是泛指整个地主阶层。司马光说：“彼（主户与客户）皆编户齐民，非有上下之势。”吕大钧认为：“为国之计，莫急于保民，保民之要，在于存恤主户，又招诱客户。”南宋时，统治者在内忧外患、江河残破的形势下，如不把宽民力作为治国的大计，其统治就难以为继，更谈不上中兴大业。所以宋高宗强调“治道以民事为急”，表现在诉讼立法上，就是南宋在婚姻诉讼方面，大开越诉之门，注意对个人所有权及下层农户诉讼权利的保护。

两宋商品经济的发展，还引起了一个重大变化，就是民事诉讼不受尊卑之限。自汉以来，严禁在诉讼活动中以卑幼告尊长。但宋代民事诉讼不受此限制。《名公书判清明集》中记载，既有叔侄、兄弟之讼，也有母子之诉。[2]法官都一一审理，还在判决中说：“母子兄弟之讼当平心处断。”

特别值得提出的是被民众赞誉为“包青天”的包拯，不但执法无私，更强调皇帝奉法执法的重要性。他说：“法令者，人主之大柄，而国家治乱安危之所系焉，不可不慎。”又说：“法令既行，纪律自正，则无不化之民，在陛下力行而已。”[3]不仅如此，他还锐意改革司法，以便利百姓诉讼。他在开封府任知府时，为了防止冤狱，方便百姓诉讼，一改过去“凡诉讼不得径造庭下”的旧制，让当事人直接上庭陈诉。这样既可防止衙门吏卒对诉讼当事人的敲诈，使吏不敢欺，也有利于察明案情。史书称他“立朝刚毅，贵戚宦吏为之敛手，闻者皆惮之”。又，“人以包拯比黄河清，童稚妇女，亦知其名，呼曰‘包待制’。京师为之语曰：‘关节不到，有阎罗包老。’”[4]现有《包拯集》存世，是研究包拯法制思想及司法实践的主要史料。

---

〔1〕《宋史·选举志》。

〔2〕《清明集》。

〔3〕《包拯集·上殿札子》。

〔4〕《宋史·包拯传》。

一、司法机关

宋初，司法机关沿袭唐制。大理寺为最高司法机关，负责审理地方各州县上报的刑事案件以及京城百官案件；刑部负责复核大理寺所断全国的死刑已决案件。太祖时，曾明令诸州大辟（死罪）案件，须先送刑部详细复核；御史台，除监察职能外，也具有司法监督和审判重大疑案的职能。其主要管辖命官与司法官犯法的案件，以及州县不能解决的疑难大案。

太宗淳化二年（公元991年）八月，为加强皇帝对司法权的控制，设审刑院于宫中，有知院及详议官六人，凡经刑部复核后的案件，须送至审刑院详议，再奏请皇帝批准。审刑院不归宰相统领，而直属于皇帝。真宗时，又令审刑院凡奏报皇帝的案件，须先送中书省“看详”，然后再奏请皇帝论决。审刑院的建立，限制了大理寺和刑部的职权，以至大理寺不设长官，而由其他官员兼理。至神宗元丰改制，因机构重叠裁减审刑院，恢复了刑部和大理寺原有的职权。至此，始专设大理寺卿一人、少卿二人为专职正、副长官。

至于皇族宗室人犯法，在京师由大宗正司受理，在外地由外宗正司受理，徒以上由皇帝下旨裁决。军人犯法也有专门管辖的审判机关。这些机构和中书门下、枢密院、三司一样都有参与审判特定对象的权力。司法机构的多元化，分散了司法权力，便于皇帝操纵。

地方司法机关，县为第一审级，有权判决杖以下案件。对徒以上的案件，则须将案件审理清楚，写出初步意见，报送州、府，由州、府作出正式判决。州、府作为第二审级，设司寇院（后改为司理院），长官为司寇参军（后改为司理参军），专“掌狱讼鞫勘之事，不兼他职”。州有权判决徒以上案件，但对死刑案件作出判决后，必须上报提刑司复核，重大疑难案件报刑部，由大理寺审议。州、府经办的案件数量多、案情重、职责重要，所以设置的官员比县一级多，并实行审与判分离的制度。

各路设置固定的提点刑狱公事，简称提刑，主管复核及审查所属州县的判决，和每十日一上报的囚账，并在有疑狱时“即驰传往视之”。[1]提刑一年两次巡按州县，“所至审问囚徒，详复案牍，凡禁系淹延而不决，盗窃捕窜而不获，皆劾以闻”。[2]可见，提刑代表中央监督所辖州县的司法审判活动。

京畿地区设提点开封府界诸县镇公事，职掌京畿地区内县、镇司法刑狱。

---

〔1〕《宋史·刑法志》。

〔2〕《宋史·刑法志》。

南宋时称提点京畿刑狱。

司法官的任用由朝廷统一掌握，注重选儒士，改变了五代以来由地方武官执掌司法的状况。司法官须经“律义”与“案例”考试，合格者任用，优异者可拔擢至大理寺。由于科举设明法科，现任官也定期考试法律，“其知州、通判及幕职、州员官等，秩满至京，当令于法书内试问。如全不知者，量加殿罚”。[1] 因此，宋朝司法官明法者多。

二、诉讼

两宋起诉的方式，主要是被害人自诉，被害人亲属或其他知情者，亦可向官府告发。除自诉外，台谏官有权纠举犯罪。宋初告诉人的年龄限制在八十岁以下、十岁以上，但谋反大案不受此限。乾德四年（公元966年），将告诉人的年龄上限减为七十岁以下。此外，身患重病及怀孕妇女不得起诉。南宋时，妇女“非单独、无子孙孤孀，辄以妇女出名，不受”。[2]为了防止诬告、挑讼，凡“讼不干事，即决杖，枷项令众十日”。[3]如系人命重案，例须死者亲属告诉，告诉人身份地位不同，对于官府受理案件的顺序有着重要的影响，一般先是士人，依次为农夫、商人，最后为杂人（师巫、游手末作、僮仆等）。诉状须由在官府注册的“书铺”按一定格式统一书写，并取得他人“保识”，才能呈递。

宋人黄震在《词讼约束》书中阐述了对诉状的要求：“不经书铺不受，状无保识不受，状过二百字不受，一状诉两事不受。”[4]

宋朝设立“登闻鼓院”“登闻检院”“理检院”受理直诉申告的案件。至于越诉，虽沿袭唐律“越诉及受者，各笞四十”，但在颁发的敕令中却有所放宽。尤其是徽宗以后，对于地方官科敛百姓，允许越诉。据政和三年（公元1113年）十二月十一日御笔，对“置杖不如法，决罚多过数，伤肌肤”的推勘官及行杖人，“许赴尚书省越诉”。[5]南宋时，为了维持偏安一隅的局面，更加依赖人民群众的支持。凡是川陕民冤抑者，可以“经宣抚处置司陈诉”。[6]此外，为保证商品的正常流通，以充实财政收入，诸税务违法侵扰商旅者，

[1]《宋会要辑稿·选举》。

[2]（宋）黄震：《黄氏日钞·公移·词讼约束》，四库全书本。

[3]《宋会要辑稿·刑法》三之一二。

[4]（宋）黄震：《黄氏日钞·公移·词讼约束》。

[5]《宋大诏令集》卷二〇二《刑法下》，“置杖不如法，决罚过多许越诉御笔”。

[6]《宋会要辑稿·刑法》三之二五。

"在内委御史台弹奏，在外委监司觉察按劾，仍许被扰之人越诉"。[1]

随着土地私有制的发展和民事权利主体范围的扩大，使得民事纠纷案件大量涌现，由此形成了较唐代更为充实的民事诉讼程序。如民事诉讼的原告人，必须是本案的直接利害关系人，法律禁止非直接关系人提起诉讼。老人、病残人及妇女提起的诉讼，可以由家人代理。亲属之间发生的民事纠纷，可以互相论告。现存的宋代案例中，不乏卑属成员告论尊属分产不平的诉讼。这是私有财产观念的发展与新的维权意识的反映。

民事诉讼的起诉需在一定期限内进行。按《宋刑统》规定："所有论竞田宅、婚姻、债负之类（原注：债负谓法许征理者），取十月一日以后，许官司受理，至正月三十日住接词状，三月三十日以前断遣须毕，如未毕，具停滞刑狱事由闻奏。如是交相侵夺及诸般词讼，但不干田农人户者，所在官司随时受理断遣，不拘上件月日之限。"[2]

此外，凡超过法定时效的民事诉讼，官府不再受理。如"准法：诸理诉田宅，而契要不明，过二十年，钱主或业主死者，不得受理"。[3]"应交易田宅过三年而论有利债负准折，官司并不得受理。"[4]"诸典卖田宅满三年，而诉以应问邻而不问者，不得受理。"[5]"在法：分财产满三年而诉不平，又遗嘱满十年而诉者，不得受理。"[6]"准法：诸祖父母、父母已亡，而典买众分田宅私辄费用者，准分法追还，令元典买人还价。即典买满十年者免追，止偿其价；过十年典买人死，或已二十年，各不在论理之限。"[7]只有"卑幼产业为尊长盗卖，许其不以年限陈乞"。[8]

民事案件如有不服，可以和刑事案件一样逐级上诉，但终审机关是中央户部。

三、审判

宋时审判管辖较唐时明确。凡杖以下案件属县管辖；徒以上重案，须将

[1]《庆元条法事类》卷三六，"商税"。
[2]《宋刑统·户婚律》，"婚田入务"。
[3]《清明集》卷四，"吴肃吴熔吴桧互争田产"。
[4]《清明集》卷四，"游成诉游洪父抵当田产"。
[5]《清明集》卷九，"有亲有邻在三年内者方可收赎"。
[6]《清明集》卷五，"侄与出继叔争业"。
[7]《清明集》卷四，"漕司送许德裕等争田事"。
[8]《清明集》卷九，"卑幼为所生父卖业"。

人犯、案卷解送至州。元丰改制以前，州有权判决徒刑以上直至死刑案件。元丰改制以后，死刑案须经过路一级主管刑狱的机关复核。凡应奏不奏，知州要受到处分。

元丰改制以前，流刑以下案件，经刑部复核即可结案，重大议案须经送审刑院详议。元丰改制以后，“天下奏按，必断于大理，详议于刑部，然后上之中书，决之人主”。[1]有时皇帝令翰林学士、中书舍人、同平章事、参知政事、御史、谏官等共同评议，称为“杂议”，然后决断。

刑事犯罪，须经事发之所推断。[2]如一案涉及两地，则“听移送先系处，并论之”。[3]徽宗时，规定州、县须亲自审判案件，不得委属官担任，否则徒二年。自此以后，遂成定制。

宋朝创立的鞫谳分司是审判制度的一大特色，从州至大理寺都实行审与断分离制。大理寺设详断官（断司）、详议官（议司）分别负责审讯和检法用律，而后由长官审定断案。州府设司理院，由司理参军“掌狱讼勘鞫之事”，为“鞫司”，负责审讯人犯、传集人证、调查事实等审判事务。又设司法参军，掌“议法判刑”为“谳司”，根据已经认定的事实，检索有关法律条文，定罪量刑。最后由知州（知府）亲自决断。检法断刑之官，不得互通信息、协商办案。南宋时人周琳评论说：“狱司推鞫，法司检断，各有司存，所以防奸也。”鞫谳分司所体现的某种制衡有助于防止司法官吏因缘为奸和适用法律不当。

为了防止司法官徇私不公，宋承唐制，严格实行法官回避制度。除司法官与被告有亲嫌、同年同科，例须回避外，司法官之间，以及同一案件的后审官与前审官如有亲嫌关系，也须回避。神宗时，还规定大理寺官吏“禁出谒及见宾客”，以防止收受贿赂和请托。

在审讯过程中，一般不得追究状外事，否则“论如律”。但事关劫盗、命案除外。由于口供是断结的主要根据，因此，刑讯逼供是合法的。《宋刑统》规定，凡审理案件，应先以情审察辞理，反复参验，如果事状疑似，而当事人又不肯实供者，则采取刑讯拷谅以取得口供。除笞、杖等所谓法定刑具广泛应用外，还滥用“夹帮”“脑箍”“超棍”等各种刑罚，以“限时勒招、催促结款”。

---

〔1〕《宋史·刑法志》。

〔2〕《庆元条法事类》卷七三。

〔3〕《宋刑统·断狱》，“不合拷讯者取众证为定”。

与此同时，宋代也重视证人证言和物证的作用。譬如，老幼废疾之人不合拷讯，只有取据众证以定罪，但依法相容隐者及老幼废疾不得作证，作伪证则治罪。凡“赃状露验，理不可疑”的案件，罪犯虽不承认，仍可据状定罪。为了取得物证，案件关系人“诸有诈病及死伤，受使检验不实者，各依所期减一等。若实病死及伤，不以实验者，以故入人罪论”。著名的法医学著作有《核验格目》《核验正背人刑图》《洗冤集录》，以及断狱之书《棠阴比事》《折狱龟鉴》。这些著作对宋代检验制度的发展做出了重大贡献，流传于亚洲、欧洲，是古典法医学的代表之作。时隔 350 多年以后，欧洲才出版了一本意大利人所著的法医学著作。

审讯结束，要求犯人书写供状、画押，作为判决的依据。对于犯人的供状，必须经他官核实，即所谓“录问”，然后始能判决。死刑案件要由知州、通判、幕职官共同“聚录”。录问官如不能对不当之案及时驳正，治罪，录问时犯人翻供，则移案更审。

案件的正式判决，须向犯人宣读，如无异词即执行。如犯人推翻原供，则别推，即更换审判官重新审理。“翻异别推”是宋朝创立的复审制度，先采取同级异司复审，称为“移司别勘”。如仍上诉，则由上级司法机关“差官别推”。为了防止囚犯利用“翻异别推”拖延时日，沿用唐代三推之限。囚犯经三次翻异别推后，再翻异即不再复推，径行判决。南宋时，改为五推，别勘之官如发现冤抑，则要受到奖赏。

为了提高司法机关的工作效率，宋代明确规定审判期限。凡大理寺审判的案件，大事不过二十五日，中事不过二十日，小事不过十日。审刑院详覆（复核），大事不过十五日，中事十日，小事五日。所谓大事、中事、小事，哲宗时曾具体规定，凡二十缗以上为大事，十缗以上为中事，不满十缗为小事。虽有上述期限的规定，但也无法避免审判实践中的拖沓淹滞，旷日费时。

为严肃司法官的责任，凡故意出入人罪，全出全入者，以全罪论。故意从轻入重或从重出轻者，以所剩论，即以法官所增减的刑罚论定法官之罪。对于失出入人罪，按《宋刑统》规定：“断罪失于人者，各减三等；失于出者，各减五等。”在追究法官责任时，凡在文案上签署的官员都要负刑事责任，但分轻重首从处以不等刑罚。

宋朝皇帝司法权的强化，不仅表现在审刑院的设置和行政官杂议上，还表现为定期对京师地区狱讼的虑囚。太宗“常躬听断，在京狱有疑者，多临决之”。徽宗大观元年（公元 1107 年）公然下诏：“凡御笔所断，不许诣尚书省陈诉，如违并以违御笔论。”司法官吏如遇“情重法轻，情轻法重”，律无明文时，必须上奏皇帝裁定。

民事审判也和刑事审判一样，州官必须亲自审理，应诉的当事人及一干证人必须出庭。但于每年二月初一日至九月三十日，务限期内不得受理户婚、田土、钱债等民事案件，但因典期届满收赎引起的词讼，不受务限期所限。为了查清案情，证据起着重要的作用。民事证据分为书证、物证、证人证言、当事人陈述、鉴定结论、勘验笔录等。其中，书证是民事诉讼中最常见的证据，包括契据、干照、砧基簿、文书、遗嘱、定亲帖子、宗谱等。除物证外，当事人的陈述和证人证言，也是民事诉讼中常见的证据和裁判的根据。对于证据的真实性，由官府审查判断，或进行现场勘察，以便核实。

民事审判一般不得使用刑讯，也不适用“亲属相容隐”的司法原则。在《清明集》所收民事案例中，出庭作证的证人便有当事人之弟和当事人的祖母。

民事诉讼中调处被经常使用并进一步制度化。调处分为官府直接调处与民间调处两种方式。民间调处主要是亲族、邻里、奉命调处。调处息讼有利于及时解决民事纠纷，减少讼累，因而较为流行。为了防止民事诉讼久拖不决，影响生产，孝宗乾道二年（公元1166年）规定，民事诉讼在州县半年之内未结绝者，即可上诉。宁宗庆元年间又规定：“诸受理词诉，限当日结绝，若事须追证者，不得过五日，州郡十日，监司限半月，有故者除之，无故而违限者，听越诉。”〔1〕

“鞫谳分司”制度也适用于民事诉讼。但因法律条文欠缺，实践中存在着以礼断案或依习惯断案的现象，由司法官灵活掌握。判决之后，要作出“断由”发给当事人。如对判决不服，当事人可上诉于州、府，由州属司法官审理。如仍不服，可上诉于监司，由监司送临州委官审理。如再不服，可上诉于户部，户部是民事诉讼的终审机关。

总括前述，两宋在中华法制文明史上，是继唐之后成就最辉煌的时期。在商品经济与中央集权的双重推动下，民事法律和财政金融法律显著发展。同时，宋代也加强了中央集权的行政立法。在科举明法、读书读律的影响下，从士大夫到皇帝都曾经以法为尚，由此在立法和司法中不乏改革措施与制度建设。然而随着专制主义的强化，国家政治日益偏离正常的轨道，制定法越来越受到敕、例等临时性立法的冲击，以致失去了权威性和稳定性。百姓在朝令夕改中，无所措手足，国家也陷入了积贫积弱的境地而终至于亡。

---

〔1〕《宋会要辑稿·刑法》三之四〇。

第八节 辽、西夏、金法律

（公元916年—公元1234年）

中国自古以来就是统一的多民族国家。除汉族外，各少数民族对中华法系的缔造均做出了积极的贡献，推动了我国法制文明的发展。自唐朝以后，中国开始进入封建社会后期。在这一历史阶段，契丹族、党项族、女真族、蒙古族、满洲族等先后建立了辽、西夏、金、元和后金等少数民族政权。这些政权既有限于边陲一隅者，亦有扩展到北中国者，还有的建立了统一全国的政权。一方面，这些政权为了促进发展，增强统治力度，继续吸收汉族的先进法律文化，提高本民族的法制文明。另一方面，这些民族在抛弃本民族习惯法中落后传统的同时也注意保存固有的民族精神，并力图融入时代的潮流中去。在此过程中，他们取得了一定的成就，创造了丰富的司法经验。这是少数民族法制史上的重要篇章，也使得中华法系具有了更加丰富的内涵。

辽、西夏、金则均是在封建社会后期由少数民族所建立起来的封建王朝，三朝法律都经历了由习惯法至成文法的发展过程。首先，辽、西夏、金是由少数民族建立的政权，在其统治区域内，多民族杂居，民族矛盾复杂。为了维护本民族利益，三朝在制定法律过程中，都带有典型的民族倾向。其次，辽、西夏、金三朝法律在发展过程中都体现了一定的汉化特征。在统治期间，各民族的融合出现了新情况。汉文化的儒家伦理精神和思想、法律原则等内容逐渐渗入到各民族的法律之中，甚至直接为三朝所采用。

一、辽代法制概况

（一）立法概况

公元916年，北方契丹族耶律阿保机自称皇帝，建立了辽朝，统治北方各民族。由于政治、经济发展的需要，以及为了应对契丹族“渔猎以食，车马为家”与汉人“耕稼以食，城郭以居”的生产、生活方式之间的不同，辽代统治者采取“蕃汉异治”的分而治之政策。对汉人以汉法（即唐律）治之，对契丹人则适用本民族习惯法。太宗时，灭渤海，在治理渤海国期间，辽代统治者采取“治渤海人，一依汉法”〔1〕的方法，扩大了汉法使用范围。

〔1〕《辽史·刑法志》。

圣宗时期，由于圣宗自幼受承天后的影响，重视学习汉族文化，其继位之后，即着手改革律法，以解决“蕃汉异治”所引起的契丹人与汉人发生冲突时适用法律不均的问题。自此开始，蕃律与汉律渐趋一致。在此阶段，契丹族基本完成了从奴隶制到封建制的转变。

兴宗时为了进一步改革修律，在重熙五年（公元1036年），将太祖以来历朝法律整编融合，参照唐律制定成《重熙新定条例》，共547条，简称《重熙条例》。该法颁行诸道后，成为辽代正式成文法典。在该部法典中，确立了死、流、徒、杖四等刑罚制度，同时还确立了维护官僚特权的“八议”“八纵”之法。从这时起，辽朝法律虽然还带有奴隶制法的某些特点，但就基本性质而言，已经是封建制法律，具有“庶成定法令，治民者不容高下其手”[1]之史称。

而至道宗统治时期，咸雍六年（公元1070年）又以“契丹汉人风俗不同，国法不可异施”[2]为由，在重熙条制基础上颁布《咸雍重修条制》789条，对汉人、契丹人一体适用，这是辽代法律制度进一步封建化的标志。《咸雍条制》按类分编，律例并行，可以说是后世《元典章》及明、清律的雏形。但“条约既繁，典者不能遍习，愚民莫知所避，犯法者众，吏得因缘为奸。”[3]因此，道宗于大安五年（公元1089年）下令“复行旧法”，重新使用《重熙条制》。

（二）刑事法律

1. 罪名

辽代期间，随着社会经济的发展和汉化程度的提高，辽代罪名范围不断扩大，谋叛、盗窃等罪逐渐增多。其中涉及官吏的有贪污纳贿、泄露公事、奏事失误、诬陷、朋党等；涉及军事违律的有临阵退却、军事失备、调发稽误、收容间谍等；与经济犯罪相关的有差科赋役违法擅征、贩私盐、与国外贸易走私等；刑事犯罪的有斗殴谋杀、贩卖人口、伪造文书、强奸及婚姻违法等。

2. 刑罚

辽代刑罚，大量保留原有部族习惯法。到圣宗时，才正式采用汉族封建

---

〔1〕《辽史·耶律庶成传》。

〔2〕《辽史·刑法志》。

〔3〕《辽史·刑法志》。

刑名，“制刑之凡有四，曰死、曰流、曰徒、曰杖”[1]，建立由死刑、流刑、徒刑和杖刑组成的刑罚体系。刑罚名与汉族相同，但执行方式却有很大差异。

（1）死刑。辽代法定死刑有绞、斩、凌迟。凌迟始于唐末，频繁于五代，至辽代成为法定死刑，适用于谋反、恶逆等重罪。此外，辽代还有一些特殊的死刑执行方式。例如，投崖用于处置反叛贵族；射鬼箭是用乱箭射死罪犯等。

（2）流刑。分为边城、境外、绝域三等，附加黥面，通常为对犯死罪贵族的宽简之刑。

（3）徒刑。据《辽史·刑法志》记载，徒刑为三等，一为终身服役，二为服役五年，三为服役一年半。终身服役的还要判罚杖击五百，其余依次递减，杖击一百，犯重罪及窃盗者还要加以黥面。

（4）杖刑。辽代杖刑为自五十至三百。实际执行时，杖刑使用的刑具主要是契丹所用的沙袋、铁骨朵、大棒、木剑等物器。除此之外，还有粗杖、细杖、鞭、烙等。

辽代刑罚残酷又庞杂，既受唐律影响，又保留本族传统习惯。正如《辽史·刑法志》所载，“非常用而无定式者不可殚纪”，“辽之世，同罪异论者盖多”。

（三）司法制度

辽代建国之前，部落长老有司法事务处置权。太祖时，针对契丹民族设置专职司法官“夷离毕”和专门司法机构“夷离毕院”；对于汉族则有州县官执掌司法事务。圣宗年间，辽代按照“蕃汉分离”原则实行司法分治，设立南北枢密院，分别管理契丹民族和汉族的军政事务，同时亦作为最高司法机关。公元994年，辽仿汉法设立大理寺，置提点大理寺、大理正等官，负责重大案件的处理。圣宗开始，契丹人犯法依汉律定罪，同时也由汉族官员审问。为防止汉族官员冤枉契丹人，兴宗时在上、中、东、西、南五京设契丹巡警使，专门负责审问契丹人犯罪。但巡警使成立后，主要负责京城治安，即使审理案件，也是“一以汉法论”。

对于地方的司法审判工作，辽朝规定由地方的州县长官负责。州县为初审，诸道为二审或终审。审毕，州县诸道须将审判经过及判决结果向枢密院申报复核。

---

〔1〕《辽史·刑法志》。

二、西夏法制概况

（一）立法概况

西夏立国过程中，法制也随之建立，逐渐由习惯法向成文法发展，并至成熟。在党项羌氏部落社会初期，调整内部关系的属于习惯法并非成文法。凡遇诉讼纠纷，皆告于官，官府依据习惯法处断。西夏政权建立后，历代统治者十分重视成文法建设，推动习惯法到封建法制的进程。立法在服从实际情况需要和保留部分民族习惯法的基础上，大量吸收唐宋法制的精神与原则，加强汉化。这使得西夏在局部统一过程中的法制建设具有自身特性，是中国历史上少数民族立法的典范。

元昊作为西夏政权的第一任皇帝，十分重视成文法建设。他以宋代法制为楷模，尽力调查宋朝的典章制度，以为己用。在宋仁宗时期，仁宗曾释放宫人207名。元昊得此消息后，“阴以重币，购得数人，纳诸左右，于是朝廷刑赏，宫闱阴事，纤悉具知”。〔1〕元昊不仅“明法律”，而且十分重视法制。在建立西夏法制的进程中，确立了“尚武重法”的立国路线，要求“行中国法令”〔2〕，治国时“既袭封，明号令，以兵法勒诸部”〔3〕。这意味着在元昊时期，已有参宋律而制定的成文法。以后西夏历代皇帝也都加强了法制建设，多采律令形式，并在政治、军事、经济等方面颁布了法律制度。至崇宗期间，西夏法律体系已逐步形成，为以后律制发展奠定了良好基础。

崇宗秉持朝政后，为稳定局势，一改以往“尚武重法”之立国方针，形成“尚文重法”的治国政策，并内举兴革。在西夏贞观年间（公元1101年—公元1113年），崇宗以法治军，在其主持下，编撰了一部实用价值较高的军事法典《贞观玉镜统》，内容分五部分，即序言、军政、赏功、罪罚、进胜。其中，对军队的编制、管理，特别是赏罚制度作了详细规定。其目的在于整顿西夏的军纪、军风，提高军队的素质和战斗力，以应付周边复杂军事环境。

仁宗、孝宗时期，继续推行“尚文重法”的立国指导思想，发展经济，振兴文教，厉行节约。在此过程中，西夏统治者总结以往经验，修订了一部综合性法典《天盛改旧新定律令》，简称《天盛律令》。该部法典是迄今为止保存较好的在少数民族执政期间用少数民族文字（西夏文）刻印颁行的较为

---

〔1〕（清）吴广成：《西夏书事》卷一三，清道光六年刻本。

〔2〕（宋）李焘：《续资治通鉴长编》卷一五〇，庆历四年六月戊午，中华书局2004年版。

〔3〕《宋史·夏国传上》。

系统、完备的封建法典，是对西夏成文法建设的经验总结，在西夏长期历史发展过程中形成，其制定有着深刻的政治、经济、文化、社会根源。它由立法官北王兼中书令嵬名地暴等23人，以“为民取则，为世除恶”[1]为目的，以“敬承祖功，续秉古德，欲全先圣灵略，用正大法文义”，“比较旧新律令，见有不明疑碍，顺众民而取长义”[2]为原则，充分考察党项羌氏的民族习惯，并在此基础上，大力借鉴唐宋律令的精神和原则，最终制定而成。

（二）刑事法律

1. 罪名

西夏的刑事罪名具有双重特色：一方面，沿袭唐、宋律法，在吸收唐宋法典基本精神的同时，进行相应变化；另一方面，保留本民族习惯，注重对民族旧传统的延续，规定了一些与本民族习惯相适应的罪名。根据当时代表性的西夏法典《天盛改旧新定律令》的规定，当时法律规定的主要罪名包括以下内容：

（1）侵犯统治阶级利益的犯罪。此类犯罪包括谋逆（唐为谋反）、失孝德礼（唐为谋大逆）、背叛（唐为谋叛）、大不恭（唐为大不敬）。此外还规定了“失义”罪，即背义乖任，如下级官吏斗杀上级官吏，地方官吏斗杀中央官吏，学生斗杀官家所派老师的犯罪。对于该等犯罪，皆处死。

（2）悖逆封建家庭伦常的犯罪。此类犯罪包括恶毒门（唐为恶逆）、不孝顺门（唐为不孝）、不睦门、内乱门。

（3）恶性杀人及以阴邪手法杀人。此类犯罪包括不道门。在此罪名中详列了庶人对庶人、庶人对官人、官人对庶人、官人对官人之间的故伤、故杀等犯罪的处罚规定。

（4）官吏犯罪。对于官吏犯罪，西夏规定了贪状罪（即贪污罪），并区分“枉法贪污”和“不枉法受贿”两种情况。同时，还规定了失职、擅权罪，渎职罪，矫作传行制、圣旨罪。另又规定泄露机密罪，如兴兵文书、与所行之事有碍等。

（5）侵犯财产犯罪。此类犯罪包括盗亲门、杂盗门、群盗门、重盗门、盗赔偿返还门等。

---

〔1〕［俄］克恰诺夫俄译，李仲三汉译，罗矛昆校订：《西夏法典——天盛年改旧新定律令》，宁夏人民出版社1988年版，第1页。

〔2〕史金波、聂鸿音、白滨译注：《天盛改旧新定律令·颁律表》，法律出版社2000年版，第107页。

（6）强奸罪。此类犯罪包括夺妻门、侵凌妻门、威势藏妻门、行非礼门。该四项罪名较为突出地反映了西夏民族的立法特点。如夺妻门规定，引诱成奸者，男女双方均治罪，各徒三年，较唐律为重（唐律徒一年半）。藏匿被夺人妻，逾三个月，或受贿不报者，徒三年。妻子被夺，丈夫亲告，“夺妻罪”成立，衙门即行受理。在丈夫亲告前，法律允许双方和解。

2. 刑罚

西夏刑罚分为杖、徒、死三种。其中，杖刑由七至二十，徒刑由三个月至十二年以至无期，死刑分为绞死和以剑斩。官员可依其官品的高低通过“罚马”“罚钱”“降革官职、军职”减免刑罚。除正刑外，还包括黥、铁枷。

（三）司法制度

西夏建立之前，元昊即开始着手建制，其“设官之制，多与宋同”[1]。中央设中书省、枢密院、三司（盐铁司、度支司、户部司），为国家行政、军事、财政、司法最高机关。其中，中书省、枢密院除了掌行政、军事事务之外，还兼管刑事案件、民事案件的监督与复核。御史台在负责监察同时，也参与一些刑事案件的审判。元昊建立西夏政权之后，增设尚书省，并将中央机构增设为十六司。其中，陈告司负责全国案件的告诉，审刑司掌全国审判和司法行政事务。

仁宗时期，将政府机构分为上、次、中、下、末五等司。陈告司、审刑司均属中等司。陈告司主要负责全国案件的告诉，类似中原的“登闻鼓院”，设六正、八承旨、六都案、十七案头。审刑司设二正、二承旨、二都案、二案头。西夏审案直接由审刑司对皇帝和中央负责，很多刑案要奏请皇帝裁决，或分报中书省、枢密院审核定案。

西夏在地方设州、县二级行政机构，在边防设郡一级行政机构，兼理军事民政。各地行政机构与司法机构合一，均有审案职能。但死罪与无期徒刑的大案，须报经略司复核。

三、金代法制概况

（一）立法概况

金在进入中原前仍属奴隶制阶段，使用本民族习惯法。金太祖完颜阿骨打建立金国政权后，在一段时间内仍行“本朝旧制”。《金史·刑法志》曾记载：“金初，法制简易，无轻重贵贱之别，刑、赎并行。”随着统治区域扩大，

---

〔1〕《宋史·夏国传下》。

金取代辽、宋在北方的统治，逐步完成了封建化进程，并在法制上出现辽、宋法律与金习惯法并存的局面。太宗时起，金开始立法改制，吸收和沿用辽宋法律，以补本朝之疏漏。熙宗即位后，金逐步采用汉制来统一本朝法律制度，以改变多种法制并存的状况。在女真旧制基础上，熙宗朝“以本朝旧制，兼采隋唐之制，参辽宋之法”[1]，编纂了金国的第一部成文法典《皇统制》，共1000余条。金世宗和章宗统治时期是金国加速汉化乃至完成汉化的时期，也是立法一重要阶段。章宗明昌元年设置了详定所，作为编修法律的专门机构。其后集历代刑律条文和《宋刑统》的疏义于一体，编成《明昌律义》。泰和元年又以《唐律疏议》为蓝本，完成《泰和律义》十二篇。《泰和律义》篇目与唐律相同，并有附注和疏义，但内容有所不同，是金最完备的法律。

（二）法律内容

金的法典均已失传，但从《金史》等资料中可见金法律的大致内容。

第一，金在完成奴隶制到封建制的转变过程中，以法律为手段。从太宗开始，金就颁布了允许奴婢赎身的法令，甚至允许官府为其赎身，并对在赎放中的“隐匿者，以违制论”[2]。

第二，女真固有的平等精神，一定程度上限制了封建法律特权。金的传统，本无贵贱轻重之分。太宗时，皇帝都可受到杖刑，群臣百官如有犯法，即行杖决，不会因亲贵而享受特权。而到了金后期，八议如律，但适用范围也远远小于唐宋律令的规定。

第三，重视“惩治盗贼”。金国旧俗存有“杀人及盗劫者，击其脑杀之，没其家资”[3]的规定。金长期处于对宋的战争状态，把汉族人民的反抗斗争一概视为“盗贼”。盗贼罪不仅征以三倍赔偿，还要处以徒刑、刺字乃至死刑。章宗时期，更是加强了对“盗贼”的缉捕。

第四，婚姻家族制度中保留旧的习俗，允许妇女寡居，还允许宗族接续的“续婚”等。随着汉化深入，金也逐渐开始接受“亲亲、尊尊”等法律原则，禁止子孙别籍异财，实行亲亲得相首匿制度，但等级色彩远远淡于汉律。

除此外，金的刑罚基本仿照唐宋五刑，只是略有变化，其中徒刑为七等，附加杖刑。金的五刑还允许以铜赎，但数量比唐增加许多。实际上，除五刑外，金还有大量的法外酷刑，如杖刑时以铁刃置于杖端等。

---

〔1〕《金史·熙宗本纪》。

〔2〕《金史·世宗纪上》。

〔3〕《金史·刑法志》。

（三）司法制度

金的中央司法机构包括刑部、御史台，与唐制相同。同时，金代御史台还下设“登闻鼓院”“登闻检院”。刑部为最高司法行政机关，隶属尚书省，主管立法及刑事案件的复审。大理寺为最高司法审判机关，掌天下奏案审判，详谳疑狱。凡移送大理寺审断的案件，一般需经“审断”“参议”“检断”三步骤。先由卿（正四品）、少卿（从五品）、正（正六品）、丞（从六品）“详谳断狱”，即由他们进行覆审。然后由司直（正七品）四人和评事“参议疑狱，披详法状”，即根据案情结合法律详细参阅。最后由知法十一人（从八品）“检断刑名”，再复检一次。从大理寺复审一般案件所适用的程序看，金代诉讼制度具有一定的规范性。

金代时期，地方司法制度一如往制，由地方长官兼任司法，负责审判，其中高级地方官的下面设有专管刑狱的官员。例如，大兴府有知法三员、从八品，女真一员，汉人二员，掌律令格式，审断刑名。诸京留守可有推官、司狱和知法，即“推官一员，从六品，章同府判，分判刑案之事，上京兼管林木事。司狱一员，正八品，知法，女真、汉人各一员，南京汉人二员”〔1〕。诸总管府与诸府亦有推官和知法，诸防御州、刺史州则有判官、知法。

〔1〕《金史·百官志》。

第十章

元朝法律

（公元1279年—公元1368年）

13 世纪初，蒙古族各游牧部落结束了内部纷争，在铁木真的领导下实现了统一，建立了蒙古汗国，铁木真被尊为蒙古大汗“成吉思汗”。蒙古汗国建立后，便开始了拓展疆域的南征北战。灭西夏后，蒙古人于公元 1234 年与南宋联合攻灭金朝，随后便转攻南宋。公元 1264 年，蒙古人已占据了中原的大部分地区，将统治中心由上都（今内蒙古多伦附近）南迁至中都燕京（今北京）。公元 1271 年，忽必烈建立元朝。公元 1276 年，宋帝投降，元军进入临安，灭南宋。公元 1279 年，元朝消灭宋朝残余势力，完成统一大业。公元 1368 年始，元末爆发农民大起义，攻占大都，元朝灭亡。从元世祖忽必烈建国至元顺帝妥懽帖睦尔，元朝共历 11 帝 98 年。

元朝是以蒙古贵族为主体、包括汉族地主阶级和其他各民族上层分子共同建立的封建政权。由于其所统治的是文化高度成熟的汉族地区和人民，因此不得不参照唐宋旧制，积极进行政权与法制建设。但在更多方面，仍沿袭本民族固有方式，保留奴隶制和早期封建制的落后因素，以及民族压迫、军事征服的特点。因此，元朝文化、制度具有多样性。一方面，蒙古族社会发展形态处于奴隶制向封建制急剧转变的历史过程中。依靠军事暴力征服所建的政权及蒙古国所固有的野蛮统治方式，根本无法满足统治具有先进、成熟的汉文化的广大人民的需要。所以，元朝统治者不得不吸收以儒家思想为主导的封建文明成果。另一方面，元朝统治者仍然保留了落后的统治手段，实行民族歧视和压迫，将各族人民强制分成四个等级，即蒙古人、色目人、汉人（消灭南宋以前蒙古统治下的北方汉人、契丹人、女真人等各民族）、南人（南方汉人及其他各族人）。其中蒙古人地位最高，汉人，尤其是南方汉人地位最低。

第一节　立法思想与立法概况

一、立法思想

元朝统治阶级立法思想缺乏系统性。大体来说，可分为两个时期：一是自元太祖成吉思汗至元世祖忽必烈建立元朝前，二是元世祖忽必烈建元后至元仁宗、英宗颁布《大元通制》后。

(一)“遵循祖制、适宜变通”

建元前，即自元太祖成吉思汗公元1206年统一各部落建立蒙古汗国至世祖建元前，元代法制尚处于草创和统一时期。在此时期，立法思想在遵循祖宗旧制的前提下，不同发展时段针对不同治理对象，有所调整。这主要体现在三个方面：其一，尊重祖宗旧法。元太祖成吉思汗是蒙古民族的英雄，他的思想对元代法律制度具有重大影响。在蒙古汗国甫创之时及其统一各民族的征战中，成吉思汗在强调治理不同的民族区域使用不同的法律制度的同时，也主张遵循祖宗旧制。据史料记载，1206年建国时，成吉思汗任命其养弟失吉忽秃忽为大断事官，并指示他“把一切领民的分配和断了的事都造青册写在上面……写在青册白纸上的（规定），直到子孙万代不得更改，更改的要治罪”。[1]其二，“尽收诸国，各依风俗”[2]。成吉思汗在治理被征服之地时，注重对不同的人采用不同律法风纪的策略。其三，“慎刑恤民，确立法制”。这是耶律楚材的观点，耶律楚材（公元1190年—公元1244年），字晋卿，号玉泉老人，又号湛然居士，是契丹后裔，生长于燕京。他从小由母亲教养，长大后博览群书，在金代时，考中进士。元太祖定燕后，耶律楚材以其名被太祖召见，并受信任，太祖平定江南，楚材多半预其谋，后又成为太宗窝阔台的重要辅臣。耶律楚材于太祖、太宗时任事近30年，官至中书令。他曾提出《便宜一十八事》，被皇帝作为临时法律颁行全国。他在法律上主张军民分治，州郡长吏专理民事，万户府总管军事；开科取士，释放被俘为奴的汉族知识分子，“以儒治国，以佛治心”；慎刑恤民，秉公执法；死刑必须申报批准后方可行刑，“不得生杀任情”。其法律思想为元统一全国后建立健全法制奠定了基础，现有《湛然居士集》《西游录》传世。

---

〔1〕 鲍思陶点校：《元朝秘史》，齐鲁书社2005年版。

〔2〕《元典章·刑部》。

元太祖立国之时，耶律楚材从发展社会生产力、巩固蒙古政权的需要出发，针对个别蒙古族大臣提出的“以汉地为牧场”的主张，力主废除屠城旧制。窝阔台即位后，耶律楚材又建议设立州郡长官，实行赋税制度。蒙古政权初建之时，并无完整的法律，基本上靠习惯法维持其统治。太祖、太宗时，为了对外扩张，给功臣们以种种特权，甚至规定有功之臣百次犯罪不予处罚，一时形成了将领悍虐、官吏贪暴的严重局面。对此，耶律楚材非常痛心，他向太宗力陈《便宜一十八事》，要求作为临时法律，颁布全国，受到了太宗的采纳。《新元史·刑法志》称：“及中原略定，州县长吏，生杀任情，甚至没人妻女。耶律楚材奏请，‘囚当大辟必待报，违者论死’。从之。太宗即位，楚材又条奏便宜一十八事：如州县非奉上令敢擅行科差者，罪之。蒙古回鹘河西人种地不纳税者，死。监主自盗官物者，死。应犯死罪者具由申奏待报，然后行刑，皆著为令。”

（二）“祖述变通”“附会汉法”

世祖建元后，面对广大的地区和众多的汉族人民，在法制上不得不逐渐抛弃蒙古习惯法和金律而吸收汉族的法律文化。这个时期，法律思想比较有影响的一位是世祖忽必烈。元朝法制指导思想，主要寓于忽必烈“祖述变通”的建国思想之中。所谓“祖述”，即蒙古传统旧制；“变通”，则是要吸收、借鉴以往朝代博大精深的文化、制度。公元1260年，忽必烈在颁布的《建元诏》中申明，治国应该“稽列圣之洪规，讲前代之定制”。〔1〕世祖忽必烈（公元1215年—公元1294年），拖雷之子，太祖成吉思汗之孙，是元朝历史上著名的皇帝。他早在“潜邸”开平之时，便在身边汇集了以刘秉忠〔2〕为首的一些儒家知识分子。其称帝后，一方面继续保持本民族的传统，另一方面注重学习汉族地主阶级的统治经验。这表现在立法思想上，则是“附会汉法”“参照唐宋之制”〔3〕。对元朝法制指导思想产生重要影响的另一位皇帝是颁布《大元通制》的元英宗孛儿只斤·硕德八剌。他幼从汉儒读诗经，17岁即皇帝位，20岁时被杀。年轻的英宗在位期间，重用读儒家之书的大臣，大

〔1〕《元史·世祖纪一》。

〔2〕刘秉忠（公元1216—公元1274年），元邢州人（今河北邢台），初名侃，字仲晦。年十七为节度使府令史。后出家为僧，法名子聪，号藏春上人。乃马真后元年（公元1242年），经海云推荐入忽必烈幕府，备受信任。忽必烈称帝后，受命制定各种制度。至元元年，奉命还俗，任太保，参领中书省事、同知枢密院事等职。三年主持设计大都城。八年建议以大元为国号，著有《藏春集》，现存诗六卷。参见：《中国历史大辞典·辽夏金元史》，上海辞书出版社1986年版，第181~182页。

〔3〕《元史·高智耀传》。

力实行改革措施，削夺蒙古贵族的特权，史称“英宗新政”。他的立法思想集中表现为，“参唐宋之汉法，成一代之制”[1]。

元代法制在上述思想的指导下呈现出三个重要的特色：一是继续保有蒙古族传统余韵，这在婚姻、宗教、刑罚方面尤为突出。二是法律总体精神依唐宋之法典。三是南北异制，即强调在不同的民族区域实行不同的法律，形成了法律体系上的多元结构，具有鲜明的民族色彩。[2]

二、立法概况

（一）建元前的立法

1．“大札撒”的制定

“札撒”，是蒙古语的音译，意为命令、法令，是在“约孙”的基础上，伴随着12世纪蒙古奴隶主阶级的产生、私有制的形成而出现的。早在成吉思汗统一蒙古部落之前，“蒙古人中就存在着若干古来的‘约孙’。‘约孙’有道理、规矩、缘故等意义，元代通译为‘体例’”。“约孙”实际上包含了蒙古民族在长期历史过程中形成的种种社会习惯或行为规范。[3]据《史集》记载：“公元1203年成吉思汗消灭了克烈部王罕，召集大会，制定了优良而稳定的札撒。”[4]公元1219年，成吉思汗又一次召集大会，“重新确定了训言、札撒和古来的体例”。[5]这些写在纸卷上的成吉思汗训言及蒙古族社会习惯，名为《大札撒》。“大札撒，华言大法令也。”[6]公元1225年，成吉思汗西征而会，再次下令颁布札撒和训言，《札撒》的编辑工作至此时完成。

《札撒》是初创性的法律规范，既不完备，也不系统，其内容主要规定了奴隶对主人、那颜（蒙语音译，意为贵族、官人）对君主的人身依附关系。那颜们除君主外不得投托他人，违者处死，擅离职守者也处死；凡发现及收留逃奴不还其主者，处死。此外，《札撒》中还保留了一部分蒙古民族的习惯和迷信禁忌。例如，宰畜而食需缴其足，剖其胸，以手紧抓其心直至畜死，方可食其肉。《札撒》现已亡佚，有关条款和训言散见于中外史料中。如俄人梁赞诺夫斯基曾汇集波斯、阿拉伯和欧洲史料中的有关记载，得《札撒》条

---

〔1〕《元史·英宗本纪》。

〔2〕黄时鉴：《元代法律资料辑存》，浙江古籍出版社1988年版。

〔3〕韩儒林：《元朝史》，人民出版社1988年版，第93页。

〔4〕［波斯］拉施特：《史集》，商务印书馆1986年版，第135页。

〔5〕［波斯］拉施特：《史集》，商务印书馆1986年版，第197页。

〔6〕《元史·太宗本纪》。

款三十六，训言二十九条。[1]

2. 忽必烈制定的部分法令及对金《泰和律》的采用

建元前，世祖忽必烈曾于中统三年（公元 1262 年）命大司农姚枢讲定"条格"，至元元年（公元 1264 年）成，史称"奏定法令三十七章"，吏民以之便。随着对金与西夏战争的胜利，蒙古贵族已经占领了原属金和西夏的北方领土，原来的《札撒》已经越来越不适应已高度封建化的新占领地区的需要。为了改变这种情况，加速蒙古贵族的封建化过程，扩大其在汉族地区统治的社会基础，忽必烈及贵臣们便吸收金统治汉的经验，凡治理北方汉人刑名之事，一体采用金《泰和律》。所谓"断理狱讼，循用金律"。[2]

（二）建元后的立法

1.《至元新格》的颁布

至元八年（公元 1271 年）十一月乙亥，在建大元国号的同时，元世祖下令禁行《泰和律》，[3]并制定新朝法律以适应封建大统一的需要。从至元八年到至元二十八年期间，元世祖命"老臣通法律者，参酌古今，从新定制"。[4]至元二十八年（公元 1291 年），朝廷准中书右丞何荣祖所请，将"公规""选格""治民""理财""赋役""课程""仓库""造作""防盗""察狱"十事辑为一书，颁行天下，名为《至元新格》。[5]《元史·刑法志》载："及世祖平宋，疆理混一，由是简除繁苛，始定新律，颁之有司，号曰《至元新格》。"《元史·世祖本纪》也载："二十八年五月，何荣祖以公规、治民、御盗、理财等十事，辑为一书，名曰《至元新格》，命刻板颁行，使百司遵守。"《至元新格》的全文今已不存，其条文录于《通制条格》与《元典章》中的有近百条。从形式上来讲，它是以当时陆续颁行的各种格例为依据，按照一般法典所通行的行文格式与体例重新编写。从内容上来讲，它是以行政法为主兼有部分刑事法律条文的综合性法规。在《元典章》残存的《至元新格》条文中，包括《吏部·职制二》二款、《吏部·公规》八条、《户部·仓库》十一款、《户部·农桑》二款、《科役》二款、《刑部·诸盗》三款、《刑部·听讼》五款、《工部·制作》十一款。《至元新格》的法规，有的称"条"，有的称"款"。沈家本在《历代刑法考·律令八》中"大德律令"条的按中说：

---

〔1〕韩儒林主编：《元朝史》，人民出版社 1988 年版，第 96 页。

〔2〕《元史·刑法志》。

〔3〕《元史·世祖本纪》。

〔4〕《元史·武宗本纪》。

〔5〕《元史·刑法志》。

“《至元新格》成于二十八年，《纪言》十事，则刑法当是其一端也。”关于《至元新格》在元代法制上的地位，单从编纂形式上看，它确实是元代第一部较为系统的法典，但从内容上来说，它并没有完全解决元代无制定法的根本问题。后来统治者不断修订法律，颁布多种条格，司法官员在断决刑各疑难案件时，仍时常参照已行条例、断例来处断的情况，可以证明这一点。

此外，元世祖还于至元五年（公元1268年）颁布了《宪台格例》36条，至元十四年（公元1277年）制定《行台条画》29条，作为监察机关的活动准则。

2. 仁宗时的《风宪宏纲》

《风宪宏纲》是一部有关朝廷纲纪和吏治的法规。由于《至元新格》内容简略，不能适应治世的需要，因而不断有人建言再修订一部更为完整的法典。成宗即位以后，命何荣祖修订律令。何荣祖择取380条，名曰《大德律令》。律成，诏“元老大臣聚听之”。结果被斥为“讹舛甚多”。[1]仁宗时，集成《风宪宏纲》。《元史·刑法志》载：“仁宗之时，又以格例条画有关于风纪者，类集成书，号曰《风宪宏纲》。”

3. 《大元通制》的颁布

元世祖至元二十八年（公元1291年）颁布的《至元新格》“虽宏法大纲，不数千言”，但却过于简单，许多情况下犹如无法，造成了治理的严重紊乱。故此不断有人建议再制定一部较为完整的法典。《大元通制》正是在这种背景下修纂的，其编纂始于元成宗大德年间（公元1297年—公元1307年）。仁宗皇庆、延祐年间（公元1312年—公元1320年）反复修订后，由英宗于至治三年（公元1323年）颁布施行。

《大元通制》由四部分组成：一诏制，94条；二条格，1151条；三断例，717条；四别类，577条。《元史·英宗本纪》载：“格例成定，凡二千五百三十九条，内断例七百一十七、条格千一百五十一、诏敕九十四、令类五百七十七，名曰《大元通制》，颁行天下。”《大元通制》全文早已散佚，据元人沈仲纬所撰《刑统赋疏》的记载，《大元通制》的条格共有二十七个篇目，其中祭祀、宫卫、公式、狱官、河防、服制、站赤和榷货八目失缺[2]，今存“条格二十二卷，六百四十六条，包括户令、学令、选奉、军防、仪制、衣服、禄令、仓库、厩牧、田令、赋役、关市、捕亡、赏令、医药、假宁、杂

〔1〕《元史·何荣祖传》。
〔2〕黄时鉴点校：《通制条格》，浙江古籍出版社1986年版。

令、僧道、营缮等十九事。五刑、狱具、有司决断条例、取受贮贿、十恶条令、诸条格等六目”。〔1〕

4.《大元圣政国朝典章》的编纂

大致在编纂《大元通制》的同时，元朝还编纂了一部《大元圣政国朝典章》，简称《元典章》。它并非元朝政府正式颁布的专门法典，而是仿照《唐六典》编纂的元朝制度法令的大全。它汇集了至元以来直至英宗至治三年（公元1323年）有关的政治、经济、军事、法律以及圣旨、条画等诸多方面的内容。全书分诏令、圣政、朝纲、台纲、吏部、户部、礼部、兵部、刑部、工部十大类，共60卷，下分373目，目下分若干条格。

《元典章》是研究元代历史不可缺少的重要文献之一，全部内容都由元代的原始文牍资料组成。元代政治、经济、文化等社会生活的各个侧面在书中都有具体生动的反映。有关贵族和官僚的特权、封建的身份等级制、对民众的剥削压迫、不平等的民族等级划分等方面的资料十分丰富。社会经济史料主要集中在户部各卷中。地产、土地买卖、租佃等有关土地关系的资料，对研究封建制度十分重要。户计文档提供了关于元代居民结构和居民对国家的封建义务的重要资料。元朝的农业政策和村社制度在书中有清楚的反映。各种差发科敛都有详细的记载。名目繁多的捐税文档，不仅记载课税制度，而且生动地反映了农村副业、手工业生产和商业贸易的许多细节。有关钞法、物价和钱债的各条，提供了元代币制、货币流通和高利贷盘剥的具体情况。这些都是价值很高的史料。吏部各卷中收有关于元代官僚制度的大量文档。各类官吏的官职、品级、职责、任免、升转、考核，各种公规，乃至文牍程式，都有系统的资料可查。全书中篇幅最大的是刑部各卷，提供了元代司法制度的详细资料。大量的词讼文字和判例从多方面反映了元代尖锐的阶级矛盾和动荡的社会生活。尽管元廷镇压和防范，人民的反抗仍连绵不断。贪赃枉法屡见不鲜，揭示了元朝统治的腐朽。各式各样的犯罪活动，反映出复杂的社会矛盾和当时社会心理、风俗的特点。这些都对研究元代法制史和社会史极有价值。书中抄引的圣旨和中书省、御史台文件，保存了元朝最高统治集团议决政务的记录，从中可以看出元朝政府决定和处理政务的准则、方法、过程。《元史》和其他史籍中的许多记载都能在《元典章》中得到更为详细明确的印证或补充。现存的有关元代社会的各种史料，可以说以《元典章》最为丰富、集中和具体生动。

---

〔1〕（宋）陈元靓：《事林广记》卷三，中华书局1999年版。

对于《元典章》的价值,《四库全书总目》评述:"此书于当年法令,分门胪载,采掇颇详,故宜存备一朝之故事。"但必须指出的是,《元典章》本身并非朝廷官修之法典。据考证,它似是江西行省下属文书机构所汇编的一部文书集。

5. 元顺帝时期的《至正条格》

自《大元通制》颁布后,由于朝廷仍续降诏令,加之司法引用格例,官吏任意解释与取舍,致使法令前后抵牾。故元顺帝至元四年(公元1338年),又命对旧条格重新整理,对《大元通制》进行删修制典。到至正六年(公元1346年)编成,史称《至正条格》,颁行于世。《至正条格》的性质与《大元通制》同,其内容包括制诏150条、条格1700条、断例1059条。

三、立法特点

元代立法的最大特点是法律内容极不规范,以反映社会习惯为主的条格、断例在整个法律体系中占有绝对的优势。《大元通制》共2539条,其中条格1151条,断例717条,二者相加超过总条目的80%。《至正条格》中,条格1700条,断例1059条,超过总条数的90%。

条格主要是经皇帝亲自裁定或直接由中书省等中央机关颁发给下属部门的政令,是元代在民事、行政、财政等方面的重要法规。有一部分条格是属于具体处置各种个别事件的指令性文书,也有部分的条格属于记录的公文文书,这部分条格多因一时一事而发,在立法形式上多与划一的法规相异。

断例则是皇帝或司法官员处断案件的成例,属于刑事方面的法规。条例和断例在元代立法中所占的比例说明,元代立法行政,断狱量刑,基本上是以临时而陆续颁布的有关政令、文书与司法实践中的判例为依据。正如后人在追述元朝立法形式时所说:"大致取一时所行事例,编为条格而已。"[1]这使元朝末期出现了如下的情况:"诸人罪状议拟有轻重之殊,繁条碎目,与日俱增,每罚一辜或断一事,有司引用不能通奉,奸贪之吏独习知而舞文。"[2]又:"天下黔首蚩蚩然狼顾鹿骇,无所持循。"[3]

---

〔1〕《新元史·刑法志》,载丘汉平:《历代刑法志》,群众出版社1988年版,第491页。

〔2〕(清)沈家本:《历代刑法考》,商务印书馆2011年版。

〔3〕(明)黄淮、杨士奇:《历代名臣奏议》,上海古籍出版社2012年版。

第二节　行政管理体制与监察法规

一、行政体制建设的指导思想

公元1260年4月，忽必烈战胜汗位争夺对手阿里不哥，取得蒙古大汗之位，号称薛禅汗。在其即位之后，宣布采用汉制称皇帝，并颁布了《皇帝登宝位诏书》，是为元世祖。为了扭转“先朝”大汗“武功迭兴、文治多缺”的局面，忽必烈开始着手建立适合蒙古贵族统治需要的行政机构，组织制定一套“革故鼎新”的官制官规，以确保皇权集中、控制中枢、行使行政大权。

忽必烈在诏书中明确宣布：“爰当临御之始，宜新弘远之规。祖述变通，正在今日。”〔1〕其中的“祖述变通”意指变革成吉思汗以来的“本朝旧序”中，那些不适应新条件、新政局的陈规旧制，从而使蒙古贵族原先的统治机构、行政体制能大致与中原的封建经济基础相适应。

随着统治区域不断向南边扩张，蒙古统治集团深刻认识到原有“法度”和“体例”已经无法有效管理广大的中原地区，只有改变旧例才能适应经济发展，有效经营管理中原地带。在此背景下，需要贴合时宜，在维护蒙古贵族长远利益的同时，运用汉唐治世之道，以索治国之良策，故需变通祖述，新建体制。

二、行政管理体制

元朝的行政管理体制在蒙古汗国时期与建元后的不同历史阶段内有着不同的时代特色。在蒙古汗国时期，大体上实行的是军事行政制度，即以十户、百户、千户和万户为单位，编制蒙古各部落的牧民。千户长和万户长由大汗直接任命。同时，还建立了领户分封制度。凡属成吉思汗的子弟、亲族和功臣，都得到了不同数量的封户。元朝建立以后，蒙古贵族在继续保留本民族传统的基础上，吸收历代汉族封建国家的统治经验，改变了仅以万户统军族、断事官掌行政的简陋状态，建立了一套独具民族特色的行政管理体制和系统的行政机构。尤其值得注意的是，元代统治者十分重视对各级官员的监察和考核，监察官员品位高、权力大，监察制度系统完备是十分突出的特色。

---

〔1〕《元典章》卷五七《刑部》。

（一）确立一省制的中央行政管理体制

元朝最高统治者称大汗，大汗在蒙古国时期，形式上需要经过库烈尔台（部落首领会议）推举产生。这种制度带有强烈的氏族民主制残余的色彩。忽必烈统一中国后，废除了库烈尔台，确立了大汗的世袭制。

大汗之下，中书省为中央最高行政管理机构。中书省长官为中书令。由于中书省掌管军国大政，世祖以后为防止中书省长官中书令擅权，而不常设置，如设置则以皇太子兼领。中书令以下有左右丞相、平章政事、左右丞、参知政事等官职。中书令常由皇太子兼领，但并不到职视事，因此左右丞相以下各官，担负指挥政务的实际责任，统称为宰相。

枢密院是元朝中央最高军事机关，照例由皇太子兼领枢密院使，下设枢密副使、同知院事等官。与宋不同的是，枢密院不再与中书省并列为“二府”，其地位逊于中书省。由于枢密院掌管国家军事行政和军事调遣等军事机密，仅皇帝与二三亲近贵族密议掌握。所谓“虽枢密近臣职专军旅者，唯长官一二人知之。故有国百年，而内外兵数之多寡，人莫有知之者”〔1〕。汉人纵有枢密院任职者，但亦不得过问军事机密。

元朝中央政府设置的机构还有蒙古翰林院，负责起草皇帝诏旨；通政院，负责管理驿站；将作院，主管工匠；集贤院，负责管理学校事务；宣政院，主管宗教和少数民族事务。元时，统治者推崇喇嘛教，且以帝师或国师诏旨与皇帝敕令并行于西域，故主管宗教事务的宣政院权力尤大。宣政院长官为宣政使，下属官职人员，多僧俗并用。僧侣在国家行政事务的管理中发挥着重要的作用。

（二）地方行政管理体制

元朝初建之时，地方行政机构大体仿宋、金旧制，分为路、府（州）、县三级，并置行中书省作为中央临时派遣机构，以加强对地方的控制。行中书省的创设，是元朝地方行政机构的一个显著变化，不久即为常设的固定行政区域。当时，全国除中书省直辖的河北、河南、山东、山西等地（史称“腹里”）以及宣政院直辖的吐蕃外，共分十一个行省。另外，还在边疆地区专设管理少数民族事务的四个行省。

行中书省设丞相为之长，多由蒙古亲王、贵族充当，其品位高、权力大，“军国重事无不领之”〔2〕。下置平章政事、左右丞、参知政事等官。元行省

---

〔1〕《元史·兵志》。

〔2〕《元史·百官志》。

制的建立，既对其后的明、清两朝省级机构的设立产生了重大影响，同时也在客观上促进了全国各族人民在政治、经济和文化方面的交流。行中书省与行枢密院、行御史台是元朝中央政府对地方的控制机构。

行省以下，腹里地区一般设路、府、州、县四级；非腹里地区，一般设路、州（府）、县三级。路设总管府，以总管为之。府（又称散府）设知府（或府尹）。州设州尹（小州称知州）。县令也改称尹。自路以下，无论总管府、散府或州、县照例均设掌印办事、握有实权的蒙古官员达鲁花赤一员，为地方政务的最高负责人。

此外，在行省与路之间，还设置两种道：一种是设在边疆少数民族地区，负责军民政务的宣抚使司；另一种是遍设全国各地负责监察的肃政廉访使司（初名提刑按察使司）。后者分别受中央御史台及江南、陕西二行御史台领导，在性质上是地方的监察机关。

元朝的基层组织，县以下有村社和里甲两级。凡五十家编为一社，利用汉族地主、乡耆为社长，负责催收征税，维护秩序。社长之上另置蒙古提点官进行监督。特别是派遣蒙古军队或探马赤军驻社，名为与民共同编社，实乃进行军事统治。村社以下有里甲，凡二十家编为一甲。甲有甲主，由蒙古人或色目人担任，甲主对居民握有无上权威，其衣食皆由所属居民供养。这种制度是元朝实行军事镇压和民族压迫的必然反映。

在我国历史上，中央政府对西藏地区行使行政管理权，是自元朝开始的。公元1253年元宪宗派兵进入西藏，从此，西藏便划入中国版图之内，成为中国领土不可分割的一部分。世祖时，更定政教合一的制度，在西藏沿行数百年之久。元中央政府还专门设立宣政院，负责对西藏地区的事务管辖，并专派宣慰使一人常驻西藏，负责征收赋税、贡物、调查户口、考核当地官吏等项事宜。这些措施与驿站、军站的设置相配合，大大加强了西藏同内地的联系，提高了中央的统治效能。

（三）监察法规与监察制度

对于监察机关的重要性，元世祖有着清醒的认识。史称："世祖尝言，中枢朕左手，枢密朕右手，御史台是朕医两手的。此其重台之旨。历世遵其道不变。"〔1〕在最高统治者的重视下，有元一代颁布了一系列的监察法规。著名的法规有元世祖至元五年（公元1268年）颁布的《宪台格例》36条、至元六年（公元1269年）的《察司体察等例》、至元十四年（公元1277年）制

〔1〕（明）叶子奇：《草木子》，中华书局1959年版。

定的《行台体察等例》、至元二十五年（公元 1288 年）的《察司合察事例》、至元二十九年（公元 1292 年）颁行的《廉访司合行条例》等。

依照上述法规，中央监察机关御史台与中书省互不统属，地位相同，其长官御史大夫由从二品提高到从一品。法规对监察机关的职权作了系统的规定：其一，考察百官；其二，监督司法；其三，参与司法审判。《元史·刑法志·职制》载："诸宪官职掌：饬官箴，稽吏课，内秩群祀，外察行人，与闻军国奏议，理达民庶冤辞，凡有司刑名、赋役、铨选、会计、调度、征收、营缮、鞫勘、审谳、勾稽及庶官廉贪，悉纠奉之。"

元朝分全国为二十二道监察区，各设肃政廉访使常驻地方，负责纠察、督促地方各级官吏，以使他们恪尽职责。廉访司置使、副使、佥使、经历等员，秩正三品。廉访司职责重大而又广泛，据《元典章》记载，共有三十余种职责，主要是纠察地方官员邪恶、政治得失，分巡、按复各路已结案件。具体来说，廉访司对所管各路实行监察，称为"分巡"。即"每年八月分巡，次年四月还司"[1]。凡遇重刑，需当面复审查实，然后移文本路结案，申刑部待报。另外，他有权断决六品以下官吏轻罪，复审地方已断的民间死刑案件。

为了加强对肃政廉访使的领导，元朝在江南和陕西二地设置御史台派出机构行御史台，并依法对监察官员本身实行监察。《元典章·肃台纲》载："监察官员若有犯赃行为，则加等治罪，虽不枉法，亦除名。"元朝从中央到地方监察机关体系的形成，是同元朝统治的特殊历史条件分不开的。蒙古贵族操纵下的元朝政权，为了实现对全中国的统治，客观上不得不利用汉族地主官员，但在骨子里，又害怕他们拥权自重，不利于蒙古贵族的统治，于是便对他们采用了既利用又防范的政策，通过监察机构严密监视汉族地方官吏的活动。正因为如此，元朝史上才有御史大夫一职"非国姓（蒙古贵族）不以授"的传统规定。

第三节　民事法律与经济法律

一、民商事法律指导思想

元帝国的版图空前广大，其疆域"北逾阴山，西极流沙，东尽辽左，南

〔1〕《元典章·台纲》卷六《台纲·分巡须要遍历》。

越海表"，"东南所至，不下汉唐，而西北则过之，有难以里数限者矣。"[1]元朝是一个重商的朝代，在统治阶级的思想里，处处弥漫着重商的意识。早在太祖、太宗统一中国的军事征战中，蒙古贵族常将俘虏的商人或商队带回漠北以供经营商业之用。建元后，皇帝竟批准在籍秀才经商，并可免除一切杂泛差役。这是宋以来商品经济思想的进一步发展。《无锡免秀才杂泛差役诏碑》载："今后在籍秀才，做买卖纳商税，种田纳地税，其余一切杂泛差役并行蠲免。所在官司，当切存恤，禁约使臣毋得于庙学安下，非理搔扰，准此。"有元一代，陆上的"丝绸之路"畅通无阻，海运更为繁盛，对外贸易兴极一时。城市商业规模令来自威尼斯的马可·波罗吃惊。在商业发展的基础上，元代的商品经济由初期的破坏、倒退渐渐走向曲折发展。社会的安定、民族的融合、文化的交流、商品经济的恢复发展，为元代民商法律的制定奠定了基础。与宋相比，元代的民商法律既有总体上落后的一面，也有在某些方面超出宋代的一面。如元代制定的市舶则例 22 条，较宋代更加系统和完备。

在婚姻家庭方面的民事法律上，蒙古族统治者受儒家伦理思想约束较浅，婚姻法律中保有浓厚的民族特色。因为蒙古人在入主中原前，长期过着游牧生活，所以家庭婚姻方面的习俗与汉人多有差异。在统一中国后，虽然蒙古族也受到了内地封建礼教的某些影响，但仍然保留大量的原有习惯，因此，元代法律充分照顾各民族习惯，保留各个民族的风俗特色。如在婚姻方面，元律有规定："诸色人同类自婚姻者，各从本俗法。"[2]

二、民事法律

（一）身份

元代是按种族及归属元朝的先后划分社会等级。蒙古人最尊贵，其次为色目人，汉人和南人最为卑贱。这四者在民事权利上是不平等的。

元代平民的主体仍是农民。一般民间习称有财有势的地主及官宦子弟为"秀"，而一般贫穷农民则称"郎"。元代平民中身份较为特殊的有匠户与站户。匠户是蒙古人在征服中掳获的手工业工匠，编为特种户籍。"系官人匠"是官府手工业作坊的主要劳动力，世袭为匠，婚配也受官府控制。匠户没有脱

---

〔1〕《元史·地理志》。

〔2〕《通制条格》卷三《户令·婚姻礼制》。

籍迁徙的自由，口粮、衣装也由政府支给，工作不给雇价，无偿劳役。

元代奴隶制色彩较为浓厚。奴隶统称为“驱口”“驱户”。驱口一词源于蒙古语奴婢之意，故蒙古、色目皆以此称奴婢。实际上，在元代社会，存在着一个由家奴、军奴、寺奴、勃兰奚（指主人亡失而由政府拘管之官奴）等组成的庞大的奴隶阶层，该阶层人在元朝法律上称为奴、奴婢或驱口。他们是可以被主人随便买卖、转移以至杀害的“与钱物同”的所有权客体，而不享有法定的民事权利。在元朝占统治地位的生产方式，虽然仍是封建租佃制，但佃户的身份却相当于农奴。地主可以役使佃户本人及其家属，特别是江南某些地区佃户所生的子女，也是法定的地主的奴婢。

（二）所有权与债权

元朝动产称为“物”或“资财”，不动产称为“产”或“产业”。元代有关无主物的规定，也基本沿袭宋律，其中较有特色者，是有关阑遗物的立法条文较多。依《通制条格》卷二八《令·阑遗门》之规定，阑遗的奴婢、牲畜，若公告十天，无人认领，即收归官府，较宋的三十天大为缩短。元代较为特殊的阑遗物，是蒙古贵族巡游狩猎用的鹰犬。依元朝法律之规定，获得阑遗鹰犬，应即刻护送至就近官府，若隐匿，笞三十七，没其家财之半。这是蒙古王公贵族爱好游猎，对鹰犬实行特殊保护的结果。

对于宿藏物，《大元通制》规定：“诸锄获宿藏之物，在他人地内者，得与地主平分；在官地内者，一半纳官；在己地内者，即同业主。”

元代有关契约之债的种类，基本与宋同，主要有买卖契约、典当契约、借贷契约、租佃契约等。需要指出的是，在元代的文书尺牍中有很多“契式”，对于统一民间的各类契约习惯发挥着重要的作用。

关于田宅买卖，元代法律继续保护家长的决定处分权。《大元通制》规定，“诸典卖田宅，须从尊长书押，给据立帐”，否则无效。同时，法律对买卖关系的双方都作了明确的规定。史称，典主“不愿交易者，限十日批退。违限不批退者，笞一十七；愿者，限十五日议价，立契成交，违限不酬价者，笞二十七，任便交易”。[1]

在土地的典卖中，元代的法律以宋法为基础，规定得更加细密。较为突出者，一是实行契尾制度，二是严格限制房亲优先购买权的时间，以免影响土地买卖的顺利进行。所谓契尾制度，是指买卖土地时，卖主必须将税票粘连契约之尾一并交给买方的制度。实行契尾制，目的在于防范因土地所有权

---

〔1〕 黄时鉴：《元代法律资料辑存》，浙江古籍出版社1988年版，第70页。

的转移而使国家税收落空。经过"官给半印勘合公据"的契纸和契尾，都是国家验证买卖是否合法的标记。契尾制对明清两代法律产生了重大影响。

关于典当，法律规定，业主何时收赎，任从私约。元代地契契式即"典"与"卖"通用。法律要求典当土地契约须与买卖土地契约同样具备经官给据、先伺亲邻、印契输税、过割纳税等程序，而且要求必须以书面合同的形式进行。〔1〕

典卖的标的物除田宅外，也包括动产在内。典当动产须至"解典库"，立有"解帖"，依法取利。《元史·刑法志》载："诸典质不设正库、不立信帖，违例取息者，禁之。"典主负有保管之责，亡失毁损，则要赔偿。

元朝债的发生以契约为依据，而以借贷契约为基本形式。借贷契约除借贷双方当事人外，还须有中人、见证人画押。私债的利息为一本一利，法律禁止高利贷盘剥，但在实践中并无普遍的约束力。蒙古贵族、达官、回回人放高利贷是元代社会生活中经常出现的现象。史称，"其年则倍之，次年则并息又倍之，谓之羊羔利，积而不已，往往破家散族，至以妻子为质，然不能偿"。〔2〕这反映了元代社会生活的复杂。

（三）婚姻与继承

蒙古族肇起于大漠以北，逐水草而生，以游牧为基本生活方式，婚姻关系缺乏严格的约束。建元后，虽然受到儒家伦理道德的影响，但仍保持着蒙古族原有的传统。

根据元朝法律，婚书是婚姻关系成立的要件。至元六年（公元1269年），法律规定："今后但为婚姻，须立婚书，明白该写元议聘财，若招召女婿，指定养老或出舍年限，其主婚、保亲、媒妁等人画字，依理成亲，庶免争讼。"〔3〕对于婚书的内容，法律也有明文要求："凡婚书不得用彝语虚文，须要明写聘财、礼物。婚主及媒人各各画字，女家回书亦写收到聘礼数目，嫁主其媒人亦合画字，仍将两下礼书背面大书合同字样，分付各家收执，如有词语朦胧，别无各各画字并合同字样，争告到官，即同假伪。"〔4〕此外，私约也是婚约的一种形式。《元史·刑法志》载："诸有女许嫁，已报书及有私约，或已受聘财而辄悔者，笞三十七。"

---

〔1〕《通制条格》卷一六《田令·典卖田产事例》。

〔2〕《元文类》卷五七。

〔3〕《通制条格》卷三《户令·婚姻礼制》。

〔4〕《元典章》卷一八《户部四》。

元朝对婚姻成立的限制，大体遵循唐宋旧律。同姓不得为婚，法律亦禁止汉人乱伦婚姻。《元史·刑法志·户婚》称："诸汉人、南人父没，子收其庶母；兄没，弟收其嫂者，禁之。"但蒙古人不受此限。依照成吉思汗"日出至没，收尽诸国，各依风俗"的指导思想，元朝在婚姻方面允许依照不同民族的风俗习惯行事，而不必强求划一。

对于婚姻关系的解除，元朝法律没有唐宋法律"七出""义绝"之规定。相反，法律允许不和睦的双方自由离婚。所谓"夫妇不和睦，合离者，不坐。写立休书赴官告押执照，即听改嫁"[1]。此外，订婚后，男方"五年无故不娶者，皆听改嫁"[2]。未婚夫"为盗及犯流远者，皆听改嫁"[3]。这是元朝法律对封建礼教的冲击，具有合情合理的一面。

在继承上，元朝也在一定程度上摆脱了宗祧继承的束缚。蒙古人和色目人的继承主要依据其民族习惯。寡妇及无子之家的女子均享有继承权，这在《元典章》中有着不少的实例。

三、经济法律

元朝自世祖后，商品经济得到了恢复和发展。当时商业繁华，海外贸易十分发达。大都、杭州、泉州、广州皆举世闻名的商业名城。与此相适应，元朝的商事立法有两个显著的特色。

第一，在市场的管理上，延续唐宋法律之规定，对度量衡、市场监督都作了法律规定。《元史·刑法志》载："诸度量权衡不同者，犯人笞五十七，司县正官初犯，罚俸一月，再犯笞二十七，三犯别议，仍记过名。"又："诸和雇和买，依时置估，对物给价。官吏权豪，因缘结揽，营私害公者，罪之。"

第二，在海外贸易方面，元朝在宋代市舶条法的基础上继续发展，制定了市舶司则例22条，加强了对海外贸易的管理。这是元朝立法史上的一件大事，理应受到重视。对市舶则例的内容，《元典章》《通制条格》皆有完整的记载，[4]其主要内容如下：其一，规定了市舶司的抽分比例，即粗货十五分取二，细货十分取二。其二，大小商船出海须取得官府发给的法律凭证。舶商大船须取得"公验"，小船须取得"公凭"。其三，舶商请给公验、公凭

[1]《大元通制·户婚部》。
[2]《大元通制·户婚部》。
[3]《大元通制·户婚部》。
[4]《通制条格·市舶》。

时，须说明去往何处、船之长短、人员多少、货物名称，且须保人作保。违者，即为私贩，以律治罪。其四，不准携带违禁物品。与宋相比，元代禁止输出品的范围进一步扩大。宋代限于铜钱，元代增加了金银及男子妇女人口、丝帛、缎匹、米粮、军器等。此外，市舶则例还规定，不许沿海地方官差占商舶，对稍水人家的杂差可以免除。这既是元代新增加的内容，也反映了元朝统治阶级"敛财网利"，扩大海外贸易的立法指导思想。

元朝的经济立法在承袭宋律的基础上，继续实行禁榷制度，对盐、茶、酒、金、铁、铜等重要手工业产品及商品，实行官营专卖，以保证国家的财政收入。《元史·刑法志》规定：凡犯私盐、私茶、私酿酒者，处杖七十七至徒刑二年，财物一半没官，一半赏告人。

元朝的赋税及差役，因疆域广大而有着不同的规定。大体说来，中原地区自世祖以后，实行税粮和科差。所谓"税粮"，包括丁税和地税。前者是人头税，无论有无土地，只要成丁，皆需交纳，后者包括"丝料"和"包银"，这是元代的特殊税目。丝料，分二户丝、五户丝，史称"二五户丝"，即每二户出丝一斤，以供官用；五户出丝一斤，以与所赐之家（即投下主）。包银始行于太宗时，大概每户征收六两，后来成为苛捐杂税的代名词。江南则实行两税和科差制。总之，元朝的经济法规也是在继承宋律精神的基础上，融合本民族传统进一步发展起来的。

第四节　刑事法律

一、刑事法律指导思想

（一）以儒家纲常礼教为基本思想

元朝刑事立法较为曲折。元初"循用金律"，虽然至元八年（公元1271年）明令"禁行泰和金律"，但由于统一的法典迟迟不能问世，司法实践中依据金律办案的现象仍不能禁绝。至元二十三年（公元1286年）忽必烈对"汉人徇私，用《泰和律》处事"[1]深表愤慨。《泰和律》受唐律影响颇深，篇章体例一如唐律，而《金史·刑法志》则称其"实唐律也"。至元朝，"大元更法立制，多循唐旧"[2]。虽然元代不用《泰和律》，但其立法精神、主要

〔1〕《元史·世祖纪》。

〔2〕（元）陈元靓：《事林广记》别集卷一《官制类·官制源流》，中华书局1999年版。

内容仍不改旧辙。至治三年（公元1323年）颁布的《大元通制》与唐律有着密切关系。《大元通制》载："以古律合新书，文辞各异，意义多同。其于古律，暗用而明不用，名废而实不废。"〔1〕唐律以儒家思想为基本原则，所谓"德礼为政教之本，刑罚为政教之用，两者犹昏晓阳秋相须而成也。"〔2〕把儒家理论与刑法内容融为一体。元代承继了中原王朝对传统儒家礼教的尊崇。元仁宗曰："儒者可尚，以能维持三纲五常之道也。"其下诏让许衡"从祀孔子庙廷"，考试以程朱对孔孟理论的注释为准，将朱熹的《四书集注》称为"圣经章句"。〔3〕《大元通制》亦明确指出，"鞭笞斧钺，礼乐教化，相为表里"，"士教百姓于刑之中，以教祇德"。〔4〕唐律《名例律》中的五刑、十恶、八议等内容也皆被《大元通制》所吸收。虞集主修的《经世大典·宪典》是《元史·刑法志》的主要依据，其在序录中亦画龙点睛地指明了元律对唐律的吸收与继承："政有沿革，法有变更，是数者之目，弗可改也。"〔5〕

（二）"参酌古今"，保留民族特色的指导思想

元朝建立前，虽用金律，却非照搬全用。在实践中，定罪遵奉的指导思想为："但该有罪名，钦依施行。圣旨：依例，洎都省明文检拟，外有该载不尽罪名，不知凭何例定罪，都省议得：遇罪名，先送法司检拟，有无情法相应，更为酌古准今，量情为罪。"〔6〕这种做法灵活，却缺少章法。忽必烈至元八年（公元1271年）下旨禁用金《泰和律》，"令老臣通法律者，参酌古今，从新定制"。〔7〕在此之后，至《大元通制》颁布，历经50余年。编修元律历尽曲折，原因在于"南不能从北，北不能从南"。一些大臣纷纷献策，寻求解决办法。胡祇遹说："莫若南自南而北自北，则法自立矣。"〔8〕王恽则提出："将奉敕删定到律令颇为至元新法……若中间或有不通行者，取国朝札撒，如

〔1〕（元）吴澄：《元人文集珍本丛刊》（四），《吴文正公集》卷一一《大元通制条例纲目·后序》，台北新文丰出版公司1988年版。

〔2〕《唐律疏议·名例律》。

〔3〕《通制条格·传习误差》。

〔4〕（元）孛术鲁翀：《大元通制序》，引自黄时鉴点校：《通制条格》，浙江古籍出版社1986年版。

〔5〕《经世大典·宪典总序》，引自黄时鉴：《元代法律资料辑存》，浙江古籍出版社1988年版，第90页。

〔6〕沈仲纬：《刑统赋疏》，"制不必备也立例以为总"，《枕碧楼丛书》（8），知识产权出版社2006年版。

〔7〕《元史·武宗纪》。

〔8〕（元）胡祇遹：《紫山大全集》卷二一《论治法》，载《钦定四库全书》集部，线装书局2007年版。

金制别定敕条。"[1]而魏初则认为："泰和之律非独金律也，旁采五经及三代汉唐两代之遗制耳。若删去金俗所尚及其敕条等律，益以开国以来圣旨条画及奏准体例以成一书，即至元新律也。"[2]虽众说纷纭，但他们皆注意到历代封建刑法与蒙古习惯法矛盾难以调和这一事实。世祖以前，国家以"祖宗家法"为重，似为刑律久未面世主要原因。元成宗迫于形势所需，加快立法进程。大德四年（公元1300年），成宗对奉命修律的何荣祖讲："古今异宜，不必相沿，但取宜于今者。"[3]大德律由于"所任非人，讹舛甚多"，郑介夫又建议："选择通经术、明治体、练达时宜者，酌以古之律文，参与先帝建元以来制敕命令，采以南北风土之宜，修为一代令典。"[4]始之于仁宗、终之于英宗朝的《大元通制》，在结构及内容上，既吸收历代法律精华，又保留蒙古特色的习惯法。

（三）分而治之的蒙汉异法思想

早在蒙古时期，统治者就公开宣布色目人与汉人在法律上的不平等。窝阔台转述成吉思汗的法令曰："杀一回教徒者罚黄金四十巴里，而杀一汉人者其价值仅与一驴相等。"[5]这一侮辱性的规定赤裸裸地体现了汉人、色目人地位上的不平等。而元朝建立后，更是进一步将蒙古人，色目人，原金国统治的汉人、女真契丹等民族，原南宋统治下的汉人及西南地区各族人民分为四等。依等级之不同，不同人等在法律上的地位和待遇也有所区别。其中，蒙古人地位最高，在法律上也有较多特权，而原南宋统治下的汉人和西南民族人民法律地位最低。元朝刑法更是极力维护蒙古人和色目人的特权，而专门针对汉人、南人的禁令等则充分体现了民族歧视、对不同民族实行同罪异罚。如《通制条格》规定，"禁止汉人聚众与蒙古人斗殴"，[6]蒙古人打汉人，汉人不得还手。《元史·刑法志四》载："诸蒙古人与汉人争，殴汉人，汉人勿还报，许诉于有司。"另外，在刑案的审讯过程中，还要确定犯人属于哪个等级，再决定适用何种刑罚。

（四）轻典、平恕思想

"矫治新国，古用轻典。钦乃攸司，恤哉唯刑。"[7]元朝统治者使用此箴

---

[1]（元）王恽：《秋涧集》卷九〇《便民三十五事·立法·定法制》，吉林出版集团2005年版。

[2]（元）魏初：《青崖集》卷四《至元八年十二月二十五日奏议》，艺文印书馆1959年版。

[3]《元史·成宗本纪》。

[4]（明）陈邦瞻：《元史纪事本末》卷一一《律令之定》，中华书局2015年版。

[5][瑞典]多桑撰，冯承钧译：《多桑蒙古史》卷二，上海古籍出版社2014年版。

[6]《通制条格·汉人殴蒙古人》。

[7]（元）徐元瑞：《吏学指南·诸箴·提刑箴》，浙江古籍出版社1988年版。

言诫勉官吏。常年的征战结束之后，蒙古统治者汲取历史经验与教训，采取“刑新国用轻典”的治国政策。苏天爵在《至元新格序》中言：“国家以神武定天下，宽仁御兆民。省台既立，典章宪度简易明白……近世烦文苛法为民病者，悉置而不用。”〔1〕史载：“元兴，其初未有法守，百司断理狱讼，循用金律，颇伤严刻。及世祖平安，疆理混一，由是简除繁苛，始定新律，颁之有司，号曰《至元新格》。仁宗之时，又以格例条画有关于风纪者，类集成书，号曰《风宪宏纲》。至英宗时，复命宰执儒臣取前书而加损益焉，书成，号曰《大元通制》。”〔2〕忽必烈时，对路、府、州、县的官吏以“户口增，田野辟，词讼简，盗贼息，赋役平”五事作为对地方官的考核标准。其中“词讼简”即“听断详明，讼无停留，狱无冤滞者”，被称为“治事之最”。〔3〕主张宽刑慎罚的忽必烈在拟定笞、杖刑制时，将旧制“十减其三”。“元世祖笞杖之刑既定，曰：天饶他一下，地饶他一下，我饶他一下。自是合笞五十，止笞四十七；合杖一百，止杖九十七”〔4〕，以示用刑平恕。据《元史》记载，忽必烈曰：“朕治天下，重惜人命。凡有罪者，必命对再三，果实而后罪之。”虽然元律并非一概废除重典，五刑之中，死刑亦有凌迟，但一般仅限于在“十恶”中的恶逆等罪中使用，滥用凌迟的则要受到严惩。元顺帝时期，为惩治盗贼，曾一度恢复野蛮的肉刑，而这只是元史中的一段小插曲。总的来说，终元之世，元朝崇尚轻典，堪称“宽厚”。

二、刑事法律

（一）元朝刑法对蒙古民族传统习惯的保留

1. 五刑体制的变化

元的五刑体制，从维护封建地主阶级镇压劳动人民反抗的本质上讲，与唐宋并无原则性的差别，但在形式上则受蒙古族传统习惯的影响，而独具时代特色。其具体规定是，笞杖刑均以七为尾数。从七开始至一百零七结束，共分十一等。之所以如此，按叶士奇《草木子》的解释，据称元世祖曾经说过，“天饶他一下，地饶他一下，我饶他一下”。实际上这完全是蒙古族旧制在法律上的体现。

---

〔1〕 黄时鉴：《元代法律资料辑存》，浙江古籍出版社 1988 年版。

〔2〕《元史·刑法志一》。

〔3〕（元）徐元瑞：《吏学指南·五事》，浙江古籍出版社 1988 年版。

〔4〕（明）田艺蘅：《留青日札》，中华书局 1985 年版。

元朝的笞刑与前代相比改变很大，根据元制，笞刑分六等，以七下为始至五十七下止。每等以十为进位，尾数总为七。杖刑一般是用大杖拷打犯人的惩罚手段，也适用于罪行轻微的犯罪。元代的杖刑分为五等，自六十七下至一百零七下，同笞刑一样，也是以七为尾数。元代的杖刑适用范围十分广泛，它既作为主刑适用，同时也作为附加刑适用。徒刑是在一定期限内剥夺罪犯自由，并强制服劳役的刑罚。元代徒刑分五等，每等都加决杖，称“徒年杖”。徒刑自一年至三年，每半年加一等。决杖自六十七至一百七，每十下加一等。这种徒杖之制于元贞年间才臻完备。其具体适用如《元史·刑法志》中规定：“已行而不曾杀人者，比强盗不曾伤人、不得财，杖一百七，徒三年。谋而未行者，杖九十七，徒二年半。”元代的流刑较前代有地理远近的差别。《元史·刑法志》中规定，“汉人、南人发付辽阳、迤北；蒙古、色目发付湖广”。可见，元朝流放犯人是按民族成分区别的，而且没有地理远近的差别。前代流刑都是有明确期限的，但现存元代文献中都没有提到流刑的年限。大德五年的《强窃盗贼条画》中，凡判处徒刑者，按情节轻重，有一年、一年半、二年、二年半、三年之别，而判处流刑者，只说“流”或“流远”。元代的死刑分为两种，斩与凌迟，取消了前代作为法定死刑的绞。死刑主要适用于犯罪情节十分恶劣的罪犯。另外，凌迟成为特殊犯罪的常见刑罚，用于大恶，如谋叛、叛逆等重大罪行。

2. 严饮酒、砍伐植物之禁

蒙古民族由于崛起于漠北草原，游牧、狩猎是其主要的生产活动，故其民族的文化传统与生活习惯同汉族之间有着很大的差异。他们喜饮酒、善狩猎。植物、动物、水源是其赖以生存的宝贵生活资源。统一全国后，为了加强统治效能，保持本民族的文化传统，首严饮酒、砍伐植物、隐匿鹰犬之禁。世祖至元三年（公元1266年）六月“申严陕西河南竹禁”[1]，二十五年（公元1288年）十二月，“禁玉泉山樵采渔戈”[2]。此类禁令并非一概禁止蒙古人及汉人采伐，而是禁止乱砍滥伐。世祖至元二十七年（公元1290年）七月规定：“禁平地、忙安仓酿酒，犯者死。”[3]对此，沈家本评论说：“犯酒禁，捕天鹅、匿鹰犬，而也于籍没之条，不太甚乎。”又说：“元时酒禁甚严，

〔1〕（清）沈家本：《历代刑法考·律令》，中华书局2013年版。
〔2〕（清）沈家本：《历代刑法考·律令》，中华书局2013年版。
〔3〕（清）沈家本：《历代刑法考·律令》，中华书局2013年版。

重者罪至死，并籍没，可见蒙古风俗好饮，自昔已然。”〔1〕

（二）民族压迫在刑法上的体现

元朝的民族压迫体现在刑法上，主要是刑罚适用上的不平等。《历代刑法考·律令》记载：“至元七年四月，禁汉人聚众与蒙古人斗殴。”此后，法律又明文规定“蒙古人打汉人不得还”〔2〕。《通制条格》规定：“蒙古色目殴打汉儿人，不得还报，指立证见于所在官司陈诉。如有违犯（还手）之（汉）人，严行断罪。”对于杀人重罪，因罪犯所属的民族差异，则有不同的刑罚。若蒙古人打死汉人，只需笞五十七下，全征烧埋银了事。但若是“汉儿殴死蒙古人”〔3〕，则要处死，还要照付烧埋银。“烧埋银”是元朝特有的制度，本质是基于身份等级而进行命价赔偿，一般具有单向性，即当蒙古人杀死人的，可以用烧埋银抵人命。例如，《元典章》有“斗杀”一罪。该罪规定，蒙古人打死汉人的，杖五十七下，征烧埋银。另外，蒙古人犯轻罪，可以不受拘捕，只有犯死罪时，才得“监禁依常法”〔4〕，但仍规定“有司勿得拷掠，仍日给饮食”〔5〕。《元史·刑法志》载，“诸蒙古人居官犯法，论罪既定，必择蒙古官断之，行杖亦如之”。

民族压迫说到底是阶级压迫。民族等级、身份等级的实质是阶级的不平等。元朝的法律虽然为蒙古、色目人规定了许多特权，但真正能利用法律为非作歹的只是少数蒙古、色目人贵族。多数善良的蒙古、色目劳动人民也同汉族劳动人民一样，过着贫穷的生活。蒙古穷人的子女也有被卖给回回、汉人当奴隶的，甚至还有被贩卖到海外做奴隶的。

需要指出的是，元代的刑法除上述时代特色外，宗教意识也占有突出的地位。有元一代普遍尊崇佛教，尤其是西藏的喇嘛教。《元史·释老列传》载：“元兴，崇尚释氏，而帝师之盛；尤不可与古昔同语。”国家保护和确认执行宗教职务的僧侣享有特权。帝师、国师的诏旨与皇帝的敕令具有同等的法律效力，并行于西土（即西藏地区）。僧侣可以布功德为名奏释重囚。僧侣犯罪，不受普通法律制裁。元朝法律对僧侣特权阶层的种种优待与庇护，本意是为了借助佛教以巩固其阶级统治。所谓“国家混一区宇，而西域之地犹广，

---

〔1〕（清）沈家本：《历代刑法考·律令》，中华书局 2013 年版。

〔2〕《元典章·刑部六·蒙古人打汉人不得还》。

〔3〕《元史·刑法志》。

〔4〕《元史·刑法志》。

〔5〕《元史·刑法志》。

其土风悍劲，民俗尚武，法制有不能禁者，惟事佛惟谨，且依其教焉”[1]。然而，僧侣却以此作威作福，专横跋扈。为了缓和阶级矛盾，维护社会秩序的正常进行，元朝统治者也常常对僧侣的特权加以限制。

第五节　司法制度

一、“祖述变通”的司法思想

蒙古帝国对广阔的汉地的统治，基本上仍保留草原游牧国家对所征服的定居农耕区实行间接统治的格局。直到世祖忽必烈建立元朝，这种局面才得以根本改变。忽必烈统治时期，开始倚重汉族地主阶级及其知识分子，积极推行“汉法”，进行“祖述变通”的统治模式。不过，“变通”非全变，更不是将成吉思汗以“祖训”“圣旨”形式颁布的法制搁置不用，而是在坚持保留能够充分保障蒙古贵族特权地位的蒙古“本朝旧俗”的前提下，重新创建适应蒙汉封建地主阶级联合专政和有元一代的中央集权统治的各种相应的司法制度和典章规范。这些制度和典章规范不仅延续了中国历代封建王朝的规范，同时也突出了蒙古贵族的意志和利益。正如日本学者有高岩所说：“元代自法院之组织、诉讼手续等，以至‘称冤’‘检尸’‘判决’等，其方法与唐、宋、金各代都颇不相同，其中颇有破惯例而开创新例的事实。”[2]

二、司法机构

元朝确立了一套由蒙古贵族地主垄断司法的制度。上层的司法与监察机关的长官多由蒙古人担任。中央司法机关中的宗正府、刑部、御史台及各道的提刑按察司（后改为肃政廉访司）的长官皆以蒙古人为主，御史台长官御史大夫更是非国姓不授（已如前述）。汉人只能担任司法机关中的副职。在中央司法机关中，隋唐以来专理审判的大理寺被取消（曾有过短暂的恢复）。刑部是主要的审判机关，内史府、枢密院等机关的断事官也负有审判职责。[3]

---

〔1〕（元）朱德润：《存复斋文集》卷四《行宣政院副使送行诗序》，商务印书馆影印本1934年版。

〔2〕［日］有高岩：“元代诉讼裁判制度研究”，载内蒙古大学历史系蒙古史研究室编：《蒙古史研究参考资料》第18辑。

〔3〕《元史·百官志》。

（一）中央司法机构

元初置大宗正府，内设“断事官”称为“札鲁花赤”。其职责有二：一是治理诸王、驸马、投下、蒙古、色目人刑名词讼等事；二是对汉人奸盗、诈伪、蛊毒厌魅、诱拐逃驱（奴隶）、轻重罪囚负有审理职能。此后，其职责屡有变化。致和元年（公元1328年）后，宗正府只管两京师（上都与大都）的蒙古人以及集赛（管理喇嘛的事务机关）、军站、色目人与汉人相犯的词讼案件。

刑部是元朝中央主要司法行政及审判机构。《元史·百官志》载：“掌天下刑名法律之政令。凡大辟之按复，系囚之详谳，孥收产没之籍，捕获贡赏之试，冤讼疑罪之辨，狱具之制度，律令之拟议，悉以任之。”

元朝的宣政院是全国最高的宗教管理机关与宗教审判机关。宣政院曾在一些地方（吐蕃、浙江）置“行宣政院”，或置宣慰司使。元制，凡各地涉及僧侣的奸盗、诈伪、人命重案虽也由地方官审理，但必须上报宣政院。这在我国历史上首次形成了宗教与世俗权力共存的特殊司法制度。

元统治者还在驻蒙古军和军户的地方设立由枢密院统辖之奥鲁机关（老小营，征戍军人的家属所在）。奥鲁兼管军民婚姻、负债、斗殴、私奸、杂犯等不系官军捕捉的民事诉讼。其余“干碍人命重刑、利害公事、强窃盗贼、印造伪钞”等较严重的犯罪行为则由军官与行政官共同审理。[1]

（二）地方司法机构

审判机构，元的地方机构大体上分行省、路、府、州、县。吐蕃地区设有行宣政院和宣慰司使。路、府、州、县的掌印总辖官达鲁花赤有权审断案子。达鲁花赤一般必须由蒙古人担任，只有那些蒙古人不愿去的地方才允许汉人担任。地方的司法审判工作，由路、府、州、县的行政长官负其总责。路是一级重要审判机构，设有总管府审断案件，又设推官“专掌推刑狱，平反冤滞，督理州县刑名之事”。[2]凡遇刑名词讼，推官先行穷问，须要狱成，与其余府官再行审责，结案签署。

审判权限，路、府、州、县可自行断决杖罪以下案件。徒、流、死罪则由司法监察机构审复，无冤，移文本路，然后申奏刑部。史称：“诸杖罪，五十七以下，司（录事司）县断决；八十七以下，各府、州（军）断决；一百七以下，宣慰司、总管府断决。配流、死刑，依例勘结完备，申关刑部待

〔1〕《元典章·刑部一·蒙古人自相犯重刑有司约会》。

〔2〕《元典章·刑部二·推官专管刑狱》。

报。”不过，在司法实践中，蒙古人犯罪常由其所属的千户或蒙古法官审断。

三、诉讼审判制度

（一）诉讼在法典上独立成篇

元朝以前的法律，没有规定“诉讼”的专篇。现据《元典章》《广记·刑法类·大元通制》《元史·刑法志》的记载看，《诉讼》已在元代的法律中独立成篇。它与唐律的《斗讼》《断狱》相比，至少有两点新变化：其一，民事诉讼与刑事诉讼、程序法与实体法已出现了初步分离的趋势。如《元典章》规定，对民事诉讼当事人一般不许羁押，军官巡检初始人不得接受民词，推官专管刑狱，正官专理词讼等。其二，规定了一套颇为严格的诉讼制度。如“诉状”的格式，老幼残疾之人的代诉等。[1]

（二）诉状的格式

据《事林广记》所载条格规定可知诉状的格式要求：其一，告状人必须在抬头行注明姓；其二，正文部分；其三，署明呈送诉状的司法机关；其四，写出甘结，保证所告是实，即“所告若虚，甘罪不辞”；其五，请求司法机关作出决断；其六，署明写状的年、月、日，告状人的姓名。

（三）逐级陈诉及越诉

法律规定：“诸陈诉有理，路府州县不行，诉之省部台院，省部台院不行，经乘舆诉之。”[2]一般情况下，不得越诉。《元史·刑法志》规定：“越诉者笞五十七。”与唐律相比，对越诉的处罚显然加重。但若官吏受贿不法，允许径赴宪司直告，不依越诉论。另外，对陈诉应受理而不受理，或受理后而故意拖延不决，听断偏信，则允许告状人直赴上司陈告。[3]

（四）代诉制度

法律规定有两种情况可由人代诉：一是“凡七十岁以上，十五岁以下，笃废疾，法度不合加刑者，可令少壮人代诉”。[4]二是“闲居官与百姓争论，也可令子侄代诉”。[5]但是，《元典章》规定：“妇人、典客、干人不得为人代诉。若妇人寡居无依及有男子干碍，事须告理者，可不拘此例。”

---

〔1〕《事林广记·公理类·告状新式》。

〔2〕《元史·刑法志》。

〔3〕《元史·刑法志》。

〔4〕《事林广记》别集卷四《公理类·告状新式》。

〔5〕《事林广记》别集卷四《公理类·告状新式》。

（五）约会制度

元朝由于民族的不同以及各色户籍的隶属系统有异，所以凡遇到不同户计（籍）、不同民族及僧侣之间发生刑名词讼，就由政府将有关户计的直属上司请来后共同审理，这就是“约会”制度。这种制度仅限于轻微的刑名词讼。据《元典章》记载，凡诸色户计，儒道僧官、医户、乐人、投下、畏吾儿、军民、都户府、投下并探马赤、龟户等与不同身份的人发生纠纷，需约会审理。

元朝是以蒙古贵族为主体的少数民族政权，采用军事封建专制主义统治方法治理国家。在法制上奉行“古今异宜，不必相沿，但取宜于今者”[1]的指导思想，在立法上具有不同于唐宋法制的时代特色，既有值得借鉴之处也有消极落后的方面。

在消极方面，元朝法典缺乏系统划一的形式，难以完全贯彻执行。如在元朝统治时期，其法典主要由断例和条格这样的单行法规组成。断例是“断一事而为一例者也”，具有很大随意性。而条格则是“画一之法也”，具有相对稳定性。这在执行中具有很大弊端，双方都要援引有利于自己的条例，结果是非难辨，无所可否。同时，元朝还积极推行阶级压迫和民族压迫政策，在立法上更是以公开形式肯定不同民族在法律上的不平等，维护蒙古特权，实行同罪异罚，因此最终导致了社会矛盾激化。

但是元朝法制也有其先进之处，其对于恢复和发展农业生产、增加户口、促进民族间的交流和经济恢复和发展起到了积极作用；在行政监察民事诉讼以及法医学方面亦都做出了突出贡献，而为后世所取。在农业方面，以忽必烈为首的统治者重视农业生产，实施了一系列有利于农业发展的政策和法律措施，为推动战乱后的经济复苏起到了良好的作用。由于农业的发展，人口方面也迅速增加。据统计，在中统三年（公元 1262 年），蒙古政权所辖土地与金朝相当，有 147.6146 万户，人口 700 多万，到了至元二十八年（公元 1291 年），全国户数达到 143.0322 万户，人口 5984.8964 万人。元代的监察法规也更为充实。御史大夫地位上升，由从二品提高到从一品。监察的范围也有所扩大，凡是行政违制、失误、造作不如法、推纠冤狱、体察职官任职、纠核文武官员重大违失违制等，都属御史台监察范围。并且，为了使监察机关的活动有循可依，元朝还制定了一系列的监察法规。如至元五年（公元 1268 年）的《宪台格例》“定台纲三十六条”。至元六年（公元 1269 年），为

[1]《元史·成宗纪》。

明各道宪司职责而制定了《察司体察等例》。此后又不断修改和公布监察法规，从而使元朝监察体例渐趋完善。尤其是仁宗时制定的《风宪宏纲》更可说是行政监察法的集大成者，为后世提供了宝贵经验。

另外，虽然有元一代并未制定出与金《泰和律》相类似的传世法典，也缺乏系统划一的法律形式，但却汇合了汉、蒙古、契丹、女真各族的法制文明，在传承中具有创新价值。其“尽收诸国，各依风俗”[1]的指导方略，对后世王朝也具有深远影响和指导意义。

---

〔1〕《元典章·刑部》。

第十一章

明朝法律

（公元1368年—公元1644年）

第一节　明初社会与治国要略

明朝是中国封建社会后期的重要朝代。在其 276 年的统治期间，经济、文化都达到了一个新的高峰。中叶以后，江浙一带在手工业中先后出现了资本主义生产关系的萌芽。在文化与科学技术方面所取得的成就，既具有总结意义又具有某种开创性。《永乐大典》是迄今世界上最大的百科全书，震惊了当时的世界。《本草纲目》《农政全书》《天工开物》等著作都体现了传统科技的集大成。在教育方面，官学自中央至地方县、社分别置学校，民间书院教育也蓬勃兴起，西方科学文化的传入也开阔了中国人的视野。

明初，面临的政治形势比较复杂。外部存在对新政权构成严重威胁的元朝残余势力，内部一些豪强大地主也采取不合作的态度。元末腐败政治所造成的黑暗吏治，继续侵蚀着新建立的明朝政权。在这样的历史背景下，为巩固新生的政权、保卫国防、整顿社会秩序、发展经济，必须建立强有力的集中统一的政权。专制主义遂因之得到高度发展。

明初，丞相参与国家要务的决策，有权发号施令，直接指挥六部及其他部的工作，成为皇帝以下第一重臣，其既是皇帝的助手，又在一定程度上制约着皇权的行使。因此，朱元璋必欲废除相制而后快。他先造舆论，说“历代丞相多擅权”，把秦、汉、唐、宋、元各朝的覆亡统统归咎于丞相“专权乱政”，继而采取各种步骤，削弱丞相的职权。他在洪武十年（公元 1377 年）六月下令：“天下臣民凡言事者，实封直达朕前。”〔1〕“大小政事，皆先启皇太子处分，然后奏闻。”〔2〕七月，建立通政使司衙门，设通政使一人，左、右

〔1〕（明）余继登：《典故纪闻》，中华书局 1981 年。

〔2〕《明太祖宝训·教太子诸王》。

通政各一人，职掌“出纳帝命，通达下情关防诸司出入公文”。[1]凡内外大臣奏章，必须经由通政使司转达皇帝，从而剥夺了丞相查阅奏章的权力。皇帝的旨意，也经由通政使司抄送有关机关和官员。百姓如有陈情上言、申诉冤屈或告不法等事，也可以密封交通政使司直接奏达皇帝。洪武十一年（公元1378年）春，针对丞相胡惟庸“总中书之政……专肆威福”，又下令“禁六部奏事不得关白中书省”，[2]取消了丞相指挥六部的权力。至洪武十三年（公元1380年），终于借口胡惟庸谋反，诛杀胡党及功臣15 000余人，并乘机废除了中书省，罢除丞相官职，丞相所属权力收归皇帝独揽。至此，在中国历史上沿袭1000余年的丞相制度和700余年的三省制度至此结束。从秦朝建立皇帝制度起，长期存在的皇权同相权的矛盾终于以皇帝的胜利作了历史的总结。

废宰相后，明朝建内阁辅佐皇帝处理政务。从宣宗时起阁权渐重，但明朝政治最主要的权力中心乃是宦官专政。这是明朝专制主义极端发展的必然结果。

按明制，宫内设司礼监太监协助皇帝批答章奏。他们口衔天宪，逐渐从执掌“章奏文书，照阁票批朱”，[3]发展成相权的实际代表。《明史·职官志》说：“内阁之拟票，不得不决于内监之批红，而相权转之寺人，于是朝廷纪纲，贤士大夫之进退，悉颠倒于其手。”武宗时，掌司礼监太监刘瑾权势显赫，首辅大学士票拟，须先“至瑾处请明，然后下笔”。[4]明末思想家黄宗羲借由司礼监借批红弄权柄之事，抨击了明朝罢丞相、设内阁的制度。他说：“有明之无善治，自高皇帝罢丞相始也……或谓后之入阁办事，无宰相之名，有宰相之实也。曰：不然。入阁办事者，职在批答，犹开府之书记者，其事既轻；而批答之意，又必自内授之而后拟之，可谓有其实乎！吾以谓有宰相之实者，今之宫奴也。……故使宫奴有宰相之实者，则罢丞相之过也。”[5]宦官本来是皇帝的侍从，由于经常接近皇帝，并在皇帝猜忌外官的心理作用下，逐渐取得了军、政、经济、司法等各项权力，导致明朝的极端腐败，终使政权颠覆，为清朝所取代。

---

〔1〕《明会典》。

〔2〕《明史·太祖纪》。

〔3〕《明史·职官一》。

〔4〕《明史·纪事本末》。

〔5〕（明）黄宗羲：《明夷待访录·置相》，中华书局2011年版。

第二节　立法思想与立法成就

一、明初立法思想与立法成就

（一）国家立法，“法适时宜”

以朱元璋为代表的明朝统治者，十分注意总结历代特别是宋朝加强中央集权、重视法制的历史经验，把法律看作“防民之具、辅治之术”，[1]强调只有法立才能“人志定、上下安”，故指出“建国之初，此为先务”。[2]由于他亲历了元末政治腐败、法纪荡然，招致农民大起义的事实，故清醒地认识到整饬封建统治秩序与法制的重要性。他认为，“元氏昏乱，纪纲不立，主荒臣专，威福下移，由是法度不行，人心涣散，遂至天下骚乱”，“卒至于亡”。[3]他指出：“夫法度者，朝廷所以治天下也。”[4]

朱元璋还从总结历史经验中认识到国家立法“当适时宜”。这是对“刑罚世轻世重”的立法思想的传承与发展。他曾说：“谋国之道，习于旧闻者当适时宜，狃于近俗者当计远患。苟泥古而不通今，溺近而忘于远者，皆非也。”[5]“当适时宜，当计远息”的谋国思想指导了明初法制改革与立法活动。洪武元年（公元1368年），朱元璋主持制定《大明律》时，虽然以《唐律》为楷模，但却从当时的经济、政治、社会环境出发，进行了大胆的改革。《大明律》突破了《唐律》十二篇的旧体例，创造了以名例律冠于卷首，依次为吏律、户律、礼律、兵律、刑律、工律的体例。对此，清人沈家本评论说：“千数百年之律书，至是面目为之一大变。”[6]这种创新是同泥古守旧的思想激烈斗争的成果。当洪武元年（公元1368年）按新体例编成的《大明律令》颁布以后，丞相李善长等人便建言：“历代之律，皆以汉九章为宗，至唐始集其成，今制宜遵唐旧。”[7]在泥古思想的干扰下，洪武六年（公元1373年）重修《大明律》时，废除了以六部分类，仍沿用《唐律》十二篇，“篇目一准

[1]《明太祖宝训》卷一《守法》。

[2]《明太祖宝训》卷一《经国》。

[3]《明太祖宝训》卷一四。

[4]《明太祖宝训》卷一一六。

[5]《明太祖实录》卷一六三。

[6]（清）沈家本：《寄簃文存》卷六《重刻明律序》，商务印书馆2015年版。

[7]《明史·刑法志一》。

于唐”。在内容上，“掇唐律以补遗百二十三条”，[1]使《明律》的总条数增加到606条。朱元璋反对“泥古而不通今”的思想，正是针对此而发的。在他的影响下，洪武二十二年（公元1389年）再次修改《大明律》时恢复了以六部名律的体例，并将总条数删至460条，奠定了今本《大明律》的基础。清人薛允升批评明律“事不师古而私心自用”，恰恰说明了明律是适合时宜的产物。

需要指出的是，朱元璋在主张立法“当适时宜”的同时，并没有“溺近而忘于远”。他认为立法“当计远患”，这样的法律才会有利于天下。为了符合“当计远患”的要求，在30年的时间里，《大明律》经过了五次修改才最后完成。这种严肃的立法态度，正像他自己表述的那样：“盖国家之事所系非小，一令之善为四海之福，一令不善有无穷之祸，不可不慎也。”[2]他在遗训中还谆谆告诫后世子孙，不得“乱我已成之法，一字不可改易”。[3]

（二）法贵简当，使人易晓

朱元璋鉴于元末“条格繁冗，吏得因缘出入为奸，其害不胜”[4]的弊病，于吴元年（公元1367年）十月议拟律令时便指出：“法贵简当，使人易晓，若条绪繁多，或一事两端，可轻可重，吏得因缘为奸，非法意也。夫网密则水无大鱼，法密则国无全民，卿等悉心参究，日具刑名条目以上，吾亲酌议焉。”[5]洪武元年公布大明律令时再次指出：“古者律令至简，后世渐以繁多，甚至有不能通其义者，何以使人知法意而不犯，法既难知，是启吏之奸而陷民于法，朕甚怜之。今所定律令，芟繁就简使之归一，直言其事，庶几人人易知而难犯。”[6]可见，朱元璋“法贵简当”思想的出发点是“使人易晓”，不要以身试法，以及防止奸吏玩法行私。准此，于吴元年十二月制定的《大明律令》“凡为令一百四十五条，律二百八十五条”。统一的明朝建立以后，几次修订大明律，也都贯彻了“法贵简当”的精神，如同《明史·刑法志》所说：“大抵明律视唐简核”。但是社会矛盾的发展不断冲破“法贵简当”的立法格局。在朱元璋时代，“重惩奸顽”的条例法令已有千余条。明中叶以后为了防止法外遗奸，广泛制定例，以至同一事项而有二、三例，互悖

[1]《明史·刑法志一》。

[2]《明太祖实录》卷一六三。

[3]《皇明祖训·序》。

[4]《明实录》卷二十二。

[5]《明史·刑法志一》。

[6]《明史·刑法志一》。

之处比比皆是。

朱元璋不仅重视立法，尤其重视吏民知法，故致力于犯罪的预防和法制的宣传。这是明初封建法制建设上一个显著的特点。早在吴元年（公元1367年）十二月，大明律令完成时，朱元璋唯恐“小民不能周知，命大理卿周桢取所定律令，自礼乐、制度、钱粮、选法之外，凡民间所行事宜，类聚成编，训释其义，颁之郡县，名曰《律令直解》，太祖览其书而喜曰：吾民可以寡过矣”。[1]洪武五年（公元1372年）二月，鉴于“田野之民，不知禁令，往往误犯刑宪”，特“命有司于内外府州县及乡之里社皆立申明亭，凡境内之人民有犯者，书其过，名榜于亭上，使人有所惩戒”。洪武十五年（公元1382年）八月，就申明亭制度在实行中的弊病，再谕礼部：“天下郡邑申明亭书记犯罪者姓名，昭示乡里以劝善惩恶，今有司概以杂犯小罪书之，使善良一时过误为终身之累，虽欲改过自新，其路无由，尔等详议之。”于是礼部详议，“自今犯十恶、奸盗、诈伪、干名犯义，有伤风俗及犯贼至徒者，书于亭，其余杂犯，公私过误，非干风化者悉皆除之，以开良民自新之路。制曰：可”。[2]洪武三十年（公元1397年），《大明律诰》成。朱元璋亲自阐明制作律诰的目的：“法在有司，民不周知，故命刑官取大诰条目，撮其要略，附载于律……刊布中外，令天下知所遵守。”[3]为了广泛地宣传大诰的内容以威慑群众，要求“户户有此一本”，“臣民熟视为戒”。[4]洪武三十一年（公元1398年）还将大诰三编颁之学宫，作为国子监学和科举考试的内容，而在乡里则由塾师教授大诰。每于乡村节日民众集会之处，还有专人讲说大诰。“于时，天下有讲读大诰师生来朝者十九万余人，并赐钞遣还。”[5]由此可见，朱元璋是何等重视法律的宣传教育。

（三）以礼导民，定律绳顽

明朝建立之始，朱元璋便提出，“丧乱之后，法度纵弛”，为使纪纲正而条目举，其要在明礼义、正人心、厚风俗以为本。[6]从此出发，明朝以“一准乎礼，以为出入”的唐律作为大明律的范本。朱元璋从治国的实践中进一步认识到重礼的重要，并提高到治国之道的高度。他说：“故重其礼者，盖为

---

〔1〕《明史·刑法志一》。

〔2〕（清）沈家本：《沈寄簃先生遗书·申明亭》，中国书店1990年版。

〔3〕《明史·刑法志一》。

〔4〕《大诰·颁行大诰》。

〔5〕《大诰·颁行大诰》。

〔6〕《皇明大训记》卷二。

国之治道，非礼则无法，若专法而无礼则又非法也。”[1]“礼乐者，治平之膏粱，刑政者，救弊之药石。”[2]洪武三十年（公元1397年），《大明律》最后完成。朱元璋亲御午门，宣谕群臣说：“朕仿古为治，明礼以导民，定律以绳顽。”这可以说是朱元璋法律思想的集中体现。所谓“明礼以导民”，就是用传统的礼教，引导约束人民的思想与行动。所谓“定律以绳顽”，就是制定刑法，惩治危害国家的凶顽，这是朱元璋在新的历史条件下对礼法结合的概括。它不仅指导着《大明律》的制定，也体现在《大明律》的体系和具体规范之中。例如，《大明律》首列“八礼”图，亦即“丧服图”，借以表现“尊尊”“亲亲”“长幼有序”“男女有别”的封建礼治。朱元璋曾经明白晓示：“此书首列八礼图者，重礼也。”此外，他也接受太孙提出的“明刑所以弼教，凡与五伦相涉者，宜皆屈法以伸情”的建议，改订《大明律》73条。

在“定律以绳顽”的思想指导下，朱元璋倾注心力，制定《大明律》。洪武六年（公元1373年）冬，朱元璋命刑部尚书刘维谦、翰林学士宋濂仿唐律详定《大明律》，后于洪武七年（公元1374年）二月完成。他们在《进明律表》中宣称：“篇目一准之于唐……分为三十卷六百有六条，或损或益，或仍其旧，务合轻重之宜。”洪武九年（公元1376年），朱元璋以律条“犹有未当者”，又命丞相胡惟庸、御史大夫汪广洋等“详议厘正十有三条”。[3]洪武二十二年（公元1389年），刑部提出：“比年条例增损不一，致断狱失当，请编类颁行，俾中外知所遵守。”遂命翰林院同刑部官“更定大明律”，“取比年所增者，以类附入”。至洪武三十年（公元1397年）最后完成了《大明律》的编写工作，并“刊布中外，令天下知所遵守”。《明史·刑法志》对《大明律》的制定过程概括如下：“盖太祖之于律令也，草创于吴元年，更定于洪武六年，整齐于二十二年，至三十年始颁示天下，日久而虑精，一代法始定，中外决狱，一准三十年所颁。”

总而言之，大明律不仅吸取了唐律的基本精神，也融合了唐以后，特别是明初30年的统治经验。在新的历史条件下，其条例简于唐律，精神严于宋律，是一部无论形式或内容都有所发展的封建法典。大明律作为“历代相承”的“成法”，从洪武三十年直到明末从未变更。这一方面反映了大明律所列规范适合于当时的国情，起到了应有的调整作用；另一方面也和朱元璋所主张

---

〔1〕《明太祖集》卷四。

〔2〕《明太祖实录》卷一六二。

〔3〕《明史·刑法志》。

的法官稳定分不开。当洪武十五年（公元1382年），刑部提出“律条与例条不同者宜更定”时，朱元璋便“以条例一时权宜，定律不可改，不从”。[1]洪武三十年大明律成，特下令“子孙守之，群臣有稍议更改，即坐以变乱祖制之罪”。[2]因此，大明律“历代相承，无敢轻改”。

（四）重典治国，严法治吏

鉴于元末纲纪废弛，官吏贪腐，因此明初确立了重典治国的方针。《明史·刑法志》说：“始，太祖惩元纵弛之后，刑用重典。”重典治国的主要表现是扩大了惩治反叛大逆等罪的范围，加重了对“贼盗”及有关“帑项钱粮等事”的量刑，以及严惩贪赃枉法与渎职的官吏。他曾告谕群臣说：“朕昔在民间时，见州县官吏多不恤民，往往贪财好色，饮酒废事，凡民之疾苦，视之漠然，心实怒之。故今严法禁，但遇官贪污、蠹害吾民者，罪之不恕。”[3]在《大诰》收辑的犯罪案例中，大部分是以严刑惩治贪官污吏。朱元璋直至晚年在谕太孙时始表示：“吾治乱世，刑不得不重，汝治平世，刑自当轻，所谓刑罚世轻世重也。”[4]

二、主要立法成就

（一）《大明令》与《大明律》的制定

据文献记载：“国初未制律之前，首著为令，以颁示天下，分为六科。吏令自选用以至宣使等，凡十八条；户令自漏、脱户至解纳官物，凡二十四条；礼令自朝贺班次至封赠，凡一十七条；兵令自额设祗候人等至支给分例，凡十一条；刑令自五刑至里长犯赃迁徙，凡七十条；工令则造作军器、织造缎匹二条。”[5]令是适应建国之初的形势与需要而制定的。丘浚认为：“斯令也，盖与汉高祖初入关，约法三章，唐高祖入京师，约法十二条，同一意也。”[6]然而从《大明令》的内容可以看出，其远非汉约法三章与唐约法十二条可比。洪武元年（公元1368年）正月十八日，朱元璋为律令颁行而发布

〔1〕《明史·刑法志》。

〔2〕《明史·刑法志》。

〔3〕《明太祖实录》卷三八。

〔4〕《明史·刑法志》。

〔5〕《大明律·杂犯篇·违令条》。

〔6〕（明）丘浚：《大学衍义补》卷一〇三《慎刑宪·定律令之制下》，中州古籍出版社1991年版。

的诏书中说："律、令者，治天下之法也。令以教之于先，律以齐之于后。"[1]可见，令与律均为治国之法和稳定的法律形式。《明史·刑法志》特别申明令在司法实践中的作用："其洪武元年之令，有律不载而具于令者，法司得援以为证，请于上而后行焉。"洪武三十年（公元1397年）颁行的《大明律》，也吸收了一些《大明令》有关规定。直至明中叶嘉靖朝颁布的《问刑条例》中，仍有"依《大明令》分给财产"之条。可见令的地位与价值。

朱元璋平武昌后，"即议律令"。于吴元年冬命左丞相李善长为律令总裁官，参知政事杨宪、傅瓛，御史中丞刘基，翰林学士陶安等20人为议律官。"十二月，书成，凡为令一百四十五条，律二百八十五条。"此285条律即为《大明律》的雏形，其主要内容为"准唐之旧而增损之"。颁行之后，因过于简略，不足以为用，洪武元年（公元1368年）八月，朱元璋"又命儒臣四人，同刑官讲《唐律》，日进二十条。五年定宦官禁令及亲属容隐律，六年夏刊律令、宪纲，颁之诸司。其冬，诏刑部尚书刘惟谦评定《大明律》，每奏一篇，命揭两庑，亲加裁酌"。[2]"次年二月颁行天下。""篇目一准于唐：曰卫禁、曰职制、曰户婚、曰厩库、曰擅兴、曰贼盗、曰斗讼、曰诈伪、曰杂律、曰捕亡、曰断狱、曰名例。采用旧律二百八十八条，续律百二十八条，旧令改律三十六条，因事制律三十一条，掇《唐律》以补遗百二十三条，合六百有六条，分为三十卷，或损或益或仍其旧，务合轻重之宜。"[3]

洪武九年（公元1376年），朱元璋以律条"犹有未当者，命丞相胡惟庸、御史大夫汪广洋等，详议厘正十有三条。十六年，命尚书开济定诈伪律条"。[4]

洪武二十二年（公元1389年）朱元璋采纳刑部奏言，命翰林院同刑部官，将历年所增条例，分类附于《大明律》中，并以《名例律》置于各篇之首。下按六部体制分为吏、户、礼、兵、刑、工六律，共30卷，460条。隋唐以来，沿袭800年的法典结构为之一变。律典卷首列五刑图、狱具图和丧服图。此后，朱元璋采纳皇太孙的请言，修改与五伦相关者70余条。

洪武三十年（公元1397年），最后完成《大明律》的定本，"刊布中外，令天下知所遵守"。《明史·刑法志》对《大明律》的制定过程记述如下：

---

〔1〕《大明令》。
〔2〕《明史·刑法志》。
〔3〕《明史·刑法志》。
〔4〕《明史·刑法志》。

"盖太祖之于律令也，草创于吴元年，更定于洪武六年，整齐于二十二年，至三十年始颁示天下，日久而虑精，一代法始定，中外决狱，一准三十年所颁。"

大明律由"篇目一准于唐"起，几经更定之后，创造出了新的体例，不仅吸取了唐律的基本精神和内容，也融合了唐以后特别是明初30年的法制经验，因而是一部条例简于唐律精神严于宋律，无论形式和内容都有所发展的法典。近代学者杨鸿烈评价说："洪武三十年更定的《大明律》，比较唐代的《永徽律》更为复杂，又新设许多篇目，虽说条数减少，而内容体裁俱极精密，很有科学的律学的楷模。后来的《大清律》也都是大部分沿袭这部更定的《大明律》。可以见得，这书实在算得中国法系最成熟时期的难得产物。"[1]

《大明律》作为"历代相传"的"成法"，严禁稍议更改。正德六年《皇帝敕谕内阁》文中仍然表示："朕嗣承丕绪，以君万邦，远稽古典，近守祖宗成法，夙夜祗惧，罔敢违越。"万历四年《皇帝敕谕内阁》文继续强调："惟我祖宗之旧章成宪，是守是遵。"但是，社会的发展已非不变的成法所能调整，而只能以修例来补充律文之不足，由此而产生了"因律起例，因例生例，例愈纷而弊无穷"，"奸吏骩法，任意轻重"[2]的弊端，这是朱元璋所始料不及的。

（二）《大诰》的颁行

洪武十八年（公元1385年）至二十年（公元1387年）间，朱元璋以"民狃元习，徇私灭公，暴戾日滋"，[3]甚至"弃市之尸未移，新犯大辟者即至"为由，[4]决定以重典惩治奸顽。他采辑官民犯罪的重要案例，模仿周公"陈大道以诰天下"之意，编成《大诰》四编，相继颁行天下。《御制大诰》74条、《御制大诰续编》87条、《御制大诰三编》43条、《大诰武臣》32条，共计236条。朱元璋在《大诰》初编序言中，阐述了《大诰》的编纂和颁行目的："今将害民事理，昭示天下诸司，敢有不务公而务私，在外赃贪，酷虐吾民者，穷其原而搜罪之。斯令一出，世世守行之。"[5]在《御制大诰三编》序中还可以看出朱元璋面对严峻形势所表现出的忧心忡忡和坚决"惩创奸顽"的心态。他说："朕才疏德薄，控驭之道竭矣，遂于洪武十八年（公元1385年）冬十一月首出大诰前编……然无籍奸顽……犯若寻常，上累朝廷用刑之

〔1〕杨鸿烈：《中国法律发达史》（下），上海书店1990年版，第746页。

〔2〕《明史·刑法志》。

〔3〕《御制大诰·序》。

〔4〕《御制大诰·序》。

〔5〕《御制大诰·序》。

惨，下灭身家……朕虑不忍，以续编出，警省愚顽，使毋仍蹈……迩来凶顽之人，不善之心，犹未向化，朕复出诰以三示之。”至于《大诰武臣》，则是针对欺压士兵的军官而制定的。

由于大诰是直接的御制之法，而非冠以钦定名义的一般立法，因此更具有权威性和法律效力。洪武二十六年（公元 1393 年）三月，颁行《诸司职掌》，规定：“凡本部问有应合充军者，必须照依《律》与《大诰》内议拟明白。”〔1〕另据《大明会典》：“二十八年奏准：抄劄迁发《律》与《大诰》该载者，宜从法司遵守。”〔2〕因此，《大诰》是“朝廷所当世守，法司所当遵行”的现行有效法律。〔3〕

《大诰》除独立适用外，从洪武二十六年（公元 1393 年）起不断将《大诰》条目列入国家制定法中。如洪武二十六年（公元 1393 年）颁行的《充军条例》收入《大诰》5 条，同年颁行《真犯杂犯死罪》条例收入《大诰》28 条，洪武三十年（公元 1397 年）颁行的《秋后处决》收入《大诰》3 条，《工役终身》收入《大诰》22 条。洪武三十年（公元 1397 年）五月颁布《大明律》时，附有《大诰》不准赎死罪条目 12 条、准赎死罪条目 24 条。为了强调《大诰》的效力，朱元璋于颁行《大诰》时都分别发布了“颁行续请”令。如：“朕出是诰，昭示祸福，一切官民诸色人等，户户有此一本。若犯笞、杖、徒、流罪名，每减一等；无者每加一等。所在臣民，熟观为戒。”〔4〕“朕出斯令，一曰《大诰》，一曰《续编》。斯上下之本，臣民之至宝，发布天下，务必户户有之。敢有不敬者，非吾治化之民，迁居化外，永不令归，决不虚示。”〔5〕“此《诰》前后三编，凡朕臣民，务要家藏人诵，以为鉴戒。倘有不遵，迁于化外，决不虚示。”〔6〕

在《大诰武臣序》中，朱元璋更发出严厉训诫，如管军人员不知《诰》文，“其间长幼都治以罪”。为此，“特将不才无籍、杀身亡家亡命之徒，条陈于后，仁者智者观之。军管人员，毋违我训，毋蹈前非，故敕序尔。”〔7〕

犯罪者家属藏有《大诰》者，可减罪一等。无《大诰》者，加罪一等。

〔1〕《诸司职掌·刑部职掌·司门科》。

〔2〕《明会典·抄劄》。

〔3〕《春明梦余路》卷四四。

〔4〕《御制大诰·颁行大诰》。

〔5〕《御制大诰·颁行大诰》。

〔6〕《御制大诰·颁行大诰》。

〔7〕《大诰武臣·序》。

持诰入京呈控，无需路引，关津一律放行。以至司法机关援引《大诰》，风行一时。

由于重典治国只可收一时之效，而无法达到“民免而无耻”的境界，况且大诰条目与律文冲突，不利于法律的统一适用，因此，“自《律诰》出，而《大诰》所载诸峻令未尝轻用”。仁、宣两朝，《大诰》四编，连同《律诰》36条，一律废止。嘉靖时人霍韬说：“洪武中，令天下生员兼读《诰》《律》《教民榜文》，又言民间子弟早令讲读《大诰》三编，今生儒不知诰律久矣。”[1]

（三）《教民榜文》的制定和颁行

洪武三十一年（公元1398年），朱元璋为处理民间细微争纷，减少词讼，特命户部制定并颁行《教民榜文》。他在诏令中阐明颁行《教民榜文》的动因及适用范围与效力。他说：“奈何所任之官多出民间，一时贤否难知，儒非真儒，吏皆猾吏，往往贪赃坏法，倒持仁义，殃害良善，致令民间词讼，皆赴京来，如是连年不已，今出令昭示天下，民间户婚、田土、斗殴相争一切小事，须要经由本里老人、里甲断决。若系奸、盗、诈伪、人命重事，方许赴官陈告。是令出后，官吏敢有紊乱者，处以极刑。民人敢有紊乱者，家迁化外。”[2]

《教民榜文》虽然只有41个条目，但集中规定了处理民事纠纷方面的内容，非常具体。这是明朝特有的法律形式，在法律体系中占有特殊的地位。

《教民榜文》规定：“民间户婚、田土、斗殴相争，一切小事，不许辄便告官，务要经由本管里甲、老人理断，若不经由者，不问虚实，先将告人杖断六十，仍发回里甲、老人理断。”[3]今后民间除犯十恶、强盗及杀人老人不理外，其有犯奸、盗、诈伪、人命，非十恶、非强盗杀人者，本乡本里内自能含忍省事，不愿告官系累受苦，被告伏罪，亦免致身遭刑祸，止于老人处决断者，听其所以。老人不许推调不理。[4]可见，里老已成为审理民刑事案件的名副其实的一审组织，若不经里老自行上告即为越诉。《教民榜文》规定：“民间词讼，已令自下而上陈告，越诉者有罪……今后敢有仍前不遵者，以违制论决。”[5]“顽民不遵榜谕，不听老人告诫，辄赴官府告状，或径赴京

〔1〕《明世宗实录》卷八三。

〔2〕刘海年、杨一凡主编：《中国珍稀法律典籍集成》（乙编），《教民榜文》科学出版社1994年版，第635页。（下同）

〔3〕《教民榜文》第一条。

〔4〕《教民榜文》第十一条。

〔5〕《教民榜文》第三十八条。

越诉，许老人擒拿问罪。”[1]但若里甲、老人“不能决断致令百姓赴官紊烦者，其里甲、老人亦各杖断六十；年七十以上者不打，依律罚赎，仍着落果断”。[2]

由于里老执掌基层司法官的职能，因此对参加审理词讼的老人的资格也作出明确规定。“老人理词讼众，不问曾朝觐、未曾朝觐，但年五十之上，平日在乡有德行、有见识、众所敬服者俱令剖决事务，辨别是非。”[3]

为了确保里老审理案件的公正性，《教民榜文》规定了严格的督课内容。老人、里甲对于民人的陈诉，如不能决断，“致令百姓赴官紊烦者，其里甲、老人亦各杖断六十；年七十以上者不打，依律罚赎，仍着落果断”。如“循情作弊，颠倒是非”，依出入人罪论。[4]老人涉嫌犯罪，罪行较轻，剥夺参与民事案件审理的权力，若所犯罪行较重，应由众老人、里甲会审清楚，写明案由移交有关部门，将老人解送进京。[5]老人行为不轨，倚法为奸，不依众老人公论行事，故意扰乱案件的剖断，“许众老人拿赴京来”。[6]如老人以剖断民事词讼为由，挟制里长，把持官府，拒不履行差役，“家迁化外”。[7]老人、里甲剖决民事案件不得设立牢狱，拘禁当事人，如违，治以重罪。[8]老人、里甲应根据百姓的陈诉剖决案件，对于百姓不愿陈告的案件，“里甲老人风闻寻趁，勾引生事”，杖六十。如为此而收受贿赂，“以赃论”处。[9]老人、里甲对于本里内的抢劫、盗贼、逃军、逃囚及生事恶人，应将其缉拿归案，否则，“以罪罪之”。[10]老人里甲须严格遵守《教民榜文》的规定，违者，各照所犯治以重罪。[11]里老除掌握基层司法权外，还有权依《大诰》的规定奏保被人诬陷的廉吏，也有权对贪官污吏进行劝诫甚至绑缚赴京。[12]不仅如此，如“理讼老人有事闻奏”，可凭《教民榜文》赴京，且“不须文引，

---

〔1〕《教民榜文》第二十三条。
〔2〕《教民榜文》第二条。
〔3〕《教民榜文》第四条。
〔4〕《教民榜文》第二条。
〔5〕《教民榜文》第七条。
〔6〕《教民榜文》第八条。
〔7〕《教民榜文》第九条。
〔8〕《教民榜文》第十三条。
〔9〕《教民榜文》第十四条。
〔10〕《教民榜文》第十五条。
〔11〕《教民榜文》第三十九条。
〔12〕《教民榜文》第二十二条。

所在关隘去处，毋得阻拦”。[1]

三、明中后期的立法思想与立法成就

（一）明中后期的立法思想

明朝从英宗以后进入由盛转衰的中后期，立法思想已经没有明朝初建时期洋溢的进取精神，而是趋向于保守。统治者以“法祖图治”的立法取向，同时面对宦官专权、纲纪败坏、盗贼四起的现实，一批正直的官员兼思想家强调明礼义、正纲纪、礼法结合，力图挽狂澜于既倒。如丘濬说：“人君为治，欲正天下之纪纲，先正一家之纪纲，伦理是也，伦理正，则天下之事，并然各得其理矣。”[2]又说：“君子为治……莫先于上下之分。”而这一切都靠礼来调整，所以他的结论就是“人道之立，莫先乎礼”。[3]武宗时期的王守仁是“心学”的创始人，他把“良知”“天理”和“礼”统一于一体，提倡“致良知”来实现封建礼治。他认为封建礼义制度的永存，源于父子、兄弟、人伦的永存。

为了恢复和振兴封建的礼治，他们都提倡以礼义教化百姓。丘濬指出：“保民以何为先？曰教之”，“故创业之君，拳拳以教化为先”。又说：“为政之道，不外政教，政有纲纪，教有枢要。”[4]王守仁特别推崇孟子所主张的“善政不如善教之得民也”，[5]因而提倡“以教化当干戈”。[6]

上述明礼义、正纲纪的思想，对于明朝的法制建设有着一定的影响。《问刑条例》中便有相应的规定。然而社会矛盾的严峻，也使得思想家们在倡导以礼义收拾人心的同时，也深知只凭一般的礼义说教不会收到应有的效果，必须礼法结合，互相为用。丘濬指出，“德、礼、刑政，王道之治具也”，因此应“礼教刑辟，交相为用”。他提倡的教化为先也包括法律宣教，以使“民知趋避，不陷于机穽矣”。[7]

王守仁也认为礼法是国家的根本，“天子亦不得逾礼法”。他很注重赏罚之道，说：“夫刑赏之用当，而后善有所劝，恶有所惩，劝惩之道明，而后刑

---

〔1〕《教民榜文》第四十二条。
〔2〕《大学衍义补·明礼乐》。
〔3〕《大学衍义补·明礼乐》。
〔4〕《大学衍义补·崇教化》。
〔5〕《孟子·尽心》。
〔6〕（明）王守仁：《王阳明全集》，上海古籍出版社 2011 年版。
〔7〕《大学衍义补·圣神功化之极》。

得其安。"[1]

生活在世宗、神宗两朝的海瑞，极力主张振兴伦理道德，强调官吏必须遵守礼法。海瑞一方面坚守礼义忠信，维护封建伦理道德；另一方面强调法律的统一适用，力图把封建的礼义和法律统一起来。他在《规士文》中指出："倘礼法当如此，则经史法律备载之矣。"在《督抚条约》中又明确宣布："本院法之所行，不知其为阁老尚书家也。凌害小民，有犯毋贷。"

值得提出的是三朝元老张居正的法律思想。他虽然面对日趋没落的封建制度极力主张重振纲纪，但并不一味求助于礼教，而是主张"以法绳天下"。他赞赏秦始皇统治时期法纪的威严，认为只有"张法纪"，才能"肃群工"。[2]由于张居正强调"法令政刑，世之所恃以为治者也"，[3]所以他要求"遵守成宪"，认真行法。他尖锐地指出："益天下之事不难于立法，而难于法之必行。"这是很有见地的。为了行法，他把矛头对准"骄恣不法"的豪门权贵，并通过整顿吏治，使执法者能够不徇私情而倡公道。张居正为严肃吏治而制订的《考成法》，为改革赋税制度而创行的《一条鞭》法，都是法制史上的重要贡献。

（二）明中后期的立法成就

1. 制定《明会典》

明朝从孝宗起鉴于"早朝典制，散见叠出未会于一"，[4]因而提出需要编订大明会典，使子孙"世守之"，由朝廷以及天下，诸凡举措，无巨细精粗，咸当乎理而得其宜，以使明朝的统治"垂之无穷"。[5]武宗时，在肯定"远稽古典，近守祖宗成法"的同时，明确表示孝宗朝"因时制宜，或损或益，盖有不得不然者"[6]的历史必然性。因此，他要继承孝宗的遗志，编成"一代之典"，并把这称作"法祖图治"。[7]武宗在《御制明会典序》中明确指出《明会典》是"国是所存，治化所著"，它的制定使得"内而诸司，外而群服。考古者有所依据，建事者有所师法，由是而纲举目张，政成化洽，

[1] （明）王守仁：《王阳明全集》，上海古籍出版社2011年版。

[2] 《湖广通志》卷一〇九。

[3] 《湖广通志》卷一〇九。

[4] 弘治《御治明会典·序》。

[5] 弘治《御治明会典·序》。

[6] 《皇帝敕谕内阁》正德六年四月初十。

[7] 《皇帝敕谕内阁》正德六年四月初十。

保斯世于无疆”。[1]世宗时再次要求立法之官“悉心考究……以成一代完典，使天下臣民知所趋向，同归皇极”。[2]他也把编修会典看作是“法祖图治”的重大措施。神宗时期在敕内阁谕中称会典是“一代画一经常之典”，是大经大法，它的主要作用就在于“画一遵守”。因此，他在《御制重修明会典序》中强调，“执此（指会典）之政，坚如金石；行此之令，信如四时”，“俾万世子孙，皆得蒙业而安”。

世宗时，阁臣张居正在《重修奏本》中也指出，“大明会典一书，即唐宋六典会要之遗意”，它的主要作用就在于“定国是而一人心也”，它不仅“定一代之章程”，而且“垂万世之典则”。神宗时，负责修典的大学士申时行在《进重修大明会典表》时再次表示，制定会典之后才可以“酌从违以定国是”，“折淆乱而一人心”。

根据上述统治集团的指导思想编纂的明会典，是明代官修的典章制度大全。编修工作始于英宗朝，至孝宗弘治十五年（公元 1502 年）编成《大明会典》，共 180 卷。武宗正德年间，经过“内阁重加参校，补正遗阙”，正式颁行天下，是为正德本。世宗嘉靖八年（公元 1529 年）进行续纂，通称《嘉靖续纂会典》，但未颁行。神宗万历四年（公元 1576 年），大学士申时行等奉敕重修会典，于万历十五年（公元 1587 年）完成，通称《万历重修会典》，共 228 卷。《明会典》取材于明朝官修律、令、礼、式、宪纲和诸司档案籍册。在体例上基本沿袭《唐六典》，以六部官制为纲，按宗人府、六部、都察院、六科、各寺府、监、司的次序，分述自开国迄至万历十三年（公元 1585 年）200 余年间各职官的职掌、建制沿革、管理制度，以及礼仪、礼制及其他制度。其内容广博，记述详备，集明代典章制度、行政法令于一书，因而具有行政法典的性质。由于编修会典的过程中对于大量的法制史料进行了删并整理，因此它是明中叶最重要的立法活动。有明一代以《会典》为行政立法的总汇，辅以单行法令，形成了颇具规模的行政法律体系。

2. 制定《问刑条例》

《大明律》颁行以后，不断发展的社会生活与一成不变的法典必然发生矛盾。因此，明代沿用宋朝用“敕”断案的传统。经过大臣呈请、奏告，由皇帝“斟酌损益，著为事例”，[3]适用于司法实践，借以补充律文的不足。至明

〔1〕 正德《御治明会典·序》。

〔2〕《皇帝敕谕内阁》嘉靖八年四月初六。

〔3〕《明典汇》卷一八一。

中叶，条例冗杂，“一事三四例者有之，随事更张每年或再变其例者有之”。[1]因此，宪宗朝大臣们提出制定统一的《问刑条例》的奏议。孝宗继位以后，面对日益增多的修订《问刑条例》的要求，于弘治十一年（公元1498年）十二月下诏：“法司问囚，近来条例太多，人难遵守。中间有可行者，三法司查议停当，条陈定夺，其余冗杂难行者，悉皆革去。”[2]弘治十三年（公元1500年）二月，刑部尚书白昂奉旨议上《问刑条例》279条，“请通行天下，永为常法”。[3]三月初二日，颁行《问刑条例》，通称弘治《问刑条例》。

弘治《问刑条例》继续贯彻“不贵于繁，惟贵于简，不贵于多，惟贵于精”[4]的精神，革去百余年来冗繁的条例，改变“吏不知所守，民不知所从”的状况，注意用法适中，法情允协。鉴于“刑书所载有限，天下之情无穷，故有情轻罪重，亦有情重罪轻……多至轻重失宜”，[5]因此，制定《问刑条例》时追求“情罪无遗”“情法适中”，禁用法外酷刑，扩大赎刑范围，严格区别情节，力求公平用刑。如同明孝宗所说：“刑以辅治，用之贵得其平，刑平则善有所劝，恶有所惩，而人心服，天道和。不平则不足以劝善惩恶，而人心不服。”[6]弘治《问刑条例》一方面确定了例的地位，即“例以辅律”，另一方面提倡律例并行，既可严密法网，又在实施上相互补充。

同时，根据100余年来社会经济政治发展的实际，又对明律作出较大的修正。譬如除官吏渎职罪加重惩罚外，一般犯罪均改重从轻。对以后的嘉靖朝、万历朝《问刑条例》的制定起着奠基的作用。

以弘治《问刑条例》为基础的嘉靖《问刑条例》，于嘉靖二十九年（公元1550年）十月颁布，共385款。由于此时明朝已步入衰世，嘉靖《问刑条例》具有新的特点：其一，加重对威胁社会安定的“逃聚山谷”的流民的制裁。凡“治边地方军民人等，躲避差役，逃入夷洞寨潜住，究问情实，俱发边远卫分永远充军。本管里长总下旗，及两邻知而不首者，各以治罪”。[7]其二，加强专制主义集权统治，削减藩王权力。如“各王府违例收受籽粒，并

[1]《皇明条法事类纂》下册。

[2]《明孝宗实录》卷一五四。

[3]《明孝宗实录》卷一五九。

[4]《明孝宗实录》卷七五。

[5]《明典汇》卷一八一。

[6]《皇明诏令》卷一七。

[7]《明律》逃避差役款后。

争讼地土等事，与军民相干者，听各衙门从公理断”。[1]

嘉靖《问刑条例》的制定和推行，巩固了它作为“辅律而行”的“常法”地位，因而在司法实践中起了重要的作用。

神宗即位后，朝臣鉴于弘治与嘉靖两朝的《问刑条例》在量刑上仍有含混不清、区别不明之处，因而从进一步规范化的角度提出增修意见。经过10年之功，完成万历《问刑条例》，共382款，于万历十三年四月十一日刊布。而后又按“律为正文，例为附注”的体例，将明律与例合编刻印。刑部尚书舒化在《重修问刑条例题稿》中阐明修例的主旨是“立例以辅律”，“依律以定例”，“必求经久可行，明白易晓，务祛苛纵之弊，以协情法之中”。万历《问刑条例》的主要特点和成就，是其在定罪量刑上进一步规范化。例如，弘治、嘉靖《问刑条例》都规定：“盗内府财物者，系杂犯死罪准赎外，若盗乘舆服御物者，仍作真犯死罪，依律议拟。”[2]万历《问刑条例》则改为：“凡盗内府财物，系乘舆服御物者，仍作真犯死罪，其余监守盗银三十两，钱帛等物值银三十两以上，常人盗银六十两、钱帛等物值银六十两以上，俱同发边卫永远充军。内犯奏请发充净军。”[3]在“略诱”“略卖”良人条中，万历《问刑条例》将弘治、嘉靖《问刑条例》中再犯、三犯均照前发遣的规定改为“再犯者，用一百斤枷，枷号一个月，照前发遣。三犯者，发极边卫永远充军”，[4]以示罪与罚的相应区别。

此外，面对阶级反抗的加剧，万历《问刑条例》增加了官吏守城责任和严惩武装贩私盐活动的规定，“凡沿边沿海及腹里府、州、县与卫所同住一城，及卫所自住一城者，若遇大虏及盗贼生发攻围，不行固守，而辄弃去，及守备不设，被败攻陷城池，劫杀焚烧者，卫所掌印与专一捕盗官，俱比照守边将帅失陷城寨者律斩。”[5]按嘉靖《问刑条例》：“凡豪强盐徒聚众至十人以上……拒敌官兵，若杀人及伤人至三命者，比强盗已行得财律，皆斩。”万历《问刑条例》将“命”字改为“人”字，只要杀伤三人以上，即问斩刑，而不必非致于死，以为从严之意。

总括以上，弘治、嘉靖、万历三朝《问刑条例》的修订，是明中后期重要的立法活动。它的历史价值不仅在于突破了祖宗成法不可更改的束缚，而

---

〔1〕《明律》应议认者之父祖有阳款后。

〔2〕《明律》内府财物款后。

〔3〕《明律》内府财物款后。

〔4〕《明律》略人略卖人款后。

〔5〕《明律》主将不固守款后。

且使刑事条例规范、划一，将“以例破律”的弊端改为“以例补律”。这对明律的统一适用和司法审判的准确与效率起到积极的作用。

四、注释律学的复兴

朱元璋提倡法律解释，以便于吏民知法执法守法，为律学的复兴提供了强大的动力。据《明史·刑法志》记载，朱元璋“恐小民不能周知（大明律），命大理卿周祯等取所定之律令，自礼乐、钱粮、制度、选法外，凡民间所行之事类，取类成编，训释其义”，是为《律令直解》。《律令直解》是具有很高权威性的钦命释律之作，对于司法实践中准确地适用法律起着指导的作用，开明代注释律学的风气之先。

明注释律学与《唐律疏议》有所不同，其更紧扣法律适用中的具体问题，极少作推理评论上的引申解释，以及历史沿革与立法目的上的广义解释。譬如，其对《大明律》中列于律首的“六赃图”“纳赎例图”“收钞图”“五刑图”“狱具图”“丧服图”等，都作出简明解释，尤其对律文中常用的“例分八字之义”——以、准、皆、各、其、及、即、若——作了重点解释，以便于理解和适用，如：

> “以者，与真犯同，谓如监守贸易官物，无异真盗，故以枉法论，以盗论。
>
> 准者，与真犯有间矣，谓如准枉法、准盗论，但准其罪，不在除名刺字之例。
>
> 皆者，不分首从，一等科罪，谓如监临主守，职役同情，盗所监守官物，并赃满贯，皆斩之类。
>
> 各者，彼此同科此罪……各杖一百之类。
>
> 其者，变于先意，谓如论八议罪犯，先奏请议，其犯十恶不用此律之类。
>
> 及者，事情连后，谓如彼此俱罪之赃，及应禁之物则没官之类。
>
> 即者，意尽而复明，谓如犯罪事发在逃者，众证明白，即同狱成之类。
>
> 若者，文虽殊而会上意，谓如犯罪未老疾，事发时老疾，以老疾论，若在徒年限内老疾者，亦如之之类。”〔1〕

---

〔1〕 怀效锋点校：《大明律》附录，《例分八字之义》，法律出版社1998年版，第466页。

中叶以后，随着条例的不断增多，律例之间的矛盾日益突出，注释法律的工作已落后于法律应用的实际需要。而这时的明政府由于皇帝昏庸，宦官擅权，政治极端腐败，已无暇和无力组织官方注律，只能通过认可和鼓励私家注律的方式以满足用法的紧迫需要。

私家注律以体现国家的立法意图为前提，以维护现行法律正确实施为宗旨。私家注律的主要成果有彭应弼的《刑书据会》、唐枢的《法缀》、雷梦的《读律琐言》、陆柬之的《读律管见》、王樵的《读律私笺》、王肯堂的《律例笺释》（别本称《明律笺释》）等。其中以王肯堂的《律例笺释》30卷20册最具权威性，被明人奉为解律之圭臬。

王肯堂，万历十七年（公元1589年）进士，曾任福建参政等职，通晓经学、律学。其父王樵曾著《读律私笺》24卷，对于王肯堂撰写《律例笺释》有着重要影响。同时，他也综合了时人注释律学的精华。

《律例笺释》不仅指导了明中叶以后的官吏司法，也影响了清前期的修律活动，顺治三年律不仅律中小注引自王肯堂注释，一些条例也是准依笺释纂修而成的。不仅如此，《律例笺释》也主宰了清初的律学研究，直到沈之奇《大清律辑注》问世以后，《律例笺释》的地位才逐渐被取代。

第三节　高度集权的行政法律

明朝的行政法律以《大明会典》为总汇，也杂见于《大明律》《问刑条例》和单行的行政律令当中。在中国古代行政法律的发展史上，明朝以贯彻高度集权思想为特征。

一、强化中央集权的行政管理体制

明初，仿宋元旧制设中书省统辖六部，总揽全国行政；设都督府节制中外诸军事；设御史台职掌监察，三者统称“三大府”。地方设行中书省（简称行省），是最高一级地方行政机构。设行都督府为地方最高军事机关。行省以下分设府、州、县各级地方政权。中书省、都督府以及地方行省、行都督府长官均握有比较大的权力。这是在为夺取政权而战争的特定环境下形成的。随着明朝统治的稳定，君权和相权、中央集权和地方分权之间，便发生了尖锐冲突。为了调整统治集团内部的权力关系，加强中央集权，使“天子居至尊之位，操可致之权，赏罚予夺，得以自专”〔1〕，朱元璋集中力量打击威胁皇权最大的相权，改革政权体制。洪武十三年（公元1380年）借口左丞相胡惟庸谋反，诛杀胡党及功臣15 000余人，乘机废除了中书省制度，罢除丞相官职，丞相所属权力收归皇帝独揽。

中书省被废除以后，六部（吏、户、礼、兵、刑、工）成为直接对皇帝负责、分任朝政的中央最高一级行政机关。吏部管理选授、考课文武官；户部管理户口田赋财政；礼部管理科举、礼仪祭祀；兵部管理武官选授、军队调遣和训练；刑部管理刑狱；工部管理营造和水利。六部之中户、刑二部实行按地区划分辖司的制度，各辖十三司，这是前代所没有的，从此打破了隋唐以来中央机关六部二十四司的体制。六部各设尚书一人，侍郎二人。六部尚书是法定的九卿成员，对全国性的大政、大狱均可参与研究讨论。由于六部“权不专于一司”，各部尚书又直接对皇帝负责，执行皇帝的命令，不仅减弱了对皇权的威胁，而且极便于皇帝集中全国军政大权。因此，在试行十几年以后朱元璋便下诏从制度上对其加以肯定。他说：“国家罢丞相，设府、部、院、寺以分理规划政务，立法至为详善，以后嗣君，其毋得议置丞相，臣下有奏请设立者，论以极刑。”〔2〕

除六部外，设御史台为最高监察机关。洪武十五年（公元1382年）改御史台为都察院。都察院除执掌监察权外，还握有对重大案件的司法权，以及战时派遣御史的监军权和特定事项的纠察权。所谓“专纠劾百司，辨明冤枉，提督各道……大狱重囚……偕刑部、大理谳平之”。同时还依制增设十三道，监察御史110人，分掌京师和地方监察工作。

洪武十五年（公元1382年），废中书省，提高六部地位以后，为了监督六部活动，创设六科给事中独立监察系统。六科给事中的创置，对六部起着监察制约的作用，同时也分割了都察院的监察权。

洪武十年（公元1377年），还新设立了通政使司，朱元璋曾就通政使司设立的必要性与职能作了生动表述：“政犹水也，欲其常通，故以‘通政’名官，卿其审命令以正百司，达幽隐以通庶务。当执奏者勿忌避，当驳正者勿阿随，当敷陈者毋隐蔽，当引见者勿留难。”〔3〕根据《明会典》，通政使司的职权是：“出纳帝命，通达下情，关防诸司出入公文，奏报四方章奏，实封建

---

〔1〕《明史纪事本末》卷一三。

〔2〕《明史·职官志》。

〔3〕《明史·职官志》。

言陈情申诉及军情声息、灾异等事。"[1]但中叶以后，传旨传言统由宦官把持，遂使通政使司形同虚设，最终在神宗时期被废除。

洪武十五年（公元1382年），朱元璋从翰林院等文翰机关中选调官员加给殿阁大学士衔，执掌草拟诏谕，并备皇帝顾问，但"不得平章国事"。[2]成祖时，命翰林院侍读、编修、检讨等文学侍从官员入值文渊阁，正式称为内阁，并参预机务。内阁大学士官秩一般不过五品，职权也仅只遵命办事而已，因此不同于中枢最高行政机关的中书省。宣宗时期，为了便于阁臣行使职权，加强行政效能，使兵部尚书杨士奇、工部尚书杨荣、礼部尚书杨溥入阁兼内阁大学士，此后遂成为制度。由于六部尚书入阁兼领殿阁大学士衔，内阁职权渐趋显重，特别是英宗初年，大学士多是四、五朝元老，其权势显著发展，"六部承率旨意，靡所不领"。[3]至世宗朝，大学士夏言、严嵩先后秉政，实际上掌握了丞相的权力，其"朝位班次，均列六部之上"[4]。但内阁大学士只称"辅臣"，首席大学士称"元辅"或"首辅"，而无相之名。随着皇权的极端发展和与之俱来的宦官专政，内阁首辅的票拟权，实际要受宦官批红的限制。《明史·职官志》说："内阁之票拟，不得不决于内监之批红，而相权转归之寺人，朝廷纪纲，贤士大夫之进退，悉颠倒于其手。"

二、地方政权的组织与管理体制

洪武九年（公元1376年），为调整中央与地方的关系，加强中央集权，废除行中书省制，撤去行省平章政事、左右丞等地方高官，以承宣布政使司、都指挥使司和提刑按察使司共同组成省级政权机关，分别管理行政、军事和司法，称作"三司"。三司的设立使地方机关职权趋向专一化，从而加强了统治效能。又由于三司地位平等，互不统属，互相牵制，极便于皇帝操纵。

省以下分为府、县两级，有时根据需要设置州和道，但不作一级政权机关。府设知府，京都设府尹，州官为知州。

府（直隶州）以下辖若干县，县设知县。为了加强中央对地方的控制和监督，在省与府之间，设监察区"道"。一省分若干道，一道辖若干府。道有"守""巡"之分，总的任务都是对各府官吏进行一般监督。此外，还根据需

[1]《明史·职官志》。

[2]《明史·职官志》。

[3]《明史·职官志》。

[4]《明史·职官志》。

要设置一些没有地盘的专职道员，如督粮道、提学道等。

明朝还仿照汉代刺史制度，以省为单位，划分大监察区，监察御史前往稽查，称为“巡按某处监察御史”。永乐年间，在此基础上创设巡抚制度，巡抚初为临时性的差使，宣宗以后逐渐固定化。巡抚加副都御史或佥都御史、兵部侍郎、提督军务、赞理军务等衔，以便于行使监察职权，但遇有重要军事问题或与几省有关的问题，则无权处理。因此，代宗景泰年间，又创设总督制度。总督统辖几省或大省的军权和监察权，加兵部尚书或侍郎衔及都御史名号，但终明之世，督抚在组织上并不被视为省级地方官。

明初，为了巩固以朱氏为中心的统治权，实行分封诸子为王、分镇藩国的制度，受封诸王享有极大的政治、经济特权。至“胡蓝”大狱发生以后，又将军权交付诸子，以亲王守边，专决军务。内地各大都会，也以皇子亲王镇守，但是，成祖夺取皇位的“靖难之变”发生以后，皇族间血亲关系的可靠性，完全被赤裸裸的权力争夺破坏。此后诸王除经济特权被保留外，军事和政治实权均被削除。

综括上述，无论是行省制的废除，还是地方监察区的重叠设置，都是在加强君主专制思想指导下进行的。

明朝的统治者深知地方官吏的重要。因此于洪武十七年（公元 1384 年）制定府、州、县条例八事颁示天下。其中强调各级官吏都要加强管理，提高效率，保证上级对下级的监督。此外，还颁布县官“到任须知三十一条”。其中规定，县官到任先要了解刑狱、版籍、田粮等关系国家根本的司法、财政事项；其次要了解“境内民人犯法，被诛者几户”，“境内士人在朝为官作非犯法、黜罢在闲者几人，至死罪者几人”，以便掌握县内居民的政治情况，加强监视，防止发生危害国家统治的行为。

三、职官管理制度

明朝皇帝一身集中了行政、立法、司法、军事等各种大权，但是没有普及全国统一的官僚机构，皇帝最高统治权也难以行使。因此从朱元璋起便极力加强对职官的管理，并使之制度化、法律化。

（一）官吏的选任

明朝官吏的“选举之法，大略有四：曰学校，曰科目，曰荐举，曰铨选。学校以教育之，科目以登进之，荐举以旁括之，铨选以布列之，天下人才尽于是矣”。[1]但有明一代科举是选官的基本途径。据《明史·选举志》载：“明制，科目为盛，卿相皆由此出，学校则储才以应科目者也，其径由学校通籍者，亦科目之亚也，此外则杂流矣，然进士、举贡、杂流三途并用，虽有畸重，无偏废也。”

从洪武十五年（公元1382年）“设科取士”起，“三年一行，为定制”。[2]科举考试分乡试（省试）、会试（京试）、殿试（廷试），乡试于子、卯、午、酉年，会试于丑、辰、未、戌年。中乡试者为举人，中会试者参加殿试。殿试分三甲，一甲三名赐进士及第，二甲若干名赐进士出身，三甲若干名赐同进士出身。至于科举内容，朱元璋采纳刘基的意见，专取四书五经命题。作者只能代圣贤立言，不许抒发自己的见解。宪宗时创设了“八股”的格式，只讲求文章形式上的逐段对偶、堆砌雕琢，而完全脱离了社会生活的现实内容。比起唐宋时的以诗文取士，更加禁锢士人的思想。这是明朝极端专制主义统治在文化思想领域的反映。明末清初著名学者顾炎武曾经痛切地说：“愚以为八股之害，甚于焚书，而败坏人才，有甚于咸阳之郊，所坑者但四百六十余人也。”[3]

科举之外，任官途径还有荐举和捐纳。早在洪武六年（公元1373年），便“征天下贤才至京，授以守令”[4]，“令有司察举贤才，以德行为本，而文艺次之”[5]。洪武十二年（公元1379年），“征天下博学老成之士至京师”[6]。洪武十三年（公元1380年），“诏举聪明正直、孝悌力田、贤良方正、文学术数之士”[7]。洪武十四年（公元1381年），“诏求明经老成之士，有司礼送京师”[8]。洪武十九年（公元1386年），“诏举经明行修练达时务之士，年六十以上者，置翰林备顾问，六十以下，于六部及布、按二司用之”。[9]如荐举不当，要负连坐之责，仁宗时，“诏中外官举贤才，严举主连坐法”。[10]

捐纳始于景泰时期。当时宣大一带马草不敷，所纳草千五百束者，预选用。

---

〔1〕《明史·选举一》。
〔2〕《明史·太祖本纪三》。
〔3〕（明）顾炎武：《日知录·拟题》，崇文书局2017年版。
〔4〕《明史纪事本末》卷一四。
〔5〕《明史·选举志三》。
〔6〕《明史·太祖本纪二》。
〔7〕《明史·太祖本纪二》。
〔8〕《明史·太祖本纪二》。
〔9〕《明史·太祖本纪三》。
〔10〕《明史·仁宗本纪》。

成化时，有纳粟冠带之制。成化十九年（公元1483年），给事中王瑞等抨击说："今幸门大开，鬻贩如市……至厮养贱夫、市井童稚，皆得攀援。"[1]御史张稷等也揭露说："比来末流贱伎妄厕公卿，屠狗贩缯，滥居清要。文职有未识一丁，武阶亦未挟一矢……一日而数十人得官，一署而数百人寄俸，自古以来，有如是之政令否也！"[2]明代捐纳为官造成冗官充斥、吏治败坏。

明朝为了集人事权于中央，实行"廷推""部推"制度。凡大学士、吏部尚书、各部侍郎及督抚缺员，多用廷推除授，太常卿以下官员多用部推任命。明朝对官吏的任用注重资格，"掌铨选者，罔论贤否，第循资格"。[3]明人叶向高曾就此发表议论说："嘉隆以来，制科益重，缙绅大夫十九其人，其以科贡起者，即有长材异能，多束于资，不能表现，时盖格愈严而人始病……夫天下非无才之患矣，才而束于格之患也。"[4]

（二）官吏的考课与《考成法》

明朝对官吏的考课分为"京察"与"外察"两种。京察是对京官的考绩，"四品以上自陈以取上裁，五品以下分别致仕、降调、闲住为民者有差，具册奏请"。[5]京察每六年进行一次。外察是对外官的考绩，"州县以月计上之府，府上下其考，以岁计上之布政司，至三岁，抚、按通核其属事状，造册具报，丽以八法"。[6]所谓"八法"，就是考课官吏的八项标准：一贪、二酷、三浮躁、四不及、五老、六病、七疲、八不谨。无论内外官，任职满三年为一考，六年再考，九年通考。第一阶段考绩完成，称为"考满"。考满分上中下三等，称职、平常、不称职。根据等次，确定黜陟。

考课官吏由吏部负责，吏部尚书"掌天下官吏选授、封勋、考课之政令，以甄别人材"。[7]所属考功司"掌文职官吏之考课及内外官之考察，凡旌别、访举及诸事故皆得稽之"。[8]对于明朝官吏的考课，时人曾有如下评价："明兴考课之别，源法唐虞，近酌列代，最为有法。"[9]据洪武十八年（公元1385年）吏部奏称，天下布、按、府、州、县朝觐官4117人，其中称职者十

---

[1]《明史·王瑞传》。

[2]《明史·王瑞传》。

[3]《明史·周叙传》。

[4]《明史·叶向高传》。

[5]《明史·选举志三》。

[6]《明史·选举志三》。

[7]《明史·选举志三》。

[8]《大明会典》卷一二《吏部十一》。

[9]（明）孙承泽：《春明梦余录》，北京古籍出版社1992年版。

之一，平常者十之七，不称职者十之一，贪污阘茸者十之一。称职者升官，平常者复职，不称职者降调，贪污者付有司治罪，阘茸者免为民。对于考察的结论如有不当，本人可以辩白，主管机关考察不实也要受处分。治绩特别优异者，免于考察。因京察罢职的官吏尚可起复，大计罢黜者则永不录用。

明中叶以后，官吏考绩不仅流于形式，而且积弊丛生，为了改善吏治，加快行政机构的运转，张居正制定了《考成法》。

张居正认为："治理之道，莫要于安民；欲安民又必加意于牧民之官。"〔1〕万历元年（公元1573年），已任首辅的张居正向神宗皇帝奏呈《请稽查章奏随事考成以修实政疏》，提出收文、发文、应办事宜均"严立期限"，并设置文簿存照备查，使得"月有考""岁有稽"，此奏疏"奉诏依行"，成为著名的《考成法》。《考成法》是张居正推行改革的重要组成部分。

《考成法》是针对所要完成的事项进行直接考察，以经常性的检查督促为特征，并由内阁大臣主持进行。它对改变百事推诿的腐败风气起到积极的作用。《明史·张居正列传》说："为考成以责吏治……令以大小缓急为限，误者抵罪。自是，一切不敢饰非，政体为肃"，国家政令"虽万里外，朝下而夕奉行"。《考成法》的实施，也带动了随后推行的清丈土地与一条鞭法。正如张居正所说："车之不前也，马不力也，不策马而策车何益！法之不行也，人不力也，不议人而议法何益！"〔2〕然而可惜的是，《考成法》随着张居正的病逝而被废除，明朝的吏治继续沿着腐败的道路下滑，直到彻底崩溃。

（三）俸禄与致仕

明朝的俸禄按九品十八级分别支给米、钞、钱。根据洪武二十五年（公元1392年）官俸定制，正一品每年米一千零四十四石，从九品每年米六十石。至宪宗朝形成以俸米为主、间给钱钞的定制。具体如下："官员俸给凡二：曰本色，曰折色，其本色有三，曰月米，曰折绢米，曰折银米，月米不问官大小，皆一石；折绢，绢一匹当银六两；折银，六钱五分当米一石。其折色有二，曰本色钞，曰绢布折钞，本色十贯折米一石，后增至二十贯；绢布折钞，绢每匹折米二十石，布一匹折米十石……文武官俸，正一品者，本色仅十之三，递增至从九品，本色乃十之七。武职府卫官，惟本色米折银例，每石二钱五分，与文臣异，余并同。其三大营副将、参、游、佐员每月米五石，巡捕营提督、参将亦如之，巡捕中军把总官，月支口粮九斗，旗牌官半

〔1〕《神宗实录》卷五十二。

〔2〕《张文忠公全集》文集三《辛未会试程策》二。

之。"[1]

中叶以后，银钱贬值，米贵钞贱，七品知县以米折钞，月俸不到银二两。"自古官俸之薄，未有若此者。"俸薄的结果，使得贪污成为官场上习以为常的政风，大官贪污以致富，小官舞弊以救贫。英宗正统六年二月，御史陈泰奏称："今在外诸司文臣去家远任，要子随行，禄厚者月给米不过三石，薄者一石、二石，又多折钞。九载之间，仰视俯育之资、道路往来之费、新故问遗之需、满罢闲居之用，其禄不赡，则不免失守，打麻将陷于罪者，多矣。乞敕廷臣会议，量为增益，俾足养廉。如此而仍有贪污，惩之无赦。"[2]这个建议虽然反映了真实情况，但却无法实行。在封建时代，官吏贪污腐化是政权本质所决定的，但俸薄未尝不是原因之一。

明朝官吏致仕也进一步制度化。洪武元年令："凡内外大小官员年七十者，听令致仕，其有特旨选用者，不拘此例。"[3]洪武十三年（公元1380年）令："文武官六十以上者，皆听致仕。"[4]洪武二十六年（公元1393年）又令："凡官员年七十以上，若果精神昏倦，许令亲身赴京面奏，如准吏部查照相同，方许去官离职。"[5]自此以后，官员致仕的年龄基本确定为七十岁。如永乐十九年（公元1421年）："文武官七十以上不能治事者，许明白具奏。"孝宗弘治四年（公元1491年），进一步规定：凡告老官员，年五十五岁以上者，冠带致仕；未及五十五岁者，冠带闲住。六十五岁以上官员，不再铨选任用。致仕不纯因年龄，如未老者许致仕，曰"归养"。"老疾不能任事者"，则随时强制致仕。对致仕官的待遇，或给田，或给俸，或二者兼有，有的赐以奴仆，但并不享有俸禄。

致仕官员不得留住京师和任所地，即使宰相也不例外，借以防止致仕官与现任内外官勾结。为了奖励官吏致仕还乡，许用官家专车送回，沿途接待。

（四）官吏履职要求

由于朱元璋严于治吏，因此在《大明律》中系统规定了对官吏的履职要求。

1. 赴任不得违限

"凡已除官员，在京者以除授日为始，在外者以领照日为始，各依已定程

[1]《明史·食货六》。

[2]《明会典》卷四三《职官》一五。

[3]《明会典》卷一三《致仕》。

[4]《明会典》卷一三《致仕》。

[5]《明会典》卷一三《致仕》。

限赴任。若无故过限者，一日笞一十，每日加一等，止杖八十，并附过还职。”

2. 不得擅离职守

“凡官吏无故擅离职役者，笞四十；若进乱因而在逃者，杖一百，罢职役不叙，所避事重者，从重论。其在官应值不值、应宿不宿，各笞二十，若主守仓库、务场、狱囚、杂物之类，应值不值，应宿不宿各笞四十。”

3. 不可无故缺勤

“凡大小官员无故在内不朝参、在外不公座署事，及官吏给假限满，无故不还职役者，一日笞一十，每三日加一等，各来罪止杖八十，并附过还职。”

4. 出使必按时复命

“凡奉制敕出使不复命，干预他事者杖一百，各衙门出使不复命，干预他事者，常事杖七十，重情重事杖一百。若回还后三日不缴纳圣旨者，杖六十，每三日加一等，罪止杖一百；不缴纳符验者，笞四十，每三日加一等，罪止杖八十。”

5. 不得贻误公事

“凡官文书稽程者，一日吏典笞一十，三日加一等，罪止笞四十。首领官各減一等。若各衙门遇到所属申公事，随即详议可否，明白定夺回报。若当该官吏不与果决，含糊行移，互相推诿以致耽误公事者，杖八十。”

6. 不得渎职和专擅

“凡告谋反，叛逆，官司不即受理掩捕者，杖一百，徒三年。以致聚众作乱，攻陷城池及劫掠人民者，斩。若告恶逆，不受理者，杖一百；告杀人及强盗，不受理者，杖八十；斗殴、婚姻、田宅等事不受理者，各减犯人二等，并罪止杖八十；受财者计赃以枉法从重论。”

“凡除授官员须从朝廷选用，若大臣专擅选用者，斩。”

其他专擅行为如事应请旨而不请旨、应上奏而不上奏之类，明律也规定了极为严厉的刑事处分。

7. 不得贪赃枉法

“凡官吏受财者，计赃科断，无禄人，各减一等。官追夺除名，吏罢役，俱不叙。”

“凡监守自盗仓岸钱粮等物，不分首从，并赃论罪。”

“凡官吏诸色人等，曲法嘱托公事者，笞五十，但嘱即坐。当该官吏听从者，与同罪不从者，不坐。若事已施行者，杖一百；所枉罪重者，官吏以故出入人罪论。”

“凡有司科征税粮及杂泛差役，各验籍内户口田粮，定立等第科差。若放富差贫、挪移作弊者，许被害贫民赴拘该上司，自下而上陈告，当该官吏各杖一百，若上司不为受理者，杖八十；受财者，计赃以枉法从重论。”

四、监察机关的调整与立法

（一）御史监察的新体制

为了加强君主专制，作为“天子耳目风纪之司”的明朝监察机关，在地位和职权上都进一步提高，监察立法也较前朝完善。早在吴元年建立御史台时，朱元璋就曾谕御史台长官说：“国家立三大府，中书总政事，都督掌军旅，御史掌纠察，朝廷纲纪尽系于此，而台察之任尤清要，卿等当正己以率下，忠勤以事上，毋委靡因循以纵奸，毋假公济私以害物。”〔1〕可见他对监察机关的重视。洪武十五年（公元 1382 年），扩大监察机构，改御史台为都察院，职掌“纠劾百司，辨明冤枉，提督各道……大狱重囚……偕刑部、大理谳平之。”都察院设左、右都御史为都察院长官，以下有左右副都御史，左右佥都御史等，宣德十年（公元 1435 年）依当时省制增设十三道监察御史一百一十八人，“主察纠内外百司之官邪”。

明朝还建立了监察御史出使巡按地方的制度。巡按御史“代天子巡狩，所按藩服大臣，府州县官诸考察，举劾尤专，大事奏裁，凡事立断”。〔2〕明朝建立巡按御史制度的目的，主要是监督地方官是否忠诚于皇帝，是否符合封建国家总体利益的要求，因此御史出巡有时也被皇帝特命兼管其他事务。凡兼管行政、民政的叫“巡抚”，兼管军事的叫“提督”，兼管行政、财政和军事的叫“总督”。总督和巡抚有“便宜从事”之权。都察院除执掌监察权外，还握有对重大案件的司法权。

从洪武十四年（公元 1381 年）开始，“差监察御史分按各道罪囚，凡重者，悉送京师”。至永乐元年（公元 1403 年），令“各布政司死罪重囚，至百人以上者，差御史审决”。弘治九年（公元 1496 年）又令：“每年天气炎热之时，本院与刑部、大理寺奉敕审录见监罪囚。”〔3〕

明朝御史的官秩一般不过正七品，但每一御史都有权对内外所有机关提

---

〔1〕《明史·职官志》。

〔2〕《明史·职官志》。

〔3〕《明会典·审录罪囚》。

出弹劾，并向皇帝直接负责。正因为御史监察制度是维持封建吏治，特别是维护皇权的重要手段，因此对御史要考选、试职后，才得实授。如御史犯罪则加三等，有赃从重论。御史勘察案件，违期不报，也要诘治。不仅如此，英宗正统四年（公元1439年）颁布的《宪纲》中严禁御史嘱托公事，“凡都察院官及监察御史、按察司官吏人等，不许于各衙门嘱托公事，违者比常人加三等。有赃者从重论”。御史出巡要遵守回避的原则。洪武二十六年（公元1393年）定凡监察御史及按察司官分巡按治州郡，“其分巡地面果系原籍，及按临之人果有仇嫌，并宜回避，毋得诰恩报仇，朦胧举问”。[1]英宗正统四年（公元1439年），又针对出巡的监察御史、按察司官作了特别规定：“凡监察御史、按察司官巡历去处，所闻有司等官守法奉公、廉能昭著，随即举闻；若奸贪废事、蠹政害民者，即便拿问，其应请旨者，具实奏闻。若知善不举，见恶不拿，杖一百，发烟瘴地面安置。有赃从重论。”[2]

明朝一反前朝御史可以风闻奏事的规定，强调御史纠劾必须有真凭实据。朱元璋时，某御史根据“闻之于道路”而上言陶安隐微之过，遭到严厉斥责：“御史但取道路之言以毁誉人，以此为尽职乎？”立命中书省臣罢其职务。英宗正统四年（公元1439年）更明文规定：“凡风宪任纪纲之重，为耳目之司，内外大小衙门官员但有不公不法等事，在内从监察御史，在外从按察司纠举。其纠举之事，须要明著年月，指陈实迹明折具奏。若系机密重事，实封御前开拆，不许虚文泛言。若挟私搜求细事及纠言不实者抵罪。”[3]

（二）六科监察的新体制

明监察机关除都察院系统外，还创立了负有独立监察权、言谏权的六科给事中组织。给事中自唐时起一直设于门下省，是与御史弹劾权相分离的专掌封驳的言谏机关。洪武十三年（公元1380年）设谏院，洪武十五年（公元1382年）废中书省，提高六部地位以后，为了监督六部活动，创设六科给事中的独立监察机关系统。所谓六科即吏、户、礼、兵、刑、工科。各科设给事中一人、左右都给事中各一人，主要负责监督六部官吏，所谓“掌侍从、规谏、补阙、拾遗、稽察六部百司之事”。[4]凡六部奏请皇帝施行之事，须先经给事中审查，认为不当可以驳回。六部奉旨执行之事，也须在给事中处登

〔1〕《明会典·出巡事宜》。
〔2〕《明会典·风宪总例》。
〔3〕《明会典·纠劾官邪》。
〔4〕《明史·职官志》。

记，以便于检查实际执行情况。六科给事中的创置，对于地位和职权都已提高了的六部起着钳制的作用，同时也分化了都察院的监察大权，都察院与六科给事中两者之间既有一定的分工，也可以互相纠举。

（三）地方专职监察机关的建立

提刑按察使司是明朝在地方专门建置的监察机关，又称“行在都察院”或“外台”。其“掌一省刑名按劾之事。纠官邪，戢奸暴，平狱讼，雪冤抑，以振扬风纪，而澄清其吏治”。[1]提刑按察使“周适天下，巡行风俗，上以宣帝命，下以求民瘼，按其官吏能否而进退之”，既有显赫的职权，又有相对的独立性，被称作“此我国家统纪之经纰”。[2]但至中叶以后，由宦官监察朝廷命官，一切纲纪礼法荡然无存。

（四）监察立法

明朝在总结历代经验的基础上，制定了较为完善的监察立法，用以确定监察机关的权责与活动程序，保证监察权得以实施。

早在洪武年间，随着重典治吏政策的推行，国家便以敕令和单行法的形式颁布监察法。至正统四年（公元1439年），已完成规模宏大、内容详密的十五部专门法规，即宪纲总例、督抚建置、各道分隶、纠劾官邪、考复百官、急缺选用、奏请点差、出巡事宜、照刷文卷、回道考察、问拟刑名、追问公事、审录罪囚、监礼纪仪、抚按通例。同年又制定了《纠劾官邪规定》，详列都察院对于文武百官违法失职，予以惩处的四条规定，其内容如下：

第一，凡文武大臣果系奸邪小人，构党为非，擅作威福，紊乱朝政，致令德泽不宜，灾异迭现，但有见闻，不避权贵，具奏弹劾。

第二，凡百官有才不胜任，猥琐阘茸，善政无闻，肆贪坏法者，随即纠劾。

第三，凡在外有司扰害善良，贪赃坏法，致令田野荒芜，民人受害，体访得实，具奏提问。

第四，凡学术不正之徒，上书陈言变乱成宪，希求进用；或才德无可称述而挺身自拔者，随即纠劾，以戒奔竞。[3]

同年，还制定了通政使司典章（总例）5条11款，事例6条，六科给事中总例36条，各科事例共137条。总例确定职掌范围，事例列述工作细则。

---

〔1〕《明史·职官志》。

〔2〕《古今图书集成》卷五八九。

〔3〕《大明会典·都察院一》。

洪武年间还颁行《责任条例》，规定了自里甲至县、州、府、布政司各级应负的责任以及上级对下级的监督。如不履行《责任条例》所规定的要求，则由巡按御史清查，倘若通同作弊，则“一体究治”。[1]洪武二十六年（公元1393年），专为出巡的监察御史制定《出巡事宜》27条。所列监察事项十分广泛，从科差赋役、户口、词讼、农田、道路、军需、学校，到驿站、度量衡，几乎无所不包。为了从杂沓纷呈的监察事项中分清主次缓急，严格工作程序，《出巡事宜》特别规定：“凡至按临处所，先将罪囚审录卷宗吊刷外；稍有余暇，首先亲诣各处祭祀坛场，点其祭器墙宇有无完缺。其次，存恤孤老，审问衣粮有无支给。巡视仓库，查算钱粮，有无亏欠，勉励学校，考课生员，有无成效，中间但有欺弊，即便究问如律。”

此外，还有《巡抚六察》，即清吏治、惩盗贼、肃边政、恤灾黎、进耆老、便人民。《巡按七察》，即雪冤狱、清军役、正官风、劾官奸、清属吏、正法纪、肃盗匪。六察、七察的核心在于整肃吏治，这是明初的治国方略。巡抚、巡按在这方面负有特殊的使命。

明朝中期对于巡按御史的执掌和要求，又以诏令的形式加以补充。如正德元年（公元1506年）令：“凡不公不法之事，率有明旨令科道官记著者，务要及时纠举，不许隐置遗漏。”嘉靖二十七年（公元1548年）题准：“凡巡抚御史弹劾三司不职，按察司官亦得纠巡按失职，不许科道官挟私报复，巡按、清军、巡盐、刷卷御史同事地方，固宜同寅协恭，亦要互相纠察以清宪体。”[2]至于对御史弹劾之事或人的处理意见，完全取决于皇帝的态度。“凡纠举官员，生杀予夺，悉听上命，若已有旨发落，不许再劾。”[3]

为了约束监察官的权力，还制定了《监官遵守六款》《监纪九款》《满日造报册式》等。其中规定，监察官不可因循苟且，旷废其职；不可任一己之私，昧众人之公；审讯要详慎；持身要端肃公勤谨慎；所到之处循理守法，注意防闲，不许嘱托公事；知善即举，见恶即拿，有误即纠，有利弊即陈，黜陟有据，等等。

综上所述，有明一代的监察立法，既是对汉、唐、宋、元以来监察立法的继受与发展，又为清朝制定监察立法提供了重要的历史渊源。正由于明朝监察机关有法可循，监察官有则可守，因此在一定时期确实起到了纠正官邪

〔1〕《大明会典·都察院一》。
〔2〕《明会典·纠劾官邪》。
〔3〕《明会典·纠劾官邪》。

的作用。

第四节 私有权观念进一步发展的民事法律

明朝虽然继续推行传统的“崇本抑末”的政策，但是社会经济的恢复必然推动商品货币关系的发展。与此相适应，私有权观念也得到了进一步的增长，并体现在民事法律当中。如丘浚在《大学衍义补》书中提到的前代“王田”“限田”“均田”立法都是“拂人情而不肯于土俗，可以暂而不可以常也，终莫若听民自便之为得也”的观点，便得到了明朝皇帝的肯定。以至明朝的国有土地也可以在法律的掩护下转为私有。在无主物的归属方面，明律强调“先占”原则，也体现了对私有权的保护。在各种契约行为中，明律严格要求税契过割和中保作为条件，以示对债权人利益的保护。至于雇工人身份的某些改善，也体现了时代的特点。

明代的民事法律集中见于明律中《田宅》《钱债》《市廛》《婚姻》等门目，此外也散见于惯例和民间的习俗、礼教当中。其具体内容如下：

一、户籍、身份与行为能力

明朝继续实行“人户以籍为定”的制度，但对户籍的管理日趋法律化。凡军、民、释、灶、医、卜、工、乐各色人户，都以原报户籍为定，擅自脱籍者依律治罪。以军户为例，军户是列入军籍的兵役承担者，父死子继，世代为兵，并享有月粮和布帛钱钞等赏赐。因此明律严禁民户冒充军户。如军户为逃避兵役冒为民户者，杖八十。又如，从事手工业生产的匠户，专列匠籍，世代为官府服役，不许脱籍。军户、匠户、灶户平时不能随意流动，有事外出也必须使邻里互知，私自脱籍者按“逃军”“逃匠”“逃灶”给予严厉的惩罚。

明朝社会构成人员的身份分为官吏、士、农、工、商、平民六等。另有大量依附于家主的奴婢，还有被法律认定为贱民的广东疍户、山西乐户、浙江绍兴的堕民、江西宁国的世仆、徽州的伴当。良贱之间等级森严，在法律上的权利也有天壤之别。

明朝为了维持农业和手工业生产所必需的劳动力，保证国家直接控制的民户不断增多，严禁诱骗略卖良民为奴隶。同时限制养奴蓄婢的数量，按规定贵族功臣之家最多不得超过 20 人，一般庶民之家不许蓄养，否则杖一百，奴婢放免为良。如有诱骗和略卖良人为奴婢，杖一百，流三千里。这些规定，对于增加劳动力以及恢复和发展生产具有积极的作用，但它没有也不可能完全实行。事实上，权贵之家大量蓄养奴婢仍是无所限制的，与此相联系的买卖人口也得到事实上的认定。

根据“有田即有粮”与“有丁即有役”的原则，在《户役律》中规定，十六岁作为成丁，开始服役，至六十岁免役。成丁之年即“丁年”，开始具有民法意义上的行为能力。值得提出的是，明中叶以后雇工人对雇主的人身隶属关系有所松弛，表现了社会的进步和对传统的超经济剥削的某种突破。

二、所有权

明初，通过核实田亩编造黄册和鱼鳞图册，确认了地主阶级的土地所有权，又将农民束缚在土地上，强迫他们完纳赋役。作为田粮差役承担者的民户，根据耕种田地的多少，按亩交赋，每丁还须交纳丁银。每年至少服役一个月，如有欠隐逃避，按律治罪。为了保护封建的土地所有权，明律严格规定盗卖、侵占、冒认“他人田宅者”，杖八十，徒二年；“系官者，各加二等”。若系强占，最高可判处杖一百，流三千里。由于明朝不存在均田之制，故明律中废除了唐律关于“占田过限”的条款，“田多田少，一听民自为而已”。[1]这是封建社会后期地主经济发展的结果，但也为皇帝、贵族、官僚、大地主无限制地占有土地大开方便之门。如果说唐律重在惩治“占田过限”，明律则重在惩治欺隐田粮赋役。凡“欺隐田粮”者处笞杖刑，“其田入官，所隐税粮，依数征纳”，“里长知而不举与犯人同罪”，借以保证国家的钱粮收入。针对占有大量土地户口而又依势欺隐田粮逃避差役的豪强地主，明律特别规定功臣之家除拨赐公田外，其余田土必须尽数报官，依法纳粮当差，违者“亩至三亩杖六十，罪止杖一百，徒三年。若豪民令子女亲戚跟随官员隐蔽差役，家长杖一百，官员容隐者同罪”。然而明律中的条文规定，实际并没有能防止土地的欺隐。相反，随着中叶以后土地的急速集中，欺隐的亩数也迅速增加。据《明史·食货志》载：“自洪武迄弘治百四十年，天下额田已减强半，而湖广、河南、广东失额尤多。非拨给于王府，则欺隐于猾民。”豪门地主瞒田陇产造成赋税负担的不公，“豪民有田不从，贫民由输为累”，同时也影响了政府的税收，因此张居正在改革时弊的活动中，进行清丈土地。万

〔1〕（清）薛允升：《唐明律合编》卷一三，法律出版社 1999 年版。（下同）

历八年（公元1580年）一月，张居正以户部名义颁布《清丈条例》，主要内容如下：“明清丈之例，谓额失者丈，全者免，复坐派之额，谓田有官、民、屯数等，粮有上、中、下数，则宜逐一查勘，使不得诡混，严欺隐之罪，有自陈诡占及开垦未报者免罪，首报不实者连坐，豪右隐占者发遣重处。”[1]由于清丈土地侵犯了官豪之家的利益，因而受到了抵制，“闻之丈量谕下，诸王孙遮道而噪，诸酋长抗疏而陈，诸军士荷戈而哄”。[2]但是，张居正手中握有权力，又凭借考成鼓励官员，终于使这项“百年旷举”贯彻执行。但在张居正逝世后，《考成法》废而不行，欺隐田粮也无所限制。

根据明律，对于某些所有权的取得有以下规定。诸山野之物，已加功力刈伐积聚可视为“无主物的先占”，即取得所有权。如他人擅取，则“取非所有”，按盗论罪。“若于官私地内掘得埋藏无主之物并听收用。”如系钟鼎符印等珍贵古器，不宜民间所有者，限三十日内送官，违者杖八十，文物没入官府。拾得遗失物者，限五日内送官，否则官物坐赃论、私物减二等，其物一半入官，长半还失主。拾得官物须全部还官；私物如有人识领，半赏得物人，半赏失物人；如三十日内物主踪迹不明，财物归拾得人。

对于所有权的保护，除禁止盗卖、换易、冒认、侵占他人田宅外，凡侵犯他人所有权的强盗和盗窃罪惩罚，均较唐律加重，甚至擅食他人田园瓜果之类，也坐赃论，如系官田园则加二等。三犯盗窃罪者不分情节一律处绞（唐律最重至流刑）。对于强盗即使不得财也杖一百、流三千里（唐律最多徒二年）。如已得财，则不论多少，不分首从，一律处斩。明律还特立“盗贼窝主”专条，凡盗贼窝主，或造意共谋，或分赃者，皆斩。这显示了明律的锋芒所向。

三、债权

明朝商品经济关系较之宋元有所发展，因而推动了债权法的发展。尤其是典、卖田宅的法律，得到进一步完善。根据明律，典卖田宅以税契为重要条件。“凡典、卖田宅不税契者，杖一百，其田入官。”税契之外，“过割”也是法定手续。经过过割改换户名，明确纳粮当差的责任，“以杜异日假捏之弊”。[3]

---

〔1〕《明史·食货志》。
〔2〕《明神宗实录》卷一一二。
〔3〕《大明律·户律》。

明律在典权方面的规定也较唐宋律详细。其基本精神，仍在于保护典权人的利益，例如一物不得两典，违者处刑。典期届满，典卖人无力回赎者，可另立绝卖契纸，或听其别卖、归还原典价。

明律对借贷关系的法律调整，也有新的发展。凡“负欠私债违约不还者”，五两以上，违三月笞十，每一月加一等，罪止笞四十。五十两以上，违三月笞二十，每一月加一等、罪止笞五十，并追本利给主。即债务人逾期不还，追加本利之外，根据逾期时间的长短，处以笞刑。但由于明代高利贷的现象较为普遍，而且是激起民变的原因之一，故明律也作出了一些约束。例如，严格规定利率，无论私债或典当财物，每月取利不得过三分。年日虽多，不过一本一利。违者笞四十，以余利计赃，重者坐赃论，罪止杖一百。若豪势之人，不告官司，以私债强夺去人草畜、产业者，杖八十。若估计过本利者，计多余之物坐赃论，并依多余之数追还。若准折人妻、子女者，杖一百。强占者，加二等，因而奸占妇女者，绞。〔1〕

明律还禁止监临官吏于所部地方放典当，也禁止听选官员和监生等放债。如偷越番境（云南苗境、广东黎境）放债取利，按私通土苗例处治。以上法律表现了国家对私债的干预，目的在于将债务关系纳入法定的限度以内，防止阶级矛盾的激化。

在租佃关系中，明初曾下令解除佃农的贱民地位，改变田主与佃农之间的主仆关系为“长幼”关系，以此提高雇工人的法律地位，使其不同于奴婢。但如雇工人奸家长妾女，则与奴婢奸家长妻女一样，处斩刑。

四、婚姻、家庭与继承

明律所确认的婚姻家庭关系基于时代的演进而有所改变。

第一，男女订婚之初，如有残疾、老幼、庶出、过房乞养者，务要两家明白通知，各从所愿。然后再写立婚书，依礼聘嫁。

第二，府州县亲民官不得于任内娶部民女为妻妾，监临官不得娶现问当事人为妻妾。如因娶当事人妇女致使枉法判决者，从重论处。

第三，不得收留在逃女为妻妾，否则治罪。

第四，不得强占良家妻女为妻妾，如强夺、奸占或卖与他人为妻均处重刑。

---

〔1〕《大明律·户律》。

明律虽然在法律上肯定一夫一妻制的婚姻关系，但“庶人四十以上无子，许选娶一妾”，贵族官则享有娶妾的法律特权，明文规定亲王可娶妾媵十人。

在继承方面，嫡长子继承制被看作是“国家的定法”。无论是官员袭荫袭爵，还是平民承祀宗祧，都以嫡长子承继。“立嫡子违法者，杖八十”，如无嫡子，可立嫡长孙或庶长子，但不得立异姓义子，否则以乱宗论，杖六十。户绝“无子者许令同宗昭穆相当之侄承继，先尽同父周亲，次及大功、小功、缌麻，如俱无，方许择立远房及同姓为嗣”[1]。如所立继子不孝，可以告官别立。

对于财产的继承，“嫡庶子男……不问妻妾婢生，只以子数均分”[2]。只有户绝财产，方由所有亲女承受。此外，寡妻无子守志者，合承夫份。收养的三岁以下被遗弃的小儿，也酌分给财产。招婿养老者，仍立同宗应继者一人，承奉祭祀，家产均分。明代的继承法律较以前详密，反映了商品经济的发展所带来的财产关系上的复杂性。

第五节　调整广泛的经济立法

明朝建立以后，朱元璋以发展和保护自耕农经济作为经济政策的基石和经济立法的核心。他通过奖励垦荒，承认和造就了大批自耕农，并颁布法律防止侵占、兼并自耕农的土地。洪武六年（公元 1373 年）诏：“耕者验其丁力，计亩给之，使贫者所资，富者不得兼并，若兼并之徒多占田以为已业而转令贫民佃种，罪之。”[3]对于工商虽然实行通工利商之法，但加强了国家对工商业的控制，尤其是对于钱法、税法的控制。这是专制主义强化在财政领域的体现。明中叶以后，张居正为了扭转财竭民贫的局面，实行改革。一方面“严考课之法，审名实之归”，整顿吏治；另一方面清丈土地，推行“一条鞭法”，打击豪强地主，取得了卓有成效的结果。但随着张居正的逝世，他所建立的经济法律制度也一一被推翻。

一、农业立法

明初，为了招诱流亡从事生产，大力推行移民垦荒，无主荒地若有能开垦者，即为已业，永不起科，并以垦田多少考核官吏。除移民垦荒外，还实

[1]《大明律·户律》。
[2]《大明律·户律》。
[3]《洪武实录》卷六二。

行屯田，以增加农业收入，有军屯、民屯、商屯、戍罪屯、赎罪屯等。为了保护屯田，明律规定，强占种屯田五十亩以上，不纳子粒，或典卖屯田，买卖双方各不纳子粒者，官调边卫当差，军则边卫充军，民则发口外为民。管屯官不用心纠查者，纠参治罪。

为了查核全国田亩，编制了黄册与鱼鳞册。民户按耕种土地的多少，按亩交赋，不得欺隐田粮。

为了发展农业，明律还规定了有关兴修水利、整治堤岸塘堰、疏浚河道的条款。

二、工商立法

明初农业生产的迅速恢复，推动了工商业的进步和工商业立法的发展。为了适应官手工业发展的需要和满足皇家贵族的生活需求，从明初起便建立了匠户匠籍制度。匠户采取“轮班”（三岁一役，役不过三月）和“输班”（每月二十日，不赴班者，罚银六钱）形式为官府服役。匠户制度由于得到法律的强制保证，推行得比较彻底。通过对手工业工人的集中管理，匠户得以发挥技术优势，推动了手工业的发展。但是匠户制度实质上是手工业的徭役制度，既成为手工业劳动者的沉重负担，又限制了他们的人身自由，因而挫伤了手工业劳动者生产的积极性。

为保证手工业产品的质量与规格，明律规定，凡造作器物不如法者，笞四十；如制造军器不如法或织造缎匹质量粗糙不合格者，各笞五十；如不堪使用及应再返工改造者，各计所损财物及所费雇工钱，罪重者坐赃论；如系供奉御用之物加二等。工匠各按应承担的责任论罪，有关的官吏按责任大小论处，并须赔偿官府的损失。

明律对手工业生产管理的规定尤为具体。凡军民官司有所兴造，应报告上级批准，不经批准而非法营造者，各计所得人数和工钱坐赃论。营造所需材料、财物、人工少报不实者，笞五十，若财物和人工尽费，各计所损财物价及所费雇工钱，重者坐赃论。工程修筑不牢固，三年内报毁者，由承修官员和专管上司分赔。监管上司故意隐匿者，经发觉后，责令专修，并交部治罪。

在商业立法上，主要是加强国家对于盐、茶的官营专卖。早在元至正二十一年（公元 1361 年）朱元璋便定《盐法》，令从贩盐者得利中二十取一以助军饷。洪武元年（公元 1368 年）定《盐引条例》，贩私盐者绞，有军器者斩。其后大明律的规定略宽，凡犯私盐、私茶者杖一百，徒三年，如携带有武器加一等，拒捕者斩。即使买食私盐也处杖刑一百。凡欲经营盐业者，必须以吏部制颁的“盐引勘合”为凭，并“赴场支盐”。如“不亲赴场支盐”，或“中途增价转买阻坏盐法者”，买主卖主，各杖八十，牙保减一等，盐货价钱并入官。[1]

明初还制定了《茶法》，禁止贩卖私茶。贩私茶者按贩私盐律论罪。为了保证对茶的官营专卖，明律规定贩茶者必须请买“茶引勘合”，在杭州、江宁等地设立“茶引所”，“令各商纳引”收购茶叶。在川陕等地设立“茶马司”管理“纳马易茶”。如“兴贩私茶，潜在边境，与番夷交易”，“不拘斤数，连知情歇家牙保，俱发烟瘴地面充军”。

明朝的市场管理法，也较前充实。首先，严格度量衡的统一标准。“凡私造斛、斗、秤、尺不平，在市行使，及将官降斛、斗、秤、尺作弊增减者，杖六十，工匠同罪。”市面上使用的度量衡均须经官府“校勘”“印烙”。调平官吏失职者分别处杖四十至杖七十。其次，严格规定市场管理机关在平抑物价上的责任，“评估物价或贵或贱，令价不平者，计所增减之价坐赃论。”如借评估物价，使赃物归已者，“准窃盗论”，但免刺。对于城乡诸色牙行及船埠头所选用的人户，须持有布政司发给的牙帖，其所经营的牙行由官给印信、文簿，按日登记客商船户籍贯、姓名、路引、字号、物品数目，并每月向官府呈报一次。如有私充牙人者，杖六十，所得牙钱入官；官牙、埠头，容隐者，杖五十，革去。清人薛允升在比较唐明律时认为：“此条唐律无文，然亦明律中之最善者。”[2]最后，明律关于仓库管理的条款也较唐宋律具体。例如，仓库钱粮财物，不得虚支冒领，如出库钱粮不足数，监临主守通同有关官吏虚出凭据者，计虚出之数并赃以监守自盗论。负责核查的官吏，如受财谎报足备者，计赃以枉法从重论。官府收支钱粮，必须专款、专物、专用，不得挪移它用，即使挪移官用也要并赃准监守自盗论；主管财物和仓库的官吏，对于侵欺、盗用、借贷官用钱粮物品而不觉举者，视情节轻重予以惩罚。

三、财政立法

明朝财政立法的成就，主要表现在钞法、钱法和税法上。

明时纸币称为“宝钞”，由户部印造。宝钞以贯为单位，与铜钱相兼行使，具有同等的信用价值，可以用于“民间买卖诸物，及茶盐商税诸色课程”，如拒绝收受宝钞则“处杖刑”。收税人员如不“用心辨验，收受伪钞”，

---

〔1〕《大明律·户律》。

〔2〕《唐明律合编》卷二七。

杖一百。市民如使用伪钞，“除追纳赔偿外，并处杖刑”。伪造宝钞者不分首从及窝主，若知情行使者，皆斩；财产入官，告捕者官给赏银，仍给犯人财产，里长知而不首者，杖一百。巡捕守把官军知情故纵者，与同罪。中叶以后，白银作为国家认可的货币进入流通领域，逐渐取代了宝钞。与宝钞相兼行使的还有铜钱。根据明钱法，钱由工部宝源局铸造。钱以文为单位，拒绝使用者，杖六十。“私铸铜钱者绞；匠人罪同，为从及知情买使者，各减一等。”孝宗以后，逐渐走向银本位，随之出现了伪造金银罪。“伪造金银者，杖一百，徒三年；为从及知情买使者，各减一等。”〔1〕

明朝为了增加国库收入而十分重视税收，在明律中专列税法。明初按照唐时两税法核定天下田亩，征收田赋和丁税。张居正在万历年间推行“一条鞭法”，改革传统的赋役制度。所谓“一条鞭”者，“总括一州县之赋役，量地计丁，丁粮毕输于官。一岁之役，官为佥募。力差，则计其工食之费，量为增减；银差，如计其交纳之费，加以增耗。凡额办、派办、京库岁需与存留、供亿诸费，以及土贡方物，悉并为一条，皆计亩征银，折办于官，故谓之一条鞭”。〔2〕总体来说，它把过去一切征发项目合并为“一条”，简化征收手续；将过去按户按丁摊派之役归于田亩，实行赋税合一，统一征收银两，改变了过去受里甲安排的十年亲役一次的做法，代之以每年征缴一次代收银。这些变化在当时颇中时弊，收效明显，在中国税法史上也占有重要地位。

税收的另一重要来源是商品税。《大明律》规定：“凡客商匿税及卖酒醋之家不纳课税者，笞三十。物货酒醋一半入官，于入官物内以十分为率三分付告人充赏。”对于承办盐茶专卖的商户，限于年终纳齐商税，若“年终不纳齐足者”，以不足数额的多寡，分别给予笞四十至杖八十的处罚，并强制完税纳官。此外，还严禁外商匿货行为。凡泛海客商舶船到岸，即将货物尽实报官抽分，十分抽一，或停塌沿港土商牙侩之家不报者，杖一百。虽供报而不尽者，罪亦如之，物货并入官，停藏之人同罪，告获者给赏钱二十两。匿货实际上就是匿税，但对匿货的惩罚重于匿税。《笺释》说：“匿税其利小故笞而半罚，匿货其利大故杖而全罚。”当然也有“严中国外番之辨”，维护国家主权的意义在内。

对于私人从事海上贸易，明初起便立法严禁。至《大明律》修成，又明文规定：“凡将马牛、军需、铁、货、铜钱、缎匹、绸绢、丝棉私出外境货卖

---

〔1〕《大明律·户律》。

〔2〕《明史·食货志》。

及下海者，杖一百。挑担驮载之木，减一等。货物船车，并入官。于内以十分为率，三分付告人充赏。若将人口、军器出境及下海者，绞。因而走泄事情者，斩。其拘该官司及守把之人，通同夹带或知而故纵者，与犯人同罪；失觉察者，减三等、罪止杖一百，军兵又减一等。”经过永乐、宣德两朝，海禁稍弛。但在封建时代，海上贸易的发展是对封建自然经济的极大冲击，不利于推行闭关锁国的政策和专制制度的巩固。因而从嘉靖早年起屡颁禁海律例。嘉靖二十九年（公元1550年）颁行的《问刑条例》中规定：“官民人等擅造二桅以上违式大船，将带违禁货物下海，前往番国买卖，潜通海域同谋结聚，及为向导，劫斥良民者，正犯处以极刑，全家发边卫充军。若止将大船雇与下海之人，分取番货，及虽不曾造有大船，但纠通下海之人，接买番货者，俱问发边卫充军，其探听下海之人，番货到来、私下收买贩卖，若苏木、胡椒至一千斤以上者，亦问发边卫充军，番货入官。”显而易见，《问刑条例》对私人海上贸易的惩罚重于《大明律》的规定，而例又是用以辅律的，因此它成为处理违禁下海的重要法律根据，其结果就是严重摧残了私人海外贸易和社会经济的发展。

第六节　“重典治国”的思想与刑事法律

一、“重典治国”的刑法指导思想

明朝处在封建社会后期，阶级矛盾与民族矛盾既复杂又尖锐，严重威胁着新朝的统治。前元的贪官弊政也时刻阻碍着新朝政策的实施。在这样的历史背景下，朱元璋虽然接受了“刑罚世轻世重”的传统观点，表示“用刑之道贵在得中，得中则刑清，失中则刑乱。刑乱则政衰矣”，[1]但实际上是主张以重典治乱世的。他说：“奈何胡元以宽而失，朕收平中国，非猛不可！”[2]早在明初朱元璋便就立法一事指示立法大臣说：“（法）严则民知畏而不敢轻犯。”[3]而后他在《皇明祖训》中又总结说：“朕自起兵四十余年，亲理天下庶务，其中奸顽刁诈之徒，情犯深重灼然无疑者，特令法外加刑，意在使人知所警惧，不敢轻易犯法。”[4]此外，他也借重刑铲除异己，淘汰赃官，缓和官

〔1〕《明太祖宝训》卷五。
〔2〕（明）刘基撰：《诚意伯文集》卷一，商务印书馆1936年版。
〔3〕《明太祖宝训》卷五。
〔4〕《皇明祖训》首章。

民之间的矛盾。洪武十三年（公元1380年）发生的胡惟庸案、洪武二十六年（公元1393年）发生的蓝玉案，都是为铲除异己势力。两案牵连被诛杀者达4万人，开国的文武勋臣几乎无一不受牵连。

由于朱元璋出身农民，深知官吏扰民激起民变的事实，故曾经深有体会地说："又尝思昔在民间时，见州县官吏多不恤民，往往贪财好色，饮酒废事，凡民疾苦，视之漠然，心实怒之。"〔1〕鉴于元亡的教训，他严厉惩治贪官污吏，用以缓和官民矛盾，稳定明朝的基础。

二、"重典治国"的法律表现

（一）严刑惩治反逆大罪

明律将反抗封建专制国家统治的"谋反""谋大逆"行为，解释为"罪大恶极"，一律取重罪加重的原则。按唐律犯上述罪者，本人不分首从皆斩。其父及子年十六岁以上处绞刑，十五岁以下及母、女、妻、妾、祖、孙、兄、弟、伯叔父、兄弟之子及笃疾废疾者，可不死。明律则不仅犯罪者本人不分首从均凌迟处死，其亲族凡年满十六岁以上的男子，如祖父、父、子、孙、兄弟、伯叔父、兄弟之子，不限籍之异同，不论笃疾废疾，一律处斩，甚至异姓同居之人如外祖父、妻父、女婿、奴仆也同处斩刑。唐律对虽犯此罪但情节不同，惩罚也略有区别。例如，"词理不能动众，威力不足率人者"，本人处斩，父、子可不处死，祖、孙亦不牵连。又如，"口陈欲反之言心无真实之计者"，只流二千里。明律则完全无视这种区别，不分轻重，一律处最重刑。对于知情故纵，隐藏不告者，唐律处绞刑，明律则处斩刑。结果一案株连，动辄数十人，甚至灭三族、九族、十族，以致乡里为墟。明朝在加强镇压的同时，为了分化反抗的力量，还规定对谋反、谋大逆的罪犯，"有能捕获者，民授以民官，军授以军职，仍将犯人财产全给充赏。知而首告，官为捕获者，止给财产"。〔2〕

不仅如此，明律还扩大了"十恶"大罪的范围。凡部民杀死本管知县、知州、知府，军士杀死本管百户、千户、指挥均属"十恶"中的"不义"罪，一概处以极刑。

（二）严刑禁止臣下结党和内外官交结

鉴于历代臣下结党造成皇权削弱、内部矛盾，导致国亡民乱的教训，故

---

〔1〕《明太祖宝训》卷六。

〔2〕《大明律·刑律·贼盗》。

严禁臣下结党。在《大明律》中增设了汉、唐、宋、元刑法中所未有的“奸党罪”，规定：“若在朝官员，交结朋党，紊乱朝政者，皆斩。妻子为奴，财产入官。”又：“若犯罪，律该处死，其大臣小官巧言谏免、暗邀人心者，亦斩。”又：“若刑部及大小各衙门官吏不执法律，听从上司主使，出入人罪者，罪亦如之。”此外，“凡奸邪进谗言左使杀人者气亦属奸党，处斩刑”。为了防止大臣私人荐引，结成朋党，严格规定国家官职的任用权专属皇帝。“若大臣专擅选用者，斩”，“若大臣亲戚非奉特旨，不许除授官职”，违者亦斩。甚至衙门官吏与士庶人等，“若有上言宰执大臣美政才德者，即是奸党，务要鞫问，穷究来历明白，犯人处斩，妻子为奴，财产入官”，“若宰执大臣知情与同罪”。“文官非有大功勋于国家，而所司朦胧奏请辄封侯爵者，当该官吏及受封之人皆斩。”清人薛允升在比较唐律、明律的异同时指出，奸党等条“皆洪武年间增定者也，明祖猜忌臣下无弊不防，所定之律亦苛刻显著，迥不相同”。“凡所以防臣下之揽权专擅，交结党援者，固已不遗余力矣。”“然猜忌过甚，则刚克消亡，朝多沓沓之流，士保容容之福。遇重大事件，则唯诺盈廷，无所可否，于国事究何裨乎。”〔1〕

明律还严禁内外官交结。早在明初，太祖鉴于汉唐宦官擅权祸国，因此下令“不许寺人干预朝政”。〔2〕其后迭发类似严令，至洪武十七年（公元1384年），“敕内官毋预外事，凡诸司毋与内监文移往来”，〔3〕“又于内庭尝镌铸铁牌置宫门口曰：内臣不得干预政事，预者斩。”〔4〕《大明律》中还专门规定：“凡诸衙门官吏，若与内官（即宦官）及近待人员互相交结，一漏泄事情，夤缘作弊，而符同奏启者，皆斩，妻子流二千里安置。”但是这项被强调为子孙世守的禁令严法却没有收到预期的效果。相反，有明一代宦官的窃柄为祸更甚于前朝。

（三）严法整饬吏治，惩罚贪官

明初整饬吏治的一项重要内容就是以重法治赃吏。明初朱元璋曾召天下府州官来朝，谕之曰：“天下初定，百姓财力俱困，如初飞之鸟，不可拔其羽，新植之木，不可摇其根，在安养生息而已。惟廉者能约己而利人，尔等当深念之。”〔5〕《明律·刑律》中专列“受赃”名目共11条。此外在《户律》

〔1〕《唐明律合编》卷九。

〔2〕《明通鉴》卷六。

〔3〕《明史纪事本末》卷一四。

〔4〕《明史·宦官传序》。

〔5〕《明史·魏观等传赞》。

《盐法》中均有惩治官吏贪污的规定，处刑较唐律为重。

明律“受赃”，分枉法赃、不枉法赃与坐赃三种，均计赃科刑，但有所区别。枉法赃“通算全科”，即按受赃总数科刑，五贯以下杖八十，五十贯流三千里，八十贯绞（唐律十五匹绞）。不枉法赃“通算折半”，即按受赃总算之半科刑，十贯杖七十，百二十贯流三千里。坐赃与非枉法赃同，也“通算折半”、三贯以下笞三十，八十贯杖一百，百贯徒一年，五百贯以上罪止徒三年。所谓坐赃指“官吏人等非因事受财，受赃致罪”。除惩治受赃官吏外，与者减五等治罪。

官吏受赃除名、罢役之后，不再叙用。这与唐律中因受赃免官，经过一定年限，仍可降级适用有所不同。官吏断结案件以后受财，如已枉断，以枉法赃论，比起唐律论罪为重。在《明律》中对于官与吏受财，分别详注，反映了吏在司法实践中为非作歹的现实。特别是加重对“风宪官”御史犯赃的惩处，凡御史犯罪加三等，有赃从重论。

有明一代对贪赃官吏的惩处，前紧而后宽。例如，洪武十八年（公元1385年）有人告发户部侍郎郭植与北平二司官吏通同舞弊、吞盗官粮。太祖下令法司拷讯，六部侍郎以下数百人均处死刑，追赃七百万石。供词牵及各直省官吏，系狱拟罪者数万人。朱元璋还允许百姓直接到京师控诉地方官的罪恶，甚至可以执送贪污官吏于京师。对犯赃官吏，不仅惩罚本人，也株连通贿人及其家属。洪武四年（公元1371年）曾敕谕刑部：“官吏受赃者，并罪通贿之人。徙其家于边，著为令。”〔1〕

对于监守自盗者不分首从，并赃论罪，满四十贯即斩。

需要指出，在《大诰》中百分之八十以上的案件是惩治贪官污吏的，而且处刑均较明律为重。例如，《明律》中“不枉法赃”罪不至死，但《大诰》中官吏因犯“不枉法赃”被凌迟、枭首者极多。

明初，严法治赃吏，对吏治的澄清产生了积极的影响，“一时守令畏法，洁己爱民，以当上指，吏治涣然丕变矣”。〔2〕但是封建官吏贪污受贿是植根于封建剥削制度的土壤，任何严法酷刑只可治标，不能治本，只可收效于一时，不能防患于久远。就在洪武年间，朱元璋也不得不承认：“我欲除贪赃官吏，奈何朝杀而暮犯。”〔3〕至弘治年间制定《问刑条例》，除官吏渎职加重惩罚

---

〔1〕《明史·刑法志》。

〔2〕《明史·循吏传序》。

〔3〕（明）刘辰：《国初事迹》，浙江范懋柱家天一阁藏本。

外，一般犯赃罪均改重从轻。宣德朝以后，贪赃官吏或允许赎罪，或戍边，或罢职，处死者极少。

（四）严惩流民

流民问题是自唐以来影响社会治安、令统治者极为棘手的问题。元末大量破产流亡的农民，曾经是反元主力军。因此明朝建立以后，为了防止流民聚众生事，以严刑峻法取缔流民，大明律在“人户以籍为定”的基础上，设置禁游食、闲民之法，规定“市井绝不许有逸夫”。如逃亡山泽，不听官府“召唤”，为首者处绞，抗拒者全体处斩。《大诰》中也专列查禁游民之款，允许邻里亲戚拘执“游民”赴京问罪。否则“逸民（游民）处死，四邻迁之化外”。《大诰》颁布以后，如里甲坐视游民和其他闲散人员不管，邻里不捉拿到官，除游民依律处死外，里甲四邻也要流放边塞之外。流民如聚众反抗官府，则严厉镇压。

经过严刑制裁并辅之以相应的政策，明初的流民问题得到了一定程度的缓解。但由于官府有增无减的赋敛和地主阶级的残酷盘剥，小民被迫背井离乡，逃亡在外，补充了游民大军，至明中叶流民的激增又已势不可止。

（五）以刑罚加强思想文化领域内的专制统治

这是明朝专制制度发展的重要表现。明律中因涉及言论思想而给予惩罚的条款是很多的。例如，“凡奸邪进谗言，左使杀人者，斩”；“上言大臣德政者斩”；“凡造谶纬妖书妖言及传用惑众者斩”（唐律止绞）；“收藏禁书与私习天文，杖一百”；“假以上书，巧言令色，希求进用者，杖一百”。除律有明文者外，臣民在奏章中文字略有忌讳嫌疑，便以触犯皇帝罪，断然处决。例如，官吏在歌颂明太祖的表章中有“作则垂宪”“遥瞻帝扉”“睿性生知”“体乾法坤”“天生圣人”等字句，便被以污蔑皇帝“作贼”“发髡”“帝非”等莫须有的罪名，大兴文字狱，肆意杀戮。为了防止学校诸生议论国家大事，洪武十二年（公元1379年）颁行学校禁条，“生员家若非大事毋轻至公门”，“军民一切利病，并不许生员建言”。封建统治者为了推行政治上的专制主义统治，必然要钳制广大人民的思想和社会舆论，甚至不惜动用残酷的刑罚。

（六）法外加刑的刑罚制度

根据大明律，法定的刑名是笞、杖、徒、流、死（绞、斩）五刑。此外，充军刑进一步制度化。明初充军有实边之意，并无里程规定，至明末分为极边、烟瘴、边远、边卫、沿海、附近六种，最远四千里，最近二千里。充军期限分为“终身”（即本人死亡为止）和“永远”（即使犯罪者本人死亡，子孙仍须继续充军，直到“勾尽补绝”方能“开豁”）。可见充军刑远比流刑为重。在明律中充军条款最初只46条，嘉靖以后多达223条。此外，明朝以卫所为单位建立起来的军事编制和驻防制度，不仅加强了中央集权的统治，也使得充军刑有了制度化的可能。

在明朝的刑罚制度中，值得提出的是法外加刑问题。朱元璋出于加强专制、震慑吏民的需要，经常采取法外定罪、法外加刑，使无罪成为有罪、轻罪招致重罚、非刑代替常刑。由他手订的《明大诰》便是法外加刑的案例汇编。廷杖也是法外刑中突出的一例。早在洪武八年（公元1375年），刑部主事茹太素上书太祖，有所忤触，被当廷杖打。此后，在午门前对大臣施用杖刑的廷杖，便成为以暴力胁迫臣下完全顺从皇帝意志的特殊刑罚。廷杖由司礼监监刑，锦衣卫施杖。廷杖可以施加于任何一个大臣。例如，武宗正德年间，廷杖“谏南巡”的大臣168人，死15人。世宗嘉靖年间，廷杖“争大礼”的大臣134人，死16人。

明朝刑罚的残酷与肉刑的复活，反映了封建社会后期异常尖锐的阶级矛盾，同时也是服务于强化极端专制主义统治的手段。

第七节　高度集权下的司法制度

一、司法机关

明朝中央司法机关是刑部、大理寺。刑部负责审判，因此组织机构相应地扩大。所属四司，后扩充为十三清吏司，分别受理地方上诉案件，以及审核地方上的重案和审理中央百官的案件。刑部有权处决流刑以下案件，但定罪以后，须将罪犯连同案卷送大理寺复核，再由刑部具奏行刑。死刑案件须奏请皇帝批准。大理寺专掌复核，所谓“掌审谳平反刑狱之政令”。凡刑部、都察院审判的案件，“皆移案牍，引囚徒诣寺详谳”。如情允罪服，准予具奏，否则驳令改判，曰“照驳”。三拟不当，则纠问官，曰“参驳”，招供不清者，可移再审，曰“追驳”。屡驳不合，则请旨发落，曰“制决”。〔1〕作为监察机关的都察院也参与会审，凡“大狱重囚，（都御史）会鞫于外朝，偕刑部、大理寺谳平之”。〔2〕为了加强司法镇压，洪武十七年（公元1384年）建

〔1〕《明史·职官志二》。

〔2〕《明史·刑法志二》。

立了三法司的联合审判组织。三法司由刑部、大理寺、都察院三机关组成，审理大狱重囚，叫作“三司会审”。但其仍无权对重大案件作出判决，而是必须呈报皇帝批准。随着专制制度的发展，皇帝的亲军、近侍也参与审讯。洪武十五年（公元1382年），于亲军上十二卫之一职司卤簿的锦衣卫下添设北镇抚司“专理诏狱”。狱成，得专达皇帝。除锦衣卫系统外，永乐十八年（公元1410年）设“东厂”，成化十三年（公元1477年）设“西厂”，职掌“缉谤谋逆妖言大奸恶”。〔1〕由于厂卫承命皇帝，地位特殊，所以作出的判决，刑部、大理寺官虽“洞见其情，无敢擅改一字”，〔2〕“法司不敢平反”。〔3〕厂卫有权参加三法司的审判，名曰“听记”，实则起操纵的作用。由皇帝的亲军近侍职掌司法权，是极端专制主义发展的产物，也是明朝司法腐败的反映。

地方司法机关，府（州）、县二级仍与行政机关结合，由知府、知县等地方行政长官掌握或亲理司法审判事务。省级专设司法机关提刑按察使，“掌一省刑名按劾之事”，〔4〕并为府县一审案件的上诉机关。按察使有权处置徒刑以下案件，徒刑以上重案须报送中央刑部，无权擅决。省级专设司法机关的体制，标志着明朝国家机关组织的严密和司法审判的加强。明朝还于乡之里社设立申明亭，“凡民间应有词状，许耆老里长准受于本亭剖理”。〔5〕申明亭以调解民间纠纷及民事争执为主。凡户、婚案件皆须经过申明亭，因而具有基层司法组织的性质。

二、诉讼制度

由于明朝严格区分军户与民户，因此，司法管辖也相应不同。军人犯法由军事机关审理。各省都指挥使设置的都卫断事司及卫所之千户、百户专门负责处理军人案件。军官犯罪则从本管衙门开具事由，然后再申呈五军都督府或兵部，奏闻皇帝请旨断决。普通民户的诉讼案件，则向所在的州、县陈告。洪武元年（公元1368年），曾于午门外设置“登闻鼓”，“伸冤民击之，通达下情，每归科道，各一员，锦衣卫官一员轮司其事，民有冤抑，有司不为申理……实列其状以闻”。〔6〕但由于赴京上告者众多，洪武十五年（公元

〔1〕《明史·刑法志三》。
〔2〕《明史·孙盘传》。
〔3〕《明史·胡献传》。
〔4〕《明史·职官志四》。
〔5〕《大明律集解附例》卷二六。
〔6〕（清）孙承泽：《春明梦余录·刑部》，北京古籍出版社1992年版。

1382 年）申明越诉之禁：“凡军民诉户婚田土、作奸犯科诸事，悉由本属自下而上陈告，毋得越诉……违者罪之。”[1]只有重大而又迫切需要解决的案件，才允许越级申诉。洪武二十七年（公元 1394 年）四月，特“命有司择高年人公正可任事者理其乡之词讼，若户婚田宅斗殴则会里胥决之。事涉重者，始白于官，若不由里老处分而径诉县官，即谓之越诉”。[2]所谓年高公正之人和里老之辈，绝大多数是地方上的豪绅及族长，从而显示了司法权和族权、绅权的紧密结合。宣德时期越诉得实者免罪，不实者戍边。景泰时期不问虚实，皆发□外充军。明律关于惩罚越诉的规定，目的在于发挥地方机关的司法职能和限制人民自诉的权利。

明朝继续实行“以轻就重，以少就多，以后就先”的司法管辖原则。如原告所告案件涉及两处州县，则“听原告就被论官司告理归结”。[3]这反映了明朝司法机关较为重视原告选择审判机关的权利，但更重要的是为了避免乡官及州、县官之间相互推诿，造成贻误。

明律关于“告状不受理”“教唆词讼”等条，基本上与唐律相同。譬如奴仆不得告主，卑幼不得告尊长，在押罪囚不得告举他事，对老幼笃疾者及妇人的告诉权也有各种限制。

明朝对于诬告的惩罚则重于唐律。按唐律诬告者只反坐并不加等，明律则诬告人笞罪者，加所诬罪二等，流徒杖罪者，加所诬罪三等。如因被诬处流刑而典卖田宅者，除追征路费外，尚需备价取赎。诬人死罪已决者，反坐以死刑。“若各衙门官，进呈实封，诬告人，或风宪官挟私弹事不实者，罪亦如之。”永乐元年（公元 1403 年）二月专定《诬告法》，“凡诬告三、四人者杖一百，徒三年。五、六人者杖一百，流三千里。所诬重者从重论。诬告十人以上者，凌迟处死，枭首其乡，家属迁化外”。[4]这种加重惩罚，反映了封建社会后期在阶级矛盾十分尖锐的情况下，统治者极力避免由于诬告而造成社会秩序的混乱和政治形势的动荡。

明律在规定限制告诉权的同时，也强调官司应受理的案件必须迅速受理。凡告“谋反”“叛逆”未立即受理、差人掩捕者，杖一百，徒三年。一般斗殴、婚姻、田宅，官司应予受理而未受理者，减犯人二等，罪止杖八十。但

---

〔1〕《续文献通考·刑考二》。

〔2〕（明）顾炎武：《日知录》卷八，崇文书局 2017 年版。

〔3〕《大明律·刑律》。

〔4〕《沈寄簃先生遗书》。

不得受理投递“匿名文告人罪”，违者，杖二百。

三、审判制度

明朝的审判制度，充分体现了加强专制主义的精神，无论是中央对司法审判权的控制，还是皇帝对大狱与死刑的决定权，都有所强化。洪武时，朱元璋亲自“录囚”，“有大狱必面讯”，“不委法司”。永乐元年（公元1403年），“命法司五日一引奏罪囚”。[1]永乐十三年（公元1415年），下令：“自今死罪者，皆五复奏，著为令。”[2]永乐十七年（公元1419年）又下令：“自今，在外诸司死罪，咸送京师审录，三复奏，然后行刑。”[3]洪熙元年（公元1425年），仁宗令：“法司执奏，五奏不允，同三公大臣执奏，必允乃已”[4]，并特命内阁学士会审重囚可疑者。[5]正统时，英宗“谕三法司，死罪临决，三复奏然后行刑。”[6]

厂卫直接参加审判，以及监督三法司审案的所谓“听记”，或访缉各官府衙门的所谓“坐记”，都反映了他们代表皇帝控制和监督司法权的行使。

明朝皇帝对司法权的严密控制，使得其可以以意为法，生杀予夺，不受法律约束。例如，御史范文从因上书不当，“下狱论死”，不久又御笔提词“免汝五次死”。员外郎张来硕仅因上书劝谏不要把已许配的少女选作宫人而触怒太祖，太祖竟下令将张来硕碎尸万段。不仅如此，皇帝还有意识地撇开三法司，而由厂卫直接侦捕审讯臣民人犯。这就使得法定的司法机关无所作为，而非法定的司法机关却掌握了司法大权。这种变非法为合法，正是明朝君权极度膨胀的结果。

明朝遇有重案、疑案以及死刑复核案，则实行“会审”“圆审”和“朝审”。会审始于洪武十五年（公元1382年），由刑部、大理寺、都察院（三法司）或九卿会同审问重大要案、疑案。圆审是由吏部尚书、大理寺卿、左都御史、通政使等九卿联合审判死犯翻异案。朝审“自天顺三年为始，每至霜降后，但有该决重囚，著三法司奏请会多官人等，从实审录，庶不冤枉，永

---

〔1〕《明史·成祖本纪二》。
〔2〕《明史·成祖本纪三》。
〔3〕《明史·成祖本纪三》。
〔4〕《明史·仁宗本纪》。
〔5〕《明史·仁宗本纪》。
〔6〕《明史·英宗前纪》。

为实例”。[1]无论会审、圆审、朝审，都要报请皇帝裁决。

明朝还于成祖永乐二年（公元1404年）实行热审，所谓热审就是在每年小满后十余日，由太监和两京法司组织热审庭审理囚犯。一般笞罪无干证者，即行释放。徒、流以下减等发落。重囚可矜疑及枷号者，具奏请旨定夺。

大明律、令对于“断罪引律令”的传统规定作了新的补充，“凡律自颁降日为始，若犯在以前者，并依新律拟断”。这是为了避免由于新旧法律的轻重互异而造成适用上的参差。对于律无正条，需要引律比附定拟罪名，必须转达到部议定奏闻，“若辄断决，致罪有出入者，以故失论”，其目的在于准确定罪，统一用法。嘉靖朝建立之始，世宗为克服武宗时宦官刘瑾任意坏法用刑造成的法制敝败，在即位诏中明确宣布：“今后问刑，务要法当其情，不许深刻。”又：“凡问囚犯，今后一依《大明律》科断，不许深文妄引参语，滥及无辜。”[2]

明律继续实行“听讼回避”制度，“凡官吏于诉讼人内关有服亲及婚姻之家”，若得受业师及旧有仇嫌之人，并听移文回避，违者笞四十。若罪有增减者，以故出入人罪论。明律疏议还对请求回避的理由作了明确的解释：“亲主情而师主义，理得相容，仇有隙而嫌有疑，势合回避……所以防奸邪，杜私与也。”[3]

明律对“命夫命妇，不躬坐狱讼”与“凡官吏有争论婚姻、钱债、田土等事，听令家人告官理对，不许公文行移，违者笞四十”的传统规定，也由《辑注》作了解释，即“听家人告理所以存其体”。所谓“体”，就是封建的等级制度，就是封建官僚的法定特权。

对于拷讯，明律虽然规定“老幼不拷讯”“拷讯不得过三度”，以及官司决罚不如法的处罚，但由于明律限制拷讯的条款，较唐律有较大删减，因此在审判实践中拷讯几乎是无所谓节度的。尤其是厂卫审案所用的刑讯更加残酷。《明史·刑法志》说：“刑法有创之自明不衷古制者，廷杖、东西厂、锦衣卫、镇抚司狱是已。是数者，杀人至惨，而不丽于法，踵而行之，至未造而极。举朝野命，一听之武夫宦竖之手，良可叹也。”

综括上述，有明一代的法律制度，在中国法律史上具有重要的地位。明

---

〔1〕《明史·英宗本纪》。

〔2〕《皇明诏令》卷一九《即位诏》。

〔3〕（明）张楷：《律条疏议》卷二二，载杨一凡主编：《中国律学文献》，黑龙江人民出版社2004年版。

朝统治者与开明官僚的法律思想饶有时代特色，并对明法制的建设起着重要的指导作用。明代法制不仅对于恢复遭受严重破坏的社会生产力，重建强有力的集中统一的政权，调整中央和地方的关系，整顿封建吏治等各方面产生了积极的效果，而且使得全国的统一趋于稳定，推动了社会经济的发展。但是，封建君主专制制度的极端发展所造成的权力的滥用，又不可避免地破坏了封建的法制，特别是宦官的专权乱政使法纪败坏达到惊人的程度。明末进步思想家黄宗羲在《明夷待访录》一书中深刻地指出："阉宦之祸，历汉、唐、宋而相寻无已，然未有若有明之为烈也。汉、唐、宋有干预朝政之阉宦，无奉行阉宦之朝政。今夫宰相六部，朝政所自出也，而奏章之批答，先有口传，后有系拟；天下之财赋，先内库而后太仓；天下之刑狱，先东厂而后法司，其他无不皆然。则是宰相六部，为阉宦奉行之员而已。汉、唐、宋之阉宦，乘人主之昏，而后可以得志。有明则格局已定，牵挽相维……其祸未有若是之烈也。"由此可见，明朝的灭亡不是偶然的。

第十二章

清朝法律（上）

（公元1644年—公元1840年）

第一节　清入关后统治者的法律思想与《大清律例》的制定

一、“详译明律，参以国制”，制定《大清律集解附例》

公元1644年满洲贵族入关以后，面对尖锐复杂的阶级矛盾、民族矛盾，原有的简法旧律已经不能适应新的形势，因此先行进驻北京的摄政王多尔衮迅速下令“自后问刑，准依明律”。[1]同年八月，刑科给事中孙襄提出在遵行“故明律令”的基础上，“当稽往宪，合时宜，斟酌损益”，进行立法，以便“布告中外，俾知画一遵守”。[2]对于孙襄的建言，多尔衮作出了明白晓示：“法司官会同廷臣详译明律，参酌时宜，集议允当，以便裁定成书，颁行天下。”[3]多尔衮上述思想，是皇太极“参汉酌金”立法路线的继续和发展。至顺治二年（公元1645年），世祖下令，“修官参酌满汉条例，分别轻重差等，汇成一编进览”，[4]“着作速汇辑进览，以便裁定颁行”。[5]至顺治三年（公元1646年）五月制定《大清律》，于次年颁布施行。这是清代第一部完整的成文法典。世祖在御制序文中说，关外时期“民淳法简，大辟之外，惟有鞭笞”，但在“抚临中夏”之后，“人民既众，情伪多端”，何况“律例未定，有司无所禀承”，因此提出了“详译明律，参以国制，增损剂量，期于平允”

〔1〕《清世祖实录》卷五。

〔2〕《清世祖实录》卷七。

〔3〕《清世祖实录》卷七。

〔4〕《清世祖实录》卷一四。

〔5〕《清世祖实录》卷一六。

的立法指导思想。经过“广集廷议”和“内院诸臣校订妥确”，并经他自己“再三复阅”，最后定名为《大清律集解附例》，刊布中外。他要求“内外有司官吏，敬此成宪，勿得任意低昂”，期望“百官万民畏名义而重犯法”，以达到“刑措”的善境。由于他对大清律的制定十分重视，因此，叮嘱“子孙臣民世世守之”。[1]由于这部大清律实“即大明律改名也”，以致颁布以后许多规定并没有认真执行。为了便于满官执行大清律，于顺治十三年（公元1656年）颁行《满文大清律》。

综括顺治一朝的立法，可以看出这一时期具有在保留入关前法制建设已有成果的基础上，进一步袭用明朝法制的特点。正如马克思在论述日耳曼对罗马的入侵时所指出的那样：“定居下来的征服者所采纳的社会制度形式，应当适应于他们面临的生产力发展水平。”[2]

二、强调安民惩恶，制定《刑部现行则例》

继顺治朝以后，康熙帝于康熙十八年（公元1679年）九月十四日针对立法与司法实践中的矛盾和刑部奏请校正律文的要求，颁发修律上谕，指出“国家设立法制”的目的在于“禁暴止奸，安全良善”。他说：“图治首在安民，劝善莫先惩恶。”[3]至于“律例繁简”要“因时制宜”。既然面对的是“人心滋伪，轻视法网，及强暴之徒凌虐小民”的现实，因此须要“于定律之外复设条例”，以便“俾其畏而知警，免罹刑辟”。谙于总结历史经验的康熙帝，深知一味用刑不足以治乱。因此他又用“人命关系重大，朕心深用恻然”的口吻，要求百官对“罪不至死而新例议死，或情罪原轻而新例过严者”，“应去应存”，“详加酌定”。在他整个统治时期，始终注意因时立法，宽严相济。他曾说：“自古帝王治天下之道，因革损益，期于尽善，原无数百年不蔽之法，果属不可行者，自应参酌时宜，归于可久。”[4]他还明谕刑部：“故律例繁简，因时制宜，总期合于古帝王钦恤民命之意。”[5]他在遗诏中特别强调宽严相济，经权并用，以图国家久远之计。遵循康熙十八年上谕，刑部于次年编辑《刑部现行则例》，对律文规定以外的各类犯罪，作出轻重不同的处罚

---

〔1〕《大清律例通考》卷一。

〔2〕《马克思恩格斯选集》第一卷。

〔3〕《清实录》卷一〇三。

〔4〕《圣祖圣训》。

〔5〕《清实录》卷四八。

规定，康熙二十八年（公元1689年）台臣盛升就十年实践中暴露出的律例并行的矛盾上奏说："律例须归一贯，乞重加考定，以垂法守。"[1]圣祖"特交九卿议准，将《刑部现行则例》附入大清律内"。为此，命尚书图纳、张玉书等为修律总裁，对大清律进行较大的修订，并于每篇正文后增加总注，疏解律义。自康熙三十四年（公元1695年）至康熙四十六年（公元1707年），经过反复审阅修改，最终完成。但圣祖"留览未发"，没有正式颁行，但为雍、乾二朝制定完善的大清律提供了重要的基础。

三、体现明刑弼教思想的《大清律集解》

雍正皇帝即位以后，鉴于现行则例或有"从重改轻，从轻拟重"，或有"先行而今停，事同而法异"等弊病，命大学士朱轼等为总裁，以析异同归、删繁就约、轻重有权、宽严得体为原则，着手修订工作。至雍正三年（公元1725年）完成，同年五月二十七日，雍正皇帝发布上谕强调，"明刑所以弼教，关系甚大，著九卿会同细看，务期斟酌尽善，以副朕慎重刑名之意"[2]。同年九月初九日，雍正皇帝在《大清律集解序》中表示，"是书（大清律）民命攸关"，因此他"一句一字，必亲加省览"，"务期求造律之意轻重有权，尽谳狱之情，宽严得体"。雍正皇帝很重视法律宣传，以使百姓知法畏法。他用《周礼》所载"布刑于邦国都鄙，乃悬刑象之法于象魏，使万民聚而观之"的掌故，论证了"先王立法定制，将以明示朝野，俾官习之而能断，民知之而不犯，所由息争化俗，而致于刑措也"。他要求《大清律集解》"刊布内外"以后，已居官位者要"精思熟习，悉其聪明以查小大之比"。吏部将膺民社之责者，要"讲明有素，则民治事不假于幕客胥吏而判决有余"。其特别提出："自通都大邑至僻壤穷乡，所在州县仿周礼布宪读法之制，时为解说，令父老子弟递相告诫，知畏法而重自爱，如此则听断明于上，谍讼息于下，风俗可正，礼让可兴。"[3]对于法律的作用，雍正十三年（公元1735年）遗诏中也有明确表示："国家刑罚禁令之设，所以诘奸除暴，惩贪除邪，以端风俗，以肃官方者也。"[4]他主张用重刑来纠正"人情浇薄，官吏营私，相习成

---

[1]《清史稿·刑法志》。

[2]《大清律例通考》卷二。

[3]《大清律例通考》卷一。

[4]《清史稿·刑法志》。

风，罔知省改”的社会积弊，但也注意到“然宽严之用，又必因乎其时”[1]，不能固定不变。他从统治实践中认识到，“徒法不足以自行”。“凡立法行政，孰可历久无弊?”因此，“治天下唯以用人为本，其余皆枝叶耳”，“若不得其人，即使尧舜之仁，皆苛政也”。[2]这里表现了一个封建专制皇帝对于任法与任人的看法。

雍正一朝立法的主要成就是制定了《大清律集解》。《大清律集解》体例依旧，只是条文有很大增删和调整，并纂总注附于律后，至于小注，虽用字不多，但却使律义更加明晰。

四、《大清律例》的最后完成

乾隆时令三泰等为总裁，重修大清律例，对原有律例逐条考正，重加编辑，同时详校定例，折中损益，统名之为条例。又芟除律后总注，增添小注，并经他亲自鉴定。该律于乾隆五年（公元1740年）完成，定名《大清律例》，并“刊布中外，永远遵行”。乾隆在御制《大清律例序》中推崇大清律例“揆诸天理，准诸人情，一本于至公，而归于至当”。他假借天的威慑力量以加强执行的效果，提出“予一人恭天成命，监成宪以布于下民”，“五别五用，以彰天讨面严天威”。但是他也认识到“有定者律令，无穷者情伪也”。因此，在明慎用刑的同时提倡“忠信”“慈惠”，只有这样才能“祈天永命”。

清初由简单地袭用明律，经过近百年的时间，几经修订，终于完成《大清律例》。这个过程反映了清朝统治者从统治全国的实际经验中，越来越认识到建立统一法制，加强司法的重要。《大清律例》是中国历史上最后一部封建法典，集历代封建法律之大成，所谓“隐合古义”“矫正前失”。《大清律例》不仅体现了“诘奸除暴，惩贪黜邪，以端风俗，以肃官方”的指导思想，还进一步表明了法律的功用不仅是“徒示之禁令，使知所畏惧”，更重要的是“弼成教化，以洽其好生之德”。

《大清律例》在结构形式上与《明律》相同，共分名例律、吏律、户律、礼律、兵律、刑律、工律等30篇、47卷、30门，律文436条、附例1049条。《大清律例》作为定型化的一部法典，即所谓“祖宗成法”。律文自乾隆五年以后不再修改，而只用新增例来弥补律文的不足。因此条例不断增加，乾隆

[1]《清史稿·刑法志》。

[2]《清世宗实录》。

二十六年（公元1761年）已增至1456条。例不仅数量多，而且起着特殊的作用，它的效力往往大于律，甚至可以取代律。《清史稿·刑法志》说："盖清代定例一如宋时之编敕，有例不用律，律既多成空文而例遂愈滋繁碎。"这种情况的出现不是偶然的。清朝统治者从历史和现实的统治经验中认识到"例"是种灵活的法律形式，较之固定的律更能适应政治、经济形势的变化，可以随时把他们的意志提升为法律，而不受固定的律文的约束。但是在司法实践中，广泛推行"以例断狱"的结果，不可避免地出现了"前后抵触，或律外加重，或因例破律，或一事设一例，或一省一地方专一例，甚且因此例而生彼例"的矛盾。因此，乾隆十一年（公元1746年）提出"条例五年一小修，十年一大修"，此后遂成定制。所谓"律一成而不易，例则逐年增删，五年一小修，又五年一大修，通行天下，俾知遵守"。[1]乾隆一朝，曾于十二年（公元1747年）、十六年（公元1751年）、二十一年（公元1756年）、二十六年（公元1761年）、三十二年（公元1767年）、三十七年（公元1772年）、四十三年（公元1768年）、四十八年（公元1783年）、五十三年（公元1788年）、六十年（公元1795年）先后十次修订例文。每次修订，条例都有增加，至同治九年（公元1870年）修例时，例已增至1892条。此后国势衰微，内忧外患纷至沓来，定期修例的制度，也陷于废弛。

第二节 "立纲陈纪"的行政立法

一、五朝会典的制定

（一）康熙会典

康熙二十三年（公元1684年），为了提高官吏的统治效能，加强行政管理，使国家机关的活动有典有则，康熙皇帝在总结国家行政管理经验的基础上，下诏仿明会典起草清会典，历时6年，于二十九年（公元1690年）完成《清会典》162卷，史称《康熙会典》。这是清入关后的第一部行政法典。康熙皇帝在序中说明了他制定会典的思路："夫朝廷之规制，损益无不关于黎庶，大中之轨立，则易而可循；画一之法行，则简而可守，制治保邦之道，惟成宪是稽，不綦重欤。"他把会典看作是"炳耀日星"的大经大法。这个大经大法的内容是"凡职方、官制、郡县、营戍、屯堡、觐享、贡赋、钱币，

---

〔1〕《新修律例统筹编成·序》。

诸大政于六曹庶司之事，无所不隶”。[1]其体例是以官统事，以事隶官，按宗人府，内阁，吏、户、礼、兵、刑、工六部，理藩院，都察院，通政使司，内务府以及其他寺、院、府、监等机构分目。在时间上上起清初，下至康熙二十六年（公元1687年），首尾相衔，沿革清晰。

（二）雍正会典

雍正二年（公元1724年）四月续修会典，至雍正十年（公元1732年）编成《雍正会典》，于次年刊布。雍正会典将康熙二十六年至雍正五年（公元1727年）间的典章法令加以汇集。雍正皇帝在会典序中指出，“无非继志述事之意”，系将康熙统治时期“立纲陈纪之端，命官敷政之要”，“首末完具”，载诸会典。

（三）乾隆会典

乾隆十二年（公元1747年）又下令修订会典，上限起自太祖，下限至乾隆二十七年（公元1762年），共100卷。鉴于“例可通，典不可变”，唯恐典例并载使后人“妄相牵引，无所适从”，因此将附于各条的则例分出，另立一篇，以典为纲，以则例为目，使典例既不相混，又互相补充，撰成了《乾隆会典则例》180卷。从《乾隆会典》起，“以典为纲，以则例为目”，分别编辑，遂成为固定的体例。由于会典所载是“经久常行”的大法，所以凡事涉大体者一般不改动，只是适应“时势之推移”增减则例。如同《乾隆会典·凡例》所说：“嗣后如间有因时损益之处，其畸零节目，第于则例内增改。即有关大体者，亦只刊补一、二条，无烦全书更动，庶一劳永逸，以便遵循。”

（四）嘉庆会典

嘉庆十七年（公元1812年）完成《嘉庆会典》80卷，并将则例改为事例，编成《嘉庆会典事例》920卷，此后会典中只用事例。《嘉庆会典》上承乾隆二十九年（公元1764年），下迄嘉庆十七年（公元1812年），它的突出贡献是按年编裁行政事例，把各部门的沿革损益、行政制度变化情况作了详细比较。其次，增修图卷132卷，使行政管理进一步程序化。

（五）光绪会典

光绪二十五年（公元1899年）又以《嘉庆会典》为基础，编成《光绪会典》100卷，《光绪会典事例》1220卷，图270卷。它规定了从总理衙门到各衙门的职官编制、行政职责、官员的办事规范与违法惩处以及军事行政，

---

[1] 乾隆朝《大清会典》卷首《御制序》。

可以说是世界上体例最严谨、内容最完备的一部封建行政法典。

上述《大清五朝会典》详细记述了清代自开国至光绪朝各级行政机关的职掌、事例、活动原则与有关制度。其内容典例互补，并辅以图说，涉猎极为广泛，但又多属“礼乐行政大端”“经久常行之制”。如同《乾隆会典·凡例》所说：“以典章会要为义，所载必经久常行之制。滋编于国家大经，官司所守，朝野所遵，皆总括纲要，勒为完书。”《清会典》是中国封建时代行政立法的总汇，被称为清帝国的宪法，是清朝立法上的重要成就。

二、各部院则例的制定

清朝为使部院政务活动规范化，责成各部院纂修则例。则例也是清朝法律的重要形式，有一般则例与特别则例。一般则例是六部针对一般事务而制定的，如《钦定吏部则例》。特别则例是各部就所管辖的特定事项而制定的，如《钦定八旗则例》。有些虽无特别则例之名，但就其实质而言却应归属于特别则例范畴，如《钦定户部漕运全书》《钦定学政全书》。清朝重要的各部院则例如下：

康熙十九年（公元1680年），为调整律与条例之间的轻重互异，制定《刑部现行则例》，后并入正律以内。雍正十二年（公元1734年）编成各部的职掌、官员的铨选和品级以及对各部违法行为的处分的《钦定吏部则例》，后乾隆、嘉庆、光绪各朝均续加修纂。为了给各级官员的行政处罚提供法律根据，雍正三年（公元1725年）颁行《钦定吏部处分则例》，此后历经乾、嘉、道、同、光各朝均续加修订颁行，是清朝重要的行政法律。此外还有《钦定六部处分则例》，是对六部官员违制、不法行为的处罚条例。

乾隆四十一年（公元1776年）编成《钦定户部则例》。其内容除规定户部职掌外，分立户口、田赋、库藏、仓庾、漕运、盐法、参课、钱法、关税、廪禄、兵饷、蠲恤、杂支等门类，具有民事经济行政法规的性质，后又经多次修订。

嘉庆九年（公元1804年）编成《钦定礼部则例》，是关于国家礼仪方面的行政法规，后于道光二十四年（公元1844年）增修。

康熙十一年（公元1672年）由兵部编成《钦定中枢政考》，是具有军事性质的法规，其后雍正、乾隆、嘉庆、道光均有修订。与此密切配合的还有《钦定兵部则例》。

乾隆十四年（公元1749年）编成《钦定工部则例》，是规定工程与器具制作的法规，后于嘉庆、光绪朝续加修订。

清朝最具特色的则例是《理藩院则例》和《兵部督捕则例》。理藩院是清王朝管理蒙、回、藏事务的机关，所谓“掌外藩之政令，制其爵禄，定期朝会，正其刑罚”，同时也掌管一部分属国及其他外国交往事务。康熙二十六年（公元1687年）制定《理藩院则例》，乾隆、嘉庆、道光、光绪四朝均有增订。《理藩院则例》确立了蒙、回部的行政系统，加强了对该地区的司法管辖，有利于加强和巩固清朝统一的多民族国家。至于《督捕则例》，是用以惩罚逃人和窝藏“逃人”的法律。《督捕则例》因用法不平、株连过多造成社会的动荡，使清政府被迫承认“若专恃严法禁止，全不体恤，逃者仍众，何益之有”〔1〕。因此，康熙十五年（公元1676年）修订《督捕则例》，放宽“逃人”法，窝主免死，并限制贩卖和虐待奴婢。康熙三十八年（公元1699年）将督捕衙门改为督捕司，隶属刑部。乾隆以后，废除《督捕则例》，将有关条款经过修改附入刑律。

则例作为重要的法律形式，数量极多，对于国家行政管理起着重要的调整作用。

三、行政法律的主要内容

清朝统治者是主张人治的，因此非常重视吏治。正是治吏的需要，推动了行政法律的发展。清朝的行政立法以会典为纲，以则例为纬，形成了行政法律体系，成为清朝法制建设中最有价值的一部分。

（一）确认极端专制主义的行政管理体制

1. 维护至高无上的皇权

早在皇太极统治时期，便展开了集中君权的斗争。他通过设六部三院，削弱了八旗旗主的势力以后，皇帝拥有上三旗（正黄、镶黄、正白）作为直属部队。其余五旗（镶白、正蓝、镶蓝、正红、镶红）则由诸王分统。这是皇帝集权的力量基础。雍正时又把下五旗护军撤归营伍，使诸王失去了与皇权抗衡的实力。此外，又采取各种措施消除旗主对王权的干扰，保证了专制主义中央集权制度的高度发展。

清朝皇帝握有至高无上的权力，一切军政事务都由“乾纲独断”。乾隆皇帝认为这是本朝家法，提出：“自皇祖皇考以来，一切用人听言大权从无旁

---

〔1〕《清世祖实录》卷八八。

假，即左右亲信大臣，亦未有能荣辱人、能生死人者。”[1]又说：“朕亲阅本章，折中酌定，特降谕旨，皆非大臣所能参与。”[2]皇帝还握有最高的司法权，一切秋审、朝审重案的最后判决，都“取自上裁”。同时，皇帝还主持科举殿试，前十名考卷依例呈阅，为了防止出现明末宦官专权招致败亡的教训，严禁宦官参与政治。顺治十年（公元1653年）谕，宦官“司阁闼洒扫给使令而已……非奉差遣不许擅出皇城，外官有与交结者，发觉一并论死。”[3]圣祖即位，立即革去内监“十三衙门”，指出：“委任宦寺未有不召乱者。”乾隆时，热河巡检张若瀛杖责不法太监，特旨擢升七级，任同知。嘉庆十年（公元1805年），“诏内务府大臣，严行约束内监，稽其出入篡入宫史，著为令”。[4]嘉庆二十一年（公元1816年），“特诏亲王、郡王勿令内监代为奏事，致开交结之端”。[5]清末虽有太监李莲英的飞扬跋扈，但总体来说，有清一代没有出现宦官窃权干政的现象。

为了巩固至尊无上的皇权，清朝仿明制严禁大臣交结朋党。康熙皇帝说：“人臣分立门户，私植党羽，始而蠹国害政，终必祸及身家。”《钦定吏部则例》规定：“凡内外官员除系至亲好友世谊乡情彼此往来，无庸禁绝外，如外官赴任时，谒见在京各官，或至任所差人来往交结者革职。其在京各官与之接见及差人至外官任所往来者，亦革职。”此外，还禁止官员交结内侍，禁止京官与家费富厚之人滥行结纳，犯者或斩，或革职。即使各旗王公所属人员，现居外官因事来京者，也不许谒见本管王公，违者从重治罪，该管王公也一体惩罚。[6]

值得提出的是，雍正朝通过实行奏折制度，保证了皇帝亲自指挥军政事务，以至地方“微如芥子，细若蚕丝”的政事，也必须“一一关白上宪，闻诸中枢”。[7]

2. 中枢行政管理体制的变化

清初由满洲贵族组成的议政王大臣会议是皇帝以下具有决策性质的组织。有关军国大事，往往由议政王大臣会议拟议具奏，然后交六部执行，所谓

---

〔1〕《东华录》（乾隆朝）卷二八。

〔2〕《东华录》（乾隆朝）卷二八。

〔3〕《清史稿·世祖本纪》。

〔4〕《清史稿·仁宗本纪》。

〔5〕《清史稿·仁宗本纪》。

〔6〕《大清律例通考》卷六。

〔7〕《清朝文献通考》卷五五。

"凡军国重务不由阁臣票发者皆交议政大臣"。[1]这种纯粹满洲贵族专政的形式，既与皇帝集权矛盾，又不利于团结汉族地主官僚。因此，在平定三藩和统一台湾的有利条件下，康熙宣布"天下大权，唯一人操之，不可旁落"。[2]此后，"议政王大臣会议只是奉行敕谕遵行而已"。[3]至乾隆五十六年（公元1791年）终于宣布议政王大臣会议已"无应办之事，殊属有名无实"，[4]遂下令正式取消。这标志着诸王旗主议政传统的结束和皇帝集权的完成。

清朝内阁是从关外时期的内三院发展而来的，至乾隆时期形成三殿三阁之制。内阁执掌"赞理机务、表率百僚"，[5]代拟批旨，呈进奏章等职务。内阁大学士名额不定，康熙时多用满汉大学士四员，雍正时六员，乾隆时"满汉大学士各二员，其协办满汉或一员，或二员，因人酌派"。[6]从雍正时起，内阁大学士定为正一品，位列百官以上。由于大学士主要执掌票拟谕旨，因此，每日均须至内阁办公值宿。如大学士票拟错误要受降级或革职处分。清朝大学士虽然"勋高位极"，但实权远不及明朝。一方面，皇帝亲自批答内外大臣奏折，"阁臣不得与闻"；另一方面，又有议政处，南书房牵掣其职权的行使。特别是"雍正以后，承旨寄信有军机处，内阁宰辅名存而已"，[7]成了加官的虚衔。乾隆皇帝曾经指出："夫宰相之名，自明洪武时已废而不设，其后置大学士，我朝亦相沿不改，然其职权仅票拟诏旨，非如古所谓秉钧执政之宰相也。"[8]

雍正时期，西北用兵征准噶尔部，设军机房于乾清门外，后更名为军机处。军机处"掌军国大政，以赞机务"，[9]又"掌书谕旨，综军国之要，以赞上治机务"。[10]军机大臣"常日直禁廷以待召见"。[11]有时，其也参加重大案件的审办。军机处的建立，不仅侵夺了内阁对重大政务票拟批签的职权，而且有权修改内阁的票拟。军机处起草的诏旨，有的"先下内阁，以次及于

[1] （清）爱新觉罗·昭梿：《啸亭杂录》卷三，中华书局1980年版。
[2] 《康熙政要》卷二。
[3] 《东华录》（康熙朝）卷二八。
[4] 《东华录》（乾隆朝）卷一一四。
[5] 《乾隆会典》卷二。
[6] 《东华录》（乾隆朝）卷二八。
[7] 《清史稿·大学士年表序》。
[8] 《东华录》（乾隆朝）卷九三。
[9] 《清史稿·职官制》。
[10] 《清朝续文献通考》卷一一八。
[11] 《清朝续文献通考》卷一一八。

部院”，叫“明发”；有的不经过内阁由军机大臣封缄严密，由驿传递直达督抚，叫“廷寄”。[1]地方督抚的章奏也经由军机处直达皇帝。

需要指出，军机处地位虽然显赫，但无决策权，“只供传述缮撰，而不能稍有赞画于其间”。[2]军机处有官无吏，军机大臣由皇帝从亲王、内阁大学士、六部尚书、侍郎中特简，以满洲贵族居多。军机处强调机密性质，不许使用书吏办事，即使洒扫杂役人员也“选自内务府童子”。而且每日还派出御史一人于军机处旁的内务府值房监视，发现情弊立即参奏，候旨严惩。

清朝的中央行政管理机关，仍沿明制建立吏、户、礼、兵、刑、工六部。各部分设满汉尚书各一人，满汉侍郎各二人，以下有郎中、员外郎等属官。六部长官对皇帝负责，无权向地方直接发布命令，只能奏请皇帝颁发必要的诏令。尚书、侍郎间如发生意见争执，均可单独上奏皇帝裁决。六部主要长官虽设满汉复职，但权力地位极不平等，实权操于满官之手。

六部之外，其他院、寺、府、监有较大裁并。九寺只剩下审理刑狱的大理寺、管理祭祀的太常寺、管理典礼宴朝会的光禄寺和鸿胪寺，以及管理马政的太仆寺。五监仅剩下掌国学政令的国子监。只有培养封建统治人才的翰林院仍旧维持明时的地位。

明朝执掌接收各省题本的通政使司仍然保留，其长官为九卿之一，参与大政大狱的议决。

3. 地方行政管理体制的变化

清朝地方政权机关分省、道、府、县四级。明代临时派遣的督抚此时已成为固定的省级长官，代表皇帝行使地方军政大权。这是清朝加强中央集权的一项重要措施。明时的布政使和按察使成为隶属于督抚的分理地方民财、刑狱的两个机关，称为“两司”。由于督抚统辖一方，手握实权，因此，顺治时“初议各省督抚尽用满人”。[3]康熙时决定山西陕西两省专用满缺，对汉督抚则“议用满人巡方以监察之”。[4]可见督抚地位的重要和清朝统治者对其实施的严格控制。省下为道。按明制，道是监察分区并非行政区，道员是因事派遣的“差使”，本身无品级。清朝自乾隆时起专设“守道”与“巡道”，前者有固定辖区，主要管理钱谷政务，后者分巡某一带地区，主要负责

---

〔1〕（清）爱新觉罗·昭梿：《啸亭杂录》卷一，中华书局1980年版。

〔2〕（清）赵翼：《檐曝杂记》卷一，中华书局1997年版。

〔3〕《清稗类钞·爵秩类》。

〔4〕《清稗类钞·爵秩类》。

刑名案件。道员自改为实官后加兵备衔，节制境内都司以下武职官员，并押有监察权。此外，还有因专门事务而特设的道员，如督粮道、盐法道、兵备道、海关道等。道下为府，以知府为长官，是承上启下的地方官。

府下为县，设知县管理一县的政令、赋役、诉讼、文教。知县被称为"亲民之官"。

清朝的基层组织，以里甲专管征收地方赋税，以保甲负责监视人民的行动，防范和镇压反抗。清朝统治者一再宣称"弥盗良法，无如保甲"。[1]清朝保甲组织广泛地延伸到各族人民中去，形成了一个庞大的统治网，突出地反映了清朝专制国家统治的严密。

4. 监察机关体制的变化

清朝监察机关沿袭明制，中央仍为都察院。以左都御史和左副都御史执掌都察院，右都御史和右副都御史作为地方总督、巡抚、河道总督、漕运总督的兼衔。为了集中皇权，雍正元年（公元 1723 年）取消了六科给事中历来执掌的封驳权，而将六科并于都察院。六科给事中与十五道（清末因省区增加而有二十二道）监察御史，合称"科道"，分别负责对京内外官吏的监察和纠弹。监察权的集中是清监察机关的特点。为了充分发挥科道官员作为皇帝耳目的作用，康熙二十九年（公元 1690 年）令左都御史为议政大臣参与议政，而都察院长官例为中央最高审级三法司的成员。在清朝只有军机处不在监察机关广泛稽察之限。

5. 民族事务管理机关体制的创建

清朝是中国封建时代最发达、最巩固的统一的多民族王朝，它制定了一整套民族统治政策，建立了管理蒙、回、藏少数民族事务的专门机关——理藩院。理藩院"掌外藩之政令，制其爵禄，定其朝会，正其刑罚"，[2]同时还管理一部分属国事务及对俄交涉事宜。圣祖曾追述说："太宗文皇帝时，蒙古部落尽来归附，设立理藩院专管外藩事务。"[3]顺治十八年（公元 1661 年）几次下谕，宣布"理藩院……责任重大"，"理藩院尚书照六部尚书入议政之列"。[4]雍正以后，以王公大学士兼理藩院事，设尚书一人，左右侍郎二人，由满人或蒙人充任。

---

〔1〕《清朝文献通考》卷二二。

〔2〕《光绪会典事例》卷二五。

〔3〕《光绪会典事例》卷二五。

〔4〕《光绪会典事例》卷六五。

（二）职官管理制度的法律化

清朝统治者从康熙到乾隆都公开表示他们是人治主义者，奉行“有治人无治法”的传统思想，由此加强了对职官的管理，使其不断制度化、法律化。

1. 职官的考选

清朝选任职官的途径虽多种多样，但以科举为正途。科举每三年一考，分乡试、会试、殿试三级。乡试在省城举行，凡取得秀才资格者可以参加。会试在京城由礼部主持，取得举人资格者可以参加。考中会试再参加由皇帝亲自主持的殿试，殿试分三甲。考试的内容仍然采取八股文，以严格的程式和死板的内容来禁锢士大夫的思想。为了延揽人才，扩大统治基础，康熙、乾隆二朝于正科之外，增加特科，如“博学鸿儒（词）科”“孝廉方正科”等。

清朝虽然规定满、汉官员均须经过科举考试，但科举只是为汉官铺设的一条参加政权的途径，满官极少有经过科举入仕的。除科举外，凡由皇帝直接任用的叫“特简”，不受任何法律条例的限制。由大臣互推任用的叫“会推”，有功官员或因公殉难官员的子弟也可以“荫袭”得官。同时，还实行荐举制度。如康熙二十三年（公元1684年）曾“命廷臣察举清廉官”。[1]但如荐举不实，或被荐举人犯罪，荐主受连坐处分。

在清朝为官，“俱限身家清白；八旗户下人、汉人家奴、长随不得滥入仕籍”。[2]有些官职如詹事府、翰林院、吏部、礼部、各司郎官必须是科甲正途出身始能充任（旗员除外），保举或捐纳等异途出身者不能染指。至捐纳之途大开，唯钱是取，已谈不上原有的资格限制。属于异途的还有荫生制度。根据《荫生授官例》，一品官的荫生以五品缺用，二品官的荫生以六品缺用，三品官的荫生以七品缺用，四品官的荫生以八品缺用。至于袭荫的顺序，按嫡长子孙、嫡次子孙、庶长子孙、庶次子孙、弟侄，依次进行。不依次序越袭荫者杖一百、徒三年，仍依次袭荫。[3]

2. 职官的考绩

清初对职官的考绩沿行考满法。至康熙四年（公元1665年）废除考满法，实行“京察”与“大计”。“京察”是对京官的考绩，每三年举行一次，于子、卯、午、酉年进行。三品以上京官和地方总督、巡抚自陈政事得失，

---

〔1〕《清史稿·圣祖本纪》。

〔2〕《清史稿·选举志五》。

〔3〕《大清律·户律》。

由皇帝敕裁。三品以下京官由史部和都察院负责考核。京察分三等，一等为称职，二等为勤职，三等为供职，根据等级实行奖惩。“大计”是对外官的考绩，也是三年一次，于寅、巳、申、亥年进行。大计的范围除督抚外，包括藩、臬、道、府及州县官。大计的程序是先由藩、臬、道、府察其贤否，申之督抚，督抚核其事状，注考造册，送吏部复核。大计的等第分卓异与供职两等，按等予以奖惩。

清朝无论京察与大计，考绩的标准均为“四格”“六法”。“四格”是才（长、平、短）、守（廉、平、贪）、政（勤、平、怠）、年（青、中、老）。“六法”是不谨、罢软无为、浮躁、才力不足、年老、有疾。不谨、罢软者革职；浮躁、不才者降调；年老有疾者退休。贪、酷者治罪。考绩优异可以得到引见、升官、晋级、赏赐与封赠，考绩差劣给予罚俸、降级留任、革职等处罚。在清代，雍正皇帝是注意吏治和加意整顿的。他常说，“敷政之道，用人为先”，“治天下惟以用人为本，其余皆枝叶事耳”，〔1〕“凡立法行政，孰可历久无弊，从来有治人无治法，文武之政布在方策，其人存则政举，朕谓有治人即有治法”，〔2〕若不得其人，“即使尧舜之仁，皆苛政”。雍正初年，各部官员“实能办事者，不过一、二人，其余庸碌无能之人，偷情安闲，实属冗滥”，〔3〕以至“人才进退，不得其实，听断狱讼，不得其平”，“民生何由安，吏治何由肃乎”？〔4〕因此，雍正皇帝十分注意对官吏的考绩。清中叶以后，尽管仍然标榜“视其称职与否，即可分别去留，以示劝惩”，〔5〕但在实践中，无论京察还是大计都流于形式。

3. 对职官的监察

清朝制定法律对职官进行监察，早在顺治末年便制定了《巡方事宜十款》，其中规定了巡按纠参的范围，以及督抚与御史互纠和考核御史等项内容。至乾隆八年（公元1743年）又在沿承明朝《宪纲条例》的基础上制定《台规》。该法后经过嘉庆、道光、光绪三朝重修，共43卷。《台规》分八类，主要是汇编了清朝历代皇帝有关监察的圣谕、谕旨，作为监察机关活动的根本依据。其次，该法规定了都察院科、道、五城的职掌范围。再次，汇集了有关典礼、考绩、会谳、辨诉、稽察、巡察等事宜的法规、条例和事例。最

〔1〕《雍正朱批谕旨》第二分册。

〔2〕《上谕内阁》雍正二年七月。

〔3〕《清朝文献通考》卷六〇。

〔4〕《清实录》卷四九。

〔5〕《清朝文献通考》卷五九。

后，详列对御史进行考选、升转与礼仪方面的规定。《台规》是清朝最详细的监察法规，至乾隆末年又颁行《都察院则例》。此后，台规与则例二者互补并行。

第三节　人身与财产关系变化中的民事法律

一、清初某些社会阶层的变化

清朝建立以后，社会的基本结构与明代相同。贵族、官僚、地主仍然享有完全的民事法律权利，但随着社会的进步，某些社会阶层的身份也发生了明显的变化。

（一）废除明朝手工业工人的匠籍

明时，从事手工业劳动的匠户，实行专门户籍制，称为匠籍。父子承袭，世守其业，不得脱籍，脱籍者按“逃匠”罪严惩。至清代，鉴于工匠大量脱籍逃亡，清廷遂于顺治二年（公元1645年）下令“除匠籍为民”。匠户编入民籍，使手工业者在法律上获得与农民相同的社会地位，可以自谋职业，自由转移，摆脱了明时的人身束缚。凡有役使，按日计人，给予佣值，不许超经济剥削。尤其是“摊丁入亩”以后，一度恢复的匠班银也摊地亩，使工匠进一步得到解脱。

（二）“摊丁入亩”不再按人头征税

自康熙五十一年（公元1712年）“圣世滋丁，永不加赋”起，至雍正、乾隆两朝在全国范围内实行“摊丁入亩”后，按地亩多少征收赋税。“地丁合一”取消了延行2000多年的人头税，削弱了国家对农民的人身束缚，也削弱了农民对土地的依附关系。这不仅有利于人口的流动和经济的发展，也是封建传统的赋征法向着近代社会的财税法转变的开端。

（三）禁止将佃户“欺压为奴”“随田买卖”

随着清代租佃制的发展，佃户一般可以自由退佃，自由迁徙。地主不能随便支配佃户人身，更不许压佃为奴。雍正五年（公元1727年）规定：“凡不法绅衿，私置板棍，擅责佃户者，乡绅照违制律议处，衿监吏员革去衣顶职衔，杖八十……如将佃户妇女占为婢妾者，绞监候。”[1]这反映了法律对地主奴役佃户的限制。大清律中还规定，佃户与地主“并无主仆名分”，“平日

---

〔1〕《大清律例·刑律·斗殴·威力制博人附钦定例》。

共坐同食，彼此平等相待，不为使唤服役”。但如佃户拖欠租课，欺谩田主，则要杖八十，追取所欠地租。

（四）改善雇工与雇工人的法律地位

清代雇工主要是失去土地，依靠出卖劳动力维持生活的农民。雇工对雇主没有人身依附关系，他们之间大多“未立文契”。但从事家内劳动的受雇人，属雇工人范畴，与雇主有主仆名分，在法律上处于不平等地位，如雇工人殴杀家主，处罚较常人相殴为重。清律中有关雇工的律文虽然未变，但附例却经过多次修改，主要是缩小了雇工人条款的适用范围。如乾隆二十四年（公元1759年）定例：“工人受值五年以上者于家长有犯，均依雇工人定例，其随时短雇，受值无多者，仍同凡人论。”乾隆五十五年（公元1790年）修订的《雇工人法》中规定：“如系车夫、厨役、水夫、伙夫、轿夫及一切打杂受雇服役人等……素有主仆名分者，无论其有无文契年限，均以雇工人论。若农民佃户雇借耕种工作之人并店铺小郎之类平日共坐共食，彼此平等相称，不为使唤服役，素无主仆名分者，亦无论其有无文契年限，俱以凡人科断。”[1]由此可见，从事农业劳动、商业服务的雇工，均不属于工人。此外，如家长擅杀既无文契又受雇在五年以下的工人，同杀凡人论。

（五）禁止债权人强迫债务人“役身折酬”

早在唐代便出现了“计庸以当债直”的现象。《宋刑统》明确规定债务人“家资尽者，役身折酬”，从而使超经济剥削合法化。清朝经济关系的发展，使得法律禁止役身折酬。“若准折人妻妾子女者，杖一百；强夺者，加二等；因而奸占妇女者，绞；人口给亲，私债免追。”[2]

（六）由贱商到恤商

中国封建时代一直奉行重农抑商的政策。雍正、乾隆也都强调“四民，以士为首，农次之，工、商其下也”。[3]但在实行“地丁合一”以后，国家更多仰赖于工商业的税收，遂逐渐由贱商转向恤商。世宗说：“士农工商，虽各异业，皆系国家子民，理当一视。”[4]又，“朕念商贾贸易之人，往来关津，宜加恩恤”。[5]高宗时不仅减免关税、整顿税和落地税，颁行各税课则例，并

---

〔1〕《大清律例·刑律·斗殴下》，嘉庆六年修并例。

〔2〕《大清律例·户例·钱债》。

〔3〕《清朝文献通考》卷二三。

〔4〕《清朝文献通考》卷二八。

〔5〕《清朝文献通考》卷二六。

令“各省应纳税课例，应刊刻木榜，大书，设立关口，使商贾一目了然”。[1]在清代的商人构成中，官商是封建势力或官府勾结、拥有专卖特许权的商人，其中有的本人就是官僚。民间商人随着会馆的出现与行帮势力的增加，在利益上受到一定的保护，小商小贩的身份也是自由的。

（七）奴婢可以开户为民

清代盛行蓄养奴婢，奴婢的来源主要是“带地投充”的汉人、没为奴婢的罪犯及其家属，以及在人市上公开售卖的穷人。奴婢另有自己的户籍，他们作为主人的财产可以被随意处置，直到处死。但迫于奴婢的反抗，康熙五十三年（公元1714年）规定：“凡于康熙四十三年以后所买奴婢，若给原价，仍准赎出为民。”[2]至雍正时期，多次颁谕允许八旗家奴赎身为民。乾隆二十四年（公元1759年），制定《八旗家人赎身律》，规定凡八旗户下家人不分年代，只要本主情愿放出为民，即可呈明本旗，经过官府，而后收入民籍。所谓奴仆“开户”，是指八旗奴仆通过自立户籍取得半独立的身份，但仍与原主人保持一定的隶属关系。对其既不准越旗开户，也不得放出为民。乾隆三年（公元1738年）颁发的《旗人开户例》规定：“凡八旗奴仆，原系满洲、蒙古、直省本无籍贯，带地投充人等，虽有本籍，年久难考，均准其开户，不得放出为民。”[3]至于“放出为民”是指奴仆被允准解除奴籍改入民籍，从而取得一般民人的地位和权利。正因为如此，清政府对放出为民的限制远较“赎身”“开户”严格。放出为民的奴仆，本身不准应考出仕，其子孙则无所限。

（八）开豁贱民贱籍

贱民主要是指山西、陕西的“乐户”、河南的“丐户”、广东的“疍户”，他们被列入贱籍，是社会的最底层。但至雍正元年（公元1723年），形势的变化，使清政府下令山西、陕西乐户与浙江绍兴府惰民“改业为良民”，“与编民同列”。雍正五年（公元1727年）又下谕将徽州府的“伴档”与宁国府的“世仆”均“豁免为民”。雍正七年（公元1729年），针对广东“疍户”，特谕准疍户上岸，“与齐民一同编列甲户，以便稽查”。雍正八年（公元1730年）再次颁谕，消除丐户的丐籍，“同列编民”。[4]至乾隆三十六年（公元

[1]《清朝文献通考》卷二七。

[2]《清朝文献通考》卷二〇。

[3]《清朝文献通考》卷二〇。

[4]《大清会典事例》卷一五八。

1771年)，凡豁除贱籍的乐户、丐户、惰民、疍户如报官改业，经过四世，而且本族亲友“皆系清白自守”，准予“报捐应试”。安徽世仆放出二世以后，所生子孙准予“报捐应试”。如地方豪绅恶棍“仍前逼勒凌辱”削籍改业为良的“贱民”，或贱民“自甘污贱者”，均依律治罪。其地方官奉行不力者，该督抚查参，照例议处。[1]

二、所有权关系的变化

(一) 通过圈地，保障满洲贵族对土地的强制占有

清朝入关以后，为了满足满洲贵族的土地要求，于顺治元年（公元1644年）十二月下令户部查圈近京各州县“无主荒田”。如“本主尚存”或其“子弟存者”，只“量口给与”土地，其余田地“尽行分给东来诸王、勋臣、兵丁等”。[2]顺治四年（公元1647年）又下令：“近京府、州、县内，不论有主无主地土，拨换去年所圈薄地，并给今年东来满洲。”[3]原有土地上的汉人被勒令迁移他处。为了保证耕地和杂役的劳力，颁布《投充法》，即不愿迁徙他处、生活无着者可以投充旗下。

康熙皇帝亲政以后，鉴于圈地法激起汉族人民的激烈反抗，也破坏了农业生产力，因此宣布：“自后圈占民间房地，永行停止。”[4]以人投充或带地投充也随之基本结束。

(二) 确认土地私有权

清初通过发布“更名田”“垦荒令”，使明末清初由于战乱而荒废的土地重新得到开垦，大批农民获得土地。政府对新垦土地所有者发给“印信执照”，从法律上确认和保护其所有权，并放宽“起科”年限以提高开荒者的积极性。乾隆二年（公元1737年）制定“承垦荒地之令”，要求开垦荒地必先呈报，而后国家承认其土地所有权。“垦田科则”以向国家纳税，为国家承认垦田私有权的前提。

为了维护私有土地的所有权，凡盗卖、盗耕种、换易、冒认及侵占他人田宅的行为，按律治罪。如对土地产权有争议，以印契为凭，或进行实地勘查。乾隆三十三年（公元1768年）增例：“凡民人告诉坟山，近年者以印契

[1] 《大清律例·户律》。

[2] 《清世祖实录》卷一二。

[3] 《清世祖实录》卷八六。

[4] 《清圣祖实录》卷三〇。

为凭，如系远年，须将山地、字号，亩数及库贮鳞册并完粮印串逐一丈勘查对，果相符合，即断令归己；如勘查不符，又无完粮印串，则所执远年旧契、谱不得为凭，照滥控侵占罪治之。”〔1〕

至清中叶，商品经济的发展，推动了土地商品化的进程。商人以其经商的利润购置田产，兼并土地成为新的时代特点。嘉、道时期商人占有土地高者可达十万亩。商人地主招佃垦种，定额收租，经年不履田亩。〔2〕这就使得佃农的永佃权获得保证，所谓“换主不换佃”〔3〕。

（三）保护国有土地和旗地

国有土地包括官田、官庄与屯田。官田的所有权属于清政府，其经营方式也是租给农民耕种，由国家征收地租。官庄主要是赏赐给宗室贵族的圈占土地，其中包括皇室庄田、宗室庄田和八旗庄田。官庄的经营方式采取庄园制，即以役使奴仆进行生产。屯田由兵卒、旗人进行屯垦，以助军饷，故又称军田或赡军田。官田的占有者只有占有权和长期使用权，无权转让、处理。康熙十五年（公元 1676 年）颁行《侵占屯田惩罚条例》，禁止隐匿、盗卖屯田。

在清代的土地关系中，“旗地”是旗人依靠政治特权而占有的土地。为了保护旗地的所有权以巩固清朝的社会基础，法律禁止旗民交产，汉人不准典卖旗地、旗房。但由于“旗人不习耕种，生齿日繁”，因此在康熙后期便出现了旗人私典田产与民的现象。雍正七年（公元 1729 年）上谕重申：“八旗地亩，原系旗人产业，不准典卖与民，自有定例。”〔4〕同时，对已典卖的旗地，由官府付与一定地价，强制赎回。“凡红契典卖之旗地，可全价予以回赎；而白契典卖之旗地，则仅付半价或不给价回赎。”〔5〕乾隆朝四次回收旗地，共 37 611 顷，但贫苦的旗人无力购回从官府回赎的旗地。高宗也自认：“赎地一事恐未必于贫乏旗人有益。”〔6〕旗人广泛典卖旗地反映了旗地已逐渐私有化。但为了维护对旗地的国有权，乾隆以后嘉庆、道光、咸丰三朝仍不断重申，旗地“无论旧圈自置，概不准售与民人”，“若典旗地，从盗卖官田律，投受

〔1〕《大清律例·户律·田宅》。

〔2〕《万载县志》卷三。

〔3〕《湖南省例成案》卷一。

〔4〕《清朝文献通考》卷五《田赋考五·八旗田制》。

〔5〕《大清会典事例》卷一三五。

〔6〕《清朝文献通考》卷五《田赋考五·八旗田制》。

同惩”。[1]但是，旗民之间的经济往来是不可阻挡的，旗人不事生计的客观条件，使得禁止旗民交产的禁令禁而不行。至咸丰二年（公元 1852 年）通过的《旗地买卖章程》，已允许“变通旗民交产”。“除奉天省旗地盗典盗卖，仍照旧例，严行查禁外，嗣后，坐落顺天、直隶处旗地，无论老圈、自置，亦无论京旗屯居及何项民人，俱准互相买卖，照例税契升科；其从前已卖之田，业主，售主，均免治罪。”[2]与此类似的屯田也趋于私有化，购买者只要报官税契，按亩升科，便取得了合法的所有权。

（四）保护宗族公产

为了保护宗族稳定的经济基础，乾隆二十一年（公元 1756 年）定例：“凡子孙盗卖祖祀产，至五十亩者，照投献盗卖祖坟山地例，发边远充军……其盗卖历久宗祠，一间以下杖七十，每三间加一等，罪止杖一百，徒三年。”[3]这个定例指导了制定保护宗族公产、严禁族人擅自处置公产的宗族法。例如，浙江《姚氏家规》规定：“世守祖产，不准变卖、抵押，倘有不肖后人私自盗卖或抵押者，阖族之人先请族长到庄，将此不肖之人严责，罚着速赎回。”这种对族人产业处分权的限制，一方面是从宗族共同体的经济实力着眼的；另一方面，国家也需要借宗族的强大以推行国家的政策与法令。

三、债权关系的变化

（一）契约形式的发展

经过顺、康两朝的恢复与发展，至雍、乾时期，商品生产与交换达到了高峰。与此相联系，无论买地、租房、雇工、合伙、婚娶、借贷，均以契约作为凭证，以确认双方的权利和义务。雍、乾时期有官版契纸，也有民间手写契纸。

根据清律，买卖土地、房屋、奴婢须履行税契的法律手续才具有法律效力，凡加盖官印的契纸叫红契。税契通常在立契后一年内完纳，逾期依法惩治。在税契的同时，还要将卖主的田地和应纳的赋税过户于买方名下，即所谓“过割”，以使“田各有主，循主责粮差。”

除红契外，民间订立的契约称作“白契”，也具有民事法律效力。如发生争讼，白契的举证效力不如红契。由于白契的普遍流行，使得大清律中对不

---

〔1〕《清朝文献通考》卷五《田赋考五·八旗田制》。
〔2〕《大清会典事例》卷一六〇《户部·田赋·几捕官民庄田二》。
〔3〕《大清律例汇集便览·户律·田宅·盗卖田宅》。

税契者的惩罚难以实现。

为了保证契约的履行，签订契约时保人须签字，并负法律责任。

（二）限制借贷利息

为了限制高利贷，清律规定："凡私放钱债，每月取利不得过三分，年月虽多，不过一本一利，违者，笞四十，以余利计赃，重者坐赃论，罪止杖一百。"限制利息的同时，法律也保护债权人的利益，负债不偿者，根据数额和拖欠日期处以不同刑罚。"五两以上违三月笞一十，每一月加一等，罪止笞四十，五十两以上违三月笞二十……百两以上违三月笞五十……并追本利给主。"但禁止债权人私自强夺债务人的产业，违者杖八十。

（三）租佃契约

在清代的租佃契约中，一般都包括地租的数额、交租的时间和不得拖欠等内容。尽管清律限制地主对佃农的超经济剥削，但同时也严格保护地主的经济利益。雍正五年（公元1727年）颁行的《田主苛虐佃户及佃户欺谩田主之例》，一方面规定，苛虐佃户的乡绅"革去已有的职衔"，另一方面严肃宣布，"嗣后奸顽佃户，拖欠租课，欺谩田主者，照不应重律论，杖八十，所欠之租逼勒给主"。[1]在现存的清朝档案中，地方官不仅代为催逼，并惩办承佃的担保人。

为防止地主催逼田租时滥用撤佃权，激化农民反抗，乾隆五年（公元1740年）颁布的《禁止增租夺佃例》规定，"民人租种旗地，地虽易主，但户仍旧，地主不得无故增租夺佃"，否则治罪。如确须另佃，则要在当年"农工既毕，方许另行招佃，概不可临春起佃"。[2]乾隆五十六年（公元1791年）废除此例，增租另佃"均由业主自便"[3]。至嘉庆五年（公元1800年），鉴于阶级矛盾的发展又下令"禁止增租夺佃"，但其约束力已很小。

（四）典权

根据《大清律例》："以价易出，约限回赎者，曰典。"雍正十年（公元1732年）皇帝在上谕中指出："民间活契典业者，乃一时借贷银钱，原不在买卖纳税之例。"[4]乾隆十八年（公元1753年）条例再次明示："嗣后民间置买产业，如系典契，务于契内注明回赎字样，如系卖契，亦于契内注明绝卖，

---

〔1〕《清朝文献通考》卷一九《刑考三》。

〔2〕（清）凌焘：《西江视臬纪事》卷二《禁临春起佃》。

〔3〕光绪《钦定大清会典事例》卷六。

〔4〕光绪《钦定大清会典事例》卷二四。

永不回赎字样。”同时还规定契内虽无绝卖字样，但未注明回赎，而且远在三十年以外，即以绝卖论。乾隆十八年条例肯定了典出人享有回赎典物的权利，但没有明确规定典期，由此而引起争讼。为此《户部则例》明确规定回赎期不能超过十年，但民人契典旗地回赎期为二十年。逾期不赎者，典主得投税过户。回赎期限届满，出典人备价回赎时，典权人不得“托故不肯放赎”，违者“笞四十”。如出典人无力回赎，可以委托中人向典权人将典价与典物的实际差价找回，该典契即为卖契，典物的所有权随之转移。

四、婚姻、家庭与继承

（一）婚姻与家庭

根据《大清通礼》，结婚年龄男十六岁、女十四岁，主婚权属于尊长。大清律规定：“嫁娶皆由祖父母、父母主婚，祖父母、父母俱无者，从余亲主婚。其夫亡携女适人者，其女从母主婚。”即使卑幼已经成年，或仕宦买卖在外，无法请示尊长，自定婚姻，也要“未成婚者从尊长所定，自定者从其别嫁，违者杖八十，仍改正”。[1]但不得强迫寡妇改嫁。

婚姻的禁忌，大体为尊卑不婚，同姓同宗不婚。但民间姑表、姨表兄弟姐妹通婚相沿成俗，因而政府在条例中作出通融：“其姑舅、两姨妹为婚者听从民便。”禁娶亲属妻妾，“若收父祖妾及伯叔母者，各斩。若兄亡收嫂、弟亡收弟妇者，各绞。妾各减二等”“凡收伯叔兄弟妾者即照奸伯叔兄弟妾律，减妻一等，杖一百，流三千里”。[2]此外禁止僧道及和奸外逃者的婚姻。

结婚的形式沿袭传统的“六礼”，特别强调婚书的法律效力。“若许嫁女已报婚书及有私约而辄悔者，笞五十。虽无婚书，但受聘财亦是，若再许他人，未成婚者，杖七十，已成者杖八十，男家悔者罪亦如之，不追财礼。”[3]若超过婚期五年，男方不娶，或逃亡三年不归者，经官府出具证明，可另行改嫁，财没不追。

婚姻的解除，除沿用传统的“七出”之条外，如一方犯罪即行解除。若夫妻不相和谐而两愿离者，即所谓“协离”，不坐。

在夫妻关系上，清律确认丈夫对妻子的监护权。妻子对家庭的财产没有支配权。如妻妾告夫，与子孙告祖父母、父母同罪，杖一百，徒三年，诬告

---

〔1〕《大清律例·户律·婚姻》。

〔2〕《大清律例·户律·婚姻》。

〔3〕《大清律例·户律·婚姻》。

则绞。妻子殴夫，无论有伤无伤，杖一百，折伤以上加凡人三等，殴夫致死者，斩。故杀谋杀本夫者，凌迟处死。但丈夫殴妻折伤以下不论，折伤以上减凡人二等。

除夫权外，清律还确认父权的统治地位。所谓“一户人口，家长为主”。[1]家长“总治一家之务”[2]，享有对家庭财产的支配权。“卑幼私擅用财”，二十贯笞二十，每增二十加一等，罪止杖一百。家长也握有对子孙的惩罚权，“子孙违反教令而依法决罚，邂逅致死者勿论”[3]。法律还赋予家长送惩权，家长可要求官府代为惩处。家庭成员如违法犯禁，家长要连带受罚。至雍正朝，“族长”入律，明确规定族长的法律地位及其应负的法律责任。

（二）继承制度

清代继承分为身份继承和财产继承。身份继承包括宗祧继承和封爵继承。宗祧继承通常以嫡长子为法定第一顺序继承人，无嫡长子者立嫡长孙，以后按嫡次子、嫡次孙、庶长子、庶长孙、庶次子、庶次孙依次继承。如立嫡违法，杖八十，以示宗法继统的严肃性。如嫡庶子孙全无者，为户绝，其“立继”方法为：“无子者许令同宗昭穆相当之侄承继，先尽同父同宗，次及大功、小功、缌麻，如俱无，方许择立远房及同姓为嗣。”由于清代继承重视血缘关系，因此禁止乞养异姓义子，否则杖八十。八旗无嗣之人虽可过继异姓亲属，但须双方生父、族长以及该管参佐领出具甘结，送户部备案。由于强调立继人须昭穆相当，因此不得尊卑失序，但允许独子兼祧，所谓“小宗可绝，大宗不可绝”。[4]俞樾《俞楼杂纂》指出：“一子两祧为国朝乾隆间特别之条。”立嗣关系成立之后，不得随意解除，否则杖一百，如嗣子与继亲不睦，允许重立。封爵继承，也按嫡长子优先原则，其继承顺序与宗祧继承顺序相同。

关于财产继承，以家长的遗嘱为准，子孙只能遵从，无权表示异议。只有当家长生前或临终时没有表达分配家产的意向，才发生依法分割家产的问题。具体办法是：“诸子均分……不问妻妾婢生，止以子数均分”，以示“大功同财”之意。女子一般无财产继承权，但户绝之家的财产由“所生亲女承分，无女者入官”。妇人夫亡无子守志者，可以继承丈夫的财产，所谓“合承

[1] 《大清律例汇集便览·户律》“辑注”。

[2] 《浙江顾氏族谱》。

[3] 《大清律例·刑律》。

[4] 《大清律辑注》。

夫份”。但立嗣后，财产归嗣子所有。在清律中，赘婿和养子也享有一定的继承份额。

第四节　调整“赋役”“工商”的经济立法

清朝扩大了经济立法的调整范围、增加了调整内容、完善了经济法律体系，使其发挥了恢复和发展社会经济、稳定社会秩序的作用。

一、赋役立法

清入关以后，鉴于明末赋敛无度之害，积极着手制定恢复财经秩序的法令。首先，废除了导致明末农民大起义的“三饷”——“辽饷”“剿饷”“练饷”——的加派。为了建立清政府的赋役制度，于顺治十四年（公元 1657 年）仿明制颁行《赋役全书》。根据登载土地、人丁的等级及数量，计算和确定田赋、丁银的数量，同时确定地方所征赋税的分配与使用原则，并记载各地承办内廷、朝廷所需的实物贡赋的种类与数量。《赋役全书》的制定为赋役征派和地方政府的财政收支，提供了统一遵行的法律根据。《赋役全书》每十年纂修一次，以符合社会变动的实际状况。其次，从“滋生人丁，永不加赋”到“摊丁入亩”。随着商品经济的发展，土地转移的加快与超经济剥削的削弱，造成农民的大量流动，政府按人丁征税已难以控制，原有的赋税制度也必须改变。因此，康熙五十二年（公元 1713 年）下诏宣布：“嗣后直隶各省地方官遇编审之期，察出增溢人丁，只将实数另造清册奏闻，其征收钱粮，但据五十年丁册定为常额，续生人丁永不加赋。”〔1〕为了保持康熙五十年（公元 1711 年）人丁常额，以保证赋税的收入，康熙五十五年（公元 1716 年）又下谕以“新增人丁补足旧缺额数”。〔2〕

“滋生人丁，永不加赋”的法令，虽然减轻了劳动人民由于滋生人丁而增加的负担，但却没有解决丁役负担不均的问题。因此，康熙朝后期已将赋役法的改革推进到“摊丁入亩”阶段，把丁银按土地亩数平均分配到田赋中去，不再按人头征税。雍正初年，先后在各省（山西、贵州两省除外）推行摊丁入亩，大约经历了 150 年始最后完成。

摊丁入亩不仅简化了征税标准、减轻了劳动人民的负担，而且以法律的

---

〔1〕 档案《前三朝题本》。

〔2〕 档案《前三朝题本》。

形式实际废除了行之已久的人丁税。这一制度确认了封建国家对劳动者人身束缚的放松，并为工商业的发展提供了自由的劳动力。

二、工商立法

清朝关于手工业立法，一方面废除了明朝的匠籍制度，放宽了国家对手工业的垄断，允许民间手工业者在较大范围内自行经营，仅制造武器、铸币，供应内廷所需的织造与瓷器生产以及内务府造办处所属各类作坊由官府经营。另一方面，清政府又立法限制民间手工业的过度发展，防止其冲击专制制度所赖以建立的自然经济基础。以开矿业为例，矿藏的开采与冶炼是其他手工业发展的基础，对资本主义生产方式的形成具有不容忽视的意义。但在清朝，只是清初允许和鼓励民间开矿，至康熙四十年（公元1701年），便一变而实行矿禁。康熙四十年（公元1701年）下谕："开矿事情，甚无益于地方，嗣后有请开采者，俱不着行。"〔1〕康熙五十年（公元1711年）又以湖南产铅地方"山深谷邃，境通黔粤，苗、瑶杂处，开采不便"为由，决定"永为封禁"〔2〕。禁矿法的实质是害怕"矿徒易聚难散，小则争掠，大则啸聚，关系地方不小"。〔3〕在这种思想的指导下，《户部则例》曾就陕西南山铁厂商民自出资金募工开挖一事严格规定，"由地方官查明商人姓名、籍贯、取具甘结，并由潜司发给执方准开采"，"倘有私挖，即行封禁，照例治罪"。如利用开采铁矿之机，私造武器，或卖给匪类，立即严拿，重刑治罪。

虽然清政府以法律的形式对采矿业进行控制和干预，但是纵观清代采矿业，比起明代终究有所前进。其私人投资逐渐增加，限制人身自由的"匠军"和"匠役"制度普遍被废除。

对于商业，清政府鉴于立国之始极需恢复和繁荣经济，因而采取"利商""恤商"政策。凡市籴皆因商民所便，时地所宜，度物货，平市价，劝商贾，敦节俭，抑豪强，禁科派。〔4〕为了保护商人的合法经营，禁止贵族官僚与民争利，康熙六年（公元1667年）立法规定："嗣后王公以下文武大小各官家人，强占关津要地，不容商民贸易者，在原犯之地，枷号三个月。系民，责四十板；旗人，鞭一百。其纵容家人之藩王罚银一万两，公罚银一千两，俱

〔1〕（清）俞正燮：《癸巳存稿》卷九，中华书局1985年版。

〔2〕《雍正大清会典》卷五三。

〔3〕乾隆《汾州府志》卷三一。

〔4〕《清朝文献通考》卷三二。

将管理家务官革职。将军督抚以下，文武各官俱革职。”[1]

为了整顿市场秩序，康熙二十五年（公元1686年）建立牙行五年编审换照制度，以防止垄断。

上述商业立法对恢复和繁荣经济起了积极作用。但总体看来，清政府并未摆脱传统的重农抑商政策。例如，雍正五年（公元1727年）在上谕中说：“朕观四民之业，士之外农为最贵。凡士工商贾，皆赖食于农，故农为天下之本务，而工商皆其末也。”[2]高宗甚至表示：“欲天下之民，皆尽力南亩。”[3]

清朝继续实行重要商品的官营制度，而且广设钞关，重征商税。如有偷越关卡与漏税等行为，不仅客商依律治罪，地方官也一并议处。《户部则例》规定：“关税短缺令现任官赔缴。”从而促使各钞关官弁以增课为能事，肆意苛求。除关税外，还征收名目众多的商税，如牙税、落地税、盐税、矿税、茶税、酒税等。客商如“不纳课程”，按律“笞五十，物货一半入官”。[4]结果客商视关卡为畏途，不得不抽出商业资本和利润转而经营土地，从而妨碍了商业资本转化为工业资本，阻碍了货币资本的大量积累。这是中国封建社会长期停滞的原因之一。

不仅如此，清政府继续以严法推行盐茶专卖，垄断了重要的商业经营项目，使之纯为统治者的享用而生产，既不在市场流通，也不存在产品的竞争问题，势必严重影响私人商业的发展和市场的扩大。

在对外贸易方面，清政府长期实行限制对外贸易的禁海法令。早在顺治十二年（公元1655年），为了镇压抗清力量，首颁禁海令，不许片帆下海，违者按通敌罪论处。此后，顺治十八年（公元1661年）、康熙元年（公元1662年）、康熙十七年（公元1678年），又三次颁发迁海令，强制闽广、苏浙沿海居民内迁五十里，越界立斩，致使四千里海岸线人烟绝迹，完全断绝了海外贸易。康熙二十二年（公元1683年）统一台湾以后，鉴于海内一统，于次年宣布开海禁，“令出洋贸易”。“山东、江南、浙江、广东各海口，除夹带违禁货物仍照例治罪外，商民人等，有出洋贸易者，呈明地方官，登记姓名，取具保结，给发执照，将船身烙号刊名，令守口官弁查验，准其出入贸

[1]《清圣祖实录》卷一四。

[2]《清世宗实录》卷五〇。

[3]《清朝通典·食货志》。

[4]《大清律例·户部则例》。

易。”[1]康熙二十四年（公元 1685 年）又定苏松、宁波、泉州、广州为对外贸易港口。又设立江海关、浙海关、闽海关负责管理外贸事务，极大地刺激了沿海手工业、造船业的发展。就在开海禁的同时，清朝政府出于政治考虑，禁止粮食、兵器、木板、铁器、火药、土硝、硫磺等出口，同时严禁违式私造海船。出海人员随船携带的粮食，限每日每人食米一升，余米一升，以防风阻。如有越额，查出入官，船户、商人一并治罪。[2]

康熙五十六年（公元 1717 年）再颁禁海令，停止与南洋的贸易，并严禁卖船与外国和运粮出口。如将船卖给外国人，“造船人与卖船之人皆立斩”。[3]如“出洋人留在外国，将知情同去之人枷号三个月，该督行文外国，令将留下之人解回立斩”。[4]外国的商船也需由地方文武官员严加防范。该规定沉重打击了刚刚兴起的对外贸易和沿海工商业，堵塞了海内外商品交流的渠道。

三、漕运立法

自顺治二年（公元 1645 年）起，户部奏定：“每岁额征漕粮四百万石。”此规定沿用至清末。漕运是粮食与物资的南北大交流，对于社会经济起着稳定、协调与促进的作用，故成为清政府一项要务。为了保证漕运而制定的漕运法，是清朝经济立法中的重要组成部分。康熙初年曾将条款浩繁的漕运法规汇编成《漕运议单》一书，供有关官吏检索。雍正十二年（公元 1734 年）经御史夏之芳奏准纂成的《漕运全书》，是清代漕运法规之大成，并定例十年一修。

清朝设漕运总督管理全国漕运事宜，并统辖直隶、山东、河南、安徽、江苏、江西、浙江、湖北、湖南九省职司漕务的所有文武官吏。此外，还特设河道总督，负责运河水系的疏浚、闸坝的建造维修。

为了防止承运漕粮的运丁逃亡造成迟误，康熙五十一年（公元 1712 年）强调严格捡选运丁，由千总保结，再呈报卫备府厅等官验看，加具印结。如有挂欠，千总守备仍照例参处。“一帮挂欠，将府厅等官罚俸一年，粮道罚俸

[1]《光绪大清会典事例》卷一二〇。

[2]《康熙实录》卷二七〇。

[3]《清圣祖实录》卷二七〇。

[4]《清圣祖实录》卷二七〇。

半年。几帮挂欠，按照此例递加罚俸。”〔1〕如运丁躲避差役，弃船逃走，则“发边卫充军”。〔2〕运官如违限误漕，革职，“纵丁生事勒索，折乾偷盗，以及停泊耽延致误抵通者，即行参处。”〔3〕

漕粮的征收时间，每年从十月开始，十二月完结。由于“清欠不入赦款”，因此必须追欠完足，不得拖延。同时也立法禁止勒索粮户，滥收浮费，“如有蠹役侵蚀飞派无辜者，该督抚即将州县指参”。〔4〕州县催征拖欠漕粮也只能“严檄行催，不得差役，致滋勒索，违者该督抚即题参”。〔5〕

为了保证漕粮的运输，对漕船的建造有统一的式样。康熙二十二年（公元1683年）定船身长七丈一尺，宽一丈四尺四寸，载重量五百六十石。

漕船运行的时间，按里程分别规定，如山阳县境内运行一百里，限八日。清河县黄、运河共四十八里，限五日。漕运途中如发生覆船、失火以致漕粮受损，“沿途催趱各官及汛地文武官员亲临调查各出保结，取具运官结状，该督抚具题豁免”。〔6〕运丁如偷盗漕粮，从重拟罪，“不准援赦”。至于谎报船沉，乘机侵盗，赃在六百石以上，依律议斩。不及六百石者，发边远充军。

对于漕粮的收贮，顺治初年便建立了仓场衙门，负责管理漕仓事务。每仓派仓监督一人，掌管仓事。如偷盗仓粮，不论是仓役或附近居民，一律依法重处。“数满三百两者，首犯处斩；为从者，拟斩监候，秋后处决。不及三百两者，首犯，拟斩监候，秋后处决；为从者，在仓门首枷号三个月，放日，另户之人鞭一百，发黑龙江、宁古塔等处当差，奴仆，鞭一百，民人，责四十杖，俱刺字，发黑龙江、宁古塔等处给披甲之人为奴。”〔7〕

第五节　“禁奸安善”的法律思想与刑事法律

一、刑法的指导思想

清初以顺治帝、多尔衮为代表的法律思想，主要表现为顺应形势、沿袭

〔1〕（清）杨锡绂：《漕运则例纂》卷六。
〔2〕（清）杨锡绂：《漕运则例纂》卷六。
〔3〕（清）杨锡绂：《漕运则例纂》卷六。
〔4〕（清）杨锡绂：《漕运则例纂》卷八。
〔5〕（清）杨锡绂：《漕运则例纂》卷八。
〔6〕（清）杨锡绂：《漕运则例纂》卷三四。
〔7〕（清）杨锡绂：《漕运则例纂》卷二〇。

明制，以统治中原地区，同时严禁“盟社”，惩治异端思想，以维护满洲贵族的特权统治。至康熙帝继位，他不仅在政绩、武功、文治、经济各方面表现出了卓越的才能，就法律思想而言也于继承中有发展，带有鲜明的时代特色。

（一）禁暴止奸，安全良善

康熙十八年（公元 1679 年）九月十四日，康熙帝在上谕中明确阐述了“国家设立法制”的目的在于“禁暴止奸，安全良善”。〔1〕这是他指导刑事立法的基本思想。从康熙朝宫中档案朱批中可以看到“禁暴止奸”的锋芒是指向危害国家统治和扰乱社会秩序的重大刑事犯罪。他在诏谕中指出：“犯十大恶乱之人，情实即宜正法，强盗乃有越狱脱逃者，此等凶徒，不可又待一年（指缓决）。”“情实可恶”的杀人犯也不应拟入缓决，否则“恶人何所惩创”。他特别要求执法之人“但当详情据理以定罪”，如果“一味从宽，则恶人何所儆戒”。〔2〕以至所谓的“异端”思想也被当作“奸邪”而严加惩治。从康熙二年（公元 1663 年）至康熙五十一年（公元 1712 年），多次兴起文字狱。他把“禁暴止奸”看作是实现“安全良善”的重要手段，在朱批中经常把止盗和安民联系在一起。

（二）因时立法，宽严相济

由于康熙帝面对现实，孜孜求治，所以他不墨守成规、不拘于既定之法，主张参酌时宜进行立法。他还明谕刑部：“律例繁简，因时制宜，总期合于古帝王钦恤民命之意。”〔3〕但他也反对法令变易无常，“朝令夕改”。〔4〕《刑部现行则例》的制定与实施就是这种思想的体现。

宽严相济是康熙帝一生奉行的统治术。直到临终遗诏中，他还特别叮嘱子孙要“宽严相济，经权并用，以图国家久远之计”。综观他一生的政绩，确实把宽严两手运用于实际。他在镇压抗清的群众、起义的“盗贼”，以及消灭统治阶级内部的鳌拜集团和三藩时，都是严厉的、坚决的。但停止圈地、更名田、蠲租免赋，颁布“盛世滋生人丁，永不加赋”的法令时，则表现了施政中宽的一面。

宽严相济既是康熙帝治国的久远之计，也指导了立法与司法的实际活动。例如，康熙十六年（公元 1677 年），他指令刑部把诱取良人与据卖良人子女

---

〔1〕《清实录》卷八四。

〔2〕《清实录》卷一〇三。

〔3〕《清实录》卷四八。

〔4〕《康熙文集》卷九四。

罪，由原来的“论戍”“论徒”改为“为首者立绞，为从者系旗人枷责，系民人杖流”，以示从严。康熙二十五年（公元1686年），他面谕三法司官员，“刑法者，专以禁戢凶暴，若豪强奸慝，固难宽宥，其贫贱愚昧者，略施宽贷，亦未尝不可”。[1]他还严饬司法官要公平断狱，不得轻毙人命，指出：“夫治狱之吏，以刻为明，古人所戒也，近见引律烦多……出入轻重之间，率多未协于中，何以使民气无宽，而谳法允当欤。”[2]上述论断中的“协中”是康熙宽严相济思想的另一表现形式，其内容是“情法允协”、宽严适当、赏罚功罪分明、注意调整满汉参差。

（三）尚德慎刑，依法断罪

康熙帝从总结历史经验中深知“守固”之道不在于关塞险阻，而在于“修德安民”。[3]他继承了传统的德主刑辅之说，注意把明罚敕法与礼教德化联系起来。他在谕示三法司官员时明确指出“以德化民，以刑弼教……敬慎庶狱，刑期无刑”。

正如历来讲求德化的统治者都没有放松过刑罚一样，他也只是在崇德的前提下要求臣下慎刑而已。他的慎刑思想集中表现为“矢公得中”，就是决狱要做到“审鞫精详，谳决平允”，“从公审断，勿徇一时私见”。具体说来，官吏必须依照法律问罪处刑，“无律援例，有律不得援例”。如承问官不依律问罪，严加议处。“使法蔽其辜，毋纵毋枉，必得其情，始免屈抑。”[4]他深知贵族、高官、绅衿，常常依靠权势凌驾于法律之上。因此，针对顺天府尹俞化鹏奏陈《京尹重任事多掣肘》折中所说“或亲鞫或发审时辄有戴翎骑马之人直入公门，或称府差官，或称公主使令，非嘱托原呈即曲庇被告，臣从公鞫狱，即肆咆哮”的情况，特别加以朱批：“凡有此等人来说情尔即具密折奏闻。”又批：“此折甚是京中说情之事从来久了。”他还借惩治挞辱诸大臣侍卫的阿哥们来树立法律的权威，并传谕诸随从大臣说，“朕为天下元后，凡事但遵大义而行，无罪之人，未尝枉法处治……八议……所以敦国体，非为臣下也。诸阿哥擅辱大小官员，伤国家大体”，嗣后如再发生，“即赴朕前叩告”，[5]侍卫闻此而不告发者，治罪正法。在他看来，无罪者不得枉法处治，有罪者贵为阿哥也要一体治罪。这是攸关“国家大体”的。

---

〔1〕《清实录》卷一二五。

〔2〕《清实录》卷五一。

〔3〕《圣祖圣训》卷九。

〔4〕《清实录》卷一二五。

〔5〕《清实录》卷二三三。

二、罪名

（一）反逆罪

谋反为十恶之首，康熙时律学家沈之奇在律注中指出，谋反乃“无君无亲，反伦乱德，天地所不容，神人所共愤者，故特表面出之，以为世诫”。谋大逆，即谋毁皇帝宗庙、陵墓及宫殿。凡谋反，谋大逆，但共谋者，不分首从，皆凌迟处死，并株连其父子、祖孙、兄弟及同居之人，不分异姓及伯叔父、兄弟之子，不限籍之同异，年十六以上，不论笃疾废疾皆斩。其男十五以下及母、女、妻、妾、姊妹、若子之妻妾，给付功臣之家为奴。财产入官，即使子孙确不知情，年十一以上，也要阉割发往新疆给官为奴。不仅如此，清朝统治者还任意扩大反、逆罪的范围。凡“上书奏事犯讳者”与“奏疏不当者”，也按大逆律例治罪。

谋叛，指背叛本朝、私通和投降外国。“凡谋叛，但共谋者，不分首从皆斩，妻妾、子女，给付功臣之家为奴；财产并入官，若逃避山泽，不服追唤者，以谋叛未行论。其拒敌官兵者，以谋叛已行论。”乾隆年间，为了防止汉人利用宗教或结拜兄弟等形式聚众反抗，定例：“凡异姓人，歃血订盟结拜兄弟者，照谋叛未行律，为首者拟绞监候，为从，减一等。若聚众至二十人以上，为首者绞决，为从，发云贵、两广极边烟瘴充军。其无歃血定盟焚表情事，止序齿结拜兄弟，聚众至四十人以上，为首者拟绞监候；四十人以下，二十人以上，为首者，杖一百，枷号两个月。为从，各减一等。”〔1〕早在顺治十七年（公元1660年）便下令，“士子不得妄立社名，纠众盟会……违者治罪”。〔2〕对于反逆、反叛罪犯，“知情故纵隐藏者，斩。有能捕获，民授以民官，军授以军职，仍将犯人财产全给充赏。知而首告，官为捕获者，止给财产。不首者，杖一百，流三千里”。〔3〕此外，抗粮聚众，或罢考、罢市至四五十人，为首者斩立决，从者绞监候，被胁同行者各杖一百。如哄堂塞署，逞凶殴官，为首斩决枭示，同谋斩立决，从犯绞监候，被胁同行者，各杖一百。

为了惩治危害社会秩序，威胁清政权统治的妖书妖言罪，《大清律》规定：“凡造谶纬妖书妖言，及传用惑众者，皆斩。若私有妖书，隐藏不送官者，杖一百，徒三年。”

---

〔1〕《大清律例·刑律·贼盗》。

〔2〕萧一山：《清代通史》上卷，中华书局1986年版，第389~390页。

〔3〕《大清律例·刑律·贼盗》。

（二）异端思想罪

惩治“异端”思想和推行文化高压政策的突出表现形式即“文字狱”。康熙年间，浙江庄廷鑨编辑《明书》，称努尔哈赤为建州都督；不书清帝年号，而书隆武、永历等南明年号，被告发。时庄廷鑨已死，清朝下令开棺戮尸，其兄弟、子侄以及刻者、读者、保存者，甚至事先未发觉的地方知府共七十余人，全部处死。乾隆曾多次在谕旨中说“朕从不以语言文字罪人”，〔1〕“文字之间亦偶有不知检点者，朕俱置而不论，从未尝以语言文字责人”。〔2〕然而，事实上，乾隆一朝正是清代文字狱的高峰，往往一字一语锻炼成狱。由于清朝并无惩治文字狱的法律条文，而是引用“大逆”的条例定罪，因此，一案构成，就意味着灭家或灭族的惨祸。即使案发时未出世的子孙，也要世袭为奴，总括康、雍、乾三朝迭兴文字狱百余起，株连之广，惩罚之严，是历史上少见的。文字狱践踏了一切封建的法律秩序，暴露了清朝皇帝的专制主义的淫威。

与惩治异端思想相对应，清朝统治者在文化思想领域中，继承了传统的封建文化政策，尊崇孔孟，提倡程朱理学，以其作为奴役和束缚人民的思想武器。

（三）侵犯皇权罪

在清朝专制主义极端发展的历史条件下，凡是触犯皇帝的尊严，蔑视皇帝的权威的行为，就构成大不敬罪。例如，上书奏事误犯御名及庙讳者，杖八十，若为名字触犯者，杖一百。此外，为皇帝“合和御药”不依本方、造御膳误犯食禁、“乘舆服御物”保管不善、制造御用舟船不符合标准，均以危害皇帝安全罪处杖一百或徒三年刑。

（四）奸党罪

清朝除全部援用《大明律集解附例》中奸党罪的条款外，还禁止内外官交结。“凡内外官员除系至亲好友世谊乡情彼此往来，无庸禁绝外，如外官赴任时，谒见在京各官，或往交结者革职。其在京各官与之接见及差人至外官任所来往者，亦革职。”〔3〕各旗王公所属人员，现居外官因事来京者，也不许谒见本管王公，违者杖一百，该管王公交宗人府照违制律议处。若私通书信

〔1〕《清代文字狱档》第一辑。

〔2〕《清代文字狱档》第一辑。

〔3〕《钦定吏部则例》。

求索、借贷，交宗人府计赃论罪。[1]这是明律奸党罪所没有的，至于已革职、降职官员用钱贿买百姓，上书保留职位者，按“枉法律”治罪。“诸衙门官吏若与内官及近侍人员相互交结漏泄事情，夤缘作弊而符同奏启者，皆斩，妻子流二千里安置。”[2]大清律严惩奸党罪的结果也产生了与明朝相似的弊病。如同清人薛允升所说：“防臣下之揽权专擅交结党援者，固已不遗余力矣。然猜忌过甚，则刚克消亡，朝多沓沓之流，士保容容之福，遇重大事件，则唯诺盈廷，无所可否，于国事究何裨乎！”[3]

（五）江洋大盗罪

乾隆二十六年（公元1761年）前后，首次规定“江洋大盗罪”。“凡在滨海（或）沿江行劫客船者”，为江洋大盗。只要“已行得财”不论本人原籍何处，“均照江洋大盗例，无分首从皆拟斩决，亦不准分别法难宥，情有可原”。可见，“江洋大盗罪”是刑事镇压的重点。

仁宗即位后，鉴于“江洋大盗”威胁清朝海防、江防，影响国家漕运，于嘉庆六年（公元1801年）制定新条例，凡“江洋行劫大盗，俱照此例立斩枭示”。[4]此后又补充规定：“洋盗拒捕杀人情重加拟凌迟。”[5]如“私运蔬菜接济洋盗，比照米谷济匪例，量减拟遣。”[6]船户“串通盗图行劫船内客货”，“并未同行上盗”，“比照情有可原例拟遣”。[7]

道光十六年（公元1836年），鉴于国内外形势的严重恶化，对江洋大盗的处刑更重，防范更严。

（六）传习邪教罪

清朝统治者历来以传习邪教为刑法打击的重点。《大清律》“禁止师巫邪术”条规定：“凡师巫，假降邪神、书符咒水、扶鸾祷圣，自号端公太保师婆及妄称弥勒佛、白莲社、明尊教、白雪宗等会，一应左道异端之术，或隐藏图像、烧香集众、夜聚晓散、佯修善事、煽惑人民，为首者绞（监候），为从者各杖一百流三千里，若军民装扮神像、鸣锣击鼓迎神赛会者，杖一百，罪

〔1〕《钦定吏部则例》。

〔2〕《皇朝政典类纂》卷三七七《吏律·职制》，“奸党”条。

〔3〕（清）薛允升：《唐明律合编》卷九，中国书店影印本2010年版。（下同）

〔4〕《唐明律合编》卷九。

〔5〕《大清律例通纂·刑律·贼盗》“强盗”条附六年修例。

〔6〕《皇朝政典类纂·刑律·贼盗》，附奏准广东司嘉庆十五年说帖，附奏准嘉庆十九年广东案例。

〔7〕《皇朝政典类纂·刑律·贼盗》，附奏准广东司嘉庆十五年说帖，附奏准嘉庆十九年广东案例。

坐为首之人，里长知而不首者，各笞四十。”

至嘉庆六年（公元1801年）制定条例，加重了对白阳、白莲教派领袖的处刑，改为绞立决。同时对于“具结改悔赴官投首者”，免于刑事处罚，以利于分化瓦解邪教。道光年间，进一步规定，若“释回教匪在籍不安分，照旧发遣永远枷号”。[1]“各项邪教首犯，无论罪名轻重，俱不准其援赦。”[2]由此可见打击之狠、防范之严。

（七）兴贩与吸食鸦片烟罪

雍正七年（公元1729年）清政府第一次颁布禁烟令。该令规定：兴贩鸦片烟者照收买违禁货物例，枷号一个月，发近边充军；私开鸦片烟馆引诱良家子弟者，照邪教惑众律拟绞监候，为从杖一百，流三千里，船户、地保、邻佑人等，俱杖一百，徒三年；兵役人等籍端需索计赃，照枉法律治罪，失察之汛口地方文武各官并不行监察之海关监督，均交部严加议处。仁宗在位期间，先后颁布了十余道有关禁烟的法令。凡吸食鸦片者杖一百，枷号两个月。为禁止外商进行鸦片交易，嘉庆在上谕中指出：“鸦片烟一项，流毒甚炽，多由夷船夹带而来，嗣后西洋货船至澳门时，自应按船查验，杜绝来源。至粤省行销鸦片烟积弊已久，地方官皆有失察处分。”

道光元年（公元1821年），为防止外商交易中夹带鸦片的走私，规定“凡洋艘至粤，先由行商出具所进黄埔货船并无鸦片甘结，方准开舱验货。其行商容隐，经事后查出者，加等治罪”。[3]

道光十九年（公元1839年）五月，颁行《严禁鸦片烟章程》39条，首先把打击的锋芒指向沿海地区的鸦片走私活动，其规定：“沿海奸徒，开设窑口，勾通外洋，囤积鸦片，首犯拟斩枭。为从同谋及接引护送之犯，并知情受雇船户拟绞监候。该管官知情故纵者革职，失察者分别议处。”又：“沿海员弁兵丁，受贿故纵，拟绞立决。”其次严惩兴贩鸦片、开设烟馆。“开设烟馆，首犯拟绞立决，从犯及知情租屋者，发新疆给官兵为奴。”“栽种罂粟、制造烟土及兴贩至五六百两，或兴贩多次者，首犯拟皎监候，为从发极为烟瘴充军；兴贩一二次，数不及五百两者，为首发新疆给官兵为奴。”最后对吸食鸦片的处理，吸收了黄爵滋“重治吸食”的主张。其规定：“吸烟人犯，均

〔1〕《皇朝政典类纂·礼律·祭把》“禁止师邪术”条，附道光七年四川案例与道光十二年制颁的增例。

〔2〕《皇朝政典类纂·礼律·祭把》，“禁止师邪术”条，附道光七年四川案例与道光十二年制颁的增例。

〔3〕（清）夏燮：《中西纪事》卷四，岳麓书社1988年版。

于限一年六个月，限满不知悔改，无论官民概拟绞监候。”如在限内吸烟平民“杖流”，在官人役并官亲、幕友“照平民加一等治罪”，职官“发新疆充当苦差”，兵丁“发近边充军”，宗室觉罗“发往盛京，严加管束”。

《严禁鸦片烟章程》是鸦片战争前夜中国处在国内外异常严峻形势下颁行的禁烟法规，它是震动中外的禁烟运动的法律武器，确实发挥了震慑的作用。可惜鸦片战争的失败，使这个禁烟之法也成为废纸。

（八）官吏贪污索贿罪

顺治亲政以后，继承明太祖朱元璋严于治吏的方针。除在《大清律集解附例》中对于官吏“受财”除计赃科刑外，还注意区分官与吏、有禄与无禄、枉法与不枉法，并对于前者加等科刑。例如，枉法赃至八十两，绞；不枉法赃一百二十两，止杖一百，流三千里。官吏如于任内求索财物，“计赃准不枉法论，强者准枉法论，财物给主”。[1]但如风宪官受财，加二等处刑。

顺治执政期间，将广纳贿赂的吏部尚书谭泰正法，籍没其家。大学士陈名夏父子也因“说人情，纳贿赂”，诏令“陈名夏论斩，妻子家产分散为奴”，其子陈掖臣遣戍。

至康熙帝，以整饬吏治作为“端本澄源”的关键，强调“臣子为官，首宜奉公杜弊”。[2]对于“诈索害民”“借端营私”的贪劣官吏，“定行严加处分”。[3]康熙二十五年（公元1686年），总督蔡毓荣因侵吞吴三桂入官的家资人口被“立斩”。康熙二十八年（公元1689年），侍郎宜昌阿，巡抚金儁，侵吞兵饷及入官财物共计八十九万余两，被“斩立决”。

嘉庆帝鉴于和珅揽权时官吏贪婪侵盗，相习成风，于嘉庆六年（公元1801年）修例时规定，对侵盗钱粮者不仅依数按律分别处以徒、流、监候，而还要“勒限追完”。如在一年内完赃，可以减罪。

（九）危害社会秩序与侵犯人身罪

1. 杀人罪

在大清律中杀人分为故意杀人、过失杀人和预谋杀人三类。凡故意杀人者重于斗杀，处斩刑。但祖父母、父母故杀子孙，只杖七十，徒一年半。反之，如子孙杀祖父母、父母，奴婢杀主人，均凌迟处死。这反映了封建伦常尊卑观念对刑法的影响。至于间接故意杀人的斗杀、戏杀、误杀则分别处绞、

---

〔1〕《大清律例通纂》，“受赃”条附例。

〔2〕《大清圣祖仁皇帝实录》卷二三六。

〔3〕《大清圣祖仁皇帝实录》卷七三。

绞监候或流三千里刑。

对于过失杀伤人按斗杀伤人罪处刑，依律可以收赎，给付被杀伤人之家。但犯罪人的身份不同，定罪量刑也有差别。例如，尊长、丈夫过失杀死卑幼、奴婢、妻妾，各勿论。反之，卑幼、妻妾、奴婢过失杀死尊长、丈夫均处绞立决。

对于预谋杀人以惩治主谋即“造意者”为重点。造意者处斩刑，从者减刑。即使并未造成伤害，为首者也要杖一百，徒三年，从犯各杖一百。对于下属谋杀长官，较谋杀普通人为重。凡谋杀长官未造成伤害者，杖一百，流二千里；已伤者绞；已杀者，斩。由此可见，伦理与等级对定罪量刑有着严重影响。

2. 伤害罪

《大清律例》对伤害罪的规定十分严密。凡故意殴人致伤，视伤害的程度与致伤手段处以相应刑罚，或笞二十，或笞三十，或杖八十。如殴人致残，杖一百，流三千里。如殴伤宗室贵族及本管官较凡人加重，殴受业师、卑幼殴尊长加等处刑。奴婢如殴家长处斩，殴家长之期亲，处绞。在大清律小注中，将共同伤害区分为事先同谋、不同谋和乱殴三种。在共殴中，持械者加重处刑。

3. 强奸罪

大清律对强奸已遂犯，处绞监候，未遂犯处杖一百，流三千里。如强奸十二岁以下幼女，照光棍例，斩决。奴及雇工人奸家长妻女者，斩决，奸家长亲属妻妾者，视其亲等，或杖一百流三千里，或死刑监候。但家长强奸奴及雇工人妻女者，没有处罚规定。

（十）侵犯财产罪

1. 强盗

大清律对强盗的处罚十分严厉。凡已行未得财者杖一百流三千里。但得财者，不分首从，皆斩。即使造意不行又不分赃，也杖一百流三千里。白昼抢夺人财物，赃重者加窃盗罪二等，伤人者主犯斩监候，从犯减一等，并于臂上刺“抢夺”字样。至乾隆五年（公元1740年）定例响马强盗，执有弓矢军器，白日邀劫道路，赃证明白者，俱不分人数多寡，曾否伤人，依律处决，于行劫处，枭首示众。其江洋行劫大盗，俱照此例立斩枭示。[1]

2. 窃盗

根据大清律，“凡窃盗已行而不得财，笞五十，免刺；但得财，以一主为

---

〔1〕《大清律例·贼盗》。

重，并赃论罪，为从者，各减一等。初犯，并于右小臂膊上刺‘窃盗’二字；再犯，刺左小臂膊；三犯者，绞（监候）”。赃数，一两以下，一百二十两以上，分十四等，按等处杖六十直至绞监候。如盗大祀神祇御用祭器帷帐等物，不分首从，皆斩。盗军器者加一等治罪。

3. 侵占田产

凡盗卖、换易、冒认、若虚钱实契典卖，及侵占他人田者，田一亩，屋一间以下，笞五十。每日五亩，屋三间，加一等，罪止杖八十，徒二年。系官者，各加二等。如将他人田产，妄作已业，朦胧投献官豪势要之人，与者、受者，各杖一百，徒三年。凡盗耕种他人田者，一亩以下，笞三十，每五亩加一等，罪止杖八十，系官者，各又加二等。

三、刑名

清朝沿用笞、杖、徒、流、死五种法定刑罚。笞刑自一十至五十，共五等。杖刑自六十至一百，亦分为五等。徒刑自一年起，以半年为等，至三年止，并附以杖刑。“徒罪发本省驿递，其无驿县，分拨各衙门充水伙夫各项杂役，限满释放。”[1]流刑自二千里至三千里，分为三等，每五百里加一等，减死入流，为次死之刑，并附以杖一百及强制劳役一年。

死刑分绞、斩。其中，一类是“决不待时”，一类是“监候”。此外还有迁徙，即将罪犯强制迁出一千里外安置，永远不许回籍。清朝也沿用明朝介于流、死之间的充军刑，分为五等，即附近（二千里）、近边（二千五百里）、边远（三千里）、极边、烟瘴（均四千里）。还创设了“发遣”，即将罪犯发往边疆地区，为驻防官兵充当奴隶。发遣较充军刑重，但亦有发遣至边疆地区当差。

清朝还于斩、绞之外，设凌迟、枭首、戮尸等残酷刑罚。清朝适用凌迟酷刑的范围较明朝显著扩大。明律中有关凌迟的律和例，共计13条。清律除全部承袭外，还陆续增加了劫囚、发冢谋杀人、杀一家三人、威逼人致死、殴伤业师、殴祖父母和父母、狱囚脱监以及谋杀本夫等九条十三罪。凌迟罪犯在行刑前如自然死亡，仍须戮尸。

所谓枭首，是指斩首高悬以示众。清朝凡应枭首的罪名，都在条例中明文规定。起初只限于特重罪犯，以后适用的范围不断扩大。嘉庆六年（公元

---

[1]《清史稿·刑法志二》。

1801年）扩及江洋大盗，道光元年（公元1821年）扩及爬城行劫的罪犯，道光二十五年（公元1845年）扩及粮船水手行劫杀人，同治九年（公元1870年）扩及于京城及大兴、宛平二县境内的劫盗。同治九年（公元1870年）以后的202条斩立决的条例中，已有48个罪名斩后枭首，这说明随着阶级斗争形势的发展，恐怖镇压的手段也在不断地加强，只有女犯例不枭首。

所谓戮尸，是指惩罚死者生前犯罪行为而斩戮其尸体，雍正时期吕留良死后受文字狱株连，曾被开棺戮尸。

此外，清代沿行传统的刺字之刑与明时的枷号。清初，枷号是优待旗人犯罪的替代刑。所谓"旗人犯罪……军流徒免发遣，分别枷号；徒一年者枷号二十日，每等递加五日；流二千里者，枷号五十日，每等亦递加五日；充军附近者枷号七十日，近边、沿海、边外者八十日，极边烟瘴者九十日"。[1]但旗人罪犯如属"寡廉鲜耻"的累犯，则"销除旗档，一律实发"。[2]其后，枷号刑的适用范围扩大而且打破了旗汉间的界限。所谓"窃盗再犯加枷……犯奸加枷，赌博加枷，逃军逃流加枷"，以至"一切败检逾闲不顾行止者，酌量加枷"。[3]康熙八年（公元1669年）确定"囚禁人犯止用细练，不用长枷"后，"枷号遂专为行刑之用"。[4]枷号的期限分为数年或"永远枷号"，重量也分六十与七十斤的区别。

赎刑也见于清代。顺治十八年（公元1661年）首定"官员犯流徒籍没认工赎罪例"。[5]康熙十八年（公元1679年）《现行则例》有"承问官滥准纳赎，交部议处"之条。[6]表明康熙年间"照例纳赎"之制，已开始盛行。清朝除犯"十恶不赦"等重罪外，官绅权贵及富有者的一般犯罪行为，均可采取不同的赎刑形式，免受刑责。

第六节　"因俗制宜"的民族立法

一、立法概况

清朝制定的调整民族关系和民族事务的立法，是整个立法中的重要组成

---

〔1〕《清史稿·刑法志二》。
〔2〕《清史稿·刑法志二》。
〔3〕《清史稿·刑法志二》。
〔4〕《清史稿·刑法志二》。
〔5〕《清史稿·刑法志二》。
〔6〕《清史稿·刑法志二》。

部分，无论数量和内容都达到了中国古代民族立法的顶峰。

早在入关之前，皇太极便注意把清政权的法制推行到少数民族地区，即所谓宣布“盛京定制”。

顺、康二朝，在调整各族关系的法律中，以对蒙古的立法为代表。顺治十年（公元1653年）规定外藩蒙古亲王以下、公以上，随从人员的服色和人数。顺治十一年（公元1654年）规定外藩王、贝勒、贝子、公等元旦来朝给赏例。顺治十二年（公元1655年）规定赐恤外藩蒙古王公例。顺治十五年（公元1658年）议定理藩院大辟条例。康熙朝建立以后，对漠南蒙古继续实行联姻政策，对曾经反清的察哈尔部，由清廷直接任命官吏进行统辖，不设札萨克和王公封爵。

雍、乾时期，对东北地区的少数民族以及西南地区的苗族颁行了一系列法令，对于回族和维吾尔族、藏族也都进行了卓有成效的立法调整。

嘉、道以后，国势转衰。民族立法在雍、乾朝的基础上虽有某些发展，但总的趋势是处于停滞状态，有的立法已成具文。

清朝民族立法的主要成就是嘉庆朝编纂的体系严整、内容丰富的《理藩院则例》和《回疆则例》。此外，从乾隆初叶起，便开始制定适用于西藏地区的重要章程。至光绪三十三年（公元1907年），又完成了《新治藏政策大纲》十九条。清政府对青海地区聚居的少数民族，制定了《青海善后事宜十三条》《禁约青海十二事》《西宁青海番夷成例》等三部法规。其中以《西宁青海番夷成例》较为稳定。对于苗疆地区，清政府在一定范围内确认苗、瑶、壮、彝等少数民族的传统习惯法，即所谓苗例的法律效力。同时也制定了适用于苗疆地区的条例、禁约、善后章程。这些法律推动和巩固了清政府“改土归流”的政策，促进了苗疆地区法制建设的内地化倾向。

清朝重视民族立法，并取得了超乎历代的成就。原因有以下几点：首先，是与满洲贵族为政权主体的历史特点分不开的。满族作为一个少数民族，从在关外时起，便注意通过各种形式加强民族联盟以壮大本民族的实力，故积极进行民族立法。其次，清朝统治者重视总结历代的统治经验。在民族立法上所采取的因俗制宜的做法，就是历代经验的成功总结。最后，清朝200余年的统治时期，是中国各族法律文化交融渗透迅速发展时期。正是在中华民族各族法律文化大融合的基础上，才有可能产生比较成熟的、系统的、稳定的清朝民族立法。

二、《蒙古律例》与《理藩院则例》

顺治十五年（公元 1658 年）九月，议政王贝勒大臣等议定《理藩院大辟条例》，成为以后制定《蒙古律例》和《理藩院则例》的原型。康熙三十五年（公元 1696 年），随着国家的巩固，理藩院将清太宗以来陆续发布的 125 条有关蒙古的法令汇编为《则例》，以此作为处断蒙古事务，调整、巩固蒙古封建主对清朝的臣属关系和蒙古社会内部关系以及社会秩序的法律依据。[1]

乾隆时期随着清朝国土的扩充、国力的强盛，民族立法也走向系统、定型和完备。其中具有代表性的是《蒙古律例》和《钦定西藏章程》。《蒙古律例》共有 12 卷，209 条，主要内容如下：

官衔门：关于蒙古王公的职衔、承袭、品秩、仪制、恩赏等。户口差徭门：关于户口管理、基层组织、差役徭役、婚姻继承等。朝贡门：关于蒙古王公的年礼庆贺，朝贺进贡等。会盟行军门：关于会盟时间与纪律、行军纪律和军器管理等。边境卡哨门：关于侵界、偷猎、贸易往来、买卖军器等。盗贼门：关于强劫、抢夺、偷窃和对贼罪的处理等。人命门：关于杀人、伤人等。首告门：关于诉讼的限制和程序。捕亡门：关于捕获、隐匿逃人、拿获隐匿贼人、踈脱斩犯等。杂犯门：关于违用禁物、失火放火、发塚犯奸、诱卖人口等。喇嘛例门：关于喇嘛服饰、喇嘛班第、喇嘛寺庙管理及喇嘛犯罪的处理等。断狱门：关于罚罪牲畜的数目、王公犯等的议处、死罪的审决与收赎等。可以看出，《蒙古律例》是一部适用于蒙古地区的涉及行政、民事、刑事、军事、司法程序各方面的民族法规。它是清朝民族立法走向系统化的产物，为《理藩院则例》的制定打下了最重要的基础。

嘉庆十六年（公元 1811 年），以《蒙古律例》为基础，编纂《理藩院则例》，后于嘉庆二十二年（公元 1817 年）刊刻颁行，共 713 条。《理藩院则例》分“通例”上下和“旗分”等 63 门。其适用的对象是蒙古族与藏族，适用的地区是蒙古、西藏与青海。在内容上诸法并存，包罗详备，可以说是集清朝开国以来民族立法之大成。

《理藩院则例》虽经道光、光绪二朝修改，但体例不变，只是增加了“捐输”一门，条文增至 965 条。《理藩院则例》既以《蒙古律例》为基础，又是《蒙古律例》的重要发展。凡录入《理藩院则例》的蒙古律例条文，都根

---

〔1〕《蒙古族简史》编写组：《蒙古族简史》，内蒙古人民出版社 1985 年版，第 218 页。

据适用范围的扩大和社会的发展作了删修增补。

在司法制度中，规定了办理蒙古案件的要求。如蒙古例中无专条者，准比照刑律或吏、兵、刑部则例引用。蒙古人与民人之间的案件，各按案发地区，分别依例定拟。由此可见，清朝在制定《理藩院则例》时，注意协调传统的蒙古律例与内地律例之间的关系，反映了因族制宜，援俗为治的特色。

《理藩院则例》也以法律的形式确立了西藏地区的职官制度。其规定了驻藏大臣和西宁办事大臣的设置和权限以及西藏地区的军事、财政和喇嘛管理等项制度，从而加强了清政府对于蒙、藏、青海地区的行政、司法管辖权。

三、西藏、回疆、青海苗疆的民族立法

（一）对西藏地区的民族立法，清代的民族立法成果

主要是制定了六部章程，即乾隆十六年（公元 1751 年）制定的《酌定西藏善后章程》十三条、乾隆五十四年（公元 1789 年）制定的《设站定界事宜》十九条、乾隆五十五年（公元 1790 年）制定的《酌议藏中各事宜》十条、乾隆五十八年（公元 1793 年）制定的《藏内善后章程》二十九条、道光二十四年（公元 1844 年）制定的《酌拟裁禁商上积弊章程》二十八条、光绪三十三年（公元 1907 年）制定的《新治藏政策大纲》十九条。在不同时期制定的这六部章程，各有其针对性和侧重点。如乾隆十六年章程，是在平定西藏企图摆脱清政府管辖的事变之后制定的。因此它规定了西藏地方不再封藏王，以免地方大贵族权力集中。另设四噶隆主持地方政府的常务，重要事务“务须遵旨请示达赖喇嘛并驻藏大臣酌定办理”[1]。同时革除了噶隆在私宅办理公务的弊端。章程中关于驻藏大臣的一系列管理权，体现了清政府加强对西藏地区管辖的意图。

乾隆五十四年章程，是在清政府平定由于西藏地方官员在贸易中苛待廓尔喀引起的军事侵犯之后制定的。因此，该章程严格驻防制度，规定了西藏对外贸易官员的职责和收税标准，特别是对西藏地方的司法制度作了专条规定：“凡有关汉、回、外番等事，均令郎仔辖呈报，拣员会同审理。”[2]这表现了清政府对西藏地方司法管辖权制度的发展。

乾隆五十八年章程是在战胜廓尔喀入侵西藏之后制定的。该章程系根据高宗授意，由大将军福康安等人会同达赖、班禅等人拟订并经高宗批准，故

〔1〕《清代藏事辑要》。

〔2〕《清代藏事辑要》。

称《钦定西藏章程》。其主要内容包括，创立了达赖、班禅等活佛转世灵童的“金瓶掣签”制度，使活佛的继承制度法律化；强化了驻藏大臣的职权，驻藏大臣督办藏内事务，应与达赖喇嘛、班禅额尔德尼平等，共同协商处理政事，所有噶伦以下的首脑及办事人员以至活佛，皆是隶属关系，无论大小都得服从驻藏大臣；西藏政府的高级官员噶伦和代本，须呈请皇帝任命，中下级官员由驻藏大臣和达赖喇嘛任命，并发给满、汉、藏三种文字的凭证；统一了西藏地方的币制和税收；确认了政教合一的政治体制；加强了清朝对西藏地方的司法管辖，对犯罪者的惩罚包括没收财产，均须经驻藏大臣审批，限制了地方噶伦乱定罪名、擅加罚款的弊端。

《钦定西藏章程》强化了清政府对西藏地方政府的全面管理，稳定了西藏地方的政治局面，产生了深远影响。

（二）《回疆则例》

道光二十三年（公元 1843 年）刊刻印行的《回疆则例》，继承了清朝在统一回疆立法中所确认的“伯克”制度、货币制度，并根据形势的发展，作出新的补充规定。如详列维吾尔族地区职官的设置、职掌、品秩、承袭、任用、休致等规定。其中贯彻因俗设官、因地制宜的原则。对于维吾尔族上层晋封王、贝勒、贝子、公者，其服色、坐褥准照蒙古王公例设置，借以加强满、维贵族集团的联盟。同时严格维护清朝皇帝任用维吾尔族地方职官的最高决定权。《回疆则例》还对维吾尔族地区的年班、赏赉、度量衡、货币、赋役、贸易、驻军管理、宗教管理、刑事案件的管辖等各项制度作了专门规定。

《回疆则例》作为适用于维吾尔族的专门立法，对于治理回部、稳定边疆具有重要的历史意义。但《回疆则例》成书较晚，清朝的国运已日趋衰微，从而限制了其作用的发挥。

（三）青海地区少数民族法规

雍正二年（公元 1724 年），清军在青海平叛之后，经雍正皇帝批准颁行《青海善后事宜十三条》，其主要内容是仿照漠南蒙古与漠北蒙古的行政体制，在青海蒙古地方实行札萨克制度。每百户编一佐领，该管台吉授为札萨克，每年定期会盟，盟长奏请皇帝决定。为了统一青海地区少数民族的事权，雍正三年（公元 1725 年）设置“总理青海蒙古番子办事大臣”（简称西宁办事大臣），作为清政府派驻青海地方的最高行政长官。如果说《青海善后事宜十三条》基本上是行政立法，那么作为该法重要补充的《禁约青海十二事》就是刑事与民事条款。其内容包括“背负恩泽，必行剿灭；恪守分地，不许强占；差员商贾往过，不许抢掠；父殁不许娶继母及强娶兄弟之妇；察罕诺门汗喇嘛庙内，不得妄聚议事”；等等。

青海地区的民族立法中，具有代表性的是《西宁青海番夷成例》（又称“番例条款”）。它完成于雍正十一年（公元1733年），共68条，是作为适用内地律例之前的过渡性法规。由于该条款符合青海少数民族的风俗民情，收到因地制宜之效，因此至乾隆十三年（公元1748年）下令，凡命盗等案应继续依照番例处理。嘉庆十四年（公元1809年），清政府以番例实行70余年，遂“不用再行修改”。

《番例条款》主要来源于《蒙古律例》。虽其也有军事、民事与诉讼方面的规定，但偷盗、杀伤人以及逃人的内容，占很大比重，基本上是一部刑事法规。

（四）苗例

清时，所谓苗疆地区泛指云、贵、川、广、湖南各省苗民分布之地。所谓苗民泛指苗、瑶、壮、彝、黎等少数民族。适用于苗疆地区的民族立法，不仅有清朝确认其法律效力的苗、瑶、壮、彝等少数民族的传统习惯法，即所谓“苗例”；更重要的是清朝制定的条例、禁苗条约和善后章程。其中编纂在《大清律例》中的调整苗疆地区的条例，共计36条。主要内容是规定了土官严格约束苗人的职责，对于苗民危害地方秩序的劫掠仇杀等罪，依照大清律例严加惩处。同时严禁苗民带刀出入和私藏违禁物，“违者照民间私有应禁军器律治罪，该管头目人等知而不报者，杖一百。地方文武官弁失察，照例议处”。〔1〕这条规定的目的显然是严防苗民起事，反抗清朝政府。为了防止苗民与内地民人发生纠纷，条例禁止民人无故擅入苗地，苗人也不得擅入民地。民人如贩卖军器与苗民者严惩。〔2〕

关于苗疆地区的司法制度，条例也作了规定。如承审苗民案件有一定期限，自报官之日起限六个月，杂件限四个月。限满不结，须向上司报告。〔3〕对于苗人之间的争讼，依照苗例处理。如系重大犯罪，一律按大清律审断。苗民与内地民人发生奸拐贩卖嫁妻逐婿等事，根据民例治罪。在黔省苗疆审理命盗案的期限有所缩短。寻常命案三个月审结，盗案及性命重案两个月审结，不得展限。

---

〔1〕《大清律例》卷九〇，条例。

〔2〕《大清律例》卷二〇、卷三五，条例。

〔3〕《大清律例》卷二〇、卷三五，条例。

苗疆立法对于整顿改土归流以后的地方环境，发展民族经济，加强民族往来，输入汉族的先进文化，起了积极的作用。

总括清朝的民族立法，具有以下三个明显的特点：

第一，在继承历史悠久的民族立法的基础上，使得民族立法的体系更为严整，内容更为规范，制度更为详备，作用更为突出。可以说是中国封建时代民族立法发展的顶峰。

第二，贯彻因地制宜、缘俗为治的原则。不同地区，不同民族，不同时期的立法，各有针对性，因而也各具特色。

第三，以加强中央集权为主线。用法律的形式深化清政府对少数民族聚居地区的行政管辖、军事管辖、司法管辖，将中央与地方的权利义务关系纳入法制的轨道。

第七节　强调统一适用法律的司法制度

一、司法机关

清朝由于地方行政体制的变化与对少数民族聚居区司法管辖的深入，形成了一套自中央到地方的完整司法机关体系。

中央最高审级是由刑部、大理寺和都察院组成的三法司。

刑部执掌全国“法律刑名”。具体包括，审核地方上的重案向皇帝具题；审理发生在京师的笞杖以上的“现审案件”；管理地方上诉案件与秋审事宜；主持司法行政与修订律例；审理中央官吏违法的案件等。但其仅有权决定流刑案件，并须将判决送大理寺复核，受都察院监督。刑部审理不当，大理寺可以驳回更审。如发生严重错误，都察院有权弹劾。所属机构主要有十七省区清吏司、追捕“逃人”的督捕司、秋审处、律例馆等。

都察院职“掌司风纪，察中外百司之职，辨其治之得失与其人邪正。凡重辟则会刑部、大理寺以定谳，与秋审、朝审”。[1]所属十五道分掌各省刑名。刑科给事中也“分稽刑名”事务。此外，五城察院负责审理京师五城词讼案件，杖罪以上自行完结，徒罪以上送刑部定案。其他如“官民冤枉，所司不受理，及受理不得伸者，许赴院陈诉鞫实，大事奏请上裁，小事立予昭

〔1〕《大清会典》卷六九。

雪”。[1]

大理寺的主要职责是复核死刑案件，平反冤狱。如发现刑部定罪量刑有误，可以驳回，同时其也主持热审案件。

地方司法机关以县（厅、州）为第一审级，有权决定笞、杖、徒刑案件，流刑以上案件须转详上级决定。《大清律例》规定：“军民人等遇有冤抑之事，应先赴州县衙门具控，如审断不公，再赴该管上司呈明，若再屈抑，方准来京呈诉。”[2]发生在县内的“田土、户婚、斗殴细事”，由县全权处理，称为州县“自理案件”。命盗刑事案件经县初审后，按期将案件与案犯一起解赴上司复审。

府为第二审级，负责复审州县上报的刑事案件，提出拟罪意见再上报省。

省按察司为第三审级，负责复审府上报的徒刑案件和审讯军流、死刑案的人犯。如“审供无异”，则上报督抚；若发现疏漏则可以驳回重审，或改发其他州县更审。

总督、巡抚为第四审级，有权批复徒刑案件，复核军流案件，咨报刑部。对死刑案件的人犯要进行复审，再向皇帝具题，并将副本抄送三法司。从雍正五年（公元1727年）起，“巡道”也审理辖地民间词讼冤抑。

清朝，上级司法机关有权受理上诉案件和审核下级机关的判决。如按察使与督抚有权审判犯罪的地方官吏。但督抚也只能决定徒刑以下案件，对于流刑以上案件，可提出意见移请皇帝决定。清朝皇帝批复裁决死刑案件，决断钦案大狱，并对司法活动进行全面监督。

负责京师治安的步军统领衙门，也设专官“平决狱讼”。杖罪以下自行完结，徒罪以上经审讯后送刑部定拟。同时也审理八旗人等控告的地亩案件。

由于清朝是以满族为主体的政权，因此在司法机关体系中专设审理旗人案件的机构。如内务府所管辖的满人诉讼，由内务府慎刑司审理，徒罪以上移送刑部。其有时也承审奉旨交办的案件。在外省的满人诉讼，由满洲将军和副都统审理，流刑以上案件须申报中央。盛京地区的满人诉讼，由盛京将军及各部府尹会同审理。有关八旗民事、地亩案件，如八旗都统衙门、该旗佐领或州县审断不公，可以上诉户部，由户部现审处审理。如需刑讯则会同刑部共同进行。各省发生的旗人犯命盗重案，由理事厅会同州县审理，州县官无权单独对旗人作出判决。特定的专理满人案件的司法机关系统的创设，

---

〔1〕《大清会典》卷八一。

〔2〕《大清律例·诉讼·越诉》条例。

是清朝民族政策的产物。至于贵族宗室的诉讼，归宗人府审理。

清朝作为统一多民族的国家，对少数民族地区的司法管辖的深入与具体是历代所不及的。

例如，理藩院既是管理蒙、藏、回部等民族聚居地区的最高国家机关，又承担内外蒙古、青海、回疆地区的上诉审职责。理藩院专设理刑司负责对各少数民族犯罪的审判。但如罪至发遣，须报理藩院会同刑部裁决，死罪也须经“三法司”会审定案。

凡发生在内外蒙古和青海、新疆地区的厄鲁特蒙古的民事纠纷和轻微的刑事案件，由札萨克、盟长自行审理。如判断不公，“准两造赴理藩院呈诉”。〔1〕不设札萨克之地，由驻防将军、都统、办事大臣就近审理。重案须报理藩院核查，蒙汉人之间如发生法律纠纷，由札萨克或理藩院派出司官会同附近的地方官审理。

总之，由于理藩院专门执掌“外藩之政令，正其刑罚”，〔2〕并审查少数民族的死刑案件，使得中央直接参与和决定各少数民族地区的法律纠纷，从而加强了司法管辖，维护了法律政令的统一，巩固了多民族的国家。

二、诉讼制度

（一）刑事诉讼程序

按清制，地方由县至督抚共分四个审级，禁止军民擅自“越诉”。《钦定台规》引顺治八年（公元1651年）上谕说：“自今以后，凡有奏告之人，在外者应先于各该管司道府州县衙门控诉，若司道府州县官不与受理，应于该管总督巡抚按衙门控诉。”嘉庆六年（公元1801年）进一步规定：“军民人等遇有冤抑之事，应先赴州县衙门具控，如审断不公，再赴该管上司呈明，若再有屈抑方准来京呈诉。”〔3〕若越过本管司径赴上司申诉者，即使案情属实也要笞五十，或将本人并代书诉状之人一体按“光棍”例治罪。对于上诉的案件，“除所控情事核对原案相符，或字句小有增减无关罪名轻重，照例驳回，毋庸再为审理”〔4〕。可见所谓上诉审完全流于形式。不仅如此，清律还禁止在押囚犯告举它事。卑幼和妇女也不得控告尊长，否则即属“干名犯义”。

---

〔1〕《大清会典》卷六八。

〔2〕《光绪会典》卷六三。

〔3〕《嘉庆六年续纂条例》。

〔4〕《道光元年续纂条例》。

（二）民事诉讼程序

清朝的民事案件数量多，程序也趋于定型。民事案件由州县审理并作出判决，而无须逐级审转，故称“自理案件”。但自理案件中也包括笞、杖刑的轻微刑事案件。民事诉讼根据诉状立案，传齐被告人进行审理。最后由州县官在当事人的具结、保状、呈状上作出批示，即作为判决。在民事案件审判中，调处与责惩是结合的。由于讼案的多少经常是考核官吏政绩的标准，所以州县审级都注意贯彻“调处息讼”的原则。州县调处主要适用于户婚、田土、钱债等民事诉讼和轻微的刑事诉讼。调处的方式分州县官的官府调处，实质上是“遵命和息”，还有基层保甲长调处、乡邻调处和亲族调处。这样就把堂上与堂下的调解，诉讼内与诉讼外的调解适当地结合起来，使得民间细事得到合理地解决。如同《牧令书》所说：“乡党耳目之下，必得其情，州县案牍之间，未必尽得其情，是以在民所处，较在官所断为更公允矣。”〔1〕

特别是在宗族势力强大的地区，族中民事纠纷必须经房长族众调处，不得擅自告官，否则要受到家规惩治。调处的依据不仅仅是法律，习惯和体现封建纲常的礼也对息讼有所影响。康熙朝修订的《圣谕十六条》中，便载有“和乡党以息争讼”的内容。

清代州县调处并不全是双方自愿。许多当事人是摄于官府、族长的压力，被迫接受调处结案的，这是封建调处的本质反映。在统治者强制调处息讼的影响下，经调处结案的比重比较大。据道光元年（公元 1821 年）至三十年（公元 1850 年）顺天府宝坻县 22 件完整的户婚、田土的案件档案来看，调处结案的有 11 件，占一半，这说明调处是清代解决民事纠纷的一个重要手段。

三、审判制度

为了保证皇帝对司法权的控制，清代规定无论京师或地方大小官员犯公、私罪，都必须先奏请皇帝，不许上司或有关机关擅自审问。有关机关奉命审讯的案件，在依律拟议以后，也必须奏请皇帝复准，方可判决。特别是皇帝掌握着秋审、朝审的最后决定权。

清朝从加强司法效能出发，进一步完善了审判回避制度。凡主审官吏与诉讼当事人有亲属、朋友、师生、仇嫌或其他关系，须要移文回避，以防止出入人罪。

---

〔1〕《牧令书》卷一七。

清朝在审判中除沿续“八议”特权者及其亲属所享有的必须事先奏闻、取旨，不得擅自逮捕审问的特权外，更加限定良贱在诉讼上的不平等的地位。如奴婢控告家长与卑幼控告尊长，同属“干名犯义”罪。即使控告家长缌麻以上亲属也要杖一百、徒三年，诬告则处绞刑。

在清代史料中记录了许多被家长逼奸致死者的家属，限于“名分攸关”而不敢控告。清律还将“亲属相为容隐”的原则扩大到奴婢及雇工人，家长除谋反、谋叛、谋大逆等罪以外，其他犯罪，奴婢、雇工人必须为之隐匿，不许告讦，否则治罪。即使是主人的亲属犯有一般罪行，也同样强制奴仆为之容隐。现任大小官吏如有争论户婚钱债、田土等事，无论原告被告，一律不亲自出庭与平民对质、答辩，而由其家人代理出庭，以免有辱官体。如公文行移传讯本人，则予传讯者以笞十的惩罚。贵族官僚还享有“以官抵罪”和“以钱赎罪”等特权。按律，从笞罪至死罪均可收赎。

清朝对证据已有了较为明确的规定。以刑事审判为例，“凡人命重案，必须检验尸伤”，填写部颁“尸格”；“鞫审强盗，必须赃证明确”；“事主呈报盗案失单，须逢细开明”。[1]除此类物证外，证人的证言、被害人的陈述、被告的口供都是定案的重要根据。大清律规定：“凡狱囚，徒流死罪，各唤本囚及其家属，具告所断罪名，仍责取囚服辩文状，如不服者，听其自行辩理。”[2]所谓“服辩文状”也就是“服输供词”。在共同犯罪中，如果众证明白，即使主犯逃亡，也可定罪。

作为取供手段的刑讯，仍是清朝司法制度的基本特点。刑讯有杖、枷号、夹棍、拶指等。此外，常用的刑讯还有掌责（掌嘴）。在封建时代，口供既然是定案的主要根据，随之而来的刑讯逼供便不可避免。但在清朝，刑讯取供在法律上也有一定的限制，如70岁以上、15岁以下及废疾者不拷讯。囚犯因刑讯致死者，要处主审者杖一百至流三千里的刑罚，但依法拷讯，邂逅致死者，无论。

清朝在审判中发展了引律比附和依例断案的传统。“凡五刑之属三千著于律，律不尽者著于例……有例则置其律，例有新者则置其故者，律与例无正条者，得比而科焉，必疏闻以候旨。”[3]清代还创制了一系列比附范例，作为审判时所遵循的先例，如遗失京城城门钥匙比照遗失印信；考职贡监生假冒

---

〔1〕《大清律例·刑律》。

〔2〕《大清律例·断狱·狱囚取服辩》。

〔3〕《大清会典》卷五四。

顶替比照诈取官等。引例比附也适用于刑名与罪名的确定。由于广泛应用比附断案，条例不断增加，从而便于司法官随心所欲地援引，因而助长了专横武断，尤其是给刑名幕吏舞文作弊、巧索民财以可乘之机。

清朝继承了明时的朝审制度，进一步发展成秋审制度。秋审是复审各省死刑案件的一种制度，因在每年秋季举行而得名。早在顺治元年（公元1644年），刑部侍郎党崇雅曾提出："旧制凡刑狱重犯，自大逆、大盗决不待时外，余俱监候处决。在京有热审、朝审之例，每至霜降后方请旨处决。在外直省，亦有三司秋审之例，未尝一丽死刑辄弃于市，望照例区别，以昭钦恤。"〔1〕顺治十年（公元1653年）恢复了京师的朝审。顺治十五年（公元1658年）定制，每年霜降前由地方详审"秋决重犯"，奏请定夺。康熙年间，朝审与秋审渐趋一致。至乾隆统治时期，将朝审秋审制度进一步规范化，使之成为饶有特色的死刑缓刑复核制度。

按清律规定，凡严重危害封建国家统治的犯罪，应立即处决的叫"斩立决"或"绞立决"，如危害性较小或有可疑者，可暂判"斩监候"或"绞监候"，缓期处决，延至秋天由刑部三法司或九卿会审。秋审案件主要是地方上的斩监候及绞监候案件。每年秋审之前，各省督抚须对有关案件先行审核或审讯，并提出意见及"刊刷招册"分送有司备阅，供秋审参考。在造册过程中，刑事案犯一律解省审录，由督抚会审。但各省的会审经常流于形式。雍正曾经直言不讳地予以指斥："闻外省会审之时，不论案件多寡，悉于一天定议，均听督抚主张，司道守令不敢置喙。究其实督抚亦未必了然，不过幕宾略节帖于册上，徒饰观瞻而已。"〔2〕督抚会审以后，就本省秋审案件向皇帝具题。

作为"秋谳大典"的秋审，每年秋八月在天安门外金水桥西由九卿、詹事、科道，以及军机大臣、内阁大学士等会同审理各省的死刑复核案件。会审以后由刑部领衔向皇帝具题。经过秋审的案件，分为情实（罪情属实，罪名恰当）、缓决（案情虽属实，但危害性较小，留待下次秋审或朝审时审核）、可矜（案情虽属实，但情节不严重，可免于处死）、留养承祀（情节虽较重，但父母、祖父母年老，无人奉养，可免于处死）四类。除情实奏请执行外，其余三类均可免于死刑。

清朝，凡适用秋审、朝审的复核案件，一般都限于情节不十分严重的案

〔1〕《清史稿·刑法志三》。

〔2〕《大清会典事例》卷八四六。

件。因此，秋审、朝审制度的创立，不会放纵重大犯罪，反而加强了皇帝对司法权的控制。每年秋审前，刑部须将原案贴黄及法司看语、督抚看语，刊刷进呈御览。秋审后具题上奏，请旨定夺，经御笔勾除者才能正法。雍正三年（公元1725年）五月二十七日雍正皇帝在上谕中自称："临御以来，钦恤刑狱，每遇法司奏谳，必再三复核，惟恐稍有未协。"〔1〕至乾隆十四年（公元1749年）下谕，改秋审三复奏为一复奏，规定："各省秋审亦皆三复奏，自为慎重民命，即古三刺三宥遗制，谓临刑之际，必致详审不可稍有忽略耳，非必以'三'为节也。朕每当勾决之年置招册于傍反复省览，常至五六遍，必令毫无疑义，至临勾时，犹必与大学士等斟酌再四，然后予勾，岂啻三复已哉。若夫三复，本章科臣匆剧具题，不无亥豕，且限于时日，岂能逐本全览，嗣后刑科复奏，各省皆令一次。"〔2〕康熙四十年（公元1701年）在诏书中也表露了他对秋审的重视："朕详阅秋审重案，字句多误，廷臣竟未察出，刑部尤为不慎，其议罚之。"〔3〕三是通过秋审极力散布所谓"慎刑"的影响。在清朝，秋审被夸张为"大典"，以示重视民命。康熙二十二年（公元1683年）曾就秋审下谕："人命事关重大……情有可原，即开生路。"〔4〕雍正十一年（公元1733年）再谕刑部，"此内有一线可生之机，尔等亦当陈奏"。〔5〕乾隆、嘉庆也有类似的上谕。

朝审是指刑部对京师在押监候死囚的审录。根据《大清律例》规定："刑部现监重犯，每年一次朝审，刑部堂议后，即奏请特派大臣复核，核定具奏后，摘紧要情节，刊刷招册送九卿、詹事、科道各一册，于八月初间（按惯例朝审先于秋审一天举行），在金水桥西，会同详审拟定情实，缓决，可矜具题，请旨定夺。"〔6〕朝审与秋审不同之处有二：一是在押囚犯需解至当场审录。二是直到嘉庆二十年（公元1815年）以前，朝审案件物均保持三复奏程序，以示对京师案件的慎重。直到嘉庆十年（公元1805年）始决定"朝审与秋审同一例，嗣后朝审亦著改为一复奏"〔7〕。

至于热审，是于每年小满后十日至立秋前一日，由大理寺左右二寺官员

〔1〕《大清律例通考》卷一。
〔2〕《钦定台规》卷一四。
〔3〕《清史稿·圣祖本纪》。
〔4〕《清史稿·刑法志》。
〔5〕《大清律例通考》卷一。
〔6〕《大清律例·断狱·有司决囚等第》。
〔7〕《钦定台规》卷一四《六科分掌》。

会同各道御史及刑部承办司（称作小三司），审理发生在京师的笞杖刑案件。

幕吏在司法审判中擅权是清朝司法一大特点和严重弊政。吏即胥吏，又称书吏。由胥吏把持刑名钱谷、擅权为害在明朝已然成为一大弊政。顾炎武曾经揭露说："今天下官无封建，而吏有封建，州、县之弊，吏胥窟穴其中，父以是传子，兄以是传弟，而其尤桀黠者，则进而为院司之书吏，以掣州县之权，上之人明知其为天下之大害，面不能去也。"〔1〕至清代，胥吏擅权较明朝尤甚。清朝各部、院、司各有胥吏，地方州县衙门设吏、户、礼、兵、刑、工六房胥吏组织，承揽衙门实权，其中尤以刑名书吏揽权虐民为甚。刑名书吏负责开庭的准备和录供、勘验、票稿、办理文牍、收贮档案等项工作。由于清朝的地方官是以八股文为进身之阶的，不了解刑名法例，而清朝的法律又对错引法律的官吏给予惩罚，故地方官不得不依赖以垄断法律条例知识为世业的胥吏。清朝大臣刚毅曾经指出，地方官"溺于制举帖括之业，苟且简陋，于律令格式每多阙焉不讲，间有博学多闻者亦且鄙为申韩家言，不屑措意"，其结果只能"一委之于幕客吏胥"〔2〕。对于这一点，清朝统治者是有所认识的。雍正时，"严各部书吏需索之禁"，强调"各部之弊，多由书吏之作奸……奸胥猾吏，以诈骗为得计，视国法如弁髦也……嗣后……藩臬经手之案，着督抚严查禁约。倘书吏有仍前需索者，督抚即时奏闻"，否则"照枉法赃治罪"。〔3〕其后，对书吏的录用年限、职权范围，采取一系列防范措施，并且绳以严法。《钦定吏部则例》中专门规定，凡"官司出入人罪"，惩办时以主管"吏典为首，首领官减吏典一等"；如"稽留囚徒"，官吏同犯者，以吏为首科断；断罪"不引正条，比照别条，以致可轻可重者……书吏严拿"；书吏教唆词讼者严行查究；"书吏舞文作弊，借案生事扰民者，系知法犯法，照平人加一等治罪"。但直到清末，胥吏窃权已经成了不可挽救的"丛弊之数"。〔4〕乾、嘉时期充当幕僚的进步思想家和官吏洪亮吉深刻地揭露了吏胥的贪残凶狠。他指出，"入于官者十之三，其入于吏胥已十之五矣"，他们"子以传子，孙以传孙，其营私舞弊之术益工，则守令闾里之受其累者益不浅"。〔5〕然而清朝的胥吏擅权有它深刻的社会历史根源，是清朝腐败吏治的突出表现。

所谓幕，是指活跃在地方各级政府中的幕友。他们不是国家官吏，而是

〔1〕（清）顾炎武：《日知录》卷八。

〔2〕（清）刚毅：《审看拟式》自序。

〔3〕《清朝文献通考》卷一九八。

〔4〕《清朝续文献通考》卷六。

〔5〕《意言·吏胥篇》。

官员私人聘请的宾客顾问，因而是宾主关系，不是僚属关系。他们只接受主人的束修，而不享有国家俸禄。幕友是以通晓刑名律例、钱粮会计、文书案牍等知识服务于官府的，有时也代主官查核胥吏。因此，幕友在官场上起着“代官出治”的重要作用。刑名幕友在司法审判中主要是拟律和批答案牍。清朝著名的幕友汪辉祖说，“幕客佐吏全在明习《律例》”，“幕客之用律犹秀才之用四书也”。[1]由此可见，幕友对于那些只通制艺、不晓律例的官吏，在进行“断罪引律令”的司法审判中起着何等重要的作用。幕友之间经常引类呼朋串通信息，上下交结，形成一种势力，盘踞把持，作弊营私。正如胥吏之不可清除一样，幕友也依附于清朝政权，直至清政权覆亡。

四、监狱

清朝省、府、州、县分别设有监狱，由司狱或典吏负责管理。中央刑部设南、北二监，关押京师地区的罪犯。此外，步军统领衙门、内务府慎刑司、宗人府也各自根据司法管辖建立所属监狱。

根据清律，强盗和斩重犯关押于内监，军流以下关押于外监，另设女监关押女犯。凡在押的案犯判决后，或执行，或发遣，或配役在押的重犯，根据罪行的轻重，锁禁一道至三道不等，只有老弱废疾不锁禁。清律中也规定禁止克扣囚粮、擅用私刑。但清律上的条文规定，并没能制止囚犯因虐待而“瘐毙”。

凡与案件有牵连的证人、乡邻、尸亲、嫌疑犯和初审后待审转复核的人犯，置于临时的羁押处所班房。清朝法律虽然禁止“擅设仓、铺、店、所等名”私禁人犯，但禁而不止，而且愈设愈多，至清末已取得了合法地位。

清朝前期旗人享受的特权较多，因此犯罪时也专有待遇较好的特设监狱，而不入一般监狱。

---

〔1〕（清）汪辉祖：《佐治药言·读律》。

第十三章

清朝法律（下）

(公元1840年—公元1911年)

公元1840年鸦片战争以后，外国资本主义侵入中国，破坏了牢固的封建自然经济基础，刺激了城乡资本主义因素的发展，使得中国由一个完整的封建社会逐渐变为半殖民地半封建社会。与社会经济结构的变化相适应，社会阶级结构也发生了明显的变化。除原来的封建地主阶级与农民阶级外，新产生了为外国侵略者倾销商品、掠夺原料服务的买办阶级。而中国民族资本主义的发展，又必然地催生了资产阶级和无产阶级。在新的经济结构基础上，清朝的法律思想与法律制度也必然地发生前所未有的变化。以儒学为理论支柱的正统法律思想，尽管仍然受到统治集团的维护，但是却无法抵御国门大开之后的挑战与冲击。开始是两种法律文化体系的正面冲突，接着便部分引进西方资产阶级的法律文化，最后是全面移植，使得中国传统的法律思想文化完成了第二次历史性的更新。这不是以任何个人的意志为转移的，是先进的文化终究要取代落后保守的文化的历史规律的表现。

西学输入中国以后，打破了中国两千年来法律文化上陈陈相因的保守状态，注入了改革传统法律文化的新思想、新精神力量。资产阶级平等、法治、权利与义务的观念，冲击着中国封建的等级、专制、特权与伦常的教条。在中西法律文化的对比中，一批开明的思想家发现了差距，找到了进步的方向，承担起传播的责任，因而不断地冲决网罗，追求探索。中国近代法律思想的发生、发展都是和“救亡图存”的政治需要息息相关的。先进的思想家们正是从对民族的使命感和对国家的忧患意识出发，从理论和实践的结合上去吸收、传播新的法律文化知识，去批判清朝传统的法律制度，去改革旧法制，建设新法制，终于使中国的法制开始与世界先进法制接轨。

第一节 鸦片战争前的改革派法律思想

鸦片战争前后，不同的阶级、阶层在民族、国家危亡面前，分别提出了完全不同的救国方案。地主官僚内部产生了以林则徐、龚自珍、魏源为代表的改革派的思想家，他们的法律思想带有深刻的时代烙印。

一、抨击清朝腐朽的政治与黑暗的司法

改革派的思想家们已经意识到清朝的专制统治是招致内忧外患的根源。他们谴责清王朝“开捐例、加赋、加盐价”是“割臀以肥脑，自啖自肉”。[1]他们抨击官僚、富商侵夺兼并造成了占有财富的“大不相齐”，并认为系由此而引起了社会的动乱。他们痛斥清朝的法律就像一条巨绳紧紧地捆住人们的手脚，使之无法也不敢有所作为，结果是“天下无巨细，一束之于不可破之例”。[2]他们指出司法官吏屈法贪赃、枉断曲直，以致“无非同有非，无罪同有罪”。针对上述的流弊，他们提出了一些相应的改革建议，主要是清理积案、对治狱实行考成、改革幕僚制度、提倡官员学律等，其建议还未涉及清王朝政治、法律根本制度，甚至仍以封建主义的道德法律观念作为衡量标准。但在“避席畏闻文字狱”的年代，在官场内外弥漫着一派对清朝歌功颂德、粉饰太平的气氛中，地主阶级改革派敢于揭露清朝律例的桎梏作用，大胆指陈封建司法领域的种种弊端，对于转变风气，使人们正视封建社会中丑恶腐朽的现实，无疑有着启迪的作用。

二、以“贵礼”“明刑”为致治之道

地主阶级改革派的法律思想，接受并且宣传传统的“德主刑辅，以刑辅治”的法律思想。龚自珍说，兴王之治“全德不恃力，莫肯不服，其次用力”[3]。在他的心目中，一个王朝的治乱最根本的还在于“人心”。要正人心，主要靠德教，因为“非礼无以劝节，非节非礼无以全耻”[4]。反之，如果不重德教，而专任刑罚督责，不但不能正人心，还将造成道德的败坏。

---

〔1〕《龚自珍全集》，《西域置省议》。

〔2〕《龚自珍全集》，《明良论四》。

〔3〕《龚自珍全集》，《农宗答问第五》。

〔4〕《龚自珍全集》，《明良论二》。

包世臣则把礼与刑都看成是“齐民”之术。但他从为治之道的角度来考虑，认为“贵礼”比任刑更有利于稳定清朝的统治。他说：“语曰齐之以礼，斥齐刑之政为不足得民耻。故曰刑自反此作，则刑与礼固对待之具也。治狱之于治民之末已，然万民托命于此。”[1]但他并没有忽视刑名狱讼，而是把刑名看成经世之学的一部分。正是从“经世”考虑，他提倡士子“读律”。他认为，士人读律，除了懂得刑禁，不敢以身试法外，有“省身”之效；更重要的还在于他们一旦出任官职，就会懂得慎刑恤民的道理，并能“详审律式轻重，以救时弊，而挽颓风”，起到匡时济世、造福地方的作用。魏源也说：“兼黄、老、申、韩之所长而去其所短，斯治国之庖丁乎！”[2]

三、立法、执法在人

魏源认为，“不汲汲求立法，而惟求用法之人”，“不难于得方而难得用方之医，不难于立法而难得行法之人”。他比喻说，用法如同驾车，得其人“转五寸之毂，引重致千里”，不得其人则“跬步不前”。[3]魏源之所以强调立法、行法在人，原因是清中叶以后，司法极端黑暗。官吏上下勾结，胥吏操纵狱讼，主观擅断，任意比附律例，鬻狱市法的现象比比皆是。因此，他深感只有法律尚不足以为治，还必须有正确执法之人。他说：“法信令必，虽枷杖足以惩奸，法不信令不必，虽重典不足儆众。”[4]

四、“师夷制夷”的法律诉求

魏源不仅提倡研究有关西方国家的情况和知识，并且明确提出“师夷长技以制夷”的主张。他说：“不善师外夷者，外夷制之。”[5]又说：“欲制外夷者，必先悉夷情始，欲悉夷情者，必先立译馆翻夷书始。”[6]他著《海国图志》的目的就是“为以夷攻夷而作，为以夷款夷而作，为师夷之长技以制夷而作”。他认为中国要富国强兵，要战胜西方侵略者，必须改变“徒知侈张中华，未睹寰瀛之大”[7]的蒙昧无知的状况。

---

〔1〕（清）包世臣：《齐民四术目录叙》，《四种》卷二五上，中华书局2001年版。

〔2〕《魏源集》，《默觚下·治篇三》上。

〔3〕（清）魏源：《海国图志》卷二《筹海篇四》，中华书局1976年版。（下同）

〔4〕（清）魏源：《海国图志》卷二《筹海篇四》。

〔5〕（清）魏源：《海国图志》卷二《大西洋欧罗巴洲各国总叙》。

〔6〕（清）魏源：《海国图志》卷二《筹海篇三》。

〔7〕（清）魏源：《圣武记》，《武事余记》。

魏源提出的师夷长技的主要内容不仅是输入声光化电等器物文化，也涉及西方各国的政治、法律制度。魏源在介绍美国的民主制时说："议事听讼，选官举贤，皆自下始，众可可之，众否否之，众好好之，众恶恶之，三占从二，舍独徇同，即在下预议之人，亦先由公举，可不谓周乎。"[1]他还指出，美国总统由选举产生，不但"不世及"，而且四年一更换，"一变古今官家之局，而人心翕然，可不谓公乎"。[2]他赞扬美国"以部落代君长，其章程可垂奕世而无弊"。[3]魏源对于"不设君位"、只立"官长贵族"来治理国事的瑞士，更是赞誉备至，说其是"惩硕鼠之贪残而泥封造绝"的"西土之桃花源"。在司法制度方面，魏源介绍了西方"主谳狱"的刑官由"推选充补"，如有"偏私不公"则"众废之"的体制。尽管魏源对于西方资本主义政治、司法制度的介绍还十分肤浅，甚至是朦胧的，但从他肯定的语气中可以看出，他已经将资产阶级民主制看成优越于中国封建君主专制的理想制度。这就在中国的沉浊气氛之中注入了一点新鲜的空气，对于把眼光投向西方政治法律制度、广开眼界具有积极的意义。

第二节　早期改良派的法律思想

19 世纪七八十年代，早期资产阶级改良派的一些代表人物如王韬、马建忠、薛福成、陈炽、郑观应、陈虬、何启、胡礼垣等人应运而起。他们对于西方资本主义社会有了进一步的了解，在提倡振兴商务、开展"商战"的同时，他们也将西方国家的政治、法律制度介绍到国内。

一、主张学习西方，进行变法

19 世纪 70 年代，资本主义列强对中国加剧侵略所造成的严峻形势，使得早期改良派产生了适应形势、学习资本主义文明的变法思想。何启说："当今之世而不变今之法……亦无以决疑征信，大得于民。"[4]陈虬则发出了"时变矣，而犹欲袭先业而守旧教，恭己无为，坐致治平，是犹持方枘而周圆凿，

〔1〕（清）魏源：《海国图志》卷五九《外大西洋墨利加洲总叙》。
〔2〕（清）魏源：《海国图志》卷五九《外大西洋墨利加洲总叙》。
〔3〕（清）魏源：《海国图志》后序。
〔4〕（清）何启、胡礼垣：《新政真诠》初编《曾论书后》。

其不得适也必矣”[1]的呐喊。特别是王韬，他更为直截了当地提出：“孔子而处于今日亦不得不一变。”[2]

二、赞美议院与君民共主制度

早期改良派一致赞赏西方的议会制度和君主立宪制度。郑观应在《盛世危言》自序中说：“乃知其治乱之源，富强之本，不尽在船坚炮利，而在议院，上下同心。”他提出：“欲行公法，莫要于张国势；欲张国势，莫要于得民心；欲得民心，莫要于通下情；欲通下情，莫要于设议院。”陈炽同样认为议院是“英美各邦所以强兵富国，纵横四海之根源也”[3]。马建忠在《上李伯相言出洋工课书》中提出“议院立而下情可达”[4]，并介绍了资产阶级三权分立之制。他们把政体区分为君主、民主、君民共主三个类型。郑观应说：“盖五大洲，有君主之国，有民主之国，有君民共主之国，君主者权偏于上，民主者权偏于下，君民共主者，权得其平。”[5]所谓君民共主，实际上是君主立宪，一切国家的重大决策“仍奏其君裁夺”[6]。这种政体在改良派看来是最为理想的。不仅如此，当时的改良派还初步阐明了议院的组成职权以及选举办法。陈虬主张“略仿周礼”，在“京都设议员三十六人，每部各六，不拘品级任官，公举练达公正者，国有大事，议定始行”，“县各设议院，大事集议而行”[7]。汤震则提出由四品以上官组成上院，四品以下官组成下院，“凡荐辟刑杀人，皆先状其事实于议院，有不实不尽者改正之”[8]。除设议院外，郑观应还要求定宪法，认为“宪法不行专制严”，“宪法不行政难变”。

三、重商、恤商与制定商律

在早期改良派杂乱的变法主张与法律思想中，重商、恤商是一个重要内容。他们希望清政府能够扶植工商业，通过制定商律，奖励和保护商业。陈炽向清政府建议：“宜仿泰西各国，增设商部，管以大臣并立商律、商情、商

[1]（清）陈虬：《治平通议·序》，清光绪二十四年成都广业书局刻本。（下同）
[2]（清）王韬：《弢园文录外编》卷一《变法》。
[3]（清）陈炽：《庸书》外篇卷下《议院》。
[4]（清）马建忠：《适可斋记言》卷二。
[5]（清）郑观应：《盛世危言》，《议院》，中华书局2013年版。（下同）
[6]（清）郑观应：《盛世危言》，《议院》。
[7]（清）陈虬：《治平通议》，变法一，变法二。
[8]（清）陈虬：《治平通议》，变法一，变法二。

平、商税四司，分任其事。”[1]他特别提出翻译西方资产阶级国家的商律，再斟酌中国情况，“量为删改”，制定商律，借以达到护商的目的。

四、修改律例，改革司法

改良派认为西方的法律制度在某些方面优于中国，值得效法，因此提出修改旧律例，删去繁文，同时也主张改革清朝的狱讼，以“西法参用乎其间”。具体说来，就是减少以至废除刑讯，革去凌迟之刑与连坐之法，将某些刑罚改处罚锾，改善狱囚待遇，等等。

第三节　维新派的法律思想与维新变法

戊戌变法前，以康有为、梁启超、谭嗣同、严复为代表的维新派不仅宣传了资产阶级君主立宪的构想，而且以“公车上书”为起点，掀起了一场变法图强、改革专制政治的运动。维新派提出的“兴民权”“开议院”“君主立宪”既体现了思想解放的时代特色，也是新兴的资产阶级上层争取政治权力的一种斗争。这对1901年以后清政府的革新政治与立宪有着重要的影响。

一、进化的法律观

康有为认为：“圣人之为治法也，随时而立义，时移而法亦矣。”[2]又说：“法既积久，弊必丛生。故无百年不变之法，况今兹之法，皆汉唐元明之弊政，何尝为祖宗之法度哉？又皆为胥吏舞文作弊之巢穴，何尝有丝毫祖宗之初意哉？”[3]至于如何变法，他主张采用西方国家的法律制度，以新法治天下。在康有为眼里，西方是“治国有法度”的。维新派中另一位具有启蒙意识的思想家严复，通过翻译赫胥黎的《天演论》，不仅向国人介绍了达尔文的进化论，而且宣传了他自己根据“物竞天择，适者生存”的理论所提出的变法维新与救亡图存的思想。他说：“物竞者，物争自存也；天择者，择其宜种也。”在物竞天择规律的作用下，“弱者常为强肉，愚者常为智役……将不数传而其种尽矣”。[4]在他看来，这个规律也适用于法律。如以“经时久而无

---

〔1〕 陈炽：《庸书》外篇卷上《商部》。
〔2〕《康南海文集》第5册，《日本书目志序》。
〔3〕《戊戌变法》第2册，《上清帝第六书》，神州国光社1953年版。(下同)
〔4〕（清）严复：《原强》。

修治精进之功、格扞芜梗”的清朝法律与“修治精进”的西方法律并行，“则民固将弃此而取彼者”。他强调指出：“此天演家言所谓物竞天择之道，固如是也。”〔1〕其结论就是：“如今日中国不变法，则必亡是也……早一日变计，早一日转机，若尚因循，行将无及。”〔2〕梁启超在阐发他的社会改革思想以及变法的必要性时，也以资产阶级的进化论为依据。他推论：“开新者兴，守旧者灭，开新者强，守旧者弱，天道然也，人道然也。”〔3〕正是以这种理论为根据，他极力宣传维新救国、变法图强的思想。他说：“法何以必变？凡在天地之间者，莫不变。”“变者，古今之公理也。”〔4〕其还指出，如今“大地既通，万国蒸蒸，日趋于上，大势相迫，非可阏制，变亦变，不变亦变。变而变者，变之权操诸已，可以保国，可以保种，可以保教。不变而变者，变之权操诸人，束缚之，驰骤之。呜呼，则非吾之所敢言也”。〔5〕

在维新派中，谭嗣同的法律思想最具有激进特色，充满反纲常反专制的精神，他在《仁学》一书中，汲取了卢梭的民主思想，阐发了主权在民的观点，指出在“生民之初”，不存在君臣，所有的人都是“民”，君是由民“共举”的，所以不是“君择民”，而是“民择君”，是“因有民而后有君”。因此，民是“本”而“君末也”。据此，他认为君是为民办事的，而臣是“助办民事”的。君如不能为民办事，则“易其人，亦天下之通义也”。〔6〕这是对专制帝王的神圣不可侵犯性进行的尖锐挑战。谭嗣同进而揭露纲常名教是专制统治的工具，帝王之所以能肆虐于四万万的众民，就是“赖乎早有三纲五伦字样，能制人之身者，兼能制人之心”。〔7〕历代刑律中的许多罪名，就是根据纲常名教而设立的。所以，谭嗣同又说：“独夫民贼，固甚乐三纲之名，一切刑律制度皆依此为率，取便已故也。”〔8〕于是，他指出：“今中外皆侈谈变法，而五伦不变，则举凡至理要道，悉无从起点，又况于三纲哉。”〔9〕在鼓吹变法维新的过程中，谭嗣同也认为西方的法度政令“美备”，需要“仿之而全变”以形成较为完备的法制。

---

〔1〕（清）严复：《原强》。

〔2〕（清）严复：《救亡决论》。

〔3〕（清）梁启超：《饮冰室文集壬寅原序》。

〔4〕（清）梁启超：《饮冰室文集》，《变法通议·自序》。

〔5〕《饮冰室文集》卷一《变法通议·论不变法之危害》。

〔6〕《谭嗣同全集》卷一《仁学》，中华书局 1981 年版。

〔7〕《谭嗣同全集》卷一《仁学》，中华书局 1981 年版。

〔8〕《谭嗣同全集》卷一《仁学》，中华书局 1981 年版。

〔9〕《谭嗣同全集》卷一《仁学》，中华书局 1981 年版。

二、君主立宪的法律构想与戊戌变法

（一）设议院、开国会

康有为认为中国之所以积贫积弱，主要原因就是君权太尊，下情不能上达，君民不能合为一体。要使国家富强，就必须改革专制政治，实行君主立宪制，并应首先设议院。1895年2月，他在轰动中外的《公车上书》中，便以设立议院作为“立国自强之策”的变法核心内容。他说：“令公举博古今、通中外、明政体、方正直言之士，略分府县，约十万户而举一人，不论已仕未仕，皆得充选……名曰议郎……以备顾问，并准其随时请对，上驳诏书，下达民词，凡内外举革大政，筹饷事宜，皆令会议于太和门，三占从二，下部施行。”〔1〕公车上书把流行一时的设议院的主张具体化了，是宪政斗争的纲领。这在近代法律思想史上也引起很大的反响。同年6月30日，康有为在《上清帝第四书》中进一步提出“设议院以通下情”的建议，并具体阐述了议院的作用，即“因得民信，巨款可筹，政出一堂，德意无不下达，事皆本于众议，权奸无可容其私，有是三者，故百废并举，以致富强”。

百日维新期间，康有为又向光绪皇帝提出召开国会的建议。他在《请定立宪开国会折》中说，“国会者，君与国民共议一国之政法也”，“今欧日之强，皆以开国会行立宪之故”。〔2〕他认为，只有“大开国会，以庶政与国民共之”，才能求得中国的富强。因此，“请即定立宪为国体，预定国会之期，明诏布告天下”。〔3〕这个奏折在被顽固派大臣控制下的廷议中遭到了反对。为此，康有为又上陈《请君民合治满汉不分折》，再次论述了东西各国富强之原因，即“在其举国君民，合为一体，有国会以会合其议”，“今吾国有四万万之民众……而不开国会，虽有四万万人而不予政事，视国事如秦越，是有众民而弃之”。他强调惟有“君民合治，满汉不分”，才是救中国的“治本之道”。与康有为同时的严复，也主张设立议院，把中国改造成为英国式的君主立宪国家。他对议院的作用更是充满了信心和幻想。他说：“设议院于京师，而令天下郡县，各公举其守宰，是道也，欲民之忠爱必由此，欲教化之兴必由此，欲地利之尽必由此，欲道里之辟、商务之兴必由此，欲民各束身

〔1〕《戊戌变法》第2册，《公车上书》。

〔2〕《戊戌变法》第2册，《上清帝第四书》。

〔3〕《戊戌变法》第2册，《谢赏编书银两乞预定开国会期并先选才议政许民上书言事折》。

自好、而争濯磨于善必由此。呜呼，圣人复起，不易吾言矣。”[1]

（二）制定宪法

康有为认为真正意义上的变法“须自制度法律先为改定”。[2]他在《应诏统筹全局折》中，以日本明治维新为例指出：“考其维新之始，百度甚多，惟要义有三，一曰大誓群臣以定国是，二曰立对策所以征贤才，三曰开制度局面定宪法。”

戊戌变法时期，梁启超也是制定宪法的鼓吹者。他所说的“法治”，就是以立宪为前提的。他认为中国要臻于治强，也应实行以分权制为基础的君主立宪政体。他说：“立宪政体，亦名为有限权之政体有限权云者，君有君之权，权有限；官有官之权，权有限；民有民之权，权有限。”[3]要实行这种“有限权”的君主立宪制，则需要制定宪法，以确定君、官、民的权限，使他们能够共同遵守。梁启超强调宪法在国家政治生活中的作用和在法律体系中的重要地位，他说：“宪法立万世不易之宪典，而一国之人，无论为君主、为官吏、为人民皆共守之者也，为国家一切法度之根源。”[4]他实际上已将宪法看成国家的根本法，因此制定宪法“实维新开宗明义第一事”。[5]

（三）实行三权分立

维新派赞扬孟德斯鸠的分权论，他们设计的变法蓝图是以三权分立为支撑点的。康有为说：“近泰西政论，皆言三权，有议政之官、有行政之官、有司法之官。三权立，然后政体备。”[6]

百日维新期间，康有为进一步阐明了以三权分立为基本点的君主立宪政体。他说，“盖自三权鼎立之说出，以国会立法，以法官司法，以政府行政，而人主总之”，“行三权鼎立之制，则中国之治强可计日而待也”。[7]又说：“东西各国之所以致强者……立宪法以同受其治，有国会以会合其议，有司法以保护其民，有责任政府以推行其政故也。”[8]梁启超也是分权论的鼓吹者，他较之康有为的不同之处就是论证了立法权归属的问题。在梁启超看来，“立

---

〔1〕《戊戌变法》第3册，《原强》。

〔2〕《戊戌变法》第4册，《康南海自编年谱》。

〔3〕（清）梁启超：《饮冰室文集》卷二〇《立宪法议》。

〔4〕（清）梁启超：《饮冰室文集》卷二〇《立宪法议》。

〔5〕（清）梁启超：《饮冰室文集》卷二〇《立宪法议》。

〔6〕《康有为政论集》上册《请讲明国是正定方针折》。

〔7〕《戊戌变法》第2册，《请定立宪开国会折》。

〔8〕《戊戌变法》第2册，《请君民合治满汉不分折》。

法”是“政治之本原”，国民是否能得到幸福，以及法治之能否实施，全在于国民能否掌握立法权。他根据卢梭的学说，提出立法是“国家意志”的表现的观点。他说：“立法者，国家之意志也，昔以国家为君主所私有，则君主之意志，即为国家之意志，其立法权专属于君主固宜。今则政学大明，知国家为一国人之公产矣。且内外时势，浸通浸剧，自今以往，彼一人私有之国家，终不可以立于优胜劣败之世界。然则今日而求国家意志之所在，舍国民奚属哉。”〔1〕这种主张在当时具有反对封建专制主义的进步意义，从法理上说，也有若干合理的因素。

严复则认为英国的立宪，能“久行不敝”“上下相安”，其秘密就是采用了洛克、孟德斯鸠的分权论。至于如何实行三权分立，严复首先强调立法和行政分离。他指出：“所谓三权分立，而刑权之法庭无上者，法官裁判曲直时，非国中他权所得侵官而已。然刑权所有事者，论断曲直，其罪于国家法典，所当何科，如是而止。”〔2〕

三、改革旧法制，建立新法制

改变旧法制、建立新法制是变法维新的内容之一。

首先，维新派要求“采择万国律例，定宪法公私之分”，〔3〕即制定一部资产阶级宪法，使君民同受其治。其次，主张修改旧刑律。其理由是外国人以“我刑律太重”，因而要“自治其民，不与我平等之权利”。“今宜采罗马及英、美、德、法、日本之律，重订施行”，即使“不能骤行内地，亦当先行于通商各口”。他们认为，只有建立新的法律制度，才能取消领事裁判权，恢复中国的司法主权。严复说，地之所在，法之所行。世界上不论哪一国国民到别国去，都应遵守该国的法律，唯独外国人到中国来，却可以不受中国法律的约束和司法管辖，导致在中国领土上“数十国之律令淆行其中”。为了恢复中国的司法主权，他建议集合各国的法学家共同讨论，制定一个“专治来寓中土之外国人”的法律，并设立专门处理涉外案件的机构，取消外国领事官在中国的“理刑之权”。最后，康有为提出制定民法、商法、诉讼法的主张。他说：“其民法、民律、商法、市则、舶则、讼律、军律、国际公法，西人皆极详明，既不能闭关绝市，则通商交际，势不能不概予通行，然既无律

〔1〕（清）梁启超：《饮冰室文集》卷二〇《论立法权》。

〔2〕（清）严复译：《法意》第19卷第22章“案语”。

〔3〕《戊戌变法》第2册，《上清帝第五书》。

法，吏民无所率从，必致更滋百弊。且各种新法，皆我所夙无，而事势所宜，可补我所未备。故宜有专司，采定各律以定率从。”[1]

康有为等人的新法制构想如能实现，就意味着一个以六法为体系的资产阶级法律制度，将取代中国旧有的诸法合一的封建主义法律制度。

总括上述，戊戌变法前维新派的法律思想已经大大超出 19 世纪 70 年代早期改良派的水平。他们不仅是言者而且是行者，进行了百日维新的尝试。这是和民族资本主义经济发展与资产阶级上层的成长分不开的。维新派的思想和实践，归根到底表达了民族资产阶级上层希望通过立法推行政治改革，发展民族资本主义经济的愿望。但是，维新派未能抵制顽固派的疯狂镇压，百日维新最终失败。不过，他们的君主立宪主张却影响了 20 世纪初期晚清的预备立宪。

第四节　“中体西用”的法律思想与立法活动

一、固守祖宗家法的思想与立法活动

清朝从嘉庆朝起迅速走上了下坡路。嘉庆皇帝在镇压了天理教起义以后，要求官员们进一步“守法奉职”，并用“祖宗之法”来对抗“嚣嚣然争言政治法度”的呼声。在第一次鸦片战争前夜，道光皇帝仍然奉行“天不变，道亦不变”的教条，主张一切“率由旧章”。鸦片战争后，顽固的统治集团仍坚持对外的蒙昧主义，反对了解西方，更抵制西方文化的输入。因此，在鸦片战争后的立法活动，完全依循旧辙。其主要成果是 1844 年修订的《礼部则例》，1848 年修订的《户部则例》，1849 年修订的《宗人府则例》，等等。

在镇压太平天国起义和后来的捻军的过程中，清政府针对鸦片战争以后社会的动荡不安和各族人民的激烈反抗，加重了对盗贼的镇压。1851 年制定了《变通缉盗章程》，1853 年定“妄著私书”罪名，矛头对准太平天国的革命领导人。1855 年发布“从严办理盗贼等案”谕令，1865 年发布“缉获交拿单开贼犯均就地正法”谕令，1875 年定私贩洋枪洋炮罪。同时，为了搜罗财富满足军费的需要，1851 年修改并颁布了《盐务章程》，1853 年制定《铁法》，次年制定《铸钱立票章程》，1858 年修订《湖北漕务章程》，1863 年制定《马政章程》，1868 年制定《漕仓章程》。在缓和满汉矛盾方面，1852 年 5

---

〔1〕《戊戌变法》第 2 册，《上清帝第六书》。

月允准《户部奏请量为变通旗民交产条例》，同年12月制定《变通旗民交产章程》十六条，1863年制定《查办蒙古差项地亩章程》。但至1889年12月，鉴于新的形势又“禁止旗产卖与民人”，将原先有所松动的旗民交产问题，重新纳入禁止的律条以内。

二、洋务派的法律思想

洋务派是清王朝统治集团中的一个重要派别，其代表人物是日趋买办化的官僚集团。洋务派的法律思想反映中国买办性大封建官僚集团的利益，带有封建性和买办性的烙印，其集中体现是“中体西用”。所谓中体主要是以君权为核心的封建的纲常名教。所谓西用是根据新的形势和适应外国殖民主义势力的要求，适当地采用西方新式武器与工业技术，学习外国语言文字、政治法律知识，并对清朝某些制度作枝节的修改。洋务派虽然面临清朝法制必须改变的历史潮流，却仍然一再强调清代的现行法律制度必须坚持维护纲常名教的原则。张之洞说：“三纲为中国神圣相传之圣教，礼政之原本。”〔1〕又说：“法律本原实与经术相表里，其最著者为亲亲之义，男女之别，天经地义，万古不刊。”〔2〕可见他把封建的纲常和封建专制统治下的等级关系看成是天经地义而不可改易。至于法律也必须以圣道纲常为主要内容，否则便不能视其为法律。张之洞深知纲常名教是维系封建社会秩序的支柱。他从多年的官场生涯中深深懂得法律对于维护清朝统治秩序的作用，因而从戊戌变法到清王朝覆亡前，一直坚持清朝的法律制度必须贯穿纲常名教的精神，不许稍有违背。他既反对维新派的变法，也攻击沈家本吸收资产阶级法律原则修订的新法律。但是张之洞由于久于仕途，深知清朝统治下“滥刑株累之酷，囹圄凌辱之弊”，所以他和刘坤一在筹议“整顿中法”时，以“恤刑狱”为第一要务，提出了改进刑狱的九点建议。其内容如下：

第一，“禁讼累”。建议革除吏役，代以警察，以便消除吏胥扰民坏法的弊政。

第二，“省文法”。建议“减宽例处”，以消除“拖延命案，讳饰盗案”，或发案不报酿成祸端的积弊。

第三，“省刑责”。建议在审案中限制刑讯拷掠，“除盗案命案证据已确而不肯供认者，准其刑吓外，凡初次讯供及牵连人证，断不准轻加刑责”。另

〔1〕（清）张之洞：《劝学篇序》，中华书局2016年版。

〔2〕（清）张之洞：《张文襄公全集》卷六九《遵旨复议新编刑事民事诉讼法折》。

外，建议笞杖等罪，可酌改羁禁。

第四，“重众证”。建议除了死罪应有输服供词之外，军流以下各罪，如果众证确凿，又经上司层递亲提复讯无疑，犯人虽无口供，仍可按律定罪，奏咨立案。

第五，“修监羁”。改善监狱科所的居住和生活条件。

第六，“教工艺”。建议让犯人学习生产技能，“将来释放者可以谋生行，禁系者亦可自给衣履”。

第七，“恤相验”。建议仿行四川由绅民粮户捐资立“三费局”的办法，来解决相验费、夫马费、招解费。

第八，“改罚锾”。户婚、田土、家务、钱债等案件，可改刑责为罚锾。

第九，“派专官”。有关监狱事务，派专官管理稽察。

上述整顿中法的九条，多半属于程序和量刑方面的具体措施。其中有些是前人早已提出了的，有些无疑参考了西法。但这九条并没有触及清朝司法制度的实质，而且其基本的出发点是着眼于维护清王朝的统治以及官吏、缙绅的利益。

除此之外，洋务派也主张讲求公法之学和制定矿律、路律、商律和交涉刑律，并说制定此四律是“兴利之先资”“防害之要著”。这说明张之洞所要采用的西法，只限于洋务派的经济活动和外交活动所需要的极有限的内容。至于清朝原有的刑律，他则认为“中外迥异，猝难改定”。而且，在张之洞眼里，清律是好的，也无须改定。戊戌变法期间，他就吹捧清律“立法平允，其仁如天”，并列举了清律的所谓十项“宽仁”来加以具体说明。这就证明洋务派只不过是在保持清朝固有法律制度的基础上，适应中国半殖民地化的需要，引进若干资本主义法律的皮毛而已。这正是洋务派“中体西用”论的实质。

第五节　革新政治与预备立宪

一、变法新政的动因与预备立宪

1900 年义和团运动以后，饱经打击的清朝顽固统治者已经无力按照传统的方式继续统治下去。为了适应帝国主义列强对华政策的需要，对付日益兴起的革命运动，延续岌岌可危的清朝统治，清政府不得不下诏变法。清政府表示，“世有万古不易之常经，无一成罔变之治法。大抵法久则弊，法弊则更"，"法令不更，锢习不破，欲求振作，须议更张"。[1]这道变法上谕为晚清立宪修律提供了指导思想。

在日俄战争中，沙俄帝国被日本打败，世界舆论哗然，认为日本胜于立宪，沙俄败于专制。1905年5月，《中外日报》发表《论日胜为宪政之兆》一文，强调"使以日俄之胜负为吾国政体之从违，则不为俄国之专制，必为日本之立宪"[2]。同年9月，《东方杂志》也评价说："甲辰日俄战起，识者咸为之说曰：此非日俄之战，而立宪专制二政体之战也。"[3]当时驻法使节孙宝琦、驻英使节汪大燮、驻美使节梁诚相继奏请立宪。一些朝廷大臣和地方督抚也纷纷奏请变法立宪。与此同时，资产阶级革命民主派所领导的武装反清起义继续发展，民主共和的建国方案已经如丽日经天昭然于世。处于内外交困、岌岌不可终日的清王朝，仍幻想通过立宪使"皇上可世袭罔替"。遂于1905年7月发布考察外国政治的上谕，表示："方今时局艰难，百端待理，朝廷屡下明诏，力图变法，锐意振兴，数年以来，规模初具而实效未彰，总由承办人员向无讲求，未能洞达原委，似此因循敷衍，何由起衰弱而救颠危。兹特简载泽、戴鸿慈、徐世昌、端方等，随带人员，分赴东西洋各国考求一切政治，以期择善而从。"[4]

1906年7月，出洋考察政治的五大臣返京复命，他们"皆痛陈中国不立宪之害，及立宪后之利"。面对顽固统治集团所担心的立宪将损害君主大权，立宪利汉不利满等问题，载泽连上密折指出："凡国之内政外交、军备财政、赏罚黜陟、生杀予夺，以及操纵议会，君主皆有权以统治之。论其君权之完全严密而无有丝毫下移，盖有过于中国者矣。"[5]同时他还强调立宪有三大利，即"皇位永固""外患渐轻""内乱可弭"，要求清廷克服"不为国家建万年久长之祚，而为满人谋一身一家之私"的狭隘心态，尽快下定决心立宪。

经过激烈的争论，于1906年9月1日，清廷正式颁发预备立宪明诏宣布："时处今日，惟有及时详晰甄核，仿行宪政，大权统于朝廷，庶政公诸舆论，以立国家万年有道之基。但目前规制未备，民智未开，若操切从事，徒饰空文，何以对国民而昭大信，故廓清积弊，明定责成，必从官制入手，亟应先将官制分别议定，次第更张。并将各项法律，详慎厘订，而又广兴教育，清

[1]《东华录》(光绪朝)。

[2]《东方杂志》第2年第6期"社说"。

[3]《东方杂志》第3年临时增刊。

[4]《清末筹备立宪档案史料》上册第1页，中华书局1979年版。

[5]《东方杂志》第3年临时增刊《宪政初纲·奏议》。

理财政整顿武备，普设巡警，使绅民明悉国政，以预备立宪基础。俟数年后规模初具，查看情形，参用各国成法，妥议立宪实行期限，再行宣布天下。视进步之迟速，定期限之远近，著各将军督抚，晓谕士庶人等，发奋为学，各明忠君爱国之义，合群进化之理，勿以私见害公益，勿以小忿败大谋。尊崇秩序，保守和平，以预储立宪国民之资格。”〔1〕

该预备立宪上谕，没有明定预备的期限，只是强调大权统于朝廷，而且严申在预备立宪期间要尊崇秩序、保守和平，从而表明了清廷预备立宪的基本出发点。但是这道上谕毕竟揭开了晚清立宪的序幕。

1907 年 11 月，清政府再一次派出达寿使日，于式枚使德，专门考察宪法。他们于 1908 年回国后相继奏请加快宪政筹备，认为立宪可以安皇室。经过达寿的陈述，又迫于各地宪政团体请开国会、行宪政的压力，清统治集团不得不明定预备立宪以九年为期。但至 1909 年，各省谘议局纷纷奏请缩短预备立宪期限，早日实现宪政。清廷于 1910 年“揆度时势，瞬息不同，危迫情形，日甚一日”，而将预备立宪期缩短二年。不久辛亥革命爆发，清廷虽然发布“实行宪政谕”，但已不能挽救清朝专制帝制的覆灭。

二、改订官制

官制改革是清朝预备立宪的重要组成部分。光绪三十二年（公元 1906 年）七月十四日内阁奉上谕，以载泽、世续、那桐、荣庆、载振、奎俊、铁良、张百熙、戴鸿慈、葛宝华、徐世昌、陆润庠、寿耆、袁世凯等共同厘定官制。针对清朝中央官制权限不分、职任不明、名实不符的旧弊，并参照君主立宪体制，首先厘定行政司法各官。但规定其议事有“五不议”，即军机处事不议、内务府事不议、八旗事不议、翰林院事不议、太监事不议。

晚清官制改革，实际是“阳托中央集权之名，阴行排汉之实”。所改者或更改名称，如户部改为度支部，兵部改为陆军部，刑部改为法部，理藩院改为理藩部，巡警部改为民政部；或机构合并，如太仆寺并入陆军部，太常、光禄、鸿胪三寺并入礼部；或增设，如增设邮传部，工部并入商部后改设农工商部。最终形成了 11 个部，而以外务部居首。这也是仰承外国侵略者的意志而定的。在新任命的 13 位大臣中，皇族内个旗员 9 人（其中皇族 7 人），汉员 4 人。由此可见清朝统治者企图通过官制改革，图谋满洲贵族集权，继

〔1〕《清实录》德宗朝及《大清光绪新法令》第 1 册第 16 页，又见《清朝续文献通考》卷三九三。

续推行民族歧视政策。

地方官制改革也同中央官制改革一样有名无实。1907年7月颁发《各省官制通则》，共34条。在保留清朝固有的省、府、州、县地方行政建制与官制的基础上，设提学司、提法司、交涉司，分别负责地方司法行政、教育行政和交涉事宜。此外，各省设巡警道一员统辖全省警政、消防、户籍管理；设劝业道一员，专管全省农工商业及各项交通事务。同时保留兵备道，裁撤分守分巡各道。为了显示实行君主立宪政体下的三权分立，地方设初级审判厅、地方审判厅和高等审判厅等专门司法机构。

总括上述，晚清官制改革，并不是为实施宪政奠定基础，而是着眼于满洲贵族的集权，因此遭到了国内外舆论的抨击，加深了满汉官僚的对立，导致统治集团内部发生了严重分裂。由此，清朝陷入了新的危机。

三、咨议局和资政院的设立

清朝为了表示对立宪派让步，并遏制革命形势的发展，于1907年9月连发上谕，提出设资政院，以立议院为基础，并令各省速设咨议局，作为采取舆论之所。1908年7月，颁布《各省咨议局章程》62条，另订《咨议局议员选举章程》115条。根据议员选举章程，享有选举权的一般条件，是本省年满二十五岁以上的男子，妇女没有选举权；或非本省籍贯之男子，寄居本省满十年以上，在寄居地方有一万元以上之营业资本或不动产。此外，还有特殊条件，即曾在本省办理学务，及其他公益事务满三年以上著有成绩者；中等学校毕业或举贡生员以上之出身者；曾任实缺职官文七品武五品以上未被参革者；在本省地方有五千元以上之营业资本或不动产者。至于被选举人的资格条件是："凡属本省籍贯，或寄居本省满十年以上之男子，年满三十岁以上者。"但有下列情事之一者，不得有选举权或被选举权，即品行悖谬营私武断者、曾处监禁以上刑者、营业不正者、失财产上之信用被人控告尚未清结者、吸食鸦片者、有心疾者、身家不清白者、不识文义者。对本省官吏或幕友、常备军人及征调期间续备、后备军人、巡警官吏、僧道及其他宗教师、各学堂肄业生，停止其行使选举权及被选举权。现任小学教员也停止其被选举权。[1]经过以上的条件限制，"只有地主、绅士、大商人、学界的头面人物才有成为议员的资格"，[2]从而反映了咨议局的实质。

---

〔1〕《大清法规大全·宪政部》卷二。

〔2〕胡绳：《从鸦片战争到五四运动》下册，红旗出版社1982年版，第161页。

根据《咨议局章程》，“咨议局设议长一人，副议长二人，常驻议员若干，均由议员中互选”。任期以三年为限，任满后可连任一次。

咨议局作为咨询机关，有权议决本省应兴应革事件；议决本省预算、决算、税法及公债事件；议决本省单行章程规则之增删修改事件；以及选举资政院议员等。可见咨议局不是实权机构，其活动要受督抚的监督和控制。但是咨议局的成立却给立宪派进行活动提供了合法场所，对于启发人民群众民主政治意识也起了一定的作用。

清朝于1909年8月颁行《资政院院章》规定，议员由钦选议员和民选议员两部分组成。钦选议员主要包括宗室王公世爵、满汉世爵、外藩（蒙、藏、回）王公世爵、宗室觉罗、各部院衙门官四品以下七品以上者、硕学通儒者与纳税多额者。[1]民选议员由各省咨议局议员互选产生，实际上是经督抚复选下的官选，其构成大多是地方乡绅。

根据院章，资政院只限于议决下列事项：国家岁出入预决算事宜、税法及公债事件、新定法典及嗣后修改事件、奉特旨交议事件。[2]但资政院议决的事项，军机大臣或各部行政大臣可以要求复议，最后听皇帝裁决。资政院对于军机大臣或各部行政大臣侵夺资政院权限，或违背法律等事，也只能据实奏陈，请旨裁夺。由此可见，资政院不具备西方国家议院的性质，它是装潢清廷立宪的咨询机关。梁启超曾经指出，“政府之视资政院，固不值一钱也，其于资政院所议决，未尝一毫尊重也。若就法律言之，资政院可决之法律，而政府不施行之如故也；资政院否决之法律，而政府施行之如故也”。“今资政院所议之预算案，则何有焉，收支不相偿者数千万，而公然敢以提出，其为千古未闻之殊纰奇谬无论矣”，“故吾常谓资政院之议决法律案，不过制造僵石，不过洒闲墨于废纸，其于预算案，不过如无的而注矢，如梦中与人要约，而今二百人从此消磨此百日之光阴，甚无谓也”。[3]

四、《钦定宪法大纲》与《十九信条》

1908年8月27日，在革命党人频频发动武装起义，立宪党人迭次发动请愿要求及时立宪的背景下，清政府正式颁布《钦定宪法大纲》。《钦定宪法大纲》共23条，分为君上大权和臣民权利义务两部分。《钦定宪法大纲》以日

---

〔1〕《清末筹备立宪档案史料》下册，中华书局1979年版，第631~632页。

〔2〕《大清法规大全·宪政部》卷一。

〔3〕（清）梁启超：《饮冰室合集》第九册《评资政院》。

本明治宪法为蓝本，以巩固君权为宗旨。它规定："大清皇帝统治大清帝国，万世一系，永永尊戴，君上神圣尊严，不可侵犯。"皇帝享有颁行法律、发交议案、召集及解散议院、设官制禄黜陟百司、统率陆海军、编定军制、宣战、讲和、订立条约、宣告戒严之权，当紧急时，得以发布代法律之诏令限制人民之自由。此外，还享有爵赏及恩赦之权与总揽司法权。不仅如此，《宪法大纲》还规定，议院议决之法律，未奉诏令批准颁布者，不得见诸施行，用人之权操之君上，议员不得干涉。一切军事活动与国交之事，议院不得干预。由此可见，《钦定宪法大纲》只是用一种前所未有的法律形式，重新确认了封建皇帝的专制大权。至于臣民，除按照法律所定有纳税、当兵遵守国家法律之义务外，所有言论、著作、出版及集会、结社事宜，均须于法律范围以内，始准其自由。对此，孙中山曾揭露说："谋中央集权，拿宪法作愚民的工具。"〔1〕

1911年10月10日爆发武昌起义，新军第二十镇统制张绍曾、协统伍祥祯，第二混成协协统蓝天蔚及第三镇协统卢永祥等，联名提出政纲十二条的立宪要求。与此同时，山西响应辛亥起义，宣布独立。为了进行垂死前的挣扎，清政府一面派军队镇压，一面组织完全内阁，颁布《宪法重大信条十九条》（简称"十九信条"）。

1911年11月3日颁布的十九信条，是在革命高潮强大压力下的产物，因此在形式上缩小了皇帝的权力，扩大了国会的权力。"皇帝之权，以宪法所规定者为限"，"宪法改正提案权属于国会"，"总理大臣由国会公举，皇帝任命，其他国务大臣，由总理大臣推举，皇帝任命"，"国际条约，非经国会议决，不得缔结"，"国会决议事项由皇帝颁布之"。但是十九信条仍然沿袭《钦定宪法大纲》中最基本的条款，即"大清帝国皇统万世不易"，"皇帝神圣不可侵犯"，从而表明它的立脚点仍在于维护封建的清王朝统治。正因为如此，它明确规定"陆海军直接由皇帝统率"，企图以军权支撑政权，并且对人民的权利自由只字未提，这都充分暴露了晚清立宪一贯的本质。十九信条所肯定的议会制和内阁责任制，不过是在阶级力量对比关系非常不利于清朝统治者的条件下所作的让步而已。因此清统治者冀望借十九信条抵制革命、度过危机的梦想必然落空。曾经力主君主立宪的保皇派人士张謇也发表《建立共和理由书》，〔2〕并与伍廷芳等联名致电清廷，指出"大势所在，非共和无以免生

〔1〕《辛亥革命前十年间时论选集》。

〔2〕（清）张謇：《政闻录》卷三《张季子九录》。

灵之涂炭、保满汉之和平”。[1]统治中国260余年的清朝终于覆亡，晚清立宪也成为历史陈迹。但这个借立宪以自救的政策传统，对北洋政府、国民党政府都有不同程度的影响。

第六节　行政立法

晚清，特别是光绪时期，除对原有的行政法典、则例以及监察法典进行最后修订外，又根据新官制和新出现的行政关系进行了新的立法。

一、《大清会典》则例与新官制法的增修制定

（一）光绪朝《大清会典》的制定

《大清会典》于康熙二十三年（公元1684年）制定，经过雍正、乾隆、嘉庆朝陆续修订，至光绪二十五年（公元1899年）已历时200余年，始总其大成。《光绪会典》计典100卷，事例1220卷，图270卷，于1904年颁布。它以法典条款和事例的形式规定了从总理衙门到各衙门的职官编制、行政职责、官员的办事规范与违法惩处，以及军事行政等内容。《光绪会典》是迄今为止世界上最系统最完备的一部封建行政法典。

（二）则例的增修

作为清朝行政法律重要形式的则例，也得到了增修。清政府于1886年修订《钦定吏部处分则例》，1848年修订《户部则例》，1844年修订《钦定礼部则例》，1884年修订《钦定工部则例》《增修六部处分则例》，1849年修订《宗人府则例》。此外还修订了《太仆寺则例》《太常寺则例》《光禄寺则例》《钦定宫中现行则例》和《钦定宗室觉罗律例》。

值得着重提出的是1847年修订公布的《钦定理藩部则例》。它是晚清重要的民族行政立法，分为通例和旗分两大部分，共713条。它不仅规定了理藩部的机构编制、行政职责，还规定了蒙古地区的行政划界、职官、邮政、赋税、刑罚、宗教管理等各种制度。继《理藩部则例》之后，清政府还修订颁布了《回疆则例》，规定了西北少数民族的民族管理体制、职官礼仪、行政制度、刑事法律、办事大臣章程等内容。

（三）修订监察法规

晚清于1892年修订公布了《钦定台规》。《钦定台规》始订于乾隆朝，嘉

[1]《宣统政纪》卷六五。

庆、道光朝都进行修订，至光绪朝最后完成。它是行政监察的基本纲要，类似监察法总则。其后修订颁布的《都察院则例》，类似监察法的分则。《台规》规定了都察院的监察职能、六科各道监察官的职责，以及实行行政监察、部院考绩、巡察等内容。《则例》则包括封驳、陈奏、京察、大计，以及对财政、学校、农工、军政各科人员的考察、奖惩、升降与文件处理规则等内容。

(四) 颁布新官制法

1906 年 9 月，颁布了《预备立宪先行厘定官制谕》，11 月又发布《厘定中央官制谕》，由此开始了官制改革。为保证官制改革的进行和确认新官制，清政府在 1906~1911 年间，陆续制定和颁布了涉及官制和职官考选、惩戒的法律。有关新官制的法律，有《民政部官制章程》《度支部职掌员缺章程》《学部官制》《礼部职掌员缺》《陆军部官制》《法部官制》《农工商部职掌员缺》《理藩部司员缺分定责任章程》《邮传部职掌员缺章程》《都察院整顿变通章程》《内阁官制各省官制通则》《各省学务官制》等。

有关职官的选任与考察奖惩的法律，有《法官考试任用暂行章程施行细则》《州县改选章程》《切实考验外官章程》《考核巡警官吏章程》等。但在当时的历史条件下，这些法规只能流于具文。

(五) 草拟《行政纲目》

1908 年，根据《钦定宪法大纲》，为了进行行政体制的改革，清政府又制定了《钦定行政纲目》。行政纲目在序言中明确宣布，在君主立宪政体下实行立法、行政、司法三权分立的国家制度。它说："谨按宪法大纲君主立宪政体，君上有统治国家之大权，凡立法行政司法皆归总而以议院协赞立法，以政府辅弼行政，以法院遵律司法。"

《行政纲目》将国家事务分为国家行政事务与皇室事务二种，并将这种区分称作是立宪政体的"第一要义"。由此出发，行政纲目的主要内容"以属于国家行政事务为限"，有关皇室事务均不列入。

《行政纲目》明确指出政府的地位，"所谓政府者，乃君主行使大权所设机关之一，绝非以君主为政府之长"。同时又强调政府必须分职明责，"所谓政府，又必先将政府事务分配明确始知责任之何所属也"。为此，《行政纲目》对各部诸司的职掌列表详叙，并加注案语，以达到"分别部属，条分而缕析之"的目标。

《行政纲目》根据"融会列国成规，按切我国情事"的原则，将国家行政机关分为四级隶属建制，即直接官治、间接官治、地方官治、地方自治，明显贯彻中央集权的精神。如同《行政纲目》所引："将来终以中央集权为归。"

尽管《行政纲目》未及施行，清朝即覆亡，但它在晚清行政法史上的地位却是值得一提的。

二、调整印刷物和著作权的行政法律

戊戌变法以后，杂志、报纸迅速勃兴，立宪派和革命派都利用它们来宣传自己的政纲。为此清政府于 1906 年，令商部、巡警部、学部会同制定了《大清印刷物专律》。该律共六章，即大纲、印刷人等、记载物件等、毁谤、教唆、时限。《印刷物专律》强调无论承印何种文书图画的印刷人，均须至京师特设的印刷总局注册，否则即以违法论，处以银一百五十元以下罚款，或五个月以下监禁，或罚款监禁并科。印刷总局隶属于商部、巡警部、学部以示对印刷物及新闻的重视与控制。凡贩卖或分送未印明印刷人之姓名及印刷所所在者，也以犯法论，处百元以下罚金，三个月以下监禁，或二者并科，而且不问该印刷物可否印刷，一律充公或销毁。在印刷物中，如有普通毁谤者，可提起民事诉讼；如有普通讪谤者，可依刑事诉讼审理；如有讪惑愚民，怨恨、侮慢或加暴行于皇帝或违背典章国制者，不论军民人等，均应向最近的地方官报告逮捕法办，犯者处以五千元以下罚款，十年以下监禁，或二者并科，再犯者加倍处罚。《印刷物专律》虽然列有时限一章，实际是无所限的。因为它规定凡"发行或销售于皇朝一统版图者，在律即有治理之权"。

《印刷物专律》虽然具有控制文字宣传的针对性，但比起清朝盛行一时的文字狱，毕竟有明确的法律规定，不能任意比附或残酷处置。

1907 年，针对各地纷纷设立报馆出版新闻报纸的现实，为了加强控制，由商部起草《大清报律》，后经巡警部略加修改，于同年十二月由民政部、法部会奏，并交宪政编查馆议覆之后奉旨颁布。但各地报馆对该律多不遵行，外国人创设的报馆更不予理会。该律至宣统二年（公元 1910 年）由民政部再加修改，交资政院议覆后，请旨颁布。但未及施行，清朝便被推翻。

《大清报律》共 45 条，它以日本报纸法为蓝本，颁行的目的在于压制舆论。它规定：每日发行之报纸应于发行前一日晚十二时以前送该管巡警官署或地方官署，随时查核。月报、旬报、星期报，均应于发行前一日十二时以前送该管巡警官署或地方官署，随时查核。报纸不得揭载禁止旁听的诉讼案件、未公判前的预审案件，以及未经公开的外交海陆军事件、谕旨章奏以及诋毁宫廷、扰乱政体、扰害公安、败坏风俗之语。有违者处以罚金或监禁，并禁止该报发行。凡违反本律者不得适用自首减轻之例。

《大清报律》虽然没有施行，但在民国成立以后北洋军阀统治下的各省，仍有援用此律以压制舆论之事。直到民国四年（公元1915年）七月，北洋政府公布《报纸条例》，原《大清报律》才淡出人们的视野。

宣统二年（公元1910年），清政府还颁布了《著作权律》。该律共五章，54条，其第一章为通例，第二章为权利期限，第三章为呈报义务，第四章为权利限制，第五章为附则。

《著作权律》明确了著作权的概念，“凡称著作物而专有重制之利益者，曰著作权”。至于著作物的范围则包括文艺图画、帖本、照片雕刻、模型等，凡著作物归民政部注册给照，受法律保护。

《著作权律》规定，著作权归著作者终身有之。身故后，其承继可继续至30年。凡经呈报注册给照之著作，他人不得翻印、仿制、假冒以侵损其著作权。如有违者，准有著作权者，向该监管衙门呈诉。由审判机关责令处以罚金、赔偿损失。

晚清《著作权律》来源于资本主义国家的相关法律，是中国传统旧律中所没有的。虽然未及施行，但为以后的著作权立法提供了重要的历史基础。

第七节　会通中西的法律思想与晚清修律

一、晚清修律的历史背景与沈家本的法律思想

1902年，两湖总督张之洞以兼办通商大臣身份与各国修订商约。在此期间，英、日、美、葡四国提出在清政府改良司法现状“皆臻完善”以后，可以放弃领事裁判权。对于帝国主义的这种姿态，清政府却天真地以为只要改革某些法制，帝国主义就会放弃在华的权力。其下诏：“现在通商交涉事益繁多，着派沈家本、伍廷芳将一切现行律例按照交涉情形，参酌各国法律，悉心考订，妥为拟议，务期通行，有裨治理。”[1]此后，受命为修订法律大臣的沈家本，便开始着手修订法律工作，并于次年奉旨建立修订法律馆。清末历时近10年的修订新律，主要是在沈家本的主持下进行的。沈家本的法律思想反映了中西法律文化的冲突和某种融合，是具有代表性的。

---

〔1〕（清）沈家本：《寄簃文存》卷一《删除律例内重法折》。

沈家本，字子惇，别号寄簃，浙江省归安（今浙江吴兴）人。光绪九年（公元1883年）进士，留在刑部补官，从此专攻法律之学。光绪十九年（公元1893年）出任天津知府，光绪二十三年（公元1897年）改任保定知府，此后历任山西按察使、刑部左侍郎、大理寺正卿、刑部右侍郎等职。光绪二十八年（公元1902年），清王朝变法修律，任命沈家本为修订法律大臣。宣统元年（公元1909年）资政院成立，沈家本为副总裁。

由于沈家本长期任职刑部，得以浏览历代法典王章和刑狱档案，并系统地研究和考订了中国古代法律发展的源流沿革。他是谙悉中国古代法律并在一定程度上给予批判总结的著名法学家和改革清朝法制的倡导者。他曾指出："当此法治时代，若但征之今而不考之古，但推崇西法而不探讨中法，则法学不全，又安能会而通之，以推行于世。"〔1〕同时，他也热心研读资本主义国家的法律，主张"有志之士当讨究治道之原，旁考各国制度，观其会通，庶几采撷精华，稍有补于当世"。〔2〕他正视急速变化的中国现实和世界的发展潮流，所以坚持改革法制必须采取"会通中西"的原则。为此，他积极组织力量翻译资本主义国家的法律；建立法律学堂和派员出国考察；聘请资产阶级法学家参与立法工作。在他主持修律的短短几年里，不仅删改了大清律中的落后与野蛮的部分，而且制定出具有资本主义性质的法典法规，发挥了联结古今中外法系的桥梁作用。限于历史条件，清末修律还存在不少问题，但毕竟第一次打破了延续两千年的封建专制主义的法律体系。这在中国法制史上具有重要意义。

沈家本生活的时代是中国社会大动荡大变革的时代，也是中西法律文化开始接触并激烈碰撞的时代。以纲常名教为核心的封建法律文化，具有对外来法律文化的顽强的排他性。而以资产阶级人文主义为核心的资产阶级法律文化，虽然挟着不可阻挡之势汹涌地侵入中国，但却缺乏坚实的物质基础。因此，中西法律文化碰撞的结果，必然是发生激烈的斗争。这给沈家本的法律思想打上了深刻的烙印，形成了饶有特色的沈家本法律思想。

（一）西法与中法结合

沈家本是一位"以律鸣于时"的法学家。他通于古而不泥于古，认为传统的旧律已经不是治国的善法，如要"国势日张"只有吸取西方法律文化的精华，才能"有补于当世"。他说："彼法之善者，当取之，当取而不取是之

〔1〕（清）沈家本：《寄簃文存六·薛大司寇辞稿序》。

〔2〕（清）沈家本：《寄簃文存六·政治类典序》。

为愚。”特别是他认为，“介于列强之间，迫于交通之势的中国”，万难以守旧而与“世界法典革新时代”相抗。但在吸收西法的同时，其也不同意俱废旧法，因此，在他主持下修订的新律，力求“不戾乎我国世代相沿之礼教、民情”。在他看来，只有“旧不俱废，新亦当参”才能使新律“融会贯通，一无扞格”。这反映了沈家本在中西法律文化激烈冲突下的矛盾态度和他法律思想中不可克服的封建法律文化的羁绊。

（二）创新与改良结合

谙悉旧律的沈家本，在接受西方法律文化的影响以后，深感旧律的落后与野蛮已处在非变不可之势。因此在他主持修律的过程中无论体系和内容都仿效西法，这在当时无疑是一种大胆的创新。但是沈家本的政治倾向性决定了他的创新思想落实在行动上只能是寓创新于改良之中。他在删修旧律时所提出来的一系列主张，譬如废除酷刑、死刑惟一、改虚拟死罪为徒流，废除比附，等等，虽然是针对旧律例中的积弊而发的，但归根结底也只限于表层意义上的改良，没有触及封建法律的本质。

（三）修律与维新结合

沈家本反对恪守成法，主张变法修律，以改律求维新。他向清廷进言说，修律是“预备立宪之要著”，并以日本明治维新为例，说明以改律为立宪之基础。因此在沈家本思想上，修律既是立宪的内容，又是推动立宪的手段。事实上，修律正是清朝立宪活动期间推出的一个“新政”项目，目的在于维持清朝的统治。

（四）自强与屈从结合

沈家本在论证修律的必要性时曾说：“中国修订法律，首先收回治外法权，实变法自强之枢纽。”可见自强是沈家本修律的动力，收回治外法权是沈家本修律的具体目标。这虽然反映了一个封建官僚的爱国主义情操，但也暴露了他在认识上的局限性和政治上的软弱性。此后他在同守旧派的辩论中，也往往以西方列强的态度作为自辩的理由和迫使顽固派让步的根据。这表现出沈家本的“自强”是和对西方列强的“屈从”分不开的。

（五）立法与立人结合

沈家本认为中国法制的改良和法学的近代化，最终要落实到对专门人才的培养上。他的立法与立人相结合的思想和封建思想家所主张的“人存政举、人亡政息”“有治人无治法”虽有相同之处，但也应时代之需增加了新的内容。他要立的法是资产阶级性质的法，他要立的人是被资产阶级法律文化所武装的专门法律人才。为了培养这样的人才，他编译西人之书作为培养训练新一代法官的教材，并开办法律学堂，聘请外国法学家充当教授，“几年内毕业者近千人，一时称盛”。这对于推动中国法学研究和司法的近代化起了积极的作用。正如他自己所总结的那样：“近今十年来，始有参用西法之议。余从事斯役，访集明达诸君，多司编辑；并延东方博士，相与讲求。复创设法律学堂，造就司法人才，为他日审判之预备，规模略具，中国法学，于焉萌芽。”[1]

（六）人道主义与仁政结合

沈家本在西方法律文化的影响下，接受了孟德斯鸠、卢梭的“天赋人权”“权由天畀”学说，并表现在反对蓄奴与买卖人口上。他认为蓄奴与买卖人口是蔑视人权与人格的不仁行为。在《删除奴婢律例议》一文中论证，“奴亦人也，岂容任意残害？生命固应重，人格尤宜尊，正未可因仍故习，等人类于畜产也”。在《现行刑律》奏章中，他提出“买卖人口，久为环球所指摘，而与立宪政体保护人民权利之旨尤相背驰”，因此“应将律内有关买卖人口及奴仆、奴婢诸条，一律删修改定，以昭仁政”。此外，他奏请删除旧律中的“凌迟”“枭首”“戮尸”“缘坐”“刺字”等酷刑，也都体现了人道主义与仁政的结合。但是，沈家本的人道同样附有封建等级制的烙印。例如，他虽提出将奴婢改为雇工，但又主张，汉民家下的奴婢，以二十五岁为限、限满听归亲属。至于旗下家奴则改为雇工，而“不必限定年岁”。在汉人世仆开豁为良的问题上，他只主张“酌量开豁”，“俟历三代”后，始“开豁为良”。在纳妾问题上，他一方面说，“泰西各国无论何人，不准置妾”，但又认为“中国风俗民情与东西各国不同，未便速加禁止”，只是改为“凭媒说合，祇用财礼接取、由妾之母家写立为妾愿书”，而且“妾媵名分，仍当遵守，不许僭越”。

以上可见沈家本对于西方法律文化的吸收是有条件的，这种不彻底性正是他的改良主义立场的体现。他的法律思想在反映资本主义法律思想与封建法律思想的冲突、妥协与吸收上，具有典型意义。

二、刑法改良思想与新刑律

沈家本从“各法之中，尤以刑法为切要”[2]的认识出发，集中精力制定

---

〔1〕（清）沈家本：《寄簃文存》卷六《法学会杂志序》。

〔2〕《清末筹备立宪档案史料》下册，《奏刑律草案告成分期缮单呈览并陈修订大旨折》。

新的刑律。在他主持修订法律馆期间，根据改良的精神，改订《大清律例》。他删去旧律中与时代截然相悖的落后与野蛮部分，同时参考资本主义国家的法律，制定了《大清新刑律》。

（一）废除野蛮的封建酷刑

由于《大清律例》中规定有凌迟、枭首、戮尸、缘坐、刺字等酷刑，因此沈家本将其置于首当革除之列。他认为刑法“之当改重为轻，固今日仁政之要务”，并从中西刑法的比较中，阐明了无论罪名、刑罚都是“中重而西轻者多”，以致“西人每訾（中国重法）为不仁，其旅居中国者，皆借口于此不受中国之约束”。为了使刑法改重从轻，合乎时代的潮流，他强调首先要删除凌迟、枭首、戮尸这三种“不仁”“不正”“不德”“亏损仁政”之刑，代之以斩决、绞决、监候。为了废除缘坐、刺字各条，沈家本援引资本主义刑法中“刑罚止及一身”的原则和“罪人不孥”的古训，奏请凡是不知情者不得缘坐。凡应予刺字者令收所习艺，按罪名轻重定以年限，以“使莠民知耻，庶几悔过而迁善”。沈家本上奏的《删除律例内重法折》，兼有儒家的仁政观念和资产阶级的民主思想，也代表了改良派在法制上的维新主张。近人杨鸿烈称赞它“恺切披陈”了“中国法律最落后，不合时宜的部分”，“可算是对中国法系加以改造的一篇大宣言”。[1]由于凌迟等清朝法定的酷刑，突出地表现了封建刑法的落后与野蛮，既和世界进步的历史潮流大相径庭，又同清朝立宪的政策矛盾，因此沈家本的奏议得到了清朝的肯定。清廷下谕：“凌迟、枭首、戮尸三项，著即永远删除……至于缘坐各条，除知情者仍治罪外，余皆悉于宽免，其刺字等项亦着概行革除。”[2]

（二）改定传统的五刑制度

大清律所规定的五刑刑名来源于隋、唐的笞、杖、徒、流、死。沈家本根据资本主义国家的刑法，将原有的刑制改为死刑、无期徒刑、有期徒刑、拘留、罚金五种，以便与世界各国的刑制大体划一。对死刑的处决手段，一般用绞，严重的用斩。

（三）虚拟死罪改为徒流

沈家本根据“宽严之用，必因乎其时……世轻世重，未容墨守成规”的原则，奏请将《大清律例》内戏杀、误杀、擅杀三项虚拟死罪分别改为流徒。他说，“此数项罪犯，在各国仅处惩役禁锢之刑”，考之唐律“亦不概问死

---

〔1〕 杨鸿烈：《中国法律思想史》，中国政法大学出版社 2004 年版。

〔2〕《清史稿·刑法志》。

罪”。又说：“中国现行律例不分戏、误、擅杀，皆照斗杀拟绞监候，秋审缓决一次，即准减流。其重者缓决三次减流盖虽名为绞罪，实与流罪无殊，不过虚拟死罪之名，多费秋审一番文牍而已。现当综核名实并省繁重之际，与其空拟以绞，徒事虚文，何如径改为流，俾归简易。”他主张，“拟请嗣后戏杀改为徒罪”，“误杀”“擅杀”“现律应绞候者一律改为流罪”，“总期由重就轻与各国无大悬绝”。[1]这个奏折，反映了沈家本力图贯彻改重为轻，“综核名实”，反对徒事虚文的修律原则，其目的在于使中国的刑制逐步达到与世界无大悬绝。

（四）旗民同科

为了瓦解反清的民族革命，清朝被迫发布了“化除满汉畛域”的上谕。据此，沈家本在修改刑律中提出《旗人遣军流徒各罪照民人实行发配折》，奏请“嗣后旗人犯遣军流徒各罪，照民人一体同科，实行发配。现行律例折枷各条，概行删除，以昭统一，而化畛域”。他强调“法不一则民志疑……法一则民志自靖”，只有消除旗民在法律上“重轻悬绝”的差别，才能建立“至公至允之法律”秩序。

与此同时，他还奏请废除旗民交产的禁条。他认为，只有打破这个“揆诸事理，未得其宜”的法律限制，才能使旗人“人人能自养，而后可以无不养”，才能促进满汉民族在经济上的交往，作到余欠相济，有无相通，“便民生而化畛域”。

（五）禁革蓄养奴婢与买卖人口

沈家本在《禁革买卖人口变通旧例议》中，谴责“以奴婢与财物同论，不以人类视之”的封建传统法律，也批评了清朝“律文虽有买卖奴婢之禁”，但条例却“复准立契价买”。他特别抨击了“官员打死奴婢，仅予罚俸；旗人故杀奴婢，仅予枷号，较之宰杀牛马，拟罪反轻”的清律规定，而且还批评“干名犯义”的法条剥夺了列为贱籍的奴婢的告诉权，以致广大奴婢备受蹂躏，“虐使等于犬马，苛待甚于罪囚，呼吁无门，束手待毙”。他在《删除奴婢律例议》中表示，“不知奴亦人也，岂容任意残害。生命固应重，人格尤宜尊，正未可因仍故习，等人类于畜产也”。沈家本还揭露了蓄养奴婢与买卖人口之间的联系，指出“律例内奴婢各条与买卖人口事实相因”，“此而不早图禁革与颁行宪法之宗旨显相违背”。[2]他建议“永禁”公开买卖人口，如有

---

〔1〕（清）沈家本：《寄簃文存一·虚拟死罪改为流徒折》。

〔2〕（清）沈家本：《寄簃文存一·删除奴婢律例议》。

违犯，“买者卖者，均照违制律治罪”。

沈家本关于禁革蓄养奴婢与买卖人口的主张，是他法律思想中最具有民主色彩的部分。

(六) 律无正条不为罪

沈家本反对“律无正条而复以律外苛求”的封建法制传统，认为与立宪国宗旨相抵触。为了解决“持有限之科条，驭无穷之情伪”的问题，他主张及时立法。在《伪造外国银币设立专条折》中明确指出：“与其就案斟酌，临事鲜有依据，何如订立专条，随时可资引用。”在《论诬指》一文中他也要求根据时代的进化，考虑“律之当议增者”。[1]在他主持修订法律馆期间，不仅制定了一些单行法律，而且还在刑律中增加了关于帝室之罪、内乱之罪、外患之罪、泄漏机务之罪、妨害公务之罪、逮捕监禁者脱逃之罪、藏匿罪人及湮灭证据之罪等新的罪名和新的刑法原则。

(七) 实行惩治教育

沈家本认为人是可以感化教育的，纵使十人之中六七人可以感而化之，“则人之有害风俗有害治安者必日见其少，积渐既久，风俗自日进于良，而治安可以长保焉”。为此，他在刑律草案中确认惩治教育原则，规定犯罪者的刑事责任年龄为十六岁，凡未成年犯“乃教育之主体……非刑罚之主体”，如犯罪可送感化院，并宜“通饬各直省设立惩治场”进行惩治教育，他认为这正是“明刑弼教”的一端。[2]

(八) 改良监狱

沈家本力图改良监狱，使之成为教养罪犯的场所。他说古人设监狱的宗旨就是“藉监狱之地，施教诲之方”，“无适当之监狱，以执行刑罚，则迁善感化，犹托空言。”为此，他提出了以“改建新式监狱养成监狱官吏”，“颁布监狱规则”，“编辑监狱统计”为主要内容的改良监狱的建议。他在《监狱访问录》一文中，着重阐明了“设狱之宗旨非以苦人辱人，将以感化人也”。[3]

三、礼法之争与对封建立法原则的妥协

作为一位开明的封建官僚，沈家本既主张吸收西方先进的法律文化，同

---

〔1〕《寄簃文存二·论诬指》。

〔2〕(清) 沈家本：《清末筹备立宪档史料》下册，《奏刑律草案告成分期缮单呈览并陈修订大旨折》。

〔3〕(清) 沈家本：《寄簃文存六·监狱访问录序》。

时又不可避免地受制于传统的封建法律文化的约束，故表现出了矛盾性与妥协性。例如，1907 年当沈家本等奏进新刑律草案遭到军机大臣兼掌学部的张之洞的攻击时，他并没有反驳张之洞所要求的“因伦制礼，准礼制刑”的立法原则与“有伤伦理之处，应全行改正”的批评。[1]1908 年，当清朝下令“旧律义关伦常诸条，不可率行变革，……惟是刑法之源，本乎礼教。中国素重纲常，故于干犯名义之条，立法特为严重”[2]时，沈家本便表示“恪遵谕旨”。他于有关伦纪各条都“加重一等”，[3]并于新刑律正文之后增加《附则》五条，即“大清律中十恶，亲属容隐，干名犯义，存留养亲以及亲属相奸、相盗、相殴并发冢、犯奸各条，均有关于伦纪礼教，未便蔑弃”，犯者按旧律惩办；“危害乘舆、内乱、外患及对于尊亲属有犯”，应处死刑者，仍用斩刑；卑幼对尊亲属不得适用正当防卫之法等。

1909 年 12 月，《修正刑律草案》进呈以后，清廷令宪政编查馆审核。当时任提学使兼宪政编查馆参议的劳乃宣，以草案“于父子之伦，长幼之序，男女之别有所妨”为由，撰写《修正刑律草案说帖》和《管见声明说帖》等文，遍贴京内外，要求把旧律中有关伦纪礼教各条，“逐一修入新刑律正文”。他还一并抨击新刑律删去“干名犯义”“犯罪存留养亲”“亲属相奸”“亲属相盗”“亲属相殴”“故杀子孙”“杀有服卑幼”“妻殴夫”“夫殴妻”“无夫奸”“子孙违反教令”等款，大失明刑弼教之意。他以封建卫道者自居，强调“刑法之源本乎礼教”，三纲五常等礼教内容，“实为数千年相传之国粹，立国之大本”。为此，他认为，“（旧律中凡属）亲亲也、尊尊也、长长也、男女有别等义关伦常各条”，均为“不可变更者”。他指责沈家本“专摹外国，不以伦常为重，特狃于一时之偏见”，提出“不可不亟图补救”的要求。

与劳乃宣相呼应，大学堂总督刘廷琛也激烈攻击《修正刑律草案》。他认为：“其不合吾国礼俗者，不胜枚举，而最悖谬者，莫如子孙违反教令及无夫奸不加罪数条。”他还说：“礼教可废则新律可行，礼教不可废则新律必不可尽行。”[4]陈宝琛也著文批驳沈家本说，“中国之刑法在世界上本为独立一种法系”，它的特点就是“注重伦常礼教”。因此“改良刑律止可择吾国旧法之不合理者去之而已，不当一一求合于外国法律而没吾国固有之文明”。

---

〔1〕《清朝续文献通考·刑考六》。

〔2〕《清末筹备立宪档案史料》下册。

〔3〕奕劻：《奏为核订新刑律告竣敬谨分别缮具清单请旨交议折》。

〔4〕《清末筹备立宪档案史料》下册。

面对劳乃宣等的攻讦，沈家本“独当其冲，著论痛驳”。[1]他在《书劳提学新刑律草案说帖后》一文中回答攻击者说，上述诸事，有的不必另立专条，有的并未触犯礼教，有的纯属教育范畴，有的“实与大清律宗旨相符”。[2]特别是针对劳乃宣攻击最烈的“子孙违反教令”和“无夫奸不加罪”两条反驳说：“此事有关风化，当于教育上别筹办法，不必编入刑律”，并进一步批驳劳乃宣等人说：“法律与道德、教化毫不相关，实谬妄之论也。”

显而易见，守旧派是以“亲亲、尊尊、长长、男女有别”的原则作为封建法制的基石。他们把这个“相传之国粹”视为“立国之大本”，强调“一国之民有不遵礼教者，以刑齐之”。

在这场争论中，日本专家冈田朝太郎与宪政编查馆、修订法律馆等处的同仁纷纷鼎力声援。其间杨度撰写的《论国家主义与家族主义》、吴廷燮撰写的《用旧说议律辩》，也有力地阐发了新刑律的根据，反驳了守旧派的攻击。此外，山东巡抚袁树勋也指出，“故居今日而言刑律，变固变，不变亦变”，不须“在枝节上讨论，而要在根本上解决”。他说：“根本维何？中国如不改律，尚能适存于列强竞争之世纪否？尚能范围此住居衣食之人民否？”

由于沈家本和劳乃宣等在新刑律中有关“子孙违反教令”和“无夫奸不加罪”等问题上争执各不相让，因而在1910年8月20日召开的资政院会上重新展开争论。作为资政院副总裁的沈家本主持《大清新刑律》的审议工作。劳乃宣则以资政院参议的身份，邀集亲贵议员105人，根据《草案说帖》的精神，主张对新律修改两条、复修一条、增纂八条又一项。经过沈家本的多方努力与争取，《新刑律》的总则部分被议员议决通过。分则部分因会期已到，没能在资政院通过。劳乃宣“对尊亲属有犯不得适用正当防卫”的提案被否决，但移改“和奸无夫妇女罪”一条，因礼教派占有一定优势而被通过。会后，资政院总裁溥伦会同沈家本等具奏新刑律讨论情形。清廷最后作出裁决，《新刑律》总则第十一条少年犯由十五岁改为十二岁；《新刑律》总则第五十条加入“未满十六岁人”的字样，其余不变。同日，宪政编查馆奏请诏颁《新刑律》。清廷表示同意，于同一天降谕，将《新刑律》总则、分则连同五条《暂行章程》一起颁行天下。至此，围绕《新刑律》的两派论争宣告终止。

---

〔1〕江庸：《五十年来中国之法制》。

〔2〕（清）沈家本：《寄簃文存》卷五《答戴尚书书》。

四、按大陆法系建立法律体系

中国古代从战国李悝著《法经》以来，便以民刑不分、诸法合体为法典的编纂体例，以至成为延续2000余年的传统形式。沈家本修律输入日本的法律，受到大陆法系的影响。在他主持下的修律工作，实际上就是按照大陆法系来改造中国传统的法律结构。他强调中国传统的法律体系不合各国大同之良规和近世最新之学说，必须加以改变。“窃维法律之损益，随乎时运之递迁，往昔律书体裁虽专属刑事，而军事、民事、商事以及诉讼等项错综其间。现在兵制即改，则军事已属陆军部之负责，民商及诉讼等律钦遵明谕特别编纂，则刑律之大凡自应专注于刑事之一部。推诸穷通久变之理，实今昔之不宜相袭也。”[1]

（一）以维护私有财产权为基本点的《大清民律草案》

沈家本在编订《现行刑律》时将纯属民事方面的条款如继承、婚姻、田宅、钱债等分出，作为《大清现行刑律》民事有效部分，不再科刑，以示民、刑区分，从而开了民事法律独立编纂的先河。1907年由修订法律大臣俞廉三、刘若曾负责编纂独立的民法典，并聘请日本法学家松冈义正、志田钾太郎起草总则、债权、物权编，由修订法律馆会同礼学馆起草亲属与继承编，后于1911年8月完成《大清民律草案》。在关于民律草案告成的奏折中，俞廉三、刘若曾阐述了修订民律的指导思想是“注重世界最普通之法则”，“原本后出最精确之法理”和“求最适于中国民情之法则”。

晚清民事立法的特点如下：

1. 维护封建地主和资产阶级的私有财产权

《民律草案》对于土地所有权的范围明确规定为“及于地上地下”。土地所有人得禁止他人入其地内，以维护其所有权的安全。至于承租土地的佃农，“虽因不可抗力”致“使用土地有妨碍”或“收益受损失”，也不得请求减免地租。

《民律草案》还规定，所有人于法令限制内，得自由使用、收益、处分其所有权，他人不得稍加妨害，若他人干涉其所有物时，得排除之。《民律草案》也保障债权人得向债务人请求给付，或请求不履行之损害赔偿。

上述条款从形式上看是对社会各阶级阶层一律平等的，但旧中国的国情

[1] 《奏刑律分则草案告成由》，《档、法、律例80号》。

决定了它实际上是维护地主、资产阶级的利益，对于贫苦无告的广大劳动群众没有任何实际价值。

2. 维护封建婚姻家庭关系

《民律草案》仍仿照封建旧律的原则规定，强调结婚须由父母允许。未满三十岁的男子，未满二十五岁之女子，如离婚也必须经过父母。这等于确认了封建包办婚姻的合法性。同时，允许男子纳妾。在家庭关系中继续确认封建家长制，所谓“家政统于家长”。这是因为，作为社会细胞组织的家庭，对于维护国家政权具有十分重要的意义。《民律草案》作出如此规定，反映了晚清立法者保守的意向。

3. 运用资本主义的民法原则，保护帝国主义列强在中国的权益

《民律草案》从体系到基本内容，都采用了资本主义的民法原则和基本规定。有些在客观上维护了帝国主义在中国的权益。例如，关于外国社团法人地位的规定，实际是保证了外国垄断资本经济侵略的自由权利。

《大清民律草案》虽然没有施行，但它打破了以刑为主的旧律体例，吸取了资本主义民法的原则，在法律发达史上是一个进步。当时的中国国情，则决定了它在资本主义民法的形式下，仍要不可避免地融入封建的礼制因素。

（二）通商惠工思想指导下的工商业立法

1. 商业立法

1903 年 4 月 22 日，清廷颁布上谕强调“通商惠工，为经国之要政”，并派“载振、袁世凯、伍廷芳，先订商律，作为则例，待商律编成奏定后，即行特简大员，开办商部”。同年 9 月成立商部，并将制定商律作为商部成立后的主要任务。

晚清的商业立法，于 1906 年以前，主要是制定单行商法，如《奖励公司章程》《商会简明章程二十六条》《商会章程附则六条》《商标注册试办章程二十八条》及细目二十三条，《公司注册试办章程》《奖给商勋章程》以及 1908 年制定的《大清银行则例》，等等。[1]1906 年以后，随着预备立宪的进程，着重制定商律草案。1904 年 1 月，商部便开始拟定“商律卷首之《商人通例》九条及《公司律》一百三十条，缮具清册，恭呈御览”，后经朝廷“依议”施行。[2]《商人通例》规定商人的概念、商业能力、商号及商业账簿等内容。

《公司律》共十一节，即公司分类及创办等办法、股份、股东权利各事

〔1〕《大清法规大全·实业部》。

〔2〕《大清法规大全·实业部》。

宜、董事、查账人、董事会议、股东会议、账目、公司章程的变更、公司的整顿及解散、罚例。《公司律》是仿照西方资本主义公司法制定的。《公司律》与《商人通例》一起称为《钦定大清商律》。虽然其中部分内容还杂有封建因素，部分脱离了当时中国的实际，但它是中国第一部独立的商法，对于推动商业的发展起到了很大作用。

1906 年，针对企业“乃或因经营未善，或因市价不齐，即不能不有破产之事”，需要制定有关法规以调整企业破产后的纠纷，故制定了《破产律》。该律共分 9 章，69 条。这九章是破产呈报、破产管理人、债主会议、清算账目、处分财产、有心倒骗的定性及处理、清偿期限延长、呈注销案即终止、附则。

《破产律》是仿日本破产法制定的。为了贯彻施行，商部和修律大臣奏请，“各省凡有破产之案，各督抚应严饬地方官，尅期定结，不得狃于积习视钱债为细故”。由于破产律第四十条规定“归偿成数，仍同各债主一律办理”，与过去先洋款、后官款、后华洋商款分摊之例不合，故遭到户部反对，但沪京钱商赞成。双方发生争执，难于执行，遑明令废止。次年，修订法律馆聘请松冈义正拟订《破产律草案》三百六十条，但未经审定，清朝即覆亡。

1908 年 10 月，修订法律馆聘请日本法学博士志田钾太郎会同拟订《大清商律草案》。该草案共五编 1008 条，第一编总则、第二编商行为、第三编公司律、第四编票据法、第五编海船律。《商律草案》提交审议后，农工商部以其直接抄袭日、德等国商法，不合中国国情为由提出质疑。后虽经修改，但未及审定，清朝便已覆亡。

2. 工矿业立法

随着近代工矿业生产的发展，清政府还制定了《大清矿务章程》。光绪三十三年（1907 年）五月，湖广总督张之洞奏请早定矿务章程后，经外务部、商部审议奏准，由农工商部参酌英、美、德、法、奥、比利时、西班牙、日本等国的矿章，编成中国矿务正章 74 款，附章 73 条。张之洞认为，“兴办矿务为大利所在，而措施失当，亦贻害靡穷”，因此，所制定的章程“于宽严操纵之处，条款繁简之中，必须体察情形，斟酌尽善，始能通行无阻”，特别是“事关华洋交涉者，尤宜审慎周详”。这可以说是制定矿务章程的指导思想。

《大清矿务章程》正章共 15 章 74 款。其十五章是：总要、管理、旧商限制、新商限制、矿质分类、地权、以地作股、执照、矿界年租、矿税、矿商应令、树木水道、外人合股、矿工、矿务警察。正章宣布前此所颁行之矿章一律作废，均以新章为准，同时确认农工商部负责管理一切矿务事宜。外国矿商依法享有合股开矿直至矿尽为止的权利，但不能充当地面业主。曾违犯法律的中国人与僧道、教徒不得申请办矿，未与中国订约的外国人及不遵守中国法律或曾违犯中国或其本国法律者，也不得申请办矿，更不准外国矿商独自办矿。无论官办民办、华洋商人合办，均须奉有部照，否则即为非法。民间如私卖矿产于外人，按盗卖律治罪。无论勘矿、开矿均须申请执照，如诈领执照，一经发现除立刻收回执照外，并从严惩办。洋商在内地办矿，如与华人或他国人发生钱债争讼，中国执法官可按中国律例，秉公剖断。现有律例未载者，按各国通例及参酌中国法律公平办理。

在分章 73 条中，主要是规定地方由各省矿政局派员办理矿务，以及有关勘矿、开矿等具体规定。《矿务章程》打破了清朝对民间开矿的种种限制，对于矿业的发展乃至整个工业的发展是有利的。它的规定也较为细密，尽管晚清覆亡在即，未能全部实施，但对以后的矿务立法具有重要的历史渊源意义。

五、晚清司法制度的变化与诉讼法的制定

（一）中国司法主权的丧失

1840 年鸦片战争以后，资本主义列强通过订立不平等条约为全面践踏中国的主权提供了法律根据。尤其是领事裁判权的确立，使中国的司法主权遭到了严重的凌夷。

中国近代史上的领事裁判权发端于 1843 年中英《五口通商附粘善后条款》，至第二次鸦片战争时签订新约，领事裁判权被延伸至所有与中国签订不平等条约的国家。具体说来，在中国居留的外国侨民，如成为民刑诉讼的被告，中国法院无权审判，而要由其本国的领事官，依照本国的法律，行使司法管辖权。领事裁判权是晚清司法制度半殖民地化的重要标志。

为了扩张领事裁判权，资本主义列强还蓄意谋取观审权。1876 年，英国在《中英烟台条约》中规定："凡迁内地各省地方或通商口岸有关系英人命盗案件，议由英国大臣派员前往该处观审。"这是清政府第一次在条约中正式承认观审。但外国侵略者并不满足于观审，而是要取得会审权，进而发展到由外国侵略者主审。

1853 年刘丽川小刀会起义时，英、美、法驻上海领事乘机攫取"租界"内包括两造均为中国人的全部司法诉讼案件的审判权。1858 年《中英天津条约》明文规定："两国交涉事件，彼此均须会同公平审断，以昭允当。"1864

年，清政府命上海道与英、美、法三国驻上海租界领事多次交涉，遂达成协议，设“洋泾浜北首理事衙门”作为中国派驻租界的常设司法审判专门机构。同年12月28日，《上海洋泾浜设官会审章程》订立，改“洋泾浜北首理事衙门”为“会审公廨”。根据《会审章程》，“凡被告是外国人的案件，必须领事官会同委员审问，或派洋官会审”。“有领事之洋人犯罪，按约由领事惩办。其无领事之洋人犯罪，即由委员酌拟罪名，详告上海道核定，并与一有约之领事公商酌办。”

随着世界资本主义发展到帝国主义阶段，外国侵略者攫取中国司法主权的活动更加猖獗。1902年，列强在《上海租界权限章程》中确定，华人在租界违法犯罪，不通过会审，而由“租界公堂”审判。被告居住于公共租界，其司法审判归租界公堂管辖。若居住在法租界，则由法租界领事及租界法庭审理。会审权的范围，最初只限于一般民刑案件。随着帝国主义列强侵略的深入，逐渐扩展到涉外纠纷和海关争议案件领事裁判权与会审权在中国的实施，使得“外人不受中国之刑章，而华人反就外国之裁判”。[1]中国人民在涉外纠纷的审理中处于受侮辱和被歧视的地位。列强谋求的领事裁判和会审权的目的，绝不是像他们所说是为了改变中国法律及其审判方式的落后，而是为了确保其在华经济利益和政治特权，保护本国的罪犯、流氓在中国胡作非为。美国驻华使节蒲安臣自认“合众国的威权曾经被人嘲笑过，并且我们的国旗曾经被用来掩护所有在中国的流氓……从那个时候起外国人经常地从中国溜走了”。[2]

（二）诉讼法与法院组织法的修订

清朝原未制定独立的诉讼法规，而是采用实体法与程序法合一的形式。至晚清才陆续编订诉讼法。

1906年，由沈家本等拟定《刑事民事诉讼法草案》，共5章260条，分别规定了刑事、民事诉讼的具体程序。其中吸取了日本和西欧的某些诉讼制度，如陪审制度、律师制度，这是沈家本极力主张的“应取法者”。他认为，陪审员制度的推行，有利于“裁判悉秉公理，轻重胥协舆评，自无枉纵深故之虞矣”，而律师制度的采用则“尤为挽回法权最要之端”。[3]对于这个草案，清廷下谕要求地方将军督抚体察情形，悉心研究。其中有无扞格之处，即行缕

---

〔1〕《清史稿·刑法志》。

〔2〕1864年6月3日蒲安臣致西华德函，见《中华帝国对外关系史》。

〔3〕《大清光绪新法令》第19册。

析条分，据实具奏。[1]各省督抚均以该法不便执行，请求再行核议，该法遂被搁置。法部为了使各级司法机关有所遵循，临时草拟《各级审判厅试办章程》，于1907年12月报请清廷转饬宪政编审馆核议，至1909年经清廷核准颁布试行。

该章程第二章为审判通则，共八节，即审级、管辖、回避、厅票、预审公判、判决、执行、协助。第三章为诉讼，共六节，即起诉、上诉、证人鉴定人、管收、保释、讼费等。

这个章程是清末唯一正式公布的具有近代诉讼法性质的法规，但修订法律馆认为它过于简略，故与此同时修订编纂刑事诉讼法和民事诉讼法，并列为《钦定逐年筹备事宜清单》中的项目。从1907年起，由沈家本等负责刑事诉讼律和民事诉讼律的起草工作，1911年1月24日，《大清刑事诉讼律》完成。沈家本在奏折中强调刑事诉讼律的重要性，他说："查诸律中，以刑事诉讼律尤为切要。西人有言曰：刑律不善，足以害良民；刑事诉讼律不备，即良民亦罹其害。盖刑律为体，而刑诉为用，二者相为维系，固不容偏废也。"[2]

《刑事诉讼律》共六编515条，第一编为总则，第二编为第一审，第三编为上诉，第四编为再理，第五编为特别诉讼程序，第六编为裁判之执行。《大清刑事诉讼律》以日本1890年刑诉法为蓝本，采取一系列近代西方诉讼原则和制度。尽管由于清朝的迅速覆亡而未能颁行，但却为民国时期的北洋军阀政府和国民政府所援用。

1911年1月27日，沈家本、俞廉三等又将《民事诉讼律草案》提交审议。其在《修订法律大臣沈家本等奏民事诉讼律草案编纂告竣缮册呈览折》中提出："东西各国法制虽殊，然于人民私权秩序，维持至周。既有民律以立其基，更有民事诉讼律以达其用，是以专断之弊绝，而明允之效彰。中国民刑不分由来已久，刑事诉讼虽无专书，然其规程尚互见于刑律，独至民事诉讼因无整齐划一之规，易为百弊丛生之府，若不速定专律，曲防事制，政平讼理未必可期，司法前途不无障碍。臣等从事编纂，博访周咨，考列国之成规，采最新之学理，复斟酌中国民俗，逐一研求……谨缮成册，恭呈御览。"

《民事诉讼律草案》共四编22章800条，第一编为审判衙门，第二编为当事人，第三编为通常诉讼程序，第四编为特别诉讼程序。《民事诉讼律草

〔1〕《清实录》德宗朝卷五五八。

〔2〕戴炎辉主编：《中国现代法制研究资料索引》。

案》以日本1890年民事诉讼法为蓝本，在中国诉讼法史上具有重要的意义，表现了对保护私权的重视。

1906年，在预备立宪先改官制的呼声中，大理院奏请："自应将裁判之权限等级区分划明，次第建设，方合各国宪政之制度。"〔1〕1906年12月12日，法部制定《大理院审判编制法》5节45条，第一节为总纲，第二节为大理院，第三节为京师高等审判厅，第四节为城内外地方审判厅，第五节为城谳局。1907年9月，修订法律馆为适应各地方推行四级审判制的需要，又在暂定施行于京师地区的《大理院审判编制法》的基础上，编成《法院编制法》。该法于1910年2月7日正式颁布。清廷在上谕中说："自此颁布《法院编制法》后，所有司法之行政事务，着法部认真督理，审判事务着大理院以下审判各衙门各按国家法律审理。以前部院权限未清之处，即着遵照此次奏定各节，切实划分……嗣后各审判衙门，朝廷既予以独立执法之权，行政各官即不准违法干涉。"〔2〕

《法院编制法》共16章164条，主要是确定四级审判制，民刑诉讼及军法审判分理，同时采用三审终审制、独任制和合议制等原则。但《法院编制法》的实施尚需年限，以致辛亥革命发生前并未全面推行。

---

〔1〕《东华录》（光绪朝）。

〔2〕《宣统政纪》卷二八。

第十四章

中华民国时期的法律

(公元1912年—公元1949年)

1911 年 10 月 10 日武昌起义爆发，引发了辛亥革命的风暴。1912 年 1 月 1 日，中华民国南京临时政府宣告成立，从而揭开了中国资产阶级民主法制的新篇章。从 1912 年 1 月中华民国的创建，到 1949 年 10 月中华人民共和国的成立，中华民国的中央政府几经更迭，先后主要经历了南京临时政府（1912 年 1 月至 1912 年 3 月）、北京政府（即北洋政府，1912 年 3 月至 1928 年 6 月）和南京国民政府（1927 年 4 月至 1949 年 10 月）三个时期。这期间，中国法律近代化经历了艰难曲折的发展过程，沿着清末沈家本开启的变法修律之路探索前行，历经曲折，终于在南京国民政府时期构建了以“六法全书”为核心的法律制度，完成了形式上的法律近代化，建立了比较完备的法律体系。但是，“民国”旗帜下的一党专政，使得法律带有明显的政治斗争色彩，其法统最终为新民主主义革命所推翻。中华民国时期留下的诸多法律文化遗产值得后人省思，尤其是对于当今建设法治国家提供了可资借鉴的历史经验。

民国时期，在中国共产党领导下，革命根据地也进行了新民主主义法制的创建和发展的实践。在 20 多年的革命斗争和法制建设过程中，人民民主政权创制出了许多符合中国国情的法律制度，积累了宝贵的经验，既有力地保障和推动了新民主主义革命的胜利进行，又为新中国的社会主义法制建设奠定了基础。革命根据地法律制度成为中华人民共和国法律制度的重要历史渊源。

第一节　南京临时政府的法律

中华民国南京临时政府是辛亥革命的产物，是中国近代惟一由资产阶级革命派掌权的民主共和政府。尽管只存在了 3 个月，但它颁布的《中华民国临时约法》影响深远，其他革命法令也彰显了政权的革命性质和基本主张，是近代中国人民反帝反封建斗争的里程碑。

一、法律思想

以孙中山为首的资产阶级民主派的革命目标是通过武装斗争推翻满清政权，按照“创立合众政府”的方案，建立民主共和政府。民族独立、民主共和、保障人权成为这一时期各项建设的主旋律。随着君主专制被民主共和所取代，传统法律文化受到了大规模的批判，而西方法治文明得到更广泛和深入的认同。由此，中国法律开始了更为全面的近代转型。在这个过程中，孙中山、章太炎、伍廷芳等人关于民主共和、法治与人权的法律思想，对民国初期的法制建设起到了引导作用，也顺应了法治文明演进的基本方向，是人们反对帝制复辟的动力源泉和方向指南。

下面以孙中山、章太炎、伍廷芳等人为代表，简述南京临时政府时期主要的法律思想。

（一）民主共和

作为民主主义革命家，孙中山一直把民族革命与推翻清廷的政治革命联系在一起。1894 年，孙中山创立兴中会时就以“创立合众政府”为会员誓词。1903 年，孙中山在檀香山的演说中，提出“效法美国选举总统，废除专制，实行共和”，[1]从而划清了与改良维新派和保皇派的政治界限。1904 年他更提出“驱除鞑虏，恢复中华，创立民国，平均地权”，使得建立共和国的宗旨更加明确。

1905 年，同盟会成立。同盟会宣言明确宣布：“今者由平民革命以建国民政府，凡为国民皆平等以有参政权。大总统由国民共举，议会以国民公举之议员构成之。制定中华民国宪法，人人共守，敢有帝制自为者，天下共击之。”[2]这与青年革命家邹容在《革命军》中提出的“中华共和国”主张是一致的。

1905 年，孙中山在《民报》发刊词中，提出“民族”“民权”“民生”的三民主义，构成了孙中山思想体系的核心。其中，民权主义是孙中山共和国思想的集中体现。他说：“顺乎世界的潮流，非用民权不可。”为民权而斗争的目标，就是仿欧美建立一个以自由、平等、博爱为其一贯精神的共和政体。

---

〔1〕 孙中山：“在檀香山正埠荷梯厘街戏院的演说”，载孟庆鹏编：《孙中山文集》，团结出版社 1997 年版，第 462 页。

〔2〕 孙中山：“同盟会宣言”，载《孙中山选集》（上卷），人民出版社 1956 年版，第 69 页。

他强调“就算汉人为君主，也不能不革命”[1]，从而突破了单纯反满的目标，赋予民族革命以深刻的民主政治的内容。

孙中山关于资产阶级民主共和国的思想，是鸦片战争以来中国先进思想家向西方寻求真理的重要结晶，具有划时代的伟大意义。它指导了辛亥革命的发动和南京临时政府的建设。与此同时，章太炎和伍廷芳也设计了他们理想中的共和国方案。

章太炎虽然主张建立共和政府，但对资产阶级议会制度并不盲目崇拜。在《代议然否论》中，章太炎对议会制能否实行于中国持否定态度。他认为，实行议会制不适合中国国情，会破坏多民族国家的统一。他主张实行总统制的共和国，以民选的总统为国家元首，执掌行政、军事和外交大权，不设议会为最高权力机关。共和国之人民不仅享有集会、言论、出版的自由，而且实行直接民权。

伍廷芳认为共和政治的实质是“国民代表执行政事”，“由国民代表取决”，并“肩其责任”。国民应享有平等权与自由权。在其名篇《中华民国图治刍议》中，伍廷芳指出：“民国者，吾五族同胞之民国，非一人一族可得而私有之，谊本一家，亲同手足，知乎此，则国界族界臆说，全行打破，无复疑之可言。”

（二）人权保障

资产阶级民主派的人权思想，主要表现在对于自由、平等、博爱等精神的论述中。

就自由而言，孙中山在1912年1月5日《对外宣言书》中宣称：“天赋自由，萦想已夙，祈悠久之幸福，扫前途之障蔽，怀此微忱，久而莫达”，“今日之日……自由幸福，照耀寰宇，不可谓非千载难得之盛会也”。为实现这一宏伟理想，南京临时政府的立法建制皆围绕保障自由的宗旨而展开。孙中山宣布：“各族人民，对于国家社会之一切权利，公权若选举、参政等，私权若居住、言论、出版、集会、信教之自由等，均许一体享有。”

伍廷芳也认为：“凡人于法律界内，不出范围，可以自由行事，无人可为拘制，如有稍涉拘制，而不依法律者，即可执拘执之人，起诉于法官，或官或民，犯者一律惩治……此之所谓自由也。”[2]

---

〔1〕 孙中山：“三民主义与中国前途”，载《孙中山选集》（上卷），人民出版社1956年版，第75页。

〔2〕 丁贤俊、喻作凤编：《伍廷芳集》（下册），中华书局1993年版，第611页。

就平等而言，主要表现为以下几个方面：

第一，确认人民的政治平等权利。孙中山在解释同盟会宣言时指出："文明之福祉，国民平等以享之。"其后又进一步解释："四万万人一切平等。国民之权利义务，无有贵贱之别、贫富之别，轻重厚薄，无稍不均。"[1]

伍廷芳也认为："国家法律，上下人须一律恪遵，位极长官，亦难枉法。犯者无论上下，一同治罪，此之谓平等也。"[2]

第二，国内各民族一律平等。1912 年 9 月 11 日，孙中山在"北京蒙藏统一政治改良会欢迎会"的演说中指出："今我共和成立，凡蒙、藏、青海、回疆同胞，在昔之受压制于一部者，今皆得为国家主体。"

第三，男女平等。孙中山批判了传统的男尊女卑思想，指出"天赋人权，男女本非悬殊，平等大公，心同此理"，因此要"于法律上、政治上、教育上、社会上确认男女平等之原则，助进女权之发展"。伍廷芳还将改革封建婚姻制度、严禁早婚及纳妾作为保障人权的重要方面。

就博爱而言，孙中山根据博爱的精神，督促南京临时政府发布禁止买卖人口、禁止蓄婢、禁绝贩卖"猪仔"、保护华侨、开放疍户惰民许其一体享有公权私权、禁止刑讯等一系列法令。这些主张充分体现了尊重人格和人道主义的博爱精神。

（三）法治

孙中山对于西方法治留下了深刻印象，非常重视法律对于实现国家统治的重要作用。章太炎强调如"以法律为治"管理国家，则国势必张。他以法治相尚，认为"专重法律，足以为治"[3]，"过任治人，不任治法"，适足以招乱。他指出："为治固当循绳墨，无所用贤。且有劳者得超除，溺职者受罢黜，材者固无患其沉滞，虽下资亦自见泠汰矣。"[4]

（四）司法独立

司法独立是资产阶级民主派的共识，也是南京临时政府进行司法改革和法制建设的重要方向。1897 年孙中山撰写的《中国之司法改革》，第一次明确提出了司法独立的口号。他主张建立独立的司法机关，实行资本主义的诉讼和审判制度。这些主张明确地反映在《中华民国临时约法》的规定中。据《中

---

〔1〕 孙中山："中华革命党革命方略"，载广东省社会科学院、中国社会科学院近代史研究所、中山大学等编：《孙中山全集》（第 1 集），中华书局 1981 年版，第 317 页。

〔2〕 丁贤俊、喻作风编：《伍廷芳集》（下册），中华书局 1993 年版，第 611 页。

〔3〕 章太炎："秦政记"，载《章氏丛书·文录一》，浙江图书馆校刊 1933 年版。

〔4〕 章太炎："代议然否论"，载《章太炎全集》卷四，上海人民出版社 1984 年版，第 309 页。

华民国临时约法》规定，“法官独立审判，不受上级官厅之干涉”，“法官在任中不得减俸或转职，非依法律受刑罚宣告，或应免职之惩戒处分，不得解职”。

章太炎也始终坚持三权分立和司法独立原则。为保证司法独立，章太炎提出两项措施：其一，法律的制定不由官府和权势豪门掌握，而“令明习法律者与通达历史、周知民间利病之士，参伍定之，所以塞附上附下之渐也”。其二，司法官不能由政府任意黜陟，更不得从豪门中选任，而应由“明习法令者自相推择为之”。“司法官不由朝命，亦不自豪民选举，则无所阿附，以骫其文，如是而民免于陧杌矣。”〔1〕

二、宪法性文件

(一)《鄂州临时约法》

1911年10月11日武昌起义后，革命党人联合立宪派，同时争取旧军阀，建立了中华民国湖北军政府。这是中国历史上第一个具有比较完整意义的资产阶级民主共和性质的地方革命政权。在1912年1月1日南京临时政府成立以前，它一度代行中华民国中央临时政府的职权。

1911年11月底至12月初，湖北军政府公布实施《鄂州临时约法》。这是在孙中山创建中华民国方略与立法思想指引下，中国民族资产阶级制定的第一个具有宪法性质的地区性重要文件。《鄂州临时约法》由宋教仁起草，分总纲、人民、都督、政务委员、议会、法司、补则7章，共60条。其主要内容是，在推翻了清王朝后，建立资产阶级民主共和国性质的中华民国；按三权分立的原则组织湖北军政府，实行政务委员制度；规定了人民的权利义务和有利于发展资本主义的原则。该约法宣告了君主专制制度在湖北地区的废除及资产阶级民主共和制度的诞生，也为以后其他独立的各省组建革命政府、制定约法树立了榜样。

(二)《中华民国临时政府组织大纲》

《中华民国临时政府组织大纲》(以下简称《临时政府组织大纲》)是辛亥革命胜利后，各省都督府代表会议通过的关于筹建中华民国临时政府的纲领性文件。其于1911年12月3日通过，1912年1月2日修订。《临时政府组织大纲》共4章21条。第一章为“临时大总统、副总统”，规定了中华民国临时大总统、副总统的产生及其权限。第二章为“参议院”，规定了参议院的

---

〔1〕 章太炎：“代议然否论”，载《章太炎全集》卷四，上海人民出版社1984年版，第309页。

组成、议员的产生以及参议院的职权。第三章为“行政各部”，规定了临时大总统下设行政各部、部长的任免及其权限。第四章为“附则”，规定了《临时政府组织大纲》的施行期限，即至中华民国宪法生效之日止。

《临时政府组织大纲》第一次以法律形式宣告废除帝制，并以美国的国家制度为蓝本，确立了中华民国的基本政治体制。据其规定，中华民国实行三权分立原则。临时政府为总统制共和政体，临时大总统为国家元首和政府首脑，统率军队并行使行政权力。立法权由一院制的议会机关参议院行使，参议院由各省都督府委派三名参议员组成。在参议院成立以前，暂时由各省都督府代表会议代行其职权。临时中央裁判所作为行使最高司法权的机关，由临时大总统取得参议院同意后设立。

《临时政府组织大纲》是中国资产阶级共和国的第一个宪法性文件，其历史意义在于用法律的形式肯定了辛亥革命的成果，为以孙中山为首的中华民国南京临时政府的成立提供了法律依据，树立了革命法统。《临时政府组织大纲》虽然在制度内容上并不十分完备，但是它适应了革命形势发展的需要，第一次以法律的形式确认资产阶级共和政体的诞生，具有进步意义。其还起着临时宪法的作用，成为以后制定《中华民国临时约法》的基础。

（三）《中华民国临时约法》

《中华民国临时约法》（以下简称《临时约法》）是南京临时政府于1912年3月11日公布的宪法文件，共7章56条。各章分别为总纲、人民、参议院、临时大总统副总统、国务员、法院、附则。它规定中华民国为民主共和国，确立了资产阶级民主共和的政治制度和人民的权利义务。《临时约法》的制定和公布施行，是南京临时政府法制建设的重要成就，也是中国宪法史上的一件大事。

《临时约法》是在辛亥革命后南北议和过程中制定的。1912年1月下旬，各省都督府代表会议召开第一次起草会议。1月28日，临时参议院成立，召开了第二次起草会议。这两次起草会议所定草案中关于中央政体均采用总统制。2月上旬，南北议和即将告成，孙中山依前议要辞去临时大总统职位，而由袁世凯接任。为了以法律手段防止袁世凯擅权，临时参议院在2月9日审议约法草案时，决定将原来的总统制改为责任内阁制。2月15日，参议院选举袁世凯为临时大总统，革命政权落入军阀之手已属必然。以孙中山为首的革命党人更希望制定一部约法来制约袁世凯，因而在孙中山主持下加快了制定步伐。3月8日，《临时约法》在参议院三读通过，并于袁世凯在北京就任临时大总统的次日——3月11日，由孙中山正式公布。

《临时约法》具有中华民国临时宪法的性质，在正式宪法实施以前，具有与宪法相等的效力。其主要内容如下：

第一，明确宣示中华民国为统一的共和国。“中华民国由中华人民组织之”，“中华民国之主权，属于国民全体”。这就以根本法的形式确定了中华民国是一个“主权在民”的资产阶级共和国，从而否定了中国2000多年来的君主专制，树立了“帝制自为非法、民主共和合法”的观念，促进了人民的民主主义觉悟。

《临时约法》还规定中华民国是一个主权独立的统一多民族国家。“总纲”明确宣告中华民国的领土范围为22行省、内外蒙古、西藏和青海。这一规定第一次以根本法形式向全世界宣告，中国是一个领土完整、主权独立、统一的多民族国家。

第二，确立了资产阶级民主共和国的政治体制和国家制度，实行三权分立的政府组织原则，采用责任内阁制。依照《临时约法》之规定：“中华民国以参议院、临时大总统、国务员、法院行使其统治权。”其规定临时大总统、副总统和国务院行使行政权力，参议院是立法机关，法院是司法机关。三机关各有所司，相互独立行使各项权力，同时又在一定程度上互相制约，尤其是立法机关对行政机关的制约。《临时约法》还规定了其他相应的组织与制度。

依照《临时约法》，临时大总统的职权包括，代表临时政府，总揽政务，公布法律；为执行法律，或基于法律之委托，得发布命令；统帅全国海陆军；制定官职、官规，但须提交参议院议决；任免文武职员，但任命国务员及外交大使、公使，须得参议院之同意；得宣战、媾和及缔结条约；得依法宣告戒严；代表全国接受外国之大使、公使；得提出法律案于参议院；得颁布勋章并其他荣典；得宣告大赦、特赦、减刑、复权，但大赦须经参议院之同意。

《临时约法》规定参议院的职权是，议决一切法律议案以及临时政府之预算、决算，全国之税法，币制、度量衡之准则，公债之募集，国库有负担之契约等；对临时大总统提交之宣战、媾和、缔约、任命国务员及外交大使、公使、大赦事件等拥有同意权；对于法律、行政及官吏违法事件等拥有咨询、建议或质问权；对于临时大总统和国务员有弹劾权。

第三，规定人民享有广泛的权利及应尽义务。《临时约法》列有“人民”专章，规定人民的基本权利与义务。按照其规定，“中华民国人民一律平等，无种族、阶级、宗教之区别"。人民之身体，非依法律不得逮捕、拘禁、审问、处罚。人民之家宅，非依法律不得侵入或搜索。人民有言论、著作、刊行、集会、结社、书信秘密、居住、迁徙、信教之自由。人民有请愿于议会、陈诉于行政官署、诉讼于法院受其审判、对官吏违法损害权利之行为得陈诉于平政院、应任官考试、选举及被选举之权。但对人民之权利，有认为增进公益、维护治安或非常紧急必要时，得依法律限制之。《临时约法》同时规定了人民依法律有纳税、服兵役之义务。这些规定反映了辛亥革命的积极成果，体现了资产阶级革命派的民主精神。

第四，确认保护私有财产的原则。根据资产阶级宪法关于私有财产神圣不可侵犯的原则，《临时约法》规定："人民有保有财产及营业之自由。"其以法律的形式破除了清朝束缚资本主义自由发展的所谓"官办""官商合办"的桎梏，有利于资本主义工商业的发展。

《临时约法》的主要特点就是从各方面设定条款，对袁世凯加以限制和防范，即因人立法。在《临时约法》制定过程中，各种政治势力之间围绕政权问题展开了错综复杂的斗争。因此《临时约法》字里行间都反映了当时的斗争形势和力量对比关系，反映了革命党人在即将交权让位之际，企图利用《临时约法》制约袁世凯、保卫民国的苦心和努力。这主要表现在以下方面：

第一，改总统制为责任内阁制。临时大总统的权力受到参议院和国务员的大大牵制，目的在于限制袁世凯的政治权力。

第二，扩大参议院的权力以抗衡袁世凯。《临时约法》规定参议院除了拥有立法权外，还有对临时大总统决定重大事件的同意权和对临时大总统、副总统的弹劾权。此外还规定，临时大总统对参议院议决事项复议时，如有2/3的参议员仍坚持原议，临时大总统必须公布施行。这些规定显然加强了国会对临时大总统的监督。

第三，规定特别修改程序，以制约袁世凯。《临时约法》规定，须由参议院议员2/3以上或临时大总统之提议，经参议员4/5以上之出席，出席议员3/4以上之可决，才能增修之。显然这是欲以严格的修改程序，保障约法的稳定性，以防止袁世凯擅自修改和破坏约法。

《中华民国临时约法》的颁布是中国法制史上的一块里程碑，作为中国近代第一部资产阶级共和国性质的宪法文件，具有革命性和民主性。其制定与颁布的历史意义在于，以根本法的形式废除了君主专制，肯定了辛亥革命的成果，确立起资产阶级民主共和国的政治体制，并使民主共和的观念逐步深入人心。它所反映的资产阶级的愿望和意志，在当时条件下是符合中国社会发展趋势的，也在一定程度上反映了人民群众的民主要求。

《临时约法》也存在着明显的局限性。譬如，没有正面反帝和彻底反封建的明确规定，也没有具体涉及关系到“民生”的土地问题，以满足广大农民对土地的迫切要求。尽管如此，《临时约法》的革命性和民主性仍是彪炳史册的。

三、其他革命法令

南京临时政府在其存在的短短 3 个月内，颁布了一系列革命法令，试图保障民权，发展经济，促进文化教育和社会革新，实施行政改革和整饬吏治。现择其要者分述如下。

（一）保障民权的法令

《保护人民财产令》是 1912 年 1 月南京临时政府为保护人民私有财产及稳定社会秩序而发布的重要法令，共 5 条。根据孙中山“以保护人民财产为急务”的指示，该法令宣布民国政府保护人民财产，确认财产权为基本民权之一，是人民赖以生存的基础。同时，该法令对清政府及其官吏的财产规定了不同的处理办法。对无反对民国证据的原清政府官员的私产亦保护之；对与民国为敌的清政府官吏在民国势力范围内的财产一律查抄，体现了分化瓦解满清官吏的策略。孙中山还曾致电各省都督，如有合法财产被侵夺者，许其按照临时约法来中央平政院陈诉，或就近向都督府控告。一经调查确实，立予尽法严惩，并将罪状宣示天下，以昭儆戒。

“权利平等令”的全称为《大总统通令开放疍户惰民等许其一体享有公权私权文》。这是南京临时政府颁布的又一重要的保护民权法令，由孙中山于 1912 年 3 月以临时大总统的名义公布。该法令宣布：疍户、惰民、义民、丐民、剃发者、优倡、隶卒，均许享有国家社会一切权利，如选举、参政、居住、集会、信教等。该法令体现了法律面前人人平等的资产阶级原则。

1912 年 3 月，南京临时政府还颁布《大总统令内务部禁止买卖人口文》，宣布以前人口买卖的契约全部解除，不再有主奴名分。以前的主奴关系视为雇主雇人关系，以后买卖人口均为违法。这是一部具有积极意义的人权保护法令。

孙中山还以临时大总统令先后发布《大总统令广东都督严行禁止贩卖猪仔文》《大总统令外交部妥筹禁绝贩卖猪仔及保护华侨办法》等法令。其主要内容是禁止贩卖人口，废除各种贱民身份，切实保护平民、海外华侨享有基本的公民权利和自由。

为促进民族平等，巩固国家统一，1912 年 2 月南京临时政府颁布《大总统布告国民消融意见蠲除畛域文》，规定中华民国合汉、满、蒙、回、藏为一家，相与和衷共济，丕兴实业，促进教育，推广东球之商务，维持世界之和平；国民务当消融意见，蠲除畛域，以营私为无利，以公益为当谋，增祖国之荣光，造国民之幸福。南京临时政府还颁布《关于满蒙回藏各旗待遇之条件》，包括与汉人平等、保护其原有之私产、取消从前营业居住限制、听其原有宗教之自由信仰等七项内容。这些法规对于增进民族平等，维护国家统一，促进少数民族地区经济文化的发展，具有不可忽视的现实意义。

（二）发展经济的法令

为适应民族资产阶级发展民族经济的迫切要求，南京临时政府颁布了一些保护人民营业权利和振兴实业、发展经济的法规和法令，以此鼓励兴办实业、奖励农垦、鼓励华侨在国内投资。

南京临时政府认识到发展实业乃立国之本，是民国将来生存之命脉和民国政府存在的物质基础，是“富国裕民之计”。“一政之成，非财不可，欲立根本之国，宜先注重实业。”为发展实业，中华民国中央设立实业部，专主其事。临时政府注重通过法律手段鼓励和保护民族工商业的发展。实业部成立后，即通电各省都督，明令各省速成立实业司专署其事。政府鼓励兴办实业，嘉尚优待垦荒，鼓励华侨在国内开厂设店。实业部还制定了《商业注册章程》，规定工商企业之成立须到部注册登记，领取执照。公司立案注册必须有章程合同、会员表和说明书等，在内容上不得与共和政体宗旨相悖。同时，要有足够的自有流动资金，中外合资企业公司华股必须占有一定的比例。这些规定主要是为了保护企业的财产和债主的权益，以及保证国家的课税收入。

1912 年 3 月临时大总统发布《慎重农事令》，即《大总统令内务部通饬各省慎重农事文》。该法令指出，农业是“国本所关”，对农民要严加保护，各有司应实力体行，勉尽厥职。《慎重农事令》的颁布对于发展农业生产、促进国计民生具有积极意义。

在财政金融方面，首先，孙中山于 1912 年元旦发表《临时大总统宣言书》，在宣布施政方针时，特别提出要实现“财政之统一”，以“使人民知有生之乐”。为了实现全国财政的统一，财政部拟制了《划分中央地方财政范围意见书》，提出了划分中央和地方岁入范围的标准，后呈请大总统咨送参议院审核。其次，1912年3月，参议院议决《暂行印花税法》和《暂行印花税法施行法章程》。这是当时完成立法程序的第一部税法。为保证军费和保卫治安之用，临时政府制定了《中华民国军需公债章程》32条，财政部也先后制定了《公债执行简章》和《发行公债办法》。再次，临时大总统批准将大清银行改为中国银行，添招新股，作为国民政府的中央银行，并制定《中国银行则例》，规定：中国银行为股份有限公司；政府得令中国银行办理国库事宜，及为政府募集公债；中国银行代国家发行新货币，在纸币则例未颁布前得发行通行钞票，并办理各种营业事项。临时政府实业部还曾拟定《商业银行暂行则例》等法规。财政部还先后发布了《财政部咨各省都督划分收支命令机关与现金出纳机关权限文》和《金库则例》14条，以加强对货币金融事业的管理。最后，财政部拟建立近代会计制度，制定《会计法草案》8章36条，认为会计法不定，财政整理无从办理，监督之权不能实行。但该草案未来得及通过实施。

（三）文化教育方面的法令

南京临时政府以“启文明而速进化”作为拟定教育方案、颁布教育法规的指导方针，采取措施发展新型文化教育，鼓励办学，维护国家教育秩序。其先后颁布《普通教育暂行办法》《普通教育暂行课程标准》《禁用前清各书通告各省电文》等法令。其规定奖励女学，实行男女同校，废止读经，禁用前清学部颁行的教科书，并要求各种教科书的内容“务合乎共和民国宗旨”。高等学校虽可暂依旧章办理，但《大清会典》《大清律例》《皇朝掌故》《国朝事实》及其他有碍民国精神的书籍，一律废止，前清御批等书亦一律禁止使用。临时政府教育部通电各省，要求废除有碍民国精神的科目。还明令各省筹办“共和宣讲社”，宣传革新事实、共和国民之权利义务以及尚武、鼓励实业等新的社会风尚，注重公民道德。

（四）社会改革方面的法令

南京临时政府颁布了一系列社会改革法令，旨在革除社会陋习，移风易俗，改进社会风尚，振奋民族精神，提倡近代文明。法令主要内容涉及禁烟、禁赌、剪辫、劝禁缠足、改革称呼旧制等。这些立法主要有以下几个方面：

第一，禁烟法令。颁布《大总统令禁烟文》，规定沉溺于吸食鸦片者，不可为“共和国民”，并剥夺其选举、被选举权等一切公权。

第二，禁赌法令。内务部曾分咨各部及各省都督，并饬南京巡警总监与南京府知事，“无论何项赌博，一体禁除”，“倘有违犯，各按现行律科罪，以绝赌风而肃民纪”。

第三，剪辫法令。发布《大总统令内务部晓示人民一律剪辫文》，规定令到之日，限二十日，一律剪除净尽；有不遵者，以违法论。

第四，劝禁缠足法令。发布《大总统令内务部通饬各省劝禁缠足文》，规定给幼女缠足者，“予其家长以相当之罚”，目的在于解放妇女，提倡男女平等。

（五）改革行政和整顿吏治的法令

南京临时政府仿效美国，采取总统制。1912 年 1 月，发布《中华民国临时政府中央行政各部及其权限》五条，规定南京临时政府在临时大总统下暂设陆军、海军、外交、司法、财政、内务、教育、实业、交通 9 个部。3 月，实业部撤销，改设农林部和工商部，共 10 个部。各部设总长一人，次长一人。总长为国务员，辅助临时大总统办理行政事务；次长辅佐总长，整理部务。临时大总统的直辖机关为总统府，所辖机关有秘书处、法制局、印铸局、铨叙局、公报局、参谋部等。至于地方政府组织，由于尚未制定比较完整的法规，地方行政各自为政，颇不统一。

1912 年 3 月，南京临时政府颁布《临时大总统关于慎重用人致内务总长令》《为民服务通令》《大总统令内务部通知各官署革除前清官厅称呼文》《内务部咨各省革除前清官厅称呼文》等法规。旨在贯彻孙中山“立国之道，在于立本，立本之道，在于任贤”的吏治思想，强调任人唯贤，官民平等，民国政府官员不应该再是“君主的仆人”而是“国民的公仆”。法制局还先后编纂、审定了《文官考试委员官职令》《文官考试令》《外交官及领事官考试委员官职令》《外交官及领事官考试令》《文官任官令》等法律草案。其中有些为参议院通过。

对于官吏贪赃枉法、敲诈勒索、欺压百姓的行为，南京临时政府明令全国，允许人民按照《临时约法》向中央行政院陈诉或就近向都督府控告。一经调查确定，立予依法惩治。在整饬军纪方面，陆军部于 1912 年 1 月制定颁行了《维持地方治安临时军律》12 条，2 月发布《禁止私自招兵募饷文》《陆军部通饬各军队严禁军人冶游聚赌文》，对军人违反军纪，扰害社会治安的行为，严加惩处。

南京临时政府颁发的以上各种法令，是资产阶级民主革命所获得的成果的法律体现，也是中国法律近代化的重要尝试，有利于建设民主政治、推进社会改革和发展资本主义。

四、司法制度

(一) 中央司法机关

南京临时政府分别设立了司法行政机关和审判机关。依照《中华民国临时政府中央行政各部及其权限》的规定，临时政府的最高司法行政机关是司法部，设总长一人，次长一人。其主要职权是管理民事、刑事、非讼事件、户籍、监狱及出狱人保护事务，并其他一切行政事宜，监督所辖各官署及法官。司法部内设承政厅及法务、狱务两司。

关于最高司法审判机关，按照《修正中华民国临时政府组织大纲》的规定，“临时大总统得参议院之同意，有设立临时中央审判所之权”。司法部拟制《临时中央裁判所官制令草案》，呈送大总统，交法制局审定，咨参议院议决。《中华民国临时约法》专章规定设立法院（即最高法院）。但实际上临时政府始终没有设立中央审判所，而由法制局主要负责有关法律、法令的制定和颁布，由司法部负责民事和刑事诉讼审判。这就未能避免由行政部门代行审判职权、行政司法合一的传统体制缺陷。地方审判机关的体制极不统一。司法部拟订的方案是要在地方设立高等审判厅、地方审判厅和检察厅，但是并未能够真正实施。总之，南京临时政府尚未建立起真正独立完整的司法体制。

(二) 司法审判制度的改革

南京临时政府为适应资产阶级民主与法制建设的需要，十分重视改革旧的司法审判制度，其主要成就和措施包括以下内容：

第一，确立司法独立的原则。《中华民国临时约法》第51条规定：“法官独立审判，不受上级官厅之干涉。”为保证法官独立行使审判权，第52条专门规定：“法官在任中不得减俸或转职，非依法律受刑罚宣告，或应免职之惩戒处分，不得解职。”为了保证法官谙习法律，胜任称职，临时政府还规定：“所有司法人员，必须应法官考试，合格人员，方能任用。”

第二，禁止刑讯和非法逮捕拘禁。1912年3月发布的《大总统令内务、司法两部通饬所属禁止刑讯文》和《司法部咨各省都督禁止刑讯文》指出，近世文化日进，刑事立法之目的在于“维护国权，保护公安”，“提倡人道，注重民生”。严令：“不论行政司法官署及何种案件，一概不准刑讯；鞫狱当视其证据之充实与否，不当偏重口供；其此前不法刑具，悉令焚毁。”临时政府还非常重视《中华民国临时约法》第6条“人民之身体，非依法律不得逮捕、拘禁、审问、处罚”的贯彻执行，尤其是强调对于不依据法律逮捕拘禁者，严加禁止。

第三，废止体罚，实行新的刑罚制度。临时政府颁布“禁止体罚令”，即《大总统令内务、司法两部通饬所属禁止体罚文》。其规定“不论司法行政各官署审理及判决刑民案件，不准再用笞杖、枷号及他项不法刑具，其罪当笞杖、枷号者，悉改科罚金、拘留。民事案件，有赔偿损害、回复原状之条；刑事案件，有罚金、拘留、禁锢、大辟之律”，并申明俟日后制定法典时再订详制。这些规定初步确定了新的刑罚制度的基本原则。同时，临时政府还注意改良监狱，实行人道主义。

第四，试行公开审判及陪审制。《临时约法》第50条规定：“法院之审判，须公开之；但有认为妨害安宁秩序者，得秘密之。”湖北军政府《临时上诉审判所暂行条例》也规定：“诉令之辩论及判断之宣告，均公开法庭行之。但有特别事件，可宣示理由，停止公开。”陪审员参与审判活动，也开始出现。

第五，筹建律师制度。辛亥革命后，苏、沪、杭等地区纷纷成立律师组织，并向政府申请领证注册。时任司法总长的伍廷芳曾在具体的案件审判中试行过辩护制度。1912年1月28日，中华民国律师总公会于上海正式成立。在这种情况下，南京临时政府采取积极步骤，筹建律师辩护制度。1912年3月发布的《内务部警务局长孙润宇建议施行律师制度呈孙大总统文》，强调制定律师法、实行辩护制的重要意义，还拟定了《律师法草案》，呈报临时大总统。孙中山在《令法制局审核呈复律师法草案文》中指出：“查律师制度与司法独立相辅为用，夙为文明各国所通行。现各处既纷纷设立律师公会，尤应亟定法律，俾资依据。”为实现司法公正，“大小讼务，仿欧美之法，立陪审人员，许律师代理，务为平允”，特将该草案发交法制局审核呈复，以便咨送参议院议决。但律师法草案的审核程序最终未能完成。若非临时政府为时甚短，律师制度将几见成效。

第六，建立上诉制度。南京临时政府对上诉制度未作统一规定。从各地审判实践来看，此时已开始实行上诉制度。如湖北军政府为保证人民的上诉权，专门成立了临时上诉审判所，负责审理本省各府厅州县人民上诉事件。1911年12月，上海地方审判检察厅公布的《民刑诉讼章程》规定实行四级三审制。无论民刑案件，凡不服初等审判厅之判决者，得申明不服之理由，依法上诉地方审判厅，至高等审判厅为终审。上诉期限为民事10天、刑事5

天，自判决宣布之日起算。孙中山基本倾向实行四级三审制，但是当时对于审级制度未作最后决定。

第二节 北京政府的法律

1912年3月，袁世凯在北京就任临时大总统。此后十余年间，由于控制中央政府的主要是北洋系的军阀和官僚，因此民国北京政府又称“北洋政府”。其统治的时间是从1912年3月到1928年6月。

在中国法律近代化的进程中，北洋政府借助近代民主共和政体的运作方式，一方面确立了自己的合法性，另一方面，加快了法律创制活动，以规范社会秩序、调整社会关系。因此，北洋政府时期是中国法律近代化的重要阶段。北洋政府的法律制度，延续了清末法律改革的活动，其一方面深受西方资本主义国家法律影响，另一方面又保留了许多中国封建法律的传统。这反映了其法律体系、法律内容及法律实施方面在新旧交替时期的特点。北洋政府的法律制度就其本质来说，在于竭力维护军阀政权的专制统治；就其在中国近代法制史上的历史地位来看，却起着承上启下的作用。它继承了晚清法律近代化转型的成果并有所前进，对后来南京国民政府的法律制度产生了很大影响。

一、法律思想

中华民国北京政府统治期间，处于法律近代化的重要节点上。此时，西方法律文明在中国不断传播，但军阀独裁，内战频繁，法律近代化举步维艰。这一特定的历史条件，决定了北洋政府的立法思想是复杂的、多元的。

（一）援用会通中西的部分晚清法律

清末新订的法律具有近代意义，奠定了中国法律近代转型的基础。1912年3月10日，袁世凯在就任临时大总统时即下令：“现在民国法律未经议定颁布，所有从前施行之法律及（大清）新刑律，除与民国国体抵触各条应失效外，余均暂行采用，以资遵守。”此后，北洋政府制定法律，也多以清末新订的法律为蓝本。可见，北洋政府的立法思想，首先是采用清末新订的法律，适当加以删修以为当时所需。

（二）采用西方资本主义国家的某些立法原则

辛亥革命后，随着统治中国数千年的君主专制制度的覆亡和两次帝制复辟与反帝制复辟的较量，民主共和思想日渐深入人心，而且不可抗拒和逆转，发展资本主义日益成为中国社会的潮流。轮番控制北京政府的北洋军阀统治者，为求得自身的生存与发展，不得不采取西方资本主义民主共和制形式。袁世凯、段祺瑞、曹锟无不标榜“民主”“共和”，因而在法律制度方面，不同程度上采用了西方资本主义法律的体系和内容。

（三）为洪宪帝制制造舆论的隆礼重刑

北洋政府采取了隆礼与重刑并重的刑法指导思想，以维护军阀政权的统治，即一方面“以礼教号召天下”，另一方面“以重典胁服人心”。所谓“隆礼”，是通过倡导传统伦理纲常，以维护其政权的统治秩序。袁世凯宣称：“中华民国以孝悌忠义礼义廉耻为人道之大经，政体虽更，民彝无改。”他要求全国国民“恪守礼法，共济时艰”。1913 年 6 月和 1914 年 9 月，袁世凯先后两次通电全国，各学校一律尊孔读经。后来北洋政府制定的宪法草案也规定，“国民教育，以孔子之道为修身之本”，“中华民国人民有尊崇孔子及宗教信仰之自由，非依法律不受限制”。所谓“重典”，即以严刑峻法维护统治秩序。袁世凯在 1914 年《惩治盗匪法施行法》的令文中说：“概自改革以来，盗匪充斥，民不聊生，将欲除暴安民，非峻法不足以资惩艾，故刑乱不嫌用重，纵恶适以长奸。”在乱世用重典思想的指导下，北洋政府刑事立法总的趋势是从重、从快地打击和惩治各类违法犯罪。

二、制宪活动与宪法性文件

（一）《中华民国国会组织法》

《中华民国国会组织法》是 1912 年 8 月由参议院议决、10 月由临时大总统袁世凯公布实施的宪法性文件。该法共 22 条，其主要内容如下：

第一，规定实行两院制，国会由参议院和众议院构成。参议院议员由各省议会、中央学会和华侨选举会按名额选出；众议院议员由各地方人民选举产生。

第二，规定国会行使《临时约法》所定参议院之职权。

第三，规定宪法之起草由两院选出同数委员行之；宪法之议定由两院会合行之；非两院有总议员 3/5 以上之出席不得开议，非出席议员 2/3 以上之同意不得议决。

显然，《中华民国国会组织法》突出了国会的权力。国会兼有立法机关、民意机关和制宪机关性质，在一定程度上保证了实现责任内阁制的必要措施。

这部法律旨在肯定资产阶级民主制度，限制袁世凯的专横权力，充分反映了《中华民国临时约法》的精神实质，保留了辛亥革命的成果。

（二）《中华民国宪法草案》（“天坛宪草”）

《中华民国宪法草案》是北洋政府时期的第一部宪法草案，于 1913 年 10 月 31 日由国会宪法起草委员会三读通过。由于该委员会主要是在北京天坛祈年殿进行起草活动，故称这部宪法草案为“天坛宪草”。“天坛宪草”共 11 章 113 条。它采用资产阶级三权分立的宪法原则，确认了民主共和制度，体现了国民党等在野派势力通过制宪限制袁世凯权力的意图。

首先，在政权体制上，“天坛宪草”继续肯定了《中华民国临时约法》中的责任内阁制，行政权力实际由总理和各部部长行使，总统仅处于虚权元首的地位。

其次，规定了国会对总统行使诸如解散国会、任命总理等重大权力的牵制权，并规定成立国会委员会作为国会的常设机构，对总统行使“发布紧急命令”和“财政紧急处分”两项职权实行议决，加强对总统权力的制约。

再次，限制总统任期，规定总统任期五年，只能连选连任一次。设置独立于行政机关的审计院。

“天坛宪草”是中国近代第一部较为完备的资产阶级共和国性质的宪法草案。但是它为一心独揽权力的袁世凯无法容忍，成为其专制独裁的障碍。此后，袁世凯制造借口下令解散国民党，并最终于 1914 年 1 月解散国会。“天坛宪草”也因此而夭折。

（三）《中华民国约法》（“袁记约法”）

北洋政府于 1914 年 5 月 1 日公布的《中华民国约法》，因系袁世凯一手操纵、炮制，故又称“袁记约法”。在解散国民党之后，袁世凯于 1913 年 11 月以大总统的身份发布了《政治会议组织令》，将内阁召开的行政会议改为“政治会议”。政治会议秉承袁世凯的意旨，一方面呈请解散国会，一方面议定《约法会议组织条例》，组建“约法会议”来“改造民国国家之根本法”。1914 年 3 月，袁世凯向“约法会议”提出增修《中华民国临时约法》的咨文，并规定了 7 项大纲。依据这个大纲，约法会议指定施愚等 7 人为起草员，在美国人古德诺的指导下，草成《中华民国约法》，经审议通过后由袁世凯公布。

《中华民国约法》共 10 章，分别为国家、人民、大总统、立法、行政、司法、参政院、会计、制定宪法程序及附则，计 68 条，其主要内容和特点如下：

第一，否定和取消《临时约法》所规定的责任内阁制，改行总统制。根据《中华民国约法》的规定："大总统为国家之元首，总揽统治权。"大总统凌驾于国家行政机关之上，不设国务总理，只设国务卿一人赞襄。总统既是国家元首，又是行政首脑；国务卿只是总统的一名助手；各部总长也不再向国务卿负责，而是向总统负责，并由大总统任免。显然，责任内阁制已被取消，国务卿与各部只能秉承大总统的旨意处理行政事务。

另外，总统权力被极大地扩大，《中华民国约法》赋予总统形同帝王一样的至高无上的地位和巨大权力，而对总统权力的制约变得虚化。该约法规定的大总统的权力主要包括：制定官制官规，任免文武职官；宣告开战、媾和、缔结条约；接受外国公使、大使；为海陆军大元帅，统率陆海军，决定军队编制及兵饷；颁给爵位、勋章及其他荣典；宣告大赦、减刑、复权；可以发布与法律有同等效力的"教令"，依法宣告戒严；财政紧急处分；召集立法院，宣告开会、停会，经参政院之同意解散立法院；任免法官，组织法院行使司法权。这些规定使得总统独裁的政治体制最终得以确立。

第二，取消了《临时约法》规定的国会制，设立有名无实的立法院。《中华民国约法》规定立法院是立法机关，由人民选举之议员组成，行使立法权。但立法院之开会、停会、闭会及解散，均决定于大总统。因此它只是一个徒有其表、形同虚设的机构。实际上，在袁世凯执政期间始终未选举成立立法院。参政院代行尚未成立的立法院的职权。参政院的院长和参政均由大总统任命，实质上仅是一个总统咨询机构。

1914 年 6 月，以黎元洪为院长的参政院成立，其最重要的任务就是修改了大总统选举法。《修正大总统选举法》规定大总统的任期为 10 年，可连任；大总统选举会议由大总统召开，以参政院院长为会长，若政治需要，可不召开选举会；大总统可以推荐继承人，不限制荐贤、荐子，实际上承认了总统可以世袭。这部法律为袁世凯实行总统终身制和世袭制制造了法律依据，也为其复辟帝制提供了跳板。

第三，形式上确立共和政体，规定了与《临时约法》大体相同的人民的基本权利与义务。但其无一例外地设定了"于法律范围内"或"依法律所定"的前提条件。由于立法权及宣告戒严权均操之于大总统之手，实际上《中华民国约法》为限制、否定《临时约法》所规定的人民的基本权利提供了宪法根据。

《中华民国约法》以根本法的形式实际否定了《临时约法》所确立的民

主共和制度，是袁世凯正式确立其独裁政治的宪法性文件。虽然在表面上该约法保留了《临时约法》关于“主权在民”“三权分立”和人民权利的基本规定，但它仍然是对民主共和政治的背叛，是对《临时约法》的全面反动，从而使辛亥革命的成果丧失殆尽。

《中华民国约法》的制定，表明中华民国的内涵已经消失，民主共和政体从根本上被独裁制所取代，它成为军阀专制全面确立的标志，是半殖民地半封建的旧中国政治畸形发展的产物。

(四)《中华民国宪法》(“贿选宪法”)

1916 年袁世凯死后，北洋军阀各派势力围绕北京政府统治权进行了角逐，中央政权几经更替。1920 年和 1922 年先后爆发的直皖战争和直奉战争，均以直系军阀胜利而告终。北京政权遂落入曹锟、吴佩孚手中。曹锟以“法统重光”为号召，恢复《临时约法》和第一届国会，并着手制宪活动。直系军阀最初曾捧出黎元洪担任总统。但 1923 年 6 月，曹锟又制造借口逼黎元洪下台，并采取武力胁迫和高价收买并施的手段，以五千元一票的巨额贿赂，于 10 月 5 日“当选”为大总统，演出了一场“贿选”的丑剧。声名狼藉的“猪仔国会”秉承曹锟的意旨，同时也为了掩盖自己的卑劣行径，仅用了几天时间就炮制出了一部《中华民国宪法》，于 10 月 10 日正式公布实施。

这部《中华民国宪法》，因系曹锟为掩盖“贿选总统”丑名，维持军阀专政而授意炮制，故又被称作“贿选宪法”或“曹锟宪法”。虽然这是中国近代史上公布的第一部正式的宪法，但却在近代宪政史上写下了不光彩的一页。该宪法共 141 条，分为 13 章，即国体、主权、国土、国民、国权、国会、大总统、国务院、法院、法律、会计、地方制度、宪法之修正解释及效力。

《中华民国宪法》的特点主要表现在以下方面：

第一，条文完备，形式民主。该宪法以 1913 年“天坛宪草”为底本，吸纳了近十年以来的宪政理论成果，立法技术较为成熟。贿选宪法在前言部分宣称，其制定目的在于“发扬国光”，“增进社会福利，维护人道尊严”。为标榜反对帝制复辟、赞成共和，规定“中华民国永远为统一民主国”，“中华民国主权属于全体国民”，还写入了“国体不得为修正之议题”的专条。表面上肯定内阁制和议会制，规定了人民的各项“自由”权利，并宣布“中华民国国民于法律上无种族、阶级、宗教之别，均属平等”。但从条文上看，它仍然赋予大总统以极大的权力，包括公布并监督法律之执行、发布命令、任命文武官吏、统帅海陆军、宣告戒严，以及“停止众议院或参议院之会议”与“解散众议院”，等等。这就将大总统置于凌驾于国会之上的地位，使所谓内阁制、国会制和人民权利徒有其表。从实际上看，在有枪就有权的军阀统治下，无论是内阁还是国会，都是当权军阀任意摆弄的工具。

第二，名义上实行地方自治，实则确认国内军阀的利益格局。为了平衡各派军阀和大小军阀之间的关系，巩固曹锟、吴佩孚控制的中央大权，该法对“国权”和“地方制度”作了专门规定。而实际上，宪法成了大小军阀实现利益分配的账单。1923 年的《中华民国宪法》对国家结构形式作了专门规定，即采取赋予地方较大自治权的单一国家制。宪法增设“国权”与“地方制度”两章，就中央权力与地方权力作了明确的划分。中华民国之国权，属于国家事项，依本宪法之规定行使之；属于地方事项，依本宪法及各省自治法之规定行使之。属于国家事项的主要有外交、国防、国籍、刑事民事商业立法、监狱制度、度量衡、币制、国立银行、国债、关税盐税、印花税、烟酒税、国有铁道及国道、邮政电报及航空、国家文武官吏之铨叙、任用、纠查及保障等。关于地方自治权，宪法一方面给予各省一定的自治权，规定各省可在本省的教育、实业、交通、财产之经营处分、水利及工程、田赋、契税、警察、保安、省债、银行、下级自治等事项上行使立法权；另一方面，它强调地方自治权力须以服从中央为前提，以防止省权力过重而导致地方割据，抗衡中央。该法规定，省自治法不得与本宪法及国家法律相抵触，否则无效；省必须承担国家所规定的义务；各省之间不得缔结盟约，省不得自置常备军，不得设立军官学校及军械制造厂。如省有违背中央法令、不服从中央的行为时，国家得依法律之规定惩戒之，“得以国家力量强制之”。

曹锟制宪的目的在于确定自己的“法统”地位，以抵制南方的护法运动，抑制东南、西南各省地方军阀掀起的“联省自治”和“省宪运动”潮流。1923 年的《中华民国宪法》是特定历史条件下的产物，实际上是有宪法而无宪政。1925 年皖系军阀段祺瑞驱逐曹锟，掌握北京政府政权，后宣布“法统已为陈迹”，解散第一届国会第三期常会（即贿选国会），废除贿选宪法，也不再恢复《临时约法》。

三、行政法律

北洋政府一方面参考外国行政法的内容，另一方面采用部分中国古代的行政管理法规，制定了若干既有资产阶级法律特点又带有传统封建烙印的行政法规。其重要者包括以下内容：

第一，官制官规。按照三权分立的原则，国务院是北洋政府的最高行政机关。1912 年 6 月公布的《国务院组织法》规定，国务院由国务总理及各部总长组成，均称国务员，辅佐临时大总统，负其责任。其后，北洋政府又先后颁布了各直属部门官制、各部官制等，规定了它们的职责范围、组织结构等内容，从而奠定了北洋政府官制的基础。这种以责任内阁制为准绳的中央官制，以后虽因权力的更迭乃至国体的变动，曾经有过程度不同的变化，但其基本格局无太大改变，直至北洋政府结束。除中央官制外，北洋政府还颁布了一系列地方官制如《京兆尹官制》《省官制》《道官制》《县官制》等。此外，北洋政府还制定和颁布了一些行政官的官规，就官等、官俸、官吏的任用、考试及惩戒等作出规定。

第二，财政税收法规。北洋政府为支付战争费用，维持统治，先后颁行了一系列财政法规，以扩大税种，增加税收，发行公债，改革币制，加强官产管理。这些法规有《盐税条例》《印花税法》《税契条例》《会计法》《审计法》等。

第三，治安行政法规。此类的法规包括《治安警察条例》《戒严法》《出版法》《报纸条例》《违警罚法》《行政执政法》《国籍法》《缉私条例》等。

此外，北洋政府还颁布有关于礼制服章、宗教、文物保护、文教卫生、交通管理及外交等方面的行政法规。

四、民商事法律

1912 年 4 月 3 日，参议院决议："所有前清规定之《法院编制法》《商律》《违警律》，及宣统三年颁布之《新刑律》《刑事诉讼律草案》《民事诉讼律草案》，并先后颁布之禁烟条例、国籍条例等，除与民主国体抵触之处应行废止外，其余均准暂时适用；惟民律草案，前清时并未宣布，无从援用，嗣后凡关民事案件，应仍照前清现行律中规定各条办理。"[1]根据这个决议的精神和大理院有关判例的规定，北洋政府统治时期实际施行的民法（称"现行律民事有效部分"）包括：《大清现行刑律》中关于民事部分内容，如服制图、服制；"名例"中有关条款如户役、田宅、婚姻、犯奸、斗殴、钱债等部分；《大清户部则例》中关于户口、田赋、租税等内容。由于"现行律民事有

---

〔1〕 谢振民编著，张知本校订：《中华民国立法史》，正中书局 1937 年版，第 59 页。

效部分”条文甚为简略而不敷使用，北洋政府还颁布了一些民事单行法令以解决社会生活中的具体问题，如《验契条例》（1914 年）、《管理寺庙条例》（1915 年）、《清理不动产典当办法》（1917 年）等。

“现行律民事有效部分”和各种单行民事法令构成的民事制定法体系庞杂简陋，难以满足民事司法的需要。大理院不得不在具体的民事审判实践中，以判例和解释例解释制定法，消除其内在矛盾，补充其缺漏。1913 年，大理院在上字第 64 号判决中，引用《大清民律草案》第 1 条“判断民事案件应先依法律所规定；法律无明文者，依习惯法；无习惯法者，依条理”这一内容，确认了习惯法和条理是补充性的法律渊源。

1914 年，为收回领事裁判权，北洋政府法律编查会（后改称修订法律馆）以《大清民律草案》为基础，结合各省民商事习惯并参照各国最新法例，开始修订民律。至 1926 年，完成民事总则、债、物权、亲属、继承五编草案，共计 1522 条。不久，段祺瑞政府垮台，《民律草案》未能正式完成立法程序。1926 年 11 月，北洋政府司法部通令各级司法机关，将《民律草案》作为条理加以适用。

《民律草案》注重采纳本国固有法和司法经验，将“现行律民事有效部分”和大理院历年民事判例、解释例采用为法典条文。在继受外国法方面，草案也更为成熟。在价值取向上，草案摒弃个人主义，而采社会本位，对所有权和契约自由等西方传统的绝对民事权利与自由加以限制，以维护社会公共利益。

北洋政府还颁布或起草了许多单行的商事和经济法律法规。其中较为重要的有《矿业条例》《森林法》《不动产登记条例》《商人通例》《公司条例》《证券交易所法》《破产法草案》《海船法草案》《票据法草案》等。这些法律法规在客观上大多适应了商品经济的发展，有利于中国民族资本主义力量的增强。但是，多数商事法律草案未完成立法程序。

五、刑事法律

（一）《中华民国暂行新刑律》和刑法修正草案的拟定

北京政府成立之初，即将《大清新刑律》略加修订，改称《中华民国暂行新刑律》（以下简称《暂行新刑律》），使其仍然作为刑事基本法加以援用。1912 年 3 月，袁世凯发布命令：“所有从前施行之法律及新刑律，除与民国国体抵触各条应失效力外，余均暂行援用以资遵守。”此处所指“新刑律”，即清末修律公布之《大清新刑律》。据此命令，北洋政府法部随即拟定《删修新刑律与国体抵触各章条等并删除暂行章程文》，并附列删除各章条目。经呈袁世凯批准，并通令各司法衙门遵行，是为《暂行新刑律》。

《暂行新刑律》是在原《大清新刑律》基础上稍加删除而成的，因而其篇章体例一如《大清新刑律》，并无实质性的改变。就其内容而言，主要有两个方面的变化：其一，将有关帝制与皇室特权等与民国体制相违的条款一并删除，如删除"侵犯皇帝"全章12条，删除"毁弃制书""伪造御玺"等条款，并取消《暂行章程》。其二，为适应民国以后的变化而作部分文字、词语的改动，如改"帝国"为"中华民国"，改"臣民"为"人民"，改"复奏""恩赦"为"复准""赦免"之类。

《暂行新刑律》的出台，表明了北洋政府法律与清末修律之间的继承和发展关系。《暂行新刑律》较之《大清新刑律》有所进步，使得中国刑法与欧美资本主义国家刑法之间的差距有所缩小。

《暂行新刑律》实施以后，北洋政府于1912年8月和1914年12月先后颁行《暂行新刑律施行细则》和《暂行新刑律补充条例》，对原《暂行新刑律》作了部分修正，以适应袁世凯复辟帝制的政治需要。尤其是《暂行新刑律补充条例》15条，恢复并扩大了原已撤销了的《暂行章程》的内容，加重了对一些违反传统伦常秩序行为的处罚。

北洋政府比较重视刑法修正草案的拟定，这对后世刑法的发展影响较大。1915年4月，北洋政府以《暂行新刑律》为基础，完成刑法修正案。该草案分总则、分则两编，共55章432条，并将《暂行新刑律补充条例》的内容正式纳入刑法草案正文。这一草案未及议决公布，袁世凯政权即告垮台。1919年，段祺瑞政府再度修订刑法草案，在王宠惠的主持下草成《刑法第二次修正案》，共393条。该草案对原刑法草案进行了较大的调整，但最终亦未公布实施。第二次刑法修正草案较多地采用了近代资产阶级刑事立法的原则和内容，对以往刑法典或草案之缺点进行全面改正，在体例上也作了较大更动，在形式和内容上均趋于完备，因而成为后来南京国民政府制定《中华民国刑法》的蓝本。

（二）单行刑事法规

在北洋政府统治期间，制定了一系列特别刑事法规，赋予优先适用的特别效力，计有《戒严法》《陆军惩罚令》《治安警察条例》《惩治盗匪法》《陆军刑事条例》《海军刑事条例》《徒刑改遣条例》《易笞条例》《乱党自首条例》

《边界禁匪章程》《私盐治罪法》等十数种。其中，《陆军惩罚令》是1913年袁世凯以“教令”的形式发布的军事法令，其适用范围涉及现役军人以外的休职、停职人员甚至军人家属，规定上级对下级有依令科罚权。《易笞条例》是1914年袁世凯政府颁布的旨在恢复古代笞刑的特别刑事法令。该条例规定，凡犯奸非罪、和诱罪、窃盗罪、诈欺取财罪、赃物罪及常业罪，应处3月以上有期徒刑、拘役或100元以下罚金易科监禁者，不再执行本刑，而以笞刑代替。刑期一日折笞二下。颁布《易笞条例》和《徒刑改遣条例》，恢复帝制时代的身体刑笞刑和发遣来替代现行的一些刑罚，无疑是逆历史潮流而动的。《惩治盗匪法》颁布于1914年，规定了对“盗匪”案件的适用范围和特殊的审判程序，委予军事审判机关审判强盗、匪徒罪的法定权力。规定高级军官于驻地内查获“盗匪”可“迳行审判”，且一经判决，即为终审，不得上诉。《惩治盗匪法》实际上是北洋政府发挥刑事特别法的工具作用，加强军阀统治的体现。

这些单行刑事立法多数是为强化社会治安而颁布，内容多在于严格限制人民的言论、行动自由。此外，北洋政府采取重刑方针，并恢复部分君主专制时期的旧刑罚如发遣刑和笞刑，进一步加重了刑罚残酷的程度。

六、司法制度

（一）司法机关体系

北洋政府成立之初，对清末颁行的《法院编制法》略加删改，更名为《暂行法院编制法》，继续援用。1914年1月又公布《平政院编制令》，从而形成了二元司法体制。普通法院负责民事、刑事案件裁判，平政院则职掌行政诉讼的裁判。平政院是北洋政府在1914年至1923年效法欧洲大陆国家设立的专门受理行政诉讼案件的司法机关。根据《平政院编制令》等法律的规定，平政院设于京师，实行一级一审终审制。凡各级官署作出的违法处分，损害了人民权利，经人民提出陈诉者，由平政院裁决。平政院还有对违宪犯法的政府官员提出纠弹的权力。但是，由于平政院隶属于大总统，其行使职权的独立性易受到行政干涉。

普通法院系统实行四级三审制。中央设大理院，是最高审判机关。大理院设院长一人，总理全院事务。其下设民事庭和刑事庭，各设庭长一人，推事若干人。审判案件时，由推事五人组成合议庭，以庭长为审判长。在各省高等审判厅内设大理院分院，其主要职权除作为终审机关具体审理案件外，还拥有统一解释法律的权力。大理院在司法实践中针对出现的问题适时作出调整，颁布了大量的司法解释例，对于清末以来制定的多种法律在中国社会的实施起到了很大作用，也对中国法律近代化的进程发生了相当的影响。

省设高等审判厅，设厅长一人，下亦设民事庭和刑事庭，由推事三人组成合议庭。城市（较大商埠或中心县）设地方审判厅，受理二审案件或重要的一审案件。属于第一审者，由推事一人独任审理；属于第二审者，采用合议制。县（州）一级设初级审判厅或县知事兼理司法。初级审判厅审理第一审的轻微刑事案件及一般民事案件。实际上，当时有的层级的普通法院并未完全成立。北洋政府曾因财政原因撤销初级审判厅。在有地方审判厅的县，厅内设简易厅，办理初级审判厅的事务。后来又颁布条例，在未设审判厅的县，改由地方行政长官县知事兼理民刑案件，以承审员助之，称兼理司法法院。这实际上是古代行政与司法合一体制的延续。

《暂行法院编制法》实行审检分立制度，各级审判机关对应设立检察机关。总检察厅、高等检察厅、地方检察厅、初级检察厅分别对应于大理院、高等审判厅、地方审判厅、初级审判厅。检察机关由检察长、检察官组成，独立行使侦察、公诉和监督判决等职权。司法行政职权则由中央司法部和省司法筹备处行使，后来省司法行政划归高等审判厅或高等检察厅兼管或会同办理。

此外，北洋政府还设有名目繁多的特别法院，包括陆海军在内的军事审判机关和边疆地区及特区的特别法院。

（二）诉讼审判制度的主要特点

民国北京政府成立之初，于 1912 年 5 月核准暂行采用清末民事刑事诉讼律草案的某些部分，以后又陆续颁布了许多诉讼审判方面的法律和法规，如《修正各级审判厅试办章程三条》《暂行法院编制法》《县知事兼理司法事务暂行条例》《县知事审理诉讼暂行章程》《民事非常上告暂行条例》《修正陆军审判条例》《海军审判条例》《司法部酌定华洋诉讼办法》《法律适用条例》等。1922 年 1 月，颁布了在清末《民事诉讼律草案》与《刑事诉讼律草案》基础上修订而成的《民事诉讼条例》和《刑事诉讼条例》。这分别是中国近代正式颁布的第一部民事诉讼法典与刑事诉讼法典。

北洋政府的诉讼审判制度具有以下特点：

第一，普通法院实行四级三审制。初级审判厅为普通民事刑事案件的第一审机关；地方审判厅为普通民事刑事案件的第二审机关和特别案件的第一审机关；高等审判厅为普通民事刑事案件的第三审（终审）机关和特别案件的第二审机关；大理院为按规定属于其特别权限的案件之初审与终审机关，亦为不服高等审判厅判决的案件之第三审（终审）机关。

第二，县知事兼理司法。由于审理第一审案件的初级审判厅实际上并未普遍成立，北洋政府规定仍由县知事这一行政长官兼理民事刑事案件。这实际上恢复了中国帝制时代行政与司法合一、行政长官干预司法的审判制度，从而造成重大弊端。以后虽略有调整，但在县一级所设的“司法公署”中，县知事仍然掌握检举、缉捕、勘验、递解、刑事执行等权力，处于举足轻重的地位。

第三，军事审判滥施专横武断。北洋政府肆意扩大军事审判和军法适用的范围。平民“犯法”，往往通过军法会审，按军法论处。军事审判的程序又是特别程序，当事人不得控诉和上告，不准旁听，不准选请辩护人，一切服从于军事长官的意志，比起普通法院的司法审判更为专横和武断。北洋政府统治时期，各派军阀连年混战，时常处于战争的戒严状态下。因此，军事审判在司法中占据了主导地位，普通审判成了军事审判的补充。曾担任修订法律馆总裁的罗文干，有过被北洋政府关押的经历。他曾感慨：“刑事诉讼法，予起草者也，今入狱三月，乃知昔日起草之精神与今日施行之实况，迳然不同也。”他指出所谓的审判，并非“先有罪而后有刑”，实为“先有刑而后有罪”。“凡行政长官所不喜之人，旦夕得而羁押之。”“凡行政长官所袒护之人，不得逮捕之。”“人权保护悉凭有力者之喜怒。”[1]

第四，行政诉讼相对独立。1914 年北洋政府设立专门受理行政诉讼案件的平政院，以把行政诉讼与普通民事刑事诉讼分开。平政院根据《平政院编制令》《行政诉讼法》《诉愿法》《纠弹法》等法律的规定，实施行政诉讼审判权。

第五，广泛引用判例和解释例。北洋政府把大理院的判例和解释例作为重要的法律渊源，使之成为审判案件的重要依据。这既补充了成文法的“未备”，又便于发挥成文法所不易发挥的作用。据不完全统计，从 1912 年至 1927 年，大理院汇编的判例约有 3900 件，公布的法律解释例多达 2000 多件。

第六，特别法优于普通法。除修订刑律外，北洋政府还制定了大量的刑事特别法，其适用优先于普通法，以发挥特别法的专门制裁作用。其中，尤以 1914 年公布实施的《惩治盗匪法》最为典型。

---

〔1〕 罗文干：《狱中人语》（上编），北京国民大学 1925 年版，第 52~54 页。

第七，扩大外国人的司法特权。在继续承认列强依据不平等条约所享有的领事裁判权和观审权的同时，北洋政府进一步扩大了外国人的在华司法特权，如给予无领事裁判国人以优惠待遇。按1919年《审理无约国人民民刑诉讼章程》和次年的“修正章程”等法令的规定，无领事裁判国人在华犯罪，如应“管收”和“执行监禁”，受到优遇。

第三节　南京国民政府的法律

1927年蒋介石在南京成立“国民政府”，并于1928年12月在名义上统一全国。南京国民政府时期，民主共和发生蜕变，以“六法全书”为标志的近代法律体系在形式上建构完成。但是，近代化的法典并没有带来理想的法治秩序，相反，符合专制统治需要的特别法大行其道。

南京国民政府在其22年的统治中，绝大多数时间实行所谓“训政”，其标榜奉行孙中山的“三民主义”，建立五权分立的政府体制，实质上建立的是国民党一党专政的国家体制。南京国民政府通过颁布大量凌驾于普通法之上的特别法，压制民主和民生力量的发展。以父权和夫权为核心的传统婚姻家庭制度和文化得以相当程度地保留，体现了中国半殖民地半封建社会法制的基本特征。但是，另一方面，南京国民政府期间法制建设成就卓著，是清末法律改革以来法律近代化的继续和完善阶段。其编纂了形式完备的法典，广泛吸收了大量西方国家近代以来的立法精神和制度内容，并结合中国的实际情况加以发展，从而将中国近代的法律转型推进至最为完备的阶段。

一、法律思想

孙中山的三民主义是南京国民政府名义上总的立法指导思想。以蒋介石为首的南京国民政府在形式上依照孙中山“权能分治”“五权宪法”“建国三时期”等思想理论和政治设想建立政治体制和法律制度。

孙中山所设计的“中华民国”，是效法美国、法国等国家，以代议制政治保证国民的参政权为特征，以“三权分立”为原则，以资产阶级选举制、议会制、总统制为基础的民主共和国。早在1894年兴中会成立时，孙中山就提出了“驱除鞑虏，恢复中华，创立合众政府”的口号。所谓“合众政府”即源自“美利坚合众国”之名。1904年，孙中山第一次将所要创建的资产阶级民主共和国定名为“中华民国”，并于次年中国同盟会成立时，明定“中华民国”的政治纲领。1906 年，其更明确规定了“中华民国”的基本原则和组织结构，即“今者由平民革命以建国民政府，凡为国民皆平等以有参政权。大总统由国民公举。议会以国民公举之议员构成之。制定中华民国宪法，人人守之”。

孙中山参照西方宪政理论和中国传统历史国情，提出了自己的宪政思想体系。他认为西方代议制的症结在于人民权利和政府权力的矛盾。为解决这一矛盾，他提出权能分治理论：“政治之中，包含有两个力量：一个是政权，一个是治权。”前者是管理政府的力量，后者是政府自身的力量。“权”即政权，是人民管理政府的力量，包括选举、罢免、创制、复决四项权力。即人民通过直接挑选或罢免官吏，达到控制和管理政府的目的。人民行使直接参与立法和确定国家大政方针的权利，就是“全民政治”。“能”即治权，是政府管理国家事务的权能，包括行政、立法、司法、考试、监察五项权能。权能分治，就是要实现人民有权、政府有能、以权治能的宪政体制。国家一切重要事项由人民来决断，然后由政府在人民的监督下执行。权能分治不是对立的，而是统一的。人民掌有四权是为了保证“民权政体，凡事都是应该由人民做主”。政府行使五项治权是为了创造一个由“专门家”和“有能力的人”组成的“为人民谋幸福的万能政府”。“权能分治”学说是孙中山宪政思想的重要组成部分，集中地体现了他的资产阶级民主思想。

根据权能分治理论，孙中山设计出五权宪法的政府组织方案。人民选举的国民大会是全国最高政权机关，统一行使国家四项政权，组成并监督政府。政府则由行政、立法、司法、考试、监察五院组成，各院依照宪法行使不同的权能，互相制衡。五权宪法思想是孙中山于 1906 年第一次提出的，是在总结和借鉴以美国为代表的西方国家近代以来的宪政制度和中国传统政治制度的基础上而形成的。他指出：“希望在中国实施的共和政治，是除立法、司法、行政三权外还有考选权和纠察权的五权分立的共和政治。”在效法以美国和法国为代表的三权分立政治原则的基础上，孙中山通过考察研究中西方政治法律，认为西方的制度也有缺陷，而中国传统政治制度也有着可以继承的宝贵财富。他认为，西方资本主义国家没有明确的考试制度，造成最大的流弊是“盲从滥选及任用私人”。因而应当借鉴中国传统的科举考试制度，确立考选权，以真正发挥考试选拔人才的积极作用。他还认为，西方国家议会掌管弹劾纠察权，因而造成议会专制。中华民国应当借鉴中国古代的监察御史制度，执掌监察权的机构也要独立。五权宪法理论是孙中山学习西方资产阶级政治法律学说并结合中国实际的理论结晶，后来成为民国的宪政基本指导思想。

南京国民政府大多数时间实行所谓“训政”，其理论基础是孙中山的“建国三时期”学说以及后来由胡汉民加以发展出来的“训政保姆论”。“建国三时期”学说是孙中山针对中国君主专制源远流长，创建中华民国的任务任重道远，以及必须有计划有步骤地进行的历史形势而提出的一种“革命程序论”的主张和设想。孙中山提出循序渐进的革命方略，把国家的独立和统一放在首位，把发展和保障个人权利放在第二次序，也就是先取得民族主义革命的胜利，然后才能得到真正的民权。出于对革命形势的判断和对人民智识水平的考虑，孙中山认为确立宪政体制、实现全民政治，要经由一个渐进的过程。为此他提出“建国三时期”说，即建国的第一个时期是“军政”时期，是为“军政府督率国民扫除旧污之时代”，实行“军法之治”，每一县以三年为限，发动义师起义或策动新军反正；第二个时期是“训政”时期，是为“军政府授地方自治权于人民，而自总揽国事之时代”，实行“约法之治”，一般以六年为限；第三个时期是“宪政”时期，是为“军政府解除权柄，宪法上国家机关分掌国事之时代”，实行“宪法之治”。“建国三时期”学说作为孙中山国家与宪政理论的重要构成，在一定程度上反映了民主革命运动的进程以及其在不同阶段的任务，从而有利于领导政党把握规律，有序地促进革命运动的发展和深化。但是这一学说低估了人民群众的力量和觉悟，未能把政权建设的着眼点置于发动群众的基础之上。总之，“建国三时期”学说对中华民国的宪政实践有着重大的影响。

“训政保姆论”是孙中山逝世后由胡汉民发展出来的一种理论，也是南京国民政府立法的指导原则。其中心思想是，在训政时期实施约法之治，国民党主持政权，不仅掌握国民政治、经济、军事等各项权力，还应以“政治保姆”的身份教育国民，训练其行使政权的能力。“训政保姆论”的核心是“党治”，即把民众视为“婴儿”，把国民党视为“保姆”，实际上民众的一切事情都须由国民党来包办。训政时期，不成立国民大会，由国民党全国代表大会代替国民大会行使政权，由国民党中央督导五院政府。这一理论后来直接成为国民党长期实行训政的主要理论支撑，被国民党贯穿于训政乃至“宪政”时期，贯穿于国民政府的各项立法活动，贯穿于国家和社会生活的各个方面，实际上演变成一党专政和个人独裁。

孙中山的宪法思想是以直接民权的民权主义为核心的。其五权宪法体现了西方的宪法学说与中国历史实际的结合，启发了民众的民主意识，推进了中国近代民主化的进程。他力图将西方的民主理论与中国的实际相结合，形成中国本土化的思想体系，这是值得肯定的。但是，孙中山过高地估计了宪法的作用，也轻视了为民主宪法而斗争的艰巨性。

南京国民政府以“中华民国”为旗号，宣称孙中山的“三民主义”是其最高立法原则。国民党第三次代表大会甚至通过了《确定总理遗教为训政时期中华民国最高根本法决议》，标榜要“使全国人民之民族生活与国家生活有发展，皆统一于总理遗教之下”。[1]但实际上，从南京国民政府的三级立法体制来看，第一级的中国国民党中央执行委员会和中央政治会议自不必说，第二级的国民政府和第三级的各地方政府的立法权，实质上均由国民党所垄断。

二、立法概况

（一）主要立法原则和立法阶段

南京国民政府立法活动的基本原则，也是其最突出的特征是坚持“党治”，即由国民党垄断立法权。由于南京国民政府延续了大革命时期广州武汉国民政府确立的执政党指导与监督政府的原则，所以其立法机关首推国民党全国代表大会及其中央执行委员会。作为“全国实行训政之最高指导机关”的中央政治会议更是具体指导国家立法的重要机关。中央政治会议即中央政治委员会（后又改称国防最高委员会），是国民党中央执行委员会特设的政治指导机关。其主要职权是，讨论、决议建国纲领，决定训政的根本大计；讨论、决议立法原则、施政方针、财政计划、政府重要官吏人选等。中央政治会议实际上是国民党行使一党专政的重要工具，其中心任务是进行“以党治国”“以党训政”。国民党政府最重要的法律，如1928年的《训政纲领》、1931年的《中华民国训政时期约法》和《国防最高委员会组织大纲》等，均由该机构制定颁行。在国民政府的五院中，立法院是“国家最高立法机关”，“有议决法律案、预算案、戒严案、大赦案、宣战案、媾和案、条约案及国家其他重要事项之权”。但是，立法院在行使立法权时，必须遵循国民党中央政治会议所确定的立法原则。行政院作为国民政府最高行政机关，有权向立法院提出法律案及其他议案。行政院及所属各部、委有权依据法律发布命令。此外，司法院、考试院和监察院均可在自己的职权范围内向立法院提出法律

[1]《中国国民党历次会议宣言及重要决议案汇编》第一册。

案，也可依据法律发布命令。司法院还行使解释法令及变更判例使之统一之权。南京国民政府各地方政权的立法权也为国民党所掌握。

南京国民政府的立法经历了三个阶段：

第一阶段（1927—1936 年），是国民党政权“法统”形成时期。国民政府集中进行频繁的立法，以巩固国民党的统治地位，确立一党专政的“法统”。这一时期的立法主要有两大方面：其一，建立起“六法”体系，形成了南京国民政府法律制度的基干。其二，制定了一系列“围剿”苏区和镇压人民反抗的单行法规，如《惩治盗匪暂行条例》《危害民国紧急治罪法》等。

第二阶段（1937—1945 年），是国民党政权“法统”发展时期。这一阶段的立法以制定颁布单行法规和法令为主，表现出抗日战争时期特殊条件下立法活动的两面性。一方面南京国民政府公开颁布了若干关于开展抗日斗争、惩治汉奸、保护抗日的单行法规，如《国家总动员法》《惩治汉奸条例》《妨害兵役治罪条例》等。另一方面又秘密发布了一些旨在“防共、限共、溶共、反共”的法令，包括《共产党问题处置办法》《防止异党活动办法》等。

第三阶段（1946—1949 年），是国民党政权“法统”完善和崩溃时期。国民党由挑起全面内战到全面崩溃，力图用法律手段推行其基本政策，维护国民党一党专政。除公布施行《中华民国宪法》外，还颁布了大量的法律法规，尤其是特别法规，如《兵役法》《戡乱总动员令》《戒严法》《戡乱时期危害国家紧急治罪法》《特种刑事法庭组织条例》等。

（二）六法全书与法律体系

南京国民政府的法律体系包括成文法和例（判例、解释例）两大部分。成文法是其主体，这是沿袭清末以来继受大陆法传统的结果。国民政府建立之初，即开始仿照大陆法系国家的法律体系样式，来建构以法典为核心的法律体系。成文法的体系以《六法全书》为代表。《六法全书》是南京国民政府六种主要成文法律汇编的通称。国民政府继承了清末以来所确立的编纂成文法典的传统，吸取了以往历届政府在法制建设上的成果和经验，逐步建立起以宪法、民法、刑法、民事诉讼法、刑事诉讼法、行政法（原先六法中并没有行政法，而有商法，后来将商法拆开分别放入民法和行政法）六大类法律为主体的六法体系。这是南京国民政府法律体系的基本框架。

以这些大类法规中的基本法典（行政法除外）为中心，各有一整套的关系法规，即由低位阶的法律、条例、通则、规程、规则、细则、办法、纲要、标准、准则以及判例、解释例等不同层次和性质的法律，组成一个严密的层次分明的法律系统。南京国民政府采取以法典为纲、以相关法规为目的方式，将法典及相关法规汇编出版，通称《六法全书》。因此，《六法全书》也就常常成为南京国民政府法律的代名词。国民政府的成文法一般可划分为宪法、法律和命令三个层次，奉行"特别法优于普通法"的原则。

《六法全书》的编纂标志着国民政府六法体系的建构完成，实现了法律形式上的近代化。长期以来，人们习惯上把国民政府的法律制度简称为"六法全书"或"六法"。从规范上来说，六法体系包括以下几个层次：

第一，基本法典。构成六法体系的核心是宪法、民法、刑法和程序法等基本法典（行政法例外）。这些基本法典构成了国民政府法律体系的骨架。

第二，相关法规。指围绕基本法典而制定的低位阶法规，如条例、命令、细则、办法等。这些相关法规作为一种补充，与各自的基本法典一起构成了一个完整的法律部门。

第三，判例、解释例。民国时期最高法院依照法定程序作出的判例和司法院大法官会议作出的解释例和决议是构成六法体系的另一重要层次。把判例和解释例作为重要的法律渊源，是南京国民政府对北洋政府法律遗产的继承和发展。它们是成文法的重要补充，可以对成文法加以引申或进行实质意义上的修正。最高法院的判决例，经"采为判例，纳入判例要旨"，并报司法院核定者，具有法律效力。若最高法院各庭之间就某一判例有争议，则由司法院之变更判例会议作出决定。司法院大法官会议则拥有解释宪法、法律的权力，其作出的解释例或决议，具有与宪法或法律同等的效力。

解释例通常均由司法院按一定程序作出，而最高法院和行政法院的判例，则由司法院召集专门会议议决。为了正确解释和适用法律，国民政府特将判例、解释例汇编成《中华民国六法全书理由判解汇编》6 册。该书除在条文后附有立法理由外，还重点收集了北洋政府时期大理院及南京国民政府最高法院、司法院自民国元年（1912 年）起至 1934 年间的各种判例、解释例及与现行法律有关系的一切法令。它以现行法律条文为分类的标准，先列条文，再列判例，再依次列解释法令及各项命令的有关文字。最高法院和司法院的判解，如为当时无条文可依据者，则列入判解别录。对于民法、刑法及民事诉讼法在前草案中有"理由"可据者，并酌加修改，附列于各该条文之后，以表明立法精神。南京国民政府沿用了北洋时期的许多判例和解释例，反映了两者在法律文化遗产方面显著的继承关系。

（三）南京国民政府法律制度的主要特点

南京国民政府法律制度主要有以下几个方面的特点：

第一，标榜以孙中山的“遗教”作为立法的根本原则。无论是1928年的《训政纲领》、1931年的《中华民国训政时期约法》，还是1946年制定的《中华民国宪法》，都以遵循孙中山先生“建国三时期”“三民主义”“权能分治”“五权分立”学说为旗号。《训政纲领》开宗明义地说，“实施总理三民主义，依照建国大纲”是纲领的制定宗旨。《中华民国训政时期约法》也标榜“国民政府本革命之三民主义、五权宪法，以建设中华民国”。1947年公布实施的《中华民国宪法》更声称：“中华民国国民大会受全体国民之付托，依据孙中山先生创立中华民国之遗教，为巩固国权，保障民权，奠定社会安宁，增进人民福利，制定本宪法，颁行全国永矢咸遵。”

第二，特别法多于普通法，其效力往往也高于普通法。国民政府鉴于特别法的制定程序比较简单，因而大量颁行特别法，尤其是刑事特别法，以加强对共产党和革命群众的镇压和统治。这些特别法破坏了国民党在普通成文法典立法中所树立的建设民主、法治国家的形象，使得国家法律在实质和形式意义上产生强烈的反差与冲突。

第三，形成了以《六法全书》为标志的国家成文法律体系。国民政府的立法是清末政府和北洋政府立法的继续和发展，采用大陆法系以成文法为主的法律体系。同时，其也是中国法律文化在继受外来法和保留固有法道路上如何寻求妥协和调和的进一步探索。六法全书体系的建立，标志着中国法律近代化在形式上达到一个顶点。

第四，不成文法在南京国民政府法律体系中占据重要地位。国民政府最高法院判决例、司法院的解释例、司法机关认可的习惯以及法理，都可作为司法机关行使审判权的依据。另外，蒋介石的手令、国民党中央的决议也具有法律效力，而且往往具有最高的法律效力。如1939年国民党中央执行委员会通过的《国防最高委员会组织大纲》规定：“国防最高委员会委员长，对于一切事务，得不依平时程序，以命令为便宜之措施。”

总之，从法制史的角度看，南京国民政府延续了自清末以来的法律改革，进一步把西方资本主义国家的一些法律原则、法律体系和法律制度引进到中国，并结合中国的实际情况加以吸收、发展，形成了以六法全书为代表的十分完备的法律体系，从而把近代中国法律制度的建设推向顶峰。

三、宪法

（一）《训政纲领》

《训政纲领》是《中国国民党训政纲领》的简称，于1928年10月由国民党中央常务会议通过，是国民党政权进入“训政”时期以后的纲领性文件。《训政纲领》确立了训政时期国民党“一党治国，以党训政”的施政方针，共6条。《训政纲领》确立了如下的政治原则：其一，关于“政权”（即选举、罢免、创制、复决四项民权）的行使，规定在训政时期不成立国民大会，其职权由国民党全国代表大会代行。在国民党全国代表大会闭会期间，将“政权”托付给国民党中央执行委员会行使。其二，关于“治权”（即立法、司法、行政、考试、监察五项政府权），规定在训政时期由国民政府“总揽而执行之”。其三，关于“政权”与“治权”的关系，规定“指导监督国民政府重大国务之施行，由中国国民党中央执行委员会政治会议行之”。该纲领宣称其总的宗旨是由国民党“训练国民使用政权”。而实际上，国民党不是在训练而是在代替国民行使政权。国民党的中央政治会议凌驾于国民政府之上，一手包办各项国务事宜，从而为确立国民党的一党专政奠定了基础。

《训政纲领》确认国民党为最高训政者，独揽国家统治权，把国民党全国代表大会及国民党中央执行委员会规定为国家最高权力机关，把国民党中央政治会议变为政府直接领导机关，从而建立了国民党一党专政的政治制度。

（二）《中华民国训政时期约法》

《中华民国训政时期约法》是国民党“训政”时期颁布的最基本的宪法性文件，其于1931年5月5日由国民会议通过，同年6月1日由南京国民政府公布施行，共8章89条。各章依次为总纲、人民之权利义务、训政纲领、国民生计、国民教育、中央与地方之权限、政府之组织、附则。约法标榜以孙中山的“遗教”为根本的立法原则，声称“国民政府本革命之三民主义、五权宪法，以建设中华民国”。其主要内容特点如下：

第一，以根本法的形式肯定了《训政纲领》所确立的国民党一党专政的国家体制。约法将《训政纲领》全文载入，使得国民党的纲领成为全国人民必须遵守执行的法律。约法重申“训政时期，由中国国民党全国代表大会代表国民大会行使中央统治权”，强调“选举、罢免、创制、复决四种政权之行使，由国民政府训导之”，“行政、立法、司法、考试、监察五种治权，由国民政府行使之”。

第二，采取五院制的政权组织形式。国民政府设行政院、立法院、司法院、考试院、监察院及各部会，国民政府主席对内、对外代表国民政府。按照该约法的规定，国民政府主席“由中国国民党中央执行委员会选任”，而“本约法之解释权，由中国国民党中央执行委员会行使之”。可见，国民政府五院只能是分而不立，共同听命于国民党中央执行委员会。国民政府主席虽然凌驾于五院之上，但其实际权力的大小，要取决于蒋介石是否担任此职。当他担任国民政府主席职务时，《国民政府组织法》就赋予主席很大的权力；离职时，国民政府主席就变成了“不负实际政治责任”的职位。

第三，规定了国民的权利和义务。约法标榜“中华民国国民，无男女、种族、宗教、阶级之区别，在法律上一律平等”，并罗列了比较详细的各项国民的权利与自由，但同时国民可以享有的每一项权利都是“非依法律不得停止或限制之”。换言之，国民党可以通过制定种种法律“停止或限制”国民享有或行使这些权利。即使在孙中山看来是中华民国每一个国民都应享有的、最重要的选举、罢免、创制、复决四项权利，约法也规定须“在完全自治之县”才得享有，且须在国民党控制的国民政府“训导”下行使，而国民的种种权利，往往在“训导”中被剥夺。国民的义务主要是纳税、服从公务执行等。

第四，规定以发展国家资本主义为核心的经济政策。约法第四章“国民生计”专门对国家的经济政策作了规定，其核心内容是发展国家资本主义，如规定“国家应兴办油、煤、金、铁矿业”（第35条），“国家应创办国营航业”（第36条）。第六章“中央与地方之权限”中规定“工商业之专利、专卖特许权属于中央”。这为国家大力发展国家资本主义，扩充官僚资本，垄断重要经济部门提供了法律依据。

总之，这部约法的核心就是在所谓“训政时期”，实行国民党一党专政的国家体制，确立国民党的党治权威，为蒋介石的个人威权统治开辟道路。同时，以《训政时期约法》为根本法，南京国民政府逐渐建立和完善“六法体系”，使中国逐步实现了法制近代化。

（三）“五五宪草”

《中华民国训政时期约法》颁布后，以蒋介石为首的南京国民政府的对内对外政策引起国内各政治力量的不满。国民党内也有不少人士提出结束“训政”，召集国民大会，制定宪法，实行“宪政”。迫于各方面的压力，蒋介石祭起“宪政”的旗号，国民党的“制宪”活动由此拉开序幕。

1932年底，迫于各方面的压力，国民党四届三中全会宣布准备“制宪”。次年1月，国民政府立法院组成宪法起草委员会，负责宪法的起草工作。宪法草案完成后，于1936年5月5日经国民党中央审查和蒋介石批准，由政府公布。故这部《中华民国宪法草案》又称“五五宪草”。该宪法草案共8章

148 条，它虽然标榜要实行“宪政”，却与“训政”时期实施的约法并无多大的差别。主持制定宪法的孙科说得明白：“决不能说，宪法一宣布，国民党就不能参与政权。到那时候，我相信国民党必能受全国人民的拥戴，国民党的政权一定可以更加巩固的。”

“五五宪草”确立了总统制、国民大会制和五院制衡机制，其主要特点是党国一体，人民无权，议会无权，总统集权。总统既是国家元首，又是行政首脑，凌驾于五院之上。实际上无法真正实现“还政于民”，实行民主宪政。所以，这部宪法草案公布后，理所当然地遭到了全国人民的反对。它最终也因抗战时局的变化而“胎死腹中”，未能成为正式生效的宪法文件，但成为了《中华民国宪法》的蓝本。

（四）《中华民国宪法》

1946 年 11 月，蒋介石撕毁“双十协定”和政协决议，一手包办召开国民大会，并于 12 月 25 日通过《中华民国宪法》。该法于 1947 年 1 月 1 日公布，12 月 25 日施行。这是近代中国制定和颁布实施的最后一部宪法。该宪法共 14 章，依次是总纲、人民之权利义务、国民大会、总统、行政、立法、司法、考试、监察、中央与地方权限、地方制度、选举罢免创制复决、基本国策、宪法之施行及修改，共计 175 条，其基本精神与《训政时期约法》和“五五宪草”一脉相承。但是，碍于有国共两党及其他党派和众多民主人士参加的政治协商会议通过的“宪法修改原则”十二条（即实行国会制、内阁制、省自治、司法独立、保护人民权利等）的重大影响，它又不得不在具体条文上有所变动。其以“全民政治”“主权在民”“保障民权”“地方自治”以及“民生主义”等口号为形式，规定了总统集权制。

《中华民国宪法》的主要内容和特点如下：

第一，标榜“全民政治”和“主权在民”。宪法以孙中山“遗教”为指导，在总纲中规定“主权在民”的国体性质，即“中华民国基于三民主义，为民有、民治、民享之民主共和国”，“中华民国之主权，属于国民全体”。

第二，详定“保障民权”之条，同时施以诸多限制。宪法在第二章详列了人民所享有的各种权利和自由，但又规定：“以上各条列举之自由权利，除为防止妨碍他人自由，避免紧急危难，维持社会秩序，或增进公益所必要者外，不得以法律限制之。”在此，这部宪法将旧政协关于宪草问题协议中规定的对人民自由权利采取宪法保障和保障自由的原则，改为法律限制主义的原则，即用普通法律就可以限制宪法上的自由和权利。这样，国民政府往往以

“防止妨碍他人自由”“避免紧急危难”“维持社会秩序”“增进公共利益”为借口，用普通法律或特别法规限制和剥夺宪法上的“自由”和“权利”。

第三，以地方“自治”为名，行中央集权之实。《中华民国宪法》标榜采取孙中山的均权主义原则，规定省、县实行“自治”。但是又规定，“省自治法制定后，须即送司法院，司法院如认为有违宪之处，应将违宪条文宣布无效”。“省法规与国家法律有无抵触发生疑义时，由司法院解释之。”“（省自治法施行中）如因其中某条发生重大障碍”，由司法院院长主持召开由五院院长组成的委员会，“提出方案解决之”。可见，这种关于中央与地方权力的宪法划分，不是以均权主义为原则，而是以集权主义为出发点；不是以地方自治为基础，而是以中央集权为准则。至于少数民族的自治权，宪法中没有具体规定，实际上被取消。总之，在这部宪法中，均权原则变成了集权原则，所谓的“地方自治”，只不过是把中央集权残余的事权留给地方罢了。

第四，形式上保留旧政协有关宪法草案问题协议中关于实施国会制、内阁制的某些原则，而实际上实行的是总统集权制。依照这部宪法所规定的政治制度，中央设国民大会、总统和行政院、司法院、立法院、考试院、监察院五院。从宪法规定的表面上看，国民政府体制带有明显的议会内阁制的特征，但实际上仍实行总统集权制。宪法规定的总统职权十分巨大，总统除拥有统率全国军队、依法行使宣战、媾和、缔结条约、大赦、特赦、减刑、复权、宣布戒严、任免文武官员等权力以外，还有发布紧急命令之权、核可行政院移请立法院复议决议案之权、召集有关各院院长解决院与院间争执之权。不仅如此，总统还实际上拥有否决立法院的法律案之权。因为宪法规定，立法院通过之法律案，要移送总统，由总统公布。但是，总统如果不同意该法律案，可移请立法院复议。复议时，要有出席立法委员 2/3 维持原案，才能迫使总统公布该法律案。而在执政的国民党占多数的立法院内，这个 2/3 多数几乎不可能出现。

第五，借助“民生主义”的旗号，巩固和发展官僚资本主义。宪法在“国民经济”一节中，在标榜“国家对于土地之分配与整理，应以扶植自耕农及自行使用土地人为原则”的同时，特别强调“人民依法取得之土地所有权，应受法律之保障与限制”。在规定“国家对私人财富及私营事业，认为有妨害国计民生之平衡发展者，应以法律限制之”的同时，又强调“公用事业及其他有独占性企业，以公营为原则”，“金融机构，应依法受国家之管理”，从而在实际上为四大家族排斥民族资本，垄断经济命脉提供了宪法保障。这些规定，使所谓“实施平均地权，节制资本，以谋国计民生之均足”，徒成空谈。

第六，打着“尊重条约”的招牌，维护帝国主义的侵华权益。在宪法规定的外交政策原则中，标榜“独立自主之精神，平等互惠之原则”，宣布“尊重条约”，即尊重包括一切卖国条约在内的条约。实际上是用根本法的形式确认和维护帝国主义特别是美国在华权益。

如果单纯从宪法条文看，《中华民国宪法》可以算得上是中国近代立宪史上最为系统、完整、“民主”的宪法。但是，这部宪法的代表性不足，形式上的“民主”只能是服务于国民党一党专政和个人独裁的工具。1948 年 5 月 10 日，国民政府颁布《动员戡乱时期临时条款》，以“戡乱”为由，将宪法规定的紧急处分和宣告戒严的总统权力不再置于立法院的制约之下，同时进一步限制和剥夺了人民的自由民主权利，并把地方的权力集中到中央，中央的权力集中到总统。至于“戡乱时期”何时结束，须由总统宣告。

除上述宪法或宪法性文件外，南京国民政府还于 1928 年 10 月 8 日公布了《中华民国国民政府组织法》，并公布了行政院、立法院、司法院、考试院、监察院五院的组织法，规定了国民政府的组织、权限及各院的职能，成为行使“治权”的组织法依据。

四、行政法律

南京国民政府为适应国家行政管理活动的需要，颁布了诸多行政法律和行政法规。这些行政法律、法规涵盖组织、内政、军政、经济、财政、人事、教育、专业职业、行政救济等诸多方面。

南京国民政府的行政立法主要包括以下内容：

第一，行政组织法。如《中华民国国民政府组织法》《行政院组织法》《省政府组织法》《县组织法》《交通部组织法》《司法部组织法》《铁道部组织法》等。

第二，内政国籍法。如《国籍法》《户籍法》《工会法》《工厂法》《著作权法》等。

第三，军政法。如《国家总动员法》《兵役法》《戒严法》《军事征用法》等。

第四，经济法。如《矿业法》《商标法》《渔业法》《邮政法》《水利法》《专利法》《电业法》等。

第五，财政法。如《会计法》《银行法》《预算法》《决算法》《遗产税法》《所得税法》等。

第六，教育法。如《考试法》《特种考试法》《职业学校法》《学位授予法》等。

第七，人事法。如《公务员惩戒法》《公务员服务法》《公务人员退休法》《勋章条例》等。

第八，专门职业法。如《律师法》《医师法》《助产士法》《新闻记者法》《会计师法》《律师惩戒规则》等。

第九，行政救济法。如《诉愿法》《行政诉讼法》等。

这些行政法律法规体系庞大，数量繁多，内容丰富，但立法程序简单。

五、民商事法律

（一）“民商合一”的立法体系与民法典的起草

南京国民政府成立之初，在处理民事案件上，沿用北洋政府的民事法规、判例，也沿用民间习惯，并无统一适用的民法典。民国三年（1914 年）大理院上字第 304 号判例规定：“民国民法法典尚未颁布，前清之现行律除制裁部分及与国体有抵触者外，当然继续有效。至前清现行律虽名为《现行刑律》，而除刑事部分外，关于民商事之规定仍属不少，自不能以名称为刑律之故，即误会其为已废。”[1]也就是说，《大清现行刑律》中民事部分的内容在国民政府民法典制定完成之前一直有效。同时，大理院的判例以及有关民间习惯也是具有法律效力的。

1929 年国民政府立法院成立后，开始民法典的起草工作，其将清末修律以来皆采用的民法典和商法典分别编纂的立法体系，改为民商合一的立法体系。即将通常属于商法总则之经理人及代办商、商行为之交互计算、行纪、仓库、运送营业及承揽运送均并入民法债编。其他不宜合并者，如公司、票据、海商、保险、商业登记等，分别制定成单行商事法规。其根据是民法与商法间并无确定界限，两法并立既不便于立法，又有碍于适用。这与法国、日本等国民商法体制也有显著区别。对此，国民党中央政治会议委员兼立法院院长胡汉民、立法院副院长林森在提交中央政治会议的提案中申明：

> 查民商分编，始于法皇拿破仑法典。维时阶级区分，迹象未泯，商人有特殊之地位，势不得不另定法典，另设法庭以适应之。欧洲诸邦，

---

〔1〕《大理院判决例全书》。

靡然相效，以图新颖。然查商法所订者，仅为具有商业性质之契约，至法律上原则或一般之通则，仍须援用民法。而商法上最重要之买卖契约，且多在民法中规定。是所谓商法者，仅为补充民法之用而已，其于条例，固已难臻美备。且社会经济制度递嬗，信用证券，日益发达，投资商业者，风起云涌，一有限公司之设立，其股票与债券分散于千百非商人之手，而签发支票、汇票等事，昔日所谓之商行为，亦非复商人之所专有。商行为与非商行为之区分，在学说上彰彰明甚者，揆诸事实，已难尽符……吾国商人本无特殊地位，强予划分，无有是处。此次订立法典，允宜考社会实际之状况，从现代立法之潮流，订为民商统一之法典。〔1〕

此提案经国民党中央政治会议议决采纳，并补充了其他理由，交立法院遵照执行。胡汉民、戴传贤、王宠惠委员受中央政治会议委托，在审查报告书中从历史关系、社会进步、世界交通、各国立法趋势、人民平等、编订标准、编订体例以及商法与民法之关系等八个方面提出了应订民商统一法典的理由。〔2〕

南京国民政府的民法典，是由国民党中央政治会议以分别制定立法原则分编草拟，分期公布的。1929 年 1 月，立法院设立民法起草委员会，以傅秉常（召集人）、焦易堂、史尚宽、林彬、郑毓秀（后由王用宾补任）为民法起草委员会委员，并聘请司法院院长王宠惠、考试院院长戴传贤及法国人宝道为顾问，开始起草民法典。从 1929 年至 1931 年，其分别编纂和陆续颁布、实施了民法典的五编，即总则、债、物权、亲属和继承。这部民法典在继承清末政府和北洋政府的民律草案（即《大清民律草案》和《中华民国民律草案》）的基础上，吸收大陆法系民法典（其中主要是日本和德国的民法典）的民事立法原则，是中国历史上第一部正式颁布的民法典。该法共 5 编 29 章 1225 条。第一编“总则”于 1929 年 5 月 23 日公布，同年 10 月 10 日施行。本编规定的是民事权利及法律关系的总的原则。下设“法例”“人”“物”“法律行为”“期日及期间”“消灭时效”“权利之行使”7 章。第二编“债”于 1929 年 11 月 22 日公布，1930 年 5 月 5 日施行。本编是关于债关系的法律规定，下设“通则”“各种之债”2 章。第三编“物权”于 1929 年 11 月 30 日

〔1〕谢振民编著，张知本校订：《中华民国立法史》（下册），中国政法大学出版社 2000 年版，第 758 页。

〔2〕参见谢振民编著，张知本校订：《中华民国立法史》（下册），中国政法大学出版社 2000 年版，第 759~760 页。

公布，1930年5月5日施行。本编规定对物的直接管理与支配，并排除他人干涉的民事权利，下设“通则”“所有权”“地上权”“永佃权”“地役权”“抵押权”“质权”“典权”“留置权”“占有权”10章。第四编“亲属”于1930年12月26日公布，1931年5月5日施行。本编规定了因婚姻、血缘和收养关系而产生的人们之间的权利义务，下设“通则”“婚姻”“父母子女”“监护”“抚养”“家”“亲属会议”7章。第五编“继承”于1930年12月26日公布，1931年5月5日施行。本编规定的是被继承人死亡后由其亲属继承其财产的权利和义务，下设“遗产继承人”“遗产之继承”“遗嘱”3章。此外，各编还分别编有施行法若干条，与各该编同时施行。

(二)《中华民国民法》的主要内容和特点

《中华民国民法》改变了中国无独立民法典的历史，肯定了自清末修律以来引进西方资本主义民事法律规范所取得的成果，对扭转中国重刑轻民的传统具有一定的积极作用。这部民法典的主要内容和特点包括以下方面：

第一，肯定在无法可依的情况下，习惯及法理可作为审理民事案件的依据。尽管民法的规范十分详密，但是它也并不能完全将所有的民事关系纳入其调整范围以内。对此，民法典第1条明确规定：“民事法律未规定者，依习惯，无习惯者，依法理。”[1]审判官不得借口于法律无明文，对法律关系之争论不为判断。但民事所适用之习惯，以不违背公共秩序或善良风俗者为限。这表明习惯和法理也构成南京国民政府民事法律的渊源，这实际上也是对北京政府做法的继承。民初大理院的判例规定，“判断民事案件，应先依法律所规定；法律无明文者，依习惯法；无习惯法者，依法理”，“凡法律无明文规定者，本应适用习惯法，但习惯法则通常概无强行之效力”。而“习惯法”成立要件有四：一为内部要素，即人人有确信以为法之心；二为外部要素，即于一定期间内就同一事项反复为统一之行为；三系法令所未规定之事项；四是无悖于公共之秩序及利益。[2]

关于习惯适用之范围，民法总则起草说明书指出：

> 习惯之效力，欧美各国立法例本自不同。我国幅员辽阔，礼俗互殊，各地习惯，错综不齐，适合国情者固多，而不合党义违背潮流者亦复不

[1] 本章所引南京国民政府民法典条文均出自朱方编：《现行六法全书》，上海法正学社1933年版。下文所引法律条文，凡不作特别说明者，均出自该书中所收录的民法典。

[2] 《大理院判决例全书》。

少，若不严其取舍，则偏颇窳败，不独阻碍新事业之发展，亦将摧残新社会之生机，殊失国民革命之本旨。此编根据法治精神之原则，定为凡民事一切须依法律之规定，其未经规定者，始得援用习惯，并以不背公共秩序或善良风俗者为限。〔1〕

法理的含义更加不确定，但是为补充民法典或习惯法之不足，法理是必不可少的民法渊源。法律是社会规范的一种，它以公平、正义等理念为其最高指导原则，调和社会生活上相对立的各种利益。法律的根本精神是与社会普遍认同的价值理念相沟通的。所谓法律的根本精神就是为确保社会制度（社会组织规范）健全发达，而在法律上所需要的精神。所谓的“法理”，即法律原理，是自法律的根本精神演绎而来的法律的一般原则。这一概念类似于日本法中的“条理”。为增强民法的适应性，法官需要对于具体情形依据法理进行灵活的解释，以便于作出适应时代和环境需要的判断。这是非常必要的。

第二，采取“国家本位主义”原则，强调对私人利益的保护是有条件的。即在民法的基本价值方面摒弃个人主义，转而注重社会公共利益，只有在不违背国家利益的情况下，法律才保护私人利益。该法典在一般地承认“私法自治”的同时，对个人权利的行使、契约的订立及其他民事法律行为作了严格的限制，如规定所有人须于“法律限制之范围内”行使其所有权，“有悖于公共秩序或善良风俗”的民事行为无效。同时确立无过失损害赔偿责任。国民政府民法典采取国家（社会）本位，名义上是为了消除个人自由主义的弊害、注重社会公益，实则是国民党政权为限制人民自由权利、国家干预私权制造借口。

第三，在继承旧民律草案成果的基础上，广泛移植外国民法制度。国民政府的民法典虽以清末和北洋政府的民律草案为基础，但基于形势的变化，作了大量修正，并有明显发展。在具体制度上，将外国民法之最新学理、最新立法例加以吸纳、整合，萃成本国民法，表现出新的历史条件下继受法与固有法相结合的特点。如参照苏联民法的体系增设“法例”一章；仿照德国民法，不再区别“使用租赁”与“用益租赁”；效法日本民法，详细规定关于遗失物之拾得问题；采瑞士民法制度，明认留置权有物权的效力。又如在

〔1〕 谢振民编著，张知本校订：《中华民国立法史》（下册），中国政法大学出版社2000年版，第755~756页。

结婚问题上，采仪式婚制而不采登记婚制，取消了嫡子与庶子的区别，不再认为妻是限制行为能力人，容许限定继承，等等。

第四，注重维护私有财产的所有权和地主的土地经营权。民法典尤以物权编规定最详，占法典全部 29 章中的 10 章，对所有权的取得、保护，土地所有权及经营权均详细规定。譬如，肯定财产所有人对其财产的权利，规定“所有人，于法令限制之范围内，得自由使用、收益、处分其所有物，并排除他人之干涉”。法典对所有权的取得和保护有详细的规定。关于土地的所有权及经营权，它一方面规定土地所有权“及于土地之上下”，及“土地所有人得禁止他人侵入其地内”；另一方面，它以 3 章篇幅对地上权、永佃权、地役权作了详尽的规定。这些规定旨在维护以土地为核心的财产所有权，同时也受法律社会化潮流的影响，兼顾对社会公共利益的保护。

第五，婚姻家庭制度带有较为浓厚的传统色彩。首先，肯定了包办买卖婚姻和其他传统习惯。它在结婚的实质要件部分，特别规定：“未成年人结婚，应得法定代理人之同意。”同时，它并无禁止买卖婚姻的条款，而又肯定“法律所未规定者，依习惯”的原则。据此，司法院的解释为，习惯上之买卖婚姻，如经双方合意，得认为有效。其次，维护夫妻间的不平等关系。表现在姓名权上，规定“妻以其本姓冠以夫姓”。在住所权上，规定“妻以夫之住所为住所”。在财产权上，以联合财产制为法定财产制，即夫妻的财产联合起来由夫管理，夫对妻之原有财产有使用、收益权及孳息的所有权，妻仅保留原有财产的返还请求权。在父母子女关系上，规定“子女从父姓”，“父母对于权利之行使意思不一致时，由父行使之”。再次，维护传统家长制度。规定“家置家长”；家长不能推定时，“以家中最尊辈者为之”；“家务由家长管理”。另外，肯定“亲属会议”制度。而这种属于旧时代残余的制度，除少数国家外，在其他资产阶级民法中，均已废除。

简而言之，民法典前三编引进了德国、日本、瑞士民法的大量条文，后两编带有较多的传统色彩。国民政府民法典的产生，改变了中国过去没有单独民法典、民事法律规范依附于刑法典中的局面，它使民法与刑法彻底分开。在处理民事纠纷时，可排除运用刑事处罚手段，单独用民事法律规范调整公民之间的人身关系和财产关系。这部民法典使得中国自清末以来所建立的部门法体系进一步完备化。应当肯定这是法律制度走向文明和进步的表现。但是，国民政府虽然制定了形式上先进的民法典，却并未真正解决民生问题。因为无论是民法典还是各项民事单行法，都是为维护有产者的权利，从未切实推行过“耕者有其田”“节制资本”的社会改革政策。从本质上说，国民政府以民法典为核心的民事法律规范是中国近代半殖民地半封建法律制度的重要组成部分，其重心是维护私有制的经济制度和以夫权为中心的婚姻家庭制度。[1]

（三）商事法律

南京国民政府立法院于1929年1月成立了商法起草委员会。其在清末及北京政府进行商事立法的基础上，进一步采纳西方资本主义的商法原则，尤其注意吸收有利于维护垄断资产阶级利益的原则。

国民政府制定颁布的单行商事立法主要有以下内容：

第一，银行法。包括1927年的《中央银行条例》《中国银行条例》《交通银行条例》，1931年的《银行法》，1934年的《储蓄银行法》和1935年的《中央银行法》等。

第二，交易所法。1929年10月3日公布、次年6月5日施行的《交易所法》的立法目的是“尽其调剂供求，平准物价之功用”。

第三，票据法。1929年10月30日颁布施行的《票据法》分为总则、汇票、本票、支票、附则5章，共139条。它是南京国民政府以北洋政府的票据法草案和国民党中央政治会议议决的19条票据法立法原则为基础，参酌德、日、英、美、法等国立法和我国的商业习惯制定的。

第四，公司法。1929年12月26日颁布了第一部《公司法》。它参照德、法两国的公司法制定，分为通则、无限公司、两合公司、股份有限公司、股份两合公司、罚则6章，共233条。后经修正于1946年重新颁布，条文增至361条。

第五，海商法。1929年和1930年先后颁布了《海商法》及其施行法。

第六，保险法。《保险法》公布于1929年12月30日，分为总则、损害保险、人身保险3章，共82条。

第七，破产法。1934年国民政府公布了《商人债务清理暂行条例》，次年又颁布了《破产法》和《破产法施行法》取而代之。其规定对破产之宣告，采取申请主义原则。

这些单行商事法规的颁布实施，对完善中国近代的部门法法律体系有积极的意义，也是运用法律规范调整经济关系的进一步尝试。

---

[1] 曾宪义主编：《中国法制史》，北京大学出版社2000年版，第329~331页。

六、刑事法律

（一）《中华民国刑法》

1927年，南京国民政府以北洋政府《暂行新刑律》和改定的第二次刑法草案为基础，于1928年3月公布了第一部《中华民国刑法》，时人称之为“旧刑法”。该法分总则、分则两编，共48章387条，于同年9月实施。1931年又着手对其进行修订，于1935年1月1日重新公布修订的第二部《中华民国刑法》，时人称之为“新刑法”，于同年7月1日实施。

与旧刑法相比，新刑法吸收了西方最新的刑法理论和立法经验，作了较大规模的修改。其由“客观主义”改为“侧重于主观主义”，强调犯罪性质而非客观后果；由“报应主义”改为“侧重于防卫社会主义”，强调“保全与教育机能”，从而引进保安处分制度。

新刑法分总则、分则两编，共47章357条。同旧刑法相比，在“总则”编增加了“保安处分”一章，在“分则”编增加了“伪造有价证券罪”一章，其他部分内容亦有增改。新刑法总则12章是法例、刑事责任、未遂犯、共犯、刑、累犯、数罪并罚、刑之酌科及加减、缓刑、假释、时效、保安处分。分则35章则规定各种罪名及刑罚。国民政府的立法者宣称新刑法采取了罪刑法定主义、主观人格主义、社会防卫主义等资产阶级的刑事法律原则，并注重中国传统之伦理观念，其将刑事责任年龄提高到18周岁。新刑法的主要特点如下：

第一，继受西方国家通行的刑事法律原则，并注重采纳与中国宗法伦理原则相适应的法律制度。在立法原则方面，继受了罪刑法定、罪刑相适应以及刑罚人道主义等原则。如刑法典第一章第1条即规定：“行为之处罚，以行为时之法律有明文规定者为限。”在罪名体系和刑罚制度方面，一准西方国家通行良规。刑罚分主刑、从刑，分别为死刑、无期徒刑、有期徒刑和褫夺公权、没收。同时，为了适应中国传统法律的宗法伦理精神，刑法典还注重吸纳西方刑事立法中对亲属犯罪的特别规定，保留更多中国传统刑法的痕迹。如重视维护尊亲属的权利，对侵害直系尊亲属的犯罪行为，采取加重处罚原则；同居相为隐原则得到一定的体现；亲族间犯盗可以免于处罚、适用亲告；纵容纳妾等。

第二，加重对“内乱”“妨害国交”等罪行的惩罚。同旧刑法相比，新刑法对普通刑事犯罪降低量刑幅度，而将打击的锋芒更加集中到所谓“内乱罪”“外患罪”“妨害国交罪”“杀人罪”“强盗罪”等严重危害国民党政权和社会秩序的犯罪行为，并惩罚“预备犯”“未遂犯”，从而更加明确了刑法打击的主要目标。

第三，采取社会防卫主义，增设保安处分。社会防卫主义理论来自西方资产阶级国家，主张对于那些先天或后天有犯罪倾向的人，在其未给社会造成危害前，就应采取以限制人身自由为主要手段的防卫措施。这实际上是对刑罚的补充，或可看作是对刑罚的一种替代措施。保安处分增设为新刑法典中的专门一章，是借鉴西方国家社会防卫主义主流刑法思想和立法实践建立起来的。所谓“保安处分”，是对有犯罪行为的人或有犯罪嫌疑、妨害社会秩序嫌疑的人所采取的社会防卫制度，是用以补充或替代刑罚，预防犯罪、维护社会秩序的强制性措施，其适用对象是未成年的少年犯及有犯罪或妨碍社会秩序嫌疑之人。其有拘禁（拘于一定场所感化教育）和非拘禁（监视、限制活动自由）两种方式。作为刑罚的补充，保安处分有其合理性，在实践中对某些确有危害社会可能的人员予以一定的监护，也是可行的。

南京国民政府实行的保安处分有 7 类，即感化教育处分、监护处分、禁戒处分、强制工作处分、强制治疗处分、保护管束、驱逐出境处分。后来国民政府不断将刑法典中列为“保安处分”的实施对象扩大到刑事特别法中，将其矛头指向共产党人和不满国民党统治的民众，使其成为惩治政治犯的主要工具。

第四，在时间效力上取“从新从轻主义”，而保安处分取“从新主义”和裁判后的“附条件从新主义”。在空间效力上以属地主义为主、属人主义为辅，兼取特定犯罪的保护主义和世界主义。

（二）刑事特别法

在刑法典之外，南京国民政府根据不同时期的需要，制定了一系列刑事特别法，并赋予高于刑法典的效力，其锋芒大多是指向共产党和民主进步人士。主要包括 1927 年 11 月颁布的《惩治盗匪暂行条例》，1928 年 3 月公布的《暂行反革命治罪法》，1931 年 3 月施行的《危害民国紧急治罪法》，1935 年的《共产党人自首法》，1936 年的《维持治安紧急办法》，1939 年秘密发布的《共产党问题处置办法》，1947 年的《戡乱总动员令》《修正妨害兵役治罪条例》《戡乱时期危害国家紧急治罪法》，以及 1948 年的《特种刑事法庭组织条例》《特种刑事法庭审判条例》《戒严法》等。

在运用刑事法律规范巩固其统治地位方面，国民政府更多依靠大量颁行的刑事特别法。这些刑事特别法可以不受一般立法原则的局限，便于规定普通法不便规定的内容。它具有下列特点：

第一，补充和扩大了刑法典关于犯罪的内容和范围。如《暂行反革命治罪法》规定，凡意图颠覆中国国民党及国民政府或破坏三民主义而起暴动者，宣传与三民主义不相容之主义及不利于国民革命之主张，均构成“反革命罪”。这不仅大大补充和扩大了“内乱罪”的内容和范围，而且把刑法典没有规定的内容，如反对国民党和三民主义，也列为“反革命罪”的打击范围，用刑事特别法的形式公开维护国民党的一党专政。

第二，刑罚苛重。刑事特别法采取重刑主义，其规定的刑罚多明显重于刑法典的相关规定，特别是对于“内乱”“强盗”等罪的量刑，远远要高于刑法典的规定。这是对国民政府在刑事立法上的所谓“刑度重轻”原则的否定。

第三，对于刑事特别法规定的犯罪，多由特别的审判机关审理。对于触犯刑事特别法的案件，多由军事机关、军法机关或特种刑事法庭来审理。这些特别的审判机构不按一般的诉讼程序审理，体现了司法专横。

第四，对共产党人和革命群众实行“保安处分”。国民政府广泛采用“保安处分”措施以针对共产党人和革命群众。如设立反省院，实际上是监狱的一种，主要用于拘禁共产党人、革命群众和爱国民主人士，并将其与社会隔离，对其进行精神和肉体摧残。

第五，刑事特别法的效力高于普通刑法。即在法律的适用上，刑事特别法优于刑法典，实际上是代替了刑法典的有关内容。

刑事特别法强化和发展了刑法典的内容。由于刑事特别法数量多、范围广，效力又高于普通刑法，因此它在国民政府刑法中处于特殊的地位。实践证明，南京国民政府在刑事镇压中主要依据的是刑事特别法。从这个意义上说，刑事特别法实际上代替了普通刑法，比普通刑法起着更大、更重要的作用。

七、司法制度

（一）司法组织体制

1. 普通法院系统

南京国民政府成立初期，沿用北洋政府的法院组织体系，实行四级三审制。1932年10月公布《法院组织法》（1935年施行）后改为三级三审制，第三审为“法律审”。法院为国家审判机关，负责审理刑事、民事案件，并依法律规定管辖非诉讼案件。普通法院分地方法院、高等法院、最高法院三级。一般县、省辖市设地方法院，区域狭小者可合若干县市设一地方法院，区域辽阔者可设地方法院分院。地方法院依管辖审理民事、刑事第一审案件及非诉事件。但实际上直到1947年，国民政府设立的地方法院只占全国县市总数的2/5左右，多数县市仍以设于县政府的县司法处兼理司法。省、首都、特别区和院（行政院）辖市设高等法院，区域辽阔者可设高等法院分院。高等法院审理一审上诉和抗告案件，以及“内乱”“外患”“妨害国交”等罪的第一审案件。最高法院设于首都，隶属于国民政府司法院，审理不服高等法院一审二审判决、裁定的上诉、抗告案件。最高法院不设分院，以统一全国法律之解释。

检察机关也是国民政府司法机构的重要组成部分。在普通司法机关中，设立相应的检察机关或一定数量的检察官行使检察职权。检察官在刑事案件的整个诉讼过程中有着重要的地位和作用。检察官依据法律的规定，有权对刑事案件作出侦查或不侦查的决定，提起或不提起公诉的决定。刑事案件判决后的执行，也由检察官来指挥并监督实施。

2. 特别审判机关

除普通法院外，国民政府还根据统治需要，设立了许多特别的审判机关，主要有特种刑事法庭、兼理司法法院以及军事审判机关。特种刑事法庭始设于1927年，是受理特种刑事审判程序案件的法庭。1948年，国民政府先后颁布实施《特种刑事案件诉讼条例》《特种刑事法庭组织条例》《特种刑事法庭审判条例》。根据这些条例，设立中央特种刑事法庭和高等特种刑事法庭，分别设于南京和司法行政部指定的地方。特种刑事法庭依据特殊的程序审理案件，对其裁判不得上诉或抗告。设立特种刑事法庭为迫害革命人士提供了组织及程序保障。

（二）诉讼审判制度

南京国民政府先后颁布了两部刑事诉讼法典和民事诉讼法典。两部刑事诉讼法典颁布的时间与刑法一样，均初定于1928年，再定于1935年，与两部刑法典配套，后于1945年加以修正。第二部刑事诉讼法典增加了“保安处分”的实施办法，增为9编516条。该法分为总则、第一审、上诉、抗告、再审、非常上诉、简易程序、执行、附带民事诉讼9编。其关系法规有1946年的《监狱行刑法》《行刑累进处遇条例》《羁押法》，以及1948年的《假释审查规则》等。国民政府实行的刑事诉讼制度主要有假释、秘密侦查、自由心证及严格限制自诉权等。

第一部民事诉讼法典公布于1930年底和1931年初，第二部则颁布于1935年2月，经1945年修正后，定为9编、636条。

南京国民政府还制定颁布了一系列单行诉讼法规，如《各省高级军事机关代核军法案件暂行办法》《特种刑事案件诉讼条例》《特种刑事法庭审判条例》《县长及地方行政长官兼理军法暂行办法》《反革命案件陪审暂行法》。国民政府于1932年10月颁布《法院组织法》，并于1935年7月1日实施。另外又制定了一些关于司法机关方面的单行组织法规，如1927年的《特种刑事临时法庭组织条例》、1944年的《县司法处组织条例》、1946年的《监狱组织法》和《看守所组织条例》、1948年的《特种刑事法庭组织条例》和《军事法庭条例》等。

南京国民政府的诉讼法在一定程度上采纳了资产阶级的诉讼原则，如公开审判原则、律师辩护原则、合议审判原则等，完善了中国近代的司法制度。这些无疑是具有进步意义的。但是，其诉讼审判制度还有如下特点：

第一，采取严密的侦查制度。按照刑事诉讼法和有关法规的规定，南京国民政府中行使刑事侦查的机构很多。检察官、司法警察、宪兵、军士、特务等都有刑事侦查权力。特别是检察官，权力很大，几乎可以动用一切的人力物力，侦查或处分任何人或事。

第二，实行“自由心证”的诉讼原则。国民政府的《刑事诉讼法》和《民事诉讼法》都规定，在证据制度中采取“自由心证”的原则。也就是说，在诉讼过程中，证据的证明力及其是否被采用，不是由法律预先作规定，而是由法官的内心信念，即依“心证”来自由判断和取舍。

第三，实行秘密审判制度和陪审制度。依据《法院组织法》规定，对于所谓“妨害公共秩序”的案件，即政治案件，实行秘密审判。而且，对于违犯《戡乱时期危害国家紧急治罪条例》的刑事案件，经秘密审理后作出的裁判，当事人不得上诉或抗告。国民政府还于1929年12月颁布了《反革命案件陪审暂行法》，规定在“反革命案件”上诉过程中，可由国民党地方最高级党部派出的国民党员所组成的陪审团陪审评议。在评议中，由陪审团提出“有罪”“无罪”或“犯罪嫌疑不能证明”的答复。法院则要根据这个答复作出判决。对于因“犯罪嫌疑不能证明之答复而判决无罪者，应命取妥保或通知所在地公安局于二年内监视之”。这种制度名曰“陪审制”，实际上是国民党党员审判制度，是党治在诉讼制度上的反映。

第四，扩大并强化军事和军法机关的审判。国民政府通过颁布刑事特别法，在诉讼制度方面不断扩大和强化军事和军法机关的审判。如第三次国内革命战争时期修正公布的《戒严法》规定，在戒严时期，在接战地域内，不但地方司法事务归该地最高司令官掌管，司法官受该地司令官指挥，而且刑法上的“内乱罪”“外患罪”“妨害秩序罪”“公共危险罪”“抢夺强盗及海盗罪”等以及违犯其特别刑法规定之罪者，军事机关得自行审判。在无法院或与管辖的法院交通断绝时，其他刑事和民事案件，由该地军事机关审判。这些规定，不仅使军事机关直接参与司法镇压，而且实际上使司法机关直接处于军事机关的操纵之下。

第五，维护帝国主义侵华军队的特权。国民政府在 1946 年 6 月 5 日下令延长适用在抗日战争时期颁行的《处理在华美军人员刑事案件条例》，规定侵华美军人员在中国境内犯罪的刑事案件，归美军军事法庭及军事当局裁判。

南京国民政府的民事诉讼法和刑事诉讼法，从程序上保证其民法和刑法的实施，并且补充了实体法的不足。同时，诉讼审判实践中的武断专横与法律文本规定的民主法治精神的对立，成为其突出的特点。

第十五章

革命根据地的法律

(公元1927年—公元1949年)

1927 年 8 月以后，中国共产党先后发动南昌起义、秋收起义和广州起义，揭开了独立领导武装革命斗争的序幕。同年 10 月，毛泽东在湘赣边界开辟井冈山革命根据地。此后到 1930 年 3 月，全国建立起十几个坚持工农武装割据的革命根据地。1931 年 11 月 7 日，在江西瑞金举行了第一次中华苏维埃代表大会，成立了中华苏维埃共和国临时中央政府。1934 年 10 月，由于党内“左”倾教条主义的错误，红军主力被迫实行长征。胜利到达陕北以后，中国共产党重建革命根据地。1937 年卢沟桥事变以后，国共实现第二次合作。中国共产党率领军民挺进敌后，开辟了众多抗日革命根据地，并建立抗日民主政府，为取得抗日战争在全国的胜利发挥了巨大作用。1946 年 6 月，蒋介石撕毁国共重庆谈判达成的停战协议和政协协议，发动内战。中国共产党依靠民众，逐步扩大解放区，军事上由战略防御逐渐转向反攻，最终赢得了革命的胜利。在坚持武装斗争的 22 年中，革命根据地建立了人民民主政权，制定颁布了一系列法律和法令，逐步尝试建立起人民民主法制，为中华人民共和国成立后的法制建设积累了丰富的历史经验。

第一节　法律思想

革命根据地人民民主政权创建的新民主主义法制，是在中国共产党领导下创建的，以马克思列宁主义、毛泽东思想为指导方针的，以反帝反封建为根本任务的法制。

在十月社会主义革命的影响下，1919 年“五四”爱国运动爆发，1921 年 7 月中国共产党成立。从此，中国革命在中国共产党的领导下进入了新民主主义革命时期。1922 年 7 月的《中国共产党第二次全国大会宣言》在阐述党在民主革命阶段的具体政纲时，明确提出了建立“真正民主共和国”的口号，以实现中华民族的完全独立和工人、农民的权利和自由。这个政纲迅速取代了资产阶级共和国的方案。它是中国人民经过80年斗争作出的最终选择，不仅推动了工农运动的发展，也指导了革命法制的创建。

第一次国内革命战争失败以后，以毛泽东为首的中国共产党人创造性地把马列主义普遍真理与中国革命的具体实践相结合，逐步摸索出实行“工农武装割据、以农村包围城市”的新民主主义革命道路。作为新民主主义国家的雏形，工农苏维埃人民民主政权虽然处在反围剿的艰苦环境中，但仍然进行了多方面的立法。1931年11月召开的第一次全国工农兵代表大会通过了《中华苏维埃共和国宪法大纲》，并制定了“耕者有其田”的土地法、保护劳动者和妇女权益的劳动法和婚姻法，以及镇压反革命的刑事法。虽然立法中存在着“左倾”错误和脱离实际的弊病，但它却是在中国共产党领导下马克思主义与中国实际相结合的新民主主义性质的法律，是旧民主主义法制穷途末路之后开辟的一片新天地。

抗日战争时期，中国共产党确立了抗日民族战线的总方针，科学地总结了苏区工农民主政权法制建设的经验与教训，使得各敌后革命根据地民主政权的法制建设走上了成熟的道路。解放战争时期，以毛泽东思想为指导，各解放区人民民主政权围绕发动广大人民群众、争取人民解放战争在全国的全面胜利这一中心任务，颁布实施了一系列法律、法令，并最终以新民主主义法制取代了国民党“六法全书”的法律体系。

总之，马列主义、毛泽东思想是根据地法制建设的根本指导思想，这一点是由中国共产党领导下的革命根据地政权的性质决定的，也是中国历史发展必然规律的根本要求。在长达22年的艰苦斗争中，中国共产党领导人民在一个个局部地区推翻了国民党政权的统治，开辟了一块块相对稳定的根据地，建立起中国共产党领导的、以工农联盟为基础的、对人民实行民主、对敌人实行专政的人民民主政权。根据地的法制建设在不同的历史时期都根据不同的革命形势和任务贯彻了马列主义、毛泽东思想。宪政制度方面的工农民主专政制度、工农兵代表大会制度、人民代表大会制度、法律面前人人平等原则，刑事法律方面的镇压和宽大相结合，民事法律方面的男女平等、婚姻自由、劳动者权利保障，诉讼法律方面的方便群众、巡回审判、禁止刑讯体罚、人民调解制度等，无不体现了马列主义、毛泽东思想的基本精神和要求。正是有了这一根本指导思想，根据地法制才成了有本之木、有源之水，才能够不断走向成熟和完备，成为中国共产党领导人民取得新民主主义革命胜利的有力保障。

第二节　法制发展阶段和特点

一、革命根据地法制发展阶段

在新民主主义革命时期，人民民主政权经历了三个历史时期，即第二次国内革命战争、抗日战争和第三次国内革命战争时期。在不同时期，革命面临的具体形势和任务有所不同。为适应政权建设和斗争形势的需要，革命根据地的法制建设从实际出发，不断总结历史的经验教训，从而经历了由初创、发展到完善的三个不同阶段。

（一）第二次国内革命战争时期（1927—1937 年）

这是革命根据地法制的初创和奠基阶段。中国共产党领导的各工农民主政权，以党所确立的开展土地革命和通过武装斗争推翻国民党反动政权的总方针为指导，开始了新民主主义法制建设的初步尝试。1931 年 11 月召开的第一次全国工农兵代表大会进行了较大规模的立法工作，通过了《中华苏维埃共和国宪法大纲》《中华苏维埃共和国土地法》《中华苏维埃共和国劳动法》《中华苏维埃共和国婚姻条例》等一系列重要法律。其后，中华苏维埃中央执行委员会及各人民委员部又陆续颁布了一些单行法规，如《中华苏维埃共和国惩治反革命条例》《中华苏维埃共和国司法程序》《裁判部暂行组织及裁判条例》等。至此，新民主主义的法律体系初具规模。由于经验的缺乏和党内"左"倾机会主义路线的影响，这个阶段根据地法制建设显示出了比较幼稚的一面，且有显著的移植苏俄法律的印记。

（二）抗日战争时期（1937—1945 年）

这是革命根据地法制的发展和趋于成熟阶段。在总结苏区经验的基础上，各抗日革命根据地以党的抗日民族统一战线的总方针和《抗日救国十大纲领》等文件为依据，制定和颁行了一大批有关政权建设、人权保障、惩治汉奸、减租减息、规范司法、推广调解等方面的法律法规。尤其是各个抗日革命根据地的民主政府都制定了具有根本法作用的施政纲领，规定了根据地民主政权的基本任务、奋斗目标和各项基本政策。由于指导路线和方针正确，切合中国革命的实际，因此这个阶段的法制推进比较顺利，在立法和司法上都创造了许多良好的制度，为人民民主政权在法制建设上积累了有益的经验。在这个阶段，中共中央所在的陕甘宁边区的法制建设最具代表性，成为其他边区的榜样。

（三）第三次国内革命战争时期（1945—1949年）

这是革命根据地法制的完备和向新中国法制过渡阶段。抗日战争的胜利，将中国新民主主义革命的法制建设带入一个新的历史时期。围绕着中国共产党在新时期的基本政策和纲领，各解放区人民民主政权纷纷制定颁布了施政方针和各项有关土地改革、劳动、婚姻、刑事、民事、行政管理以及司法改革的法令，并最终废除了国民党以“六法全书”为代表的法律体系和法统，确立了新民主主义的司法原则。

二、革命根据地法制的特点

革命根据地法制的特点可以简要概括如下：

第一，以中国共产党的纲领、路线、方针和政策为指导。新民主主义法制的性质，决定了其立法、执法、司法等各个环节都必须以中国共产党的新民主主义的政纲为依归。背离了这一点，新民主主义法制的正确方向便无法保障。因此，党内占统治地位的思想是否正确、党内路线斗争的结果如何，便直接关系到革命根据地法制的成败、优劣和得失。而且，在法制经验缺乏的情况下，党的纲领、路线、方针和政策往往直接起着法律规范的作用。

第二，始终体现广大人民群众的意志和利益，并贯彻人民民主专政的原则。新民主主义法制之所以是中国历史上前所未有的新型法律，就是因为它始终把工农群众的意志和利益放在首位，始终在内容上以反帝、反封建为中心，以实现对人民民主和对敌人专政为目的。革命根据地法律保护以工农为基础的劳苦大众在政治、经济、社会生活上享有最广泛的民主权利，同时也赋予革命统一战线内部各阶级、各阶层广泛的民主权利。这是中国历史上任何其他政权的法律所无可比拟的。

第三，立法形式简单，法制不够统一。由于立法初期处在严峻的战争环境中，缺乏立法经验和法学理论，立法在技术上比较粗陋，形式简单。而且，大多数时间各革命根据地处于地理上的隔绝状态，没有建立起统一的中央政权体系，因而各根据地的立法存在普遍的权限不明确、体制不完善的现象，损害了法制的统一性和协调性。但这并不影响根据地法制因贴近群众、贴近实际而受到人民群众的拥护，从而发挥其推动政权民主建设和革命胜利的重大作用。

第三节 宪法性文件

一、《中华苏维埃共和国宪法大纲》（以下简称《宪法大纲》）

（一）《宪法大纲》的制定

早在井冈山时期，毛泽东曾倡议由党中央制定一个“整个民权革命的政纲”，以“使各地有所遵循”。随着各苏区政权组织的建立和发展，建立全国苏维埃政权，并统一各革命根据地政权政治纲领的任务，变得越来越迫切。1930 年 7 月，中共中央成立中国工农兵苏维埃第一次全国代表大会中央准备委员会，着手草拟宪法。1931 年 11 月 7 日，第一次全国工农兵代表大会在江西瑞金召开。大会经充分讨论，通过了《宪法大纲》。1934 年 1 月的第二次代表大会对它作了某些修改，最重要的是增加“同中农巩固的联合”。这是毛泽东所代表的正确路线同王明“左”倾路线斗争的积极成果，使《宪法大纲》更符合中国共产党在民主革命时期的阶级路线和基本政策。

（二）《宪法大纲》的主要内容

《宪法大纲》遵循党中央提出的“制宪七大原则”，规定苏维埃政权的性质、政治制度、公民权利义务以及外交政策等内容，包括序言和 17 条正文。其主要包括以下内容：

第一，确定苏维埃政权反帝、反封建的任务和目的。《宪法大纲》第 1 条明确规定“中华苏维埃共和国的基本法（宪法）的任务，在于保证苏维埃区域工农民主专政的政权和达到它在全国的胜利”，又规定了苏维埃政权的目的是“消灭一切封建残余，赶走帝国主义列强在华的势力，统一中国，有系统地限制资本主义在中国的发展，进行苏维埃的经济建设，提高无产阶级的团结力与觉悟程度，团结广大贫农群众在它的周围，同中农巩固地联合，以转变到无产阶级的专政”。

第二，规定苏维埃国家性质是工人和农民的民主专政国家。《宪法大纲》第 2 条规定：“中华苏维埃所建设的是工人和农民的民主专政国家，苏维埃政权是属于工人、农民、红色战士及一切劳苦民众的。”它与标榜“主权在民”的资产阶级共和国有着本质的不同，它对以工人阶级为领导的劳苦大众实行民主，对军阀、官僚、地主、资本家、豪绅、僧侣及一切剥削人的反革命分子实行专政。

第三，规定苏维埃国家政治制度是工农兵代表大会，国家最高政权机关是全国工农兵苏维埃代表大会及其中央执行委员会。为保证工农大众参加国家管理，便于工人阶级及其政党的领导，实行民主集中制和议行合一原则。这是根据革命实践及苏联经验建立的新式民主制度，根本不同于资产阶级“三权分立”的政权组织形式。

第四，规定并保障苏维埃国家公民的权利和自由。《宪法大纲》以多达10个条文规定工农兵及一切劳苦民众享有广泛的民主权利。其内容包括，一切劳苦群众不分男女、种族以及宗教信仰的不同，在苏维埃法律面前一律平等；16岁以上的公民皆享有选举权和被选举权，直接选派代表参加各级工农兵代表大会，讨论和决定一切国家的、地方的政治事务；承认婚姻自由，实行各种保护妇女的办法；工农劳苦群众享有言论、出版、集会、结社等各项民主自由权利；工人享有社会保险、劳动保护、接受教育等权利。各级政府采取切实有效的措施，提供力所能及的物质保障条件。宣布取消苛捐杂税，实行土地革命，改善农民生活，实行八小时工作制，规定最低工资标准等。

第五，规定苏维埃国家的外交政策。宣布中华民族完全自由独立，不承认帝国主义在中国的特权及不平等条约，废除反革命政府的一切外债。在苏维埃领域内，帝国主义的海、陆、空军不许驻扎，帝国主义的租界、租借地无条件收回，帝国主义的银行、矿山、工厂等一律收归国有。只有在服从苏维埃法律时，才允许外国企业重订租约继续生产。《宪法大纲》宣告与世界无产阶级和被压迫民族站在一起，苏联是巩固的同盟者，其对受迫害的世界革命者给予保护并对居住在苏区从事劳动的外国人给予法定的政治权利。

《宪法大纲》是第一部由劳动人民制定、确保人民民主制度的根本大法，是中国共产党领导人民反帝反封建的工农民主专政的纲领。它同资产阶级的约法以及旧中国政府制定的宪法有本质的区别。它肯定了革命胜利成果，为全国工农民众指明了革命的方向。它的颁行调动了苏区人民的积极性，鼓舞他们为工农民主专政政权的巩固和革命战争的胜利而英勇斗争。《宪法大纲》是人民制宪的最初尝试，为新民主主义宪政的发展积累了宝贵经验，具有划时代的历史意义。

但是，因缺乏宪政经验和受到“左”倾思想的影响，《宪法大纲》存在着一定的局限性。例如，它混淆了民主革命和社会主义革命的界限；过于教条地把苏俄的革命理论、革命纲领以及国家结构形式照搬照抄入中国；规定“一切剥削者均无参政权”，“在政权工作中共产党员的完全独占”；同时还实行了过“左”的土地政策、劳动政策、经济政策和肃反政策，使革命遭受重大损失。

二、《陕甘宁边区施政纲领》

（一）各抗日民主政权施政纲领的制定

抗日民族统一战线建立以后，各根据地抗日民主政权的中心任务是抗日、团结、民主。中国共产党领导的抗日民主政权改组为国民政府省一级的行政自治区——边区政府。为了适应革命形势的新变化，以1937年8月25日中共中央公布的《抗日救国十大纲领》为准绳，各边区继承和发扬苏区法制传统，建立起切合国情的抗日民主法制。尤为重要的是，各边区民主政权先后制定了具有根本法性质的施政纲领，标志着新民主主义法制的形成和重大发展。继1937年《陕甘宁特区政府施政纲领》和1938年《晋察冀边区军政民代表大会宣言》之后，陕甘宁边区于1939年1月公布了《陕甘宁边区抗战时期施政纲领》。这些抗战前期的纲领规定了“三民主义”的内容，具有革命民主主义的特色，奠定了边区民主政治的初步基础。抗战中后期，由于日寇对抗日根据地的大扫荡，加上国民党对边区的包围封锁，抗日军民面临极端严重的物质困难，抗日战争进入了最艰难的时期。为了适应这种新的情况，最大限度地调动抗日军民的积极性，巩固各抗日阶级、各党派和各民族的团结，争取时局好转，粉碎日寇扫荡和国民党封锁，赢得抗日战争的胜利，各抗日根据地制定了新的施政纲领。其内容主要有1940年的《晋冀鲁豫边区政府施政纲领》《晋察冀边区目前施政纲领》，1941年的《陕甘宁边区施政纲领》，1942年的《对巩固和建设晋西北的施政纲领》，1944年的《山东省战时施政纲领》。这些施政纲领以1941年的《陕甘宁边区施政纲领》为代表，均有保障抗战、加强团结、健全民主、发展经济、普及文化教育的规定。同时，《陕甘宁边区施政纲领》还增加了“三三制”政权组织形式和保障人权等崭新内容。

（二）《陕甘宁边区施政纲领》的主要内容

1941年11月颁布的《陕甘宁边区施政纲领》是抗日民主政权制定的最具代表性的宪法性文件，其主要包括以下内容。

第一，明确阐述制定施政纲领的依据以及抗日民主政权的主要任务。制定该纲领既要以中国共产党的抗日民族统一战线原则为依据，又要遵从国民政府的民主纲领。抗日民主政权的主要任务是《抗日救国十大纲领》中“抗日”“团结”“民主”三大任务的法律化，即发扬民主，团结边区内各阶级、党派，发动一切人力、物力、财力、智力，为保卫边区、保卫中国、驱逐日本帝国主义而战。

第二，加强政权民主建设，保障人民民主权利。规定边区实行参议会制度和“三三制”政权组织原则。边区各级参议会为边区各级之人民代表机关，由其选举产生同级政府委员会。“三三制”政策则是在民主政权组成人员的分配上，边区参议会中的共产党员只占1/3，各民主党派及无党派人士各占1/3；行政机关之主管为共产党员时，应保证该机关之职员有2/3为党外人士充任，使边区政府成为共产党领导的民主联合政府，其他党派及无党派人士均能参加民意机关和行政管理机关。实行普遍、直接、平等、无记名投票的选举制度，保障一切抗日人民的选举权、被选举权和其他人权、财权及各项自由。实行男女平等，提高妇女地位，保护其特殊利益。反对民族歧视，实行民族平等、自治，尊重宗教信仰、风俗习惯。

第三，改进司法制度，厉行廉洁政治。如坚决废除肉刑，重证据不重口供。严厉镇压汉奸及反革命分子，但对盲从分子和胁从分子则采取宽大政策。明确公务人员是人民公仆，严惩贪污和假公济私行为，实行以俸养廉等。除司法系统及公安机关依法执行职务外，任何机关、部队、团体不得对任何人加以逮捕审问或处罚，而人民则有用任何方式控告任何公务人员非法行为之权利。

第四，规定边区的基本文化经济等各方面的方针政策。从“发展经济，保障供给”的总方针出发，发展农、林、牧业、手工业和工业，奖励扶助私人企业，保障经营自由。调节各阶级的关系，地主减租减息，农民交租交息。改善工作生活，资本家有利可图，一致对外，共同抗日。贯彻统收统支的财政制度，征收统一累进税，维护法币，巩固边币。举办各类学校，普及免费义务教育。尊重知识分子，普及国民教育，奖励自由研究，提倡科学知识和文艺运动，提高边区人民政治文化水平。

《陕甘宁边区施政纲领》以反对日本帝国主义，保护抗日人民，调节各抗日阶级利益，改善工农生活，镇压汉奸反动派为基本出发点，全面系统地反映了抗日民族统一战线的要求和抗战时期的宪政主张，是实践经验的科学概括与总结。

除施政纲领外，陕甘宁边区政府于1942年2月发布的《陕甘宁边区保障人权财权条例》也是一部旨在保护抗日人民各项权利和自由的重要的宪法性法律。它以22条的篇幅详细规定了对于人权、财权的各项保护措施，保障边区一切抗日人民的私有财产权及依法使用及收益自由。如任何机关、部队、团体不得非法征收、查封、侵入或搜捕；司法机关或公安机关逮捕人犯应有充分证据，依法定手续执行；逮捕人犯不准施以侮辱、殴打及刑讯逼供、强迫自首，审判采取证据主义，不重口供；等等。

三、解放区人民民主政权的宪法原则和施政纲领

（一）《陕甘宁边区宪法原则》

根据1946年1月在重庆召开的政治协商会议通过的《关于宪草问题的协议》，中央和地方的关系采取均权主义，实行省自治，各省可以制定省宪。在新的形势下，各解放区先后修订了抗战时期的施政纲领，陕甘宁边区还制定了《陕甘宁边区宪法原则》。这些纲领影响较大，成为解放战争前期人民民主政权施政纲领的典型代表。

1946年4月陕甘宁边区第三届参议会通过的《陕甘宁边区宪法原则》，分为"政权组织""人民权利""司法""经济""文化"五部分，共24条。其主要包括以下内容：

第一，采取人民代表会议制的政权组织形式，以保证人民管理政权机关。规定边区、县、乡人民代表会议为管理政权机关，"人民普遍直接平等无记名选举各级代表，各级代表会选举政府人员。""各级政府对各级代表会负责，各级代表对选举人负责"。"人民对各级政府有检查、告发之权"，"各级政府人员，违反人民的决议或疏于职务者，应受到代表会议的斥责或罢免，乡村由人民直接罢免之"。各级代表会议的任期，边区为三年，县为二年，乡为一年。各级权力机关开始由抗日时的参议会过渡为人民代表会议制度，为新中国基本政治制度奠定了初步基础。

第二，保障人民享有广泛的政治、经济和社会民主权利自由。边区人民不分民族一律平等，少数民族聚居区可组织民族区域自治政权，订立自治法规。其还特别规定"人民有武装自卫的权利"。

第三，确立边区的人民司法原则。规定各级司法机关独立行使职权，除服从法律外，不受任何干涉。除司法机关、公安机关依法执行职务外，任何机关、团体不得有逮捕审讯行为。人民有权以任何方式控告失职的任何公务员。

第四，确立边区的经济文化政策。经济上采取公营、合作、私营三种方式，组织一切人力、财力促进经济繁荣，为消灭贫穷而斗争。保障耕者有其

田，劳动者有职业，企业有发展机会。此外，还规定了普及和提高人民文化水平，消除文盲，保障学术自由，致力于科学发展，减少疾病和死亡等文化、教育及卫生政策。

（二）《中国人民解放军宣言》

在人民解放战争转入战略反攻的时候，解放区人民民主政权需要新的政治纲领。《中国人民解放军宣言》是 1947 年 10 月 10 日中国人民解放军总部发布的政治宣言。该宣言提出了“打倒蒋介石，解放全中国”的口号，宣布了中国共产党的八项基本政策，即组成民族统一战线，成立民主联合政府；逮捕、审判和惩办内战战犯；保障人民言论、出版、集会、结社等项自由；肃清贪官污吏，建立廉洁政治；没收四大家族及首要战犯的财产，没收官僚资本，发展民族工商业；废除封建剥削制度，实行耕者有其田；承认各少数民族有平等自治的权利；否认一切卖国外交，废除一切卖国条约，否认内战外债。其中最基本的政治纲领就是组成民族统一战线，成立联合政府。

这个宣言实际上是中国共产党领导的人民民主政权的政治纲领，对各解放区民主政权的法制建设具有根本的指导意义。后来，中国共产党在此宣言确立的八项政策基础上召集了新政治协商会议。

（三）《华北人民政府施政方针》

1948 年 8 月，晋察冀与晋冀鲁豫两边区政府合并，成立华北人民政府。同时，华北临时人民代表大会通过了由中共中央华北局提出的《华北人民政府施政方针》。该方针规定了人民政府基本任务及有关各项政策。这是解放战争后期人民民主政权具有宪法性质的施政纲领的典型代表。其主要内容如下：

第一，确定华北人民政府的基本任务。即继续以人力、物力、财力支援前线，争取人民解放战争在全国的胜利。有计划、有步骤地进行建设和恢复发展生产，建设民主政治，培养干部，吸收人才，奠定新中国的基础。

第二，规定了实现基本任务的方针政策。在政治方面，要健全人民代表大会制度，强调“必须使各民主阶层，包括工人、农民、独立劳动者、自由职业者、知识分子、自由资产阶级和开明绅士，尽可能都有他们的代表参加，并使他们有职有权”。保障人民民主权利及自由与安全，破除迷信，保护守法的外国人及合法的文化宗教活动。在经济方面，要发展农业，颁发土地证确认地权，建立农民生产合作互助组织；促进城乡经济交流；改革税制，整顿税收；发展工商业，贯彻公私兼顾、劳资两利方针。在文化教育方面，建立正规教育制度，提高大众文化水平；建立广泛的文化统一战线，团结知识分子为建设事业服务。

第三，规定了关于新解放区和新解放城市的政策。对新解放区和新解放城市采取保护和建设的方针。消灭反动武装，逮捕惩处破坏活动分子，对于一切遵守人民解放军和人民政府法令的人民和团体，不论其为劳动者、资本家或地主（包括逃亡地主在内），一律予以保护。没收敌方公共财产、四大家族及其他首要战犯的财产、真正属于官僚资本的一切企业，归新民主主义国家所有。同时，保护一切私人财产和工商业。

第四节　民事法律

一、土地立法

土地问题是中国民主革命的中心问题。因为在中国这样一个农业大国，土地是最重要的生产资料，而农民阶级又是中国革命的主力军。所以，任何政党和政治力量要想取得对中国革命的领导权，都必须提出能够充分反映农民解决土地问题愿望的、切实可行的纲领和政策，才能把农民充分发动起来，才能将广大农民群众紧密地团结在自己的周围，从而取得中国民主革命的最终胜利。中国共产党人在中国革命的实践中充分认识到这一点，因而在各个不同历史时期，各人民民主政权都能够根据具体革命任务的需要，制定比较切合实际的土地政策和法令。土地立法在根据地人民民主政权的法律体系中居于举足轻重的地位。

（一）工农民主政权的土地立法

1.《井冈山土地法》

1928 年 12 月湘赣边界工农民主政府颁行的《井冈山土地法》是工农民主政权的第一部土地立法。该土地法共 9 条，规定“没收一切土地归苏维埃政府所有”，并以人口或劳动力为标准，男女老幼平均分配。但是，由于缺乏经验，这个土地法存在一些原则错误。如没收一切土地而不是只没收地主土地；土地所有权属政府而不是属农民，农民只有使用权；禁止土地买卖等。

2.《兴国土地法》

工农民主政权中期的土地立法以 1929 年 4 月《兴国土地法》为代表。其内容纠正了《井冈山土地法》“没收一切土地”的错误，改为“没收一切公共土地及地主阶级的土地”，推进了工农民主政权土地立法的发展。但在土地分配使用等问题上仍沿用《井冈山土地法》的规定，直到 1930 年才发生改变。1930 年 9 月中共六届三中全会指出，目前革命阶段中，尚未到整个取消私有制度时，不禁止土地买卖和苏维埃法律内的佃租制度。

3.《中华苏维埃共和国土地法》

1931 年 11 月，中华工农兵苏维埃第一次全国代表大会通过《中华苏维埃共和国土地法》，并于 12 月 1 日公布实施。这是土地革命后期影响最大、实施地区最广、适用时间最长的土地法，其主要内容如下：

第一，废除封建土地剥削制度，规定了没收土地财产的对象和范围，宣布废除一切高利贷债务。该法规定，“所有封建地主、豪绅、军阀、官僚以及其他大私有主的土地，无论自己经营或出租，一概无代价地实行没收”。“中国富农性质兼地主或高利贷者，对于他们的土地也应该没收。”“没收一切反革命的组织者或白军武装队伍的组织者和参加反革命者的财产和土地。”此外，还规定没收富农多余的房屋、农具、牲畜等，宣布一切高利贷债务无效。

第二，规定了对于没收的土地财产的分配办法。即按照最有利于贫雇农、中农的原则进行分配。其具体方法是，以乡为单位，贫雇农、中农按人口平均分配，或按人口与劳动力的混合标准平均分配。富农如果不参加反革命活动，并且能够自食其力，可以分得坏田。地主不分田。红军应分得的土地由苏维埃政府代为耕种。

第三，规定了土地所有权问题。即现阶段不禁止土地出租与转让，但同时规定在条件具备的时候实行土地国有制。原则上确定了农民的土地私有权，规定“现在仍不禁止土地的出租与土地的买卖，苏维埃政府应严禁富农投机与地主买回原有土地”，“一切水利、江河、湖沼、森林、牧场、大山林，由苏维埃管理，来便利于贫农中农的公共使用”。

由于受“左”倾思想的干扰，这部土地法的一些规定也体现了“左”倾倾向。如在土地分配上，实行“地主不分田、富农分坏田”的政策，使得他们无从耕种，失去基本物质生活的保障，以致流离失所甚至上山为匪。这些错误后来陆续得到纠正。

苏区的土地立法尽管存在“左”倾路线的干扰，但其伟大成就和历史意义是不容抹杀的。其一，在苏区彻底消灭了地主豪绅的政治统治和土地剥削制度，实现了“耕者有其田”的理想，从而提高了农民群众的生产热情，初步改善了农民的生活状况。其二，通过土地革命，极大地提高了农民群众的革命积极性。农民群众踊跃参加红军，支援前线，进一步巩固了无产阶级的领导权，加强了工农联盟，成为建设革命根据地的力量源泉。其三，为土地革命和土地立法积累了丰富的斗争经验与教训，从而保证了以后的土地改革不走或少走弯路。

（二）抗日民主政权的土地立法

为适应抗日民族统一战线的形势，陕甘宁边区在1937年4月即停止施行没收地主土地的土地革命政策。1937年8月颁布的《抗日救国十大纲领》确立了“减租减息”的原则。这一原则成为各抗日根据地土地立法的中心内容。各根据地以此为指导制定本地区的土地法规。其中，以陕甘宁边区土地立法最有代表性。1940年以前的立法重点在于保护农民既得利益，确认农民分得地主土地的所有权。1939年《陕甘宁边区土地条例》是这一时期的重大成果。1940年7月以后，立法重点转为减租减息、保障佃权和低利借贷上，先后制定有1942年《陕甘宁边区土地租佃条例草案》和1944年《陕甘宁边区地权条例》。其中，《陕甘宁边区地权条例》是1944年12月陕甘宁边区第二届参议会第二次会议通过的一部重要的土地法规。这部法规规定，在土地已经分配的区域，土地为一切依法分得土地人所有；在土地未经分配区域，土地仍为原合法所有人所有。它还规定了有关公有土地的范围、领取公地和开垦公有荒地、合法土地的代管以及政府租用、征用土地等方面的内容。

各抗日民主政权都制定了减租减息条例，规定原则上一律实行“二五减租”，即按照抗战前的原租额减低25%。对于抗战前已经废除的旧债，不得再行索还。对于现存的债务，一律实行减息，一般以年利一分半（也有规定一分的）作为计息标准。新借贷的利率应当与当地社会经济借贷关系所许可的限度相适应，且由借贷双方自行议定。解放战争后期，在尚不具备实施土地改革条件的新解放地区，仍然实行减租减息政策。

以陕甘宁边区为代表，抗日民主政权土地立法的主要内容如下：

第一，保护土地所有权。公有土地所有权归边区政府，私有土地所有权人在法定范围内可自由使用、收益、处分（买卖、典当、抵押、赠与、继承）。不论公、私土地所有权均受法律保护，强调保护农民土地所有权。

第二，减租交租。陕甘宁边区地租即定租、活租等，按庄稼、按原租额减25%左右。收租人不得多收、预收、收取押租及欠租作息；承租人不得短少租额。各根据地在经过“二五减租”后，农民向地主实际交纳的地租一般在20%左右。

第三，保障佃权。减租条例定有四项收回租地的条件。除此条件外，出租人不得随意收回租地。

第四，减租减息，低利借贷。现存债务减息。付息过本一倍，停利还本；过本两倍，本利停付，借贷关系视为消灭。

抗日民主政权土地立法的意义在于减轻了封建剥削，减轻了农民的负担，激发了农民的抗日积极性。同时，肯定了大多数地主和一部分开明绅士参加抗日、赞同民主改革的热情，从而调整了农村阶级关系，加强了各革命阶级团结，为争取民族抗战的胜利奠定了基础。

（三）解放区人民民主政权的土地立法

1. “五四指示”

为了充分发动人民群众，在解放战争中战胜国民党反动派，满足农民对土地所有权的要求，中共中央于 1946 年 5 月 4 日发布《关于土地问题的指示》，因其发布日期为五月四日，故又叫“五四指示”。该指示决定改抗战时期减租减息为没收地主土地分配给农民、实行土地改革的土地政策，从而揭开了解放区轰轰烈烈的土地改革运动的序幕。

“五四指示”指出，解决解放区土地问题是目前一切工作的最基本的环节，强调“真正发动群众，由群众自己动手来解决土地问题”。该指示并没有规定土地改革的具体方式，只是规定了一些原则。如不可侵犯中农，一般不变动富农土地，照顾抗日军人、干部和地主家属及中小地主，集中斗争汉奸、豪绅、恶霸。根据这一指示，部分解放区制定了土地改革的单行条例，如 1946 年颁布的《山东省土地改革暂行条例》和《陕甘宁边区征购地主土地条例草案》等。

2.《中国土地法大纲》

为了正确引导土地改革的深入进行，1947 年 10 月 10 日，中国共产党中央在河北平山县西柏坡村召开全国土地会议。会上制定公布了《中国土地法大纲》，共 16 条。其主要内容如下：

第一，宣布废除封建、半封建性剥削的土地制度，实行“耕者有其田”制度。规定废除一切地主的土地所有权，废除一切庙宇、学校、机关、祠堂等的土地所有权，废除一切乡村中在土地制度改革以前的债务，并接收地主的牲畜、农具、房屋、粮食及其财产，征收富农的上述财产的多余部分。

第二，规定土地改革须遵守的原则是依靠贫雇农，团结中农，保护工商者，正确对待地主富农。

第三，确定以乡村为单位、按人口平均分配一切土地的土地分配办法。在土地数量上抽多补少，质量上抽肥补瘦。地主及其家属、国民党官兵家属也可分得与农民同样的土地和财产。

第四，确认人民对所分得土地的所有权。政府发放土地证，允许土地所有人自由经营、买卖及在特定情况下出租土地。

第五，确定土地改革的合法执行机关。改革土地制度的合法执行机关为乡村农民大会及其选出的委员会、贫农团大会及其选出的委员会、区县省级农民代表大会及其选出的委员会，规定对一切对抗或破坏土地改革的罪犯，组织人民法庭予以审判。

第六，确认保护工商业原则。大纲规定："保护工商业者的财产及其合法的营业不受侵犯。"消灭封建主义和官僚资本主义，而不是一般地消灭资本主义。这是由中国新民主主义革命的性质、任务以及中国的实际国情决定的。

《中国土地法大纲》不但肯定了1946年中共中央"五四指示"中关于"没收地主土地分给农民"的原则，还修正了某些对地主照顾过多的条款，同时也避免了历史上犯过的"地主不分田，富农分坏田"的政策错误。这个大纲的制定和颁布，提高了农民的经济和社会地位，使中国共产党民主革命原则和目的通过土地立法的方式得以具体体现。同时，也为新中国的土地制度改革提供了宝贵的经验。《中国土地法大纲》总结了中国共产党20多年土地革命基本经验教训，贯彻和体现了党的土地改革的总路线，即"依靠贫农，团结中农，有步骤、有分别地消灭封建剥削制度，发展农业生产"。这对于调动农民革命与生产的积极性、保证战争胜利起了决定性的作用。

二、劳动立法

（一）工农民主政权的劳动立法

1928年7月，在中国共产党第六次全国代表大会通过的"十大政纲"中，确定了八小时工作制、增加工资、失业救济和社会保险的劳动立法原则。此后各苏区按照这一原则进行过一些劳动立法。比较有影响的有1930年3月闽西第一次工农兵代表大会通过的《闽西劳动法》和同年5月全国苏维埃区域代表大会通过的《劳动保护法》。

这一时期劳动立法的典型代表是《中华苏维埃共和国劳动法》。这是1931年11月中央苏区工农兵第一次代表大会通过的一部重要的劳动法律。该法共12章75条，主要规定了有关集体合同、工时、工资福利、劳动保护、休假、社会保险以及劳资纠纷的解决等方面的制度。其内容包括废除包工制和工头、招工头；禁止私人开设失业劳动介绍所，取而代之的是苏维埃政府开设的劳动介绍所；工会享有宣布及领导罢工、代表工人签订集体合同、成立特别机构监督私人企业的生产等权利；雇主对于工会机关的活动不得有任何阻碍，并负有支付相当于工资总额3%的工会办事经费和文化教育经费的义务；实行八小时工作制和工人的各种法定休假制度；工人享有各种法定的劳动保护和社会保险等。

《中华苏维埃共和国劳动法》大大改善了苏区工人阶级的社会地位和生活状况，保障了劳动者的基本权利。但是，它也存在着极“左”的错误，如不分城市乡村，不分手工作坊和农村雇工，一律机械地实行八小时工作制；过多的休假日，过高的工资福利，滥用总同盟罢工等。这种脱离了中国国情和实际、片面地追求劳动者福利目标的立法，不仅影响到根据地的生产供应，而且有碍红军的作战行动，也使工厂中的师徒关系紧张，并影响到工农团结。1933 年 10 月重新修订公布的劳动法共 15 章 121 条，纠正了上述的一些错误，但并不彻底。

（二）抗日民主政权的劳动立法

1941 年后，各边区政府根据中共中央的有关指示精神，陆续制定了劳动保护条例或保护农村雇工的决定，如《陕甘宁边区劳动保护条例（草案）》《晋冀鲁豫边区劳工保护暂行条例》《晋察冀边区行政委员会关于保护农村雇工的决定》《晋西北改善雇工生活暂行条例》《山东省改善雇工待遇暂行办法》等。其中具有代表性者，应属《晋冀鲁豫边区劳工保护暂行条例》。该条例经晋冀鲁豫边区临时参议会通过，1941 年 11 月由边区政府公布实施，并于 1942 年、1944 年修正公布。该条例共 7 章 45 条，各章分别规定总则、工资、作息时间、劳动保护、劳动合同、职工会、附则。抗日根据地的劳动立法都强调工人组织工会的权利，雇主应依照工资总额的 2%负担工会经费。工会有权调解劳资纠纷，代表工人签订集体合同和向政府提出要求。一般实行十小时工作制（陕甘宁边区为八小时），雇主安排加班应征得工人的同意，并支付加班工资。按照各地的具体经济条件实行最低工资标准。此外，各边区的劳动法规还对工人的安全生产防护、工伤事故处理、抚恤、特殊劳动者的特殊法律保护等作了规定。

（三）解放区人民民主政权的劳动立法

为了全面贯彻新民主主义国民经济和劳动立法的“发展生产、繁荣经济、公私兼顾、劳资两利”的指导方针，1948 年 8 月，中共中央在哈尔滨召开了第六次全国劳动大会，通过了《关于中国职工运动当前任务的决议》和《中华全国总工会章程》。其基本内容是确定解放区职工运动的任务；实行适合战时经济条件的劳动福利政策；确立劳动契约与劳动争议处理的原则；决定恢复中华全国总工会等。各解放区人民政府根据全国劳动大会的决议精神，先后制定了许多单行的劳动法规，如1948年东北解放区制定的《东北公营企业战时暂行劳动保险条例》，1949年华北人民政府批准发布的《关于在国营、公营工厂企业中建立工厂管理委员会与工厂职工代表会议的实施条例》等。

三、婚姻立法

（一）工农民主政权的婚姻立法

新民主主义婚姻制度的主要原则，在中国共产党第二次、第三次全国代表大会及其他一些重要会议的有关决议中得已基本确立。如党的“二大”有关决议提出，目前妇女运动奋斗目标是“帮助妇女们获得普通选举权及一切政治上的权利与自由”，“打破旧社会一切礼教习俗的束缚”，“废除一切束缚女子的法律，女子在政治上、经济上、社会上、教育上一律享有平等权利”。党的“三大”通过的《妇女运动决议案》进一步提出“母性保护”及“结婚离婚自由”等项原则。这些原则成为革命根据地婚姻立法的指导原则。

在苏维埃临时中央政府成立以前，各苏区已先后制定颁布了一些婚姻法规，如1930年闽西第一次工农兵代表大会通过的《婚姻法》，1931年湘赣苏区颁布的《婚姻条例》和鄂豫皖工农兵第二次代表大会通过的《婚姻问题决议案》等。中华苏维埃共和国成立后，立即于1931年12月1日颁布了《中华苏维埃共和国婚姻条例》，共7章23条。1934年4月8日中华苏维埃共和国正式颁布《中华苏维埃共和国婚姻法》，共7章21条，规定男女婚姻以自由为原则，废除一切包办、强迫和买卖婚姻制度，禁止童养媳，实行一夫一妻制，禁止一夫多妻或一妻多夫。同时，这部法律还对结婚和离婚（特别是红军战士的离婚）等问题作了专门规定。关于结婚，男子须满20岁，女子须满18岁；禁止男女在三代以内亲族血统的结婚；禁止患精神病及风瘫者的结婚；男女结婚须到苏维埃进行登记，领取结婚证。关于离婚，凡男女双方同意离婚的，或男女一方坚决要求离婚的，即行离婚。还具体规定了离婚后的子女问题处理和财产处理办法，并规定一切私生子得享受合法小孩的一切权利。红军战士之妻要求离婚的，须得其夫同意。但在通信便利的地方，经过两年其夫无信回家者，其妻可向当地政府请求登记离婚。

着重保护妇女和儿童的合法权益是工农民主政权婚姻立法的一个核心内

容。值得注意的是，1931 年 7 月鄂豫皖工农兵第二次代表大会通过的《婚姻问题决议案》特别规定，女子在怀胎内和产后 4 个月以内，男子不得提出离婚。

（二）抗日根据地民主政权的婚姻立法

抗战时期，根据地没有制定统一的全国性的婚姻法规，而是由各边区政府分别制定了若干地区性的婚姻条例。比较有影响的边区婚姻立法包括《陕甘宁边区婚姻条例》《晋察冀边区婚姻条例》《晋冀鲁豫边区婚姻暂行条例》《晋绥边区婚姻暂行条例》《山东省婚姻暂行条例》等。这些立法的基本特点是各地区的婚姻立法在大政方针上是一致的，但在具体内容上又有较大的灵活性，各地根据实际情况作出某些具有本地特点的规定。其主要内容如下：

第一，比较全面地规定了婚姻立法的基本原则。如男女平等、婚姻自由、一夫一妻制以及保护妇女儿童等原则。这些婚姻立法原则的明确规定，为新民主主义婚姻制度奠定了坚实基础。

第二，法定最低婚龄的规定。对婚龄的规定，各地呈现多样化的趋势，某一地区前后也有不同的规定，但基本上是男 20 岁、女 18 岁。这种灵活性的规定，在一定历史条件下是完全必要的。

第三，增加“订婚”“解除婚约”专章。如《晋冀鲁豫边区婚姻暂行条例》就在第二和第三章分别规定了订婚、解除婚约问题。本来订婚并非结婚的必经程序，但在一向有订婚习俗的地区，将订婚作为一种过渡办法，纳入法律调整的轨道，也有可取之处。

第四，具体列举离婚条件。各地婚姻条例皆规定，男女双方愿意离婚者，得向当地政府请求离婚登记，发给离婚证。各地所列离婚条款多寡不等，最多的晋绥边区为 14 条，最少的晋察冀边区为 8 条，陕甘宁边区为 10 条。1939 年陕甘宁边区规定的 10 条离婚条件是：有重婚行为者；感情意志根本不合，无法继续同居者；与他人通奸者；虐待他方者；以恶意遗弃他方者；图谋陷害他方者；不能人道者；患不治之恶疾者；生死不明过一年者，但在不能通信之地方以二年为期；有其他重大事由者。这种列举离婚条件的立法形式一方面有利于群众自警自律，另一方面也便于司法机关具体掌握“离”与“不离”的界限。当然，具体情况如何规定，须根据各个时期的客观需要和司法实践的经验加以确定。

第五，关于离婚后财产处理和子女抚养问题的规定更加合理。各根据地的婚姻条例一般都规定，婚后共同经营所得财产为共同财产，所负债务为共同债务，应由双方共同处理。有的边区规定，离婚后女方生活困难的，男方应给予一定的赡养费。有的规定，离婚无过失方可以向有过失的一方请求赔偿；女方在怀孕及哺乳期间，男方不得提出离婚；离婚后年幼的子女原则上归女方抚养，女方如有生活困难，男方应支付抚养生活费；女方如再婚，归其抚养的子女由女方与后夫共同负责抚养；非婚生子女与婚生子女享有同等的权利。

（三）解放区人民民主政权的婚姻立法

解放战争初期，一些老解放区基本上沿用抗战时期制定的婚姻条例。如华北人民政府宣布，原晋察冀边区和晋冀鲁豫边区制定的婚姻条例继续有效。有些地区重新修订了婚姻法规，如1946年修正颁布了《陕甘宁边区婚姻条例》，1947年7月公布了《修正山东省婚姻暂行条例》。新解放区参照老区的规定，制定了婚姻法规，如《辽北省关于婚姻问题暂行处理办法（草案）》《关东地区婚姻暂行条例（草案）》《旅大市处理婚姻案件办法草案》等。这个时期的婚姻立法，针对当时出现的问题，突出强调依照婚姻自由政策、保障革命军人的婚姻以及干部离婚的处理原则来处理具体婚姻家庭纠纷。

解放区处理离婚问题时，在强调感情因素的同时，注重政治条件。其规定夫妻一方是恶霸、地主、富农，或有反革命活动者，他方可以此为理由提出离婚。同时，针对当时干部离婚问题比较突出的现实，解放区婚姻立法专门规定了干部离婚的原则，即坚持以“夫妻感情意志根本不合”为标准。凡以威胁、利诱、欺骗等手段制造离婚条件的，原则上不准离婚。对实际上不得不离者，经动员无效后，应准予离婚，但在财产处理上照顾对方。

第五节　刑事法律

革命根据地民主政权的刑事立法是其法律制度的重要组成部分，其内容大多是为了配合各个时期军事和政治斗争的需要而进行。不同时期的立法有其不同的侧重，但总的目标都是打击各类反革命分子，维护基本的社会政治经济秩序，保护人民群众的根本利益，巩固人民民主政权。

一、工农民主政权的刑事法律

第二次国内革命战争时期，为巩固新生的红色工农政权，保障土地革命的开展，苏区的刑事立法主要集中在镇压反革命活动方面。各苏区先后颁布的肃反法规有：1929年信江工农政府的《肃反条例》，1930年闽西工农政府的《惩办反革命条例》，1932年湘赣苏维埃政府的《惩治反革命犯暂行条例》，川陕苏维埃政权的《肃反执行条例》《反革命自首条例》等。而1934年中华苏维埃共和国中央执行委员会颁布的《中华苏维埃共和国惩治反革命条例》是这一时期最具影响的刑事法律。

（一）《中华苏维埃共和国惩治反革命条例》

1934年4月颁行的《中华苏维埃共和国惩治反革命条例》，是土地革命时期最具代表性的惩治反革命的刑事法律。该条例共41条，规定："凡一切图谋推翻或破坏苏维埃政府及工农民主革命所得到的权利、意图保持或恢复豪绅地主资产阶级的统治者，不论用何种方法都是反革命行为。"其列举了组织反革命武装侵犯苏维埃领土、组织反苏维埃暴动等28种反革命罪行。该条例规定要分清反革命首要分子和附和参与者，区别对待；对自首、自新者以及16岁以下的未成年人犯实行减免刑罚；实行罪刑法定主义与类推原则相结合；废止肉刑，实行革命的人道主义；实行按阶级成分及功绩定罪量刑，工农分子犯有并非领导的或重要的反革命罪行者以及对苏维埃有功绩者，可以酌情减轻刑罚。

尽管《中华苏维埃共和国惩治反革命条例》存在着一些诸如死刑适用面过宽、刑罚轻重悬殊、定罪量刑上有唯成分论的倾向等缺陷，但是它在同反革命犯罪的斗争中起过重大作用。其对于巩固红色政权，保护工农权利具有重要的意义。同时，该条例所规定的反革命罪的概念和犯罪构成，也为以后新民主主义刑事立法积累了经验。

由于受中央"左"倾机会主义路线的影响，在怀疑一切、夸大敌情、混淆敌我界限的错误方针指导下，各苏区的肃反都发生过程度不同的扩大化问题，给革命造成了无法挽回的巨大损失。各苏区的肃反条例因而也成为肃反扩大化的政治工具。除肃反法令外，根据地民主政权还颁布了一些惩治一般刑事犯罪的法规。如中华苏维埃共和国中央执行委员会颁行的《关于惩治贪污浪费行为的训令》《关于红军中逃跑分子处置办法》《违反劳动法令惩罚条例》《保护山林条例》，以及赣东北特区颁布的《苏维埃暂行刑律》等。其中，1931年赣东北特区的《赣东北特区苏维埃暂行刑律》是革命根据地制定的唯一一部普通刑法典。该刑律分为总则、分则两编，共36章149条。它是在赣东北特区试行的制裁一般刑事犯罪的刑法典，对以后的刑事立法具有一定的参考价值。

（二）刑罚制度

工农民主政权的刑罚制度，散见于各地和中央刑事法规中的刑罚条款，主要包括以下几类：

第一，死刑。适用较多（肃反扩大化时尤甚），一般情况下须经苏区政府批准，一律枪决执行。

第二，监禁。即有期徒刑，刑期最高10年，最低3个月。

第三，拘役及强迫劳动。拘役的期限一般是“一月未满一日以上”；强迫劳动的期限有三日、半年，长不过一年。

第四，褫夺公权。一般指剥夺参加政权、群众组织选举和充当红军的资格、权利。适用于监禁刑以上的罪犯。多为附加刑，亦可作独立刑种适用。

第五，没收财产。一是没收犯罪所用之物，二是没收犯罪者本人财产一部分或全部。

第六，驱逐出境。即将反革命分子赶出苏区。

第七，罚金。即对犯罪分子科处罚金，多作为独立刑种适用。

二、抗日民主政权的刑事法律

抗战时期民主政权的刑事立法总体指导原则是：“应该坚决地镇压那些坚决的汉奸分子和坚决的反共分子，非此不足以保卫抗日的革命势力。但是决不可多杀人，决不可牵涉到任何无辜的分子。对于反动派中的动摇分子和胁从分子，应有宽大的处理。”依照这一总的指导原则，各边区民主政府认识到，在刑事法律方面必须正确估计敌我斗争形势，划清罪与非罪的界限；必须加强共产党的领导，贯彻群众路线；必须坚持适用人人平等的原则；实行镇压与宽大相结合的方针，两者不可偏废；严禁逼供等。

抗战时期刑事立法的突出任务，就是打击汉奸及战争罪犯。抗日民主政权前期的刑事立法以1939年的《陕甘宁边区抗战时期惩治汉奸条例（草案）》为代表，后期则以1945年的《山东省惩治战争罪犯及汉奸暂行条例》为代表。此外，各边区还分别制定了《惩治盗匪条例》《惩治汉奸条例》《汉奸自首单行条例》《妨害军事妨害公务治罪条例》《惩治盗毁空室清野财物办法》《破坏金融法令惩罚条例》《惩治贪污条例》《禁烟禁毒条例》等单行刑事法规。

（一）刑法原则的发展

运用刑罚手段，惩治汉奸反动派，是保卫边区和抗战的一项重要任务。

各边区民主政权在继承了罪刑法定、罪责自负、罪刑相适应等刑法原则的基础上，总结土地革命时期肃反工作的经验教训，创造性地发展了新民主主义刑法原则。其主要内容如下：

第一，镇压与宽大相结合的原则。对愿意悔改的汉奸分子，不问过去行为如何，一律实行宽大政策，给予政治上、生活上的出路。对绝对不愿改悔者，依法严办绝不放任。在实施中区分首要与胁从，惩办主要施于首要分子，宽大主要施于胁从分子。这一原则的确立，最大限度地孤立了极少数汉奸和顽固反共分子，更好地争取了中间分子，对预防和减少犯罪、巩固抗日民族统一战线发挥了重大作用。

第二，贯彻平等保障人权原则。各边区的施政纲领和人权条例都着重强调这一原则，从而纠正了第二次国内革命战争时期在刑法适用上“唯成分论”的“左”倾错误，不再因为被告人的本人成分或家庭出身而加重或减轻处罚。如《山东省人权保障条例》规定：“凡中华民国国民，无男女、种族、宗教、职业、阶级之区别，在法律上、政治上一律平等。”《晋冀鲁豫边区太岳区暂行司法制度》也规定：“人民在法庭上，不论贫富男女，一律平等，没有等级。”

第三，反对威吓报复，实行感化教育原则。1941 年 5 月，陕甘宁边区高等法院在《对各县司法工作的指示》中指出，人民司法的目的不单纯是惩治犯罪，而是“教育争取已经违反法律的犯罪行为”。即要以无产阶级思想克服和改造罪犯地主资产阶级腐朽没落思想，反对简单的惩办主义和报复主义，减少罪犯痛苦，以利于其安心守法、彻底改造。

上述原则的确立，对于巩固抗日民主政权，建设新民主主义法制具有重要的历史意义。

（二）主要罪名

各边区刑事立法确定的主要罪名如下：

1. 汉奸罪

凡以破坏抗战为目的的行为均构成汉奸罪。各边区都有关于惩治汉奸的专门刑事立法，如《陕甘宁边区抗战时期惩治汉奸条例》《山东省战时除奸条例》《晋冀鲁豫边区汉奸财产没收处理暂行办法》《晋察冀边区汉奸自首单行条例》等。对犯汉奸罪者，一般规定处以有期徒刑至死刑，并附加没收其财产的一部分或全部。但对于有立功表现和悔过者，可以得到宽大处理。

2. 盗匪罪

凡以抢劫为目的的各种法律规定的犯罪行为，均构成盗匪罪。惩治盗匪法规的实施，主要是为了保障各边区根据地的社会秩序，防止敌寇趁机扰乱。其中，影响最大的是《陕甘宁边区惩治盗匪条例》。

3. 破坏坚壁财物罪

敌后根据地在频繁进行反扫荡斗争的特定环境下，为防止日寇汉奸破坏与掠夺，曾将公私财物移藏于地窖、山沟等隐蔽场所，称为“坚壁财物”或“空室清野财物”。为保护坚壁财物，抗日民主政府公布了不少有关的单行法规。凡勾结敌伪挖索上述财物，或毁损、窃盗上述财物等行为，均构成该罪。各抗日民主政府颁布了不少旨在保护人民坚壁财产的单行法规，如《晋察冀边区破坏坚壁财物惩治办法》《晋冀鲁豫边区惩治盗毁空室清野财物办法》《胶东区惩治窃取空室清野财物暂行办法》等。这些法规一般都规定，勾结敌伪盗毁空室坚壁财物者，处 10 年以上有期徒刑、无期徒刑或死刑。盗窃毁坏者处刑比一般盗窃犯罪加重。

4. 贪污罪

各抗日根据地的施政纲领都定有厉行廉洁政治、严惩公务人员贪污的原则规定，并且制定单行条例惩治贪污。这一时期惩治贪污的法规主要有《陕甘宁边区惩治贪污条例》《晋察冀边区惩治贪污条例》《晋冀鲁豫边区惩治贪污暂行办法》《晋西北惩治贪污暂行条例》《山东省惩治贪污暂行条例》等。值得注意的是，这些法规所定贪污罪的含义往往是广义的，包括挪用公款、浪费公有财物供私人挥霍享乐、收受贿赂等行为，处刑严厉。

除上述重大刑事犯罪，还有破坏经济秩序、妨害社会秩序、侵害人身权利民主权利、侵犯财产、妨害婚姻家庭等方面的普通刑事犯罪。此外，在抗战时期国共合作的民族统一战线背景下，各边区还可适用南京国民政府的刑事法律。

（三）趋于完善的刑罚制度

各抗日根据地刑罚分为主刑和附加刑（从刑）两类，主刑主要有以下几种：（1）死刑。只对汉奸、盗匪、敌特及破坏边区的反革命首要分子判处死刑。宣判死刑，要向群众公布，行刑有检察员临场监验，一律用枪决。（2）无期徒刑。各边区规定不一，实际上未适用，有的边区则予废止。（3）有期徒刑。初期为最高 5 年，最低 6 个月。1942 年 3 月后最高为 10 年或 15 年，实践中多为 10 年。（4）拘役（又称劳役或苦役）。凡判处 2 个月以下、1 日以上，或3个月以下的罪犯，不由监所拘押，而是实行劳动改造，称拘役。多适用于轻微刑事犯罪。（5）教育释放。多适用于轻微犯罪。经一定时间关押教育，多则1个月，少则数日，不再判劳役，即行释放。（6）当庭训诫。对犯极轻微罪行者在法庭上予以训诫，讲明道理指明错误，使其不再犯。

除上述主刑外，附加刑主要有以下几种：（1）褫夺公权。多数边区有此刑罚。指剥夺犯罪分子选举权与被选举权、担任公职及公职候选人之权。主要适用于汉奸、敌特、反动分子。从性质上来讲是较重的刑罚，刑期1年至5年，自徒刑完毕日起算。1年以上徒刑才附加褫夺公权。（2）没收财产。主要适用于汉奸、盗匪，对象是动产与不动产。违禁品、犯罪所用之物及非法所得也予没收。（3）罚金。即司法机关强制罪犯向边区政府缴纳一定金钱的从刑。在施行中分并科、选科、易科、专科四种形式，主要用于以谋财为动机的犯罪。

三、解放区民主政权的刑事立法

解放战争时期，刑事立法的主要任务是围绕取缔一切反动组织、镇压反革命活动进行的。其主要内容是关于肃清政治土匪、镇压地主恶霸分子、惩治战争罪犯、取缔一切反动党团及一切特务组织、解散反动会道门封建迷信组织等方面的规定。这一时期的刑罚也发生了一定变化，如产生了新的刑种“管制”等。此外，各解放区人民政府还分别制定了《惩治贪污条例》《禁烟禁毒条例》《严禁乱抓乱杀肉刑逼供的训令》《惩治杀伤犯暂行办法》《惩治婚姻与奸害罪暂行办法》，以及惩治扰乱金融罪、破坏森林罪等方面的单行刑事法规。

（一）刑法原则的发展

与抗战时期相比，解放战争时期各解放区的刑事立法有进一步的发展。在刑法原则方面，将惩办与宽大相结合的原则进一步明确为“首恶必办，胁从者不问，立功者受奖”（《中国人民解放军宣言》），以集中打击一小撮地主、恶霸、汉奸、战犯、各类反革命分子。这一原则丰富和发展了新民主主义刑事立法。

（二）主要犯罪

解放战争时期刑事立法的主要任务是摧毁一切反动组织，镇压反革命分子，保证人民解放战争的胜利进行。围绕这一任务，各解放区刑事立法规定的主要犯罪包括如下内容：

第一，惩办战争罪犯。《中国人民解放军宣言》宣布："逮捕、审判和惩办以蒋介石为首的内战战犯。"1948 年 11 月中国人民解放军总部发布的《惩处战争罪犯命令》又进一步规定了构成战争罪的具体行为标准为屠杀人民，掠夺、毁坏人民财物；施放毒气，杀害战俘；破坏战略设施、毁坏军用器材；毁坏一切公共资产及建筑物，空袭轰炸已解放之人民城市等。其规定罪大恶极的内战祸首及战犯务必抓获归案，依法严办；凡能真心悔改、确有表现者，不论何人，给予宽大待遇。

第二，镇压地主恶霸。如《晋冀鲁豫边区破坏土地改革治罪暂行条例》规定，凡带头组织、勾结反动武装，对农民实行反攻倒算，杀害干部、农民，或以其他方式严重危害农民利益者，处以死刑；次要分子以及帮助、包庇分子处一年以上五年以下劳役；一般盲从、胁从分子分别判处一年以下劳役或其他处分。

第三，肃清土匪。肃清土匪是各解放区政权刑事立法的重点之一。对罪大恶极的匪首依法严厉镇压，以维护解放区的社会安定和人民的生命财产安全。

第四，取缔反动党团及特务组织。各解放区的军管会和人民政府在成立之初，即发布命令文告，强制解散一切敌特组织，如国民党、三青团、青年党、民主社会党等，并查封其机关，收缴其武器，勒令敌特分子在一定期限内向公安机关登记，接受管制。

第五，解散一切反动会道门迷信组织。1949 年 1 月华北人民政府颁布《解散所有会道门封建迷信组织的布告》，规定解散一切反动会道门迷信组织，令其不得再举行活动，会道门首要分子必须向公安部门登记，惩办其与匪特勾结进行破坏活动的首要分子。被胁迫、诱骗参加者，一经退出停止活动，一律不予追究。

此外，解放区刑事立法还对于惩治扰乱金融、贪污、盗窃、诈骗、吸毒贩毒等犯罪作了规定。

（三）刑罚制度的变化

各解放区关于刑罚制度的规定基本上继承了抗日战争时期边区的制度，如都规定了死刑、有期徒刑、劳役、罚金及褫夺公权、没收财产，但是在某些刑罚及执行上有所变化和发展。其主要内容有两点：一是创造了新的刑种"管制"。解放区民主政权总结经验，适应处理、改造大批反革命分子的需要，把将反动或破坏分子交由群众监督改造的做法制度化，定名为"管制"。即犯罪人向政府登记后，将其交当地政府及群众监督改造，每日或每周须向指定机关报告其行动，限制其自由。它是发动群众对敌专政、改造罪犯的好形式。此外还增加了无期徒刑。二是调整某些刑罚执行制度。主要是取消了抗日战争时期一度实行的“回村服役”即交乡执行刑罚的制度，一般规定案情较重者收监执行，刑期不长者教育释放，不再执行。随着形势的发展，广泛应用缓刑、假释制度。

第六节　司法制度

在新民主主义革命的各个阶段，司法制度随着民主政权的初创、建设而确立和发展。同时，卓有成效的司法工作也有力地推动了共产党领导下的政权建设，保障了新民主主义革命在全国的胜利，同时也奠定了中华人民共和国司法的基础。

一、司法组织体系

（一）工农民主政权的司法机关

工农民主政权司法体制的初建，始于 1927 年 10 月井冈山革命根据地创建。工农民主政权在局部地区打碎国民党国家机器的基础上，总结各地司法经验，颁布了《裁判部暂行组织及裁判条例》《中华苏维埃共和国司法程序》等法令，开始了早期司法机关的创建。闽西苏区的裁判肃反委员会、鄂豫皖苏区的革命法庭、江西苏维埃政府的惩治反革命委员会、湖南苏维埃政府的裁判委员会等，都是这一时期履行审判职能的司法机构。1931 年 11 月中华苏维埃共和国中央政权的建立，促进了苏区的司法组织体制趋于统一和健全。初具规模的工农民主政权司法体系得以建立起来。

新的司法体制否定了资产阶级三权分立的原则，实行各级司法机构受同级政府领导的体制。这种体制适于战争需要，利于政府政策法令的执行及对司法的领导。该体制实行审检合一，即检察机关附设于审判机关内。审判权和司法行政权在中央采分立制，在地方采合一制。

1. 临时最高法庭

依 1934 年 2 月 17 日公布的《中华苏维埃共和国中央苏维埃组织法》，中央执行委员会下设最高法院，为全国最高审判机关。但最高法院一直未曾建立，只组建了临时最高法庭行使最高法院的职权。其主要负责审判不服省裁判部或高级军事裁判所的判决而提起上诉或抗议的案件，监督各级裁判部裁判，以及解释一般法律。

2. 裁判部（革命法庭）

裁判部是省、县、区地方政府的审判机构（市、镇设裁判科），为地方各级法院成立之前的临时审判机关，管辖除军事案件以外的所有民、刑事案件。裁判部实行同级政府和上级裁判部双重领导制。裁判部内设刑事法庭和民事法庭。1933 年 4 月以后，基层裁判部和市裁判科还设立了劳动法庭，专门审理违反劳动法的案件。另外，裁判部还可组织巡回法庭到辖区各地流动审理案件。在川陕等中央苏区以外的革命根据地，仍然保留共和国成立以前的革命法庭，其设置与裁判部大致相同。

3. 军事裁判所

军事裁判所负责审理军事案件，即红军（游击队）军人和军事机关其他工作人员犯罪案件以及在作战地带发生的案件。按照《中华苏维埃共和国军事裁判所暂行条例》的规定，军事裁判所分设于军队作战机构、中央军事委员会和临时最高法院，分别为初级（又有部队、阵地两种形式）军事裁判所、高级军事裁判所和最高军事裁判会议。

4. 检察机关

实行审检合一制，检察机关设于同级审判机关内，并受其领导，不构成独立的组织体系。最高法庭设检察长一人，副检察长一人，检察员若干人。省、县裁判部各设检察员，区裁判部无检察员编制。检察人员负责对犯罪案件的侦查、预审，并代表国家提起公诉，出庭支持公诉。

5. 司法人民委员部

中央苏维埃政府下设司法人民委员部，领导全国司法行政工作，并积极推动国家司法体制的完备化。

6. 政治保卫局

人民委员会下设国家政治保卫局，负责一切反革命和其他重大刑事案件的侦查、逮捕、预审、提起公诉工作。后来，政治保卫局还拥有直接审判和处决反革命案犯的特权。其下设政治保卫分局和政治保卫局特派员，实行严格的垂直领导和绝对的首长集权制，只在政治上接受同级党和政府指导。

7. 肃反委员会

肃反委员会一般有省、县、区（市）三级，负责镇压反革命，并同其他刑事犯罪作斗争。内设侦查、执行两组，实行同级革命委员会和上级肃反委员会双重领导体制。后来，肃反委员会又处于政治保卫局直接控制之下。

（二）抗日民主政权的司法机关

1. 高等法院

由于抗战时期国共合作的历史背景，边区的最高司法机关名义上也是南京国民政府最高法院辖下的省级司法机构。因此名称上也像其他省一样，称为“高等法院”。陕甘宁边区高等法院成立于 1937 年 7 月，管辖的范围包括：重要的刑事第一审诉讼案件；不服地方法院、县司法处第一审判决而上诉的案件；不服地方法院、县司法处裁定而抗告的案件等。高等法院内设刑事法庭和民事法庭，分别负责具体案件的审理，两庭各设庭长一人，推事若干人。其他边区高等法院的组织和职能与陕甘宁边区基本相同，只有一些小的差别。陕甘宁边区自 1943 年 4 月起先后在各专区（延安除外）设立高等法院分庭。根据《陕甘宁边区高等法院分庭组织条例》，分庭是高等法院在各专区的代表，其管辖区域与各该专员公署所辖之行政区域相同，主要受理不服所辖地方法院或司法处第一审判决之民、刑案件。但分庭本身不是独立的审级法院，它仅代表高等法院受理上诉案件，目的也是方便当事人的上诉。当事人不服分庭的判决，可以上告到高等法院。但后者对分庭的判决只是复核，所作决定或指示属第二审内部的程序，而不是第三审。分庭审理刑事案件时，有权自行决定判处 3 年以下的徒刑。

2. 地方司法机关

陕甘宁边区基层司法机关是县、市的司法处，负责审理本行政区域内的第一审民、刑事案件。县司法处处长由县长兼任，审判员协助处长办理审判事务。为加强对审判权的控制和监督，县司法处须将重要案件的案情提交县政府委员会或县政务会议讨论再行判决。陕甘宁边区还曾于 1941 年至 1942 年在一些中心县市（一般为专区所在地），如绥德、延安、新正、庆阳等地设地方法院，以推动司法组织的正规化。尽管地方法院的设置有助于提高办案质量和正确执法，但由于增加了人民的讼累，不久即被撤销。

其他边区的基层司法机关与陕甘宁边区相似，不同的是，在晋冀鲁豫、晋绥边区、山东省及华中根据地的苏中区，司法机关实行三级结构制。即在县市和边区（省级）之间的专署一级设有司法科（或称专署第三科），负责复审转呈县级司法机关判决而未经上诉的重要刑事案件，受理重大刑事第一审案件以及不服县级司法机关判决（裁定）而上诉（控告）的民事、刑事案件。其是县市司法处之上的第二审级机关。此外，在晋冀鲁豫边区，区公所受县政府的委托或命令，虽不是独立的司法审级，但也有一定的司法职权。这也是为了适应战争形势的需要。

3. 边区政府审判委员会

国民政府最高法院在根据地一直没有实际行使司法管辖权。抗日战争后期，各边区一般都改为自行终审的三级三审制。在陕甘宁边区，不服高等法院判决之案件，可继续上告至边区政府，由边区政府委员会审查并可发回高等法院再审。但边区政府并不是法律上的第三审级。为建立事实上的三级三审制，以推进司法的民主化，并同国民政府和西方国家的司法体制接轨，陕甘宁边区政府于 1942 年 8 月 22 日颁布《边区政府审判委员会组织条例》，设立边区政府审判委员会作为第三审机关。该委员会由 5 人组成，边区政府正、副主席分别担任其正、副委员长，其余 3 人由政务会议在政府委员中聘任，任期 3 年。委员会负责受理不服高等法院第一审及第二审判决之刑事上诉案件及不服高等法院第一审之民事上诉案件和行政诉讼案件，并复核死刑判决和解释法令。边区审判委员会纠正了一、二审中的一些错误或不恰当判决，但也增加了诉讼的不便。其在 1944 年 2 月 16 日被撤销，原以高等法院为终审机关的体制恢复。

4. 检察机关

根据地实行审检合一制，检察机关设于审判机关内。高等法院设检察处，检察长和检察员独立行使检察权。检察官的主要职权是负责案件的侦查、提起公诉、协助担当自诉、代表当事人或公益以及监督判决的执行等。检察工作直接对边区参议会负责，并受边区政府领导，其行政事务由高等法院管理。但 1942 年 1 月实施简政以后，检察处及各检察员便被裁撤，由公安及其他司法机关代行其职权。

（三）解放区民主政权司法组织体制

1. 人民法庭

为保证土改顺利进行，各解放区都建立了人民法庭。人民法庭是根据《中国土地法大纲》和其他有关法律成立的专门审理土地改革中发生的案件的司法组织。人民法庭不同于地方法院，是县以下基层农会以贫雇农为骨干组织起来，并有政府代表参加的群众性临时审判机关。人民法庭设置于基层农村，一般由县政府委派审判员和农民代表会选举的审判员 2 至 4 人组成，互推一人为主任审判员主持审判。人民法庭负责审理土地改革中一切违抗或破坏土改法令、破坏或妨碍土改秩序以及浪费、侵吞、贪污、偷窃、强占、私自赠送、贩卖土改成果的犯罪案件，有权判处赔偿、罚款、劳役、褫夺公权、监禁和死刑等刑罚。对其判决不服者可以上诉至县政府，县政府的裁决为终审裁决。但政治案件可最终上诉至省政府。

2. 特别（军事）法庭

为审判日本战犯和汉奸叛国分子，解放战争前期各解放区往往在军事机关设立军事法庭或特别法庭。解放战争后期，一些新解放的大中城市纷纷设立行使特殊审判职能的特别（军事）法庭。其在军事管制委员会领导之下，负责审判反革命犯罪案件。其组织和活动，由各军事管制委员会颁布的法令规定，一般职权很大。

3. 人民法院

随着解放战争的节节胜利和解放区的不断扩大，为了与人民民主政权建设相适应，原各边区沿袭抗战时期体制的司法机关，开始改组成人民法院。各行政大区一般都建立了大区、省（行署）、县三级审判体制。审判机构一律改称人民法院，推事改称审判员。各级法院一般设有院长及审判委员会。许多解放区都制定了单行法令，对人民法院的职责范围加以规定。各级人民法院隶属于同级人民政府，但它们是专门的司法机关，独立于行政机关行使审判职能。在华北人民政府成立后，组建了大区、行署、县三级人民法院体制。东北区也在 1948 年 9 月以后建立起由东北高级人民法院、各省人民法院和各县人民法院组成的三级体制。在一些新解放的大中城市，也成立了市人民政府领导下的市人民法院。各级人民法院的建立，为中华人民共和国成立后在全国范围内建立人民司法机关奠定了坚实的基础。

4. 司法行政机关

在各大区人民政府成立后，实行司法行政与审判的分立制，即设立专门的司法行政机关，负责管理司法人员的铨选、训练、狱政、人民法庭的组织以及民刑事案件的行政事项等工作。华北人民政府、中原临时人民政府均设有司法部。而省市以下人民政府则仍沿用过去司法行政与审判合一的体制，即由人民法院兼管司法行政事宜。

二、诉讼审判制度

（一）工农民主政权的诉讼原则和审判制度

工农民主政权没有颁布过完整而系统的诉讼法典，有关诉讼法律规范散见于各种单行法规和法令中。其比较重要的有《中华苏维埃共和国裁判部暂行组织和裁判条例》《中华苏维埃共和国司法程序》《肃反委员会暂行组织条例》《国家政治保卫局组织纲要》及司法人民委员部的指示和训令等。

1. 诉讼的基本原则

第一，司法机关依法统一行使职权原则。《裁判部暂行组织和裁判条例》规定，除现役军人外，一切刑、民案件皆归裁判部审理。一切反革命案件的审判权皆属于国家司法机关。其他机关、团体和个人，除法律另有规定者外，一律无权拘人、捕人，更不能审讯和科以刑罚。

第二，司法的群众性原则。司法机关注重审判中贯彻群众路线，吸收群众广泛参与司法活动。早期甚至以群众的意见作为判案的重要依据。

第三，禁止肉刑，严禁刑讯逼供，重证据而不轻信口供的原则。1929 年 12 月红四军古田会议专门发布废止肉刑的通令。闽西苏维埃政府颁布的《裁判条例》规定："废止杀头及肉刑等刑罚。"中华苏维埃共和国成立后更明确规定："在审讯方法上，为彻底肃清反革命组织及正确判决反革命案件，必须坚决废止肉刑，而采用搜集证据及各种有效方法。"

2. 主要审判制度

第一，人民陪审制度和审判合议制。1932 年 9 月的《裁判部暂行组织及裁判条例》第 13 条规定："法庭须由三人组织而成，裁判部长或裁判员为主审，其余二人为陪审员。"除简单而不重要的案件，可由裁判部长或裁判员一人审理外，一切审判庭均实行合议制。决定判决时实行少数服从多数的原则。陪审员是各级法庭的法定组成人员，由职工会、雇农工会、贫农团及其他群众团体选举产生，军事裁判所的陪审员由士兵选举产生。

第二，公开审判制度。《裁判部暂行组织及裁判条例》规定，各级裁判部"审判案件须用公开"。《军事裁判所暂行组织条例》也规定："审判案件须用公开的形式，准许士兵及军队的工作人员旁听。但是有军事秘密的案件，可采用秘密审判方式，在宣布判决时，仍须公开。"

第三，回避和辩护制度。凡与被告人有亲戚关系或私人关系的，主审法官、陪审员、书记都要回避。司法机关在开庭审判时，凡与群众团体有关的案件，该群众团体可派代表出庭作原告。被告人为自身利益经法庭许可，可派代表出庭代为辩护。《川陕省革命法庭条例草案》规定，凡有公民权的人皆有作辩护的资格。

第四，巡回审判制度。《裁判部暂行组织及裁判条例》规定："各级裁判部可以组织巡回法庭，到出事地点去审判比较有重要意义的案件，以吸收广大的群众来参加旁听。”1932 年 4 月，中央临时最高法庭主席何叔衡就曾亲自到瑞金县，会同县裁判部组织巡回法庭，处理白露、合龙两乡的水利纠纷。巡回审判制度在当时战争条件下很难广泛推行，但它作为一种新制度的开创性意义不能低估。这一优良司法传统，被后来的人民民主政权继承和发扬。

第五，四级两审终审制度。中华苏维埃共和国普通的司法审级为四级，即临时最高法庭及省、县、区裁判部。实行两审终审制，即一个案件一般最多经两级审判机关审理判决即告终结。

第六，上诉制度。被告人不服第一审判决，可在 14 天内（后改为 7 天，具体日期由裁判员根据案情决定）向上级司法机关提起上诉。但检察员仍有不同意见时，还可向审判机关提出抗议，要求再审一次。但在新区、边沿区或敌人进攻的地方，以及在其他紧急情况下，对反革命及豪绅地主犯罪可以一审终审，即剥夺此类案件中犯罪分子的上诉权。

第七，复核及审批制度。凡是判处死刑的案件，不论被告人上诉与否，一律将案件上报裁判部复核审批。后来死刑程序有所简化。

上述诉讼程序与制度主要是指刑事诉讼，民事诉讼在工农民主政权司法审判中是极少见的，民事纠纷主要是通过基层组织或单纯的民间调解来解决。1931 年 11 月《苏维埃地方政府的暂行组织条例》规定：“乡苏维埃有权解决未涉及犯罪行为的各种争执问题。”

同时，工农民主政权还设立劳动感化院，颁布《劳动感化院暂行章程》，规定了狱政的指导思想及管理制度。

由于战争的环境，工农民主政权难以循序渐进地进行司法制度建设。加上党内“左”倾路线的影响，使得法律规定与实际的实施效果间有很大的差距，司法制度中的幼稚和弊端也很多。但是，工农民主政权的司法制度毕竟开辟了共产党领导司法工作新的篇章，从此各项原则和制度不断克服幼稚和缺陷，走向成熟和完备。

（二）抗日根据地民主政权的诉讼原则和制度

边区诉讼立法十分活跃，富有成果。特别是 1942 年陕甘宁边区拟定了《刑事诉讼条例草案》和《民事诉讼条例草案》，标志着边区诉讼立法达到一个新的比较成熟的阶段。

1. 诉讼基本原则

第一，司法机关依法统一行使司法权原则。1941 年《陕甘宁边区施政纲领》第 6 条明确规定：“除司法系统及公安机关依法执行其职务外，任何机关、部队、团体，不得对任何人加以逮捕、审问或处罚。而人民则有用无论何种方式控告任何公务人员非法行为之权利。”此后边区又陆续颁布了一系列法令重申这一原则，并将其具体化。其内容包括，依法确定司法机关行使权力的主体资格和权限范围；规定现行犯被捕后的解送程序；严格限定非司法机关处理现行犯的权力。

第二，保障人权原则。制定人权条例是各抗日民主政权立法的突出成就。保障人权原则在诉讼法律中主要体现为严格保护诉讼当事人的人身权利和财产权利；依法保障人民的诉讼权利；严厉制裁司法、公务人员的非法侵犯人权行为。

第三，诉讼权利平等原则。其法律含义是，一切抗日人民在适用法律上一律平等，不因阶级成分及出身的不同而有不同对待；一切公务人员，不论职位高低、功劳大小，与普通群众在法律面前一律平等；尊重少数民族的习惯和信仰，实现各民族人民诉讼权利平等。如少数民族群众进行诉讼时，有使用本民族语言文字的权利，少数民族犯人可根据其信仰习惯而与汉族犯人分监关押。

第四，重证据而不轻信口供原则。各边区法律特别强调公安、司法机关办案须正确收集和运用证据，“无切实证据不得判决案件”，不能仅凭被告口供定案。法律规定的证据种类主要有物证、书证、证人证言、被害人陈述、被告人供述、鉴定结论、勘验检查笔录等。

第五，群众路线原则。群众路线的审判方法与作风，也被认为是延安时期司法制度的重要成就和经验。具体经验的体现便是马锡五审判方式。

2. 基本审判制度

第一，审级制度。陕甘宁边区在不同时期实行的审级制度有所不同。1937年2月至1942年8月，实行的是形式上的三级三审制，实质上的两级两审制。即县司法处为第一审，边区高等法院为第二审，国民政府最高法院为第三审（形式）。1942年后设立了边区政府审判委员会，作为边区的最高司法机关，实质上的三级三审制建立起来。但该委员会被撤销后，边区又恢复两级两审制。

第二，管辖制度。关于职能管辖，普通刑事案件由检察机关侦查。诸如汉奸、盗匪、烟毒、贪污、破坏坚壁清野财物等特种刑事犯罪，则由公安机关受理，负责逮捕、侦查。侦查完毕后移交审判机关审理。关于审判管辖，陕甘宁边区规定，民事案件由被告住所地或不动产所在地之司法机关为第一审管辖，刑事案件则由犯罪地或被告所在地之司法机关管辖。法律另还有关于共同管辖、指定管辖和移转管辖的详细规定。至于军民诉讼的管辖，则视案件是否属于军事案件而决定。

第三，人民陪审制度。在边区，人民陪审制度有很大发展，许多边区制定了专门的陪审条例，如《晋察冀边区陪审制暂行办法》《山东省陪审暂行办法草案》等。个案中，是否采用陪审决定于案情是否重大以及当时的具体情形。人民陪审员主要由群众团体、机关、部队及参议会选派，也有由司法机关邀请和群众选举产生的。

第四，代理与辩护制度。陕甘宁边区的《刑事诉讼条例草案》规定："原告或被告，均得向法庭请求用亲属为辅佐人到庭辅佐陈述，刑事被告于侦查完毕后，得选任有法律知识之辩护人到庭辩护。"《民事诉讼条例草案》规定："当事人得委托代理人代理诉讼，明定代理权限。"但由于各根据地法律专业人才的缺乏和未建立起职业律师制度，加上一些认识上的原因，自行辩护仍是最主要的辩护方式。

第五，起诉制度。陕甘宁边区刑事诉讼除公诉和自诉外，法律还规定了群众起诉的方式。即群众团体代表群众利益向法庭提起诉讼，而法庭一般不能拒绝受理。有的根据地的一般机关、团体及部队也有提起公诉之权。

第六，审判方式。法庭审判是边区主要的审判方式。除简单的自诉案件外，法庭审判一般实行合议制和公开审判（涉及重大机密和个人隐私的案件除外）。对于政治性的或人命案等典型案件，可组织一定规模的群众大会对案犯进行公审。就地审判、巡回审判在陕甘宁等边区广泛采用，积累了丰富的经验，在实践中收效显著。著名的马锡五审判方式便是就地审判和巡回审判综合运用的典范，也是人民民主审判方式的一种崭新创造。马锡五审判方式因由陕甘宁边区陇东专署专员兼高等法院陇东分庭庭长马锡五首创而得名，是一种将中国共产党群众路线的工作方针运用于司法审判工作的审判方式。其基本特点是，实事求是，深入进行调查研究，反对主观主义的审判作风；贯彻群众路线，紧紧依靠群众，审判与调解相结合；坚持原则，忠于职守，严格依法执法；实行简便利民的诉讼手续。马锡五审判方式是司法工作的一面旗帜。它的出现和推广，培养了大批优秀司法干部，解决了积年疑难案件，并减少争讼促进团结，利于生产保证抗日。戏剧《刘巧儿》的原型（封芝琴与张柏的婚姻案），就是马锡五审理的典型案件。

第七，上诉制度。陕甘宁边区规定，对初审判决不服的原被告或其父母、配偶及辩护人，有权向高等法院或其分庭提出上诉，也可向原审机关声明上诉。上诉期间，民事为15日（后改为20日），刑事为10日。非有特殊情形（如当事人患重病，或天灾事变），不得变更，逾期不为声明上诉者，作为确定判决。一审被判死刑的盗匪和汉奸则一般被剥夺了上诉权。审理上诉案件，视具体情况决定是采用开庭还是书面审理，且一般不受上诉内容的限制。对于部分上诉的案件，也应就全案全面审理，但第三审存在时，仅以法律审为限。

第八，死刑复核制度。陕甘宁边区的死刑复核权原属于高等法院。后经《保障人权财权条例》修改，由高等法院审核死刑判决，拟具意见，转呈边区政府，经政务会议讨论通过后，由主席、副主席签署命令，方可执行。边区政府审判委员会存在期间，又以该委员会为死刑复核机关。但是在战争环境下，复核程序常有变通之例，如1938年8月25日高等法院第四号通令规定："倘在战区或剿匪区及有特殊情形者，县裁判委员会可以判决并执行死刑，然后再将经过的情形，详细报本院备案。"

第九，审判监督程序（再审程序）。陕甘宁边区的两部诉讼法典草案都分别以专章规定了这一程序。对于刑事案件，原告人、受判决人及其亲属、原审及上级审判机关发现原判实有错误或处刑失当者，均得提起再审。原告人得在判决确定后两年内提起，而其他人和机关提起再审都无时间限制。民事案件的情形大致相同，只是当事人提起再审之诉应在判决确定后一年内进行。

第十，判决及执行程序。陕甘宁边区规定，判决必须写成判决书，说明案件经过及判决的理由，并向当事人宣判和送达。判决书要求通俗简明，其内容主要分为主文、事实和理由三部分。主文部分记载法院的判决结果，事实部分写明法院认定的事实，理由部分写明判案的事理和法律依据。法律依据尽可能引用边区法律条文；没有法律明文规定者，以政府政策、新民主主义法律意识和善良的风俗习惯为依据；也可引用国民政府的某些法律条文作依据。

执行程序在1942年的两部诉讼法典草案中都有专章规定，另有一些单行法令规定。对于刑事案件，死刑判决经复核批准后即可执行。但被执行人"如在心神丧失中，应报由边区政府命令停止执行。受死刑宣告之妇女怀孕者，于其生产前，停止执行……停止执行者，于其疗愈或生产后，应呈报边区政府，在未得复准明文之前，不得执行"。死刑执行一般采用枪决。徒刑在监内执行，并参加学习和劳动。苦役（刑期6个月以下）则交区、乡或原单位执行。罚金和没收，可根据受刑人经济情况采取变通办法，无力缴纳罚金者，得按当地工资易服劳役，或予以减免。没收的财物应上缴财政机关。对于民事案件，“当事人有不履行确定判决之义务者，执行机关得用强制力执行之”。但“判决确定之案，经调解人在外调解成立，呈经原判机关销案后，停止其执行”。查封拍卖债务人之财产，应酌留债务人及其家属生活费用与必要之生活器具，具体由执行机关酌定。

3. 人民调解制度

以人民调解作为司法审判的重要补充，是抗日民主政权司法工作的突出特点。各边区调解活动十分活跃，并且调解工作越来越制度化、法律化。各边区颁布的调解方面的法令有 1941 年的《山东省调解委员会暂行组织条例》，1942 年的《晋察冀边区行政村调解工作条例》《晋西北乡村调解暂行办法》，1943 年的《陕甘宁边区民刑事案件调解条例》等。

下面以陕甘宁边区为例，简要介绍抗日民主政权的调解制度。

第一，调解原则。一是自愿原则。调解只有建立在双方当事人自愿和同意的基础上才能有效。二是合法原则。调解必须遵守法律和政策，依法明辨是非。如果调解违反政府法令，政府有权撤销。此外，调解还应照顾善良习惯。三是非诉讼必经程序原则。调解并非诉讼的必经程序，当事人一方或双方不愿或不服调解，即可向司法机关起诉。

第二，调解的范围。民事案件和部分轻微刑事案件可以调解，但法律另有规定者除外。其他刑事案件不能调解。

第三，调解的组织形式。一是民间调解。即在无政府直接介入的情况下由群众自己解决自己的纠纷。二是群众团体调解。即以调解委员会、调解小组等常见的群众调解团体解决群众之间的纠纷。三是政府调解。边区政府民政厅第三科、各专员公署和县市政府第一科都是负责政府调解工作的机构。而区乡基层政府则是政府调解的主体力量，调解民间纠纷是其重要的日常工作。四是司法调解。即由高等法院及其分院、县司法处等司法机关进行的调解。司法调解达成的协议具有法律效力，双方当事人必须履行。调解过程中调解人须奉公守法、不受贿舞弊、尊重当事人人权、不乱打乱罚等，以保证公正，取得民众信赖，维护调解声誉。

第四，调解方式。主要有赔礼道歉、书面认错、赔偿损失或抚慰金以及其他依习惯得以平气息争之方式，但以不违背善良风俗及涉及迷信者为限，同时要符合政策法律，并贯彻照顾贫苦的原则。调解达成协议后一般须制作调解书。调解书通常包括双方争执简要事由、调解成立方式、和解的原则及调解人姓名、签字、盖章等。调解书不拘形式，但求文字准确，通俗易懂。

各边区调解活动开展得有声有色，取得了丰硕的成果，既密切了与群众的联系，又促进了司法工作公正与效率的结合，且改变了司法工作的衙门作风。这对于增强民族团结、巩固抗日民族统一战线起到了重要作用。人民调解是人民司法的一大特色和补充，它对新民主主义司法工作的发展产生了重大影响。

（三）解放区人民民主政权主要诉讼原则和制度的发展完善

解放区的各项诉讼原则和制度基本沿用抗日民主政权时期的做法，只是根据新形势的要求而有一些新的发展和完善，现作一扼要阐述。

关于司法权的统一行使与分工。1948 年 11 月，华北人民政府发布《关于各县公安机关与司法机关处理刑事案件权责的规定》，明确了公安机关和司法机关的权责划分。各地政府还重申，除公安和司法机关以外，禁止任何机关、团体和个人有拘捕、扣押、审讯、处罚、没收及搜查等行为，违者以侵犯人权论处。

关于废止刑讯逼供制度。1948 年 10 月华北人民政府通令宣布，禁止肉刑；重证据而不轻信口供；不得指名问供。但是，在农村土改运动中曾一度出现过“乱打”“乱杀”“乱斗”“乱没收”的“左”倾错误。

关于公开审判和辩护制度。1948 年《哈尔滨特别市民事刑事诉讼暂行条例（草案）》规定：“审判庭实行公开，诉讼有关关系人及一般群众均可到庭旁听，但有关国家秘密或有害风化案件，不在此限……为防止滋长讼争及徒增群众负担，宣布废除旧的律师和旧司法代书参与诉讼活动，但在审判活动中要充分保障民事、刑事案件当事人的辩护权利。”

关于审判合议制、回避制度、上诉制度，基本沿用旧制，仅有小的变化。如上诉期间，解放区一般定为刑事 5 至 10 天，民事 20 天。在审级上，有的地区实行三审终审，也有的实行两审终审。公审、陪审、巡回审判、就地审判等贯彻群众路线的审判方式，无论在城市或农村，还是在老区或新区，都得到普遍推行。有的地方还把巡回审判向前发展了一步，建立了特派驻区审判员制。

关于刑事复核制度。根据华北人民政府《关于确定刑事复核制度的通令》的规定，除死刑须经华北人民政府主席核准外，凡判处有期徒刑或拘役、罚金的案件，原、被告声明不上诉或已过上诉期时，须将已确定之判决书，每月汇订成册，按刑期长短以及原审级别，分别报请省（行署）或华北人民法院复核。上级人民法院认为必要时，得行改判或发还更审。

关于错案的平反改判问题。华北人民政府在 1949 年 1 月 13 日发布的《为清理已决及未决案犯的训令》中明确规定："有确实反证，证明原判根本错误者，应予平反，宣布无罪开释。"另规定："但如发现新罪行或因原判确系失误很大者，可撤销原判，另行适当判刑。"所辖各地根据这一精神，结合清理积案进行了案件复查工作。对于错案或失误过大的畸轻畸重案件，及时加以纠正。

关于诉讼费征收。抗日民主政权一般规定都不收取。后来，为了提倡民间调解，减少讼累，又规定可以少量收取。诉讼费用一律由财政部门转上级政府，不准挪用与截留。但 1948 年 11 月 27 日华北人民政府又宣布取消一切诉讼费用，并明令取消人民诉讼须经区村政府介绍的手续，规定司法机关可直接受理人民诉讼。

关于人民调解制度。人民调解制度有大的发展，并向城市推行。1949 年 2 月 25 日华北人民政府发布了《关于调解民间纠纷的决定》。这是新民主主义时期人民调解制度日趋统一和完善的重要标志。该决定针对当时各地在推行调解工作过程中存在的主要问题，强调了调解的重要作用，并具体规定了调解的组织、调解的范围以及调解工作必须遵守的原则，为发展各地的调解工作起到了积极的推动作用，也为中华人民共和国成立后政务院制定《人民调解委员会暂行组织通则》提供了重要的历史经验。该决定明确其所确定的原则同样适用于城市。

（四）新民主主义司法原则的确立

在解放战争即将取得全国胜利的情况下，为了统一认识，消除国民党政府资产阶级法统的影响，确立新民主主义法律原则，中共中央于 1949 年 2 月发布了《关于废除国民党的〈六法全书〉与确定解放区的司法原则的指示》。该指示的基本精神如下：

第一，宣布废除国民党的全部法律制度，即废除国民党政府法统和《六法全书》。

第二，确立解放区司法原则。该指示提出："目前在新民主主义法律不完备的条件下，司法机关的办事原则是：有纲领、法律、命令、条例、决议规定者，从纲领、法律、命令、条例、决议之规定；无纲领、法律、命令、条例、决议之规定者，从新民主主义政策。"

第三，确定教育、改造司法干部的指导思想。即以批判蔑视旧法律、学习掌握新法律的运动，来提高司法干部的理论、政策、法律水平。

这一指示消除了旧法律对人民司法的影响，全面确立了新民主主义的人民司法原则，使得司法机关适用法律以及司法人员的自身教育改造都有了新的明确规范和路线。这个指示体现了即将取得全国胜利的共产党政权与旧政权在意识形态等本质问题上的彻底决裂，显然具有历史的必然性与合理性。

华北人民政府也在 1949 年 4 月 1 日发布了《废除国民党〈六法全书〉及一切反动法律的训令》。

第十六章

中华人民共和国的成立

（公元1949年6月—公元1949年10月1日）

1949 年 2 月 22 日，中共中央发布《关于废除国民党的〈六法全书〉与确立解放区司法原则的指示》。该指示明确宣布："在无产阶级领导的以工农联盟为主体的人民民主专政的政权下，国民党的《六法全书》应该废除，人民的司法工作不能再以国民党的《六法全书》作依据，而应该以人民的新的法律作依据，在人民的新的法律还没有系统地发布以前，则应该以共产党的政策以及人民政府与人民解放军所已发布的各种纲领、法律、命令、条例、决议作依据……同时，司法机关应该经常以蔑视和批判国民党《六法全书》及其他一切反动法律、法令的精神，以蔑视和批判欧美、日本资本主义国家的一切反人民的法律、法令的精神，以学习和掌握马列主义、毛泽东思想的国家观、法律观及新民主主义的政策、纲领、法律、命令、条例、决议的办法，来教育和改造司法干部。"

这是最早废除《六法全书》的正式文件。1949 年 9 月通过的《中国人民政治协商会议共同纲领》第 17 条规定："废除国民党反动政府一切压迫人民的法律、法令和司法制度，制定保护人民的法律、法令，建立人民司法制度。"自此以后，废除《六法全书》的内容取得了形式上的合法性。在废除《六法全书》的基础上，新中国的法律制度体系建设拉开帷幕，走上了曲折而富有中国特色的道路。

第一节　《论人民民主专政》的发表为新中国的成立提供思想理论指导

1949 年 3 月 5 日至 13 日，中华人民共和国成立前夕，中国共产党在河北省建屏县西柏坡村召开七届二中全会，毛泽东在报告中阐明："工人阶级领导的以工农联盟为基础的人民民主专政，要求我们党去认真团结全体工人阶级、全体农民阶级和广大的革命知识分子，这些是这个专政的领导力量和基础力量。没有这个团结，这个专政就不能巩固。同时也要求我们党去团结尽可能多的、能够同我们合作的、城市小资产阶级和民族资产阶级的代表人物、它们的知识分子和派别，以便在革命时期使反革命势力陷于孤立，彻底打倒国内的反革命势力和帝国主义势力。革命胜利以后，迅速地恢复和发展生产，对付国外的帝国主义，使中国稳步地由农业国转变为工业国，把中国建设成为一个伟大的社会主义国家。"〔1〕

全会批准了由中国共产党发起，协同各民主党派、人民团体和无党派民主人士，召开没有反动派参加的新的政治协商会议以及成立民主联合政府的建议。

1949年6月15日至19日，在北平召开政治协商会议筹备会第一次会议，是为新政协筹备会议。参加这次会议的包括中国共产党和各民主党派、各人民团体、各界民主人士、国内少数民族、海外华侨等23个单位的代表共134人。毛泽东在筹备会开幕时的讲话指出："必须召集一个包含各民主党派、各人民团体、各界民主人士、国内少数民族和海外华侨的代表人物的政治协商会议，宣告中华人民共和国的成立，并选举代表这个共和国的民主联合政府，才能使我们的伟大的祖国脱离半殖民地的和半封建的命运，走上独立、自由、和平、统一和强盛的道路。这是一个共同的政治基础。这是中国共产党、各民主党派、各人民团体、各界民主人士、国内少数民族和海外华侨团结奋斗的共同的政治基础，这也是全国人民团结奋斗的共同的政治基础。"〔2〕会议通过了《新政治协商会议筹备会组织条例》和《关于参加新政治协商会议的单位及其代表名额的规定》，并决定由周恩来主持《共同纲领》的起草工作。

1949年6月30日，为纪念中国共产党成立28周年，毛泽东发表了《论人民民主专政》一文。该文从理论和实践的高度上深刻地总结了中国革命的历史经验，系统地回答了中华人民共和国所要建立的是什么样的国家以及它所执行的基本任务和对内、对外的基本政策。

早在1948年9月，在西柏坡召开的中央政治局会议上，毛泽东便提出了"建立无产阶级领导的以工农联盟为基础的人民民主专政"的国家方案，并指出，它"不必搞资产阶级的议会制和三权鼎立"，而是"建立民主集中制的各

---

〔1〕《毛泽东选集》（第4卷），人民出版社1991年版，第1436页。

〔2〕《人民日报》1949年6月20日。

级人民代表会议制度”。[1]

可见，《论人民民主专政》一文，是以较长时间的理论酝酿为基础的，是对近百年来历史经验总结的升华。在《论人民民主专政》一文中，毛泽东有针对性地论述了民主革命胜利以后要建立一个什么样的国家的问题，特别阐述了中国为什么不能建立资产阶级共和国，而只能建立工人阶级领导的人民共和国。毛泽东指出，“自从1840年鸦片战争失败那时起，先进的中国人，经过千辛万苦，向西方寻找真理”，但“帝国主义的侵略打破了中国人学西方的迷梦”，只有找到了马克思列宁主义，中国的面目才起了变化。于是，“西方资产阶级的文明，资产阶级的民主主义，资产阶级共和国的方案，在中国人民的心目中，一齐破了产。资产阶级的民主主义让位给工人阶级领导的人民民主主义，资产阶级共和国让位给人民共和国”。

在《论人民民主专政》一文中，毛泽东首先界定了“人民”一词的内涵。他说：“人民是什么？在中国，在现阶段，是工人阶级、农民阶级、城市小资产阶级和民族资产阶级。”[2]继而论证了人民民主专政就是“对人民内部的民主方面和对反动派的专政方面，互相结合起来，就是人民民主专政”。他强调：“人民民主专政需要工人阶级的领导，因为只有工人阶级最有远见，大公无私，最富于革命的彻底性。”

人民民主专政的基础是工人阶级。毛泽东说，人民民主专政的基础是工人阶级、农民阶级和城市小资产阶级的联盟，而主要是工人和农民的联盟，因为这两个阶级占了中国人口的80%—90%，反帝反封建和推翻国民党反动统治，主要靠这两个阶级的力量，由新民主主义到社会主义的过渡也主要依靠这两个阶级的联盟。工农联盟决定了人民民主专政是把民主扩大了千万倍的人民当家作主的政权，体现了无产阶级专政的最高原则。

人民民主专政是民主与专政互相结合的政权。人民民主专政的主体是人民。在新中国成立时，人民包括工人、农民、城市小资产阶级和民族资产阶级。民主就是属于人民范围内的各阶级在工人阶级及其工人阶级的先锋队中国共产党的领导下团结起来，组成自己的国家，选举自己的政府管理国家和社会事务。专政就是人民掌握的军队、警察、法庭、监狱等国家机器，压迫反动阶级和反动派，借以巩固国防和人民的利益。只有地主阶级和官僚资产

---

〔1〕《毛泽东文集》（第5卷），《在中共中央政治局会议上的报告和结论》，人民出版社1977年版，第156页。

〔2〕《毛泽东选集》（第4卷），人民出版社1991年版，第1475页。

阶级以及代表这些阶级的国民党反动派及其帮凶们，才是专政的对象。毛泽东指出："对人民内部的民主方面和对反动派的专政方面结合起来就是人民民主专政。"毛泽东特别强调："总结我们的经验，集中到一点，就是工人阶级（经过共产党）领导的以工农联盟为基础的人民民主专政。这个专政必须和国际革命力量团结一致。这就是我们的公式，这就是我们的主要经验，这就是我们的主要纲领。"〔1〕

毛泽东还指出，人民民主专政的目的是建设社会主义国家，人民民主专政的根本任务是"在工人阶级和共产党的领导下，稳步地由农业国进到工业国，由新民主主义社会进到社会主义社会和共产主义社会，消灭阶级和实现大同。"因此必须学会我们不懂的东西，向一切内行的人们，不管什么人学习经济工作，以建立一个强大的社会主义国家。

文章还阐明了人民民主专政政权对内、对外的基本政策，回答了人民群众迫切需要明了的基本策略问题，并且指明了人民民主专政所肩负的历史使命。《论人民民主专政》的发表及人民民主政权的建立和发展，丰富和发展了马克思主义关于国家的学说。从"无产阶级专政"到"人民民主专政"创造了无产阶级专政的形式，实现了把马克思主义原理与中国具体实际相结合创立的人民民主专政的国家政权形式，为中国社会主义的建立和发展找到了符合自身国情的最好形式。

《论人民民主专政》发表在新中国成立前夕，它规划了建设新中国的伟大构想，阐明了即将建立的新中国的根本性质和社会各阶级在国家中的地位，统一了各革命阶级、派别、团体的思想认识，为新政治协商会议的召开和《共同纲领》的制定作出了理论准备和政策准备。

第二节　《共同纲领》的制定与中华人民共和国的成立

1949年9月17日，新政协筹备会第二次全体会议召开，正式决定新政协的名称为"中国人民政治协商会议"，通过了《中国人民政治协商会议组织法（草案）》《中华人民共和国中央人民政府组织法（草案）》和《中国人民政治协商会议共同纲领（草案）》，准备提请中国人民政治协商会议第一届全体会议审议。

在周恩来主持下，《中国人民政治协商会议共同纲领（草案）》广泛征

〔1〕《毛泽东选集》（第4卷），人民出版社1991年版，第1480页。

求各方面的意见，进行了反复讨论和修改，凝结了集体的智慧，是民主与集中相结合的产物。

1949 年 9 月 21 日，中国人民政治协商会议第一届全体会议在北平正式开幕。出席会议的代表来自 45 个单位，共 662 人。会议宣布，在普选的全国人民代表大会召开之前，由中国人民政治协商会议代行全国人民代表大会的职权。9 月 22 日，周恩来向大会作了《关于〈中国人民政治协商会议共同纲领〉草案的起草经过和特点》的报告，并根据讨论意见对草案作了最后修改。9 月 29 日，大会一致通过了《中国人民政治协商会议共同纲领》（以下简称《共同纲领》）。该纲领共 7 章 60 条。10 月 1 日，中央人民政府委员会接受《共同纲领》为中央人民政府的施政方针。

《共同纲领》序言明确阐述："中国人民解放战争和人民革命的伟大胜利，已使帝国主义、封建主义和官僚资本主义在中国的统治时代宣告结束。中国人民由被压迫的地位变成为新社会新国家的主人，而以人民民主专政的共和国代替那封建买办法西斯专政的国民党反动统治。中国人民民主专政是中国工人阶级、农民阶级、小资产阶级、民族资产阶级及其他爱国民主分子的人民民主统一战线的政权，而以工农联盟为基础，以工人阶级为领导。"《共同纲领》第 1 条规定了新中国的国体，即"中华人民共和国为新民主主义即人民民主主义的国家，实行工人阶级领导的、以工农联盟为基础的、团结各民主阶级和国内各民族的人民民主专政"。第 7 条又规定"一切勾结帝国主义、背叛祖国、反对人民民主事业的国民党反革命战争罪犯和其他怙恶不悛的反革命首要分子"及"一般的反动分子、封建地主、官僚资本家"是专政的对象。

中华人民共和国的政体是人民代表大会制度。《共同纲领》第 12 条第 1 款规定："中华人民共和国的国家政权属于人民。人民行使国家政权的机关为各级人民代表大会和各级人民政府。各级人民代表大会由人民用普选方法产生之。各级人民代表大会选举各级人民政府。各级人民代表大会闭会期间，各级人民政府为行使各级政权的机关。"第 13 条规定，中国人民政治协商会议为人民民主统一战线的组织形式，在普选的全国人民代表大会召开以前，执行全国人民代表大会的职权；在普选的全国人民代表大会召开以后，就有关国家建设事业的根本大计及其他重要措施，向全国人民代表大会或中央人民政府提出建议案。人民代表大会制度完全不同于西方国家的议会制度，它是在总结革命根据地政权建设经验的基础上形成和发展起来的，既具有中国国情的特色，又表现出了广泛的民主。《共同纲领》第 15 条规定，各级政权机关一律实行民主集中制，人民代表大会向人民负责并报告工作；人民政府委员会向人民代表大会负责并报告工作。可见，全国人民代表大会是最高权力机关，行使立法权。政务院是中央人民政府委员会的执行机关，行使行政权，至于军事权，由中央人民政府人民革命军事委员会行使。审判权、检察权，分别由最高人民法院和最高人民检察署行使。国家机关职权上只有分工，不存在“分权”关系。实行民主集中制是《共同纲领》最核心的内容。

关于人民权利，《共同纲领》规定，人民依法享有选举权和被选举权（第4条）、经济利益及私有财产权（第3条），以及妇女的平等权（第6条）。人民还享有思想、言论、出版、集会、结社、通讯、人身、居住、迁徙、宗教信仰及示威游行的自由（第5条）。同时，保障华侨的正当权益（第58条）和守法的外国侨民的合法权益（第59条）。

同时，《共同纲领》还规定了国民均有保卫祖国、遵守法律、遵守劳动纪律、爱护公共财产、应征公役兵役和缴纳赋税的义务（第8条）。

关于中华人民共和国的经济工作方针，《共同纲领》第26条规定：“经济建设的根本方针，是以公私兼顾、劳资两利、城乡互助、内外交流的政策，达到发展生产、繁荣经济之目的。”其还分别规定了国营经济、合作社经济、国家资本主义经济的性质、地位和国家应采取的政策（第28至31条）。对于“有利于国计民生的私营经济事业，人民政府应鼓励其经营的积极性，并扶助其发展”（第30条）。但是，“凡属有关国家经济命脉和足以操纵国民生计的事业，均应由国家统一经营”（第28条）。

对土地改革、发展工业、农业、交通、商业、合作社及金融、财政、税收等政策，《共同纲领》也作了具体规定（第27条、第34至40条）。《共同纲领》第41条规定，“中华人民共和国的文化教育为新民主主义的，即民族的、科学的、大众的文化教育”。这是文化教育的总方针。第42条规定：“提倡爱祖国、爱人民、爱劳动、爱科学、爱护公共财物为中华人民共和国全体国民的公德。”

《共同纲领》对社会公德，发展自然科学、社会科学、文学艺术、教育、体育、卫生、新闻出版等也作了具体规定（第42至49条）。

关于中华人民共和国的基本的民族政策，《共同纲领》第51条规定，“各少数民族聚居的地区，应实行民族的区域自治，按照民族聚居的人口多少和区域大小，分别建立各种民族自治机关”。这一规定表明，中华人民共和国实行的是单一制的国家结构形式，中央人民政府是全国唯一的中央政府，《共同纲领》是全国唯一的临时宪法。这种国家结构形式，在中国有着悠久的历史传统，是符合国情的最佳选择。《共同纲领》第 9 条规定："中华人民共和国境内各民族，均有平等的权利和义务。"第 50 条规定，"中华人民共和国境内各民族一律平等，实行团结互助"，"成为各民族友爱合作的大家庭"。此外，第 53 条还具体规定了各少数民族均有发展其语言文字、保持或改革其风俗习惯及宗教信仰的自由。政府帮助各少数民族发展政治、经济、文化、教育事业（第 9 条、第 50 至 53 条）。

此外，《共同纲领》还规定了中华人民共和国的外交工作方针。《共同纲领》总纲第 11 条规定："中华人民共和国联合世界上一切爱好和平、自由的国家和人民，首先是联合苏联、各人民民主国家和各被压迫民族，站在国际和平民主阵营方面，共同反对帝国主义侵略，以保障世界的持久和平。"第 54 条规定："中华人民共和国外交政策的原则，为保障本国独立、自由和领土主权的完整，拥护国际的持久和平和各国人民间的友好合作，反对帝国主义的侵略政策和战争政策。"对于国民党政府与外国政府所签订的各项条约和协定，中华人民共和国将本着上述原则加以审查，或承认，或废除，或修改，或重订；在平等互利、互相尊重领土主权的基础上，建立外交关系；保护国外华侨和守法外国侨民的正当权益等（第 11 条、第 54 至 60 条）。

《共同纲领》是马列主义国家观和法律观与中国争取民主政治的斗争实际相结合的产物。它体现了新民主主义和人民民主专政的历史性要求，是中国近半个世纪以来宪政运动的历史经验的科学总结，是在中国共产党领导下，全国各民主党派、各人民团体和各族、各界人民代表共同制定的建国纲领。所以，它是"统一战线的纲领，是照顾到四个朋友的纲领"，是一个"划清敌友界线的纲领"。〔1〕

《共同纲领》是一部具有根本大法性质的临时宪法。毛泽东于 1950 年 6 月 14 日在中国人民政治协商会议第一届全国委员会第二次会议的开幕词中指出："我们有伟大而正确的《共同纲领》以为检查工作、讨论问题的准则。《共同纲领》必须充分地付之实行，这是我们国家现时的根本大法。"〔2〕《共同纲领》的颁布实施，使得国家活动的方方面面有了宪法性的依据。其巩固和推动了人民民主专政的政权建设和法制建设，恢复和发展了国民经济，实

〔1〕《董必武政治法律文集》,《关于人民政协共同纲领的讲演》，法律出版社 1986 年版，第 139 页。

〔2〕《毛泽东文集》（第 6 卷），《在全国政协一届二次会议上的讲话》，人民出版社 1999 年版，第 77 页。

现了社会稳定。因此得到广大人民的衷心拥护，成为各革命阶级、阶层团结奋斗的政治基础和全国人民共同遵守的宪政纲领。1954 年《中华人民共和国宪法》就是在《共同纲领》奠定的制度基础上，总结新中国成立五年来的实践经验，经过民主程序最终完成的。《共同纲领》奠定的制度基础包括各项新民主主义的国家制度和社会制度，在实际生活中得到了很好的尊重和有效地运行，并进一步充实和完善。

鉴于《共同纲领》制定颁行之时，资产阶级民主革命的任务还没有完成，因此从实际出发没有提出社会主义的奋斗目标，周恩来在《关于〈中国人民政治协商会议共同纲领〉草案起草的经过和特点》的报告中，对此作了专门解释。他说："社会主义是全中国人民的奋斗目标，这是毫无疑问的，之所以没有把社会主义的前途写入《共同纲领》是因为当时的条件还不成熟，民族资本主义还有它的历史任务，过早地提出来不仅会乱了资产阶级的阵脚，而且可能使一部分人把前途当作现时的政策，导致'左'倾错误。"他还指出："现在暂时不写出来，不是否定它，而是更加慎重地对待它。"〔1〕可见，《共同纲领》是一部带有过渡性质的建设新民主主义中国的大宪章。实践证明，《共同纲领》的内容比较完整地体现了新民主主义，符合当时中国社会和国家的实际情况，因而起到了临时宪法的历史作用。其为 1954 年全国人民代表大会的召开和《中华人民共和国宪法》的制定奠定了重要的基础。

1949 年 10 月 1 日，毛泽东主席在天安门城楼上庄严宣布中央人民政府成立。从此，伟大的中华人民共和国傲然自立于世界，开始了人民民主和社会主义的新时代。中国法律史也揭开了新的篇章。

---

〔1〕《中华人民共和国宪法参考资料选编》第一分册，北京政法学院国家法教研室编印，1981 年 3 月，第 69 页。

作者分工

张晋藩： 序言、1—4 章、第 9 章第 1—7 节、第 11 章、第 12 章、第 13 章
郭成伟： 第 5 章、第 6 章
王宏治： 第 7 章、第 8 章
张琮军： 第 9 章第 8 节、第 10 章
顾　元： 第 14 章
李　青： 第 15 章